Grammar of the Aramaic Syriac Language

GRAMMAR

OF THE

ARAMAIC SYRIAC LANGUAGE

PAUL AL-KHOURY AL-KFARNISSY

GORGIAS PRESS
2005

First Gorgias Press Edition, 2005.

 Published in the United States of America by Gorgias Press LLC, New Jersey. This edition is a facsimile reprint of the second edition published in Beirut, 1962.

ISBN 1-59333-031-6

GORGIAS PRESS
46 Orris Ave., Piscataway, NJ 08854 USA
www.gorgiaspress.com

Printed and bound in the United States of America.

ܓܪܡܛܝܩܝ

ܕܠܫܢܐ ܐܪܡܝܐ ܣܘܪܝܝܐ

ܕܣܝܡܐ

ܠܡܣܟܢܐ ܦܘܠܘܣ ܐܠܟܦܪܢܒܣܝ

ܪܗܒܐ ܠܒܢܢܝܐ ܡܪܘܢܝܐ

ܡܠܦܢܐ ܕܠܫܢܐ ܣܘܪܝܝܐ ܘܥܪܒܝܐ ܒܒܝܬ ܕܪܫܐ

ܕܪܗܒܘܬܐ ܠܒܢܢܝܬܐ ܡܪܘܢܝܬܐ

غرامطيق

اللغة الارامية السريانية

(صرف ونحو)

تأليف

القس بولس الخوري الكفرنيسي الراهب اللبناني الماروني

استاذ اللغتين السريانية والعربية في مدرسة الرهبانية اللبنانية المارونية سابقاً

لا مانع من طبعه في ١٥ ايار سنة ١٩٢٩ الحقير

\+ الياس بطرس

البطريرك الانطاكي

لا مانع من طبعه في ١٥ ايار سنة ١٩٢٩ + الحقير

اغناطيوس التنوري

اب عام لبناني

مقدّمة

الحمد لله الذي برأ بجودته الانسان . وزينه بالعقل واللسان . وارشده الى التعبير عن الافكار والتصورات . بافصح الالفاظ واوضح العبارات.

اما بعد فيقول القس بولس بن سليمان بن مبارك بن طانيوس بن غطاس بن ابراهيم (ابوغطاس) الخوري الكفرنيسي الراهب اللبناني الماروني لا يخفى ما للغة الارامية السريانية بين سائر اللغات من المنزلة الرفيعة. وما اشتملت عليه من الفوائد الوافرة البديعة . فهي لغةُ اقدم الشعوب اصلاً ومحتداً. واعظم الممالك صولة وسؤدداً . وهي اشرف اللغات السامية . ولها عليها حقُّ التقدم والاوليّة. واهلها سبقوا جميع الامم بالعلوم والصنائع والتمدن والعمران. واوصلوها الى الفرس والمصريين واليونان والعرب والرومان. وحسبها شرفاً لا يوازيه شرف انها تقدست بفم الفادي الكريم. وأُنزل بها الانجيل الشريف وجانب من اسفار العهدين الحديث والقديم. وبها وضعت اقدم الطقوس والرتب البيعية. وصدحت في سماء الكنائس اعرق الحانها الشجيّة الملائكية . ولقد اغناها علماؤها الاعلام بتصانيفهم الجليلة في كل اصناف العلوم من لاهوت وفلسفة وفلك وطبيعيات وهيئة وطب وهندسة وموسيقى وتاريخ وغيرها بين منثور ومنظوم. يزري بالجواهر الغالية. واللآلي الزاهية. فهي والحالة هذه اشرف اللغات واوسعها. ومعرفتها من اهم الامور وانفعها.

ولهذا نرى جمهوراً غفيراً من المستشرقين الكرام يبذلون الجهد والاموال الكثيرة في الكشف عن رموزها . ويتسابقون لاحـــراز فوائدها وكنوزها . فوضعوا فيها التآليف العديدة . واشهروا بالطبع مئات من كتبها القديمة المفيدة .

على اننا مع الاسف نرى الكثيرين من اخصّ ابنائها يتقاعدون عن كسبها وتحصيلها والارتواء من منهلها وسلسبيلها. مع ان تعلّمها من اسهل الامور لا يلزمه الوقت الطويل . ولا العناء الجزيل . وربما ساعد على تثبيط عزائمهم في هذه الايام عن اتقان قواعدها . واجتناء فوائدها بعض ما في ايدينا من الكتب الصرفية والنحوية التي نحا مؤلفوها الافاضل نحو النحاة اليونانيين الذين تختلف آداب لغتهم اليونانية عن اداب لغتنا الارامية .

ولذلك فقد حرضني كثيرون من اهل الفضل والعلم على تأليف كتاب في هذا الفن سهل المأخذ قريب المنال حسن التنسيق والاسلوب . فوافق تحريضهم لي ما كنت اصبو اليه من امد بعيد بتمام المرغوب . فاقدمت على وضع هذا الكتاب سالكاً فيه مسلك العلماء المتأخرين الذين نهجوا نهج نحاة اللغة العربية. التي توافق غالباً في ادابها لغتنا الارامية لكونها مثلها لغة ساميّة. محافظاً على ما كان من اقوال المتقدمين وتعابيرهم مناسباً لطبعها لان لهم الفضل وحق الاسبقية في وضعها . جاعلاً كلًّا من الصرف والنحو على حدة . لان ذلك ادعى الى الترتيب واجزل فائدة . معتمداً على عدد وافر من كتب النحاة واللغويين المشهورين .

وقد اتخذت فيه من مادّة ܩܛܠ الارامية الاصل ميزاناً للافعال والاسماء .وهي لفظةٌ مألوفةٌ الاستعمال عند المتكلمين بالعربية وقد استعملها بعضٌ من خيرة العلماء . ورغبةً في ان يكون وافياً بالمرام منزّهاً عن الاطناب المملّ .والايجاز المخلّ. جعلت في متنه القواعد الاساسية . وفي حواشيه الشروح والايضاحات الضرورية . فيجد فيه الراغب في الايجاز غايتَه . والمحب التنقيب بغيتَه .

وتعميماً لفائدته قد أشرتُ في مطاويه الى الفروق الحاصلة بين لهجتنا ولهجة اخواننا الشرقيين (١) والى ما لم يزل دارجاً عندهم من التشديد وتقصير بعض الحركات ومّد بعضها وضبط قواعد التقسية والترقيق ممـا وافقهم على صحته جمهور المحققين. غير متعرّض لايجاب استعمال ما لم يبقَ مستعملاً عند احد الفريقين . وقدالحقتُ فصولـَه بتمارين مطابقة لمواضيعها تسهيلاً للدارسين والمدّرسين. وكنتُ ارغب ان اجعله اصغرحجماً واكثر اختصاراً فحالَ دون ذلك تنسيقُه . وما فيه من الحواشي والتمارين اللازمة لايضاح قواعده وسهولة مأخذهِ . وانا مستعد ان شاءالله ان اتبعه بكتابٍ صغير يشتملُ على حلّ تمارينه . ويحتوي على منتخبات نثريةٍ وشعريـة . تساعد على اتقان هذه اللغة الشريفة . اسأله تعالى ان يجعل تعبي فيه عائداً لمجده وفائدة ابناء الوطن الاعزاء . امين

(١) اي الكلدان كما سترى في الصفحة التالية

لمحة تاريخية

في الارامبين ولغتهم

قد آثرنا ان نضع هذه اللمحة التاريخية في صدر هذا الكتاب تذكرةً لابناء وطننا الاعزاء بشرف اصلهم وترغيباً لهم في المحافظة على لغة ابائهم ومآثرهم الغراء فنقول :

الاراميّون هم بنو ارام بن سام. وكانوا امَّة كبيرة مشهورة. مواطنُهم من اقدم الايام البلاد الفسيحة الارجاء التي توطنوها مع ابيهم قبل الجميع فتسمّت باسمهم : بلاد ارام او بلاد الارامبين. وهي المحدودة شرقاً ببلاد الفرس وغرباً بالبحر الابيض المتوسط وشمالاً ببلاد الارمن واسيا الصغرى وجنوباً بشبه جزيرة العرب. فيكون من ضمنها بلادُ بابل وآشور ومابين النهرين وبلاد الشام ولبنان. وكان فيها للارامبين ممالك كثيرة شديدة البأس عظيمة الصولة والشأن اكثرَ الكتابُ المقدس من ذكرها وذكرِ علاقاتها وحروبها المتواصلة مع العبرانيين.

ولما استولى اليونان على هذه البلاد (سنة ٣١٢ ق.م) ورأوا ما فيها من آثار الملوك الاشوريين اطلقوا عليها اسم سوريًّا محرّفاً عن أسّور(١) في الارامية فقالوا فيه أسُّورّيا ثم اختصروه سورّيا. غير ان الارامبين استمرّوا يسمّون بلادهم باسم ارام وينتسبون اليه حتى اعتنقوا الديانة المسيحيّة. وحينئذٍ اخذوا بغيرةٍ مفرطة يغادرون اسمهم القديم «ارامين»

(١) وهو جدّ الاشوريين ومنشيء مملكتهم الذي يلفظه اليونان أسّور لعدم وجود الشين في لغتهم. وقال فيه السريان المحدثون « آثور »

ويتسمّون سريانيين او سوريين . ويسمّون بلادهم سوريّا ولغتهم سريانية او سوريّة لكي يمتازوا عن بني جنسهم الاراميين الذين لم يعتنقوا النصرانية. واضحت عندهم لفظة الارامي مرادفة للفظة الصابيء والوثني . ولفظة السرياني مرادفة للفظة المسيحي والنصراني . ويا ليتهم مع شدّة غيرتهم على الديانة المسيحية استمروا محافظين على اسمهم الارامي الشريف الذي لم يكن لينافي النصرانية في شيء بل كان من شأنه ان ينعش فيهم ذكر مجدهم السالف وعظمة دولتهم الارامية على ممرّ الازمان .

وتُقسم البلادُ الارامية السريانية الى قسمين . شرقيّة وغربيّة . فالشرقية هي البلاد الواقعة شرقي نهر الفرات الى مملكة العجم ويُعرف سكانها بالشرقيين نسبةً اليها وهم الكلدان الكاثوليك والنساطرة . والغربية هي البلاد الواقعة غربي نهر الفرات الى البحر المتوسط ويُعرف سكّانها بالغربيين وهم الموارنة والسريان الكاثوليك واليعاقبة (١) .

اما اللغة الارامية فهي احدى اللغات الساميّة كالعبرانية والعربية والحبشية (٢) ومن اقدمها واشهرها . وقد انتشرت انتشاراً عظيماً في البلاد الاراميّة كلها من اقدم الايام . بل تجاوزتها الى غيرها من البلدان المجاورة مثل اسّيا الصغرى وارمينيا وبلاد العرب ومصر وغيرها . وهي

(١) ومن الاراميين ايضاً الروم الكاثوليك والروم الارثوذكس سكان هذه البلاد.

(٢) العبرانية هي لغة العبرانيين الذين قدموا من اور الكلدانيين الى ارض كنعان وهي متفرعة عن الارامية لغتهم الاصلية وعن لغة الكنعانيين الذين اقاموا بينهم وبهذه اللغة كُتبت اكثر اسفار العهد القديم. والعربية هي لغة العرب القاطنين في اطراف اسيا الجنوبية. وكان لها لهجات عديدة اشهرُها واصحّها لهجة بني قريش التي كُتب بها القرآن. واقدم كتابة ظهرت بها ترتقي الى سنة ٣٢٨م . والحبشية هي لغة قومٍ ساميين توطنوا البلاد الجنوبية من افريقيا، وهي تقرب من السريانية والعربية.

اول لغة عرفها التاريخ في اقطارنا السوريّة واللبنانيّة ومازالت تزداد شهرة وانتشاراً حتى تغلبت على سائر اللغات السامية في نحو القرن الخامس ق م واصبحت وحدها لغة الاهالي من اقصى بلاد بابل الى اقصى بلاد فلسطين كما هو ثابت عند عموم المؤرخين .

قال العلامة المحقق الاب هنري لامنس اليسوعي (مجلة المشرق لسنة ١٩٠٣ ص ٧٠٥ و ٧٠٧) « ومن عجيب الامور ان انتشار لغة الاراميين بلغ على عهد السلوقيين مبلغاً عظيماً فاضحت اللغة السائدة في كل آسيّة الساميّة اعني في سوريا وما بين النهرين وبلاد الكلدان والعراق وجزيرة العرب ... وكان المسلمون ايضاً يدرسونها لكثرة فوائدها . وقد كتب بها الارمن مدّةً قبل انتشار الارمنيّة وحروفها. وقد بلغ امتدادُ هذه اللغة الى اقاصي الشرق في الصين شمالاً وفي الاقطار الهندية جنوباً . كما انها بلغت جنادل النيل . فلا نظن ان لغة اخرى حتى ولا اليونانية جارت السريانية في اتساعها اللهمَّ الا الانكليزية في عهدنا »

ومن المحقق الذي لا ريب فيه انها تغلبت على اللغة العبرانية منذ الجلاء البابلي سنة ٥٩٩ ق م . فان العبرانيين لما سُبوا الى بابل واقاموا فيها نحو ٧٠ سنة نسوا لغتهم العبرانية وتعلموا اللغة الارامية التي يسمّيها العلماء الارامية الفلسطينية أو السريانية الكلدانية . وبهذه اللغة الكلدانية كُتب سفرا دانيال وطوبيا وسفر يهوديت وسفرا عزرا وسفر استير . ولقد كان اليهود ينزلونها منزلة سامية من الاعتبار كما يتضح من اقوال علمائهم مع انهم كانوا يمتهنون اللغات الاجنبية . ونقلوا اليها الاسفار المقدسة وسموا ذلك النقل « الترجوم » اي الترجمة . وقد تمكنت فيهم حتى دعوها ايضاً عبرانية نسبةً اليهم . واستمروا يتكلمون بها حتى ظهور السيد المسيح

الذي تكلم بها هو ووالدته المجيدة وتلاميذه . كما يتضح من الفاظ وايات عديدة تركت على اصلها في الانجيل الكريم منها . اسماء الاعلام والاماكن المختومة بالف الاطلاق حسب اوضاع اللغة الارامية نحو «توما» و«شيلا» و«برابا» و «بونابا» و «عسقا» و «مرتا» و «بيت عنيا» و «بيت حسدا» و «حقل دما» ومنها لفظة «ربي» و «ربوني» و «اوشعنا» . ومنها تسمية المخلص لسمعان بن يونا رئيس الرسل «كيفا» . وقوله للاعمى «إتفتح» وللصبية «طليثا قومي» وصراخه على الصليب «إيلي إيلي لماشبقتاني» وبهذه اللغة كتب متى انجيله وبولس رسالته الى العبرانيين . وقد بقيت مستعملة في اليهودية وبلاد فلسطين الى القرن العاشر .

وقد تقسمت اللغة الارامية الى فروع او لهجات عديدة بسبب اختلاف الازمنة والاماكن التي كانت منتشرة فيها . واشهر فروعها ستة الفينيقية والرهاوية والفلسطينية والتدمرية والنبطية والمندية(١) والرهاوية

---

(١) الفينيقية من اقدم اللهجات الارامية وهي لغة الفينيقيين سكان فينيقيا الممتدة على شواطىء البحر المتوسط من عكا الى جزيرة ارواد . وقد اختلف المؤرخون في اصلهم. فقال بعضهم انهم من بني ارام. وقال غيرهم انهم من بني كنعان. وقال آخرون ان سكان جهة فينيقيا الشمالية من صيدا الى عرقا كانوا من الاراميين وسكان جهتها الجنوبية من صيدا الى عكا كانوا من الكنعانيين. وان هذين الشعبين اختلط احدهما بالاخر على توالي الايام فكان سكان فينيقيا اراميين وكنعانيين (راجع تاريخ سوريا للعلامة الدبس مجلد ١ عدد ١٠٣)

والاصح ان سكان فينيقيا الاولين انما كانوا من الاراميين كسكان سوريا ولبنان وان الكنعانيين احتلوا جهتها الجنوبية من صيدا في نحو سنة ٢٢٥٠ ق.م الى ان ظفر بهم يشوع بن نون وابادهم كما يتضح من سفر الخروج واقوال المؤرخين هيرودوت واسترابون والاب مرتين اليسوعي وغيرهم من المؤرخين الاقدمين والحديثين. (راجع اذا شئت الفصل الاول من الباب الثاني من كتابنا «المحاورة الجدلية» عدد ١٨ . وطالع المقالة التي سندرجها ان شاء

افصَحها وا كملها ولذلك اختارها الكتبةُ الاراميون وفضلوها على سائر الفروع الأخر . فنقلوا اليها اسفارَ العهدين القديم والجديد منذ انتشار النصرانية . والّفوا بها الكتب والصلوات والرتب البيعية وترجموا اليها

الله في آخر هذا الكتاب بهذا الشان للمرحوم العلامة الاب اسحق ارملة.)

واختلف المؤرخون ايضاً في اسم فينيقيا فقال بعضهم انـه تحريف « فينكس » اليونانية ومعناه النخل سمّى به اليونان هذه البلاد لكثرة وجوده فيها قديماً. وقال غيرهم ان معناه الاحمر او الارجوان سمّوها به بسبب الارجوان الجميل الذي امتاز اهلها بصنعه (راج تاريخ سوريا للعلامة الدبس في الموضع المشار اليه).

وقال بعض المؤرخين المتاخرين انه مأخوذ من لفظة ܦܢܩ «نعّمَ . رفّه» او ܦܘܢܩܐ « نعيم. رفاه » السامّية الارامّية. أُطلقَ على الفينيقيين لانهم كانوا في رغدٍ ورفاهٍ من العيش. وهذا القول هو ما نرّحه الان. ومعلوم ان سكان سواحل لبنان كانوا في كل العصور كما هم الان تبدو عليهم مظاهر الرفاه والتنّعم اكثر من سكان الجبال .

ومن العلماء الإعلام الذين اعتبروا اسم فينيقيا والفينيقين مأخوذ من ܦܢܩ الساميّة لافينكس اليونانية ، المثلث الرحمة البطريرك انطون عريضه في تعليق له على محاضرة علميّة في اصل الفينيقيين لحضرة الاب العالم بوفيه لا بيير اليسوعي في جريدة البشير الغراء في ٢٣ ك٢ سنة ١٩٤٤ .

ومما يدل على صحة هذا الراي انك ترى اسم فينيقيا والفينيقيين في التواريخ الارامية السريانية جميعها مكتوباً بالواو لا بالياء ܦܘܢܝܩܐ، و ܦܘܢܝܩܝܐ وكذلك معظم التواريخ العربية المشهورة مثل «الدر المنظوم» للعلامة البطريرك بولس مسعد .

وعليه فلا يكون اليونان هم الذين وضعوا اسم فينيقيا والفينيقيين ، اذ لا يوجد دليل على ذلك ، بل الارجح والاصح ان سكان الجبال اللبنانية اطلقوه على ساحل بلادهم من نفس لغتهم.

وقد نال الفينيقيون شهرةً عظيمة باختراعهم الصنائع البديعة كالمنسوجات وصبغ الارجوان وعمل الزجاج والآنية الخزفية والمعدنية وابتناء السفن وركوب البحـار والتجارة ولا سيما باستنباطهم حروف الكتابة الاثنين والعشرين التي اوصلوها الى بلاد اليونان واقصى النواحي شرقاً وغرباً.

ومما يدلك على أن الفينيقية لهجة ارامية ١ً: اتفاق العلماء على انها لغة ساميّة ٢ً: انتشارُ الارامية في سوريا ولبنان من اقدم الايام وما فينيقيا الا جزء من هذه البلاد التي كانَ يُطلق

كثيراً من كتب اليونان الدينية والعلمية والتاريخية والادبية (١) فكان ذلك اعظم داعٍ الى اجماع الاراميين على استعمالها في كل البلاد الارامية وفي فلسطين والهند الشرقي الى ايامنا . على ان العوامّ لبثوا يتكلمون بلهجاتهم الرهاوية وغيرها. وقد ظلّت الارامية سائدةً في هذه الديار حتى الفتح الاسلامي . فاخذ يسري اليها الضعفُ شيئاً فشيئاً بسبب مخالطة اهلها للعرب. ومع ذلك بقي العلماء يؤلفون فيها . والائمة يلقون بها الخطب والمواعظ في مجتمعات المؤمنين. والاهالي يتكلمون بها حتى تغلبت عليها اللغة العربية في القرن العاشر واصبحت لغة العامّة مكانها .وبقيت هي مستعملة في الكنائس ومحفوظة عند العلماء الذين شرعوا مذ ذاك يشرحون للشعب فصولَ الكتاب المقدس ويفسّرون كتبهم اللغوية وغيرها باللغة العربية . وما زالت مستعملةً في كنائس الموارنة والسريان والكلدان الى اليوم .

وانما تغلبت اللغة العربية يومئذٍ على الارامية العاميّة في المدن وما

عليها بحملتها اسمُ بلادِ ارام قبلما وُضِعَ اسم « فينقيا » لسواحل لبنان وبعد ذلك ،
٣ً: موافقةُ عدد الحروف الفينيقية لعدد الحروف الارامية، وتساويها باللفظ تقريباً .
٤ً: اسمُ قدموس الفينيقي الذي ادخل حروف الهجاء الى بلاد اليونان فانه اسمٌ ارامي ܩܕܡܝܐ «الاول» ٥ً: تسمية اليونانيين للحروف المذكورة فينيقيّة وقدموسيّة وارامية.
٦ً: تسمية استرابون (في ك ١٧) لغةَ الفينيقين « سريانية » اذ قال: ان اسكندر وضع جمهوراً من الصيداويين والصوريين والرواديين في ارابيّا السعيدة وفي القرب من بلاد الحبش فحفظوا هناك الى الان لغتهم السريانية.

والرهاوية منسوبة الى مدينة الرها موطن مار افرام المعظم. والفلسطينية هي لغة بلاد فلسطين بعد رجوع اليهود من السبي البابلي كما اشرنا. والتدمرية منسوبة الى بلاد تدمر. والنبطية الى البلاد النبطية اي حوران. والمندية هي لغة اقوام الصبا الذين يلقبون بالمنديين.

(١) وبواسطة هولاء العلماء اتصلت علوم الاقدمين من اليونان والسريان الى العرب فكانوا يترجمون كتب اليونان من اليونانية الى السريانية ثم الى العربية .

جاورها بسبب كثرة العرب فيها ومخالطة اهلها لهم . اما الاماكن التي لم ينزلها العرب فلم يزل سكانها يتكلمون بالارامية الى الان . منها قرى معلولا وبخعه وجب عدين في شرقي دمشق (١) وجبال طورعبدين . وقرى آثور وجبال كردستان وزاخو . والجانب الغربي من بحيرة اورمية . حتى ان لبنان مع كل قربه من عاصمة خلفاء العرب الامويين وغيرها من المدن السورية التي احتلوها وانتشار جيوشهم في سواحله . فقد بقيت الارامية لغته العامية زماناً طويلا بعد الجيل العاشر ايضاً لعدم وقوعه في حوزتهم . واستمرّ الاهالي في جهتهِ الشمالية يتكلمون بها الى الجيل الثامن عشر كما يظهر مما كتبهُ العلامة جيورجيوس السداني الماروني في آخر كتابه «المنارة» الذي الفه سنة ١٦١٩ فقال «ولميناه .. من كتب توراة الحديثة والعتيقة ...وحتى ايضا من لغات الحصارنة ». ومما ذكره العلامة مرهج بن نمرون الباني المتوفي سنة ١٧١١ (في كتابه سلاح الايمان المطبوع برومة سنة ١٦٩٤ ق ١ راس ٤ عد ٢٤) حيث قال «انه لامر يستوجب الاعتبار ان بشراي وقرية حصرون التي تبعد عنها قليلًا وثلث قرى ومزارع غيرها تحاذيها قد حفظ سكانها ولم يزالوا حافظين اللغة السريانية او الكلدانية القديمة فيها يتكلم الرجال والنساء غالبا ».ويقال ان العلامة السمعاني الشهير (١٦٨٧ - ١٧٦٨) لما عاد من رومية الى قريتهِ حصرون خاطب والدته باللغة السريانية (٢) وفضلًا عن ذلك فان عدداً لا

(١) قد رأيت بعض اهالي معلولا في دمشق وسمعتهم يتكلمون بلغتهم الارامية ولهجتهم كلهجة الشرقيين فيسمّون السوقَ مثلاً «شوُقَا» والبيت «بَيتَا» والنهر «نَهرَا» الخ.

(٢) وجاء في كتاب «الدوائر» للمرحوم القس يوسف حبيقه البسكنتاوي الراهب الماروني اللبناني عندكلامه عن تعدد طبعات كتاب «الشبيّة» (الجزء الثاني صفحة ٥١) «٥ً: طبع على نفقة الرهبان بالحرف الكرشوني سنة ١٧٨٢ على يد الاب ساروفيم

يحصى من الالفاظ الكنسية المنقولة عن الارامية ما زال يستعمله الخاصة والعامة من نصارى لبنان وسوريا وما بين النهرين كالشماس والقسيس والكاهن والهيكل والمعمودية والمعمدان والعراب والاشبين والقداس والقربان والطبليت والزياح والناقوس والدنح والفصح والملكوت الخ . ومئات من اسماء المدن والقرى والاعلام وغيرها باقية في بلادنا على اصلها الارامي . فمن اسماء المدن والقرى صيدا «الصيد» عانا «الغنم» عين طورا «عين الجبل» برمَّانا «محل الرمَّان» بكفيا «محل الحجارة» بتدين «محل الحكم او الدين» بكامين «محل الكؤوس» بزمَّار «محل الترنم» ماردين «الحصون او القلاع» جزين «كنوز» كفريَّا «القرى» راشيَّا «الرؤوس» فاريَّا «الثمار» رشميَّا «راس المياه» كفرنيس «قرية الراية» كفرزينا «قرية السلاح» . ومن اسماء الاعلام نهرا «نور» شلّيطا «متسلط» سابا «شيخ» مرتا «سيدة» . ومن غير اسماء القرى والاعلام شَوب «حرّ» شرش «اصل» شاقوف «آلة لقطع الحجارة» شكارة «قطعة ارض تُزرع» . ومن الافعال سمَكَ «اسنَدَ» شَقل «حمل» شلَح «طرح . نزع» سكَّر «أغلق» . وحتى الان لا تزال ترى اثار اللغة الارامية ظاهرة في لهجة اهالي هذه البلاد العامية . من ذلك تسكين اول الكلمة وثانيها نحو كْتاب . بْريق . كْبير . صْغير . عْليك . بْخاطرك . ونحو قَصْبه . خَشْبه . والتقاء الساكنين في وسطها

الشوشاني البيروتي المتوفي سنة ١٨١٤ الذي أرسل الى رومية لهذه الغاية وبيدنا نسخة من هذه الطبعة وجاء في مقدمتها: اعلم ايها الاخ الحبيب انه في تاريخ ١٧٨٢ «لاجل افادة الجاهلين القراءة بالحرف العربي» قد اعتنى في طبع هذا الكتاب المبارك بالحرف الكرشوني الاب القس ساروفيم شوشانة البيروتي الراهب اللبناني البلدي» . ـ فقوله «لاجل فادة الجاهلين القراءة بالحرف العربي» دليل ساطع على انه حتى ذلك العهد لم تكن االلغة العربية سادت على السريانية الحية بعد بين ظهراني اهادنا .»

نحو حضرتك . رفقتك . عمتك . خالتك . وتسكين اخر الكلمة في غير الوقف ايضا نحو أكلت وشربت . انا وإنت .

وقد حصل مع تمادي الايام في الارامية الرهاوية نفسها بين الشرقيين والغربيين بعض اختلاف في اللفظ لم يؤدّ الى جعلها لغتين بل بقيت لغة واحدة ذات لهجتين شرقية وتعرف بالكلدانية وهي لهجة الكلدان الكاثوليك والنساطرة اينما كانوا . وغربية وتعرف بالسريانية وهي لهجة الموارنة والسريان الكاثوليك واليعاقبة حيثما وجدوا . واخصّ هذا الاختلاف بينهما في الحركة المسماة ܙܩܦܐ ـَ او ـ فالشرقيون يلفظونها فتحاً طويلاً والغربيون ضماً طويلاً كما سيأتي (١) . ويظهر ان لهجة الشرقيين هي الاقدم وانها هي التي كانت مستعملة قديما في كل البلاد الارامية وما جاورها (٢) ما عدا بعض انحاء في جبال طور عبدين بقرب ماردين . وعلى ذلك ادلّة كثيرة منها تسمية لابان الحراني لرجمة الحجارة التي اقامها هو وابن اخته يعقوب ابو الاسباط شهادةً على عهد قطعاه بينهما بلغته الارامية الكلدانية ܝܓܪ ܣܗܕܘܬܐ «رجمة الشهادة» (تك ٣١ : ٤٧) وذلك قبل المسيح بنحو الف وخمسمائة سنة وهذه الجملة تلفظ الى اليوم في العبرانية والعربية وغيرهما «يغر ساهدوتا» كما يلفظ الشرقيون . ومنها شهادة مرهج الباني المذكور عن لغة شمالي لبنان . ومنها وجود الالفاظ الباقية على اصلها في العربية وغيرها في كل انحاء هذه البلاد موافقةً للفظ

(١) وقد ذكرنا وجوه الاختلاف بين الفريقين في مواضعها من هذا الكتاب .

(٢) غير انه طرأ عندهم شيء من التغيير على هذه اللهجة لم يكن قديما . وقد ذكرناه في محلّه . كما ذكرنا التغيير الذي طرأ عليها عند الغربيين .

الشرقيين مثل بابل . حرّان . لبنان . زغرتا . مار . عبدا . مَشينا . كيفا . وغيرها كما تقدم . وانتَ ترى ان لفظ هذه الكلمات وما شابهها بالفتح كما كان قديماً لطيفٌ وان آلفَ سمُعنا ضمَّها في اللهجة الغربيَّة . اما كيف ومتى تبدّلَ الفتح الممدودُ ضمّاً عند الغربيين وتغيرت لهجتُهم عن لهجة الشرقيين . فلا يُعلم ذلك بالحصر . فربما اتخذ اليعاقبة هذه اللهجة عن سكان طور عبدين كما ظنّ البعض . اما للموارنة فلعلّ هذه اللهجة كانت خاصَّة ببعض قرى بلادهم ثم تغلبت على اللهجة القديمة عندهم جميعاً . ومن العجيب ان تكون لغة شمالي لبنان العاميّة في القرن الثامن عشر نفسه « الكلدانية القديمة » كما ذكر العلامة مرهج الباني المشار اليه .

اما كتابة اللغة الارامية فاقدم قلم يُعرفُ لها هو القلم المشهور بالفينيقي . وقد وجدت كتابات ارامية به في شمالي انطاكية وفي خرائب نينوى وجزيرة اصوان بمصر يرتقي عهد اقدمها الى القرن الثامن ق.م وقد بقي الاراميون يستعملون هذا القلم الى القرن الاول ق.م . ثم اخذ اراميّو الرها وبابل وتدمر والشام وفلسطين وحوران يتفننون فيه حتى تفرّعَ منه لكل قوم قلمٌ مختص بهم . وكان القلم الرهاوي المسمّى باللفظ اليوناني ܐܣܛܪܢܓܠܐ « المستدير » اجملها واكملها . ولذلك غلب استعمالهُ في الجزيرة (اي ما بين النهرين) والعراق والشام ولبنان (١) . ثم تفرّع عنه عند الغربيين في نحو القرن السابع القلم الغربيُّ المعروف بالسرياني المستعمل عند الموارنة والسريان . وعند الشرقيين في نحو القرن الثاني عشر القلمُ الشرقيُّ المعروف بالكلداني المستعمل عند الكلدان وهو اشبه بالرهاوي . وقد

(١) وعن هذا القلم اخذ العرب قلمهم المعروف بالكوفي ثم استبدلوه بالقلم الحالي المعروف بالنسخي .

امتاز الكتبة الاراميون باستنباطهم في نحو القرن السادس النقط الدقيقة حركات لكتابتهم . ثم شرع الغربيون منذ القرن الثامن يستعملون ايضاً الحركات الخمس المأخوذة عن الحروف اليونانية التي استنبطها تاوفيلوس الرهاوي الماروني (المتوفي سنة ٧٨٥ م) عندما ترجم كتابي هوميروس الشاعر اليوناني المشهور الى السريانية . وقد اقتدى العبرانيون والعربُ بالاراميين في استنباط الحركات للكتابة .

وقد نبغ في الامة الارامية عدد غفيرجداً من العلماء الاعلام صنّفوا في لغتهم التصانيف البديعة في كلّ انواع العلوم وعنوا بترجمة الاسفار المقدسة اليها منذ بدءِ النصرانية وشرحوها شروحاً جزيلة المنافع . وفي بلاد الشرق ومكاتب الفاتيكان وباريس ولندن وغيرها عددٌ لا يحصى من مؤلفاتهم بعضها لا يزال خطاً وبعضُها اشهرت مطبوعةً بالحرف الرهاوي او الحرفين السرياني والكلداني . ومن مشاهير هؤلاء الاعلام في التاريخ المسيحي يعقوب افراهاط المتوفي (٣٤٥) وافرام ملفان الكنيسة الجامعة (٣٩٧) وبالاي (٤٠٠) وربولا الرهاوي (٤٣٠) واسحق الانطاكي (٤٥٩) ونرسي (٥٠٧) ويعقوب السروجي (٥٢٢) وتاوفيلوس الرهاوي المتقدم ذكره . وعبد يشوع الصوباوى (١٣١٨) وغيرهم كثيرون .

وبين هؤلاء العلماء جماعةٌ كتبوا في آداب اللغة منذ اواسط القرن السادس. فبعضهم ألّف في نحوها وبعضُهم في جمعها صيانةً لها من الفساد والضياع بسبب اختلاط الاراميين بالاعاجم من الروم والعرب . فمن الذين الفوا في نحوها يوسفُ الاهوازي استاذ مدرسة نصيبين (٥٨٠) وهو اوّل النحاة الاراميين . وعنان يشوع (٦٥٠) ويعقوب الرهاوي (٧٠٨) وهو اشهر النحاة القدماء . وحُنَين بن اسحق (٨٧٦) وايليّا

الطيرهاني (١٠٤٩) وابن العبري الشهير (١٢٨٦) وقد فاق في كتابه الذي سماه ܨܡܚܐ ܕܒܢܘܬܐ « كتاب الاشعة » جميع من تقدّمه وعنه أخذ وعليه اعتمد جميعُ النُّحاة الذين اتوا بعده ولا سيما نحاةُ الموارنة واشهـرُهم البطريرك جرجس عميره (١٦٤٤) والبطريرك يوسف العاقوري (١٦٤٨) واسحق الشدراوي (١٦٦٣) وابراهيم الحاقلاني (١٦٦٤) والخوري بطرس التولاوي (١٧٤٥) ويوسف سمعان السمعاني (١٧٦٨) والاب نعمة الله الكفري اللبناني (١٩٠٧) والمطران يوسف دريان (١٩٢٠) والاب جبرائيل القرداحي .

ومن غير الموارنة المطران يوسف داود السرياني (١٨٩٠) والمطران يعقوب اوجين منـّا الكلداني (١٩٢٨) والقس اسحق ازملة السرياني .

ومن الذين الفوا في جمعها وشرحها على ترتيب الابجدية زكريا المروزي (٩٩٨) وهو اولهم . وابو الحسن ابن علي (٩٠٣) وابو الحسن ابن بهلول (٩٦٣) وكتابه اكبر كتاب في اللغة واصحّه واشهرُه. وجيورجيوس السداني الماروني المتقدم ذكره في كتابه « المنارة » وهو جزيل المنفعة . والخوري مخايل لمطوشي القبرصي (١٧٠٥) والقرداحي في كتابه « اللباب » المشهور . والمطران يعقوب اوجين المار ذكره في كتابه « دليل الراغبين » وهو مختصر كبير الفائدة .

ولقد كان اباؤنا شديدي الحرص والمحافظة على لغتهم الارامية العزيزة حتى انهم بعد ما تغلبت عليها العربية بين العامة منذ الجيل العاشر لم يبقوها لغتهم العلميّة والطقسيّة فقط بل انهم لما الجأتهم الضرورة الى استعمال العربية أبَوا الاّ ان يكتبوها بحروف لغتهم الارامية المسمّاة « كرشونيّة » ليس في الكتب الطقسية المترجمة الى العربية فقط بل في الكتب العلمية

والمراسلات وغيرها. ونعمَ ما فعلوا. وحتى الان نجد لرسائل عديدة بخط العلامة السمعاني وغيره مكتوبة « بالكرشونية » . وهـــذه مكاتبُنا وخزائن كنائسنا المشحونة بمخطوطات ايديهم الكريمة شاهدة على غيرتهم وفضلهم . وقد كان تعليمهم لها شاملاً لجميع المتعلمين فيهم بدون استثناء يقدمونه على تعليم كلّ لغةٍ سواها . ويتعاونون على اقامة الصلوات والرتب البيعية الجميلة بها برونقٍ ومهابة تبهج المسامع وتخلب القلوب .

غير اننا نرى اليوم مع الاسف الشديد هذه اللغة العزيزة الشريفة لغة السيّد المسيح واعظم الشعوب قد اصبحت بحالة التأخر والضعف الشديد في بلادنا لقلة العنايةِ بها . والاهتمام بتعلمها. ولذلك لم نعد نرى في كثير من كنائسنا واحتفالاتنا المقدسة ذلك البهاء القديم وتلك الفخامة الرائعة اللذين كانا لها في الايام الماضية .

على انه بقي لها والحمدُ لله مناصرون عديدون ناصروها وعاضدوها ولا يزالون . فها انّ جمهوراً من المستشرقين الكرام يقبلون مــــن كل صوب على درسها والبحث عن كنوزها الغنية ونشر مؤلفات علمائها . وها ان اخواننا ابناء الامة الكلدانية الشريفـــة يبذلون كل نفيسٍ في صيانتها ورفع شانها ولا تزال في مدارسهم زاهرةً زاهية . وعدداً غير يسير من مدارس طائفتنا المارونية العزيزة واخواننا السريان الكرام تبذل عنايةً وافرة بها . وكثيرين من اكابر علمائنا في هذا العصر لايزالون مجدّين في اتقانها ويؤلفون بها التآليف الحسنة . وها ان غبطة بطريركنا المحبوب وسائر بطاركة الملل الارامية السريانية السامي احترامهم يدافعون عنها في كل وقت ويحرضون رؤساء المدارس باقوالهم ورسائلهم ومناشيرهم على تعليمها . واحبار بلادنا ورؤساءها وافاضل قومنا وادباءنا ورؤساء

كثير من مدارسنا نراهم متفقين جميعاً على وجوب تداركها وتلقين مبادئها للناشئة الوطنية . ناهضين لدرء الاخطار التي تتهددها لمعرفتهم الضرر الديني والادبي الذي ينتج عن ضعفها واهمالها . اثابهم الله.

والآن رغبةً في المحافظة على هذه اللغة العزيزة وصيانة طقوسنا الجميلة الموضوعة بها . نورد على سبيل التذكرة بعضَ الوسائط المساعدة على نشرها ووقايتها في بلادنا وهي :

١ً : اتقانُ تلامذة المدارس الاكليركية وبعض الخاصّة لها وعدم الاكتفاء بمعرفة قواعدها معرفة يسيرة فيستطيعون اذ ذاك ان يفقهوا معانيها ويجتنوا فوائدها ويرغبوا في نشرها وتعزيزها. ويا حبذا لو صحّ ما تمناهُ بعضُ الادباء الغيورين وهو ان تُجعل لغةَ التخاطب بين الرهبان في اديرتهم والاكليركيين في مدارسهم على مثال بعض الرهبانيات التي يتخاطب ابناؤها باللاتينية او الايطالية مثلاً .

٢ً : نشرُ اصحاب الغيرة لما يستطيعون من الكتب السريانية المفيدة مطبوعة كما فعل كثيرون من اصحاب الفضل قديماً وحديثاً . واقتناءُ مثل هذه الكتب وجعلها بين ايدي الدارسين .

٣ً : تعميم الاحتفالات بالصلوات والطقوس الجمهورية في كنائسنا حسب عادة ابائنا الابرار واوامر بطاركتنا الاجلاء وقوانيننا البيعية . وفي ذلك تمجيد الله وبنيان القريب ما فيه . وكم يسهل هذا الامر على الكهنة متى كان بين افراد الشعب وفي المدارس الكائنة غالباً في جوانب كنائسنا اناسٌ عارفون بالطقوس والصلوات .

٤ً : ابقاءُ منبر الصلوة المعروف « بالقرّائة » في الكنائس على حاله

وفي مكانه اي خارج الدرابزين (١) تسهيلاً لاشتراك الاكليروكيين والشعب بالصلوة معاً حسب العادة الجارية . اذ لا يحسن احتشاد المصلين اكليريكيين وعوامّ داخل الدرابزين ولا يتيسر لكل الكنائس ولا سيما في القرى اقتناءُ كتبٍ للصلوة على عدد المصلّين . ولا ريب ان اصطلاح اجدادنا على جعل « القرائة » على هذه الهيئة كان من اهمّ الاسباب التي صانت الطقس عندنا وجعلت الشعب يشترك فيه الى ايامنا . وكلّ يرى ان وقوف المصلين حولها برزانة ووقار جميلٌ خاشع ولا شيء فيه يخلُّ بالترتيب . ومَجمَعُنا اللبناني لم يذمّه وانما اقتصر على اظهار رغبتهِ في ان يمسك كلّ واحدٍ من المصلين كتاباً في الكنائس والاديار الكبيرة فقط حيث يُخشى ازدحامُ الجمهور حول القرائة من غير ترتيب .

٥ً : عدمُ التسامح بترجمة بعض القطع المسطورة بالسريانية فقط في كتاب القداس وباقي الكتب الطقسية الى العربية كما يفعل البعض « من باب التباهي اللغو » او بحجة افهام السامعين وحملهم على الخشوع . فان في جمال الالحان السريانية الرائعة وترجمة بعض القطع المسطورة مقابل اصلها السرياني المسموح بترجمتها . وفي قرائة فصول الكتب المقدسة بالعربية ما يكفي لحمل الشعب على العبادة والخشوع ويزيد . وآباؤنا ما سمحوا بترجمة تلك القطع من الطقوس الا تداركاً لمثل هذه الحجّة ومنعاً لمن يأتي بعدهم من التعرّض لها والتبديل فيها . ان هذه الصلوات جميلةٌ في اصلها وتدلُّ على قدم طقس كنيستنا الانطاكي وفخامتهِ ولها فيه

(١) فهناك موضع الصلاة الفرضيّة الحقيقي المسمّى عند الروم « الخورس » كما نصّ العلامة الدويهي في منارة الاقداس (جزء اول صفحة ١٢١ و ١٢٤ و ١٢٥) ومنائر الطقسيات قسم ٣ صفح ١٧٣ وما يلي . اما داخل الدرابزين فيُسمّى « بيت القدس » .

رونقٌ واعتبارٌ لا يكونان في الترجمة فلا تسوغ ترجمتها .

وفضلاً عن ذلك فهي فروضٌ توجب القوانينُ الكنائسيةُ حفظها ومراعاتَها واتمامَها كما هي بدون تغيير ولا تجيز لاحدٍ ان يتصرف بها على ايثاره (١) وهذه الكنيسة الرومانية ام جميع الكنائس ومعلمتهنّ لا تسمح لخدامها بترجمة شيء على الاطلاق من اللغـة اللاتينية الى اللغات الدارجة .

٦ً : نزعُ الكتب الطقسيّة التي نُشرت مؤخراً بالحرف العربي من ايدي الناشئة واستبدالها بالمطبوعة بالحرف السرياني. فان استعمالها يساعد على اهمال اللغة وهو منهيٌ عنه في مراسيم البطاركة الكلي احترامهم .

٧ً : اهتمام رؤساء المدارس الجدّي بتعليم هذه اللغة للصغار في جميـع مدارسنا في القرى والمدن وتحبيبها اليهم وتعويدهم على الاشتراك باقامـة الصلوات والاحتفالات البيعية كما يفعل كثيرون مـن ارباب المدارس الذين يستحقون كلّ ثناء . وذلك من أيسر الامور. وقد عرفنا بالاختبار ان تعلمها سهلٌ جداً على الاولاد اكثر من غيرها وانه لا يلزمهم لاجادة قراءتها الا وقت وجيز . ولعلّ ذلك لقربها من العربية التي يتكلمون بها او لكونها لغتهم الجنسية . وقد دلّنا الاختبارُ ايضاً ان لا شيء اشهى على قلوب الوالدين من رؤيتهم اولادهم يشتركون امامهم في الصلوات والحفلات الكنائسية ويسبحون الله امام المذبح وحولَ « منبر الصلوة » القرّائة كالملائكة الاطهار . واذا خشيَ بعض الوالدين (وهم قليلون) ان تعلّمها يُعيق اولادهم عن تعلم سواها فلا يصعب على المعلم الغيـور اقناعُهم بانها لا تضيع شيئاً من اوقاتهم لسهولتها حتى يكونوا شاهدوا

(١) انظر المجمع اللبناني ق ٢ باب ١٣ عد ١١

اولادهم في تلك الاحتفالات الجميلة فيبتهجون بهم جداً . وقد رأينا الكثيرين من الوالدين عند رؤيتهم بعض الاحداث يشتركون في تلك الاحتفالات او يقرأون فصلاً من الكتب المقدسة امام الشعب كانوا يطلبون بالحاح ان يتعلمها اولادهم مثل رفاقهم . على ان الاهالي متى انسوا من المعلم غيرة واجتهاداً على ابنائهم لا يعودون يعترضونهُ بشيء كما شهد جماعة من المعلمين الفاضلين . ان في تعليم الاولاد هذه اللغة وطقوسها البيعيّة خيرين جزيلي النفع . اولهما ان الاحداث متى تعلموها على صغر ينشأون خبيرين بالاحفالات الدينية ميالين الى الكنائس وقادرين على معاونة الكهنة في اقامة طقوسها . وهكذا يستمرون في الكبر . وبذلك تستعيد كنائسنا بهاءَها القديم يوم كان كلُّ الحاضرين في البيعة او اكثرهم يستطيعون ان يشاركوا الكاهن في صلواتها المبهجة . ولا يخفى كم نحن بحاجة الى مثل هذا التهذيب التقوي في هذا العصر الطافح بالترهات والاباطيل . الثاني ان الاولاد متى تعلموها يستطيع من قُدّرَ له منهم ان يكون في المستقبل معلماً في احدى المدارس ان يُعلّمها لغيره فلا يبقى تعليمها للاحداث مقصوراً في الغالب على الاكليريكيين كما هو الان بل يشمل المعلمين العالميين ايضاً . فيا حبذا اذن لو عمّم اولياءُ الامر انتشارها في مدارسنا ولا سيما الابتدائية ليس في لبنان وجهات الشرق فقط بل في اميركا وغيرها من الاقطار الغربية التي تتوطنها جالياتنا ومهاجرونا الاعزاء اقتداءً بآبائنا الكرام الذين عنوا بنشرها في رومية وغيرها من الاقطار الاوروبية . واهل هاتيك البلاد يعتبرون لغتنا هذه وطقوسنا الشرقية اعتباراً عظيماً حتى ان بعضاً من اجلّ كهنتهم التمسوا من قداسة الحبر الاعظم ان يأذن لهم باقامة القداس الالهي بها ولو بعض

ايام في السنة لكونها لغة السيد المسيح وصلواتها سامية المعاني جداً والحانها شجيّة وغاية في الخشوع (١) فتعليمُها للناشئة اذن من انجع الوسائط لانعاشها وتعزيزها وفيه للدين والوطن خيرٌ عظيم. وهذا الخير انما يتوقف حصولُه على همة الاساتذة الغيورين اكثر الله امثالهم.

والآن نناشدكم يا بني آرام الاعزاء من اي ملّةٍ كنتم ان تذكروا شرف اصلكم وامجادكم السالفة وتغاروا للغتكم الشريفة التي هي عنوان فخركم. وعلى حفظها وصيانتها انما يتوقف حفظُ كيانِكم وصيانتهُ. وهي اشرفُ واعزُ ميراثٍ تركه لكم اباؤكم الكرام واودعوا فيها كنوزَ حكمتهم وعلومهم السامية. وما اوحتهُ نفوسُهم الطاهرة من الاناشيد الالهية والاغاني الروحية والادبية التي تسبي العقول وتسحر الالباب. ويحسدكم عليها جميعُ امم العالم. ألا تشبهوا بابناء الغرب الاماجد الذين يتهافتون على تعلمها واحراز فوائدها وينهيون عليكم باتقانها. ايكون بنو اسرائيل مع تشتتهم في كافّة الامصار وتكلّمهم بمختلف اللغات اشدّ غيرةً على لغتهم منكم انتم على لغتكم. فها قد نهضوا نهضةً واحدة لاحيائها ونشروا فيها الجرائد والمجلات والروايات واوجبوا تعليمها في جميع مدارسهم حتى ان بعضهم آلوا على نفوسهم ان لايتكلموا الاّ بها. وهل من الانصاف ان تضنّوا على لغتكم ببعض العناية. وتعكفوا على لغة اجنبيةٍ ايّة كانت فتعززونها بكل ما في طاقتكم وما انتم في الحقيقة الاّ غرباء واجانب عنها. وهل ترضون بان يكون جميع الشعوب اكثر اهتماماً بجنسياتهم واوطانهم ولغاتهم منكم انتم بجنسيّتكم ووطنكم ولغتكم. وانتم اشرفُ الشعوب واعظمُهم مروءَةً ونخوةً ولغتكم اشرفُ اللغات واسماها. وهل ترضون بان تتلاعب بها ايدي

(١) وليس الغربيون فقط ينظرون الى هذه اللغة وطقوسها بعين الاعتبار بل الشرقيون الذين من غير طقسنا ايضاً. وقد اظهر غير مرة كثيرون من افضل علمائهم اعجابهم بها وبانغام اناشيدها الشجيّة.

الضياع والفسيان لاسمح الله. ونصف ساعةٍ على الكثير تصرفونها يومياً في مدارسكم على تعليمها تبقيها زاهرة في اوطانكم وبين ابنائكم. وكأني بها الآن وقد غالبتها صروفُ الدهر في بلادها المحبوبة واعيتها الحيل تلجأ الى كنائسكم لائذةً بحماها لعلمها انها اقدر واعزّ ما عندكم لكي تنهضوا لمعاضدتها وتدفعوا عنها عادياتِ الزمان فتحيا آمنةً في ربوعِ شرقكم العزيز وظلالِ ارزكم الخالد بمنّ الله وكرمهِ.

قال حضرة الاب الجليل انطونيوس الرشماوي الراهب اللبناني مؤرخاً هذا الكتاب:

أودى ببهجتها الزمان الخالي ... مِن بعد ما كانت بأسعد حالِ
والدهرُ غالبها وزعزع عزّها ... بتعاقبِ الاجيال والاحوالِ
وتضاءلت لمّا غزت أحياءَها ... العربانُ بالصمصام والعسّالِ
غزْوُ العرينِ وقهرُ لبوتهِ به ... يا أمتي حَيفٌ على الأشبالِ
خفّوا لنصرتها كبولس والألى ... جالوا ليحموها بكلِ مجالِ
شهمٌ تفانى في إعادة مجدها ... والذود عن إرث الجدود الغالي
كم مرة وَصل المساء بصبحه ... بحثاً عن الاسماء والافعالِ
فعنا بضبط اصولها بمؤلفٍ ... سهل المنال وشيّقِ المنوالِ
أضفى عليها حلّةً نوريةً ... فغدت تميس بثوبها المتلالي
لغةٌ سمت كل اللغات وعاصرت ... أرقى العصور واقدم الاجيال
فيها تكلم آدمٌ وبها لقد ... نطقَ المسيحُ الهنا المتعالي
ولقد شهدتُ سهادهُ وجهادهُ ... في الليل والغدواتِ والآصالِ
ذيلتُ بالتاريخ جنبَ كتابهِ ... قد ضمَّ بحرَ جواهرٍ ولآلي

١٩٢٩

ܡܥܠܬܐ ܕܟܬܒܐ

مدخل الكتاب

عدد ١ العلم الذي يشتمل على قواعد اللغة يسمّيه الاراميون باليونانية ܓܪܡܛܝܩܝ «غرامطيق» او بلغتهم ܬܪܝܨܘܬ ܡܡܠܠܐ اي اتقان الكلام . ويحدّ بانه علم يقي صاحبه من الخطأ في التكلم والقراءة والكتابة

وهو قسمان : قسم يبحث في مفردات اللغة التي تُبنى من حروف الهجاء ويسمّى في العربية الصرف . وقسم يبحث في تركيب الجمل من هذه المفردات ويدعى في العربية النحو .

وعليه فقد قسمنا كتابنا هذا الى جزئين . الاول في الكلمات المفردة او الصرف . والثاني في تركيب الكلام او النحو . وصدّرناه بمقدمة في حروف الهجاء وفي الحركات والنقط والعلامات وغيرها مما يتعلق بالكلام ومفرداته . وانهيناه بخاتمة في اعراب الكلام وتحليله بحسب القواعد الصرفية والنحوية . فنقول وعلى الله الاتكال .

ܡܩܰܕܡܽܘܬܳܐ المقدمة

ܥܰܠ ܐܳܬܘܳܬܳܐ ܘܙܰܘܥܶܐ ܘܫܰܪܟܳܐ܀

في حروف الهجاء والحركات وغيرها وفيها احد عشر فصلاً

الفصل الاول

ܥܰܠ ܐܳܬܘܳܬܳܐ في حروف الهجاء

٢ حروف الهجاء الاصلية اثنان وعشرون حرفاً . وهذه صورها واسماؤها مع ما يقابلها من الحروف العربية :

– جدول الحروف –

الحرف	اسمه	مقابله	الحرف	اسمه	مقابله
ܐ	ܐܳܠܰܦ	ا	ܠ	ܠܳܡܰܕ	ل
ܒ	ܒܶܝܬ	ب	ܡ	ܡܺܝܡ	م
ܓ	ܓܳܡܰܠ	ج	ܢ	ܢܽܘܢ	ن
ܕ	ܕܳܠܰܬ	د	ܣ	ܣܶܡܟܰܬ	س
ܗ	ܗܶܐ	ه	ܥ	ܥܶܐ	ع
ܘ	ܘܰܘ	و	ܦ	ܦܶܐ	ف
ܙ	ܙܰܝܢ	ز	ܨ	ܨܳܕܶܐ	ص
ܚ	ܚܶܝܬ	ح	ܩ	ܩܽܘܦ	ق
ܛ	ܛܶܝܬ	ط	ܪ	ܪܺܝܫ	ر
ܝ	ܝܽܘܕ	ي	ܫ	ܫܺܝܢ	ش
ܟ	ܟܳܦ	ك	ܬ	ܬܰܘ	ت

وتسهيلاً لحفظها قد جمعت بست الفاظ وهي ܐܒܓܕ ܗܘܙ ܚܛܝ ܟܠܡܢ ܣܥܦܨ ܩܪܫܬ (١)

— ܪܘܫܡܐ تمرين .

انسخ الحروف الهجائية بالحروف السريانية الغربية المذكورة هنا . وبالحروف الرهاوية المسمّاة المستديرة . وبالحروف الكلدانية الشرقية الاتي ذكرها :

ܐܬܘܬܐ ܐܘܪܗܝܬܐ ܐܘ ܐܣܛܪܢܓܠܝܬܐ

الحروف الرهاوية او المستديرة

ܐ ܒ ܓ ܕ ܗ ܘ ܙ ܚ ܛ ܝ ܟ ܠ ܡ ܢ ܣ ܥ ܦ ܨ ܩ ܪ ܫ ܬ

ܐܬܘܬܐ ܟܠܕܝܬܐ الحروف الكلدانية

ܐ ܒ ܓ ܕ ܗ ܘ ܙ ܚ ܛ ܝ ܟ ܠ ܡ ܢ ܣ ܥ ܦ ܨ ܩ ܪ ܫ ܬ

(١) وهي باعتبار مخارجها خمسة انواع :

١ ܓܓܪܬܢܝܬܐ « حلقية » وهي ܐ ܗ ܚ ܥ ܪ . وتسمى ܦܬܘܚܝܬܐ « الفواتح او حروف الفتح » لانها تفتح ما قبلها كما ستعلم

٢ ܚܢܟܢܝܬܐ « حنكية » وهي : ܓ ܝ ܟ ܩ

٣ ܠܫܢܢܝܬܐ « لسانية » وهي : ܕ ܛ ܠ ܢ ܬ .

٤ ܫܢܢܝܬܐ « اسنانية » وهي ܙ ܣ ܨ ܫ . وتدعى ܡܨܦܪܢܝܬܐ « حروف الصفير »

٥ ܣܦܘܬܢܝܬܐ « شفاهية » وهي ܒ ܘ ܡ ܦ

واعلم اننا دعونا هذه الحروف « اصلية » لان الالف منها تكون تارةً صحيحة وتارة معتلة فتعتبر حرفين . وستة منها وهي ܒ ܓ ܕ ܟ ܦ ܬ تلفظ تارةً قاسية وتارة رقيقة فتحسب اثني عشر حرفاً . فتكون حروف الهجاء والحالة هذه تسعة وعشرين حرفاً .

الفصل الثاني

ܦܨܠ ܬܪܝܢܐ ܐܘ ܢܘܫ̈ܡܐ في الحركات

٣ الحركة اداة يُقوى بها على النطق بالحرف . وعددها سبع . ثلاث قصيرة واربع طويلة . فالقصيرة هي الفتح والكسر القصير والضم القصير. والطويلة هي النصب اي الفتح الطويل والضم الطويلان و الخفض .

وعلامات الحركات نوعان :

الاول : نقط دقيقة منحرفة يوضع بعضها فوق الحرف وبعضها تحتـه وهي الحركات الارامية الاصلية . ويستعملها الغربيون والشرقيون خاصةً

والثاني: رسوم: شبيهة بالحركات اليونانية توضع فوق الحرف او تحته والكثير وضعها من فوقه . ولا يستعملها الا الغربيون وحدهم . وهاك جدول الحركات بنوعيها: <(جدول الحركات)>

اسم الحركة		علامتها بالارامية	علامتها باليونانية	مثالها
ܦܬܚܐ	الفتح	ܲ ܰ	ܰ	ܦܰܓܪܳܐ او ܦܰܓܪܳܐ الجسد
ܙܩܦܐ	النصب	ܵ ܳ	ܳ	ܥܳܠܡܳܐ ، ܥܳܠܡܳܐ عالم
ܪܒܨܐ ܟܪܝܐ	الكسر القصير	ܶ	ܶ	ܡܶܠܚܳܐ ، ܡܶܠܚܳܐ ملح
ܪܒܨܐ ܐܪܝܟܐ	الكسر الطويل	ܸ	ܶ	ܒܶܝܬ ، ܒܶܝܬ بيت
ܥܨܨܐ ܟܪܝܐ	الضم القصير	ܘܼ	ܽ	ܫܘܼܪܒܬܳܐ ، ܫܘܼܪܒܬܳܐ قبيلة
ܥܨܨܐ ܐܪܝܟܐ	الضم الطويل	ܘܿ	ܽ	ܛܘܿܒܳܐ ، ܛܘܿܒܳܐ خبر
ܚܒܨܐ	الخفض	ܝܼ	ܺ	ܕܺܝܢܳܐ ، ܕܺܝܢܳܐ حكم

على ان الغربيين التبس عندهم الكسر القصير بالكسر الطويل والضم القصير بالضم الطويل (١) بسبب استعمالهم الحركات اليونانية فاعتبروا الحركات خمساً ومثلوا لها بأسماء اعلام خمسة وهي :

اسم الحركة		علامتها	مثالها	
ܦܬܳܚܳܐ	الفتح	ܰ	ܐܰܒܪܳܗܳܡ	ابراهيم
ܙܩܳܦܳܐ	النصب	ܳ	ܐܳܕܳܡ	آدم
ܪܒܳܨܳܐ	الكسر	ܶ	ܐܶܫܰܥܝܳܐ	إشعيا
ܥܨܳܨܳܐ	الضم	ܽ	ܐܽܘܪܺܝܳܐ	اوريا
ܚܒܳܨܳܐ	الخفض	ܺ	ܐܺܣܚܳܩ	اسحق

< (ܕܘܪܫܐ تمرين) >

ابدل حركات الغربيين بالحركات الارامية الاصلية في الالفاظ الاتية :

ܡܰܠܟܳܐ ملك	ܕܰܟܝܳܐ نقية	ܢܶܥܢܶܐ يستجيب
ܚܶܠܡܳܐ حلم	ܩܳܢܽܘܢ̈ܶܐ تراتيل	ܢܶܫܒܽܘܩ يترك
ܣܽܘ̈ܟܶܐ اغصان	ܪ̈ܚܺܝܡܺܝܢ محبوبون	ܚܳܣ اشفق
ܫܽܘܪ̈ܶܐ اسوار	ܥܰܡܗܽܘܢ معهم	ܩܳܡ ثبت

(١) الحركة القصيرة هي التي يلي الحرف المتحرك بها حرف ساكن لا يجانسها . والطويلة هي التي يلي الحرف المتحرك بها حرف ساكن يجانسها . والحروف التي تجانس الحركات هي حروف العلة اي ܐ ܘ ܝ . فالالف تجانس الفتح والواو تجانس الضم والياء تجانس الكسر والخفض .

واعلم ٦ : ان الحركات القصيرة هي الاصل . والطويلة هي فرعها ومد لها بسبب وقوع الحرف الذي يجانسها بعدها . فالنصب هو مدّ الفتح بسبب الالف الساكنة بعده ولم يزل الشرقيون يلفظونه كذلك فيلفظون ܕܳܪܳܐ . ܩܳܡ . لا مثلاً كما يلفظ

الفصل الثالث

ܦܣܘܩܐ ܢܘܩܙܐ في النقط

٤ تُستعمل النقط في الكتابة لخمسة اسباب :

الاول : للتمييز بين الحروف المتماثلة صورة وهي ١ً : الدال والراء فتوضع نقطة للدال من تحت (ܕ) ونقطة للراء من فوق (ܪ)

العرب « كتاب . كاتب . لا » اما الغربيون فليفظونه مما لاً كثيراً الى الضم نظير o الافرنجية . وقد حذف الاراميون هذه الالف من وسط الكلمة واستعاضوا عنها بحركة النصب المومأ اليها . فان ܟܬܒ ܡܠܟ مثلاً اصـــل كتابتهما ܟܬܐܒ ܡܠܐܟ . والكسر الطويل هو مد الكسر القصير بسبب وقوع الياء الساكنة المخففة او ما يشابهها بعده نحو ܫܝܡ ܫܝܢܐ . والخفض ايضاهو مدالكسرمداًممالاً امالة شديدة بسبب وقوع الياء الساكنة الغير المخففة او ما يبدل منها بعده نحو ܒܝܬܐ ܟܐܦܐ . والضم الطويل هو مد الضم القصير بسبب وقوع الواو الأصلية بعده اصالة البناء او اصالة الصيغة كما في ܢܘܪܐ ܐܘܪܚܐ . فان كانت الواو اصلية فالضم طويل كما في المثالين والا فهو قصير كما في ܡܠܘܟ!

ولزيادة الايضاح اعلم ان الواو التي تشاهدها في الكلمات السريانية ليست دائماًحرفاً اصلياً بل هي في بعضها علامة للضم وضعوها له قبل استنباط الحركات الارامية كما في ܠܡܘܫܐ ܩܘܕܫܐ ܡܘܬܐ وبعد استنباطهم الحركات لم يحذفوها ولكنهم ميزوا بينها وبين الاصلية بان وضعوا لها نقطة من فوق « ܘܿ » ولتلك نقطة من تحـــت « ܘܼ » كما ترى . ولما أخذ الغربيون يستعملون الحركات الشبيهة بالحركات اليونانية لم يجعلوا معها علامـــة فارقة بل وضعوا لكلتيهما هذه العلامة فالتبست عندهم الواوالاصلية بغير الاصلية والضم الطويل بالضم القصير . ولا يعرف ذلك الا من المطالعة

٢ً : انه يوجد اختلاف في اسماء بعض الحركات عندنا وعند الشرقيين وهذه اسماء الحركات عندهم ܦܬܚܐ ـَ ܙܩܦܐ ـً ܪܒܨܐ ܟܪܝܐ ـِ ܪܒܨܐ ܐܪܝܟܐ ـٍ ܚܒܨܐ ـِ ܥܨܨܐ ܘܼ ܪܘܚܐ ܘܿ ܡܠܝܐ ـِ ولبعضها اسماء غير هذه

٢ً: حروف ܒܓܕܟܦܬ الستة مقساة ومرققة فتوضع نقطة المقساة من فوق والمرققة من تحت نحو ܟܬܒܐ ܘܟܬܒܐ كما سيأتي .

الثاني : للتمييز بين الضمائر واسماء الاشارة . فتوضع نقطة على الهاء ضمير الغائبة المتصل نحو ܟܬܒܗ (١) ليمتاز عن ضمير الغائب نحو ܟܬܒܗ . وتوضع نقطة تحت ضميري الغائب والغائبة المنفصلين ܗܘ و ܗܝ تمييزاً لهما من ܗܘ و ܗܝ اسمي الاشارة للمفرد المذكر والمؤنث البعيد بنقطة من فوقهما (٢) وتوضع نقطة تحت ܗܢܘܢ و ܗܢܝܢ ضميري الغائبين والغائبات ليمتازا عن ܗܢܘܢ و ܗܢܝܢ اسمي الاشارة للبعيدين والبعيدات بنقطة من فوقهما . ويوضع نقطة على ܡܢ ليمتاز عن ܡܢ بدون نقطة . وعلى ܐܘ حرف العطف ليمتاز عن ܐܘ حرف الندا .

الثالث : للفرق بين الاسم المجموع والمفرد فتوضع نقطتان متساويتان فوق الاسم المجموع نحو ܡܠܟܐ ܡܠܟܬܐ ليفترق عن المفرد ܡܠܟܐ ܡܠܟܬܐ . فان كان بين حروف الاسم راء تكفي نقطة واحدة مع نقطة الراء نحو ܣܦܪܐ ܟܪܝܬܐ . وان كان بينها اكثر من راء فنقطة واحدة مع نقطة الراء الاخيرة نحو ܥܣܪܐ ܥܣܪܬܐ

الرابع : للدلالة على ان الكلمة فعل لا اسم . او للتمييز بين صيغ الافعال . ونبقي الكلام عليه الى باب الفعل (٣)

---

(١) وما قبلها يكون منصوباً كما ترى الا اذا سبقها ياء ساكنة فيكسر ما قبل هذه الياء كسراً طويلاً في نحو ܡܕܝܢܬܗ ܒܝܬܗ . ويخفض في نحو ܒܪܝܬܗ كما ستعلم

(٢) واذا ربطت هاء الضميرين المذكورين تحذف النقطة من تحتها نحو ܩܛܠܗܘ ܘܩܛܠܗܝ . والشرقيون يضعون نقطتين تحتها هكذا ܗܘ و ܗܝ ومتى ربطت هاؤهما فيحذفون نقطة منها نحو ܟܬܒܗܘ ܘܟܬܒܗܝ

(٣) فاستعمال النقط في الالفاظ للاسباب الاربعة المذكورة لازم ولو وضعت الحركات

الخامس : للفصل بين الجمل و المقالات . فتوضع ١ً : نقطتان بعد الجملة التي تحتاج الى ما بعدها لايضاح معناها او لتتميمه هكذا : ونقطة بعد الجملة التي يتم معناها هكذا . مثال ذلك نثراً :

ܗܳܕܶܐ ܡܶܠܬܳܐ ܡܶܢ ܟܬܳܒܶܐ ܕܐܶܡܰܪ : ܗܽܘܝܽܘ ܒܰܪܢܳܫܳܐ ܕܒܶܗ ܐܶܬܚܰܬܰܡ .

مثاله شعراً :

ܗܳܕܶܐ ܐܶܬܚܰܬܡܰܬ ܟܬܳܒܬܳܐ : ܐܰܝܟ ܕܢܶܛܰܪ ܡܶܢ ܩܕܳܡܰܝ .

٢ً : ويوضع اربع نقط في آخر المقال هكذا ܀ كما تجد في الكتب الخطية خاصةً . وقد يكتفي البعض بنقطة واحدة بعد كل جملة . وفي آخر المقال كما يشاهد في بعض الكتب

<(ܬܘܪܓܡܐ تمرين)>

قل : لاي سبب وضعت النقط للحروف والكلمات التالية :

ܗܽܘ	هو	ܚܰܩܠܶܐ	حقول	ܒܬܽܘܠܳܬܳܐ	بتولات
ܓܰܘܩܳܐ	جوقة	ܗܳܢܽܘܢ	اولئك	ܫܦܺܝܪܳܬܳܐ	جميلات
ܗܰܘ	ذلك	ܪܰܘܪܒܳܢܶܐ	زعماء	ܝܳܪܬܳܐ	وارث
ܘܓܰܘܩܳܐ	والجوقة	ܒܳܗ̇	بها	ܒܢܰܝ̈ܗ̇	بنوها
ܗܶܢܶܝܢ	هنّ	ܘܟܳܗܢܶ̈ܐ	والكهنة	ܝܺܪܶܬ	ورثَ

على تلك الالفاظ. وعليه يتمشى عموم الكتبة. وقد استعمل البعض النقط لسبب اخر غير هذه الاسباب الاربعة وهو التعويض عن الحركة والتمييز بين الاسماء المتشابهة . فوضعوا مثلاً نقطة فوق ܕܡܶܢܳܐ ܡܰܠܟܽܘܬܳܐ ܟܬܳܒܳܐ ܐܳܪܳܐ ܥܶܒܪܳܐ ܥܰܢܝܳܐ ܫܰܒܪܳܐ ܫܽܘܒܚܳܐ لتمتاز من ܕܡܶܢܳܐ ܡܰܠܟܽܘܬܳܐ ܟܬܳܒܳܐ ܐܳܪܳܐ ܥܶܒܪܳܐ ܥܰܢܝܳܐ ܫܰܒܪܳܐ ܫܽܘܒܚܳܐ بنقطة من تحتها. ولكن لا لزوم لهذا الاستعمال لانه ليس عمومياً في سائر الاسماء المتشابهة، لا بل يوجد اسماء كثيرة منها ولا يميز بينها بنقط مثل ܚܰܡܪܳܐ و ܚܶܡܪܳܐ وغيرهما فيكفي في مثل هذه الاسماء وضع الحركة حيث لزمت فتدفع الالتباس

الفصل الرابع

ܡܛܠ ܦܘܢܝܐ ܐܚܘܪܐ في الخط الصغير

٥ يُستعمل خط صغير في الكتابة ويوضع فوق الكلمة او تحتها اما وضعهُ فوقها فلثلاثة اسباب :

الاول : للدلالة على ان الكلمة ناقصة كتابتها اما لضيق السطر او لكثرة ورودها وسهولة معرفتها فيلزم القاريء تكميلها . وموضعه على الحرف الاخير منها نحو ܫ̄ ܡ̄ܪ ܥܠ̄ ܥܠ̄ ܐܡ̄ اختصار ܫܘܒܚܐ ܡܪܝܡܐ ܥܠ ܥܠܡܝܢ ܐܡܝܢ .

الثاني : للدلالة على السرعة بلفظ الساكنين اللذين يتوسطان الكلمة اي اشمام اولهما بالكسر (١) ويسمى ܡܪܗܛܢܐ « المسرع » ويوضع فوقه نحو ܘܒܬܠܐ ܡܩܒܠܢܐ ܦܪܝܫܬܐ .

وهو يجري ايضاً في كلمتين آخر الاولى واول الثانية منها ساكنان نحو ܚܘܣ ܥܠܝ « ترأف عليّ » ولا يوضع له الخط هنا

الثالث : لتمييز ܐܘ حرف الندا عن ܐܘ حرف العطف .

واما وضعه تحت الكلمة فلثلاثة اسباب ايضاً :

واعلم ان النقط المذكورة في هذا الفصل تفترق عن النقط المذكورة في الفصل السابق فهذه كبيرة وتلك صغيرة دقيقة

(١) او بالفتح والضم اذا كان الثاني حرف فتح او واواً في الاسماء المؤنثة بالتاء نحو ܚܕܘܬܐ ܘܚܣܝܐ ܣܒܘܬܐ . وانما تغلبت عليه هنا حركة ܡܗܓܝܢܐ كما سترى قريباً . فلم يوضع له الخط الصغير

وهذا الاشمام بالحركة او نصف الحركة يسميه العلامة القرداحي « رَوما » ولكنه يضعه على ثاني الساكنين لا اولهما · ويضعهُ ايضاً على اول الكلمة الساكن .

الاول : للدلالة على ربط الحرف أي اسقاطه لفظاً ويسمى ܡܒܛܠܢܐ « المبطل » ويرسم تحته نحو ܒܪܬܐ ܐܝܬ (١) ويربط حرفاً واحداً كما مثلنا . او اكثر من حرف نحو ܡܕܝܢ̈ܬܐ ܥܡܗ فتقرأ ܡܕܝܢ̈ܬܐ

الثاني : لتمييز صيغة امر الفعل المجهول من ماضيه نحو ܐܬܒܪܝ ܐܬܒܪܝ من ܐܬܒܪܝ ܐܬܒܪܝ .

الثالث : للدلالة على تهجئة اي تحريك اول الساكنين في وسط الكلمة بالكسر غالباً ويسمى ܡܗܓܝܢܐ « المهجي » ويوضع تحته نحو ܡܫܬܡܠܝܢܘܬܐ ܐܬܝܠܕ فتلفظ ܡܫܬܡܠܝܢܘܬܐ ܐܬܝܠܕ

فان كان ثاني الساكنين ياء يقلب كسر ܡܗܓܝܢܐ خفضاً لانه اليق بها نحو ܐܬܝܕܥܬ ܐܬܝܕܥܬ (والاصل ܐܬܝܕܥܬ ܐܬܝܕܥܬ) بسكون التاء كما ستعلم

وان كان حرف فتح او واواً في المؤنث بالتاء فقط فيفتح او يضم نحو ܫܘܒܚܬܐ ܡܫܒܚܬܐ ܡܬܠܬܐ ونحو ܡܪܘܬܐ ܡܪܘܬܐ وهذا سماعي

وعند ضرورة الشعر يحرك بحركة ܡܗܓܝܢܐ في كلمتين آخر الاولى واول الثانية منهما ساكنان فيكسر اولهما ولكن بدون وضع الخط كقول مار افرام ܒܟܢܫܘܗܝ ܕܡܫܝܚܐ : ܪܡܐ ܡܢ ܩܠܗ . بكسرها. ܒܟܢܫܘܗܝ. وقوله ܡܢ ܐܬܪܡܝ ܒܟܠ بكسر ميم ܐܬܪܡܝ (٢)

---

(١) والشرقيون يضعون الرابط فوق الحرف نحو ܐܝܬ ܒܪܬ

(٢) ان حركة ܡܗܓܝܢܐ متولدة من اشبــاع حــركة ܪܘܡܚܐ « الروم » على اول الساكنين وقد جعلنا الحركتين على اول الساكنين لا ثانيهما جرياً على عادة القدماء

قال العلامتان البطريرك جرجس عميره والمطران اسحق الشدراوي ما معناه : اذا لم يوجد في اللفظ ثقل وصعوبة استعمل ܡܪܗܛܢܐ .
وعند صعوبة اللفظ وضرورة الشعر استعمل ܡܗܓܝܢܐ

<(ܕܘܪܫܐ تمرين)>

١ً : قل لاي سبب وضع الخط للكلمات الآتية والفظها بحسب قاعدته :

ܡܫܬܝܢܐ مشرب	ܢܩܒܬܐ انثى	ܡܬܩܛܠܝܢ ܚܢܢ نحن مقتولون
ܡܫܝܢܐ «	ܢܩܒܬܐ «	ܩܕܝܫܬܐ ܗܝ قديسة
ܚܕ ܗܘ هو واحد	ܝܗܒ ܗܘܐ اعطى	ܐܬܢܛܪ تحفّظ
ܫܢܬܐ سنة	ܐܬܒܙ نُهب	ܩܛܠܝܢ ܐܢܬܘܢ تقتلون
ܬܫܒܘܚܬ تسبحة	ܐܬܒܙ «	ܐܙܕܩܘܗܝ صدّيقوه

٢ً : وعلى اي قاعدة تكسر آخر الكلمة الاولى الساكن (اي الساكن الاخير الملفوظ) في العبارات الاتية :

ܚܕ ܫܡܐ اسم واحد ܚܢܢ ܫܒܩܢ نحن غفرنا ܐܢܬ ܣܠܩܬ انتَ صعدت ܐܢܬܝ ܒܬܘܠܬܐ انتِ عذراء ܥܒܕܘܗܝ ܕܡܪܝܐ عبيد الرب.

فائدتان : الاولى قد غلب استعمال حركة ܡܗܓܝܢܐ في المجهول المهموز الفاء والمعتل الفاء . ܐܬܐܟܠ و ܐܬܝܠܕ وفي ܚܙܘܬܐ و ܫܘܪܝܐ الخ ولذلك استغني عن وضع الخط تحتها .

الثانية اذا كان اول الساكنين حرف مد اي حرف علة ساكن بعد حركة تجانسه فلا حاجة لاستعمال ܡܪܗܛܢܐ و ܡܗܓܝܢܐ لعدم صعوبة لفظها نحو ܠܚܡܐ ܚܡܘܪܐ ܚܡܝܪܬܐ .

الفصل الخامس

ܡܛܠ ܐܬܘ̈ܬܐ ܕܡܬܟܬܒܢ ܘܠܐ ܡܬܩܪ̈ܝܢ

في الحروف التي تُكتب ولا تقرأ

٦ الحروف التي تكتب ولا تقرأ احد عشر حرفاً وهي ܐ ܒ ܕ ܗ ܘ ܚ ܝ ܠ ܡ ܢ ܪ . وسبب ابقائها في الكتابة مع عدم لفظها هو معرفة اصل الكلمة او عادة كتابتها كذلك حيث لم تكن اصلية

فالف ܐ - تسقط في ܐ̱ܢܫܐ ܐ̱ܢܫܘܬܐ ܐ̱ܢܫܝܐ ܐ̱ܢܬܬܐ ܐ̱ܪ̈ܙܐ وفروعها . وفي ܐܢܐ و ܐܢ̱ܬܘܢ ܐܢ̱ܬܝܢ من نحو ܩܛܝܠ ܐ̱ܢܐ ܩܛܝܠܝܢ ܐ̱ܢܬܘܢ ܩܛܝ̈ܠܢ ܐ̱ܢܬܝܢ . و ܟܬܒ ܐ̱ܢܐ ܟܬܒܝܢ ܐ̱ܢܬܘܢ ܟܬ̈ܒܢ ܐ̱ܢܬܝܢ كما سيأتي .

ܒ - في ܐ̱ܒܟܪܐ ܐ̱ܒܟܪ̈ܐ عند الغربيين .

ܕ - في ܡܕ̱ܝܢܬܐ ܡܕ̱ܝܢ̈ܬܐ ܟܕ̱ܝܢܬܐ ܟܕ̱ܝܢ̈ܬܐ الخ . عند الغربيين

ܗ - في ܡܗ̱ܝܡܢ وبعض تصاريفه . وفي ܗܘ و ܗܝ و ܗܘܐ متى وقعت بعد كلمة نحو ܡܫܡܫܢܐ ܗ̱ܘ ܕܡܠܟܐ ܗ̱ܝ ܟܬܒ ܗ̱ܘܐ . وفي نحو ܩܛܠ ܟܠܗ̱ܘܢ ܡܠܟܘܬܗ̱ܘܢ ܢܫܬܠܛܘܢܗ̱ܘܢ . وفي ܝܗ̱ܘܕܐ ܝܗ̱ܘܕܝܐ ܐܘܪܫܠܡ وفروعها

ܘ - في نحو ܟܬܒܘ ܟܬܒܬܘ ܩܛܠܘ . وفي حرف ܐܘ .

ܚ - في ضمير المتكلمين متى وَلِيَ كلمة اخرى نحو ܡܫܡܫܝܢ ܚ̱ܢܢ ܩܛܝܠܝܢ ܚ̱ܢܢ

ܝ - في ܐܝܟܢܐ ܐܝܟܢܐ ܐܝܟܢܐ ܐܝܟܢܐ

وفي نحو ܒܝܬܝ ܒܝܬܗ ܒܝܬܗܝ ܒܝܬܗ ܒܝܬܗܘܢ من الاسماء والافعال . وفي حرف ܐܘܦ .

ܠ ـ في ܒܓܠܠ ܡܓܠܠ ܡܬܓܠܠܐ ܡܬܓܠܠܢ ܡܬܓܠܠܢܐ ܡܬܓܠܠܢܝܬܐ عند الغربيين. وفي ܡܡܠܠܐ ܡܡܠܠ . وفي بعض تصاريف ܐܙܠ عند الفريقين .

ܡ ـ في ܡܡܬܐ ܡܡܬܐ ܡܬܡܬܐ عند الغربيين

ܢ ـ في ܫܢܬܐ ܫܢܝܐ ܫܢܝܢ وتصاريفه. و ܡܕܝܢܬܐ ܫܢܬܐ ܡܢܬܐ ܡܡܫܢܝܬܐ ܡܫܢܝܬܐ ܡܫܢܝܬܐ ܐܫܢܝܬܐ ܒܫܢܝܬܐ ܒܫܘܢܝܬܐ عند الغربيين (١) وفي ܐܢܬܐ و ܫܢܝ جزم ܫܢܝ . وفي ܐܢܬ وفروعه . وفي نحو ܡܫܡܫܝܢ ܐܢܬܘܢ ܡܫܡܫܝܢ ܐܢܬܘܢ من الصفة المجزومة والفعل الحاضر عند الفريقين كما ستعلم (٢)

ܘ ـ في ܫܢܐ جزم ܫܢܬܐ (٣)

---

(١) قلنا في بعض المواضع ان الحرف يسقط « عند الغربيين » فقط لان الشرقيين يدغمون ذلك الحرف في الحرف المتحرك بعده الذي يقرأونه مشدداً حسب الاصل

(٢) فائدة : متى سكنت النون وتحرك ما بعدها تدغم فيه لفظاً او لفظاً وخطاً عند الشرقيين وتسقط لفظاً اولفظاً وخطاً عند الغربيين نحو ܡܕܝܢܬܐ ܫܢܬܐ (اصلها ܫܢܬܐ) . ومتى سكنت وسكن ما بعدها تحذف غالباً في اللفظ كما في ܐܢܬ

(٣) قد رأيت ان الحروف التي تكتب ولا تقرأ يوضع تحتها الخط الصغير علامة ربطها ما عدا الهاء في نحو ܒܪܟܘܗܝ ܦܬܟܘܗܝ والواو في نحو ܩܛܠܘ ܢܩܛܠܘܢ ܢܩܛܠܘ . والياء في نحو ܩܛܠܝ ܒܪܟܘܗܝ ܩܛܠܬܝ ܢܩܛܠܝ ܬܩܛܠܝ . وفي ܐܝܬܝ ܐܡܪܝ و ܐܠܗܝ ܡܠܟܘܬܝ ܐܚܘܗܝ . فهذه لا يوضع لها الرابط عند اكثرهم لانها كانت تلفظ قديماً وحينئذ كان يضم ما قبل الواو ويخفض ما قبل الياء . ما خلا

ويجوز للشاعر اسقاط حروف في اللفظ دون الخط لاقامة الوزن نحو ܐܬܐ ܕܝܢ ܠܠܝܐ « اتى الليل » . كما يجوز له زيادة حروف وحركات لفظاً وخطاً نحو ܚܫܘܟܐ ܣܡܟܐ ܐܥܠ ܠܐܪܥܐ « الظلام الدامس دخل الارض » ونحو ܬܡܢ ܐܫܪܝܢܝ « هناك اسكنّي » (والاصل ܥܠ وܫܪܝܢܝ)

<(ܕܘܪܫܐ تمرين)>

اذكر ما هي الحروف التي يتفق على اسقاطها الغربيون والشرقيون في الكلمات التالية . وما هي الحروف التي لا يوضع لها الرابط عندا كثرهم :

ܓܠ̈ܠܐ امواج	ܡܡܠܠܐ كلام	ܡܬܚܣܝܢܢ ܚܢܢ نحن متعافون
ܐܙܠܝܢ يذهبون	ܡܪܝ سيدي	ܢܟܦܢ ܐܢܬܝܢ انتنّ عفيفات
ܪܕܐ ܐܢܐ أسلك	ܫܢܩܬ ܗܘܐ عذب	ܡܠܘ̈ܗܝ كلماته
ܐܢܬܬܐ امرأة	ܣܦܝܢܬܐ سفينة	ܟܢܫܘܗܝ جمعوه
ܬܗܘܘܢ ܐܢܬܘܢ تكونون	ܪܘܝܘ ارتووا	ܚܛܦ ܗܘܐ خطفَ

الياء في ܐܬܘ̈ܗܝ ܡܠܘ̈ܗܝ ܐܒܘ̈ܗܝ، فهي من زيادات الكتبة وقد عاب زيادتها يعقوب الرهاوي . ومثلها الياء التي تزاد في نحو ܦܘܩܕܢܘ̈ܗܝ ܐܒܗ̈ܝ عند بعضهم

واعلم انه يجوز اسقاط الهمزة في الخط ايضاً من ܐܢܐ متى تركبت مع ܟܢ نحو ܟܢܢܐ . واسقاط الهمزة والنون معاً من ܐܢܬ وفروعها متى تركبت مع كلمات قبلها كما ستعلم .

الفصل السادس

ܡܛܠ ܐܬܘܬܐ ܕܡܬܩܪܝܢ ܟܕ ܠܐ ܡܬܟܬܒܢ

في الحروف التي تقرأ بدون ان تكتب

٧ يوجد حرفان يقرآن دون ان يكتبا وهما الالف والياء « ܐ ܝ »
فالالف تقرأ دون ان تكتب في ثلاثة مواضع :

الاول : في ابتداء ܢܫܐ ܢܫܝܢ ܢܬܬܐ ܒܪܢ متى وقع عليها حرف من حروف ܒܕܘܠ وحركتها الكسرة . فيتحرك ذلك الحرف بها نحو ܕܢܫܐ ܘܢܫܝܢ ܒܢܬܬܐ ܘܒܪܢ . وقد تكون حركة الالف المقدرة في ܒܪܢ الفتحة ولهذا يجوزان يفتح معها حرف ܒܕܘܠ نحو ܘܒܪܢ .

وقد يجوز في هذه الالفاظ اظهار الالف في الخط ايضاً فيقال فيها ܐܢܫܐ ܐܢܫܝܢ الخ كقول مار افرام :

ܢܫܒܚ ܐܢܫܐ ܠܒܪܘܝܗ : ܒܒܢܝܢܐ ܘܦܘܪܫܐ ܘܡܫܝܚܐ .

الثاني : في اول الكلمات المبتدئة بياء ساكنة وحركتها الخفضة لمناسبة الياء نحو ܝܕܥ ܝܚܝܕܝܐ ܝܠܕܬܐ ܝܒܝܫܬܐ ܝܬܒ ܝܡܐ فتلفظ كأنها كتبت ܐܝܚܝܕܝܐ ܐܝܬܒ الخ . وقد تظهر الالف خطاً ايضاً في بعض كلمات نحو ܐܝܩܪܐ ܐܝܡܡܐ وذلك سماعي

الثالث : في اول بعض اسماء يونانية مبتدئة بالسين وحركتها الكسرة نحو ܣܛܘܟܣܐ ܣܛܦܢܘܣ ܣܛܐܕܝܘܢ ܣܛܘܠܐ ܣܦܝܪܐ فتلفظ كأنها كتبت ܐܣܛܘܟܣܐ الخ . وتكتب كذلك (١)

(١) تزاد الالف في اللفظ وجوباً على اول الكلمات المبتدئة بياء ساكنة

والياء تقرأ بدون ان تكتب في ܡܫܡܫܢܐ ܫܡܫܐ ܫܡܐ
ܐܣܛܢܐ ܐܣܛܘ فتلفظ ܡܫܡܫܝܢܐ ܫܡܝܫܐ الخ . ويجوز ان
تكتب كذلك .

<(ܬܘܪܓܡܐ تمرين)>

حرك حروف ܒܘܠ الداخلة على الكلمات في العبارات الاتية :

ܐܪܒܥܐ ܘܫܬܝܢ اربعة وستون ـ ܠܒܝܬ ܣܦܪܐ ܐܙܠܬ ذهبت الى
المدرسة ـ ܝܠܦ ܘܝܕܥ تعلم وعرف ـ ܫܕܪ ܠܝܚܝܕܗ ارسل
وحيده ـ ܕܠܡܐ ܢܒܗܬܘܢ لعلهم يخجلون .

الفصل السابع

ܥܠ ܐܬܘܬܐ ܕܡܬܚܠܦܢ ܒܩܪܝܢܐ

في الحروف التي تبدل في اللفظ

٨ الحروف التي تبدل في الافظ ستة وهي ܐ ܗ ܘ ܠ ܢ ܬ
فالالف ܐ ـ تبدل ياء في ثلاثة مواضع :

الاول : في نحو ܐܝܠܢܐ ܐܝܠܘ ܐܝܟܐ ܐܝܡܡܐ ܐܝܢܐ
ܐܝܢܐ ܐܝܢܘ ܐܝܟܘ ܐܝܬܝܐ ܐܝܬ ܠܐ. وفي ܐܝܟܢܐ و ܐܝܟ الدخيلتين

لان هذه الياء لا يمكن الابتداء بها ولذلك نرى الشرقيين يضعون فوقها الفا صغيرة نحو ܐܝܟ . واحذر ان تلفظ اليا في مثل هذه الامثلة كانها مسبوقة بياء مخفوضة . فذلك خطأ ظاهر .

واعلم انه متى دخل حرف من حروف ܒܘܠ على الكلمات المذكورة في هذين الموضعين الثاني والثالث يجب تقدير هذه الالف بعده وتحريكه بحركتها نظير ܗܟܐ واخواتها نحو ܕܐܝܟ ܘܐܝܟܢܐ

الثاني : نحو ܒܰܝܬܳܐ ܐܰܝܟܰܢ ܐܰܝܠܳܐ

الثالث : في آخر بعض اسماء يونانية نحو ܐܰܣܝܰܐ ܩܺܝܠܺܝܩܝܰܐ ܦܰܡܦܽܘܠܝܰܐ ܡܰܩܶܕܳܘܢܝܰܐ ܦܳܘܢܛܝܰܐ ܦܺܣܺܝܕܝܰܐ ܐܰܢܛܺܝܽܘܟܝܰܐ . والبعض يكتبونها بالياء هكذا ܐܰܣܝܐ الخ

ܓ ـ تبدل كافاً اذا وليها تاء مرققة نحو ܙܳܓܽܘܬܳܐ فتلفظ كأنها كتبت ܙܳܟܽܘܬܳܐ

ܙ ـ تبدل سيناً اذا عقبها تاء مرققة او كاف مقساة ومرققة نحو ܒܙܬܳܐ ܐܶܙܰܠ ܐܶܙܟܺܝ ܙܟܽܘܬܳܐ فتلفظ كأنها ܒܣܬܳܐ الخ .

ܣ ـ تبدل زاياً اذا سكنت قبل ܓ او ܕ او ܒ نحو ܐܶܣܓܺܝ ܢܶܣܕܽܘܩ ܢܶܣܒܶܐ فتلفظ كأنها ܐܶܙܓܺܝ الخ .

ܥ ـ تبدل همزة عند اهل الرها ومن وافقهم اذا وقع بعدها هاء في نحو ܥܒܶܕ ܘܥܶܒܕܶܗ وما يتصرف منهما نحو ܥܽܘܗܕܳܢܳܐ ܥܽܘܗܕܳܢܳܐ الخ (١) فتلفظ ܐܶܗܕ ܐܽܘܗܕܳܢܳܐ الخ . وتجري عليها احكام الهمزة كما يأتي قريباً

ܩ ـ تبدل كافاً اذا وليها تاء مرققة نحو ܥܳܩܬܳܐ ܥܽܘܩܬܳܢܳܐ فتلفظان ܥܳܟܬܳܐ ܥܽܘܟܬܳܢܳܐ (٢)

< (ܬܘܪܓܳܡܳܐ تمرين) >

اذكر بعض امثلة تبدل فيها الالف ياءً و ܓ كافاً والزاي سيناً

---

(١) لا ترسم الخط الصغير تحت العين في هذه الالفاظ كما يفعل بعض النساخ لان هذا الخط يوضع تحت الحرف المربوط لا المبدل فلا محل لهُ هنا

(٢) والغاية من كل هذا الابدال دفع الثقل في اللفظ او تنميقه وانسجامه . قال العلامة الشدراوي اذا امكنك ان تلفظ الحرف دون ثقل وصعوبة لا تبدله باخر والا فابدله نحو ܥܽܘܗܕܳܢܳܐ تبدل فيه العين بالف .

والسين زاياً والعين همزةً والقاف كافاً . كما رأيت في الامثلة المـوردة في هذا الفصل .

الفصل الثامن

ܡܛܠ ܐܠܦ ܫܪܝܪܬܐ ܘܡܬܬܢܝܚܢܝܬܐ في الالف الصحيحة والمعتلة

٩ _ الالف اما صحيحة تقبل الحركة وتسمّى همزة . واما معتلة ساكنة .

فالهمزة تقع من الكلمة اولاً ووسطاً واخيراً . فمتى وقعت اولاً تكون دائماً محققة متحركة كما في ܐܠܗܐ . ܐܡܪ

الا اذا تقدمها حرف من حروف ܒܕܘܠ او ساكن في آخر كلمة قبلها فتُخفف وتنقل حركتها اليه نحو ܒܐܠܗܐ . ܘܐܡܪ . ܕܡܢ ܐܢܐ . ܡܛܠ ܐܘܪܚܐ

ومتى وقعت وسطا واخيراً يجوز تخفيفها كما يأتي :

١ً : اذا تحركت وكان ما قبلها ساكناً تنقل حركتها اليه وتخفف كالالف المعتلة نحو ܫܐܠ ܒܐܪܐ ܡܐܪܐ ܪܫܐܪܐ . فتلفظ ܫܠ ܒܪܐ ܡܪܐ ܪܫܪܐ وان كان ما قبلها متحركاً تقلب ياءً لفظاً لا خطاً نحو ܕܐܐ ܟܘܐܐ فتلفظان ܕܝܐ ܟܘܝܐ

٢ً : اذا سكنت ثانيةً بعد همزة متحركة تقلب واواً وذلك في نحو ܐܘܟܠ . وان سكنت ثانيةً او غير ثانية بعد فتحة يجوز تخفيفها نحو ܫܐܠܐ ܡܐܟܘܠܬܐ . وان سكنت كذلك بعد كسرة تقلب ياءً في اللفظ فقط مخفوضاً ما قبلها نحو ܕܐܒܐ ܕܐܘܐ ܕܟܐܒܐ (اصلها ܕܐܒܐ

ܒܫܐܠܐ الخ). وان سكنت بعد ساكن وسطاً او اخيراً تبقى محققة نحو ܫܐܠܬܐ (١) ܐܬܒܫܠ

وان سكنت اخيراً بعد حركة اجـــازوا تخفيفها نحو ܢܫܐܠ جزم ܢܫܐܠܐ . ܚܡܪ «احمرّ» (٢) او قلبوها حرف علة في الفعل فقط نحو ܒܝܠ . ܟܒܪ «كثرَ» . او حذفوها في الاسم فقط نحو ܚܘܐ ܟܒܪ جزم ܚܘܐܠܐ ܟܒܪܬܐ وذلك سماعي

واما الالف المعتلة فهي اول حروف العلة وتكون ساكنة ابداً . ولذلك لا تقع اولاً وتقع وسطاً واخيراً.

فاذا وقعت وسطاً وكان ما قبلها مفتوحاً تختَصر هي والفتح قبلها بحركة ܦܬܚܐ النصب ـَ او ـُ نحو ܟܬܒ ܟܬܒ (٣) جزم ܟܬܒܐ ܟܬܒܐ وتكون حينئذ اما زائدة كما في المثال . واما مقلوبة عن الواو او الياء كما في ܩܐܡ ܕܐܢ. (اصلها ܩܘܡ ܕܝܢ).

واذا وقعت اخيراً تبقى على حالها . وتكون اما اصلية في بعض الاسماء والحروف المبنية من حرفين نحو ܡܐ ܠܐ . واما دخيلة لاطلاق الحركة في آخر الاسم المبني من ثلاثة احرف او اكثر نحو ܡܠܟܐ ܡܠܟܬܐ. واما مقلوبة عن الواو والياء في الاسم المجزوم والفعل المعتل

(١) ولا عبرة بحركة ܪܘܟܟܐ عند الغربيين في هذا المثال

(٢) ان تحقيق الهمزة اجود من تخفيفها فلا ينبغي ان تخفف الا عند الاستثقال وربما كان تخفيفها احياناً موجباً للثقل كما في ܫܐܐ ܪܐܒ فيجب العدول عنه . وما من احد يلفظ الهمزة هنا ياءً كقاعدة تخفيفها كما قال الاب العالم نعمة الله الكفري احد ابناء رهبانيتنا اللبنانية

(٣) اصلها ܟܬܐܒ ܟܐܬܒ مثل كتاب كاتب في العربية وكذلك يلفظ المشارقة كما مرّ

السلام نحو ܟܺܐܒܳܐ. ܒܺܐܪܳܐ ܪܺܐܫܳܐ (اصلها ܟܶܐܒ. ܒܶܐܪ ܪܶܐܫ).
كما ستعلم

<(ܕܽܘܪܳܫܳܐ تمرين)>

١ً: قل كيف كانت تلفظ الهمزة قبل تخفيفها في الامثلة الآتية :

ܡܝܰܩܰܪ ܠܐܰܒܽܘܗܝ ܘܰܠܐܶܡܶܗ كرم اباه وامه. ܥܰܠ ܐܰܪܥܳܐ ܫܰܝܢܳܐ على الارض السلام. ܟܳܐܐ ܒܶܗ انتهرَه. ܒܰܝܬ ܐܰܒܽܘܟ ܘܶܐܡܳܟ بيت ابيك وامك. ܠܳܟ ܝܳܐܐ ܫܽܘܒܚܳܐ المجد لائق بك. ܐܰܢ̄ܬ ܐܶܡܰܪܬ انتَ قلت. ܐܰܢ̄ܬܝ ܐܰܘܪܶܒܬܝ ܠܓܶܢܣܰܢ انتِ عظمتِ جنسنا. ܒܰܝܢ ܐܺܝܠܳܢܶܐ بين الاشجار ܟܰܕ ܝܺܬܶܒ لما جلسَ

٢ً: واظهر الالف المعتلة المختصرة بحركة ܐܣܳܨܳܐ في الالفاظ الآتية:

ܟܽܘܡܪ كاهن ܬܳܓ تاج ܦܳܪܽܘܩ مخلص ܫܠܳܡ سلام ܥܳܠܡ « عالم » جزم ܟܽܘܡܪܳܐ ܬܳܓܳܐ ܦܳܪܽܘܩܳܐ ܫܠܳܡܳܐ ܥܳܠܡܳܐ. ܕܡܶܟ نامَ ܪܳܡ ارتفعَ

الفصل التاسع

ܡܛܠ ܟܽܘܒܳܫܳܐ ܘܫܽܘܪܳܪܳܐ ܕܐܳܬܘܳܬܳܐ

في ادغام الحروف وتشديدها

١٠ متى التقى في الكلمة حرفـــان متجانسان او متقاربان اولهما ساكن والثاني متحرك يدغم الاول في الثاني . والادغام يقع في كلمة او في كلمتين

فالذي في كلمة مثل ܪܰܒܳܐ ܟܶܟܳܐ ܫܽܘܟܳܐ ܥܰܡܳܐ ܐܽܘܡܡܶܐ

ܐܬܬܦܪܫ ܐܬܬܥܝܪ ܐܬܬܪܝܡ . ويكون لفظاً وخطاً او لفظاً فقط كما ترى

والذي في كلمتين مثل ܢܦܫ ܫܠܐ . ܥܡܗ ܗܘܐ. ܡܢ ܢܦܫ ܫܡܝܐ . ܦܪܘܩ ܚܘܒܐ . ܦܪܘܩ ܟܠ ܐܡܢܐ

وقد يدغم ثاني المتقاربين من هذا النوع في الاول على غير القياس متى كان الاول اظهر من الثاني فياخذ حركته نحو ܕܚܫ ܗܘܐ (١)

اما التشديد فهو حالة عارضة للحرف بسبب الادغام. فكل مدغمين يشدد ثانيهما نحو ܟܠܠܐ ܟܟܟܟܐ. وكل متحرك في وسط الكلمة بعد فتحٍ او كسر او ضم اصلي عند الغربيين فهو مشدد عند الشرقيين لانه مدغم فيه حرف آخر نحو ܥܡܐ ܠܒܐ ܫܘܒܐ من الاسماء. ܘܡܠܠ ܐܫܪ ܐܫܘܐ من الافعال. كما سياتي: (٢) ويترك التشديد متى سكن الحرف المشدد لعارض بعد ان كان

(١) فالحاء اظهر من الهاء التي « تستحي وتحب الاختفاء عادة » كما قال بعضهم مثلما في نحو ܕܦܬܚܘܗܝ ܡܦܬܚ ܡܬܦܬܚ

فائدة: يشابه الادغام في السريانية لفظ المتجانسين او المتقاربين الساكنين في وسط الكلمة نحو ܐܬܕܪܫ ܐܬܛܫܝ

(٢) يشترط لتشديد الحرف المتحرك وسطاً ثلاثة شروط ١ً: ان تكون حركته اصلية لا عارضة كما في ܐܘܗ، ܐܩܝܡ ܐܬܡܟ ܐܬܘ ܐܚܐ فان اصلها ܐܘܗ، ܐܩܝܡ ܐܬܡܟ ܐܬܘܐ ܐܚܐ ٢ً: ان لا يكون محذوفاً قبله الف ساكنة كما في ܐܕܟܠ اصلها ܐܐܟܠ. ٣ً: ان تكون الحركة القصيرة قبله اصلية لا عارضة كما في ܐܚܒܐ ܐܟܠ ܐܡܟܟ اصلها بسكون الالف. ففي هذه المواضع لا محل للتشديد

متحركاً نحو ܪܰܒ ܡܫܰܡܫܳܢܶܐ (اصلهما ܪܰܒܳܐ ܡܫܰܡܫܳܢܶܐ) (١)

<(ܕܘܪܫܐ تمرين)>

دلّ على الحرف المدغم فيه و المشدد في الالفاظ التالية. واشر الى الالفاظ التي اهمل الغربيون تشديدها:

ܥܰܡܳܐ	شعب	ܐܶܬܕܰܒܰܪ	تدبّر	ܕܰܝܳܢܳܐ	ديّان
ܓܽܘܒܳܐ	جبّ	ܫܽܘܠܛܳܢܳܗ	سلطتها	ܐܶܬܥܰܫܰܢ	تشجّع
ܩܰܕܺܝܫܳܐ	قديس	ܡܫܰܪܪܺܝܢ	يحققون	ܐܶܬܥܰܫܰܢܬ	تشجّعت
ܥܶܠܳܝܳܐ	عالٍ	ܥܰܠܠܳܬܳܐ	غلّات	ܟܰܕ ܕܡܺܝܟ	وهو نائم
ܣܰܒܪܳܐ	خبر	ܚܰܟܺܝܡ	حكيم	ܒܦܪܘܩܘܡܛܠܐ	وفي

الفصل العاشر

ܥܰܠ ܡܰܟܺܝܟܽܘܬܳܐ ܕܐܳܬܘܳܬܳܐ في اعتلال الحروف

١١ الاعتلال هو تقلبات تطرأ على حروف العلة وهي « ܐ ܘ ܝ » من اسكان وقلب وحذف

(١) ولم يزل التشديد محفوظاً عند الشرقيين . وقد كان قديماً عند الغربيين ايضاً كما يتحقق من الالفاظ المنقولة الى العربية في بلادهم وباقية على اصلها الارامي مثل شمّاس وعرّاب وزيّاح وكهّنَ وقدّسَ . ومن تشديدهم لبعض الالفاظ التي يظهر فيها المتجانسان او المتقاربان نحو ܥܰܠܠܳܬܳܐ ܐܶܬܬܪܺܝܡ ܡܫܰܪܪܺܝܢ ܐܶܬܬܩܶܢ وغير ذلك . ثم اهملوه في ما خلا هذه الامثلة وما اشبهها لغير داعٍ . ولذلك اطالوا الحركة القصيرة قبل الحرف المشدد نحو ܪܰܒܳܐ ܚܽܘܒܳܐ ܗܽܘܝܐ واعتبروا اول المتجانسين او المتقاربين البارز في الخط مربوطاً وساقطاً في اللفظ نحو ܡܕܺܝܢܬܳܐ ܫܰܢܬܳܐ مع ان الاصل فيه ان يدغم ويشدد ما بعده كما يفعل الشرقيون الى الآن بكل صواب .

فالالف لا تكون الا ساكنة كما ذكرنا قبلا . وتقلب الى ياء في جمع المذكر المجزوم مثل ܡܰܠ̈ܟܶܝ . وتحذف من وسط الكلمة متى كانت ساكنة بعد فتح ويعوض عنها بالنصب كما علمت . ومن اخر الاسم عند جزمه كما سيأتي

والواو تسكن بنقل الضمة عنها الى ما قبلها في نحو ܢܩܽܘܡ (اصلها ܢܶܩܘܽܡ) وتقلب الفاً في نحو ܩܳܡ (اصلها ܩܘܰܡ) . وياء في نحو ܐܰܩܺܝܡ (اصلها ܐܰܩܘܶܡ) . وتحذف من نحو ܐܰܚܳܐ ܐܰܒܳܐ ܒܢܳܐ ܫܡܳܐ (اصلها ܐܰܚܘܳܐ ܐܰܒܘܳܐ ܒܢܘܳܐ ܫܡܘܳܐ)

والياء تسكن بنقل الضمة والكسرة عنها الى ما قبلها نحو ܢܺܐܒܰܫ ܐܰܒܺܝܫ (اصلهما ܢܶܐܒܰܫ ܐܰܒܶܫ) . وتقلب الفاً في نحو ܕܳܐ (اصله ܕܝܰܐ) واواً في نحو ܐܰܘܬܶܒ (اصله ܐܰܝܬܶܒ) . وتحذف من نحو ܐܺܝܠܳܐ ܠܘܳܐ (اصلهما ܐܺܝܠܝܳܐ ܠܘܝܳܐ)

﴿ ܕܘܪܫܳܐ تمرين ﴾

اعلّ الالفاظ الاتية بعد ان تذكر اصلها :

ܨܳܡ صامَ ܦܰܓ̈ܪܶܐ اجساد ܐܰܟ݂ܶܠ كالَ . (وهي من وزن ܩܳܡ . ܡܰܠ̈ܟܶܝ . ܐܰܩܺܝܡ) .

الفصل الحادي عشر

ܡܶܛܽܠ ܬܰܘܣܶܦܬܳܐ ܕܐܳܬ̈ܘܳܬܳܐ في زيادة الحروف

١٢ الحروف الزائدة هي التي لا تكون من اصل بناء الكلمة وهي عشرة ܐ ܗ ܘ ܝ ܟ ܠ ܡ ܢ ܫ ܬ . فهذه الحروف

٦

متى رافق احدها ثلاثة او اربعة او خمسة اصول في الكلمة حكم بزيادته

وحتى يمكنك معرفة الحرف الزائد جرد الكلمة من الحرف الذي تريده فان استقام لها معنى يناسب اصل مادتها فهو زائد والا فلا. مثاله في ܐܪܫܡ ܟܬܒܐ ܡܣܒܪܢܐ ܐܣܘܬܐ ܟܘܫܝܬܐ فلو رفعت الهمزة من الاول والالف المعتلة من الثاني والميم او النون من الثالث والسين من الرابع والياء من الخامس لبقي لها معانٍ تامة كما لا يخفى

وبعكس ذلك لو نزعت مثلًا الهمزة من ܐܟܠ والحاء من ܐܚܐ والسين من ܦܣܣܬܐ والياء من ܦܝܣܐ والفاء من ܟܦܢܫ لم يبق لها معنى . فتدبر . وكل ذلك تعلمه جيداً متى اوغلت في المطالعة والتنقيب (١)

﴿ ܕܘܪܫܐ تمرين ﴾

دل على الحرف الزائد في الكلمات الاتية :

ܐܪܕܡ انامَ ܟܬܘܒܐ كاتب ܡܬܗܡܝܢܐ متغافل ܫܠܗܒ أَلهبَ ܡܣܒܪܢܐ مبشر.

---

(١) اننا لم نترجم غالباً الى العربية الالفاظ التي اوردناها امثلةً في هذه المقدمة أسوةً بمن تقدمنا . لانها ستذكر مترجمة في الابواب الاتية . ولم نسهب الكلام في مواقع الكسر والضم والادغام والتشديد والاعلال وزيادة الحروف لما في ذلك من الصعوبة على الطالب في باديء الامر. وقد اجتزانا الان بما ذكرناه منها قاصدين ان نوفي كل نوع حقه من الايضاح في محله ان شاء الله

ܦܠܓܘܬܐ ܩܕܡܝܬܐ

الجزء الاول

ܡܛܠ ܒܢ̈ܝ ܩܠܐ ܡܦܪ̈ܕܝܬܐ في الكلمات المفردة او الصرف

وفيه ثلاثة اقسام

<(توطئة)>

ܡܛܠ ܬܚܘܡܐ ܕܒܪ̈ܬ ܩܠܐ ܘܦܘ̈ܠܓܝܗ

في تحديد الكلمة واقسامها

١٣ الكلمة لفظ يدل على معنى مفرد نحو ܓܒܪܐ رجل . واقسامها ثلاثة ܫܡܐ اسم . و ܡܠܬܐ فعل . و ܐܣܘܪܐ حرف . وعلى هذه الاقسام الثلاثة مدار كلامنا في هذا الكتاب

ܡܢܬܐ ܩܕܡܝܬܐ

القسم الاول

ܡܛܠ ܫܡܐ في الاسم وفيه اربعة ابواب

١٤ الاسم هو ما دلَّ على معنى في نفسه غير مقترن بزمان نحو

ܓܰܒܪܳܐ رجل ܟܺܐܦܳܐ حجر . وهو نوعان ܫܡܳܐ ܓܰܠܝܳܐ اسم مظهر وܚܠܳܦ ܫܡܳܐ عوض الاسم او اسم مبهم

ܬܰܪܥܳܐ ܩܰܕܡܳܝܳܐ الباب الاول

ܥܰܠ ܫܡܳܐ ܓܰܠܝܳܐ في الاسم المظهر وفيه احد عشر فصلاً

<(توطئة)>

١٥ الاسم المظهر ينقسم الى ܡܫܰܠܡܳܢܽܘܬܳܐ موصوف نحو ܠܶܒܳܐ قلب ܚܽܘܒܳܐ حبّ. والى ܫܽܘܡܳܗܳܐ صفة نحو ܚܰܟܺܝܡܳܐ حكيم ܕܟܺܝܳܐ نقي. والموصوف يكون جامداً والصفة مشتقة

والموصوف نوعان ܫܡܳܐ ܓܶܢܣܳܝܳܐ اسم جنس نحو ܐܺܝܠܳܢܳܐ شجرة ܫܡܳܐ ܕܺܝܠܳܝܳܐ اسم علم نحو ܐܰܦܪܶܝܡ افرام . اما الصفة فيأتي الكلام على انواعها

وللاسم اشكال واحوال تسمى متعلقاته وهي سبعة ܟܰܝ̈ܠܶܐ وܓܶܢ̈ܣܶܐ و ܡܶܢܝܳܢܳܐ و ܢܶܣܝܳܒܽܘܬܳܐ و ܙܽܘܥܳܪܳܐ و ܓܙܽܘܡܝܳܐ و ܫܡܳܗ̈ܶܐ ܡܶܢܝܳܢܳܝ̈ܶܐ اي الاوزان والاجناس والعدد والنسبة والتصغير والجزم واسماء العدد. وعليها يدور الكلام في الفصول الاتية

الفصل الاول

ܡܛܠ ܟܝ̈ܠܐ ܕܫܡܗ̈ܐ في اوزان الاسم (١)

١٦ الاسم من جهة اشكاله وعدد حروفه ثلاثة انواع ܦܫܝܛܐ مجرد . و ܡܬܬܘܣܦܢܐ مزيد . و ܡܪܟܒܐ مركب . فالمجرد ما كانت حروفه كلها اصلية . والمزيد ما كان بين حروفه الاصلية حرف زائد او اكثر . والمركب ما كان مركباً من كلمتين او اكثر

والمجرد يقسم ١ً : الى ܬܠܝܬܝܐ ثلاثي . و ܪܒܝܥܝܐ رباعي . و ܚܡܝܫܝܐ خماسي . ٢ً الى ܡܫܠܡܐ سالم . و ܫܪܝܪܐ صحيح و ܟܪܝܗܐ معتل

فالسالم هو ما سلمت اصوله من التضعيف والهمز وحروف العلة . والصحيح ما خلا من حروف العلة فقط . والمعتل ما كان احد اصوله حرف علة

والمزيد يكون اما مزيد الثلاثي او الرباعي او الخماسي . كما ترى في جداول الاوزان الاتية وهي تعم الموصوف والصفة (٢)

---

(١) حسب التلميذ ان يطالع هذه الاوزان لاجل التفقه فيها دون ان يحفظها غيباً .

(٢) اعلم ١ً : اننا نتخذ ميزاناً للاسماء والافعال مجردةً ومزيدةً من مادة ܦܥܠ ونسمي الحرف الاول من الكلمة فاءً والثاني عيناً والثالث لاماً . والحرف الزائد في الموزون يزاد في الميزان كما في اللغة العربية . ٣ً : اننا لا نعتبر الالف المختومة بها الاسماء المسماة ܐܠܦ ܡܫܬܡܫܢܝܬܐ « الف الاطلاق » حرفاً اصلياً لانها دخيلة على آخر الاسماء لاطلاق الحركة فقط

﴿ اوزان الاسم المجرد ﴾

﴿ الجدول الاول ﴾

في اوزان الثلاثي المجرد السالم وهي اربعة

١ ܦܰܥܠܳܐ نحو ܦܰܓܪܳܐ جسد	٣ ܦܽܘܥܠܳܐ نحو ܩܽܘܕܫܳܐ قدس
٢ ܦܶܥܠܳܐ نحو ܚܶܠܡܳܐ حلم	٤ ܦܥܘܠܐ نحو ܬܘܚܡܐ تخم (١)

﴿ في ﴾

مجيء الاسماء المجردة غير السالمة من اوزان السالم

١ المضاعف

المضاعف يأتي من ثلاثة اوزان ܦܰܥܠܳܐ ܦܶܥܠܳܐ ܦܽܘܥܠܳܐ نحو ܥܰܡܳܐ شعب ܠܶܚܡܳܐ خبز ܚܽܘܒܳܐ حب (اصلها ܥܰܡܡܳܐ ܠܶܚܡܡܳܐ ܚܽܘܒܒܳܐ)

ويلحق بالمضاعف ما كان فيه الحرف المدغم غير مجانس للمدغم فيه نحو ܓܰܒܳܐ جنب ܓܶܦܳܐ جناح (اصلها ܓܰܢܒܳܐ ܓܶܢܦܳܐ) (٢)

وقد يحذف فيه من وزني ܦܰܥܠܳܐ و ܦܶܥܠܳܐ اول المتجانسين فيبقى على حرفين ويتحول الى وزن ܦܥܳܐ نحو ܕܡܳܐ دم ܫܬܳܐ ستة (اصلها ܕܡܡܳܐ ܫܬܬܳܐ)

---

(١) ان الواو في وزن ܦܘܥܠܐ و ܦܥܘܠܐ هنا وفي ما يتبعها من الرباعي والخماسي والمزيد ليست حرفاً اصلياً بل علامة للضم فانتبه الى ذلك

(٢) ان المضاعف مثل ܥܰܡܳܐ الخ مشدد في الاصل عندنا كما هو عند الشرقيين. واعلم انه لا يوجد في السريانية اسم مختوم بالف الاطلاق من حرفين ولا فعل من حرفين في الاصل وما تشاهده كذلك لا بد ان يكون احد حروفه مدغماً او محذوفاً كما رأيت وسترى . وقد جاء بعض اسماء نادرة من حرفين غير مختومة بالف الاطلاق نحو ܡܳܪܝ الله تعالى ܚܰܕ واحد

٢ً المهموز

مهموز الفاء يأتي من ثلاثة اوزان ܦܥܠܐ ܦܥܠܐ ܦܘܥܠܐ نحو ܐܪܙܐ ارز ܐܡܪܐ خروف ܐܘܪܚܐ طريق

ومهموز العين يجي من وزن ܦܥܠܐ نحو ܕܝܢܐ عادل ܒܝܫܐ شرير (اصلهما ܕܐܢܐ ܒܐܫܐ) (١)

ومهموز اللام يأتي من ثلاثة اوزان ܦܥܠܐ ܦܥܠܐ ܦܘܥܠܐ نحو ܛܡܐܐ دنس ܡܠܐܐ مل. ܣܘܓܐܐ كثرة. وتخفف همزتها حسب العادة

٣ً المعتل

معتل الفاء واواً او ياءً يأتي من وزن ܦܥܠܐ فقط نحو ܘܪܕܐ ورد ܝܬܡܐ يتيم . وجاء ܝܬܡܐ . ولا تقع الالف المعتلة فاء الاسم اصلًا

معتل العين واواً يجيء من وزن ܦܥܠܐ اما بدون تغيير نحو ܥܘܠܐ اثم ܩܘܡܐ قيام (٢) واما متغيراً نحو ܩܠܐ قول (اصلها ܩܘܠܐ) . ومن وزن ܦܥܠܐ متغيراً نحو ܥܝܪܐ يقظ (اصلها ܥܘܪܐ) . ونحو ܥܐܕܐ عيد (اصلها ܥܘܕܐ) . ومنها ܥܕܬܐ بيعة (اصلها ܥܐܕܬܐ) . ومن وزن ܦܘܥܠܐ متغيراً نحو ܥܘܠܐ طفل (اصلها ܥܘܘܠܐ)

---

(١) اصل ܕܝܢܐ مثلاً ܕܐܢܐ قلب الكسر فيها خفضاً عند الغربيين وخففوا الهمزة فصارت ܕܝܢܐ . ما عدا ܓܐܪܐ «سهم» فهم يجرونها مجرى ܕܝܢܐ فيقولون ܓܝܪܐ او يبقونها على اصلها . غير ان المتاخرين منهم اعتادوا تخفيف همزتها في الحالين اما ܒܐܫܐ فقلبت ألفها ياءً وكسر ما قبلها خفضاً فصارت ܒܝܫܐ

(٢) ان الشرقيين ينصبون ما قبل الواو في مثل ܥܘܠܐ ܩܘܡܐ . وفي كل اسم وفعل فيه واو مفتوح ما قبلها . ومذهب الغربيين اصح

ومعتل العين ياء يأتي من وزن ܦܥܠܐ غير متغير نحو ܥܝܢܐ عين . ومن وزن ܦܥܠܐ متغيراً نحو ܕܝܢܐ حكم (اصلها ܕܝܢܐ) (١)

معتل اللام واواً يأتي من وزن ܦܥܠܐ غير متغير نحو ܨܚܘܐ صحو ܛܒܝܐ ظبي . او متغيراً اي محذوفاً منه فينقل الى ܦܠܐ نحو ܒܪܐ ابن ܫܡܐ اسم ܚܡܐ حمو ܐܝܠܐ نوع ܬܕܐ ثدي ܡܐܐ امائة (اصلها ܒܪܘܐ ܫܡܘܐ ܚܡܘܐ ܐܝܠܘܐ ܬܕܘܐ ܡܐܘܐ) ويلحق بها ܐܒܐ اب ܐܚܐ اخ ܐܝܕܐ يد (اصلها ܐܒܘܐ ܐܚܘܐ ܐܝܕܝܐ) (٢) ويأتي ايضاً من وزن ܦܥܠܐ نحو ܚܙܘܐ منظر ܫܠܝܐ سكون

❁ فائدة ❁

من المعتل الاول ما يكون مضاعفاً نحو ܥܡܐ كلمة ܝܡܐ يم . بحر (اصلها ܥܡܡܐ ܝܡܡܐ) . ومن المعتل الاخر ما يكون مهموز الفاء والعين نحو ܐܪܝܐ اسد ܐܒܠܐ نوح و ܐܒܠܐ ܐܝܠܐ في الاصل. ونحو ܝܐܝܐ بهي ܫܦܝܪܐ جميل. وتخفف همزتها . ومنه ما يكون مضاعفاً ومعتل العين معاً نحو ܓܘܐ داخل ܡܝܐ مياه ܚܝܐ حي .

---

(١) ان ܕܝܢܐ مثلاً اصلها ܕܘܝܢܐ قلبت واوها الفاً وحذفت معوضاً عنها بالنصب كالقاعدة و ܩܐܡܐ اصلها ܩܘܡܐ قلبت الواو الفاً والحقت بوزن ܦܐܥܠ فصارت ܩܐܡܐ . و ܩܝܡܐ اصلها ܩܘܡܐ قلبت الواو ياءً بعد الكسرة فصارت ܩܝܡܐ وبدلت الكسرة خفضاً لمناسبتها فصارت ܩܝܡܐ .و ܩܘܡܐ اصلها ܩܘܘܡܐ حذفت منها الواو الاولى علامة الضم القصير اكتفاءً بالواو الاصلية. و ܕܝܢܐ اصلها ܕܝܢܐ اعلت اعلال ܩܝܡܐ

(٢) تقول في اعلال ܒܪܐ ܐܒܐ وما ماثلها اصلها ܒܪܘܐ ܐܒܘܐ ارجع النصب عن الواو والياء الى ما قبلهما ثم حذفتا مع حركة اول الكلمة فصارتا كما ترى. ومثلها ܐܚܘܐ و ܐܝܕܝܐ غير ان حركة اولها بقيت لتعذر الابتداء بالهمزة ساكنة فقيل فيهما ܐܚܐ ܐܝܕܐ

ومنه ما يكون معتل الفاء والعين نحو ܘܘܐ بندق ܘܝܐ ويل (اصلهما ܘܘܘܐ ܘܘܝܐ) ونحو ܐܣܘܐ سنا. (اصلها ܐܣܘܐ على ܦܥܠܐ)

﴿ الجدول الثاني ﴾

في اوزان الرباعي المجرد وهي ستة

١ ܦܥܠܠܐ نحو ܦܪܙܠܐ حديد	٤ ܦܥܠܠܐ نحو ܦܬܟܪܐ وثن
٢ ܦܥܠܠܐ » ܦܪܬܘܬܐ كسرة	٥ ܦܥܠܠܐ » ܪܗܛܝܢܐ صمغ
٣ ܦܘܥܠܠܐ » ܩܘܪܣܠܐ كعب	٦ ܦܘܥܠܠܐ » ܡܘܪܣܢܐ ورم (١)

﴿ الجدول الثالث ﴾

في اوزان المجرد الخماسي وهي ستة

١ ܦܪܥܘܢܐ صك	٤ ܣܦܪܓܠܐ سفرجل
٢ ܦܪܕܣܡܐ روزنة مخزن في الحائط	٥ ܫܒܠܒܠܐ لبلاب
٣ ܦܘܪܬܥܢܐ برغوث	٦ ܦܪܘܣܛܕܐ قائمة الباب (٢)

(١) ان ما كان مخفوضاً من المجردات الرباعية يعتبر الخفض فيه كسراً كالمجردات الثلاثية نحو ܨܪܨܪܐ « صرصر » تعتبر من وزن ܦܥܠܐ كما تعتبر مثلاً ܡܠܐ من وزن ܦܥܠܐ

(٢) اذا تأملت اوزان المجردات كلها تراها تتحرك في الاصل بحركة واحدة قصيرة قبل الاخر اما على الحرف الاول واما على الثاني . وترى انه متى تحرك اول الرباعي والخماسي يلتقي في الرباعي ساكنان وسطاً فيجوز تحريك اولهما بحركة ܡܕܘܚ̄ ويلتقي في الخماسي ثلاثة سواكن فيتعذر التلفظ بها ولذلك يتحرك ثانيها بالفتح او بالكسر سماعياً . ويظهر ان هذه الحركة مرجعها الى قاعدة ܡܕܘܚ̄ ولكنها واجبة في الخماسي

اوزان المزيدات

١٧ يزاد على الثلاثي حرف او حرفان الى ستة احرف . وعلى الرباعي حرف او حرفان الى اربعة . وعلى الخماسي حرف واحد . ويحسب من الزوائد النصب لانه بدل الف مفتوح ما قبلها كما علمت

﴿ واولاً مزيدات الثلاثي ﴾

﴿ الجدول الاول ﴾

في ما يزاد فيه على الثلاثي حرف واحد هو سبعة اوزان

١	ܡܦܥܠܐ	نحو	ܡܥܪܒܐ	مغرب
٢	ܡܦܥܠܐ	»	ܡܐܡܪܐ	مقالة
٣	ܦܥܠܐ	»	ܪܚܡܐ	محب
٤	ܦܥܠܐ	»	ܫܪܪܐ	حق
٥	ܦܥܝܠܐ	»	ܥܒܝܕܐ	مصنوع
٦	ܦܥܠܐ	»	ܦܠܓܐ	دف
٧	ܦܥܘܠܐ	»	ܪܓܘܡܐ	رجم (١)

(١) الحرف الزائد في الاول والثاني الميم · وفي ٣و٤ الالف المعوض عنها بعلامة ܪܘܟܟܐ . وفي ٥ الياء . وفي ٦ الـ ܠ المدغمة . وفي ٧ الياء

﴿ الجدول الثاني ﴾

في المزيد فيه حرفان وهو ثلاثون وزناً

١	ܡܦܥܠܐ	نحو	ܡܠܩܛܐ	ملقط
٢	ܡܦܥܠܐ	»	ܡܫܪܐ	منزل
٣	ܡܦܥܠܐ	»	ܡܩܒܠܐ	مقبول
٤	ܡܦܥܘܠܐ	»	ܡܙܡܘܪܐ	مزمور
٥	ܡܦܥܝܠܐ	»	ܡܣܟܝܢܐ	مسكين
٦	ܐܦܥܠܐ	»	ܐܘܣܦܐ	زيادة
٧	ܐܘܦܥܠܐ	»	ܐܘܚܢܢܐ	تضرع
٨	ܐܦܥܘܠܐ	»	ܐܟܬܘܫܐ	مصارعة
٩	ܐܦܥܝܠܐ	»	ܐܫܢܝܩܐ	تعذيب
١٠	ܦܥܠܐ	»	ܣܛܢܐ	شيطان
١١	ܦܥܘܠܐ	»	ܥܒܘܕܐ	صانع
١٢	ܦܥܝܠܐ	»	ܥܙܝܠܐ	نول الحياكة
١٣	ܦܘܥܝܠܐ	»	ܟܘܬܝܢܐ	قميص
١٤	ܦܘܥܠܐ	»	ܥܘܙܠܐ	ولد الظبي
١٥	ܦܝܥܠܐ	»	ܩܝܬܪܐ	قيثار
١٦	ܦܝܥܘܠܐ	»	ܫܝܦܘܪܐ	بوق
١٧	ܦܥܠܐ	»	ܪܒܢܐ	امام . معلم
١٨	ܦܥܠܐ	»	ܙܒܢܐ	وقت

١٩	ܦܘܥܠܐ	"	ܛܘܟܣܐ	رتبة القداس
٢٠	ܦܥܠܐ	"	ܓܗܢܐ	جهنم
٢١	ܦܥܘܠܐ	"	ܦܪܘܓܐ	فروج
٢٢	ܦܥܘܠܐ	"	ܕܒܘܪܐ	زنبور (ديوُّر)
٢٣	ܦܥܝܠܐ	"	ܫܦܝܪܐ	حسن
٢٤	ܦܥܝܠܐ	"	ܗܡܝܢܐ	منطقة
٢٥	ܫܘܦܥܠܐ الخ	"	ܫܘܥܒܕܐ	الخ استعباد الخ
٢٦	ܦܥܠܝܐ	"	ܫܪܘܝܐ	مبتديء
٢٧	ܦܥܠܢܐ	"	ܝܩܕܢܐ	احتراق
٢٨	ܦܥܠܢܐ	"	ܥܣܪܢܐ	عشرة
٢٩	ܦܘܥܠܢܐ	"	ܦܘܩܕܢܐ	وديعة
٣٠	ܦܥܠܢܐ	"	ܡܚܝܠܢܐ	كسلان (١)

اما المزيد فيه ثلاثة او اربعة او خمسة او ستة احرف فهو بعض اسماء الفاعل والمفعول من الافعال المزيدة . وصفات المبالغة المنتهية بالتاء .

(١) فالزائد في الاول والثاني الميم والف المد (النصب) . وفي ٣ الميم والعين المدغمة . وفي ٤ الميم والواو . وفي ٥ الميم والياء . وفي ٦ و ٧ التاء والنصب . وفي ٨ التاء والواو . وفي ٩ التاء والياء . وفي ١٠ النصب على الفاء والعين. وفي ١١ النصب والواو . وفي ١٢ النصب والياء . وفي ١٣و١٤ الواو والياء . وفي ١٥ الياء والنصب وفي ١٦ الياء والواو . وفي ١٧و١٨و١٩ العين المدغمة والنصب . وفي ٢٠ الياء واللام المدغمة . وفي ٢١و٢٢ العين المدغمة والواو . وفي ٢٣ العين المدغمة والياء . وفي ٢٤ الياء والنصب . وفي ٢٥ النصب والشين . او السين في نحو ܣܘܪܗܒܐ . وفي ٢٦ النصب والياء . وفي ٢٧و٢٨و٢٩و٣٠ النصب والنون

والنون مثل ܫܡܫܬܐ ܡܫܒܚܬܐ . وقد عدلنا عن ذكرها هنا اكتفاءً بذكرها في باب الاشتقاق

﴿ ثانياً مزيدات الرباعي ﴾

﴿ الجدول الثاني ﴾

في الرباعي المزيد فيه حرف واحد وهو اثنا عشر وزناً

١	ܐܦܥܠܐ	نحو	ܐܟܕܢܐ	افعى
٢	ܡܦܥܠܠܐ	»	ܡܬܪܓܡܢܐ	مترجم
٣	ܦܘܥܠܠܐ	»	ܛܘܒܪܬܐ	مخلاة
٤	ܦܥܠܠܐ	»	ܟܒܢܬܐ	كهف
٥	ܦܥܠܠܐ	»	ܐܙܢܬܐ	زرافة
٦	ܦܥܠܠܐ	»	ܐܣܟܪܐ	زنجار
٧	ܦܘܥܠܠܐ	»	ܫܘܙܙܬܐ	دغدغة
٨	ܦܥܠܘܠܐ	»	ܙܚܠܘܠܐ	شبح
٩	ܦܥܠܘܠܐ	»	ܗܙܪܘܠܐ	مزمار
١٠	ܦܥܠܝܠܐ	»	ܢܒܛܪܐ	مصباح
١١	ܦܥܠܝܠܐ	»	ܦܪܕܝܣܐ	فردوس
١٢	ܦܘܥܠܝܠܐ	»	ܥܘܦܝܬܐ	عمامة (١)

(١) مزيد في الاول النصب . وفي ٢ الميم . وفي ٣ تشديد العين. وفي ٤ و ٥ و٦ و ٧ النصب . وفي ٨ و٩ الواو . وفي ١٠ و١١ و١٢ الياء

<(الجدول الثاني)>

في الرباعي المزيد فيه حرفان وهو ثلاثة اوزان

١ ܡܒܰܫܠܳܢܳܐ طبّاخ
٢ ܡܦܰܠܓܳܢܳܐ موزّع
٣ ܬܰܪܓܡܳܢܳܐ ترجمان(١)

اما المزيد فيه ثلاثة احرف فهو وزن واحد ܡܬܰܪܓܡܳܢܳܐ مترجم . والمزيد فيه اربعة احرف وزنان ܡܦܰܠܓܳܢܳܝܳܐ موزّع ܦܰܪܕܰܝܣܳܝܳܐ بستاني (٢)

<(ثالثاً مزيدات الخماسي)>

لا يزاد على الخماسي الا حرف واحد وميزاته اثنا عشر

١ ܐܳܦܪܰܣܢܳܐ حيلة. مكيدة
٢ ܫܘܪܫܪܳܐ سرّة
٣ ܚܰܠܙܽܘܢܳܐ حلزون
٤ ܠܰܪܦܽܘܫܳܐ صدرة. درع
٥ ܐܶܫܟܳܪܽܘܥ شمشار
٦ ܦܪܒܦܦܐ حب القلقل
٧ ܬܰܪܢܳܓܠܳܐ ديك
٨ ܫܰܒܒܒܠܳܐ لبلاب
٩ ܬܰܪܢܘܓܠܳܐ ديك
١٠ ܦܪܕܝܣܣܳܐ روزنة
١١ ܘܰܪܫܒܘܕܐ وطواط
١٢ ܐܣܦܪܫܒܐ زنبيل(٣)

(١) الزائد في الاول الغين المدغمة والياء . وفي ٢ الميم والتاء . وفي ٣ النصب والنون .

(٢) المزيد في الاول الميم والنصب والنون . وفي ٢ الميم والتاء والنصب والنون. وفي ٣ الياء والفاء والنصب والنون.

(٣) مزيد في الاول النصب. وفي ٢ الواو. وفي ٣ الياء . وفي ٤ و٥ و٦ و٧ و٨ النصب. وفي ٩الواو. وفي ١٠ الياء. وفي ١١ الواو. وفي ١٢ الياء

الفصل الثاني

ܡܛܠ ܫܡܐ ܡܪܟܒܐ في الاسم المركب

١٨ الاسم المركب نوعان ܡܙܝܓܐ مزجي وܢܩܝܦܐ لحوقي

فالمزجي : ما تركب من كلمتين او اكثر . وهو كثير في الارامية ولكنه سماعي لا قياسي

واشهر الاسماء التي يستعان بها للتركيب هي ܒܪ ابن ܒܪܬ بنت ܒܝܬ بيت ܒܥܠ بعل . صاحب ܪܒ عظيم . صاحب ܡܪܐ سيد . صاحب

مثالها ܒܪܢܫܐ او ܒܪܐܢܫܐ انسان ܒܪܬܩܠܐ لفظة ܒܝܬ ܕܪܫܐ مدرسة ܒܥܠܕܒܒܐ عدو ܪܒܚܝܠܐ قائد ܡܪܐ ܚܘܒܐ دائن

ومن الاسماء المركبة ايضاً ܐܟܠܩܪܨܐ «ثلاّب» مركبة من ܐܟܠ «آكل» وܩܪܨܐ «ثلب» . ܫܬܐܣܬܐ «اساس» من ܫܬ «اسفل» وܐܣܬܐ «حائط» . ܐܡܬܙܪܬܐ «القصير من السباع والناس» من ܐܡܬܐ (ذراع) و ܙܪܬܐ (شبر)

واللحوقي : سيأتي بيانه (في الباب الثامن من الجزء الثاني عدد ١٦٩ وجه ٣٨٧)

واعلم ١ً : ان ما تحرك من الاسماء بحركة ܦܬܚܐ . او كان لغة في كلمة اخرى يُعتبر خارجاً عن وزنه الاصلي . فان ܙܡܪܓܕܐ «زمرّد» مثلاً تُعتبر من وزن ܦܥܠܠܐ . و ܡܠܘܐ «ملء» وهي لغة في ܡܠܐ تعتبر من وزن ܩܛܠܐ .

٢ً : يوجد اوزان مزيدة غير التي ذكرناها لا تصعب معرفتها فعدلنا عن ذكرها حذراً من الاطالة

٣ً : الاسماء الغير المنتهية بالف الاطلاق تطابق الاوزان المتقدمة مجزومة

ܕܘܪܫܐ تمرين

١ً : ميز الموصوف من الصفة واسم الجنس من اسم العلم في ما يلي :

ܨܦܪܐ	صباح	ܛܒܐ	صالح	ܐܪܝܟܐ	طويل
ܦܨܝܚܐ	بهيج	ܐܕܡ	آدم	ܚܘܐ	حواء
ܫܘܪܒܝܢܐ	سرو	ܛܘܪܐ	جبل	ܝܘܠܦܢܐ	علم

٢ً : وميز المجرد من المزيد والمركب في الاسماء الاتية. واشر الى وزن كل منها :

ܛܪܦܐ	ورقة	ܒܣܝܡܘܬܐ	لذّة	ܥܠܝܡܐ	غلام
ܫܡܫܐ	شمس	ܚܙܝܪܐ	خنزير	ܟܪܣܐ	حشا
ܢܒܝܐ	نبي	ܦܩܘܠܐ	فول	ܡܪܘܡܐ	العُلى
ܛܢܢܐ	قاسٍ	ܕܟܝܐ	نقي	ܪܒܝܬܐ	وكيل

* * *

ءً : ان ܐܬܡܐ طغمة ܛܠܐ طلّ . ندى ܕܪܐ حرب ܥܘܡܩܐ قعر . عمق ܟܠܝܠܐ تاج ܐܪܙܐ سر ܡܬܠܐ « مثال » من وزن ܫܡܫܐ ܥܡܐ ܕܒܐ ܛܠܐ ܩܪܒܐ ܡܬܠܐ . وقد كتبها بعض النساخ ܐܬܡܐ ܛܠܠܐ ܩܪܒܐ ܥܘܡܩܐ ܟܠܝܠܐ ܐܪܙܐ ܡܬܠܐ وهو خطاء

هً : الاسماء الاعجمية التي دخلت في لغتنا الارامية بعضها يوافق اوزانها نحو ܛܟܣܐ طقس : رتبة ܓܗܢܐ « يمّوس . جحيم . قبر » وبعضها لا يوافقها نحو ܐܘܢܓܠܝܘܢ انجيل ܐܘܟܪܝܣܛܝܐ « شكر . قربان »

الفصل الثالث

ܥܠ ܓܢ̈ܣܐ ܕܫܡܗ̈ܐ ܐܘ ܕܟܪ̈ܢܝܐ ܘܢܩܒ̈ܢܝܐ

في جنسي الاسماء او المذكر والمؤنث

١٩ للاسم جنسان ܕܟܪܢܝܐ مذكر . وܢܩܒܢܝܐ مؤنث . فالمذكر هو ما خلا من علامة التأنيث اي التاء الزائدة في آخر الاسم نحو ܡܠܟܐ ملك ܚܟܝܡܐ حكيم ܡܝܬܐ ميت . والمؤنث ما كانت فيه هذه العلامة نحو ܡܠܟܬܐ ملكة ܚܟܝܡܬܐ حكيمة ܡܝܬܬܐ ميتة (١)

وينقسم المؤنث الى ܫܪܝܪܬܐ حقيقي ولܐ ܫܪܝܪܬܐ غير حقيقي. فالحقيقي ما كان بازائه مذكر ولا يكون الا في الطبائع الحية نحو ܐܢܬܬܐ امرأة ܟܠܒܬܐ كلبة. والغير الحقيقي ما ليس بازائه مذكر نحو ܣܦܬܐ شفة ܡܠܬܐ كلمة. وهو يتعلق بالوضع والاصطلاح (٢)

(١) قلنا التاء الزائدة احترازاً عن الاصلية في نحو ܡܝܬܐ « ميت » مثلاً فليست للتأنيث . وما كان مؤنثاً وتاوه اصلية فليست التاء علامة تأنيثه بل هو مؤنث معنوي نحو ܨܗܝܘܬܐ صدى . ويمكن معرفة التاء الاصلية من الزائدة في الاسماء المشتقة من ملاحظة الافعال المشتقة منها فان كانت التاء فيها فهي اصلية مثل ܝܳܪܽܘܬܐ « وارث » من ܝܺܪܬ « ورثَ » والا فهي زائدة مثل ܪܗܘܛܬܐ «سريعة» من ܪܗܛ « أسرع ». اما في الاسماء الجامدة فلا يعرف ذلك الا من المعاجم وكتب اللغة . واعلم ان كل اسم انتهى بالتاء الزائدة وظهر فيه حرفان فقط فلا بد ان يكون حذف او ادغم منه حرف آخر نحو ܐܡܬܐ أمة ܪܒܬܐ عظيمة . وقد يزاد تاء على بعض الاسماء للمبالغة في الوصف لا للتأنيث كما سترى نحو ܡܗܝܪܬܐ علاّمة

(٢) اي لا يدل بطبعه لا على مذكر ولا على مؤنث وانما اصطلح

والى ܕܟܪܝܬܐ لفظي و ܣܘܟܠܝܬܐ معنوي . فاللفظي ما كانت علامة التأنيث فيه ظاهرة كما رأيت. والمعنوي ما كانت علامة التأنيث فيه مقدرة نحو ܐܡܐ ام ܥܝܢܐ عين (١)

٢٠ والاسماء المؤنثة المعنوية هي :

١ً : اسماء الحروف الابجدية كلها

٢ً : اسماء الجهات والبلدان والمدن والقرى نحو ܡܕܢܚܐ المشرق ܒܝܬ ܢܗܪ̈ܝܢ ما بين النهرين ܩܘܦܪܘܣ قبرص ܐܘܪܗܝ الرها ܟܦܪܙܝܢܐ كفرزينا

٣ً : اسماء اعضاء الحيوانات المزدوجة نحو ܥܝܢܐ عين ܐܝܕܐ يد ܟܬܦܐ كتف ܪܓܠܐ رجل . ما عدا ܐܓܦܐ جناح ܕܪܥܐ ذراع ܐܪܟܘܒܬܐ مرفق ܦܟܐ فك ܡܠܥܣܐ الفك الاعلى ܬܕܝܐ ثدي

٤ً : كل اسم آخره ياء وغير مختوم بالف الاطلاق نحو ܛܘܥܝ ضلالة ܬܢܐܝ شرط

٥ً : كل اسم علم لمؤنث حقيقي نحو ܡܪܝܡ ܬܩܠܐ تقلا

ارباب اللغة على وضعه مؤنثاً . ولذا فليس كل اسم مذكر او مؤنث في لغة يكون كذلك في غيرها « فكل لغة حسب ما اصطلح اهلها » فان ܐܠܐ « لكن » مثلاً مؤنثه في السريانية وفي العربية مذكرة . اما ܢܩܡܬܐ « نقمة » فهي مؤنثة في اللغتين

(١) وتزاد علامات التأنيث في الاسماء اما للفرق بين المذكر والمؤنث في الصفات كثيراً وفي الموصوفات قليلاً نحو ܒܬܘܠܐ ܒܬܘܠܬܐ بتول بتولة ܢܡܪܐ ܢܡܪܬܐ نمر نمرة . واما للفرق بين اسم الجنس ومفرده نحو ܠܘܙܐ ܚܠܝܐ « لوز حلو : لوزة ». واما لمجرد الاصطلاح على استعمال الاسم مؤنثاً نحو ܡܓܠܬܐ منجل ܨܠܘܬܐ صلوة

٦ً : اسماء كثيرة غير هذه تكون مؤنثة بدون علامة ظاهرة . وبعضها يكون تارةً مذكراً وتارة مؤنثاً . وهاك اشهرها مرتبة على الحروف الابجدية (١)

جدول

الاسماء المؤنثة بدون علامة ظاهرة

ܐܓܢܐ	اجانة	ܚܩܠܐ	حقل	ܣܟܪܐ	ترس
ܐܘܪܚܐ	طريق	ܛܝܪܐ	طير	ܣܦܣܪܐ	صمصامة سيف صغير
ܐܟܕܢܐ	افعى	ܟܒܕܐ	كبد	ܥܒܘܬܐ	عذق. ذؤابة
ܐܠܦܐ	سفينة	ܟܘܐܠܐ. ܟܠܘܠܐ	سفينة نوح	ܥܠܥܠܐ	زوبعة
ܐܣܠܐ	طنفسة	ܟܝܡܐ	ثريّاً	ܥܢܐ	ضان. غنم
ܐܦܥܐ	ضبعة. ام عامر	ܟܟܪܐ	وزنة	ܥܢܩܐ	عرف الديك
ܐܦܠܘܪܐ	هيضة. تخمة	ܟܪܣܐ	بطن	ܥܢܦܐ	غصن. عرق
ܐܪܥܐ	ارض	ܠܩܢܐ	لكن. صحن	ܥܪܦܠܐ	ضباب كثيف
ܐܫܟܐ	خصية	ܡܐܐ	مائة	ܦܕܢܐ	فدان
ܐܬܢܐ	اثان	ܡܘܒܠܐ	حمل	ܦܪܟܐ	معبد للاصنام
ܒܐܪܐ	بئر	ܡܘܣܣܐ	عجلة. بقرة	ܨܦܪܐ	عصفور
ܒܥܝܪܐ	بقرة. بقر	ܣܐܐ	مكيال	ܩܕܪܐ	قدر
ܓܗܢܐ	جهنم	ܣܟܝܢܐ	سكين	ܩܠܡܐ	قملة
ܙܘܝܬܐ	زاوية				

(١) يكفي الطالب ان يطالع هذه الاسماء مطالعةً فقط

ܩܪܢܐ قرن
ܪܘܡܚܐ رمح
ܪܘܒܝܐ خبازى
ܪܘܒܛܐ ارغوة
(وتاوها اصلية)
ܪܚܝܐ رحى
ܪܡܟܐ قطيع الخيل
ܫܘܚܛܐ صدى
(والتاو اصلية)
ܫܠܕܐ جثة
ܬܘܠܥܐ دودة

ومن الاعجمية:
ܐܣܛܘܐ رواق
ܐܟܣܢܝܐ غربة
ܐܘܟܪܣܛܝܐ قربان
ܐܘܣܝܐ جوهر
ܐܣܛܠܐ حلة
ܐܣܦܘܓܐ اسفنجة
ܐܣܦܣ افعى. صلّ
ܐܣܦܝܪܐ كرة
ܐܣܛܪܐ استار. درهم
ܗܪܣܝܣ ارطقة
ܒܠܢܐ حمّام
ܕܝܬܝܩܐ عهد. ميثاق

ܗܘܠܐ . ܗܝܘܠܐ هيولى . مادة
ܘܠܐ ستر . حجاب
ܣܦܪܓܝܬܐ سمة. خاتم
ܢܘܡܐ آكلة. ولاية
ܣܘܢܗܕܘܣ مجمع
ܦܢܛܣܝܐ خيال
ܦܪܗܣܝܐ دالّة
ܫܝܘܠ قبر. جحيم
ܬܐܘܠܘܓܝܐ علم اللاهوت
ܬܐܘܪܝܐ نظر خلاف عمل
ܬܒܝܠ مسكونة

جدول

الاسماء التي تكون تارةً مذكرة وتارة مونثة

ܐܘܪܕܥܐ	ضفدع	ܓܘܪܢܐ	جرن	ܕܝܪܐ	دير . مسكن
ܐܝܠܐ	أيل . غزال	ܓܡܠܐ	جمل	ܙܩܐ	زق . قربة
ܐܦܕܢܐ	فدن قصر	ܕܒܐ	دبّ . دبّة	ܫܦܠܒܠܐ	لبلاب
ܐܪܢܒܐ	ارنب	ܕܒܘܪܐ	زنبور (دبّور)	ܟܘܪܟܝܐ	لقلق ابوخديج
ܐܓܪܐ	صك	ܕܘܢܒܐ	ذنب	ܣܝܦܐ	حرب سيف
ܒܥܝܪܐ	بعير. بهيمة	ܕܘܥܬܐ	عرق. تعب	ܓܘܕܐ	فوج . جمع

ܝܘܢܐ حمامة
ܝܪܘܪܐ ابن آوى
ܝܬܐ ذات . ماهية
ܠܘܚܐ لوح . صحيفة
ܡܠܚܐ ملح
ܡܢܐ دانق . درهم
ܡܒܘܥܐ معين
ܢܘܪܐ نار
ܢܦܫܐ نفس . روح
ܩܒܪܐ قبر
ܣܣܐ سوس
ܥܩܒܐ عقب
ܥܪܣܐ عرش . سرير
ܦܚܐ فخ

ܦܠܓܐ جوقة
ܨܒܥܐ اصبع
ܨܚܚܐ اصحاح . فصل
ܩܘܦܕܐ قنفذ
ܩܣܛܐ قسط . كوز
ܩܪܩܘܪܐ قرقور . قارب
ܩܫܬܐ قوس
ܪܘܚܐ ريح . روح
ܪܟܫܐ فرس . خيل
ܪܩܝܥܐ رقيع . جلد
ܪܬܝܬܐ رعدة
ܫܘܫܦܐ منديل
ܫܡܝܐ سماء
ܫܡܫܐ شمس
ܫܢܐ سن . عاج

ܫܢܝܢܐ سنان . نبل
ܬܡܪܐ جفن
ܬܦܐ ساقية . جدول
ܬܝܡܢܐ تيمن . جنوب
ܡܠܬܐ كلمة : بمعنى الاقنوم الثاني من الثالوث الاقدس (١)

ومن الاعجمية :

ܐܐܪ هواء
ܛܝܡܐ ثمن (٢)
ܟܪܛܝܣܐ قرطاس . ورقة
ܠܓܝܘܢܐ طغمة . جند
ܦܢܩܐ رسالة

❊ ܡܪܘܢܐ تمرين ❊

ميز المذكر من المؤنث . والمؤنث اللفظي من المؤنث المعنوي في الاسماء التالية :

---

(١) وبغير هذا المعنى مؤنثة فقط . وتاؤها زائدة

(٢) وقيل انها مؤنثة مفردةً ومذكرة مجموعةً

ܥܰܝܢܳܐ	عين	ܕܰܪܡܣܽܘܩ	دمشق	ܓܽܘܓܰܠ	عنكبوت
ܙܶܪܬܳܐ	خنصر	ܩܨܳܝܬܳܐ	كسرة	ܪܳܚܶܝܠ	راحيل
ܢܰܚܬܳܐ	ثوب	ܒܶܝܬ ܠܚܶܡ	بيت لحم	ܡܳܪܽܘܬܳܐ	ماروثا
ܩܶܫܬܳܐ	قوس	ܡܺܝܡ	ميم	ܡܳܪܬܳܐ	مرتا

الفصل الرابع

ܥܰܠ ܢܶܩܒܽܬܳܝܽܘܬܳܐ ܕܰܫܡܳܗ̈ܐ في تأنيث الاسماء

قاعدة عامة

٢١ يُؤَنَّث الاسم عموماً بالحاق آخرهِ تاء التانيث ونقل نصبه اليها نحو ܙܰܕܺܝܩܳܐ ܙܰܕܺܝܩܬܳܐ صِدّيق صدّيقة ܪܰܒܳܐ ܪܰܒܬܳܐ عظيم عظيمة ܒܺܝܫܳܐ ܒܺܝܫܬܳܐ شرير شريرة ܝܳܪܽܘܬܳܐ ܝܳܪܽܘܬܬܳܐ وارث وارثة ܗܰܢܺܝܳܐ ܗܰܢܺܝܬܳܐ « هنيء هنيئة » (بتحقيق الهمزة او تخفيفها) . واما ما يقتضي في تأنيثه اكثر من ذلك فيجري على القواعد الآتية

القاعدة الاولى

الاسماء التي على وزن ܩܛܳܠܳܐ الصحيحه السلام يؤنث اكثرها بنقل الفتح عن اولها الى ثانيها نحو ܚܟܺܝܡܳܐ ܚܰܟܺܝܡܬܳܐ مُتقَن متقنة ܛܠܳܝܳܐ ܛܠܺܝܬܳܐ طفل طفلة. وبعضها يبقى الفتح على اولهِ فيتبع القاعدة العامة

نحو ܡܰܠܟܳܐ ܡܰܠܟܬܳܐ ملك ملكة ܢܰܟܦܳܐ ܢܰܟܦܬܳܐ عفيف عفيفة ܛܰܢܦܳܐ ܛܰܢܦܬܳܐ دَنِس دَنِسة (١)

والمعتلة اللام ينقل الفتح الى ثانيها ويقلب خفضاً لمناسبة اليـاء نحو ܓܒܝܳܐ ܓܒܝܬܳܐ مختار مختارة ܐܦܝܳܐ ܐܦܝܬܳܐ بهي بهية. وكذلك ܓܐܝܳܐ ܓܐܝܬܳܐ «متعظم متعظمـة» بتحقيق الهمزة او تخفيفهـا فتصير ܓܝܬܳܐ (٢)

الثانية

كل اسم على وزن ܩܛܝܠܳܐ اذا كان صحيح اللام يُكَسر ثانيه نحـو ܪܚܝܡܳܐ ܪܚܝܡܬܳܐ مُحب مُحبة ܝܳܪܬܳܐ ܝܳܪܬܬܳܐ وارث وارثة. الا اذا

(١) يكتب بعض النساخ ܛܢܦܬܳܐ : ܛܢܦܳܐ ويؤنثونها ܛܢܦܬܳܐ وهو غلط

(٢) ان ܒܣܝܡܳܐ صعـب ܫܠܝܡܳܐ سالم ܛܰܢܦܳܐ دنس ܝܰܬܡܳܐ «يتيم» من وزن ܩܛܝܠܳܐ هذا توافق في تأنيثها ما جاء منه على القاعدة العامة وما جاء على القاعدة الخاصة فيقال فيها ܒܣܝܡܬܳܐ ܫܠܝܡܬܳܐ ܛܢܦܬܳܐ ܝܬܡܬܳܐ مثل ܪܚܝܡܬܳܐ . و ܒܣܡܬܳܐ ܫܠܡܬܳܐ ܛܰܢܦܬܳܐ ܝܰܬܡܬܳܐ مثل ܝܳܪܬܬܳܐ . ولا عبرة للخفض على اول ܝܰܬܡܬܳܐ فهو مسبب عن تعذر الابتداء بالياء ساكنة كما علمت . وقد قيل ايضاً في تانيث ܛܰܡܐܳܐ ܛܡܐܬܳܐ ܛܰܡܐܬܳܐ بكسر الطاء في الاول وفتح الميم في الثانية بحركة ܦܬܳܚܳܐ . وقيل في تانيث ܛܳܒܳܐ ظبي ܫܦܝܪܳܐ ܦܬܝ ܦܐܝܳܐ «جميل» فضلاً عن القاعدة ܛܒܝܬܳܐ ܫܦܝܪܬܳܐ ܦܐܝܬܳܐ ونرى انها تانثت في الاصل على القاعدة العامة نظير الصحيح وخُفِضَ ثانيها بحركة ܦܬܳܚܳܐ قبل الياء

ومن هذا الوزن ܚܕܝܬܳܐ « حدث » وتؤنث مثل ܚܕܬܬܳܐ غير ان الغربيـين يحذفون تاءَهـا الاصلية والشرقيين يدغمونها بتاء التأنيث لفظاً وخطاً والجميع يكتبونها ܚܕܬܳܐ

كانت لامه احد حروف الحلق (الفواتح) فيقلب هذا الكسر فتحاً نحو ܫܳܡܥܳܐ ܫܳܡܥܬܳܐ سامع سامعة (١)

واذا كانت لامه ياء يقلب كسر ثانية خفضاً لمطابقتها نحو ܛܳܥܝܳܐ ܛܳܥܝܬܳܐ ضال ضالّة ܕܘܳܝܳܐ ܕܘܳܝܬܳܐ شقي شقية. اما ܡܳܪܝܳܐ « الربّ تعالى » فلا تونث

الثالثة

كل اسم على وزن ܡܰܩܛܠܳܐ و ܡܩܰܛܠܳܐ (من مزيدات الثلاثي) و ܡܩܰܛܠܠܳܐ (من الرباعي ومزيدات الثلاثي) صحيح الآخر او معتله يفتح ما قبل آخره نحو ܡܰܚܪܡܳܐ ܡܰܚܪܡܬܳܐ محروم محرومة ܡܣܰܠܝܳܐ ܡܣܰܠܝܬܳܐ مرذول مرذولة ܡܒܰܪܟܳܐ ܡܒܰܪܟܬܳܐ مبارك مباركة ܡܨܰܒܬܳܐ ܡܨܰܒܬܬܳܐ مزين مزينة ܡܟܰܠܠܳܐ ܡܟܰܠܠܬܳܐ مرتفع مرتفعة ܡܬܰܪܓܡܳܐ ܡܬܰܪܓܡܬܳܐ مُترَجم مُترَجمة ܡܬܰܪܣܝܳܐ ܡܬܰܪܣܝܬܳܐ مُقات مقاتة ܡܫܬܰܪܗܒܳܐ ܡܫܬܰܪܗܒܬܳܐ مستعجل مستعجلة ܡܫܰܡܠܝܳܐ ܡܫܰܡܠܝܬܳܐ متمَّم متمَّمة

ومنه ما كان من النوني والمضاعف على وزن ܡܰܩܛܠܳܐ في الاصل نحو ܡܰܣܒܳܐ ܡܰܣܒܬܳܐ ماخوذ ماخوذة ܡܰܥܠܳܐ ܡܰܥܠܬܳܐ « مُدخَل مُدخَلة » (اصلها ܡܰܢܣܒܳܐ ܡܰܥܠܠܳܐ كما ستعلم)

و كذلك ما ماثل هذه الاوزان من اسماء المفعول المبتدئة بميم زائدة

(١) وهذه قاعدة مطردة انه كلما اتى احد هذه الحروف في آخر الكلمة وكان الحرف الذي قبله مكسوراً قياساً يقلب كسره فتحاً

نحو ܡܣܬܪܗܒܐ ܡܣܬܪܗܒܬܐ مُستعَجِل مُستعَجلة ܡܫܡܠܝܐ ܡܫܡܠܝܬܐ متمَّم متمَّمة

الرابعة

كل اسم انتهى بنون زائدة تخفض نونه ويزاد بعدها ياءٌ ساكنة نحو ܫܡܝܢܐ ܫܡܝܢܝܬܐ سماوي سماوية ܡܠܦܢܐ ܡܠܦܢܝܬܐ معلم معلمة . ܛܘܒܬܢܐ ܛܘܒܬܢܝܬܐ . ܛܘܒܢܐ ܛܘܒܢܝܬܐ «طوباوي طوباوية» وقيل ان هاتين اللفظتين تنصب النون فيهما اذا وصف بهما الثالوث الاقدس

تنبه : ما قبل تاء التانيث يكون ساكناً ابداً (١)

﴿ فوائد ﴾

الاولى: الاسماء المذكرة المنتهية بتاء اصلية لا تخالف في تانيثها القواعد المارة ويجب فيها الادغام والتشديد كما رأيتَ في ܝܪܬܬܐ وارثة ܡܨܒܬܬܐ مزينة

(١) اذا امعنت النظر في قواعد التانيث ملاحظاً سكون ما قبل التاء ترى ان جميع هذه الاوزان ترجع في تانيثها الى القاعدة العامة الا ما جاء على القاعدة الاولى بفتح عينِه فقط. فان الكسر في القاعدة الثانية والفتح والخفض المقلوبين عنه في نحو ܡܥܕܢܬܐ ܛܒܚܬܐ منها انما هو في الاصل حركة ܡܕܡ لالتقاء الساكنين . وفتح ما قبل الاخير في القاعدة الثالثة مسبب عن اجتماع الثلاثة سواكن التي لا بد من تحريك اوسطها كلما اجتمعت كما علمت . وخفض النون في القاعدة الرابعة متأت عن الياء الساكنة بعدها كما هو ظاهر . وهو حركة ܡܕܡ ايضاً . واعلم ان اصل

الثانية : وزن ܦܰܥܠܳܐ الذي يؤنث على القاعدة العامة اذا انتهى بحرف فتح يفتح ثانيه جوازاً (بحركة ܡܫܰܘܚܠ̈) نحو ܐܶܡܪܳܐ ܐܶܡܪܬܳܐ و ܐܶܡܰܪܬܳܐ خروف نعجة ܢܶܡܪܳܐ ܢܶܡܪܬܳܐ و ܢܶܡܰܪܬܳܐ نمر نمرة

الثالثة : يقال في تأنيث ܙܒܝܢܳܐ مبيع ܡܣܟܝܢܳܐ مسكين ܐܚܪܢܳܐ آخر ܙܒܝܢܬܳܐ ܡܣܟܝܢܬܳܐ ܐܚܪܬܳܐ باسقاط النون في الاولين لفظاً وفي الثالث لفظاً وخطاً . والشرقيون يدغمونها بالتاء .

الرابعة : يوجد بعض اسماء لا يصاغ منها مؤنث فيستعار لها اسماء مؤنثة من غير مادتها وهي قليلة نحو ܓܰܒܪܳܐ رجل ܐܰܒܳܐ اب ܕܶܟܪܳܐ كبش . فيستعار للاول ܐܰܢܬܬܳܐ امرأة (١) وللثاني ܐܶܡܳܐ ام . وللثالث ܢܩܝܳܐ نعجة .

﴿ شواذ التأنيث ﴾

يشذ عن القاعدة العامة فقط ܐܰܚܳܐ ܚܳܬܳܐ اخ اخت ܒܪܳܐ ܒܪܬܳܐ ابن ابنة .

﴿ ܬܘܣܦܬܐ ملحق ﴾

ܥܰܠ ܫܡܳܐ ܡܫܰܘܚܠܳܐ في الاسم التجريدي

٢٢ من الاسماء المؤنثة بدخول التاء الزائدة على آخرها الاسم

ܓܒܝܬܐ مثلاً ܓܒܝܬܐ مثل ܩܛܝܠܬܐ و ܛܒܝܬܐ ܛܒܝܬܐ مثل ܩܛܝܠܬܐ ولكن قلب الفتح في الاولى والكسر في الثانية خفضاً مناسبةً للياء .

(١) اصلها ܐܢܫܬܐ مؤنث ܐܢܫܐ التي اصلها ܐܢܫܐ . وقد جاءَ ܓܒܪܬܐ بمعنى : امرأة مترجلة .

التجريدي ٠ وهو ما دل على معنى الاسم الموصوف او الصفة مجرداً عن صاحبهِ ويصاغ من المذكر بزيادة التاء على اٰخره مسبوقةً بواو مضموم ما قبلها ضماً طويلاً نحو ܐ̱ܢܫܐ ܐ̱ܢܫܘܬܐ انسان انسانية ܡܠܟܐ ܡܠܟܘܬܐ مَلك مُلك ܝܐܝܐ ܝܐܝܘܬܐ بهي بهاء ܥܒܘܕܐ ܥܒܘܕܘܬܐ صانع صنع ܙܗܝܪܐ ܙܗܝܪܘܬܐ محترس احتراس . وهو شائع الاستعمال جداً في اللغة ولا سيما في الصفات (١)

﴿ ܬܘܪܓܡܐ تمرين ﴾

١ً : أنث الصفات الآتية :

ܚܡܝܡܐ	حار	ܡܬܡܠܠܢܐ	قابل الوصف	ܣܘܡܩܐ	احمر
ܡܚܘܝܢܐ	مُظهر	ܫܪܝܪܝܐ	حقيقي	ܪܕܝܐ	سائر
ܚܨܝܦܐ	وقح	ܡܬܘܡܝܐ	ازلي	ܚܢܢܐ	حنَّان
ܐܦܘܝܐ	خبَّاز	ܣܦܪܐ	كاتب	ܣܓܝܐܐ	وافر

٢ً : ردّ الاسماء الآتية الى صورة المذكر :

ܕܝܪܝܬܐ	راهبة	ܡܛܫܝܬܐ	مخفية	ܒܪܝܬܐ	مخلوقة
ܐ̱ܚܪܬܐ	اخرى	ܣܟܠܬܐ	جاهلة	ܬܪܥܝܬܐ	بوابة
ܒܣܝܡܬܐ	هنيئة	ܡܚܕܬܬܐ	مجددة	ܛܥܝܬܐ	تائهة
ܡܪܒܝܢܝܬܐ	امربية	ܡܝܢܩܬܐ	مرضعة	ܫܒܗܪܬܐ	تباهٍ

(١) شرط هذا الاسم ان تكون الواو فيه مزيدة للصيغة كما في الامثلة . فليس من هذا القبيل ܨܠܘܬܐ صَلوة ܬܫܥܝܬܐ قصة ܚܕܘܬܐ « فرح » مثلاً لان الواو فيها من اصل بنائها . وقد ترى بعض اسماء تجريدية يصعب عليك ردها الى المذكر المأخوذة عنه لبعض اختلاف في لفظها مسبب في اعلال ونحوهِ مثل ܣܝܒܘܬܐ « شيخوخة » من ܣܒܐ شيخ التي اصلها ܣܐܒܐ فلاحظ ذلك

الفصل الخامس

ܡܛܠ ܡܢܝܢܐ ܕܫܡܗ̈ܐ

في عدد الاسماء او المفرد والمثنى والجمع

٢٣ عدد الاسماء ثلاثة اقسام ܡܢܝܢܐ مفرد ܚܕܢܝܐ مثنى ܬܪܝܢܝܐ او ܣܘܓܐܐ جمع

فالمفرد هو ما دل على واحد فقط نحو ܡܠܟܐ ملك ܡܠܟܬܐ ملكة

والمثنى ما دل على اثنين نحو ܬܪܝܢ ܓܒܪ̈ܐ رجلان ܬܪܬܝܢ ܢܫ̈ܐ امرأتان (١)

والجمع ما دل على ثلاثة فاكثر نحو ܡܠܟ̈ܐ ملوك ܡܠܟ̈ܬܐ ملكات

وعلامته خطاً تسمى ܣܝܡܐ « سيامي » وهي نقطتان كبيرتان ترسمان فوق الاسم كما علمت (عد ٤) وتوضع على سائر الاسماء المجموعة موصوفةً او صفاتٍ . ما عدا الصفات المذكرة المجزومة جزم

(١) قال البعض ان المثنى كان يصاغ قديماً بزيادة ياء ونون مفتوح ما قبلها على آخر الاسم المفرد نحو ܡܠܟܝܢ ملكين ܡܠܟܬܝܢ ملكتين . وقال غيرهم بل انه كان يصاغ بزيادة ياء ونون مكسور ما قبلها نحو ܡܠܟܝܢ ܡܠܟܬܝܢ . الا ان الاراميين اهملوا استعمال المثنى كذلك واعتاضوا عنه بلفظة ܬܪܝܢ « اثنان » للمذكر . و ܬܪܬܝܢ « اثنتان » للمؤنث يضعونهما مع الاسم المجموع كما مثلنا في المتن . وقد

تنكير كما ستعلم (عد ٣٣)

وهو اربعة انواع ܣܘܓܐܐ ܡܫܡܠܝܐ جمع سالم . وܣܘܓܐܐ ܬܒܝܪܐ جمع مكسر . وܣܘܓܐܐ ܕܒܨܝܪܘܬܐ جمع قلة . وܣܘܓܐܐ ܕܣܓܝܐܘܬܐ جمع كثرة .

فالجمع السالم في المذكر هو ما كُسر آخِرُه وبقي بناءُ مفردهِ سالمًا نحو ܓܒܪܐ ܓܒܪ̈ܐ رجل رجال ܟܐܢܐ ܟܐܢ̈ܐ عادل عادلون .
والسالم في المؤنث هو ما بقيت تاؤه منصوبة وسلم فيه بناء المفرد المذكر نحو ܡܠܟܬܐ ܡܠܟ̈ܬܐ ملكة ملكات ܦܐܝܬܐ ܦܐܝ̈ܬܐ بهيّة بهيّات

والمكسر هو ما تكسر فيه بناءُ مفردهِ لتغير او زيادة او نقص في حروفه وحركاته نحو ܓܒܝܐ ܓܒܝ̈ܐ مختار مختارون ܪܚܝܐ ܪ̈ܚܝܐ وܪ̈ܚܘܬܐ رحي ارحية . ܙܥܘܪܬܐ ܙܥܘܪ̈ܝܬܐ صغيرة صغيرات ܡܠܬܐ ܡ̈ܠܐ كلمة كلمات

وجمع القلة هو ما دل على ثلاثة فما فوق الى العشرة نحو ܠܒܐ ܠܒ̈ܐ قلب قلوب ܝܘܡܐ ܝܘ̈ܡܐ يوم ايام ܐܝܕܐ ܐܝ̈ܕܐ يدٌ ايدٍ

وجمع الكثرة هو ما دل على ما فوق العشرة الى ما لا نهاية له نحو ܠܒ̈ܘܬܐ قلوب ܝܘܡ̈ܬܐ ايام ܐܝ̈ܕܝܐ ايادٍ

جاءَ خمس كلمات تدل على المثنى بذاتها مكسورة ما قبل الياء والنون مثل ܬܪܝܢ وܬܪܬܝܢ وهي ܡܐܬܝܢ مئتانِ ܣܐܬܝܢ ܣܐܬܝܢ مكيالانِ ܙܒܢܝܢ زمانانِ ܡܨܪܝܢ مصر . ويظهر انها من صيغة المثنى القديمة . والكسر فيها يؤيد اصحاب القول الثاني

ويوجد نوع من الاسماء يدعى ܫܡܐ ܕܟܢܫܐ اسم الجمع. وهـو ما كان مفرداً باللفظ وجمعاً بالمعنى نحو ܥܡܐ شعب ܓܘܕܐ فرقة

الفصل السادس

في جمع الاسماء

« اولاً »

في قواعد جمع الاسماء الخالية من تاء التانيث

قاعدة عامة

٢٤ الاسم الخالي من تاء التانيث يُجمَع قياساً جمعاً سـالماً بقلب النصب على آخِره كسراً نحو ܡܠܟܐ ܡܠܟܐ̈ ملك ملوك ܢܚܬܐ ܢܚܬܐ̈ ثوب اثواب ܚܒܪܐ ܚܒܪܐ̈ رفيق رفقاء ܓܒܪܐ ܓܒܪܐ̈ رجل ارجل. اما قواعد جمع التكسير فهي:

القاعدة الاولى

كل صفة انتهت بالياء على وزن ܦܥܝܐ ܦܥܝܠܐ ܡܦܥܝܐ ܡܬܦܥܝܐ ܡܫܬܦܥܝܐ تجمع بفتح ما قبل هذه الياء. نحو ܓܒܝܐ ܓܒܝܐ̈ مختار مختارون ܦܐܝܐ ܦܐܝܐ̈ جميل جميلون (ولو خفت همزتها) ܦܝܝܐ

ܛܥܝܐ ضالٌ ضالون ܡܣܣܠܝܐ ܡܣܣܠܝܐ مرذول مرذولون ܡܬܥܠܝܐ ܡܬܥܠܝܐ متعالٍ متعالون ܡܫܡܠܝܐ ܡܫܡܠܝܐ متمّم متمّمون (١)

فائدة : ܡܪܝܐ « الربُ تعالى » موصوف على وزن ܩܛܠܐ لا جمع له (٢)

الثانية

كل موصوف انتهى بالياء على وزن ܩܛܠܐ يجمع اما بنقل الفتح عن اوله الى ثانيهِ (اي ما قبل الياء) نظير الصفة نحو ܓܕܝܐ ܓܕܝܐ جدي جداء. ܛܒܝܐ ܛܒܝܐ ظبي ظباء.

واما باسكان اوله وقلب يائهِ واواً مفتوحاً ما قبلها وزيادة تاء منصوبة بعدها نحو ܪܚܝܐ ܪܚܝܐ و ܪܚܘܬܐ رحى ارحية ܟܪܝܐ ܟܪܝܐ و ܟܪܘܬܐ كومة كوم (٣)

واما بكسر آخرهِ على القاعدة العامة نحو ܩܪܝܐ برد شديد ܩܪܝܐ. ܡܣܠܐ ܡܣܠܝܐ مسلّة مسلأت

ومن هذا الوزن ܐܝܕܐ يد ܒܪܐ ابن ܐܢܐ نوع ܬܕܐ ثدي . فهي ترد الى اصلها ܐܝܕܝܐ ܒܢܝܐ (بقلب الواو نوناً) ܐܢܝܐ ܬܕܝܐ وتجمع على القاعدة ܐܝܕܝܐ ܒܢܝܐ ܐܢܝܐ ܬܕܝܐ. وقد جمعت ܐܝܕܐ ايضاً جمعاً سالماً

(١) وانما الفتح في الوزن الاول منقول الى ما قبل الياء عن اوله

(٢) وقد يطلق على غيره تعالى بدليل نحو ܡܪܐ ܒܝܬܐ « رب البيت » فيُجمع حينئذٍ ܡܪܝܐ ܡܪܘܬܐ ارباب

(٣) اما ܟܪܝܐ الصفة بمعنى « قصير » فلا تجمع الا على قاعدة وزن الصفة ܟܪ̈ܝܐ

ܐܰܡ̈ܗܳܬܳܐ على ظاهرها (١)

الثالثة

كل موصوف انتهى بالياء على وزن ܩܶܛܠܳܐ يجمع باسكان اوله وقلب يائه واواً مفتوحاً ما قبلها وزيادة تاء منصوبة بعدها نحو ܚܰܝܬܳܐ ܚܰܝܘ̈ܳܬܳܐ حية حيات ܢܥܰܓܬܳܐ ܢܥܰܓܘ̈ܳܬܳܐ نعجة نعجات

الرابعة

كل موصوف انتهى بالياء من وزن ܩܽܘܛܠܳܐ ܩܽܘܛܳܠܳܐ يجمع بقلب يائه واواً بعدها تاء منصوبة وفتح ما قبلها نحو ܐܽܘܪܝܳܐ ܐܽܘܪ̈ܘܳܬܳܐ مذود مذاود ܟܽܘܪܣܝܳܐ ܟܽܘܪ̈ܣܘܳܬܳܐ كرسي كراسي . ومنه ܟܽܘܕܢܝܳܐ ܟܽܘܕܢ̈ܘܳܬܳܐ بغل بغال . ولا عبرة بالفتح على الدال لانه عارض

وقد يجمع بكسر آخره على القاعدة العامة نحو ܚܽܘܫܟܝܳܐ ܚܽܘܫܟ̈ܶܐ ظلمة ظلمات

الخامسة

كل موصوف انتهى بالياء على وزن ܡܰܩܛܠܳܐ يجمع اما بفتح ما قبل الياء نظير الصفة نحو ܡܰܫܬܝܳܐ ܡܰܫܬܝ̈ܳܐ مشرب مشارب ܡܰܫܪܝܳܐ ܡܰܫܪ̈ܝܳܐ محل محالّ . وهذا قليل . واما بكسر آخره نحو ܡܰܫܪ̈ܝܶܐ وهذا قليل ايضاً

واما بفتح ما قبل الياء وزيادة واو وتاء منصوبتين بعدها نحو

(١) والالف المخفوضة في ܐܡܐ مفردة ومجموعة جلبتها الياء الساكنة في الابتداء

ܡܕܪܝܐ ܡܕܪ̈ܘܝܬܐ مذراة مذارٍ ܡܩܛܝܐ ܡܩܛ̈ܘܝܬܐ مقتاة مقاتٍ. وهو الغالب فيه. وعند بعضهم تُفتح ياؤه نحو ܡܕܪ̈ܘܝܬܐ (١)

ويتبع هذا الوزن ما كان مثل ܣܥܪܝܐ ܣܥܪ̈ܘܝܬܐ صاري السفينة. صوارٍ

فائدة

ان المصادر الناقصة التي من هذه الاوزان المارة تجمع بكسر آخرها على القاعدة العامة نحو ܨܗܝܐ عطش ܨܗ̈ܝܐ . ܫܠܝܐ سكون ܫܠ̈ܝܐ . ܪܓܘܡܝܐ رجم ܪܓܘܡ̈ܝܐ

شواذ الجمع

شواذ القاعدة العامة (٢)

واولاً: ما له جمع قياسي ايضاً

ܐܒܐ ܐܒ̈ܐ و ܐܒܒ̈ܐ و ܐܒܒ̈ܐ فاكهة فواكه

ܐܬܪܐ ܐܬܪ̈ܐ و ܐܬܪ̈ܘܬܐ مكان امكنة

ܓܦܐ ܓܦ̈ܐ و ܓܦܢ̈ܐ جناح اجنحة

ܕܪܐ ܕܪ̈ܐ و ܕܪ̈ܘܬܐ دهر دهور

ܕܝܪܐ ܕܝܪ̈ܐ و ܕܝܪ̈ܬܐ دير اديار

ܕܦܢܐ ܕܦܢ̈ܐ و ܕܦܢ̈ܬܐ جنب اجناب

---

(١) والشرقيون يبدلون فتح ما قبل الواو في هذا الجمع نصباً كعادتهم فيقولون ܡܕܪ̈ܘܝܬܐ ܡܩܛ̈ܘܝܬܐ الخ (٢) حسب التلميذ ان يطالع جدول الشواذ هذا وكل شواذات الاسماء الآتية مطالعة فقط

ܚܝܠܐ ܚܝ̈ܠܐ ܘ ܚܝ̈ܠܘܬܐ

قوة قوات

ܚܣܢܐ ܚܣ̈ܢܐ ܘ ܚܣܢ̈ܬܐ

خمر خمور

ܚܡܪܐ ܚܡ̈ܪܐ او ܚܡܪ̈ܘܬܐ احمار حمير

ܚܡܪܐ ܚܡ̈ܪܐ ܘ ܚܡܪ̈ܬܐ

حقل حقول

ܚܩܠܐ ܚܩ̈ܠܐ ܘ ܚܩܠ̈ܬܐ

يوم ايام

ܝܘܡܐ ܝܘ̈ܡܐ ܘ ܝܘܡ̈ܬܐ

ذات ذوات

ܟܝܢܐ ܟܝ̈ܢܐ ܘ ܟܝܢ̈ܬܐ

كنف اكناف

ܟܢܦܐ ܟܢ̈ܦܐ ܘ ܟܢܦ̈ܬܐ

كتف اكتاف

ܟܬܦܐ ܟܬ̈ܦܐ ܘ ܟܬܦ̈ܘܬܐ

قلب قلوب

ܠܒܐ ܠܒ̈ܐ ܘ ܠܒ̈ܒܐ

ܘ ܠܒܒ̈ܘܬܐ ليل ليال

ܠܠܝܐ ܠܠ̈ܝܐ ܘ ܠܠ̈ܝܬܐ ܘ ܠܠܝ̈ܘܬܐ

سيد سادات

ܡܕܒܪܢܐ ܡܕܒܪ̈ܢܐ ܘ ܡܕܒܪܢ̈ܬܐ

ينبوع ينابيع

ܢܒܘܥܐ ܢܒ̈ܘܥܐ ܘ ܢܒܘܥ̈ܬܐ

نهر انهار

ܢܗܪܐ ܢܗ̈ܪܐ ܘ ܢܗܪ̈ܬܐ

ܘ ܢܗܪ̈ܘܬܐ نار نيران

ܢܘܪܐ ܢܘ̈ܪܐ (قليلا) ܘ ܢܘܪ̈ܬܐ

نفس نفوس

ܢܦܫܐ ܢܦ̈ܫܐ ܘ ܢܦܫ̈ܬܐ

ܘ ܢܦܫܘ̈ܬܐ سكين

سكاكين

ܣܟܝܢܐ ܣܟܝ̈ܢܐ ܘ ܣܟܝܢ̈ܬܐ

صوم اصوام

ܨܘܡܐ ܨܘ̈ܡܐ ܘ ܨܘܡ̈ܬܐ قرن قرون

ܩܪܢܐ ܩܪ̈ܢܐ ܘ ܩܪܢ̈ܬܐ

قوس اقواس

ܩܫܬܐ ܩܫ̈ܬܐ ܘ ܩܫܬ̈ܬܐ ܘ ܩܘܫܬ̈ܬܐ

عظيم عظماء

ܪܒܐ ܪ̈ܒܐ ܘ ܪܘܪ̈ܒܐ

رجل ارجل

ܪܓܠܐ ܪ̈ܓܠܐ ܘ ܪܓܠ̈ܬܐ

رائحة روائح

ܪܝܚܐ ܪܝ̈ܚܐ : ܪܝ̈ܚܬܐ

ܘܠܐܦܘ̈ܬܐ اثفية اثافٍ

ܡܕܡ ܡܕ̈ܡ ܘ ܡܕ̈ܡܐ

شيء اشياء

ثانياً ما لا له جمع شاذ فقط

ܐܘܪܚܐ ܐܘܪ̈ܚܬܐ طريق طرق

ܐܚܪܢܐ ܐ̱ܚܪ̈ܢܐ آخر آخرون

ܐܡܐ ܐܡ̈ܗܐ ܘ ܐܡ̈ܗܬܐ

ام امهات

ܐܪܥܐ ܐܪ̈ܥܬܐ ارض اراضٍ

ܒܝܬܐ ܒ̈ܬܐ بيت بيوت

ܒܣܕܝܐ ܒܣ̈ܕܘܬܐ

وسادة وسادات

ܟܒܕܐ ܟܒ̈ܕܬܐ كبد اكباد

ܟܢܬܐ ܟܢ̈ܘܬܐ رفيق رفقاء

ܥܛܡܐ ܥܛ̈ܡܬܐ فخذ افخاذ

ܥܪܣܐ ܥܪ̈ܣܬܐ سرير اسرّة

ثالثاً : الاسماء الاعجمية

ܐܣܛܘܐ ܐܣ̈ܛܘܐ او ܐܣ̈ܛܘܘܬܐ

رواق اروقة

ܒܠܢܐ ܒܠ̈ܢܐ ܘ ܒܠ̈ܢܘܬܐ

حمام حمامات

ܩܘܠܐ ܩ̈ܘܠܐ ܘ ܩܘ̈ܠܘܬܐ

عضو كبير اعضاء

ܐܐܪ ܐܐ̈ܪ هواء اهوية

❁ شواذ القواعد الخاصة ❁

يشذ عن الوزن الاول والثاني

من القاعدة الاولى

ܐܘܝܐ ܐܘ̈ܝܐ (١) متفق متفقون

ܪܥܝܐ ܪ̈ܥܝܐ ܘ ܪ̈ܥܘܬܐ

راعٍ رعاة

ܥܡܝܐ ܥܡ̈ܝܐ ܘ ܥܡ̈ܘܬܐ

(١) قد حسب البعض بين شواذ قدلا ܐܘܝܐ وقالوا انه يجمع ܐܘ̈ܝܐ . و ܒܝܫܐ شقي ܒܝ̈ܫܐ و ܒܥܝܐ مطلوب ܒܥ̈ܝܘܬܐ . والصواب ان ܐܘܝܐ تكتب ܐܘܝܝܐ على وزن ܪܘܫܝܐ وتجمع على القاعدة العامة . و ܒܝܫܐ تجمع ܒܝ̈ܫܐ على القاعدة . اما ܒܝ̈ܫܐ فهي جمع ܒܝܫܐ من الوزن الثاني . و ܒܥܝܐ تجمع ܒܥ̈ܝܐ على القياس . واما ܒܥ̈ܝܘܬܐ فهي جمع ܒܥܘܬܐ .

ܘ ܫܳܩܰܝ̈ܳܐ ساقٍ سقاة

ܐܳܣܝܳܐ ܐܳܣܘܳܬ݂ܳܐ طبيب اطباء

عن الثانية

ܚܰܕܝܳܐ ܚܰܕܝܰ̈ܘܳܬ݂ܳܐ و ܚܰܕܝܘܳܬ݂ܳܐ

و ܚܰܕܝ̈ܶܐ

صدر صدور

ܛܰܠܝܳܐ ܛܰܠܝ̈ܶܐ و ܛܠܳܝ̈ܶܐ

فتى فتيان

ܐܰܪܝܳܐ ܐܰܪ̈ܝܘܳܬ݂ܳܐ (١) اسد اسود

عن الثالثة

ܩܰܢܝܳܐ ܩܰܢܝܘ̈ܳܬ݂ܳܐ و ܩܰܢܝ̈ܳܬ݂ܳܐ

قناة اقنية

ܒܘܪܝܳܐ ܒܘܪ̈ܝܘܳܬ݂ܳܐ و ܒܘܪ̈ܝܳܬ݂ܳܐ

بوري بوار

ܓܘܪܝܳܐ ܓܘܪ̈ܝܘܳܬ݂ܳܐ و ܓܪ̈ܝܳܬ݂ܳܐ

و ܓܘܪܝܳܐ و ܓܪ̈ܝܳܐ

جرو جراء

ܣܘܣܝܳܐ ܣܘܣ̈ܘܳܬ݂ܳܐ و ܣܘ̈ܣܝܳܐ

فرس افراس

ܡܘܫܚܳܐ ܡܫܚ̈ܘܳܬ݂ܳܐ و ܡܫ̈ܚܳܐ

و ܡܘܫܚܳܐ (٢) مد امداد

عن الرابعة

ܡܰܬ݂ܠܳܐ ܡܰܬ݂ܠܘ̈ܳܬ݂ܳܐ

و ܡܰܬ݂ܠܘܳܬ݂ܳܐ مشلاة مشالٍ

❁ ܕܘܪܫܐ تمرين ❁

١ : اجمع الاسماء الآتية :

ܬܰܠܓܳܐ	ثلج	ܪܕܝܳܐ	اديب . مهذب	ܩܨܝܳܐ	كسرة
ܩܰܢܝܳܐ	قلم	ܡܗܘܢܳܐ	عاقل	ܪܰܒܝܬܳܐ	وكيل

(١) قيل ان ܩܰܡܝܳܐ « ميعة » تجمع ܩܰܡܝ̈ܶܐ و ܩܨܝܳܐ كسرة ܩܨܝ̈ܶܐ و ܕܪܳܐ كومة ܕܪ̈ܝܐ و ܕܪ̈ܘܳܬ݂ܳܐ و ܕܪ̈ܶܐ . ولكن وجدنا ان ܩܰܡܝܳܐ تجمع ܩܰܡܝ̈ܶܐ على القياس . و ܩܨ̈ܝܶܐ جمع ܩܨܝܳܐ لا ܩܨܳܝܳܐ . وܕ̈ܪܶܐ جمع ܕܪܳܐ بمعنى القِـدر لا بمعنى الكومة .

(٢) قال بعضهم ان ܡܫܘܚܬܳܐ تجمع ايضاً ܡܫܘܚ̈ܳܬ݂ܳܐ ولكن هذه جمع ܡܫܘܚܬܳܐ فتكون ܡܫܘܚܬܳܐ قياسية . وقالوا ان ܡܘܫܚܳܐ تجمع ܡܫ̈ܚܳܐ و ܡܫܚ̈ܘܳܬ݂ܳܐ بفتح الاول والصواب بفتح الثاني .

ܡܕܒܢܐ	موسى	ܡܣܟܢܐ	صعلوك	ܡܘܕܥܬܐ	علامة
ܦܘܢܐ	تائه	ܡܣܦܪܐ	مقص	ܡܘܦܐ	شحم الخنزير

٢ً : وردّ هذه الجموع الى صورة المفرد :

ܣܡܝ̈ܐ	عمي	ܒܗܝ̈ܠܐ	مغفلون	ܕܝܪ̈ܝܐ	رهبان
ܡܫ̈ܪܝܐ	مخلعون	ܫܘ̈ܝܐ	مستحقون	ܒܗܘܡܝ̈ܠܐ	متغافلون
ܫܠܝܛܢ̈ܐ	سلاطين	ܐ̱ܚܪ̈ܢܐ	آخرون	ܡܨܒ̈ܬܐ	مزينون
ܚܘܕ̈ܬܐ	تجديدات	ܦܘܪܦܘܝ̈ܬܐ	طيور الكراكي	ܪܒܟܘܡܪ̈ܐ	روساء الاحبار

﴿ ثانياً ﴾

في قواعد جمع الاسماء المختومة بتاء التأنيث

قاعدة عامة

٢٥ تجمع هذه الاسماء بالعموم جمعاً سالماً بنصب ما قبل التاء واسكان الحرف الذي قبله نحو ܡܠܟܬܐ ܡܠܟ̈ܬܐ ملكة ملكات ܡܘܗܒܬܐ ܡܘܗ̈ܒܬܐ موهبة مواهب ܬܟܫܦܬܐ ܬܟܫ̈ܦܬܐ تضرع تضرعات

او بعبارة اخرى تجمع بارجاعها الى صورة المذكر وابقاء تائها منصوبة نحو ܥܒܕܬܐ ܥܒ̈ܕܬܐ عبدة عبدات ܬܡܝܡܬܐ ܬܡܝ̈ܡܬܐ متقنة متقنات ܓܒܝܬܐ ܓܒ̈ܝܬܐ مختارة مختارات ܠܒܝܒܬܐ ܠܒܝ̈ܒܬܐ

ضالّة ضالّات ܚܒܪܬܐ ܚܒܪ̈ܬܐ رفيقة رفيقات ܡܩܒܠܬܐ
ܡܩܒ̈ܠܬܐ مقبولة مقبولات . من المؤنث الحقيقي والصفات .

ونحو ܨܘܪܬܐ ܨܘܪ̈ܬܐ صورة صور ܫܪܒܬܐ ܫܪ̈ܒܬܐ قبيلة قبائل ܣܓܕܬܐ ܣܓ̈ܕܬܐ سجدة سجدات ܚܪܝܢܬܐ ܚܪ̈ܝܢܬܐ خصومة خصومات ܥܕܬܐ ܥ̈ܕܬܐ بيعة بيع . من المؤنث غير الحقيقي (١)

اما قواعد الجمع المكسر فهي هذه :

القاعدة الاولى

كل اسم على وزن ܩܛܠܬܐ ܩܛܠܬܐ ܩܛܠܬܐ ܩܛܠܬܐ ܩܘܛܠܬܐ اذا كان موصوفاً يجمع قياساً بزيادة ياء منصوبة قبل تاء التأنيث نحو ܫܘܪܫܬܐ ܫܘܪܫܝ̈ܬܐ رسغ ارساغ ܫܒܘܛܬܐ ܫܒܘܛܝ̈ܬܐ قضيب صغير قضبان ܛܢܒܘܪܬܐ او ܛܢܒܘܪܬܐ ܛܢܒܘܪܝ̈ܬܐ و ܛܢܒܘܪܝ̈ܬܐ طنبور طنبورات ܩܡܝܨܬܐ ܩܡܝܨܝ̈ܬܐ قميص قمصان

وقد يجمع على قاعدة السالم العامة نحو ܟܢܘܫܬܐ ܟܢܘܫ̈ܬܐ جماعة جماعات وهو سماعي (٢)

(١) ومنه نحو ܢܩܡܬܐ ܢܩܡ̈ܬܐ نقمة نقمات (مثل ܛܥܡܬܐ ܛܥ̈ܡܬܐ) وقد يقلب فتحه كسراً نحو ܢܫܡܬܐ ܢܫ̈ܡܬܐ نسمة نسمات . ومنه ايضاً نحو ܢܨܒܬܐ ܢܨ̈ܒܬܐ غرسة غرسات و ܒܪܝܬܐ ܒܪ̈ܝܬܐ بريّة برايا (نظير ܛܥܝܬܐ ܛܥ̈ܝܬܐ)

(٢) ويجوز في الوزن الاول منه ارجاع الضم الى اوله وجمعه حينئذ اما بالنصب على القاعدة العامة واما بحذف التاء وكسر آخره نحو ܓܘܡܪܬܐ ܓܘܡܪ̈ܬܐ و ܓܘܡܪ̈ܐ جمرة جمرات . وذلك سماعي

واذا كان صفة يجمع قياساً على القاعدة العامة نحو ܙܥܘܪܬܐ ܙܥܘܪ̈ܬܐ صغيرة صغيرات ܩܝܘܡܬܐ ܩܝܘܡ̈ܬܐ قيّمة قيّمات ܦܪܘܩܬܐ ܦܪܘܩ̈ܬܐ مخلّصة مخلِّصات ܚܫܘܟܬܐ ܚܫܘܟ̈ܬܐ مظلمة مظلمات ܚܟܝܡܬܐ ܚܟܝܡ̈ܬܐ حاذقة حاذقات

وقد يجمع بزيادة ياء نظير الموصوف نحو ܙܥܘܪܝ̈ܬܐ صغيرات ܥܒܝܘܬܝ̈ܬܐ ضخمات ܦܪܘܩܝ̈ܬܐ مخلّصات

الثانية

كل اسم على وزن ܦܥܘܠܬܐ ܦܥܠܘܠܬܐ ܡܦܥܘܠܬܐ يجمع بزيادة الياء قبل التاء نحو ܬܚܘܬܝܬܐ ܬܚܘܬܝ̈ܬܐ تخت تخوت ܥܪܒܘܢܝܬܐ ܥܪܒܘܢܝ̈ܬܐ عرابة عرابات ܡܬܩܘܠܬܐ ܡܬܩܘܠܝ̈ܬܐ مثقال مثاقيل ܡܦܘܠܬܐ ܡܦܘܠܝ̈ܬܐ سقطة سقطات (اصلها ܡܢܦܘܠܬܐ)

وقد يجوز في الوزنين الاولين عدم زيادة الياء نحو ܬܚܘܬ̈ܬܐ ܥܪܒܘܢ̈ܬܐ

الثالثة

كل اسم مصغر بالواو والسين يجمع بزيادة الياء فقط نحو ܛܠܝܘܣܬܐ ܛܠܝܘܣܝ̈ܬܐ فُتيّــة فتيّات ܪܚܝܠܘܣܬܐ ܪܚܝܠܘܣܝ̈ܬܐ رُخيلة رخيلات

الرابعة

كل اسم على وزن ܐܦܥܘܠܬܐ يجمع بجذف الواو واسكان ما قبلها

نحو ܬܕܡܘܪܬܐ ܬܕܡܘܖ̈ܝܬܐ اعجوبة اعاجيب ܬܐܓܘܪܬܐ ܬܐܓܘܖ̈ܝܬܐ تجارة تجارات (١)

الخامسة

كل اسم على وزن ܦܥܘܠܬܐ ان كان من الصحيح يجمع اما بالنصب على القاعدة العامة . واما بحذف التاء وكسر ما قبلها نحو ܢܘܛܦܬܐ ܢܘܛ̈ܦܬܐ و ܢܘܛ̈ܦܐ قطرة قطرات

وان كان من المعتل يجمع اما بالنصب على القاعدة العامة . واما بزيادة ياء نحو ܫܘܪܒܬܐ ܫܘܖ̈ܒܝܬܐ وܫܘܖ̈ܒܢܬܐ حوطة حوطات . واما بحذف التاء وكسر ما قبلها نحو ܛܘܦܬܐ ܛܘ̈ܦܐ نقطة نقطات .

السادسة

كل موصوف ثلاثي منصوب الاول مثل ܚܘܪܒܬܐ يجمع اما على القاعدة العامة . واما بحذف التاء وكسر آخره نحو ܚܘܖ̈ܒܬܐ و ܚܘܖ̈ܒܐ شوك الخرنوب اشواك ܦܐܪܬܐ ܦܐܖ̈ܬܐ و ܦܐ̈ܪܐ نخالة نخالات . ومنه ܐܘܡܬܐ : ܐܘܡ̈ܘܬܐ و ܐܘܡ̈ܬܐ وطن الام اوطان (اصله ܐܘܡܘܬܐ)

السابعة

كل اسم حاصل على مقطعين مدغمة عينه بلامه اذا كان مفتوح الاول

(١) يتبع هذا الوزن ܡܐܟܘܠܬܐ ܡܐܟܘ̈ܠܬܐ مأكل مآكل . ويجوز فيها ܡܐܟܘ̈ܠܬܐ على القاعدة العامة . وقيل ان الواو تحذف ايضاً من ܡܦܘܠܬܐ سقطة ܚܫܘܪܬܐ قرصة زلابية ܐܪܘܙܘܠܬܐ « دجاجة » فيقال فيها ܡܦ̈ܠܬܐ ܚܫ̈ܪܬܐ ܐܪ̈ܙܠܬܐ . ولكن « دليل الراغبين » جمعها بثبوتها . اما ܡܦ̈ܠܬܐ فهي عنده جمع ܡܦܠܬܐ و ܚܫ̈ܪܬܐ جمع ܚܫܪܬܐ و ܐܪ̈ܙܠܬܐ جمع ܐܪܙܠܬܐ على القياس .

او مكسوره يجمع اما على القاعدة العامة نحو ܦܬܐ ܦܬ̈ܐܬܐ وجه اوجه (ويكتب ܦܐܬܐ ايضاً) ܡܪܬܐ ܡܪ̈ܝܬܐ مرارة مرارات ܪܓܬܐ ܪ̈ܓܬܐ شهوة شهوات (١)

واما بكسر التاء نحو ܐܩܬܐ ܐ̈ܩܬܐ حقد احقاد ܦܬܬܐ ܦܬ̈ܬܐ جفنة جفنات (ويكتب ܦܐܬܐ ايضاً) ܒܙܬܐ ܒ̈ܙܬܐ نهبة نهبات

واما بحذف التاء وكسر آخره نحو ܓܢܬܐ ܓܢ̈ܐ جنة جنات ܣܥܪܬܐ ܣ̈ܥܪܐ شعرة شعرات ܙܦܬܐ ܙ̈ܦܐ بارية باريات (٢) ܡܠܬܐ ܡ̈ܠܐ كلمة كلمات

واذا كان مضموم الاول يجمع اما على القاعدة العامة نحو ܓܘܒܬܐ ܓܘ̈ܒܬܐ انبوبة انبوبات . واما بزيادة ياء قبل تائه نحو ܩܘܩܬܐ ܩܘ̈ܩܝܬܐ جرة جرار

واما بحذف التاء وكسر ما قبلها نحو ܓܘܠܬܐ ܓܘ̈ܠܐ برنس برانس

الثامنة

كل اسم ثلاثي لامه حرف مد مثل ܡܢܬܐ جزء ܒܗܬܐ ابهام ܡܐܬܐ مائة (اصلها ܡܐܝܬܐ) ܣܢܬܐ ممسحة مكسحة ܕܒܚܬܐ ضحية . يجمع اما برده الى اصله ܡܢܘ̈ܬܐ ܒܗܘ̈ܬܐ ܡܐܘ̈ܬܐ ܣܢܘ̈ܬܐ

(١) قيل ان ܪܓܬܐ «شهوة» تجمع ܪ̈ܓܬܐ و ܪ̈ܓܝܓܬܐ . والصواب ان ܪ̈ܓܝܓܬܐ جمع ܪܓܝܓܬܐ بمعنى «شهوة» ايضاً .

(٢) وهي غير ܙܦܬܐ بمعنى «همّة»

ܚܠܘܬܐ . وجمعه جمعاً سالماً نحو ܡܚܠ̈ܘܬܐ ܕܚ̈ܠܘܬܐ الخ

واما بابدال النصب على تائه كسراً نحو ܒܨܬܐ ܒܨ̈ܬܐ مبحث مباحث ܚܙܬܐ ܚܙ̈ܬܐ منظر مناظر ܬܒܪܬܐ ܬܒ̈ܪܬܐ كسرة كسر

التاسعة

كل اسم على وزن ܡܨܠܝܬܐ «مصفاة» يجمع بحذف التاء وكسر آخره مثل ܡܨ̈ܠܐ نحو ܡܓܠܬܐ ܡܓ̈ܠܐ مجلة مجلاّت (١)

العاشرة

الاسم التجريدي يجمع على القاعدة العامة اي بنصب ما قبل تائه اعني الواو . واسكان الحرف المتحرك قبلها نحو ܪܒܘܬܐ عظمة ܪ̈ܒܘܬܐ . ܪܡܘܬܐ ارتفاع ܪ̈ܡܘܬܐ . ܙܥܘܪܘܬܐ صغر ܙ̈ܥܘܪܘܬܐ . ܒܝܫܘܬܐ شر ܒ̈ܝܫܘܬܐ . ܟܐܢܘܬܐ عدل ܟ̈ܐܢܘܬܐ

فاذا التقى فيه (بعد جمعه) ساكنان فيحرك اولهما بحركة ܦܬܚܐ جوازاً نحو ܡܠܟܘܬܐ ملكوت ܡܠ̈ܟܘܬܐ . ܛܝܒܘܬܐ نعمة ܛܝ̈ܒܘܬܐ (٢)

---

(١) الاسماء التي على وزن ܨܠܘܬܐ «صلوة» اذا كان ثانيها مضموماً ضماً اصلياً كما في المثالين تجمع بفتحه ونصب الواو نحو ܨܠ̈ܘܬܐ . اما كان مضموماً ضماً عارضاً كما في ܡܚܘܬܐ ضربة ܕܡܘܬܐ «شبه» فترد الى اصلها ܡܚܘܬܐ ܕܡܘܬܐ وتجمع جمعاً سالماً ܡܚ̈ܘܬܐ ܕܡ̈ܘܬܐ

ويتبع هذه ܚܕܘܬܐ فرح ܚܬܐ اخت ܣܦܬܐ «شفة» فترد الى اصلها ܚܕܘܬܐ ܐܚܘܬܐ ܣܦܘܬܐ وتجمع ܚܕ̈ܘܬܐ ܐܚ̈ܘܬܐ ܣܦ̈ܘܬܐ

(٢) الا اذا كان اولهما حرف مد كما في ܪܡܘܬܐ الخ فلا يحرّك بها (عدده وجه ١١ في الحاشية)

وان كان ثانيهما ياء يبدل كسر ܪܒܨܐ على اولها خفضاً مناسبةً للياء نحو ܨܕܝܘܬܐ قفر ܨܕܝܘܬܐ ܪܒܝܘܬܐ تعظم ܪܒܝܘܬܐ . اوتفتح الياء ويبقى ما قبلها ساكناً نحو ܨܕܝܘܬܐ . ܪܒܝܘܬܐ

وان كان ثاني الساكنين همزة قبلها ياء ساكنة . ففيه وجهان . اي اما تبقى الهمزة ساكنة فيوافق القاعدة العامة نحو ܗܢܝܐܘܬܐ لذة ܗܢܝܐܘܬܐ . واما تخفف بقلبها ياء في اللفظ كقاعدة تخفيفها وتدغم الياء التي قبلها فيها . ثم تفتح نحو ܗܢܝܝܘܬܐ

واذا التقى فيه ثلاثة سواكن فيحرك بالفتح وجوباً (عدد ١٦) نحو ܡܢܗܪܘܬܐ اضاءة ܡܢܗܪܘܬܐ . ܡܛܘܫܘܬܐ تلطيخ ܡܛܘܫܘܬܐ (١) . ܡܩܒܠܘܬܐ قبول ܡܩܒܠܘܬܐ . ܡܗܝܡܢܘܬܐ تأمين ܡܗܝܡܢܘܬܐ (٢)

وان كان ثالثها ياء يبدل فتح اوسطها خفضاً مطابقةً للياء نحو ܡܣܠܝܘܬܐ رفض ܡܣܠܝܘܬܐ . ܡܐܬܝܘܬܐ اتيان ܡܐܬܝܘܬܐ . او تفتح الياء. كما في نحو ܨܕܝܘܬܐ نحو ܡܣܠܝܘܬܐ . ܡܐܬܝܘܬܐ

واذا التقى فيه ياء ساكنة مدغم فيها ياء اخرى فيجمع بفتح هذه الياء نحو ܢܒܝܘܬܐ نبوة ܢܒܝܘܬܐ

---

(١) الا اذا كان اولها حرف مد فلا يحرّك اوسطها بالفتح لعدم الثقل فيها بل يحرك اول الساكنين الصحيحين بعده بحركة ܪܒܨܐ نحو ܪܚܡܬܐ محبة ܪܚܡܬܐ . ܦܠܓܘܬܐ انقسام ܦܠܓܘܬܐ . (والبعض يبدلون الكسر في ܦܠܓܘܬܐ فتحاً) . ونحو ܛܥܝܘܬܐ ضلالة ܛܥܝܘܬܐ . ولا يوضع خط ܪܒܨܐ عادة تحت الاسماء التجريدية كما ترى

(٢) ان كلاً من الباء في ܡܩܒܠܘܬܐ والياء في ܡܗܝܡܢܘܬܐ عبارة عن ساكنين لانهما مشددان في الاصل كما لا يخفى

الشواذ

شواذ القاعدة العامة

اولاً : ما له جمع قياسي ايضاً :

ܕܘܢܒܬܐ ܕܘܢ̈ܒܬܐ ܘܕܘܢ̈ܒܬܐ

ذنب اذناب

ܕܡܥܬܐ ܕܡ̈ܥܬܐ و ܕܡ̈ܥܐ

دمعة دموع

ܦܘܩܢܬܐ ܦܘܩ̈ܢܬܐ

ܘܦܘܩ̈ܢܐ ياقوتة ياقوتات

ܟܠܬܐ ܟܠ̈ܬܐ و ܟܠ̈ܬܐ

ܘܟܠ̈ܐ كنَّة كنَّات

عروس عرائس

ܡܟܝܪܬܐ ܡܟܝܪ̈ܬܐ و ܡܟܝ̈ܪܐ

مدينة مدن

ܡܕܝܢܬܐ ܡܕ̈ܝܢܬܐ

و ܡܕ̈ܝܢܬܐ ميزان موازين

ܡܣܐܬܐ ܡܣ̈ܐܬܐ ܘܡܣ̈ܐܬܐ

غصن غصون

ܣܘܟܬܐ ܣܘܟ̈ܝܬܐ

ܘܣܘܟ̈ܝܬܐ و ܣܘ̈ܟܐ

سفينة سفن

ܣܦܝܢܬܐ ܣܦ̈ܝܢܬܐ و ܣܦܝ̈ܢܬܐ

و ܣܦܝ̈ܢܐ قرية قرى

ܩܪܝܬܐ ܩܘܪ̈ܝܬܐ (وقيل ايضاً)

ܩܘܪ̈ܝܬܐ عظيمة عظيمات

ܥܛܡܬܐ ܥܛܡ̈ܬܐ

و ܥܛ̈ܡܬܐ

قارورة قارورات

ܐܩܠܬܐ ܐܩ̈ܠܬܐ و ܐܩ̈ܠܐ

هدب اهداب

ثانياً ما له جمع شاذ فقط :

ܐܘܪܚܬܐ و ܐܘܪ̈ܚܬܐ

و ܐܘܪ̈ܚܬܐ : ܐܘܪ̈ܚܐ

رقعة رقاع

ܐܢܬܐ (واصله ܐܢܬܬܐ) ܢܫ̈ܐ

امرأة نساء

ܐܪܥܐ ܐܪ̈ܥܬܐ

قطعة ارض قطع

ܒܘܪܕܥܬܐ ܒܘܪ̈ܕܥܐ
بردعة بردعات
ܒܣܪܬܐ ܒܣ̈ܪܐ
حصرمة حصرمات
ܒܪܬܐ (اصله بالنون) : ܒܢ̈ܬܐ
بنت بنات
ܓܒܝܢܬܐ او ܓܒܢܬܐ : ܓܘ̈ܒܢܐ
جبنة جبنات
ܓܦܬܐ ܓܘ̈ܦܢܐ جفنة جفنات
ܠܒܝܢܬܐ او ܠܒܢܬܐ : ܠܒ̈ܢܐ
لبنة لبنات
ܠܒܢܬܐ ܠܒ̈ܢܐ بمعنى
ܐܓܘܪܬܐ
ܡܐܣܪܬܐ ܡܐܣܘܪ̈ܝܬܐ
حزمة حزم
ܡܓܠܬܐ ܡܓ̈ܠܐ
منجل مناجل
ܡܕܐܬܐ ܡܕ̈ܝܐܬܐ جزية جزيات
ܣܥܪܬܐ ܣܥ̈ܪܐ شعيرة شعيرات
ܨܢܪܬܐ ܨܢܪ̈ܘܬܐ اصنّارة صنّارات
ܨܦܬܐ ܨܦ̈ܐ (اصلها ܡܨܦܬܐ)
همّة همم
ܫܒܠܬܐ ܫܒ̈ܠܐ سنبلة سنبلات
ܟܪܡܬܐ ܟܪ̈ܡܐ
كرمة كرمات
ܠܘܙܬܐ ܠܘ̈ܙܐ الوزة لوزات
ܫܘܫܒܬܐ ܫܘ̈ܫܒܐ
دودة حمراء دودات
ܬܐܬܐ او ܬܬܐ : ܬܐ̈ܢܐ تينة تينات
ܬܘܠܥܬܐ ܬܘ̈ܠܥܐ دودة دودات
ܬܘܪܬܐ ܬܘ̈ܪܬܐ ثورة بقرة
ثورات بقرات

﴿ شواذ بعض القواعد الخاصة ﴾

يشذ عن القاعدة الخامسة
ܣܘܣܝܬܐ ܣܘܣ̈ܝܬܐ
ܘܣܘ̈ܣܘܬܐ فرس افراس
عن السادسة
ܐܬܐ ܐ̈ܬܘܬܐ علامة علامات
ܪܐܬܐ ܪ̈ܐܘܬܐ رئـة رئات

ܡܬܐ ܡܬܘ̈ܬܐ وطن الام اوطان

عن السابعة

ܐܫܬܐ ܐܫ̈ܬܐ و ܐܫܬܘ̈ܬܐ

اساس اساسات

ܐܣܬܐ ܐܣ̈ܬܐ و ܐܣܬ̈ܬܐ

اسفل اسافل

ܐܡܬܐ ܐܡܗ̈ܬܐ أمة إماء

ܐܘܡܬܐ ܐܘܡܘ̈ܬܐ و ܐܡܘ̈ܬܐ

أمّة أمم

ܕܘܟܬܐ ܕܘܟܝ̈ܬܐ و ܕܘܟܘ̈ܬܐ

مكان اماكن

عن الثامنة

ܐܫܬܐ ܐܫܬܘ̈ܬܐ حمّى حميّات

عن العاشرة

ܐܣܝܘܬܐ ܐܣܝܘ̈ܬܐ وܐܣܘ̈ܬܐ (١)

علاج علاجات

فوائد في جمع الاسماء

٢٦ اعلم اولاً : ان ما جمع من الاسماء المذكرة بصيغة المؤنث نحو ܡܘܬܒܐ ܡܘܬ̈ܒܬܐ لا يحسب جمعه مؤنثاً . وبالعكس اي ان ما جمع من الاسماء المؤنثة بصيغة المذكر نحو ܡܠܬܐ ܡ̈ܠܐ لا يحسب

(١) قد حذفنا من شوذات جمع الاسماء الخالية من تاء التأنيث والمختومة بها عدة اسماء اعتاد البعض ان يحصوها بينها . إما لاننا وجدنا لها في المعاجم الحديثة مفردات مجموعة عليها جمعاً قياسياً نحو ܫܘܪ̈ܢܐ فهي جمع ܫܘܪܢܐ على القاعدة لا جمع ܫܘܪܐ . و ܪ̈ܫܢܐ جمع ܪܫܢܐ « رئيس » لا ܪܫܐ . ܚܡ̈ܪܐ فهي جمع ܚܡܪܐ « حمار » لا ܚܡܪܐ . و ܥܩ̈ܒܬܐ فهي جمع ܥܩܒܬܐ « عقب » لا ܥܩܒܐ . و ܙܒ̈ܢܐ فهي جمع ܙܒܢܐ « زمان . مرّة » لا ܙܒܢܬܐ « مرّة » . واما لانها لا تنطبق على قاعدة من القواعد المار ذكرها نحو ܦܪܐ « نخالة » فهي من قاعدة ܫܡܗܐ . وكذا قل في بقية ما اهملناه مما جاءَ في الكتب التي اخذنا عنها . ولابد عند خوف الالتباس في معرفة الجموع . من مراجعة معاجم اللغة

مذكراً . فالاعتبار للمفرد في كليهما لانه الاصل

ثانياً : بعض الاسماء لها معنيان او اكثر وقد يكون لها جمعان او اكثر فيخصص كل جمع من جموعها بمعنى نحو ܐܒܐ ܐܒ̈ܗܐ آباء طبيعيون ܐܒܗ̈ܬܐ آباء روحيون ܐܝܕܐ ܐܝ̈ܕܐ و ܐܝ̈ܕܝܐ ايد طبيعية ܐܝܕܘ̈ܬܐ ايد صناعية ܥܝܢܐ ܥܝ̈ܢܐ اعضاء البصر ܥܝ̈ܢܬܐ عيون الماء. ܪܘܚܐ ܪܘ̈ܚܐ ارواح ورياح ܪܘ̈ܚܬܐ ارواح فقط

ثالثاً : ܐܠܦܐ اسم عدد يجمع ܐܠ̈ܦܐ و ܐܠܦܝ̈ܢ «الف الوف» (١)

رابعاً : الاسماء المضاعفة لفظاً وخطاً منها ما يبقى فيها الحرف المدغم مختفياً في الجمع نحو ܪܒܐ ܪ̈ܒܐ عظيم عظماء. ܪܓܬܐ ܪ̈ܓܬܐ شهوة شهوات . ومنها ما يبرز فيها نحو ܥܡܐ ܥܡ̈ܡܐ شعب شعوب ܥܠܬܐ ܥܠ̈ܠܬܐ و ܥܠ̈ܠܐ علة علات .

خامساً : الاسماء المحذوف منها بعضها يبقى كما هو في الجمع ويتبع القاعدة العامة نحو ܐܚܐ ܐܚ̈ܐ اخ اخوة ܕܡܐ ܕܡ̈ܐ دم دماء . وبعضها يعاد فيه الحرف المحذوف فيتبع قاعدة وزنه كما رأيت في ܐܝܕܐ واخواتها . او يقلب هاء للخفة وذلك في ܐܒܐ اب ܚܡܐ حمو ܫܡܐ اسم فتجمع ܐܒ̈ܗܐ ܐܒܗ̈ܬܐ . ܘܚܡ̈ܗܐ . و ܫܡ̈ܗܐ ܫܡܗ̈ܬܐ كما مر

(١) وهذا الجمع الثاني بقي من لغة بابل القديمة المعروفة بالكلدانية فجمع المذكر فيها يصاغ كله بزيادة ياء مشدّدة قبل الف الاطلاق فيقال مثلاً ܛܒܐ ܛܒܝܐ ܡܠܟܐ ܡܠܟܝܐ الخ . وقد بقي له اثر في بعض اسماء بلبنان وسوريا وحفظ لفظها القديم على اصله مثل ܟܦܪܝܐ ܛܠܝܐ ܡܪܒܥܝܐ وغيرها .

سادساً : من الاسماء ما يتساوى فيه المفرد والجمع وانما توضع له علامة الجمع خطاً نحو ܐܢܫܐ ܐ̈ܢܫܐ انسان اناس ܒܥܝܪܐ ܒ̈ܥܝܪܐ بهيمة بهائم ܛܝܪܐ ܛ̈ܝܪܐ طير طيور ܥܢܐ ܥ̈ܢܐ غنم اغنام ܪܡܟܐ ܪ̈ܡܟܐ قطيع قطعان ܪܟܫܐ ܪ̈ܟܫܐ خيل خيول ܫܡܝܐ ܫ̈ܡܝܐ سماء سماوات ܚܘܨܬܐ ܚ̈ܘܨܬܐ حلفان حلفانات . ويجوز في ܛ̈ܝܪܐ و ܥ̈ܢܐ ايضاً ܛܝܪ̈ܬܐ و ܥܢ̈ܬܐ (١)

ومنها الاسماء الغير المختومة بالف الاطلاق نحو ܛܘܥܝܝ ܛ̈ܘܥܝܝ ضلالة ضلالات ܬܢܐܝ ܬ̈ܢܐܝ شرط شروط .

سابعاً : من الاسماء ما لا جمع له نحو ܚܠܝܘܬܐ حلاوة ܩܘܫܬܐ حق ܩܕܠܐ شحم الخنزير خاصة ܕܝܘܬܐ حبر . دواة ܫܘܦܝܬܐ سحنة . جمال الوجه ܫܥܘܬܐ شمع (٢)

ثامناً : من الاسماء ما لا مفرد له نحو ܐܦ̈ܐ . ܐܦ̈ܐ انف . وجه ܚ̈ܝܐ حيوة (بمعنى الموصوف) ܡ̈ܝܐ مياه ܩܨ̈ܝܐ بعض ܪ̈ܚܡܐ رحمة ܐܦܫ̈ܛܐ زبيب ܓ̈ܒܪܘܬܐ المعجزات ܫܘܩ̈ܐ الشوارع (وهذه دخيلة)(٣)

(١) ما كان من هذه الاسماء اسم جمع مثل ܪܡܟܐ ܥܢܐ لا توضع عليه علامة الجمع الا اذا جُمِعَ كما ترى ولو دلّ على افراد كثيرة كالاسم المجموع لان دلالته على ذلك من اصل وضعه .

(٢) عدّ البعض بين هذه الاسماء ܚܛܗܐ حق ܣܘܛܗܐ خطية . لكنهما وردتا مجموعتين في اقوال مار افرام .

(٣) حسب البعض بين هذه الاسماء ܕܘܟ̈ܝܐ ܒ̈ܬܘܠܐ و ܒ̈ܬܘܠܐ ܓ̈ܒܪܐ ܘܢ̈ܫܐ ܠܐܘ̈ܢܐ ܘܓ̈ܒܠܐ ܚ̈ܛܗܐ ܕ̈ܡܘܬܐ ܡܘܡ̈ܬܐ ܢ̈ܫܐ ܡܩ̈ܕܫܬܐ الا اننا وجدنا لها مفردات متسعملة في المعاجم التي بيدنا . ܡܘܡ̈ܬܐ فمفردها ܡܘܡܬܐ مثلها كما ذكرنا . ثم ان

تاسعا : الاسماء المركبة منها ما يجمع جزؤه الثاني فقط نحو ܒܥܠܕܒܒܐ ܒܥܠܕܒ̈ܒܐ عدو اعداء . ومنها ما يجمع جزؤه الاول فقط نحو ܒܪܢܫܐ ܒܢܝ̈ܢܫܐ انسان اناس . ومنه ما يجمع جزءاه كلاهما نحو ܩܗܪܡܢܐ ܩܗܪ̈ܡܢܐ قهرمان قهرمانة ܒܪܬ ܩܠܐ ܒܢ̈ܬ ܩ̈ܠܐ لفظة الفاظ

عاشراً : الاسماء الاعجمية التي ترد على الاوزان السريانية توافقها غالباً في جمعها نحو ܩܢܘܡܐ ܩܢܘ̈ܡܐ اقنوم اقانيم ܐܣܛܘܢܐ ܐܣܛܘ̈ܢܐ عامود عواميد . وقد توافق جميع لغتها ايضاً نحو ܐܢܘܢܐ ܐܢ̈ܘܢܐ ܐܢ̈ܘܢܣ جزية جزيات

واما التي لا تكون على الاوزان السريانية فتجمع غالباً بحسب قواعد لغتها . واليك بعض ضوابط لها : ١ً : ما انتهى منها بالواو والسين «ܘܣ» يجمع بحذف السين وضم ما قبل الواو نحو ܣܘܢܗܕܘܣ ܣܘܢ̈ܗܕܘ مجمع مجامع ٢ً : ما انتهى بياء او بالف مبدلة ياء يجمع عادةً بحذفها مع الخفض وزيادة سين على آخره مفتوح ماقبلها نحو ܕܝܬܝܩܝ او ܕܝܬܝܩܐ : ܕܝܬܝ̈ܩܣ عهد عهود ٣ً : ما انتهى بالف مفتوح ما قبلها فاذا كان مذكراً يجمع عادةً بحذف الالف وزيادة سين او طاء على آخره ܒܐܡܐ ܒܐ̈ܡܣ او ܒܐ̈ܡܛܐ منبر منابر . واذا كان مؤنثاً فبزيادة سين فقط

ܚ̈ܝܐ «الحيوة» و ܪ̈ܚܡܐ «المراحم» اللتين ذكرناهما هنا هما غير ܚ̈ܝܐ بمعنى «الاحياء» و ܪ̈ܚܡܐ بمعنى «الارحام» ومفردهما ܚܝܐ الحي ܪܚܡܐ الرحِم . وقد ذكرنا مع من تقدمنا ܚ̈ܝܐ بين هذه الاسماء خلافاً لمن قال ان مفردها ܚܝܘܬܐ ، لانها مذكرة و ܚܝܘܬܐ مؤنثة تجمع ܚ̈ܝܘܬܐ على القاعدة

نحو ܐܘܣܝܐ ܐܘܣ̈ܝܣ جوهر جواهر . ومنهم من يبقي الالف قبل السين والطاء في هذين الوزنين نحو ܪܗܛܡܛܪܣ ܓܠܐܡܛܪܣ ܐܘܣܛܪܣ . ܓܠܐܡܛܪܛܐ (١)

٤ : ما انتهى بواو ونون «ܘܢ» يجمع عادةً بحذفها وزيادة الف مفتوح ما قبلها نحو ܐܘܢܓܠܝܘܢ ܐܘܢ̈ܓܠܝܐ انجيل اناجيل ٥ : ما انتهى بياء وسين يستوي فيه المفرد والجمع نحو ܗܪܣܝܣ ܗ̈ܪܣܝܣ ارطقة ارطقات

ܕܘܪܫܐ تمرين

١ : اجمع الاسماء الآتية :

ܡܪܟܒܬܐ مركبة	ܫܦܝܪܬܐ جميلة	ܩܥܬܐ صيحة
ܬܚܘܝܬܐ برهان	ܡܒܩܝܬܐ مختبرة	ܕܒܘܪܝܬܐ نحلة
ܐܓܪܬܐ رسالة	ܦܠܚܘܬܐ عبادة	ܡܛܡܘܪܬܐ مطمورة
ܓܒܬܐ غدير	ܕܝܪܝܘܬܐ رهبانية	ܟܘܫܬܐ ܕܚܝܛܐ قمع الخياط

٢ : ورد هذه الجموع الى صورة المفرد :

ܕܝܪ̈ܝܬܐ راهبات	ܝܠ̈ܠܬܐ ولولات	ܓܚ̈ܟܬܐ لعبات
ܬܢ̈ܚܬܐ حسرات	ܦܓ̈ܘܫܬܐ شقائق النعمان	ܚܕ̈ܬܬܐ جديدات
ܕܝ̈ܠܝܬܐ خاصات	ܐܣܛ̈ܪܬܐ ستارات	ܣܟ̈ܠܘܬܐ آثام
ܬܚ̈ܬܐ مناصب	ܣܢ̈ܝܬܐ رذائل	ܒܢ̈ܬ ܩܝܡܐ راهبات

(١) ان الشرقيين يبدلون الفتح قبل الالف والسين في الاسماء الاعجمية نصباً نحو ܐܘܣܝܐ ܪܗܛܡܛܣ الخ

الفصل السابع

ܥܠ ܡܢܣܒܢܘܬܐ ܕܫܡܗ̈ܐ في نسبة الاسماء

٢٧ النسبة هي صوغ صفة من الاسم الموصوف للدلالة على تعلق اسم آخر بهِ . وذلك بالحاق الاسم نوناً منصوبة او ياء منصوبة او نوناً وياء منصوبتين مع نصب آخره نحو ܥܦܪܐ ܥܦܪܢܝܐ تراب ترابي ܐܬܪܐ ܐܬܪܝܐ بلد بلدي ܦܓܪܐ ܦܓܪܢܝܐ جسد جسدي

وهي نوعان ܟܝܢܝܬܐ حقيقية و ܠܐ ܟܝܢܝܬܐ غير حقيقية او مجازية. فالحقيقية هي ما كان فيها المنسوب من جنس المنسوب اليه وتكون بالنون فقط نحو ܡܠܐܟܐ ܪܘܚܢܐ ملاك روحاني ܓܒܪܐ ܐܪܥܢܐ رَجُل ارضي . وغير الحقيقية هي ما كان المنسوب فيها من غير جنس المنسوب اليه وتكون بالنون والياء معاً نحو ܡܠܐܟܐ ܐܪܥܢܝܐ ملاك ارضي ܓܒܪܐ ܪܘܚܢܝܐ رجل روحاني (١)

وينسب الى الاشخاص والقبائل والاماكن والمدن والقرى بالياء فقط . فتقول في النسبة الى ܕܘܝܕ داود ܡܪܘܢ مارون ܡܕܢܚܐ مشرق ܥܕܢ عدن ܬܝܡܢܐ تيمن ܐܘܪܫܠܡ اورشليم : ܕܘܝܕܝܐ داودي ܡܪܘܢܝܐ ماروني ܡܕܢܚܝܐ مشرقي ܥܕܢܝܐ عدني ܬܝܡܢܝܐ تيمني . جنوبي ܐܘܪܫܠܡܝܐ اورشليمي

---

(١) ويجوز مخالفة ذلك ولا سيا في الشعر نحو ܡܠܟ̈ܐ ܐܪܥܢ̈ܐ ܡܥܒܪܝܢ ܟܠܝܠ̈ܐ ܡܢ ܪ̈ܫܝܗܘܢ « الملوك الارضيون يرفعون التيجان عن رؤوسهم » . اما الياء فتشترك بين النسبة الحقيقية والمجازية

وكذلك الاسماء المركبة وينسب الى جزئها الثاني نحو ܒܪܢܫܐ ܒܪܢܫܝܐ انسان انساني ܒܪܬܩܠܐ ܒܪܬܩܠܝܐ لفظة لفظي . ومثلها الاسماء المنتهية بالنون فغالباً يُنسَب اليها بالياء نحو ܟܝܢܐ ܟܝܢܝܐ طبيعة طبيعي ܙܒܢܐ ܙܒܢܝܐ زمن زمني . وقد يُنسب اليها بالنون او بالنون والياء معاً نحو ܙܒܢܐ ܙܒܢܢܝܐ زمني . وهو نادر

والاسماء المؤنثة اللفظية التي ليس لها مذكر لفظي تثبت تاؤها وينسب اليها غالباً بالنون والياء . نحو ܒܝܥܬܐ ܒܝܥܬܢܝܐ بيعة بيعي وقليلاً بالنون او بالياء نحو ܒܝܥܬܐ ܒܝܥܬܝܐ بيعة بيعي ܡܠܟܘܬܐ ܡܠܟܘܬܢܝܐ ملكوت ملكوتي (١)

والاسماء المحذوف منها حرف اما ترد الى اصلها في النسبة نحو ܐܒܐ ܐܒܘܝܐ اب ابوي ܫܡܐ ܫܡܗܝܐ اسم اسمي (عد ٢٦) . واما ينسب اليها على ظاهرها نحو ܐܚܐ ܐܚܝܐ وܐܚܢܝܐ اخ اخوي ܐܕܫܐ ܐܕܫܝܐ نوع نوعي . وذلك سماعي

اما الاسماء الاعجمية سواءٌ وافقت الاوزان السريانية او لم توافقها فينسب اليها اما بالياء نظيرها نحو ܐܣܛܘܢܐ ܐܣܛܘܢܝܐ عامود عامودي ܐܘܢܓܠܝܘܢ ܐܘܢܓܠܝܐ الجيل الجيلي . واما على اشكال مختلفة كما وردت في اصلها واستعملها الكتّاب نحو ܥܡܘܕܢܝܐ عامودي ܐܘܢܓܠܝܣܛܐ انجيلي . الا ان ما انتهى منها بواو وسين «ܘܣ» فينسب اليه غالباً بحذفهما نحو ܦܪܣܛܘܣ ܦܪܣܛܝܐ

(١) اما التي لها مذكر لفظي فيستغنى عن النسبة اليها بتأنيث مذكرها المنسوب اليه نحو ܡܠܟܝܬܐ « ملكية »

ܘܡܫܝܚܝܝܐ مسيح مسيحي. ܐܦܣܘܣ ܐܦܣܝܐ افسس افسسي ܩܘܦܪܘܣ ܩܘܦܪܝܐ قبرس قبرسي . وقد لا تحذفان نحو ܦܛܪܘܣ ܦܛܪܘܣܝܐ بطرس بطرسي (١)

فائدتان

الاولى : ان النسبة خاصة بالاسم الموصوف كما اشرنا . اما الصفة فلا يُنسَب اليها الا اذا قامت مقامه ܦܪܘܩܐ ܦܪܘܩܝܐ « مخلص مخلصي » وينسب اليها بالياء فقط كما ترى

الثانية يجري الاسم المنسوب في تأنيثهِ وجمعهِ على قواعد التأنيث والجمع تماماً نحو ܪܘܚܢܝܐ ܪܘܚܢܝܬܐ روحاني روحانية ܥܦܪܝܐ ܥܦܪܝܬܐ ترابي ترابية ܪܘܚܢܝܐ̈ روحانيون ܥܦܪܝܐ̈ ترابيون

شواذ النسبة

اولاً : ما له نسبة قياسية ايضاً : ܐܠܦܐ ܐܠܦܝܐ و ܐܠܦܪܐ سفينة بحري

ܐܪܡ ܐܪܡܝܐ ارام ارامي. سرياني

» ܐܪܡܝܐ ارامي. صابي. وثني

ܒܥܝܪܐ ܒܥܝܪܢܝܐ و ܒܥܝܪܬܢܝܐ و ܒܥܝܪܬܝܝܐ بعير بعيري

ܕܪܡܣܘܩ ܕܪܡܣܘܩܝܐ و ܕܪܡܣܘܣܝܐ دمشق دمشقي

ܦܪܕܝܣܐ ܦܪܕܝܣܝܐ

(١ وقد نسب بعض الكتّاب المتأخرين بعض الاسماء السريانية كالاسماء الاعجمية ايضاً فقالوا مثلاً في ܝܘܚܢܢ ܝܘܚܢܢܝܐ و ܝܘܚܢܢܝܬܐ يوحنا يوحناوي . وفي ܝܥܩܘܒ ܝܥܩܘܒܝܐ و ܝܥܩܘܒܝܬܐ يعقوب يعقوبي ٠ وهو غير مستحسن

ܘ ܦܪܕܝܣܐ ܘ ܦܪܕܝܣܝܐ

وغيرها : فردوس فردوسي

ܩܝܬܪܐ ܩܝܬܪܝܐ

ܘ ܩܝܬܪܘܢܐ قيثار قيثاري

ܩܦܘܕܘܩ ܩܦܘܕܘܩܝܐ

ܘ ܩܦܘܕܘܩܝܐ كبادوك كبادوكي

ܪܝܚܐ ܪܝܚܢܐ ܘ ܪܝܚܢܝܐ

ܘ ܪܝܚܢܝܐ رائحة : ذو رائحة

ܓܢܬܐ ܓܢܢܝܐ ܘ ܓܢܢܐ

بستان بستاني

ثانياً : ما له نسبة شاذة فقط :

ܐܘܪܗܝ ܐܘܪܗܝܐ رها رهاوي

ܐܝܣܪܐܝܠ ܐܝܣܪܝܠܝܐ

اسرائيل اسرائيلي

ܐܝܙܪܥܠ ܐܝܙܪܥܠܝܐ

ايزراعيل ايزراعيلي

ܒܐܙܐ ܒܐܙܝܐ باز بازي

ܒܪܐ ܒܪܝܢܝܐ ܘ ܒܪܝܢܝܐ

وغيرهما : كنز : قهرمان. خازن

ܓܠܥܕ ܓܠܥܕܝܐ جلعاد جلعادي

ܡܨܪܝܢ ܡܨܪܝܐ مصر مصري

ܣܘܪܝܐ ܣܘܪܝܝܐ

سوريّا : سوري . سرياني

ܥܡܠܝܩ ܥܡܠܝܩܝܐ

عماليق عماليقي

ܫܝܠܘ ܫܝܠܘܢܝܐ شيلو شيلونيّ

ܫܡܪܝܢ ܫܡܪܝܐ

سامرة سامري

ܓܠܘܬܐ ܓܠܘܝܐ جلا : مجلوّ

ܕܘܟܐ ܕܘܟܝܐ مكان مكاني

ܙܘܝܬܐ ܙܘܝܝܐ زاوية: ذو الزاوية

ܚܢܘܬܐ ܚܢܘܝܐ حانوت حانوني

ܣܦܝܢܬܐ ܣܦܝܢܝܐ ܣܦܢܐ

ܣܦܢܝܐ سفينة : سفّان . نوتي

ܩܪܝܬܐ ܩܘܪܝܝܐ (١)

قرية قروي

(١) قيل ان ܬܝܡܢܐ « تيمن . جنوب » ينسب اليها ايضاً ܬܝܡܢܝܐ . والاصح ان هذه منسوبة الى ܬܝܡܢ « تيمان » على القاعدة . وان ܝܘܢܝܐ « يوناني » منسوبة الى ܝܘܢ

﴿ ܕܘܪܫܐ تمرين ﴾

ܡܫܺܝܚܳܐ	المسيح	ܣܺܐܡܳܐ	فضة	ܡܳܐܢܳܐ	اناء
ܢܶܥܡܬܳܐ	نغمة	ܬܘܕܺܝܬܳܐ	ديانة	ܐܪܓܘܳܢܳܐ	ارجوان

ترجم هذه الالفاظ الى الارامية :

الملكوت السماوي ــ الفــردوس الارضي ــ الديانــة المسيحية ــ الانغام الملائكية ــ الشعوب الفينيقيــة والبابلية والمصرية واليونانيــة ــ الاواني الذهبية والفضية ــ الثياب الارجوانية

الفصل الثامن

ܡܛܠ ܙܥܘܽܪܳܐ ܕܫܡܳܗܶܐ في تصغير الاسماء

٢٨ التصغير هو زيادة بعض حروف على آخر الاسم للدلالة على التقليل او التحبب او الاحتقار . وله ثلاث قواعد

القاعدة الاولى

الاسم المذكر يصغر بادخال « ܘܢܳܐ » او « ܘܣܳܐ » على آخره وضم ما قبلها نحو ܟܬܳܒܳܐ ܟܬܳܒܘܢܳܐ او ܟܬܳܒܘܣܳܐ كتاب كتيب

« يونان » شذوذاً . والصواب انها منسوبة الى ܝܰܘܢ « يوان » . وان ܒܬܘܠܳܝܳܐ « بتولي » منسوبة الى ܒܬܘܠܬܳܐ « بتولة » بحذف التاء . والصواب انها منسوبة الى ܒܬܘܠܳܐ « بتول »

ܒܰܝܬܳܐ ܒܰܝܬܽܘܢܳܐ او ܒܰܝܬܽܘܣܳܐ بيت بييت ܟܰܠܒܳܐ ܟܰܠܒܽܘܢܳܐ او ܟܰܠܒܽܘܣܳܐ كلب كليب

الثانية

الاسم المؤنث لفظياً كان او معنوياً يصغر بادخال «ܘܢܝܬܐ» على آخره وضم ما قبلها ايضاً نحو ܐܰܢ̈ܬܬܳܐ ܐܰܢܬܬܽܘܢܝܬܳܐ مرأة مريئة ܒܰܪܬܳܐ ܒܰܪܬܽܘܢܝܬܳܐ بنت بنيّة ܥܰܝܢܳܐ ܥܰܝܢܽܘܢܝܬܳܐ عين عيينة. وما كان منه مؤنثاً بزيادة ياء بعد نونه الاخيرة قبل تاء التأنيث تحذف ياؤه نحو ܥܰܦܪܳܢܝܬܳܐ ܥܰܦܪܳܢܽܘܢܝܬܳܐ ترابيّة تريبيّة

الثالثة

الاسم المركب يصغر جزؤه الثاني باداة التصغير «ܘܢܐ» و«ܘܢܝܬܐ» فقط نحو ܒܰܪܢܳܫܳܐ ܒܰܪܢܳܫܽܘܢܳܐ انسان انيسين ܒܰܪܬܩܳܠܳܐ ܒܰܪܬܩܳܠܽܘܢܳܐ لفظة لفيظة ܫܶܬܐܣܬܳܐ ܫܶܬܐܣܬܽܘܢܝܬܳܐ اساس اسيس

ويجوز ان يصغر الاسم ثانيةً فالمذكر بادخال «ܘܢܐ» عليه مرةً ثانية نحو ܟܰܠܒܽܘܢܽܘܢܳܐ ܟܰܠܒܽܘܣܽܘܢܳܐ كليب صغير جداً. وادخال «ܘܣܐ» على المصغر بالواو والنون فقط نحو ܒܪܽܘܢܳܐ ܒܪܽܘܢܽܘܣܳܐ «بُنيّ». والمؤنث بتضعيف «ܘܢܝܬܐ» فيه. وحينئذٍ تحذف الياء من اداة التصغير الاولى نحو ܐܰܢܬܬܽܘܢܝܬܳܐ : ܐܰܢܬܬܽܘܢܽܘܢܝܬܳܐ . ܒܰܪܬܽܘܢܝܬܳܐ : ܒܰܪܬܽܘܢܽܘܢܝܬܳܐ

وكذا الاسم المركب نحو ܒܰܪܢܳܫܽܘܢܳܐ : ܒܰܪܢܳܫܽܘܢܽܘܢܳܐ .

ܡܬܐ ܡܬܘܢܝܬܐ : ܡܬܘܢܘܢܝܬܐ وهذا النوع يسمّى تصغير التصغير (١)

فوائد

الاولى : الاصل في المذكر الحقيقي المصغر ان لا يؤنث لان مؤنثه يصغر ايضاً . وانما اجازوا تأنيث المصغر بالواو والسين نحو ܐܡܪܘܣ عمروس . خروف صغير ܐܡܪܘܣܬܐ نعجة صغيرة

الثانية : الاسم المجموع لا يصغر بل يغني عن تصغيره جمع مفرده المصغر بحسب القواعد السابقة نحو ܟܬܒܐ ܟܬܒܘܢܐ كتيب كتيّبات . ܒܢܬܐ ܒܢܬܘܢܝܬܐ بنية بنيّات

الثالثة : قد ورد بعض اسماء على صيغة المذكر منتهية بالواو والنون او بالواو والسين نحو ܩܣܣܘܢܐ عجم الزبيب ܓܠܝܘܢܐ مجلة

(١) ليس لقواعد التصغير شواذ . وما عدّه البعض شاذاً مثل ܙܓܐ جرس ܓܒܘܬܐ قصعة ܨܦܪܐ « عصفور » وغيرها . فليس بشاذ حقيقةً بل يصغر على القياس ܙܓܘܢܐ جريس ܓܒܘܢܝܬܐ قصيعة ܨܦܪܘܢܝܬܐ عصيفير. اما ما اوردوه على انه مصغر بالتضعيف مثل ܙܓܘܓܐ جرس صغير ܦܬܝܠܬܐ ذبالة . فتيلة ܦܬܝܠܬܐ زراوند . « نبات » ܦܘܩܩܐ « زقيق . زكرة » فليس من باب التصغير ولو دل بعضه على مسميات صغيرة . لان دلالته اصلية غير متأتية عن التصغير . وفي اللغة اسماء كثيرة من هذا النوع ولا تعدّ مصغرة

وقيل ان الاسماء الاعجمية المنتهية بالواو والسين تصغر بحذف السين وقلب الواو الفاً مكسوراً ما قبلها نحو ܦܛܪܘܣ ܦܛܪܐ بطرس بطيرس ܦܘܠܘܣ ܦܘܠܐ بواس بويلس. ولكن الاصح ان ذلك من باب الجزم لا التصغير . وانما ورد تصغير ܦܘܠܘܣ ܦܘܠܝܐ شذوذاً في كلام ما افرام

ܕܟܘܣܐ صبي صغير . فمثل هذه الاسماء لا تصغر بالحروف بل متى اريد تصغيرها تتبع بلفظة ܙܥܘܪܐ نحو ܓܪܡܘܢܐ ܙܥܘܪܐ عجم صغير. كما تتبع بلفظة ܪܒܐ متى اريد تكبيرها نحو ܓܠܝܘܢܐ ܪܒܐ مجلة كبيرة

الرابعة : الاسماء المبهمة اي الضمائر واسماء الاشارة الخ لا تصغر ما عدا ܗܢܐ هذا ܗܕܐ « هذه » فانهما يصغران ܗܢܘܢܐ ܗܕܘܢܝܬܐ على قول بعضهم

❦ ܪܘܫܡܐ تمرين ❦

١ : صغر ما يمكن تصغيره من الاسماء الآتية :

ܛܠܝܐ	طفل. صبي	ܡܣܐܬܐ	ميزان	ܐܕܢܐ	اذن
ܟܐܦܐ	حجر	ܚܠܙܘܢܐ	حلزون	ܟܠܒܬܐ	كلبة
ܬܠܓܐ	الثلج	ܒܥܠܕܒܒܐ	مقاتل. عدو	ܥܙܩܬܐ	خاتم

٢ : ميز بين نون وسين التصغير وبين النون والسين الاصليتين في الاسماء التالية وترجمها الى العربية :

ܒܪܘܢܐ ـ ܓܢܘܢܐ ـ ܡܠܟܘܢܐ ـ ܐܫܘܢܐ ـ ܛܠܝܘܣܐ ـ ܢܦܘܫܐ ـ ܡܪܢܘܢܐ ـ ܣܪܛܘܢܐ ـ ܦܘܠܚܢܝܬܐ ـ ܒܪܬܘܢܝܬܐ

الفصل التاسع

ܥܠ ܓܙܳܡܳܐ ܕܫܡܳܗ̈ܐ في جزم الاسماء

٢٩ الجزم هو قطع الف الاطلاق وحدها او مع تاء التأنيث (١) من آخر الاسم وحذف حركة ما قبلها . وذلك اما للتنكير واما للاضافة نحو ܟܬܳܒܳܐ ܟܬܳܒ كتاب ܛܰܝܒܽܘܬ݂ܳܐ ܛܰܝܒܽܘ ܛܰܝܒܽܘܬ݂ نعمة

﴿ اولاً ﴾

في جزم الاسماء المفردة الخالية من تاء التأنيث

قاعدة عامة

٣٠ تجزم هذه الاسماء عموماً للتنكير والاضافة بقطع الالف من اخرها مع حركة ما قبلها نحو ܟܢܳܪܳܐ ܟܢܳܪ كنّارة ܛܳܒܳܐ ܛܳܒ صالح ܡܺܝܬܳܐ ܡܺܝܬ مائت ܫܰܦܺܝܪܳܐ ܫܰܦܺܝܪ حسن (٢) ܢܒܺܝܳܐ ܢܒܺܝ نبي.

اما ما يقتضي اكثر من ذلك فيجري على القواعد الآتية :

القاعدة الاولى

وزن ܩܛܳܠܳܐ : السالم يجزم بنقل الفتح عن اوله الى ثانيه وقلبه

(١) ان تاء التأنيث انما تقطع من الاسم مع الف الاطلاق في جزم التنكير فقط كما في ܛܰܝܒܽܘ نعمة

(٢) ان ما كان مهموزاً مثل ܒܰܣܺܝܡܳܐ لذيذ ܣܰܓܺܝܐܳܐ « كثير » يجزم على هذه القاعدة العامة مثل ܫܰܦܺܝܪܳܐ غير ان همزته تحذف فيقال فيه ܒܰܣܺܝܡ ܣܰܓܺܝ . والاصل في جزمهما ܒܰܣܺܝܡ ܣܰܓܺܝܐ . وقد كتبها بعض النساخ ܒܰܣܺܝܡܐ ܣܰܓܺܝܐܐ وهو خطأ

كسراً نحو ܡܰܠܟܳܐ ܡܠܶܟ ملك ܚܰܕ݂ܬܳܐ ܚܕ݂ܶܬ݂ حدث . جديد ܢܰܦ݂ܫܳܐ ܢܦ݂ܶܫ نفس. فان كان آخره حرف فتح تبقى الحركة على ثانيه فتحاً نحو ܣܰܡܝܳܐ ܣܡܶܐ اعمى ܚܬ݂ܳܡܳܐ ܚܬ݂ܳܡ ختم ܨܰܦ݂ܪܳܐ ܨܦ݂ܰܪ صبح (١)

٢ : المضاعف يجزم على القاعدة العامة نحو ܥܰܡܳܐ ܥܰܡ شعب ܪܰܒܳܐ ܪܰܒ «عظيم . كبير» . الا ܓܶܢܒܳܐ «جنب» فتجزم عليها ܓܶܒ ܘܓܶܢܒ باظهار النون خطاً (٢)

٣ : المهموز الفا يجزم بابدال فتحها نصباً و كسر العين على القاعدة نحو ܐܰܠܦܳܐ ܐܠܶܦ الف ܐܽܘܪܳܐ ܐܽܘܪ . وان انتهى بحرف فتح فتحت العين وبقيت الفاء مفتوحة نحو ܐܰܪܥܳܐ ܐܰܪܰܥ ارض ܐܰܬ݂ܪܳܐ ܐܰܬ݂ܰܪ وطن

ومهموز العين يجزم على القاعدة نحو ܪܳܐܡܳܐ ܪܳܐܶܡ متعظم ܦܳܐܝܳܐ ܦܳܐܶܐ جميل . بتحقيق الهمزة وتخفيفها . وياؤه تقلب الفاً كما ترى

ومهموز اللام يتبع القاعدة ايضاً وانما تبقى الحركة على ثانيه فتحاً لان الهمزة من الفواتح نحو ܛܰܢܦܳܐ ܛܰܢܦ دنس ܩܰܪܳܐ ܩܰܪ قرعة . يقطين

٤ : معتل الفاء ياء يجزم نظير السالم نحو ܝܰܠܕܳܐ ܝܠܶܕ ولد ܝܰܬ݂ܡܳܐ ܝܰܬ݂ܶܡ يتيم ܝܰܕ݂ܥܳܐ ܝܕ݂ܰܥ علامة ܝܰܪܚܳܐ ܝܪܰܚ شهر (٣)

---

(١) ويتبع ذلك الاسماء الآتية ولو لم يكن آخرها حرف فتح وهي ܟܺܐܦܳܐ ܟܺܐܦ ارض محجرة ܕܰܗܒܳܐ ܕܗܰܒ ذهب ܕܰܩܢܳܐ ܕܩܰܢ ذقن ܙܰܒܢܳܐ ܙܒܰܢ زمن ܚܶܓܠܳܐ ܚܶܓܰܠ حجل ܚܰܩܠܳܐ ܚܩܰܠ حقل ܚܰܬ݂ܢܳܐ ܚܬ݂ܰܢ ختن . عريس ܛܳܒܳܐ ܛܳܒ جيد . صالح

ويجوز في الاسماء التابعة الكسر والفتح وهي ܓܰܪܡܳܐ ܓܪܶܡ و ܓܪܰܡ عظم ܕܰܪܓܳܐ ܕܪܶܓ و ܕܪܰܓ درجة ܟܰܪܡܳܐ ܟܪܶܡ و ܟܪܰܡ كرم ܣܰܟ݂ܠܳܐ ܣܟ݂ܶܠ و ܣܟ݂ܰܠ جاهل ܡܰܣܟܳܐ ܡܣܶܟ و ܡܣܰܟ حقير

(٢) والاصل ܓܶܢܒ مثل ܥܶܒ݂ܶܕ   (٣) ولا ينافي القاعدة خفض الياء فيه

ومعتل العين واواً يجزم بقلب الفتح على اولهِ ضماً وهو سماعي نحو ܣܘܦܐ ܣܘܦ حدّ . نهاية ܝܘܡܐ ܝܘܡ يوم . وكذا ܓܘܢܐ ܓܘܢ لون ܗܘܢܐ ܗܘܢ «عقل» عند الشرقيين . اما عند الغربيين فيجزمان ܓܘܢ و ܗܘܢ مثل ܣܟܠ (١) ومعتلها ياء يجزم بابدال الفتح على اولهِ خفضاً نحو ܚܝܠܐ ܚܝܠ قوة ܩܝܣܐ ܩܝܣ خشبة (٢)

ومعتل اللام ياء يجزم على قاعدة السالم وانما تقلب ياؤه الفاً للخفة نحو ܓܒܝܐ ܓܒܐ مختار ܐܝܝܐ ܐܝܐ بهي . ومنه نحو ܛܠܝܐ ܛܠܐ كما مرّ (والاصل ܓܒܝ ܐܝܝ ܛܠܝ) (٣)

الثانية

وزن ܩܛܠܐ ١ً : السالم يجزم بنقل الكسر عن اولهِ الى ثانيهِ نحو ܡܠܟܐ ܡܠܟ مشورة ܦܠܓܐ ܦܠܓ قسم . نصف ܙܝܘܐ ܙܝܘ زينة ܪܓܠܐ ܪܓܠ رِجل . وان كان آخره حرف فتح يُقلب الكسر على ثانيه فتحاً نحو ܡܫܚܐ ܡܫܚ دهن (٤)

---

(١) وقال البعض ان الغربيين لا يجزمونها

(٢) ما عدا ܩܝܛܐ صيف ܐܝܠܐ «أيّل» فلا يجزمان

(٣) ولا يجزم من هذا الوزن ١ً : ما كان معتل الفاء واواً مثل ܘܪܕܐ ورد ܘܥܕܐ موعد ܘܩܪܐ حمل . وقيل ان ܘܪܕܐ و ܘܥܕܐ يجزمان ܘܪܕ . ܘܥܕ . ٢ً : ما كان معتل اللام واواً مثل ܨܚܘܐ صحو ܫܢܘܐ جنون . شذ ܫܪܘܐ ܫܪܘ صرو . ٣ً : ما كان معتل اللام مهموز الفاء مثل ܐܪܝܐ اسد ܐܦܝܐ مخبوز . ما عدا ܐܒܐ ܐܚܐ وهما منه كما علمت فيجزمان عند المشارقة ܐܒ و ܐܚ على ظاهرهما تبعاً للقاعدة العامة . وعند المغاربة ܐܒ و ܐܚ . وقال البعض انهما لا يجزمان عند المغاربة

(٤) ويتبع المنتهي بحرف فتح ܕܒܫܐ ܕܒܫ دبس . اما ܙܪܬܐ «شبر» فيجوز فيها ܙܪܬ و ܙܪܬ

اما ܨܶܦܪܳܐ « عصفور » فتجزم ܨܶܦܰܪ بكسر اولها لتتميز عن ܨܦܰܪ جزم ܨܽܦܪܳܐ كما مرّ

٢ : المضاعف يجزم على القاعدة العامة نحو ܫܶܢܳܐ ܫܶܢ سن ܙܶܙܳܐ ܙܶܙ مسمار

٣ : المهموز الاول يجزم بفتح ثانيه نحو ܐܶܠܦܳܐ ܐܶܠܰܦ سفينة ܐܶܕܢܳܐ ܐܶܕܰܢ « اذن » وقس عليه . والمهموز الوسط يجزم على القاعدة العامة نحو ܒܺܐܪܳܐ ܒܺܐܪ بارّ ܟܺܐܦܳܐ ܟܺܐܦ صخرة (١)

٤ : المعتل ولا يكون الا معتل العين واللام . فمعتل العين ياء يجزم على القاعدة العامة نحو ܕܺܝܢܳܐ ܕܺܝܢ حكم ܒܺܝܫܳܐ ܒܺܝܫ شرير . ومثله المعتل العين واللام معاً نحو ܙܺܝܘܳܐ ܙܺܝܘ شعاع . ضياء (٢)

ومعتل اللام ياء يجزم على القاعدة العامة نحو ܫܶܠܝܳܐ ܫܶܠܶܐ سكون ܠܶܠܝܳܐ ܠܶܠܶܐ ليل ܐܶܠܝܳܐ ܐܶܠܶܐ رثاء . نوح (٣)

---

(١) اما ܒܐܪܐ فاذا حُققت همزتها تجزم على قاعدة وزنها السالم ܒܐܪ مثل ܡܠܟ . واذا خففت فعلى القاعدة العامة ܒܐܪ مثل ܟܐܦ . ويجوز في ܟܐܦܐ واخواتها زيادة ياء بعد الفها نحو ܟܐܝܦ ܟܐܝܦ كما نص ابن العبري . ويجزم مثلها كل اسم توسط فيه همزة مبدلة ياءً ولو كان من غير وزنه نحو ܕܝܐܢܐ ܕܝܐܢ وܕܝܐܡ كمين

(٢) ومثله الاسم الذي يتوسطه ياءٌ لفظاً وخطاً او لفظاً فقط نحو ܡܥܡܥܝܢܐ او ܡܥܡܥܝܐ ܡܥܡܥܝ او ܡܥܡܥܝ . ܐܚܪܢܐ ܐܚܪܢ آخر

(٣) وما كان منه معتل اللام واواً مثل ܚܙܘܐ منظر ܙܩܘܐ زق . او معتلها ياءً وعينه واو مثل ܚܘܝܐ «حية» فلا يجزم . الا ܚܒܪܐ «رفيق» فقد جزمت ܚܒܪ مثل ܡܠܟ

الثالثة

كل اسم على وزن ܦܥܝܠܐ صحيح اللام او معتلها يكسر ثانيه نحو ܪܚܝܡܐ ܪܚܝܡ محب ܟܘܡܪܐ ܟܘܡܪ كاهن ܣܗܕܐ ܣܗܕ شاهد ܝܪܬܐ ܝܪܬ وارث . ونحو ܡܪܝܐ ܡܪܐ سيد ܛܥܝܐ ܛܥܐ ضال (١)

وما انتهى منه بحرف فتح يقلب كسر ثانيه فتحاً كالقاعدة نحو ܦܪܝܚܐ ܦܪܚ طائر ܥܒܝܪܐ ܥܒܪ زائل ܣܢܝܐ ܣܢܐ شاني. مبغض (٢)

الرابعة

وزن ܦܘܥܠܐ ١ : السالم يجزم بنقل الضم عن اوله الى ثانيه نحو ܩܘܕܫܐ ܩܕܘܫ قدس ܫܘܦܪܐ ܫܦܘܪ حسن ܩܘܫܬܐ ܩܫܘܬ حق (٣)

٢ : المضاعف يجزم على القاعدة العامة نحو ܚܘܒܐ ܚܘܒ حب ܟܘܠܐ و ܟܠܐ : ܟܘܠ و ܟܠ كلّ . ومثله المعتل الوسط مثل ܛܘܠܐ ܛܘܠ طفل ܫܘܪܐ ܫܘܪ سور

٣ : المهموز الاول يجزم بابقاء الضم على اوله وفتح ما قبل آخره نحو ܐܘܪܟܐ ܐܘܪܟ طول ܐܘܪܚܐ ܐܘܪܚ طريق

وكذا ما كان معتل الآخر مهموزاً كان او غير مهموز نحو ܐܘܪܝܐ

---

(١) بقلب الياء الفاً كما في ܒܥܝܐ ܒܥܐ

(٢) قيل ان ܣܢܝܐ يجوز ان تكتب ܣܢܐ وتجزم ܣܢܝ . والصحيح ان تكتب وتجزم كما في المتن لان الهمزة فيها من الفواتح فهي مثل ܦܪܝܚܐ ܦܪܚ

(٣) وقيل ان ܬܘܩܦܐ قوة ܫܘܒܚܐ مجد ܪܘܚܩܐ بعد . تجزم ايضاً قليلاً ܬܘܩܦ و ܫܘܒܚ و ܪܘܚܩ

ܐܘ ܪܡ منذود ܡܥܘܪܝܐ ܡܥܘܪ مد ܣܘܣܝܐ ܣܘܣ فرس ܓܘܢܝܐ ܓܘܢ زاوية (١)

الخامسة

الاسم الذي على وزن ܦܬܐ (المحذوف منه حرف) يجزم بكسر اوله نحو ܕܡܐ ܕܡ دم ܚܡܐ ܚܡ حمو ܫܡܐ ܫܡ اسم ܬܕܝܐ ܬܕ ثدي. وان انتهى بفاتح يبدل الكسر فتحاً نحو ܒܪܐ ܒܪ ابن (٢)

السادسة

كل اسم ابتدأ بميم زائدة من الرباعي ومزيدات الثلاثي والتقى قبل

---

(١) اما ما كان معتل الاول مثل ܝܘܩܪܐ « وقر . ثقل » فلا يجزم

(٢) اذا امعنت النظر في وزن ܦܥܠܐ و ܦܥܠܐ و ܦܘܥܠܐ ترى انها تتساوى في الجزم بسكون اولها وتحريك ثانيها . وترى ان قاعدة جزم ܦܥܠܐ و ܦܥܠܐ في الاصل واحدة اي يكسر ثانيهما . ويفتح اذا انتهيا بحرف فتح . وكل ما تراه فيهما من التغيير فهو عارض لاجل تخفيف اللفظ فان ܐܒܐ مثلاً اصلها ܐܒܐ على وزن ܦܥܠ فتحركت الهمزة لتعذر الابتداء بها ساكنة . وبقيت حركة المضاعف مثل ܥܡ ܥܡ على اوله لانه لا يظهر فيه سوى حرفين فلا يمكن نقلها الى الثاني وكسرها . واصل ܫܘܩ و ܫܢܐ ܫܘܩ و ܫܢܐ تأخرت فيهما الكسرة الى الاول وقلبت ضمةً قبل الواو وخفضة قبل الياء مطابقةً لهما . واصل ܐܒܐ ܐܒܐ ايضاً وانما تحركت الالف للسبب المتقدم ذكره وابدلت كسرة ثانيها فتحة هرباً من توالي كسرتين . ولا سيما لان العين في هذين الوزنين قد تحركت بالفتح في بعض الامثلة مثل ܕܚܫ ܣܡܐ ولو لم ينتهيا بحرف فتح . اما اصل ܕܡܐ فهو ܚܡܐ و ܩܠ ܩܠ وتعليلهما نظير ܫܢܐ . واصل ܐܚܐ و ܐܡܐ : و ܐܚܐ ܐܡܐ فصارتا كذا للخفة . وقد عرفت ان ܦܐ في الاصل من وزن ܦܥܠܐ ولذلك فجزمهما في الاصل واحد . فان ܕܡ مثلاً اصلها ܕܡܡ مثل ܥܡܡ تأخرت الكسرة الى اوله لانه لم يظهر فيه سوى حرفين . فتأمل في كل ذلك

اخره ساكنان يجزم بفتح الساكن الثاني نحو ܡܬܰܪܓ݁ܡܳܢܳܐ ܡܬܰܪܓ݁ܡܳܢܺܝܢ ܡܬܰܪܓ݁ܡܳܢܽܘܬܳܐ ܡܬܰܪܓ݁ܡܳܢܽܘܬ݂ܶܗ مترجم ܡܩܰܝܡܳܢܳܐ ܡܩܰܝܡܳܢ مُقات ܡܚܰܪܡܳܐ ܡܚܰܪܡܺܝܢ محروم ܡܣܰܠܝܳܐ ܡܣܰܠܝܳܢ مرذول ܡܩܰܒܠܳܐ ܡܩܰܒܠܳܢ مقبول ܡܪܰܡܪܡܳܐ ܡܪܰܡܪܡܳܢ مرفوع ܡܫܰܥܒܕ݂ܳܐ ܡܫܰܥܒܕ݂ܳܢ مُستعبَد ܡܫܰܡܠܝܳܐ ܡܫܰܡܠܝܳܢ متمَّم . ونحو ܡܰܫܟ݁ܒ݂ܳܐ ܡܰܫܟ݁ܒ݂ܳܢ مرقد ܡܰܫܪܝܳܐ ܡܰܫܪܝܳܢ محل

ويتبع هذه القاعدة ١ً : ما كان منها فيه حرف محذوف او مدغم نحو ܡܰܦܩܳܐ ܡܰܦܩܳܢ مخرج ܡܰܥܠܳܐ ܡܰܥܠܳܢ مدخل (اصلهما ܡܰܢܦܩܳܢܳܐ ܡܰܢܥܠܳܢܳܐ) . اما ܡܛܰܠܬ݂ܳܐ « مظلة » من ܛܠܰܠ فالغربيون يقولون فيها ܡܛܰܠܬ݂ܳܐ والشرقيون ܡܛܰܠܶܠܬ݂ܳܐ

٢ً : كل اسم كان قبل اخره ساكنان وان لم يبتدىء بميم زائدة نحو ܗܰܝܟ݁ܠܳܐ ܗܰܝܟ݁ܰܠ هيكل ܐܰܪܢܒ݂ܳܐ ܐܰܪܢܶܒ݂ ارنب ܬܰܘܠܰܥܬ݂ܳܐ ܬܰܘܠܰܥ دودة ܐܽܘܪܕ݁ܥܳܐ ܐܽܘܪܕ݁ܰܥ ضفدع ܣܰܢܺܝܓ݂ܪܳܐ ܣܰܢܺܝܓ݂ܪܶܐ محام ܪܽܘܕ݂ܦܳܐ ܪܽܘܕ݂ܰܦ اضطهاد ܟ݁ܽܘܪܣܝܳܐ ܟ݁ܽܘܪܣܶܐ كرسي ܣܦܰܪܓ݂ܠܳܐ ܣܦܰܪܓ݂ܶܠ سفرجل ܐܶܣܟ݁ܽܘܦܬ݂ܳܐ ܐܶܣܟ݁ܽܘܦܰܬ݂ اسكفة . قائمة الباب . اما ܡܶܡܰܠܠܳܐ « كلام » (وميمها اصلية) فحكمها حكم ܡܛܰܠܠܬ݂ܳܐ (١)

(١) اما ما انتهى من هذه الاوزان بواو مثل ܐܶܣܛܘܳܐ « رواق » فلا يجزم

تنبيه : كل اسم تجده لا يوافق في جزمه احدى القواعد الخاصة فاجزمه على القاعدة العامة مثل ܦܰܪܥܘܫܳܐ « برغوث » ܫܰܘܟ݁ܪܳܢܳܐ « شوكران » وان يكن جزمه صعباً كما قال العلامة التولاوي

﴿ شواذ القواعد الخاصة ﴾

عن القاعدة الاولى

ܣܰܝܦܳܐ ܣܰܝܦ و ܣܝܦ سيف

ܒܰܝܬܳܐ ܒܰܝܬ (للتنكير) و ܒܶܝܬ (للاضافة) بيت

عن الثالثة

ܥܳܠܡܳܐ ܥܳܠܰܡ و ܥܳܠܡ

عالم . دهر

عن الرابعة

ܣܽܘܟܳܪܳܐ ܣܽܘܟܳܪ مغلاق

ܣܽܘܓܳܐܳܐ ܣܽܘܓܳܐ كثرة

عن الخامسة

ܐܺܝܕܳܐ (والهمزة فيها زائدة عد٢٤) :

ܐܺܝܕ و ܝܺܕ يدٌ

﴿ ܕܘܪܫܐ تمرين ﴾

ܐܺܝܠܳܢܳܐ	شجرة	ܚܰܟܺܝܡܳܐ	حاذق	ܟܰܘܟܒܳܐ	كوكب
ܦܺܐܪܳܐ	ثمرة	ܡܰܕܥܳܐ	عقل . فهم	ܨܰܠܡܳܐ	تمثال

ترجم هذه الجمل الى الارامية :

كل انسان كبير وصغير ـ كل زمان ومكان ـ كل ارض وحقل وشجرة وكرم ـ من بيت الى بيت ـ عظيم الرعاة ورب الارباب ـ هيكل اورشليم ـ حاذق الفهم طاهر القلب ـ طيب الرائحة لذيذ الاثمار ـ جبل لبنان ـ راعي الغنم ـ تمثال الملك

﴿ ثانياً ﴾

في جزم الاسماء المفردة المختومة بتاء التأنيث

قاعدة عامة

٣١ قاعدة جزم هذه الاسماء هي ان تُردّ اولاً الى صورة الجمع ثم تُجزم للتنكير هكذا : فان كانت تُجمع بالتاء المنصوبة تقطع تاؤها فقط نحو ܒܬܘܠܬܐ ܒܬ̈ܘܠܬܐ : ܒܬܘܠܐ بتولة ܚܢܝܩܬܐ ܚܢ̈ܝܩܬܐ : ܚܢܝܩܐ زفرة ܥܩܬܐ ܥܩ̈ܬܐ : ܥܩܐ صعبة

وان كانت تجمع بكسر التاء تحذف تاؤها وينصب ما قبلها نحو ܒܙܬܐ ܒܙ̈ܐ : ܒܙܐ نهبة

وان كانت تجمع بحذف التاء وكسر ما قبل الالف يبدل ذلك الكسر نصباً نحو ܡܢܬܐ ܡܢ̈ܐ : ܡܢܐ شعرة

وللاضافة بابدال الف جزم التنكير بالتاء ونصب ما قبلها بالفتح نحو ܒܬܘܠܬ بتولة ܚܢܝܩܬ زفرة ܥܩܬ صعبة ܒܙܬ نهبة ܡܢܬ شعرة . وعلى ذلك تقول مثلاً :

مفرد	جمع	جزم تنكير	جزم اضافة	
ܐܘܡܣܬܐ	ܐܘܡ̈ܣܬܐ	ܐܘܡܣܐ	ܐܘܡܣܬ	صدّيقة
ܣܓܕܬܐ	ܣܓ̈ܕܬܐ	ܣܓܕܐ	ܣܓܕܬ	سجدة
ܓܒܝܬܐ	ܓܒ̈ܝܬܐ	ܓܒܝܐ	ܓܒܝܬ	مختارة

ܪܚܡܬܐ	ܪ̈ܚܡܬܐ	ܪܚܡܢ	ܪܚܡܬ محبة
ܡܩܒܠܬܐ	ܡܩܒ̈ܠܬܐ	ܡܩܒܠܢ	ܡܩܒܠܬ مقبولة
ܡܫܡܠܝܬܐ	ܡܫ̈ܡܠܝܬܐ	ܡܫܡܠܝܢ	ܡܫܡܠܝܬ متـمّمة
ܫܡܝܢܝܬܐ	ܫܡܝ̈ܢܝܬܐ	ܫܡܝܢܝܢ	ܫܡܝܢܝܬ سماوية
ܬܕܡܘܪܬܐ	ܬܕܡ̈ܪܬܐ	ܬܕܡܪܢ	ܬܕܡܪܬ اعجوبة
ܡܕܝܢܬܐ	ܡܕ̈ܝܢܬܐ	ܡܕܝܢܢ	ܡܕܝܢܬ مدينة
ܥܠܘܒܬܐ	ܥܠܘ̈ܒܬܐ	ܥܠܘܒܢ	ܥܠܘܒܬ
	و ܥܠܘ̈ܒܝܬܐ	و ܥܠܘܒܝܢ	و ܥܠܘܒܝܬ صغيرة
ܡܓܠܬܐ	ܡܓ̈ܠܬܐ	ܡܓܠܢ	ܡܓܠܬ (١) مجلة

وهذه القاعدة تغنيك عن تفاصيل كثيرة بهذا الشأن

٣٢ ويُستثنى منها ١ً : كل موصوف (لا صفة) حاصل على اكثر من مقطعين وقبل تائه واو مضموم ما قبلها او ياء مخفوض ما قبلها فانه يجزم للتنكير بقطع الالف والتاء معاً من اخره نحو ܛܝܒܘܬܐ ܛܝܒܘ نعمة ܡܠܟܘܬܐ ܡܠܟܘ ملكوت ܚܝܘܬܐ ܚܝܘ حيوة ܪܒܘܬܐ ܪܒܘ عظمة . ܬܘܕܝܬܐ ܬܘܕܝ شكر ܬܫܝܬܐ ܬܫܝ ستر . وللاضافة بقطع الالف فقط نحو ܛܝܒܘܬ نعمةُ ܬܘܕܝܬ «شكر» معًا

٢ً : ما كان مثل ܨܠܘܬܐ شبه ܨܠܘܬܐ صلوة ܦܢܝܬܐ ناحية . فيجزم مثل ܛܝܒܘܬܐ و ܬܘܕܝܬܐ نحو ܨܠܘ ܨܠܘܬ شبه ܦܢܝ

(١) الاسماء التي لها جمع قياسي وجمع شاذ يؤخذ جزمها من الجمع القياسي نحو ܣܦܝܢܬܐ ܣܦܝ̈ܢܬܐ و ܣܦܝ̈ܢܝܬܐ : ܣܦܝܢ ܣܦܝܢܬ سفينة

ܦܢܝܬ ناحية (١)

٣ً : كل اسم على وزن ܫܢܬܐ كرمة ܟܪܡܬܐ مدر ܡܕܪܬܐ «حصة» مما يجمع بكسر التاء ويبقى على حركة واحدة عند حذفها . يجزم للتنكير والاضافة بقطع الالف وحركة ما قبلها فقط نظير الاسماء الخالية من تاء التأنيث نحو ܫܢܬ . ܟܪܡܬ . ܡܕܪܬ

٤ً : كل اسم على وزن ܓܦܬܐ «جفنة» المدغم فيه نون في الاصل فيجزم عند البعض بقطع الالف فقط للتنكير والاضافة نحو ܓܦܬ . وعند غيرهم باظهار المدغم على القاعدة العامة نحو ܓܦܬܐ : ܓܦܢܬܐ ܓܦܢܬ . والاول اشهر

﴿ شواذ القواعد العامة ﴾

ܐܚܪܬܐ ܐܚܪܢܝܬܐ : ܐܚܪܢܝܐ	ܕܘܟܬ مكان
ܐܚܪܢܝܬ اخرى	ܡܠܬܐ ܡܠܘܬܐ : ܡܠܬ
ܐܬܬܐ ܐܬܘܬܐ : ܐܬܬ و ܐܬܘܬ	و ܡܠܬ بحيرة
اسفل	ܫܦܬܐ ܫܦܘܬܐ : ܫܦܐ
ܒܪܬܐ ܒܢܬܐ : ܒܪܬ بنت	ܫܦܬ شفة
ܕܘܟܬܐ ܕܘܟܝܬܐ : ܕܘܟܬ	ܡܢܬܐ ܡܢܘܬܐ و ܡܢܘܬ :

(١) : غير ان ما كان من هذه الاسماء ضمه عارضاً واصله على وزن ܩܛܠܬܐ مثل ܚܕܘܬܐ فرح ܣܢܘܪܬܐ جريدة النخل . و ܡܚܘܬܐ ضربة ܦܪܘܬܐ فروة (اصلها ܚܕܘܬܐ ܣܢܘܪܬܐ ܡܚܘܬܐ ܦܪܘܬܐ) فيجزم على القاعدة العامة ܚܕܘܬ ܚܕܘܬܐ . ܣܢܘܪܬ ܣܢܘܪܬܐ . و ܡܚܘܬ ܡܚܘܬܐ . ܦܪܘܬ ܦܪܘܬܐ

ܩܪܝܐ (للتنكير) ܩܪܝܬ | ܫܥܬ ساعة
و ܩܘܪܝܬ (للاضافة) | ܫܢܬܐ ܫܢܝܐ و ܫܢܝܬܐ :
قرية | ܫܢܐ ܫܢܝܢ (١)
ܫܥܬܐ ܫܥܬܐ : ܫܥܐ ܘܫܥܝܢ | سنة

❁ ܕܘܪܫܐ تمرين ❁

ܦܩܥܬܐ	بقعة	ܟܪܝܘܬܐ	كآبة	ܦܨܝܚܘܬܐ	بهجة
ܣܘܟܬܐ	غصن	ܩܫܝܘܬܐ	شدة	ܕܝܢܐ	حكم
ܪܡܬܐ	اكمة	ܙܝܬܐ	زيتون	ܪܘܡܐ	العلى

ترجم هذه الجمل الى الارامية :

كل حكمة — كل بقعة و اكمة — من قرية الى قرية ومن مدينة الى مدينة — عظمة الله — ساعة الموت — نقمة الديان — شدة الحكم — ملكوت العلى وجنة الافراح — بهجة الابرار و كآبة الاشرار — فرح القلب وشكر اللسان — جفنة الكرم وغصن الزيتون — جمال الازهار ونغمة الاطيار

(١) قيل ان ܪܘܡܬܐ تجزم ايضاً ܪܘܡ والصواب ان هذه جزم ܪܘܡܐ . و ܐܚܝܬܐ «مرّة» تجزم ܐܚܝ الا ان هذه جزم ܐܚܝܐ . و ܣܓܝ «حياً» ܙܕܩ «كثيراً . جداً» جزم ܣܓܝܐܬܐ ܙܕܩܬܐ والصحيح انها جزم ܣܓܝܐ ܙܕܩܐ وقد جُعلا من روابط ܡܫܡܫܢܘܬܐ كما سترى . اما ܣܓܝܐܬܐ وܙܕܩܬܐ فجزمها ܣܓܝ ܣܓܝܐ ، وܙܕܩ ܙܕܩܐ، كما قال الشدراوي . وان ܐܘܬܐ «شبر» مؤنثة بالتاء وتجزم ܐܘܬ شذوذاً والصحيح انها مؤنثة معنىً والتاء فيها اصلية وجزمها هكذا قياسي مثل ܡܚܬܐ ܡܚܬ . وان ܪܬܝܬܐ «رعدة» مؤنثة بالتاء ايضاً ولا تجزم والصحيح ان تاءَها اصلية وهي مذكرة ومؤنثة معنىً وتجزم على قاعدة الاسماء الخالية من تاء التأنيث . ثم ان كل ما احصاه البعض بين الشواذ اذا لاحظت القاعدة الاولى تجده قياسياً . وهي تريح الطالب من مزيد العناء كما ترى

﴿ ثالثاً ﴾

في جزم الاسماء المجموعة

١٤٣ ا : الاسماء المجموعة بكسر آخرها تجزم للتنكير بقلب الالف الى ياء ونون مخفوض ما قبلها نحو ܦܓܪܐ ܦܓܪܝܢ اجساد ܡܝܬܐ ܡܝܬܝܢ ميتات ܕܟܝܐ ܕܟܝܢ اطهار ܥܝܢܐ ܥܝܢܝܢ عيون . وكذا الاسماء المؤنثة بالتاء المجموعة بالكسر نحو ܛܝܒܘܬܐ ܛܝܒܘܬܢ عنايات ܡܠܐ ܡܠܝܢ كلمات . والاضافة بقلب الالف ياء مفتوحاً ما قبلها نحو ܦܓܪܝ ܡܝܬܝ ܕܟܝܝ ܥܝܢܝ . ܛܝܒܘܬܝ ܡܠܝ

ومثلها الاسماء التي يتساوى فيها المفرد والجمع نحو ܓܙܪܐ ܓܙܪܝܢ ܓܙܪܝ قطعان . ܥܢܐ ܥܢܝܢ ܥܢܝ خراف

اما الاسماء المجموعة بياء منصوبة . فان كانت موصوفة تجزم للتنكير بقلب الفها نوناً وخفض ما قبل الياء نحو ܛܒܝܐ ܛܒܝܢ ظباء ܒܢܝܐ ܒܢܝܢ ابناء ܓܢܣܐ ܓܢܣܝܢ انواع ܡܫܩܝܐ ܡܫܩܝܢ مشارب . وللاضافة بجذف الالف وفتح ما قبل الياء نحو ܛܒܝ ܒܢܝ ܓܢܣܝ .

وان كانت صفة فتجزم للتنكير بقلب الفها نوناً وكسر ما قبل الياء نحو ܓܒܝܐ ܓܒܝܢ مختارون ܛܥܝܐ ܛܥܝܢ ضالون . وللاضافة

بردها الى صيغة المفرد وقلب الفها ياء مفتوحاً ما قبلها نحو ܕܟܝ̈ܢ ܛܠܝ̈ܢ

﴿ فائدتان ﴾

الاولى : لفظة ܛܠܝ̈ܐ « فتيان . احداث » ترد بمعنى الموصوف والصفة فتجزم للتنكير ܛܠܝ̈ܢ نظير الصفة . وللاضافة ܛܠܝ̈ܝ نظير الموصوف

الثانية : لا توضع علامة الجمع للصفات المذكرة المجموعة المجزومة جزم تنكير الا اذا قامت مقام الموصوف : فلا توضع لها في نحو ܗܠܝܢ ܟܐܢܝܢ ܐܢܘܢ « هؤلاء صديقون » وتوضع لها في نحو ܥܣܪܐ ܟܐܢ̈ܝܢ ܐܝܬ ܒܡܕܝܢܬܐ « يوجد في المدينة ابرار عشرة » (١)

٢ ً الاسماء المجموعة بتاء منصوبة تجزم للتنكير بقلب التاء نوناً نحو ܦܪ̈ܚܬܐ ܦܪ̈ܚܢ طيور ܒܬܘ̈ܠܬܐ ܒܬܘ̈ܠܢ بتولات ܟܬܦ̈ܬܐ ܟܬܦ̈ܢ اكتاف ܪ̈ܥܘܬܐ ܪ̈ܥܘܢ رعاة . وللاضافة باسكان التاء فقط نحو ܦܪ̈ܚܬ ܒܬܘ̈ܠܬ ܟܬܦ̈ܬ ܪ̈ܥܘܬ . وقس على كل ذلك (٢)

---

(١) لا توضع علامة الجمع على هذه الصفات في الحالة الاولى لانها تشابه الفعل « الحاضر » لجمع المذكور الذي لا يوضع له نقطتان . وتحسب من ܡܫܠܡܢܘܬܐ كما ستعلم . وتوضع لها في الحالة الثانية لانها تشابه الاسماء الموصوفة بمعناها فاقتضي ان تشابهها بهيئتها ايضاً .

(٢) سمّى البعض جزم الاسماء المجموعة « جمع التنكير » وآخرون « جمع الجمع » وآخرون « جمعاً يودياً ونونياً » متى كان في الاسماء المجموعة بغير التاء المنصوبة . وغيرهم « جزم الاسماء المجموعة » كما دعوناه في المتن . ونحن آثرنا هذه التسمية لتساوي الاسماء المفردة والمجموعة في حكم الجزم وسببه . فكما تقطع الف الاطلاق من المفرد ويجزم للتنكير والاضافة بدون الدال . هكذا تقطع الالف من الجمع ويجمع لهذين

فائدتان

الاولى : من الاسماء ما لا يستعمل الا مجزوماً مضافاً نحو ܡܫܕܐ ܓܐܪܐ مرمى سهم ܡܪܕܐ ܝܘܡܐ مسافة يوم ܡܩܪܐ ܬܪܢܓܠܐ وقت صياح الديك ܡܚܙܐ ܥܝܢܐ منظر العين ܡܣܒܠ ܐܦܐ « دالة . اسفرار الوجه » . او مشبهاً بالمضاف وهو كل اسم جزم وتركب مع ما بعده بواسطة الباء نحو ܡܒܝܐܢ ܒܟܝܐ « تعزية . تسلية » (١)

الثانية : الاسماء الاعجمية ان كانت على اوزان الاسماء السريانية تجزم بحسب قواعدها تماماً نحو ܐܓܘܢܐ ܐܓܘܢ جهاد ܐܣܟܡܐ ܐܣܟܡ شكل . زي ܐܣܛܠܐ ܐܣܛܠ حلة . وكذا نحو ܒܐܡܐ ܒܐܡ او ܒܐܡ منبر

السببين . اما قول البعض بانه لا يسوغ تسميته جزماً لان الجزم يقطع فيه حرف من الكلمة وهنا يزاد حرف احياناً كما في ܦܓܪܡ . فيرده ان شرط الجزم الاصلي هو قطع الف الاطلاق مع حركة ما قبلها من الاسم . وهنا تقطع هذه الالف ولا مانع من زيادة حرف على الاسم بعد قطعها لداعٍ موجب كما في المثال . او ابدال حرف منه بحرف آخر كما أُبدِلَت تاء ܡܠܟܘܬܐ نوناً في نحو ܡܠܟܘܢ للتمييز بين جزم التنكير وجزم الاضافة . فها ان ابن العبري اشهر النحاة الاراميين اجاز في جزم ܦܐܬܐ مثلاً ان يزاد ياء لمناسبة الخفض فيقال ܦܐܝ او ܦܐܬ . وعموم النحاة اجازوا ارجاع الف الاطلاق نفسها الى المفرد المؤنث المجزوم جزم التنكير ليمتاز عن المجزوم جزم الاضافة فقالوا مثلاً في جزم ܡܠܟܘܬܐ ؛ ܡܠܟܘܬܐ تمييزاً لها عن ܡܠܟܘܬ

(١) وهي جزم ܡܫܕܝܐ ܡܪܕܝܐ ܡܩܪܝܐ ܡܚܙܝܐ ܡܣܒܠܝܐ ܡܒܝܐܢܐ بابدال يائها الفاً مكسوراً ما قبلها على قاعدة وزن ܓܠܝܐ . لا جزم ܫܕܝܐ ܪܕܝܐ ܩܪܝܐ الخ . كما ظن بعضهم

وان لم تكن على اوزانها فالاعلام منها المنتهية بحرفي « ܘܣ » تجزم بابدال الواو والسين الفا مكسوراً ما قبلها نحو ܦܘܠܘܣ ܦܘܠܐ بولا ܬܐܘܦܝܠܘܣ ܬܐܘܦܝܠܐ تاوفيلا . وما بقي فلا يجزم غالباً وان جزم فجزمه سماعي (١)

❊ ܕܘܪܫܐ تمرين ❊

ܡܓܕܠܐ	برج	ܦܪܕܝܣܐ	روضة	ܗܒܒܐ	زهرة
ܫܘܫܢܬܐ	سوسنة	ܙܡܪܐ	تغريد	ܙܘܡܪܐ	ترتيل

١ً : ترجم هذه الجمل الى الارامية :

كل الافواه والالسنة ــ انغام الملائكة وصلوات الرهبان وتراتيل العذارى ــ محبو الخير باغضات الشر ــ ارز لبنان ــ مدن فينيقية ــ جنات بابل ــ جداول المياه وازهار الرياض وثمار الاشجار وتغريد الاطيار ــ روائح الورود والسوسن

٢ً : ميز الاسماء المجزومة جزم التنكير من الاسماء المجزومة جزم الاضافة في الجمل الآتية وترجمها الى العربية :

ܠܐ ܬܗܘܐ ܪܕܐ ܒܬܪ ܪܘܚ : ܘܣܡܟܐ ܠܟܠ
ܡܒܥܠ - ܐܝܪܝܢ ܡܢ ܟܠ ܡܠܐ ܒܝܬܐ - ܒܣܡܝܐ ܡܠܟ

(١) اما مثل ܐܢܛܝܘܟܘܣ و ܐܢܛܝܘܟ و ܐܢܛܟ و ܐܢܛܝܘܟܝܐ انطاكية . و ܐܪܡܢܝܣ و ܐܪܡܢ في ܐܪܡܢܝܐ ارمينيا . و ܩܦܘܕܘܩܣ و ܩܦܘܕܘܩ في ܩܦܘܕܘܩܝܐ كبادوكية . فليست من قبيل الجزم بل هي لغات في الاسماء المذكورة

واعلم ان الجزم ليس بواجب ضرورة في الاسماء الا انه اذا جرى في الكلام اكسبه طلاوة وخفة . وهو مستحسن جداً متى قصد تنكير الاسم او اضافته بدون اداة

ܡܫܡܫܢܐ ܘܦܪܘܫ ܐܦܘܩܘ ܣܘܡ ܣܝܡܘܬܐ ܒܕܘܒܪܐ
ܐܦܠܐ ܢܦܫܬܐ ܠܐܘܪܚܗ ܕܚܟܡܬܐ ܟܕ ܢܗܘܘܢ
ܡܫܦܪܢܘܬ ܠܬܟܠܐ ܣܟܝܦܐ ܐܘܟܠ. ܘܬܫܡܫܬܐ
ܕܟܝܢܗ ܟܠܐ

الفصل العاشر

ܡܛܠ ܫܡܗܐ ܕܡܢܝܢܐ في اسماء العدد

٣٥ اسماء العدد هي ما دلت على كمية الاشياء المعدودة . واصول العدد اثنا عشر لفظة وهي من ܚܕ «واحد» الى ܥܣܪܐ «عشرة» و ܡܐܐ «مائة» و ܐܠܦܐ «الف» . والباقية فروعها

ومراتبه اربع ܚܕܢܝܬܐ «احاد» وهي من ܚܕ «واحد» الى ܥܣܪܐ «عشرة» . و ܥܣܪܝܬܐ «عشرات» وهي من ܥܣܪ «عشرة» الى ܬܫܥܝܢ «تسعين» . و ܡܐܘܬܐ «مئات» . و ܐܠܦܐ «الوف»

واقسامه اربعة ܚܕܢܝܐ «مفردات» . و ܡܪܟܒܐ «مركبات» . ܥܣܪܝܬܐ «عشرات او عقود» . و ܡܬܛܦܐ «معطوفات»

المفردات

للمذكر		للمؤنث	
ܚܕ	واحد	ܚܕܐ	واحدة
ܬܪܝܢ	اثنان	ܬܪܬܝܢ	اثنتان
ܬܠܬܐ	ثلاثة	ܬܠܬ	ثلاث
ܐܪܒܥܐ	اربعة	ܐܪܒܥ	اربع
ܚܡܫܐ	خمسة	ܚܡܫ	خمس
ܫܬܐ	ستة	ܫܬ	ست
ܫܒܥܐ	سبعة	ܫܒܥ	سبع
ܬܡܢܝܐ	ثمانية	ܬܡܢܐ	ثمانٍ
ܬܫܥܐ	تسعة	ܬܫܥ	تسع
ܥܣܪܐ	عشرة	ܥܣܪ	عشر

والمركبات

للمذكر		للمؤنث	
ܚܕܥܣܪ	احد عشر	ܚܕܥܣܪܐ	احدى عشرة
ܬܪܥܣܪ	اثنا عشر	ܬܪܬܥܣܪܐ	اثنتا عشرة
ܬܠܬܥܣܪ	ثلاثة عشر	ܬܠܬܥܣܪܐ	ثلاث عشرة
ܐܪܒܥܣܪ	اربعة عشر	ܐܪܒܥܣܪܐ	اربع عشرة
ܚܡܫܥܣܪ	خمسة عشر	ܚܡܫܥܣܪܐ	خمس عشر
ܫܬܥܣܪ	ستة عشر	ܫܬܥܣܪܐ	ست عشرة
ܫܒܥܣܪ	سبعة عشر	ܫܒܥܣܪܐ	سبع عشرة

ܬܡܢܬܥܣܪ	ثمانية عشر	ܬܡܢܬܥܣܪܐ	ثماني عشرة
ܬܫܥܬܥܣܪ	تسعة عشر	ܬܫܥܣܪܐ (١)	تسع عشرة

والعشرات او العقود ويستوي فيها المذكر والمؤنث

ܥܣܪܝܢ	عشرون	ܫܬܝܢ	ستون
ܬܠܬܝܢ	ثلاثون	ܫܒܥܝܢ	سبعون
ܐܪܒܥܝܢ	اربعون	ܬܡܢܝܢ	ثمانون
ܚܡܫܝܢ	خمسون	ܬܫܥܝܢ	تسعون

والمعطوفات

ܥܣܪܝܢ ܘܚܕ	واحد وعشرون	ܥܣܪܝܢ ܘܚܕܐ	واحدة وعشرون
ܥܣܪܝܢ ܘܬܪܝܢ	اثنان وعشرون الخ	ܥܣܪܝܢ ܘܬܪܬܝܢ	اثنتان وعشرون الخ (٢)

(١) ويجوز فيها ادخال تاء زائدة على آخر الجزء الاول من ܐܪܒܥܣܪ وصاعداً هكذا : للمذكر ܐܪܒܥܬܥܣܪ ١٤ ܚܡܫܬܥܣܪ ١٥ ܫܬܬܥܣܪ ١٦ ܫܒܥܬܥܣܪ ١٧ ܬܡܢܬܥܣܪ ١٨ ܬܫܥܬܥܣܪ ١٩ . وللمؤنث ܐܪܒܥܬܥܣܪܐ ١٤ ܚܡܫܬܥܣܪܐ ١٥ ܫܬܬܥܣܪܐ ١٦ ܫܒܥܬܥܣܪܐ ١٧ ܬܡܢܬܥܣܪܐ ١٨ ܬܫܥܬܥܣܪܐ ١٩ وبعض الغربيين ينصبون الحرف الثاني في العدد ١٧ و ١٩ والفتح اصح . والشرقيون يفتحون الباء في العدد ١٤ ويبقون الراء ساكنة

ويقدم في المركبات الجزء الصغير على الكبير كما ترى . ويجوز العكس ولكن بطريقة العطف نحو ܥܣܪܐ ܘܚܕ ١١ ܥܣܪܐ ܘܬܪܝܢ ١٢ الخ . ܥܣܪ ܘܚܕܐ ١١ ܥܣܪ ܘܬܪܬܝܢ ١٢ الخ

(٢) بتقديم الجزء الكبير فيها على الصغير . وقد يجوز العكس نحو ܚܕ ܘܥܣܪܝܢ ٢١ ܬܪܝܢ ܘܥܣܪܝܢ ٢٢ الخ . ܚܕܐ ܘܥܣܪܝܢ ٢١ ܬܪܬܝܢ ܘܥܣܪܝܢ ٢٢ الخ

اما ܡܐܐ «مائة» فهي لفظة مؤنثة تجمع ܡܐܬ̈ܐ «مئات». وجاء بمعناها ܡܐܬܐ تثنى ܡܐܬܝܢ «مائتان» (١) وتجمع ܡܐܘ̈ܬܐ (مثل ܡܕܝܢ̈ܬܐ ܡܕܝܢܘ̈ܬܐ وتخفف همزتها). و ܡܘܬܐ وتجمع ܡܘ̈ܬܐ

واما ܐܠܦܐ «الف» فهي لفظة مذكرة. وتستعمل تامة للمذكر فقط. ومجزومة للمذكر والمؤنث كما سترى. وقد الحقوا بهاتين اللفظتين ܪܒܘܬܐ «ربوة» جمعها ܪ̈ܒܘܬܐ «ربوات» (٢)

٣٦ واعلم اولاً: انهُ يصاغ اسماء لايام الشهر من ܬܠܬܐ الى ܬܪܥܣܪ بزيادة تاء التأنيث على آخرها هكذا: ܬܠܬܬܐ الثالث ܐܪܒܥܬܐ الرابع ܚܡܫܬܐ الخامس ܫܬܬܐ السادس ܫܒܥܬܐ السابع ܬܡܢܝܬܐ الثامن ܬܫܥܬܐ التاسع ܥܣܪܬܐ العاشر ܚܕܥܣܪܬܐ الحادي عشر ܬܪܥܣܪܬܐ الثاني عشر

ومن العدد المركب المذكر كله بالحاقهِ الف الاطلاق المنصوب ما قبلها وحينئذ تكسر العين فيه وتسكن السين هكذا: ܚܕܥܣܪܐ الحادي عشر ܬܪܥܣܪܐ الثاني عشر ܬܠܬܥܣܪܐ الثالث عشر الخ

---

(١) والغربيون يقولون فيها ܡܐܬܝܢ

(٢) اصل العدد الى ܐܠܦܐ «الالف» كما رأيت. ثم ألحق به الاراميون ܪܒܘܬܐ «الربوة» وتدل عندهم على ١٠ آلاف او ١٠٠ الف. اما المليون وما يليه فيعبرون عنها بتكرار الالوف والربوات. ويعطف على ܡܐܐ و ܐܠܦܐ و ܪܒܘܬܐ فيقال مثلاً ܡܐܐ ܘܚܕ ١٠١ ܡܐܐ ܘܬܪܝܢ ١٠٢ الخ مذكراً. و ܡܐܐ ܘܚܕܐ ١٠١ ܡܐܐ ܘܬܪܬܝܢ ١٠٢ الخ مؤنثاً. ܐܠܦܐ او ܐܠܦ ܘܚܕ ١٠٠١ مذكراً. ܐܠܦ ܘܚܕܐ ١٠٠١ مؤنثاً. ܪܒܘܬܐ ܘܚܕ ١٠٠٠١ ܪܒܘܬܐ ܘܚܕܐ ١٠٠٠١. وهلمّ جرّا

ثانيا : يصاغ من المفردات من ܬܠܬܐ الى ܥܣܪܐ اسماء. عـلى وزن ܦܘܠܓܐ تدل على جزء من هذا العدد هكذا : ܬܘܠܬܐ ثلث (١) ܪܘܒܥܐ ربع ܚܘܡܫܐ خمس ܫܘܬܬܐ سدس (٢) ܫܘܒܥܐ سبع ܬܘܡܢܐ ثمن ܬܘܫܥܐ تسع ܥܘܣܪܐ عشر

ثالثاً : يصاغ من كل اسماء العدد صفات عددية تدل على ترتيب الاشياء المعدودة وذلك بادخال ياء النسبة عليها على النمط الآتي (٣) :

من المفردات : ܩܕܡܝܐ الاول ܬܪܝܢܐ الثاني ܬܠܝܬܝܐ الثالث ܪܒܝܥܝܐ الرابع ܚܡܝܫܝܐ الخامس ܫܬܝܬܝܐ السادس ܫܒܝܥܝܐ السابع ܬܡܝܢܝܐ الثامن ܬܫܝܥܝܐ التاسع ܥܣܝܪܝܐ العاشر . ومن المركبات : ܚܕܥܣܝܪܝܐ الحادي عشر ܬܪܥܣܝܪܝܐ الثاني عشر ܬܠܬܥܣܝܪܝܐ الثالث عشر ܐܪܒܥܣܝܪܝܐ الرابع عشر الخ . ومن العقود : ܥܣܪܝܢܝܐ العشرون ܬܠܬܝܢܝܐ الثلاثون ܐܪܒܥܝܢܝܐ الاربعون الخ . ومن المعطوفات : ܥܣܪܝܢܝܐ ܘܚܕ الحادي والعشرون الخ (٤)

وكثيراً ما يستعاض عن هذه الصفات باضافة المعدود (اي الموصوف بالعدد) الى العدد بحرف الدال كما سيأتي في الجزء الثاني وهو الغالب في

(١) ان ܬܘܠܬܐ هذه مرققة التاء الاخيرة وهي غير ܬܘܠܬܐ المقساة التي بمعنى « ابن ثلاث سنوات » من الشاء وغيرها

(٢) وجاء ايضاً ܫܘܬܬܐ بمعنى « سدس »

(٣) الا انه يستعاض عن الصفة المصوغة من ܚܕ بلفظة ܩܕܡܝܐ . ويقال في الصفة الثانية ܬܪܝܢܐ بدون ياء النسبة كما ترى في المتن . وقد جاء ܬܪܝܢܝܐ ثانٍ ثانوي

(٤) وتجري هذه الصفات في تأنيثها وجمعها وجزمها على القواعد السالفة نحـو ܩܕܡܝܬܐ ܩܕܡܝܐ ܩܕܡܝ وهلمّ جراً

ܡܐܐ ܘ ܐܠܦܐ ܘ ܪܒܘܬܐ

تنبيه : لا لزوم مطلقاً لوضع نقطتي الجمع على اسماء العدد كما يفعل البعض (١)

﴿ ܕܘܪܫܐ تمرين ﴾

ܣܕܪܐ صف | ܣܛܪܐ سطر | ܦܬܐ . ܛܪܦܬܐ ورقة. صفحة

١ً : اكتب الارقام التالية باسمائها التي للمذكر والمؤنث :

١ ـ ٢ ـ ٤ ـ ١٢ ـ ١٨ ـ ٢٥ ـ ٣٤ ـ ٨٨ ـ ٩٩ ـ ١١٥ ـ ١٥٦ ـ ١٩٧ ـ ١٠٠٤ ـ ١٢٣٠

٢ً : ترجم الكلمات الآتية الى الارامية وضع مكان الارقام التي بعدها صفات عددية :

الصف ١ ـ الجزء ٤ ـ المقالة ١٠ ـ الصفحة ١٦ ـ السطر ٢٠ ـ الشجرة ٥٤ ـ المراكب ١١٩ ـ الكواكب ١١٢٢

---

(١) وذلك لان الغاية منهما تمييز الاسم المجموع عن مفرده ولا محل لذلك هنا كما برهن المدققون . وقد اجاز بعضهم وضعهما على العدد المركب المؤنث ܚܕܥܣܪܐ « احدى عشرة » الخ لان آخره مكسور كالاسماء المجموعة بالكسرة . ولرفع الالتباس بينه وبين المركب المذكر المنتهي بالف الاطلاق ܚܕܥܣܪܐ « الحادي عشر » الخ ولكن الاصح ان تحذف من هنا ايضاً وتوضع الكسرة مكانها

الفصل الحادي عشر

ܥܠ ܡܢܝܢܐ ܒܐܬܘ̈ܬܐ في العدد بالحروف

٣٧ ويستعمل الاراميون الحروف الهجائية عوضاً عن اسماء العدد (١) فيجعلون من الالف الى الياء للآحاد . ومن الكاف الى الصاد للعشرات او العقود . ومن القاف الى التاء للمئات الاربع الاولى فقط . اما المئات الخمس الباقية فيعبرون عنها باضافة كل من حروف المئات السابقة الى التاء نحو ܬܩ « خمسمائة » الخ

ويعبرون عن مرتبة المئات كلها بطريقة اخرى اي بوضع نقطة كبيرة فوق احرف العشرات هكذا ܝ̇ « مائة » الخ

اما الالوف فيشار اليها عندهم بوضع خط صغير منحرف تحت حروف الآحاد هكذا ܐ̗ « الف » ܒ̗ « الفان » الخ . والى الربوات بوضع خط صغير مستقيم تحت الحرف نحو ܐ̱ « ربوة » ܒ̱ « ربوتان » ܟ̱ « عشرون ربوة » الخ . والى الوف الربوات (٢) بوضع خطين منحرفين متقابلين نحو ܐ̗̖ « الف ربوة » ܒ̗̖ « الفا ربوة » الخ

وفي العدد المركب او في العطف على العقود والمئات والالوف والربوات يوضع الحرف الدال على العدد الكبير اولاً وبعده الحرف الدال على العدد القليل نحو ܝܐ « احد عشر » ܟܒ « اثنان وعشرون » ܐ̗ܬܬܩܗ « الف وتسعمائة وخمس » الخ . وهاك جدولاً لكل ما ذكر مع الارقام الهندية :

---

(١) وعنهم اخذ العرب هذه الطريقة ويسمونها حساب الجمّل

(٢) اي الملايين في الاصطلاح الحاضر

جدول حساب الحروف

الاحاد		العشرات				المئات			
ܐ	١	ܝ	١٠	ܟ	٢٠	ܩ	او	ܝ̇	١٠٠
ܒ	٢	ܝܐ	١١	ܠ	٣٠	ܪ	»	ܟ̇	٢٠٠
ܓ	٣	ܝܒ	١٢	ܡ	٤٠	ܫ	»	ܠ̇	٣٠٠
ܕ	٤	ܝܓ	١٣	ܢ	٥٠	ܬ	»	ܡ̇	٤٠٠
ܗ	٥	ܝܕ	١٤	ܣ	٦٠	ܬܩ	»	ܢ̇	٥٠٠
ܘ	٦	ܝܗ	١٥	ܥ	٧٠	ܬܪ	»	ܣ̇	٦٠٠
ܙ	٧	ܝܘ	١٦	ܦ	٨٠	ܬܫ	»	ܥ̇	٧٠٠
ܚ	٨	ܝܙ	١٧	ܨ	٩٠	ܬܬ	»	ܦ̇	٨٠٠
ܛ	٩	ܝܚ	١٨			ܬܬܩ	»	ܨ̇	٩٠٠
		ܝܛ	١٩						

الالوف		الربوات		الوف الربوات	
ܐ̣	١٠٠٠	ܐ̱	١٠٠٠٠	ܐ̮	١٠٠٠٠٠
ܒ̣	٢٠٠٠	ܒ̱	٢٠٠٠٠	ܒ̮	٢٠٠٠٠٠
ܓ̣	٣٠٠٠	ܓ̱	٣٠٠٠٠	ܓ̮ الخ	٣٠٠٠٠٠

معطوفات العشرات		معطوف المئات		معطوف الالوف	
ܟܐ	٢١	ܩܐ او ܝ̇ܐ	١٠١	ܐ̣ܨ̇	١٩٠٠

معطوفات الربوات	
ܐ̱ܨ̇ الخ	١٠٩٠٠

فائدة : يجوز عند عدم الالتباس حذف علامة المئات والالوف والربوات نحو ܐ̱ܨܟܚ ١٩٢٨ (بدل ܐ̱ ܨ̇ܟܚ)

❁ ܕܘܪܫܐ تمرين ❁

اكتب الارقام التالية بالحروف :

١ ــ ٦ ــ ٩ ــ ١٤ ــ ٤٠ ــ ٦٨ ــ ١١٠ ــ ١٩٢٥ ــ ٨٥١٧ ــ ١٤.... ــ ٢....

البيت ١ ــ الكتاب ١٨ ــ الباب ٦٠ ــ اليوم ١٥ من شهر تموز سنة ١٩٢٨

ܡܐܡܪܐ ܕܬܪܝܢ الباب الثاني

ܡܛܠ ܚܠܦ ܫܡܐ

في عوض الاسم او الاسم المبهم وفيه ثمانية فصول

٣٨ عوض الاسم او الاسم المبهم هو لفظ وضع في الاصل ليقوم مقام ذات لا يُراد ذكرها باسمها . وهو خمسة انواع **ܦܪܨܘܦܐ** الضمير **ܫܡܗ̈ܐ ܡܚܘܝ̈ܢܐ** اسماء الاشارة **ܫܡܗ̈ܐ ܡܫܐܠܢܝ̈ܐ** اسماء الاستفهام **ܫܡܐ ܕܣܡܟܐ** الاسم الموصول **ܟܘܢܝ̈ܐ** الكنايات

الفصل الاول

ܡܛܠ ܦܪܨܘܦܐ في الضمير

٣٩ الضمير هو ما وضع لمتكلم او مخاطب او غائب . وهو نوعان **ܡܦܪܫܐ** منفصل . و **ܣܡܝܟܐ** متصل . كما يأتي :

﴿ الضمائر المنفصلة ﴾

للمتكلم

المفرد		الجمع	
ܐܢܐ	أَنا	**ܚܢܢ** (١) نحن	مذكراً ومؤنثاً

(١) وجاء فيه ܐܢܚܢܢ و ܐܚܢܢ و ܐܢܚܢ و ܐܚܢܢ « نحن » وقيل ان اصله ܐܢܚܢܐ

للمخاطب

ܐܰܢ݇ܬ݁	انتَ	ܐܰܢ݇ܬ݁ܽܘܢ	انتم	مذكراً
ܐܰܢ݇ܬ݁ܝ	انتِ	ܐܰܢ݇ܬ݁ܶܝܢ	انتنّ	مؤنثاً

للغائب

ܗܽܘ	هو	ܗܶܢܽܘܢ	هم	مذكراً
ܗܺܝ	هي	ܗܶܢܶܝܢ	هنّ	مؤنثاً

٤٠ وهذه الضمائر متى تقدمها الاسم المصاحب لها تاماً كان او مجزوماً يصيبها بعض التغيير كما يأتي . مثالها مع الاسم التام :

ܚܰܟܺܝܡܳܐ ܐ̱ܢܳܐ	انا حكيم	ܚܰܟܺܝܡܶܐ ܚ̱ܢܰܢ	نحن حكماء
ܚܰܟܺܝܡܬ݂ܳܐ ܐ̱ܢܳܐ	انا حكيمة	ܚܰܟܺܝܡܳܬ݂ܳܐ ܚ̱ܢܰܢ	نحن حكيمات
ܚܰܟܺܝܡܳܐ ܐܰܢ݇ܬ݁	انتَ حكيم	ܚܰܟܺܝܡܶܐ ܐܰܢ݇ܬ݁ܽܘܢ	انتم حكماء
ܚܰܟܺܝܡܬ݂ܳܐ ܐܰܢ݇ܬ݁ܝ	انتِ حكيمة	ܚܰܟܺܝܡܳܬ݂ܳܐ ܐܰܢ݇ܬ݁ܶܝܢ	انتنّ حكيمات
ܚܰܟܺܝܡܳܐ ܗ̱ܽܘ	هو حكيم	ܚܰܟܺܝܡܶܐ ܗ̱ܶܢܽܘܢ	هم حكماء
ܚܰܟܺܝܡܬ݂ܳܐ ܗ̱ܺܝ	هي حكيمة	ܚܰܟܺܝܡܳܬ݂ܳܐ ܗ̱ܶܢܶܝܢ	هنّ حكيمات

ومع الاسم المجزوم الصحيح الآخر :

ܚܰܟܺܝܡ ܐ̱ܢܳܐ	انا حكيم	ܚܰܟܺܝܡܺܝܢ ܚ̱ܢܰܢ	نحن حكماء
ܚܰܟܺܝܡܳܐ ܐ̱ܢܳܐ	انا حكيمة	ܚܰܟܺܝܡܳܢ ܚ̱ܢܰܢ	نحن حكيمات
ܚܰܟܺܝܡ ܐܢ̱ܬ	انتَ حكيم	ܚܰܟܺܝܡܺܝܢ ܐܢ̱ܬܽܘܢ	انتم حكماء
ܚܰܟܺܝܡܳܐ ܐܢ̱ܬܝ	انتِ حكيمة	ܚܰܟܺܝܡܳܢ ܐܢ̱ܬܶܝܢ	انتنّ حكيمات
ܚܰܟܺܝܡܽܘ	هو حكيم	ܚܰܟܺܝܡܺܝܢ ܐ̱ܢܽܘܢ	هم حكماء
ܚܰܟܺܝܡܳܐܝ	هي حكيمة	ܚܰܟܺܝܡܳܢ ܐ̱ܢܶܝܢ	هنّ حكيمات

ومثله مع المعتل الاخر نحو :

ܕܟܝܐ ܐܢܐ	انا نقي	ܕܟܝܢ ܚܢܢ	نحن انقياء
ܕܟܝܐ ܐܢܐ	انا نقية	ܕܟܝܢ ܚܢܢ (١)	نحن نقيات الخ

فتقرأ الاسم مع الضمائر المربوط اولها بالوصل لفظاً كانهما كلمة واحدة ويجوز ان تصلها بالاسم في الخط ايضاً . ما عدا ܗܘ و ܐܢܬܘܢ و ܐܢܬܝܢ حاذفاً الحروف الساقطة لفظاً وهمزة ܐܢܬ و ܐܢܬܝ المخففة ايضاً هكذا :

ܚܟܝܡܢܐ	انا حكيم	ܚܟܝܡܝܢܢ	نحن حكماء
ܚܟܝܡܬܢܐ	انا حكيمة	ܚܟܝܡܢܢ	نحن حكيمات
ܚܟܝܡܬ	انتَ حكيم	ܚܟܝܡܝܬܘܢ	انتم حكماء
ܚܟܝܡܬܝ	انتِ حكيمة	ܚܟܝܡܢܬܝܢ	انتنّ حكيمات
ܚܟܝܡܘ	هو حكيم		

ومثله مع المعتل الاخر نحو :

ܕܟܝܢܐ	انا نقي	ܕܟܝܢܢ	نحن انقياء

(١) فترى من هذه الامثلة ان الضمائر اذا صحبت اسماً تاماً لا يتغير فيها الا الضمائر المفردة فتربط همزة ܐܢܐ . وتخفف همزة ܐܢܬ و ܐܢܬܝ غالباً . وتربط هاء ܗܘ و ܗܝ . وحينئذ يبدل نصب آخر الاسم فتحاً مع ضميري المخاطب ܐܢܬ و ܐܢܬܝ متى خففا . ومع ܗܘ (عند الغربيين فقط) ويبقى منصوباً مع ܐܢܐ و ܗܝ. وقد يجوز ابدال هاء ܗܢܘܢ و ܗܢܝܢ بعده همزة فيقال فيها ܐܢܘܢ و ܐܢܝܢ

واذا اصبحت اسماً مجزوماً تربط همزة ܐܢܐ وهاء ܗܘ و ܗܝ وحاء ܚܢܢ وهمزة ܐܢܬ و ܐܢܬܝ، وتبدل هاء ܗܢܘܢ همزةً عوضاً عن ربطها . ويرد فتح ܐܢܬ وضم ܗܘ وكسر ܐܢܘܢ و ܐܢܝܢ الى آخره اذا كان صحيحاً . واما ܐܢܬܘܢ فلا تتغيّر لا مع الصحيح ولا مع المعتل . واجاز البعض ربط همزتها

ܕܟܝܢܐ	انا نقية	ܕܟܝ̈ܢܢ	نحن نقيات
ܕܟܝܬ	انت َنقي	ܕܟܝܬܘܢ	انتم انقياء
ܕܟܝܬܝ	انت ِنقية	ܕܟܝ̈ܬܝܢ	انتنّ نقيات(١)

❁ ܕܘܪܫܐ تمرين ❁

ܢܓܪܐ نجار | ܢܟܦܐ محتشم | ܚܪܫܐ ساحر

اَ ـ : ترجم هذه الجمل الى الارامية :

انا مسرع ـ هم مسرعون ـ نحن متعافون ـ انت بار ـ انتنّ مسرعات ـ هو محتشم ـ انتم مسرعون ـ هي كاملة ـ انتِ عفيفة ـ

(١) الا الضمير ܗܘ فلا يوصل معه خطاً . واعلم ان الوصل خطاً مع ܐ المذكر قليل وللمؤنث كثير . وقد ورد الوصل للمذكر وللمؤنث هكذا ܚܟܝܡܢܐ انا حكيم ܚܟܝܡܬܢܐ انا حكيمة ܕܟܝܢܐ انا نقي ܕܟܝܐܢܐ انا نقية . وهو قليل ايضاً مع المذكر وكثير مع المؤنث

وتربط الضمائر ايضاً متى وليت بعضها . او كلمة اخرى غير الاسم المظهر . فان كان ما قبلها منتهياً بالالف فحكمها معه حكمها مع الاسم التام . وان كان ساكن الآخر فحكمها معه حكمها مع الاسم المجزوم . مثالها مع الضمير ܐܢܐ ܐܢܐ انا هو ܐܢܬ ܐܢܬ « انتَ انتَ » ܗܘܝܘ ܗܘ « هوَ هوَ » ويقال فيه ܗܘܝܘ (ببدل الهاء المربوطة ياءً وهو كثير) ܗܝܝ ܗܝ « هي هي » ويقال فيها ܗܝܝ (وهو قليل) . ܗܢܘܢ ܐܢܘܢ هم بانفسهم ܗܢܝܢ ܐܢܝܢ هنّ بانفسهنّ ܐܢܐܝܘ انا هو ܐܢܬܝܘ انتَ هو ܐܢܬܝܗ « انتِ هي » ويقال فيها ܐܢܬܘ و ܐܢܬܝ . ومثالها مع غير الضمير ܐܝܢܐܝܘ ايُّ هو ܐܝܟܐܝܘ اين هو ܡܢܐܝܘ « ما هذا » ويقال فيها ܐܝܢܘ ܐܝܟܘ ܡܢܘ . و ܡܢܘܝܘ من هو ܡܢܘܝܗ « من هي » ويقال فيها ܡܢܘ ܡܢܝ

تنبيه : متى ربطت هاء ܗܘ و ܗܝ و ܗܢܘܢ ܗܢܝܢ تحذف النقطة من تحتها (راجع عدد ٤)

هم سحرة ـــ هو نجار

٢ً : اجمع الاسماء التي تليها ضمائر المفرد في الجمل الآتية وضع بعدها ضمائر الجمع التي تناسبها :

ܣܳܛܳܢܳܐ ܐ̱ܢܳܐ - ܟܰܫܺܝܪܳܐ ܕܚܳܘܶܐ ܠܝ ܡܰܠܟܳܐ ܐ̱ܢܳܐ - ܡܰܠܳܠܳܐ ܐ̱ܢܳܐ - ܫܰܡܳܫܳܐ ܐ̱ܢܳܐ - ܛܳܒܳܐ ܐ̱ܢ̱ܬ - ܒܰܝܬܳܟ ܘܩܽܘܪܝܳܟ - ܟܬܳܒܳܟ ܦܳܠܚܽܘܗ̱ܝ ܘܰܥܒܕܽܘܗ̱ܝ - ܟܬܳܒܽܘܗ̱ܝ - ܙܰܟܳܝܽܘܬܶܗ ܠܗ̇ ܢܶܦܫܳܗ̇ ܠܐܠܳܗܳܐ

والضمائر المتصلة

٤١ منها ما يتصل بالاسم والحرف ومنها بالفعل . والمراد هنا مـــا يتصل بالاسم والحرف وهي :

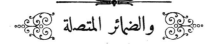

المتكلم

المفرد		الجمع	
ܝ	ي	ܢ	نا

للمخاطب

ܟ	كَ	ܟܽܘܢ	كم
ܟܝ	كِ	ܟܶܝܢ	كن

للغائب

ܗ	ه	ܗܽܘܢ	هُم
ܗ̇	ها	ܗܶܝܢ	هنّ

الفصل الثاني

ܥܠ ܢܩܦܘܬܐ ܕܦܪ̈ܨܘܦܐ في اتصال الضمائر بالاسماء

٤٢ اتصال الضمائر هو الحاقها بآخر الاسم لتقوم مقام المضاف اليه . واتصالها يكون على نوعين اي اما بدون توسط حرف بينها وبين آخر الاسم واما بدخول الياء بينهما . فالاول يسمّى ܝܚܝܕܝܐ اتصال الافراد . والثاني ܣܓܝܐܝܐ اتصال الجمع

﴿ اولاً ﴾

في الاسماء التي تتصل بها الضمائر اتصال الافراد

٤٣ هذه الاسماء هي جميع الاسماء المنصوبة الآخر مفردةً او جمعاً مختومة بالتاء او غير مختومة بها (١) نحو ܟܬܒܐ كتاب ܥܢܐ غنم ܝܘܡܬܐ ايام ܒܬܘܠܬܐ بتولات . واليك قاعدة عامة لاتصال الضمائر بها :

قاعدة عامة

متى اتصلت الضمائر بهذه الاسماء تحذف منها الف الاطلاق ويسكن آخرها مع ضمير المتكلم والضمائر المتحركة اي ܟܘܢ وܟܝܢ وܗܘܢ وܗܝܢ . ويتحرك مع الساكنة اي البقية . فيفتح مع ضمير المتكلمين

(١) ما خلا الاسماء المجموعة بالياء المنصوبة مثل ܛܒܝ̈ܐ ظباء

وينصب مع ضمير المخاطب والغائبة ويكسر مع ضمير المخاطبة والغائبة مثال ذلك : ܟܬܒܐ :

ܟܬܒܝ	كتابي	ܟܬܒܢ	كتابنا
ܟܬܒܟ	كتابكَ	ܟܬܒܟܘܢ	كتابكم
ܟܬܒܟܝ	كتابكِ	ܟܬܒܟܝܢ	كتابكنّ
ܟܬܒܗ	كتابهُ	ܟܬܒܗܘܢ	كتابهم
ܟܬܒܗ	كتابها	ܟܬܒܗܝܢ	كتابهنّ

وهي تقسم باعتبار اتصالها مع الضمائر الى اربعة اقسام :

الاول

ما يبقى على حاله عند اتصال الضمائر به وتحفظ فيه قاعدة جزمهِ جزماً اضافيا . وهذا مطرد في الاسماء المتحرك ما قبل آخرها والتي لا يقتضي جزمها سوى حذف الف الاطلاق مثل ܟܬܒܐ ܝܘܡܬܐ ܟܬܒܐ ܘܝܘܡܬܐ المذكورة . ومثل ܓܒܐ جنب ܛܒܐ صالح ܠܒܐ قلب ܒܝܫܐ شرير ܫܘܪܐ سور . وكلها تتصل بها الضمائر نظير ܟܬܒܐ نحو ܝܘܡܬܝ ايامي ܝܘܡܬܢ « ايامنا » الخ

الا ܪܒܐ « عظيم . معلم » و ܟܘܠܐ . ܟܠܐ « كلّ » فيخفض اخرها مع ضمير المتكلم نحو ܪܒܝ (١) معلمي ܪܒܢ معلمنا الخ . ܟܘܠܝ او ܟܠܝ كلي ܟܘܠܢ او ܟܠܢ كلنا الخ

الثاني

ما يبقى على حاله غير مراعى فيه قاعدة جزمهِ وهو ١ : وزن ܩܛܠܐ

(١) وكذلك مصغره ܪܒܘܢܝ وقيل فيه ايضاً ܪܒܘܠܝ معلمي

و ܩܛܠܐ و ܩܘܛܠܐ نحو ܡܠܟܐ ملك ܒܝܬܐ بيت ܚܠܡܐ حلم ܨܒܬܐ زينة ܫܘܦܪܐ حسن ܩܘܫܬܐ حق ܣܘܓܐܐ «كثرة» تقول :

ܡܠܟܝ	ملكي	ܡܠܟܢ	ملكنا
ܡܠܟܟ	ملكك	ܡܠܟܟܘܢ	ملككم الخ

ܚܠܡܝ حلمي ܚܠܡܢ حلمنا الخ . ܫܘܦܪܝ حسني ܫܘܦܪܢ حسننا وهلمّ جراً (١)

وما انتهى من هذه الاوزان بالياء مثل ܓܒܝܐ مختار ܪܕܝܐ سير ܥܘܒܝܐ ظلمة . يخفض فيه الحرف السابق للياء ضرورة قبل الضمائر الخمسة المذكورة نحو :

ܓܒܝܝ	مختاري	ܓܒܝܢ	مختارنا
ܓܒܝܟ	مختارك	ܓܒܝܟܘܢ	مختاركم الخ

ܪܕܝܝ سيري ܪܕܝܢ سيرنا ܪܕܝܟ سيرك ܪܕܝܟܘܢ سيركم الخ .
ܥܘܒܝܝ ظلمتي ܥܘܒܝܢ ظلمتنا الخ (٢)

---

(١) شذّ ܐܬܪܐ «بلاد» لانه يفتح ثانيه مع الضمائر الخمسة اي ضمير المتكلم « ܝ » والضمائر المتحركة ܟܘܢ ܟܝܢ و ܗܘܢ و ܗܝܢ هكذا ܐܬܪܝ بلادي ܐܬܪܟܘܢ بلادكم ܐܬܪܟܝܢ بلادكنّ ܐܬܪܗܘܢ بلادهم ܐܬܪܗܝܢ بلادهنّ

(٢) اعلم ١ً : انه يجوز في وزن ܓܒܝܐ و ܪܕܝܐ و ܥܘܒܝܐ عدم الخفض مع الضمائر المتحركة فتكون على قاعدة الصحيح تماماً نحو ܓܒܟܘܢ ، ܓܒܝܟܝܢ الخ . والشرقيون يبقون ما قبل ياء المتكلم فيها ساكناً فيقولون مثلاً ܓܒܝܝ والاصح تحريكه ٢ً: ان بعض الغربيين لا يكتبون ياء الضمير في هذه الاوزان فيقولون ܓܒܝ ܪܕܝ الخ . ٣ً : ان العلاّمة الحافلاني يحمل الخفض فيها على الياء الاصلية فيقول ܓܒܝܝ الخ. ولذلك يلتزم زيادة ياء مع الضمائر المتحركة الاربعة نحو ܓܒܝܝܟܘܢ الخ

٢ : كل الاسماء المؤنثة بالتاء التي لا يفتح ثانيها عند جزمها مثل ܚܰܒ݂ܪ̈ܬ݂ܳܐ رفيقة ܬܶܢܚܬ݂ܳܐ ازفرة ܡܢܳܬ݂ܳܐ حصة ܥܶܓ݂ܠܬ݂ܳܐ اعجلة ܛܠܺܝܬ݂ܳܐ صبية ܪܚܺܝܡܬ݂ܳܐ محبوبة ܐܰܢܚܬ݂ܳܐ حسرة ܡܨܺܝܕܬ݂ܳܐ مصيدة ܝܺܕܰܥܬ݂ܳܐ معرفة ܡܰܪܟܰܒ݂ܬ݂ܳܐ مركبة ܡܰܛܰܪܬ݂ܳܐ منطرة . هجعة ܬܶܫܒܘܚܬ݂ܳܐ تسبحة ܫܰܠܗܶܒ݂ܺܝܬ݂ܳܐ «لهبة» الخ (١) فتقول :

ܚܰܒ݂ܪܬ݂ܝ	رفيقتي	ܚܰܒ݂ܪܬܰܢ	رفيقتنا
ܚܰܒ݂ܪܬܳܟ	رفيقتكَ	ܚܰܒ݂ܪܬܟ݂ܘܢ	رفيقتكم
ܚܰܒ݂ܪܬܶܟ݂ܝ	رفيقتكِ	ܚܰܒ݂ܪܬܟ݂ܶܝܢ	رفيقتكن
ܚܰܒ݂ܪܬܶܗ	رفيقته	ܚܰܒ݂ܪܬܗܘܢ	رفيقتهم
ܚܰܒ݂ܪܬܳܗ	رفيقتها	ܚܰܒ݂ܪܬܗܶܝܢ	رفيقتهن

ܡܢܳܬ݂ܝ حصتي ܡܢܳܬܰܢ حصتنا الخ . وقس البواقي

الثالث

ما يبقى على حاله مع الضمائر الساكنة وتراعى فيه قاعدة جزمه مع الضمائر الخمسة المار ذكرها . وهو ١ : كل اسم على وزن ܦܥܠܐ مثل ܟܘܡܪܐ كاهن ܣܦܪܐ كاتب ܥܠܡܐ «عالَم» تقول :

ܟܘܡܪܝ	كاهني	ܟܘܡܪܰܢ	كاهننا
ܟܘܡܪܳܟ	كاهنكَ	ܟܘܡܪܟ݂ܘܢ	كاهنكم الخ

ܣܦܪܝ كاتبي ܣܦܪܰܢ كاتبنا الخ. ܥܠܡܝ عالَمي ܥܠܡܰܢ «عالمنا» . او ܥܳܠܡܝ ܥܳܠܡܰܢ الخ . بحسب حركة جزمها كما علمت (٢)

(١) وكذا ܙܗܺܝܬ݂ܳܐ «همّة» لان اصلها ܙܗܺܝܘܬ݂ܳܐ . وقد وقع اختلاف على كيفية اتصال هذه الاسماء وما قيل هنا هو الاصح فيها

(٢) اما ܚܬ݂ܳܡܐ خاتم ܛܳܥܢܐ حامل ܦܳܥܠܐ فاعل . فتتصل بها كالقاعدة العامة

وما كان منه معتلًا مثل ܪܥܝܐ « راعٍ » يبدل الكسر فيه خفضاً مع الضمائر المذكورة مناسبة للياء نظير وزن ܕܥܝܐ نحو :

ܪܥܝܝ	راعيَّ	ܪܥܝܢ	راعينا
ܪܥܝܟ	راعيكَ	ܪܥܝܟܘܢ	راعيكم الخ

اما ܡܪܝܐ « الرب . السيد » فلا تتصل بها الضمائر بل تؤخذ عوضها ܡܪܐ التي تتصل بها على القاعدة العامة ܡܪܝ ربي ܡܪܢ ربنا ܡܪܟ ربكَ ܡܪܟܘܢ ربكم ܡܪܟܝ ربكِ الخ

٢ : الاسماء التي على وزن ܦܬܐ المحذوفة لامه مثل ܕܡܐ دم ܫܡܐ اسم ܚܛܗܐ « خطاء » نحو :

ܕܡܝ	دمي	ܕܡܢ	دمنا
ܕܡܟ	دمكَ	ܕܡܟܘܢ	دمكم الخ

وكذا ما كان منتهياً بحرف فتح مثل ܒܪܐ « ابن » فيقلب فتح الجزم فيه كسراً نحو ܒܪܝ ابني ܒܪܢ ابننا ܒܪܟ ابنك ܒܪܟܘܢ ابنكم الخ

وما كان من هذا الوزن لامه المحذوفة واواً مثل ܚܡܐ « حمو » ويتبعها ܐܒܐ ܐܚܐ تردُّ اليهِ واوه مع غير ضمير المتكلم وتزاد فيه ياءٌ تُقرأ بعد ضمير الغائب . أما مع ضمير المتكلم فيكسر اوله كالقاعدة السابقة . وينصب اول ܐܒܐ و ܐܚܐ (١) هكذا :

اي بسكون ثانيها مع الضمائر الخمسة نحو ܚܬܡܝ خاتمي ܚܬܡܢ خاتمنا الخ. وكذا ما كان مهموز الآخر مثل ܣܢܐܐ شانيء . وقال بعضهم ان ذلك جائز في كل هذا الوزن

(١) وعند الشرقيين يبقى اولهما مفتوحاً كما في الجزم

ܚܡܝ	حمي	ܚܡܘܢ	حمونا
ܚܡܘܟ	حموكَ	ܚܡܘܟܘܢ	حموكم
ܚܡܘܟܝ	حموكِ	ܚܡܘܟܝܢ	حموكنّ
ܚܡܘܗܝ	حموهُ	ܚܡܘܗܘܢ	حموهم
ܚܡܘܗ	حموها	ܚܡܘܗܝܢ	حموهنّ

ܐܒܝ ابي ܐܒܘܢ ابونا ܐܒܘܟ ابوكَ ܐܒܘܟܘܢ ابوكم الخ . ܐܚܝ اخي ܐܚܘܢ اخونا ܐܚܘܟ اخوكَ ܐܚܘܟܘܢ اخوكم الخ

٣ً : كل اسم صحيح الآخر توسط فيه حرفان ساكنان مذكراً ومؤنثاً نحو ܗܝܟܠܐ هيكل ܐܣܛܡܐ قائمة السيف ܟܘܪܟܡܐ زعفران ܦܘܪܣܬܐ قائمة الباب ܡܠܟܬܐ ملكة ܣܓܕܬܐ سجود ܪܘܥܬܐ « فدغة . جرح » . فتقول :

ܗܝܟܠܝ	هيكلي	ܗܝܟܠܢ	هيكلنا
ܗܝܟܠܟ	هيكلكَ	ܗܝܟܠܟܘܢ	هيكلكم
ܗܝܟܠܟܝ	هيكلكِ	ܗܝܟܠܟܝܢ	هيكلكنّ
ܗܝܟܠܗ	هيكله	ܗܝܟܠܗܘܢ	هيكلهم
ܗܝܟܠܗ	هيكلها	ܗܝܟܠܗܝܢ	هيكلهنّ

ܡܠܟܬܝ ملكتي ܡܠܟܬܢ ملكتنا ܡܠܟܬܟ ملكتك ܡܠܟܬܟܘܢ ملكتكم الخ. ܣܓܕܬܝ سجودي ܣܓܕܬܢ سجودنا الخ(١)

---

(١) وكذا ما توسطه ساكنان في الاصل وتحرك اولهما عرضاً بحركة ܣܢܐܬܐ بغضة ܦܠܚܬܐ مثل ܚܕܘܬܐ فرح ܚܝܘܬܐ « حيوان » فتقول ܣܢܐܬܝ

مثال الثاني :

ܡܕܝܢ̈ܬܝ مدينتي	ܡܕܝܢܬܢ مدينتنا
ܡܕܝܢܬܟ مدينتكَ	ܡܕܝܢ̈ܬܟܘܢ مدينتكم الخ

ويتبعه لفظتا ܡܨܥܬܐ وسط ܣܝܡܬܐ ذخيرة. فتقول في الاولى:

ܡܨܥܬܝ وسطي	ܡܨܥܬܢ وسطنا
ܡܨܥܬܟ وسطكَ	ܡܨܥܬܟܘܢ وسطكم الخ

و ܡܨܥܬܝ ܡܨܥܬܢ ܡܨܥܬܟ ܡܨܥܬܟܘܢ الخ

اما ܣܝܡܬܐ فان كانت صفة تتصل بها الضمائر كالنوع الاول :

ܣܝܡܬܝ موضوعتي	ܣܝܡܬܢ موضوعتنا
ܣܝܡܬܟ موضوعتكَ	ܣܝܡܬܟܘܢ موضوعتكم الخ

وان كانت موصوفاً فكالنوع الثاني :

ܣܝܡܬܝ ذخيرتي	ܣܝܡܬܢ ذخيرتنا
ܣܝܡܬܟ ذخيرتكَ	ܣܝܡܬܟܘܢ ذخيرتكم الخ(١)

---

(١) ويخالفه ܫܢܬܐ «سَنة» فلا تتصل بها الضمائر الا بالنوع الاول ܫܢܬܝ سنتي ܫܢܬܢ سنتنا ܫܢܬܟ سنتك ܫܢ̈ܘܬܟܘܢ سنتكم الخ . و ܒܪܬܐ «ابنة» التي تجزم ܪܝܫܐ لانها تتصل بفتح الراء مع ضمير المتكلم وسكونها مع البقية نحو ܒܪܬܝ ابنتي ܒܪܬܢ ابنتنا ܒܪܬܟ ابنتك ܒܪ̈ܬܟܘܢ ابنتكم الخ

تنبيه : ان الاسماء التي يتوسط فيها ساكنان يتحرك فيها الساكن الثاني بالفتح عند اتصال الضمائر الخمسة بها حذراً من اجتماع ثلاثة سواكن نحو ܡܕܒܪܢܘܬܗ ܡܕܒܪܢܘܬܟܘܢ ܡܕܒܪܢܘܬܗܘܢ . وهي قاعدة مطردة كما رأيت (عد ١٦ وجه ٣١ حاشية ٢)

ثانياً

في الاسماء التي تتصل بها الضمائر اتصال الجمع

٤٤ هذه الاسماء هي جميع الاسماء المجموعة بالكسرة مذكرة كانت او مؤنثة نحو ܡܠܟ̈ܐ ملوك ܥܝ̈ܢܐ عيون ܡܠ̈ܐ كلمات ܒܥܘ̈ܬܐ طلبات . وجميع الاسماء المجموعة بياء منصوبة نحو ܡ̈ܝܐ مياه ܛܒ̈ܝܐ ظباء . ܕܟ̈ܝܐ اطهار ܛܥ̈ܝܐ ضالون ܡܕܖ̈ܝܐ مذارٍ ܡܬܥܠ̈ܝܐ مرتفعون ܡܫܡܠ̈ܝܐ متممون

وقاعدة اتصالها هي ان تُحذَف الف الاطلاق من الاسم مع حركة آخره وتصل بهِ الضمير مُدخِلًا بينهما ياءً مفتوحاً ما قبلها (١) مع كل الضمائر الا مع ضمير الغائبة فيكسر وتقلب هذه الياء واواً مع ضمير الغائب زائداً بعده ياء لا تلفظ لا هي ولا الضمير قبلها . مثال ذلك من المجموعة بالكسر :

ܡܠܟ̈ܝ	ملوكي	ܡܠܟ̈ܝܢ	ملوكنا
ܡܠܟ̈ܝܟ	ملوككَ	ܡܠܟ̈ܝܟܘܢ	ملوككم
ܡܠܟ̈ܝܟܝ	ملوككِ	ܡܠܟ̈ܝܟܝܢ	ملوككنَّ
ܡܠܟ̈ܘܗܝ	ملوكهُ	ܡܠܟ̈ܝܗܘܢ	ملوكهم
ܡܠܟ̈ܝܗ	ملوكها	ܡܠܟ̈ܝܗܝܢ	ملوكهنَّ

ܡܠ̈ܝ كلماتي ܡܠ̈ܝܢ كلماتنا ܡܠ̈ܝܟ كلماتكَ الخ . ܒܥܘ̈ܬܝ طلباتي ܒܥܘ̈ܬܝܢ طلباتنا الخ

(١) وما هذه الياء سوى ياء جزم الاضافه على ما يظهر (عد ٣٣ وجه ٩٣)

اما المجموعة بالياء المنصوبة . فما كان منها موصوفاً يكتفي بيائه الاصلية عن هذه الياء المزيدة جاريةً مجراها تماماً . مثاله :

ܡܝ̈ܝ	مياهي	ܡܝ̈ܢ	مياهنا
ܡܝ̈ܟ	مياهكَ	ܡܝ̈ܟܘܢ	مياهكمِ
ܡܝ̈ܟܝ	مياهكِ	ܡܝ̈ܟܝܢ	مياهكن
ܡܝ̈ܘܗܝ	مياهُهُ	ܡܝ̈ܗܘܢ	مياههم
ܡܝ̈ܗ	مياهها	ܡܝ̈ܗܝܢ	مياههنَّ (١)

وما كان منها صفةً . فاما يستغني عن تلك الياء بيائهِ الاصلية كالموصوف واما تزاد عليه كالصحيح على حذٍ سواء . مثال الاول :

ܕܟܝ̈ܝ	اطهاري	ܕܟܝ̈ܢ	اطهارنا
ܕܟܝ̈ܟ	اطهاركَ	ܕܟܝ̈ܟܘܢ	اطهاركم
ܕܟܝ̈ܟܝ	اطهاركِ	ܕܟܝ̈ܟܝܢ	اطهاركنَّ
ܕܟܝ̈ܘܗܝ	اطهارهُ	ܕܟܝ̈ܗܘܢ	اطهارهم
ܕܟܝ̈ܗ	اطهارها	ܕܟܝ̈ܗܝܢ	اطهارهنَّ

ܡܕܟܝ̈ܢܝ منقوتيَ ܡܕܟܝ̈ܢܢ منقوتنا ܡܕܟܝ̈ܢܟ منقوتكَ الخ

مثال الثاني :

ܡܕܟܝ̈ܢܝ	ܡܕܟܝ̈ܢܢ
ܡܕܟܝ̈ܢܟ	ܡܕܟܝ̈ܢܟܘܢ

(١) ويجوز في بعضها دخول الياء المذكورة عليها ايضاً كالجموع الصحيحة الآخر وذلكَ قياسي في ما كان منها على وزن ܡܫܪ̈ܝܬܐ نحو ܡܫܪ̈ܝܬܝ مشاربي ܡܫܪ̈ܝܬܢ مشاربنا الخ . او ܡܫܪ̈ܝܬܟ ܡܫܪ̈ܝܬܟܘܢ الخ . وسماعي في غيره نحو ܡܝ̈ܝܝ مياهي ܡܝ̈ܝܢ مياهنا ܡܝ̈ܝܟ مياهكَ الخ ومنه قول النبي داود ܢܗܘ̈ܝܢ ܡܝ̈ܝܗܘܢ

ܫܡܝܢ ܫܡܝܟܝ ܫܡܝܟܘܢ الخ

فائدتان

الاولى : الاسماء التي يستوي فيها لفظ المفرد والجمع الصحيحة الآخر توافق في اتصال الضمائر بها الاسماء المفردة نحو ܚܠܡܢ (بسكون النون) خرافي ܚܠܡܝ خرافنا ܚܠܡܢ خرافك الخ . والمنتهية بالياء توافق الاسماء الموصوفة المجموعة بالياء نحو ܫܡܝܐ سماواتي ܫܡܝ سماواتنا ܫܡܝܢ سماواتك الخ

الثانية : اسماء العدد من ܬܪܝܢ الى ܥܣܪܐ تتصل بها الضمائر اتصال الجمع وانما يزاد على آخرها تاء من ܐܪܒܥܐ وصاعداً هكذا ܬܪܝܢ كلانا ܬܪܬܝܗܝܢ كلتاهما ܬܠܬܝܟܘܢ ثلاثتكم ܐܪܒܥܬܟܝܢ اربعتكن ܚܡܫܬܝܗܘܢ خمستهم ܫܬܬܝܗܝܢ ستتهن الخ (١)

والعدد المركب تتصل به اتصال الافراد وانما تزاد عليه تاء التأنيث نحو ܚܕܥܣܪܬܗ احد عشره ܬܪܥܣܪܬܗ « اثنا عشره » الى ܬܫܥܣܪܬܗ تسعة عشره

شواذ الاسماء المجموعة

ܩܘܪܝܐ « قرى » جمع ܩܪܝܬܐ يقال فيها ܩܘܪܝ ܩܘܪܝܢ الخ مثل ܡܠܟܝ الخ . او ܩܘܪܝܘܗܝ ܩܘܪܝܗ ܩܘܪܝܟ ܩܘܪܝܟܘܢ الخ مثل ܪܘܚܝ ܪܘܚܝ الخ

ܛܠܝܐ « فتيان » يقال فيها ܛܠܝ ܛܠܝܢ الخ . (بدل ܛܠܝܢ

(١) اما ܚܕ فلا تتصل به الضمائر بنفسه بل بواسطة ܡܢ « من » نحو ܚܕ ܡܢܢ « واحد منا » او « أحدنا »

ܒ̈ܢܝܟܝ) ونعل المتصلة هكذا هي ܒ̈ܢܝܟܝܢ فتكون على القاعدة ܐ̱ܢܳܫܳܐ « اناس » تشذ عن ܟ̈ܠܳܐ لاتصال الضمائر بها كالاسماء المجموعة بالياء ܐ̱ܢܳܫܰܝ اناسي ܐ̱ܢܳܫܰܝܢ اناسنا الخ

ܕܘܪܫܐ تمرين

ܕܶܕܳܐ . ܥܰܡܳܐ عم	ܒܶܝܬ ܟܬ̈ܒܳܐ مكتبة	ܥܰܡܬܳܐ عمة
ܫܽܘܩܳܐ سوق	ܚܳܠܳܐ خال	ܪܽܘܡܚܳܐ رمح

١ً : ترجم هذه الجمل الى الارامية :

ابي وامي واخي واختي واخواتي — عمهم وخالهم وعماتهنَّ وخالاتهنَّ — اخوانكنَّ واخواتكنَّ ورفيقاتكنَّ — كنائسنا ومذابحها وصورها وصلبانها وذخائرها — مدينتنا واسواقها — سيوفنا ورماحنا — مكتبتنا وكُتُبها — تلاميذكم واباؤهم — حقولهُ ومزروعاتها وكرومهُ وعنبها — جنائنهم وازهارها وثمارها

٢ً : ميز الاسماء المتصلة بها الضمائر اتصال الافراد من الاسماء المتصلة بها اتصال الجمع وترجمها الى العربية :

ܡܥܡܕܐ ܡܠܟܝܢ - ܦܪ̈ܘܩܟܘܢ ܘܒ̈ܢܝ ܠܒܢ̈ܬܗܝܢ -
ܡܕܝܢ̈ܬܐ ܕܟܠܗܝܢ - ܐܠܗܘ ܦܪ̈ܘܩܢ - ܦܪ̈ܕܝ ܡܕܝܢܬܐ
ܐܝܟ ܐܘܣܩ̈ܦܝ - ܢܩܘܫ̈ܝܗ ܘܟܬ̈ܒܝܗ ܕܒ̈ܢܝܗ ܘܠܐ ܐܒ̈ܝܢ
ܘܪ̈ܥܝܗ - ܬܠܡ̈ܝܕܝܟܘܢ ܕܒ̈ܢܝܟܘܢ ܘܕܒ̈ܢܬܟܘܢ - ܟܢܘܫ̈ܬܐ
ܘܡܕܒ̈ܚܝܗ ܕܝܠܢ.

الفصل الثالث

في اتصال الضمائر بلفظة ܐܝܬ

٤٥ ܐܝܬ فعل جامد معناه « يوجد · كائن » وتتصل بهِ الضمائر اتصال الجمع نحو :

ܐܝܬܝ	انا	ܐܝܬܝܢ	نحنُ
ܐܝܬܝܟ	انتَ	ܐܝܬܝܟܘܢ	انتم الخ

ويسمَّى حينئذٍ « شبه المنفصل » لانهُ يوافق الضمير المنفصل في بعض احكامهِ كما ستعلم (١)

الفصل الرابع

في اتصال الضمائر بلفظ ܕܝܠ

٤٦ ܕܝܠ « خاصة · ملك » لفظ مركب من « ܕ » اداة الاضافة التي هي بمعنى الموصول ومن لام الملك · وتتصل بهِ الضمائر اتصال الافراد · ولا يأتي الا وهي متصلة به هكذا :

ܕܝܠܝ	خاصتي	ܕܝܠܢ	خاصتنا
ܕܝܠܟ	خاصتكَ	ܕܝܠܟܘܢ	خاصتكم

(١) ويجوز ان يصحبه المنفصل مكان المتصل واذ ذاك تبدل هاء ܗܢܘܢ وܗܢܝܢ همزةً مثالهُ ܐܝܬ ܐܢܐ انا ܐܝܬ ܐܢܬܘܢ انتم ܐܝܬܘ ܗܘ هو ܐܝܬ ܐܢܝܢ هن الخ

ܕܝܠܟܝ	خاصتكِ	ܕܝܠܟܶܝܢ	خاصتكنَّ
ܕܝܠܗ	خاصتهُ	ܕܝܠܗܘܢ	خاصتهم
ܕܝܠܗ̇	خاصتها	ܕܝܠܗܶܝܢ	خاصتهنَّ

ويدعى حينئذٍ « شبه المتصل » لانه يقوم مقام الضمير المتصل المضاف اليه · ويتم ذلك بان تأتي بالاسم ايًّا كان وتتبعه بهِ نحو :

ܐܰܒ݂ܳܐ ܕܝܠܝ	ابي	ܐܰܒ݂ܳܐ ܕܝܠܢ	ابونا
ܐܰܒ݂ܳܐ ܕܝܠܟ	ابوكَ	ܐܰܒ݂ܳܐ ܕܝܠܟܘܢ	ابوكم
ܐܰܒ݂ܳܐ ܕܝܠܟܝ	ابوكِ	ܐܰܒ݂ܳܐ ܕܝܠܟܶܝܢ	ابوكنَّ
ܐܰܒ݂ܳܐ ܕܝܠܗ	ابوهُ	ܐܰܒ݂ܳܐ ܕܝܠܗܘܢ	ابوهم
ܐܰܒ݂ܳܐ ܕܝܠܗ̇	ابوها	ܐܰܒ݂ܳܐ ܕܝܠܗܶܝܢ	ابوهنَّ

ܡܰܠܟܽܘܬ݂ܳܐ ܕܝܠܝ ملكتي ܐܶܡܳܐ ܕܝܠܢ امنا ܒܳ̈ܬܶܐ ܕܝܠܟ بيوتك ܡܕ̈ܺܝܢܳܬ݂ܳܐ ܕܝܠܟܘܢ مدنكم · وهلمَّ جرًّا

فائدة

يوجد اسماء لا تتصل بها الضمائر الا بواسطة ܕܝܠ وهي :

١ً : الاسماء الارامية الخالية من الف الاطلاق المنتهية بالياء نحو ܛܥܝ ܕܝܠܝ ضلالتي ܬܢܐܝ ܕܝܠܢ شرطنا الخ · ٢ً : اسماء الاعلام نحو ܝܰܘܣܶܦ ܕܝܠܝ يوسفي ܡܳܪܝܳܐ ܕܝܠܢ مريـنا (١)

٣ً : الاسماء الاعجمية المنقولة الى الارامية الباقية على لفظها الاعجمي نحو ܦܶܢܩܺܝܬܳܐ ܕܝܠܝ دالتي ܐܶܘܰܢܓܶܠܝܳܘܢ ܕܝܠܟ انجيلك (٢)

(١) وقد تتصل بها رأسًا لضرورة الشعر كقولهِ ܝܰܘܣܶܦܟ ܐܶܢܳܐ ܐܰܚܝ ܪܽܘܒܺܝܠ « انا يوسفك يا أخي روبيل »

(٢) اما التي ترد على الاوزان الارامية فتتصل بدونها او بواسطتها كالاسماء

ܕܘܪܫܐ تمرين

ܥܰܠܘܰܝ مر . صبر | ܝܰܥܩܽܘܒ يعقوب | ܠܳܘܓܺܝܩܺܝ علم المنطق

ترجم الجمل الاتية الى الارامية :

انا هو — انت هو — نحُن هم — انجيله وجوهره — منطقنا وقواعده — عهودهم وشروطها — يعقوبكم ويوسفهم — مرُّها — ضلاله

الفصل الخامس

ܥܰܠ ܫܡܳܗܳܐ ܡܚܰܘܝܳܢܶܐ في اسماء الاشارة

٤٧ اسم الاشارة نوعان قريب وبعيد

فا لقريب

ܗܳܢܳܐ «هذا» للمفرد المذكر	ܗܳܠܶܝܢ «هؤلاء» لجمعهما	
ܗܳܕܶܐ «هذه» للمفرد المونث		

والبعيد

ܗܰܘ «ذلك» للمفرد المذكر	ܗܳܢܽܘܢ «اولئك»	لجمعهِ
ܗܳܝ «تلك» للمفرد المؤَنث	ܗܳܢܶܝܢ («)	لجمعهِ

ويشار الى المكان القريب بهذه الالفاظ ܗܳܪܟܳܐ ܘܠܗܳܠ «هنا» ܠܗܳܪܟܳܐ «هنا . الى هنا» ܡܶܟܳܐ «من هنا» . والى البعيد بهذه ܬܰܡܳܢ ܘܗܳܬܰܡܳܢ «هناكَ . ثَمَّ» ܠܗܰܠ ܘܰܠܗܳܠ «هناك»

الارامية نحو ܐܰܟ݂ܘܳܬܶܗ او ܐܰܟ݂ܘܳܬܳܐ ܘܡܶܢܶܗ جهاده الخ

واعلم ان ܐܝܢܐ تجزم ܐܝܢ وܐܝܢܐ ܗܘ . و ܐܝܢܘ ܐܝܠܝܢ ܐܝܢܘܢ قياساً و ܐܝܢܘܢ و ܐܝܢܝܢ شذوذاً (١)

الفصل السادس

ܥܠ ܫܡܗܐ ܡܫܐܠܢܝܐ في اسماء الاستفهام

٤٨ اسماء الاستفهام منها ما يُستعمل للعاقل وغيره وهو :

ܐܝܢܐ «أيٌّ» للمفرد المذكر } ܐܝܠܝܢ «ايّ» لجمعهما
ܐܝܕܐ «أيّة» للمفرد المؤنث }

ومنها ما يستعمل للعاقل فقط مذكرًا ومؤنثًا مفردًا وجمعًا وهو

(١) ان الهاء المصدَّرة بها اسماء الاشارة مفردةً وجمعًا مأخوذة من اداة التنبيه « ܗܐ » مركبة في اسم الاشارة القريب مع ܢܐ و ܕܐ و ܠܝܢ الغير المستعملة وحدها . وفي البعيد مع الضمائر ܗܘ و ܗܝ و ܗܢܘܢ و ܗܢܝܢ الساقطة الهاء على نحو الحاق الضمائر المنفصلة بالالفاظ المصاحبة لها كما رأيت (عد ٤٠) ولذلك ترى الغربيين يفتحون الهاء في ܗܢܘ ويبقونها منصوبة في ܗܝ كما يفعلون في نحو ܡܫܒܚܝܢܢ . ܘܦܫܝܛܝܢܢ . واذا جاء الضمير ܗܘ و ܗܝ بعد ܗܢܐ و ܗܕܐ يقال في الاول ܗܢܐܝܘ او ܗܢܘ « هذا هو » وفي الثاني ܗܕܐܝܗ كما يجريان مع الاسماء المظهرة . اما الشرقيون فيبدلون فتح ܗܢܘ و ܗܢܐܝܘ او ܗܢܘ نصبًا جريًا على عادتهم لان بعده واوًا

ثم ان ܗܪܟܐ مركبة من ܗܪ بمعنى « هنا » ايضًا وتستعمل وحدها نادرًا . ومن ܟܐ غير المستعملة . و ܠܟܐ من اللام و ܟܐ . و ܬܡܢ من ܬܡ و ܠܟܐ . و ܗܪܟܐܝܬ من ܗܪ و ܟܐܝܬ . و ܠܗܠ من اللام و ܗܠ غير المستعملة وحدها . و ܠܗܠ من الهمزة و ܠܗܠ . ويوجد بعض اسماء اشارة غير هذه هي لغات فيها عدلنا عن ذكرها وتجدها في المعجمات

ܡܰܢ «مَن»

ومنها ما يستعمل لغير العاقل كذلك وهو ܡܳܐ « ما · ماذا » ܡܽܘܢܳܐ وܡܰܢܘܳܐ « ما · ماذا · اي » (١)

ومنها ܐܰܝܟܰܢܳܐ « كيف » وتجزم ܐܰܝܟܰܢ . وܐܶܡܰܬܝ «متى». و ܐܰܝܟܳܐ «اين». وܡܶܢ ܐܰܝܟܳܐ «من اينَ». وܟܡܳܐ « كَمْ ». وسيأتي بيانها في الجزء الثاني

الفصل السابع

ܡܛܠ ܫܡܐ ܕܫܡܐ في الاسم الموصول

٤٩ الاسم الموصول هو في الارامية حرف « ܕ » للمذكر والمؤنث مفردًا وجمعاً للعاقل وغير العاقل فتكون بمعنى الذي والذين والتي واللواتي الخ

وقد يُسبق باسماء الاستفهام ܐܰܝܢܳܐ ܐܰܝܕܳܐ ܐܰܝܠܶܝܢ ܡܰܢ ܡܳܐ . وبلفظة ܡܶܕܶܡ «شيء» . وباسماء الاشارة البعيدة ܗܰܘ ܗܳܝ ܗܶܢܽܘܢ ܗܶܢܶܝܢ هكذا :

ܐܰܝܢܳܐ ܕ « الذي » للمفرد المذكر
ܐܰܝܕܳܐ ܕ « التي » للمفرد المؤنث } ܐܰܝܠܶܝܢ ܕ « الذين · اللواتي » لجمعهما

(١) ܡܽܘܢܳܐ مركبة من ܡܳܐ و ܗܽܘ وتجزم ܡܽܘܢ . و ܡܰܢܘܳܐ لغة في ܡܽܘܢܳܐ وتجزم ܡܰܢܘ . وتدخل على اسماء الاستفهام حروفُ التعليل كما ستعلم

ܡܰܢ و «من»	للمفرد والجمع مذكراً ومؤنثاً
ܡܳܐ و «ما»	
ܡܶܕܶܡ و «ما. الشيء الذي»	
ܗܰܘ و «الذي» للمفرد المذكر	ܗܳܢܽܘܢ و «الذين» لجمعهِ
ܗܳܝ و «التي» للمفرد المؤنث	ܗܳܢܶܝܢ و «اللواتي» لجمعهِ

الفصل الثامن

ܥܰܠ ܟܽܘܢܳܝܶܐ في الكنايات

٥٠ الكنايات ثلاث وهي :

ܟܡܳܐ «كم»	
ܦܠܳܢ «فلان» للمفرد المذكر	ܦܠܳܢܶܐ «فلانون» لجمعهِ
ܦܠܳܢܺܝܬܳܐ «فلانة» للمفرد المؤنث	ܦܠܳܢܝܳܬܳܐ «فلانات» لجمعهِ
ܗܳܟܰܢ «كذا. كيتَ» (١)	

ܕܽܘܪܫܳܐ تمرين

ترجم الالفاظ الآتية الى الارامية :

انا . انتم . هنَّ . هي . ي . كُم . ها — هذا . هؤلاء — ايّ

ماذا — التي . الذين . اللواتي — فلان . فلانة

(١) الى هنا كل ما للاسما المظهرة والمبهمة من الاحكام الصرفيـة . وسيأتي الكلام على احكامها النحوية في الجزء الثاني ان شاء الله

ܡܢܬܐ ܬܪܬܝܢܬܐ القسم الثاني

ܥܠ ܡܠܬܐ في الفعل وفيهِ اربعة ابواب

ܬܪܥܐ ܩܕܡܝܐ الباب الاول

ܥܠ ܢܩܦܬܐ ܕܡܠܬܐ
في متعلقات الفعل وفيهِ اثنا عشر فصلًا

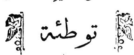

توطئة

ܥܠ ܬܚܘܡܐ ܕܡܠܬܐ ܘܦܘܠܓܝܗ̇
في تحديد الفعل واقسامهِ

٥١ الفعل هو ما دلَّ على معنى في نفسهِ مقترن بالزمان الماضي او الحاضر او المستقبل نحو ܩܛܠ قتلَ ܩܳܛܶܠ يقتلُ ܢܶܩܛܽܘܠ سيقتلُ . ويقسم :

١ً : من جهة عدد حروفهِ

الى ܦܫܝܛܬܐ مجرد وܡܬܬܘܣܦܢܝܬܐ مزيد . والمجرد نوعان

ܬܠܝܬܝܐ «ثلاثي» نحو ܟܬܒ كتبَ . و ܪܒܝܥܝܐ «رباعي» نحو ܬܪܓܡ ترجمَ . والمزيد لا يكون الا مزيد الثلاثي فقط نحو ܐܟܬܒ «كتّب» اما الرباعي فلا مزيد له

٢ً : من جهة طبع حروفهِ

الى سبعة انواع ܫܠܡܬܐ سالم . ܘܢܘܢܝܬܐ نوني . ܘܥܦܝܦܬܐ مضاعف . ܘܫܥܝܠܬܐ ܐܟܠ مهموز . ܘܦܘܩܕ ܝܕܥ معتل الاول . ܘܟܪܝܗܐ ܡܨܥܝܬܐ معتل الوسط . و ܟܪܝܗܐ ܫܘܠܡܝܐ معتل الآخر

٣ً : من جهة صيغهِ

الى ثلاث صيغ وهي ܙܒܢܐ ܕܥܒܪ الماضي . و ܙܒܢܐ ܕܩܐܡ الحاضر . و ܙܒܢܐ ܕܥܬܝܕ «المستقبل» ويسمى «المضارع» ايضاً . ويُلحق بها ܦܘܩܕܢܐ الامر . و ܟܠܝܢܐ النهي (١)

٤ً : من جهة لزومهِ وتعديهِ

الى ܫܠܡܬܐ لازم و ܡܥܒܪܢܝܬܐ متعدٍ . فاللازم ما استقر حدوثهُ بنفس الفاعل نحو ܩܡ قامَ . والمتعدي ما تجاوز حدوثهُ من

(١) الماضي يدلّ على معنى وجد قبل الزمان الذي انت فيهِ نحو ܟܬܒ «كتبَ» . والحاضر يدل على معنى يوجد في الزمان الذي انت فيهِ نحو ܟܬܒ «يكتبُ» . والمستقبل او المضارع يدل على معنى يقع في زمان بعد الزمان الذي انت فيهِ نحو ܢܟܬܘܒ «سيكتبُ» . والامر يطلب بهِ انشاء الفعل نحو ܟܬܘܒ «اكتبْ» . والنهي يطلب بهِ ترك الفعل نحو ܠܐ ܬܟܬܘܒ «لا تكتبْ» . والماضي يشتق من المصدر رأساً وبقية الصيغ تشتق منهُ بواسطة بعضها كما سنذكر ذلك في مواضعهِ

الفاعل الى المفعول بهِ نحو ܥܒܰܕ ܫܡܰܝܳܐ « صنعَ السماء » (١)

٥ : من جهة ذكر فاعلهِ او عدم ذكرهِ

الى ܝܕܘܥܬܐ معلوم وܠܐ ܝܕܘܥܬܐ مجهول . فالمعلوم هو ما ذُكر فاعله نحو ܢܟܰܣ ܝܰܘܣܶܦ ܐܶܡܪܳܐ « ذبحَ يوسفُ الخروفَ » . والمجهول ما حُذف فاعلهُ وأُقيمَ المفعول مقامَهُ نحو ܐܶܬܢܟܶܣ ܐܶܡܪܳܐ « ذُبحَ الخروفُ »

٦ : من جهة اوزانهِ

الى قسمين ܟܝܳܠܶܐ ܦܫܺܝܛܶܐ اوزان مجردة . وܟܝܳܠܶܐ ܡܬܰܘܣܦܳܢܶܐ اوزان مزيدة . بحسب نوعي الفعل المجرد والمزيد . وعليها مدار كلامنا في الفصول الآتية معلومةً ومجهولةً (٢)

---

(١) وهو لما يتعدى بذاتهِ كما مثلنا . او بواسطة اداة نحو ܦܓܰܥ ܒܶܗ التقى بهِ ܒܛܶܠ ܒܶܗ اهتمَّ بهِ

(٢) انا نتخذ ميزانًا للافعال لفظة ܦܥܰܠ (بفتح العين وكسرها) للثلاثي وܦܰܥܠܶܠ للرباعي . والحرف الزائد على الفعل تزيدهُ على الميزان كما في الاسماء . فنعتبر مثلًا ܐܰܦܩܶܕ المزيد على وزن ܐܰܦܥܶܠ

ونتكلم اولاً عن اوزان الماضي والمضارع لانها تختلف باختلاف حركة العين فيها ونجعل الوزن بصيغة الغائب لتجرده عن الزوائد اكثر من بقية الصيغ . ونرجئ الكلام عن الحاضر والامر الى ما بعد الماضي والمضارع وان كان حق الحاضر ان يتقدم على المضارع لان حركة العين فيها لا تتغير

الفصل الاول

ܡܛܠ ܟ̈ܝܠܐ ܕܡ̈ܠܐ ܦܫ̈ܝܛܬܐ ܬܠܝܬ̈ܝܬܐ ܘܡܥܒܕ̈ܢܝܬܐ

في اوزان الافعال المجردة الثلاثية المعلومة

اولاً

ܟ̈ܝܠܐ ܕܡ̈ܠܬܐ ܫܠܡܬܐ اوزان الفعل السالم

٥٢ الفعل السالم لهُ خمسة اوزان وهي :

١ : ܦܥܰܠ ܢܶܦܥܘܿܠ نحو ܟܬܰܒ ܢܶܟܬܘܿܒ كَتبَ يكتب

٢ : ܦܥܰܠ ܢܶܦܥܰܠ « ܦܠܰܚ ܢܶܦܠܰܚ عمل يعملُ

٣ : ܦܥܰܠ ܢܶܦܥܶܠ « ܥܒܰܕ ܢܶܥܒܶܕ صنع يصنعُ

٤ : ܦܥܶܠ ܢܶܦܥܘܿܠ « ܣܓܶܕ ܢܶܣܓܘܿܕ سجد يسجدُ

٥ : ܦܥܶܠ ܢܶܦܥܰܠ « ܪܚܶܡ ܢܶܪܚܰܡ احبَ يحبُّ (١)

ثانياً

ܟ̈ܝܠܐ ܕܡ̈ܠܬܐ ܢܘܢܝܬܐ اوزان الفعل النوني

٥٣ الفعل النوني هو ما ابتدأ بالنون وله خمسة اوزان كالسالم.

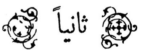

(١) فترى ان الوزن الاول مفتوح العين في الماضي مضمومها في المضارع . وهو كثير . والثاني مفتوح العين في الماضي والمضارع وهو كثير ايضاً . والثالث مفتوحها في الماضي مكسورها في المضارع . وليس منه غير هذا الفعل وفعل ܙܒܶܢ ܢܶܙܒܶܢ اشترى يشتري . والرابع مكسورها في الماضي مضمومها في المضارع وهو قليل. والخامس مكسورها في الماضي مفتوحها في المضارع وهو كثير

وانما يفترق عنهُ بان نونهُ تحذف لفظاً وخطاً في المضارع (وما يشتق منهُ) لوقوعها ساكنة بعد متحرك في وسط الكلمة وهذه اوزانهُ :

١ً: ܦܥܰܠ ܢܶܦܥܘܠ نحو ܢܦܰܩ ܢܶܦܘܩ خرجَ يخرجُ

٢ً: ܦܥܰܠ ܢܶܦܥܰܠ ″ ܢܣܰܒ ܢܶܣܰܒ أخذَ يأخذُ

٣ً: ܦܥܰܠ ܢܶܦܥܶܠ ″ ܢܦܰܠ ܢܶܦܶܠ سقطَ يسقطُ(١)

٤ً: ܦܥܶܠ ܢܶܦܥܘܠ ″ ܢܚܶܬ ܢܶܚܘܬ نزلَ ينزلُ (٢)

٥ً: ܦܥܶܠ ܢܶܦܥܰܠ ″ ܢܩܶܦ ܢܶܩܰܦ تبعَ يتبعُ (٣)

ويوجد افعال تأتي بحذف النون وثبوتها ايضاً نحو ܢܚܰܠ ܢܶܚܘܠ وܢܶܢܚܘܠ نخلَ ينخلُ ܢܛܰܪ ܢܶܛܰܪ وܢܶܛܘܪ وܢܶܢܛܘܪ حفظَ يحفظُ

وافعال تأتي بثبوت النون فقط خلافاً لقاعدة النوني وهي قليلة نحو ܢܟܰܫ ܢܶܢܟܘܫ حفرَ يحفرُ ܢܗܰܪ ܢܶܢܗܰܪ استنارَ يستنيرُ ܢܗܳܐ ܢܶܢܗܳܐ لبطَ يلبطُ

ثالثاً

ܟܝ̈ܠܐ ܕܡܠܬܐ ܥܦܝܦܬܐ اوزان الفعل المضاعف

٥٤ المضاعف هو ما كان ثانيهِ وثالثهُ من جنس واحد في الاصل نحو ܒܰܙ بزَّ ٠نهب (اصله ܒܙܰܙ). وله وزن واحد في الماضي وهو

(١) الوزن الاول والثاني كثير . والثالث قليل

(٢) وليس من هذا الوزن غيره وغير ܢܚܶܠ ܢܶܚܘܠ نحلَ ينحلُ

(٣) وليس من هذا الوزن غـيره وغير ܢܟܶܦ ܢܶܟܰܦ « احتشمَ يحتشمُ » وهذا يأتي مضموم العين ايضاً في المضارع ܢܶܟܘܦ.

ܦܥܠ بفتح العين . ووزنان في المضارع وهما ܢܦܥܘܠ و ܢܦܥܠ
بضم العين وفتحها

مثال الاول : ܒܙ ܢܒܘܙ نهبَ ينهبُ (اصله ܒܙܙ ܢܒܙܘܙ)

مثال الثاني : ܥܩ ܢܥܩ تألَّم يتألَّمُ (اصله ܥܩܩ ܢܥܩܩ) (١)

وقد ورد فعل واحد مفتوح العين ومكسورها في المضارع وهو ܛܥ ܢܛܥ و ܢܛܥ غلطَ يغلطُ (٢)

فوائد

الاولى : من الافعال السالمة والنونية والمضاعفة ما يكون له وزن واحد في الماضي والمضارع . ومنها ما يكون له اكثر من وزن . ويعرف ذلك من المعجمات

الثانية : من الافعال ما يختلف معناها باختلاف حركة عينها في الماضي او المضارع نحو ܚܪܒ ܢܚܪܒ خربَ . انهدم ܚܪܒ ܢܚܪܘܒ خرَّبَ . قتلَ ܦܠܓ ܢܦܠܓ انقسمَ . انتصفَ ܦܠܓ ܢܦܠܘܓ قسمَ . نصف

---

(١) تقول في تعليل المضاعف ܒܙ مثلاً اصله ܒܙܙ وܢܒܘܙ اصله ܢܒܙܘܙ تأخرت حركة اول المتجانسين الى فاء الفعل وحذف ثانيهما فصار كما ترى . وكذا قل في نحو ܥܩ ܢܥܩ

(٢) ان الافعال المضاعفة النونية لا تحذف نونها في المضارع لانها لا تسكن بعد حرف المضارعة بل تتحرَّك نحو ܢܕ ܢܢܕ « مادَ يميدُ » . ومثله المعتل الوسط مثل ܢܚ ܢܢܘܚ « استراحَ يستريحُ » كما سترى

تنبيه : ما بعد حرف المضارعة في النوني والمضاعف مشدَّد عند الشرقيين اما في النوني فتعويضاً عن النون المحذوفة واما في المضاعف فتعويضاً عن ثاني المتجانسين المحذوف

ومنها ما يختلف معناها باختلاف حركة عينها في المضارع فقط وهي ܥܪܰܒ ܢܶܥܪܽܘܒ ضمنَ · غربل · اعار ܥܪܰܒ ܢܶܥܪܰܒ غربَ · أفلَ ܛܒܰܥ ܢܶܛܒܽܘܥ طبع · ختم ܛܒܰܥ ܢܶܛܒܰܥ غرقَ · نامَ ܫܠܰܚ ܢܶܫܠܽܘܚ ارسل · بعث ܫܠܰܚ ܢܶܫܠܰܚ سلخ · تعرّى · خلع ܣܦܰܩ ܢܶܣܦܰܩ كمل · فني · مضى · زال ܣܦܰܩ ܢܶܣܦܽܘܩ اكمل · افنى · ومن هذا القبيل ܚܪܰܒ و ܦܠܰܓ المذكوران آنفاً متى كانا مفتوحي العين في الماضي فمعنى ܚܪܰܒ ܢܶܚܪܽܘܒ خرَّب · قتل و ܚܪܰܒ ܢܶܚܪܰܒ خرب · انهدم ܦܠܰܓ ܢܶܦܠܽܘܓ قسم · نصف و ܦܠܰܓ ܢܶܦܠܰܓ انقسم · انتصف

الثالثة: يوجد بعض افعال مكسورة العين في الماضي عند الغربيين نحو ܣܡܶܩ احمرَّ ܝܬܶܒ قعد · ܕܟܶܪ تذكَّر ܛܚܶܢ «طحن» · اما عند الشرقيين فبعضها مفتوحة العين نحو ܣܡܰܩ ܝܬܰܒ · وبعضها مكسورتها ومفتوحتها نحو ܕܟܰܪ ܛܚܰܢ (بكسر العين وفتحها)

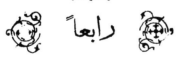

رابعاً

ܟܰܝ̈ܠܶܐ ܕܡ̈ܶܠܶܐ ܚܰܣܺܝܪܳܬܳܐ ܐܳܠܰܦ اوزان المهموز

٥٥ المهموز ما كانت فاؤه او عينه او لامه اي اوله وثانيه وثالثه همزة نحو ܐܶܟܰܠ أكلَ ܫܐܶܠ سألَ ܩܢܳܐ «قنأ . احمرّ»

فالمهموز الفاء لهُ وزن في الماضي وهو ܐܶܟܰܠ بفتح العين · ووزنان في المضارع وهما ܢܶܐܟܽܘܠ و ܢܶܐܟܰܠ بضم العين وفتحها

مثال الاول : ܐܶܟ݂ܰܠ ܢܶܐܟ݂ܽܘܠ أكلَ يأكلُ

مثال الثاني : ܐܶܒ݂ܰܕ ܢܶܐܒ݂ܰܕ بادَ يبيدُ

بتخفيف همزة الوزن الاول في المضارع . وتخفيف همزة الثاني ايضاً في المضارع وقلبها ياء في اللفظ وابدال كسر حرف المضارعة قبلها خفضاً(١)

والمهموز العين لهُ وزن واحد في الماضي والمضارع وهو ܦܥܶܠ ܢܶܦܥܰܠ مكسور العين في الماضي مفتوحها في المضارع نحو ܫܐܶܠ ܢܶܫܐܰܠ سأل يسألُ

وان كان منتهياً بحرف فتح تفتح العين في كليهما نحو ܟܐܰܪ ܢܶܟܐܰܪ « انتهرَ ينتهرُ » ويجوز تخفيف الهمزة

والمهموز اللام لهُ وزن واحد ايضاً وهو ܦܥܰܠ ܢܶܦܥܰܠ مفتوح العين في الماضي والمضارع لان الهمزة من الفواتح نحو ܣܡܰܩ ܢܶܣܡܰܩ « قنأ يقنأُ . احمرَّ يحمرُّ » (٢)

---

(١) ان كسر الالف في مثل ܐܶܟ݂ܰܠ ܐܶܒ݂ܰܕ لا يخل بالوزن لانه ليس اصلياً بل عارضاً لسهولة الابتداء بالهمزة فالاصل ܐܟ݂ܰܠ ܐܒ݂ܰܕ . واعلم انه جاء فعلان من هذا الوزن مفتوحي الهمزة عند الشرقيين وهما ܐܰܥܶܩ ضايقَ ܐܰܘܶܢ « لاق » وهما كذلك في الكلدانية القديمة . لكن الكسر اصح . وقال البعض ان ܐܰܚܶܕ « حقدَ » ايضاً مثلهما ولكن صاحب « دليل الراغبين » وهو كلداني شرقي يكسر همزتهُ

(٢) ان الشرقيين يكسرون ܢ قبل الهمزة في مضارع وزني ܐܶܟ݂ܰܠ و ܐܶܒ݂ܰܕ كليهما ويلفظون الهمزة فيهما وفي مهموز العين واللام محققةً فقط بحسب الاصل . وانت ترى انه متى تحققَت الهمزة في المهموز يكون نظير السالم تماماً

خامساً

ܡܶܠܬ݂ܳܐ ܟܪܺܝܗܬ݂ܳܐ ܪܺܫܳܝܬ݂ܳܐ المعتل الفاء او الاول

٥٦ الفعل المعتل هو ما كان احد حروفهِ الاصلية حرف علة فاءً او عيناً او لاماً· والمراد الان المعتل الفاء· وهو ما ابتدأ بحرف علة · ولا يكون هذا الحرف في المجرد منه الا الياء المخفوضة (١) ولهُ وزن واحد مكسور العين في الماضي مفتوحها في المضارع وهو :

ܦܥܶܠ ܢܶܦܥܰܠ نحو **ܝܶܠܶܕ ܢܺܐܠܰܕ** وَلد يلدُ

بخفض الياء في الماضي وقلبها الفاً في الخط في المضارع وابدال الكسر قبلها خفضاً

وما انتهى منهُ بحرف حلق تفتح عينه في الماضي ايضاً نحو **ܝܬܰܪ ܢܺܐܬܰܪ** فضل يفضلُ (٢)

فائدة : من هذا الوزن فعل **ܝܶܐܒ** « تمنى · تاق » مضارعهُ **ܢܺܐܐܰܒ** مثل **ܢܺܐܠܰܕ** (٣)

---

(١) لا يأتي اول المعتل الفاء الفاً لتعذر تحريكها والابتداء بها . ولم يأتِ واوًا في الثلاثي وان قبلت الحركة وسهل الابتداء بها فكل الافعال الواوية المجردة مماتة ما عدا ܘܳܠܶܐ « يليق » في الحاضر فقط . وانما يأتي واواً في المزيد نحو ܐܰܘܬܶܒ كما سيأتي

(٢) لا يخل بهذا الوزن خفض الياء في الماضي لانه عارض لسهولة الابتداء بها ، ولا ابدال كسر حرف المضارعة خفضاً لانه مسبب عن الياء المقلوبة الفاً في الخط بعده فالاصل ܝܠܶܕ ܢܺܝܠܰܕ . وهذا الوزن يماثل المهموز الفاء المفتوح العين في الماضي والمضارع في اكثر احكامهِ ومشتقاتهِ كما ستعلم

(٣) اما العلامة القرداحي فجعل مضارعهُ ܢܺܐܰܒ بعدم قلب يائهِ الفاً في الخط

سادساً

ܡܠܬܐ ܟܪܝܗܬܐ ܡܨܥܝܬܐ الفعل المعتل العين او الوسط

٥٧ المعتل العين هو ما كان ثانيهِ حرف علة اي الفاً مقلوبة اما عن الواو او عن الياء (١) ولهُ وزن واحد وهو ܦܥܠ ܢܦܥܘܠ بفتح العين في الماضي وضمها في المضارع في الاصل (ونصب العين في الماضي وسكونها في المضارع في الحال) نحو:

ܩܡ ܢܩܘܡ قام يقومُ (اصله ܩܘܡ ܢܩܘܘܡ من ܩܘܡܐ)
ܕܢ ܢܕܘܢ دانَ يدينُ (اصله ܕܝܢ ܢܕܝܘܢ من ܕܝܢܐ) (٢)

واعلم ان الغالب في معتل العين الواوي قلب الواو الفاً كما رأيت .

هرباً من اجتماع الفين . واما العلّامة المطران يوسف داود فقال فيه ܢܐܬܐ بحذف الياء الاصلية . والاحسن ان تبقى همزة هذا الفعل اي الفهُ الثانية محققة

(١) ويعرف ذلك من المصدر

(٢) تقول في اعلال ܩܡ مثلًا اصله ܩܘܡ أُخِرَ الفتح عن الواو الى ما قبلها فسكنت بعد فتحة وقُلبت الفاً لمطابقتها وعُوِّضَ عنهُ بالنصب فصار ܩܡ . ولفظ الشرقيين لصحيح يبيّن ذلك جلياً . و ܢܩܘܡ اصلهُ ܢܩܘܘܡ استُثقلت الضمة على الواو الاصلية فنقلت الى ما قبلها وحذفت الواو الثانية التي هي علامة الضم للاستغناء عنها بالاصلية فصار ܢܩܘܡ واسكن حرف المضارعة للاستغناء عن حركتهِ بعد الواو وللتمييز بين معتل العين والمضاعف

وتقول في اعلال ܕܢ مثلًا اصله ܕܝܢ تأخر الفتح عن الياء الى ما قبلها فسكنت بعد فتحة وقلبت الفاً لمطابقتها وعوض عنها بالنصب فصار ܕܢ . و ܢܕܘܢ اصله ܢܕܝܘܢ تأخر الضم عن الياء الى ما قبلها للخفة فسكنت بعد ضم فقلبت واواً وحذفت الواو الثانية علامة الضم فصار ܢܕܘܢ واسكن حرف المضارعة للسبب المتقدم

وقد بقيت على حالها في بعض افعال مثل ܕܨܐ سرَّ ابتهج ܒܥܐ رفس َ طرح ܬܘܗ دهش َ وجميعها على وزن ܦܥܠ ܢܦܥܘܠ السالم وتجري مجراه

سابعاً

ܡܠܬܐ ܕܢܣܘܐ ܡܬܥܠܠܬܐ الفعل المعتل اللام او الآخر

٥٨ المعتل اللام هو ما كان آخره حرف علة اما الفاً مقلوبة عن الواو او عن الياء (١) واما ياء مخفوضاً ما قبلها ولهُ وزنان في الماضي وهما ܦܥܠ و ܦܥܠ بفتح العين وكسرها في الاصل (ونصبها وخفضها في الحال) ووزن واحد في المضارع وهو ܢܦܥܠ بكسر العين

مثال الاول : ܚܙܐ ܢܚܙܐ نظر ينظر · ܪܡܐ ܢܪܡܐ رمى يرمي (اصلهما ܚܙܘ ܢܚܙܘ . ܪܡܝ ܢܪܡܝ)

مثال الثاني : ܚܕܝ ܢܚܕܐ فرح يفرح (اصله ܚܕܝ ܢܚܕܝ) (٢)

---

(١) ويعرف ذلك من المصدر

(٢) يقال في تعليل ܚܙܐ مثلًا اصله ܚܙܘ من ܚܙܘܐ سكنت الواو وفتح ما قبلها فقلبت الفاً وابدل الفتح معها نصباً . وܢܚܙܐ اصلهُ ܢܚܙܘ سكنت الواو وكسر ما قبلها فقلبت ياءً وصار ܢܚܙܝ . ثم قلبت الياء الفاً في الآخر للخفة (كما في ܚܕܐ عد ٣٠) فصار ܢܚܙܐ . و ܪܡܐ اصله ܪܡܝ من ܪܡܝܐ سكنت الياء وفتح ما قبلها فقلبت الفاً . وܢܪܡܐ اصله ܢܪܡܝ سكنت الياء وكسر ما قبلها فقلبت الفاً للخفة . وربما كان للفعل الواحد مصدران واوي ويائي فيؤخذ من ايهما اردت مثل ܚܙܐ فانها تصلح ان تكون من ܚܙܘܐ او ܚܙܝܐ

و ܚܕܝ اصله ܚܕܝ من ܚܕܝܐ أُبدلَ الكسر على ما قبل الياء خفضاً لانهُ انسب

وهذا الوزن كله لازم ما عدا افعال قليلة منه تأتي لازمة ومتعدية

﴿ فائدة ﴾

من الافعال المعتلة اللام ما كان نونياً مثل ܢܨܐ خاصمَ ܢܟܐ ضر
ومنها ما كان مهموز الفاء مثل ܐܦܐ خبزَ ܐܠܐ رثى(١) ܐܬܐ اتى ·
او مهموز العين مثل ܟܐܐ انتهر ܠܐܐ تعب

ومنها ما ابتدأ بياء مثل ܝܡܐ حلف ܝܥܐ نبت · او توسَّطهُ حرف علة واواً مثل ܫܘܐ رافق ܕܘܐ · ܕܘܝ شقي · او ياء مثل ܚܝܐ حيي · وهذا نادر

فكل هذه الافعال تجري نظراً الى اولها مجرى انواعها المذكورة في الماضي والمضارع · ونظراً الى وسطها وآخرها مجرى وزنها المعتل الآخر تماماً · فتقول في النوني ܢܨܐ ܢܶܨܶܐ «خاصم يخاصم» بدون النون · و ܢܟܐ ܢܶܟܶܐ وܢܶܢܟܶܐ «نحر ينحرُ» بدون النون وبها · و ܢܬܐ ܢܶܬܶܐ «طفر يطفرُ» بالنون

وفي المهموز الاول ܐܦܐ ܢܐܦܐ خبز يخبزُ ܐܠܐ ܢܐܠܐ رثى يرثي · والوسط ܟܐܐ ܢܶܟܐܐ انتهر ينتهرُ ܠܐܐ ܢܶܠܐܐ تعب يتعبُ · وفي المعتل الاول ܝܡܐ ܢܐܡܐ حلف يحلفُ

ما عدا الذي يتوسطهُ حرف علة فهو يوافق المعتل الاخر مطلقاً نحو ܕܘܐ و ܕܘܝ : ܢܶܕܘܶܐ شقِي يشقى · شذَّ ܚܝܐ كما سيأتي

لها · و ܢܶܚܶܐ اصله ܢܶܚܝܐ اعل اعلال ܢܶܬܶܐ. واذا اعتبر مأخوذاً من ܚܝܐ فيكون اصله ܚܝܘ تقول فيه سكنت الواو وكسر ما قبلها فقلبت ياء ثم ابدل كسر ما قبلها خفضاً لمناسبتها فصارت ܚܝܝ . ومضارعهُ اصله ܢܚܝܘ أعلَّ إعلال ܢܗܘܐ فصار ܢܶܚܶܐ

(١) وهذان الفعلان مفتوحا الفاء عند الشرقيين مثل ܐܰܦܺܝ و ܐܰܠܺܝ وكسرها اصح

ܕܘܪܫܐ تمرين

اذكر نوع كل من هذه الافعال الثلاثية المجردة ووزنهُ :

ܓܕܠ	جدل	ܬܒ	تاب	ܢܡ	نام
ܐܫܕ	اراق	[illegible]	دنس	ܟܪܐ	كئب
ܒܟܐ	بكى	ܚܠܐ	حلا	ܫܘܐ	استحق
ܫܘܪ	قفز	ܢܥ	وهن	ܣܗܕ	شهد
ܢܦܪ	نفر	ܢܛܦ	نظَّف	ܝܙܦ	استقرض

الفصل الثاني

ܡܛܠ ܟܝܠܐ ܕܡܠܬܐ ܕܡܫܡܫܢܝܬܐ في وزن الفعل الرباعي

٥٩ الرباعي لهُ وزن واحد في الماضي والمضارع وهو ܦܰܥܠܶܠ ܢܦܰܥܠܶܠ بفتح الفاء وكسر اللام الاولى فيهما نحو ܦܰܪܢܶܣ ܢܦܰܪܢܶܣ وزَّع يوزِع

الَّا اذا انتهى بحرف فتح فتُفتَح اللام نحو ܦܰܢܰܩ ܢܦܰܢܰܩ نعَّم ينعِّمُ . واذا انتهى بالياء يُقلب كسر اللام خفضاً في الماضي لمناسبتها . وفي المضارع تقلب الياء الفاً نحو ܬܰܪܣܺܝ ܢܬܰܪܣܶܐ عال يعول (١)

(١) ܬܰܪܣܺܝ اصله ܬܰܪܣܶܝ قلب كسره خفضاً نظير ܒܢܺܝ . و ܢܬܰܪܣܶܐ اصله ܢܬܰܪܣܶܝ سكنت الياء وكُسِرَ ما قبلها فقلبت الفاً نظير ܢܒܢܶܐ

الفصل الثالث

ܥܠ ܟܝ̈ܠܐ ܕܡ̈ܠܐ ܡܬܬܘܣܦܢܝ̈ܬܐ

في اوزان الافعال المزيدة

٦٠ يزاد على الثلاثي حرف او حرفان لاغراض سنذكرها • فالمزيد فيه حرف واحد عشرة اوزان

١ : ܦܰܥܶܠ ܢܦܰܥܶܠ

بتضعيف وسطهِ وتشديده عند الشرقيين(١) وما قبل آخره مكسور الا اذا انتهى بحرف فتح فيُفتَح حسب القاعدة • وهذا حكم سائر المزيدات الآتية • مثاله :

من السالم والنوني

ܩܰܒܶܠ ܢܩܰܒܶܠ قبّل يقبّلُ من ܩܒܶܠ قبل
ܦܰܬܰܚ ܢܦܰܬܰܚ فتّح يفتّحُ من ܦܬܰܚ فتحَ
ܢܰܟܶܦ ܢܢܰܟܶܦ عفّف يعفّفُ من ܢܟܰܦ عفّ
ܢܰܛܰܪ ܢܢܰܛܰܪ حفّظ يحفّظ من ܢܛܰܪ حفظ

ومن المضاعف

ܒܰܙܶܙ ܢܒܰܙܶܙ نهّب ينهّبُ من ܒܙ نهب
ܚܰܪܰܪ ܢܚܰܪܰܪ حرّر يحرّرُ من ܚܰܪ (٢) كان حرًّا

(١) وكذلك كان عندنا . وهذا حكم كلما هو مشدّد عندهم الآن ومخفّف عندنا (٢) بفكّ الادغام

ومن المهموز الفاء

ܐܰܥܶܩ ܢܰܐܥܶܩ	ضايق يضايقُ	من ܐܶܥܰܩ	ضايق (١)	

ومن المهموز العين

ܫܰܐܶܠ ܢܫܰܐܶܠ	سأل يسألُ	من ܫܐܶܠ	سأل
ܟܰܐܰܪ ܢܟܰܐܰܪ	انتهر ينتهرُ	من ܟܐܰܪ	انتهر (٢)

ومن المهموز اللام

ܛܰܡܶܐ ܢܛܰܡܶܐ	دنّس يدنسُ	من ܛܡܶܐ	تدنّس (٣)

ومن المعتل الفاء

ܐܰܘܠܶܕ ܢܰܘܠܶܕ	ولّد يولدُ	من ܝܺܠܶܕ	ولد
ܐܰܘܪܶܓ ܢܰܘܪܶܓ	شوّق يشوق	من ܝܺܪܶܓ	اشتاق
ܐܰܘܩܰܪ ܢܰܘܩܰܪ	كرّم يكرّمُ	من ܝܩܰܪ	كرم
ܐܰܘܥܶܕ ܢܰܘܥܶܕ	وعد يعدُ	من ܘܥܶܕ	(ممات)

ومن المعتل العين

ܐܰܩܺܝܡ ܢܩܺܝܡ	أقام يقيمُ	من ܩܳܡ	قام
ܕܺܝܢ ܢܕܺܝܢ	حكم يحكمُ	من ܕܳܢ	دان
ܕܺܝܪ ܢܕܺܝܪ	اسكن يسكنُ	من ܕܳܪ	سكن (٤)

---

(١) بثبوت الهمزة في المضارع لانها فاء الفعل . ونقل الفتح عنها الى حرف المضارعة للتخفيف (٢) ويجوز تخفيف الهمزة فيه وتحقيقها اجود

(٣) بالفتح فقط لان الهمزة من الفواتح . وكذا ܝܰܐܺܝ ܢܝܰܐܶܐ هذّبَ يهذّبُ ܒܰܝܺܝ ܢܒܰܝܶܐ عزّى يعزّي (اصلها ܝܐܐ و ܒܝܐ المماتان) . وكتابة هذه الافعال بألفين غلط

(٤) بقلب حرف العلة ياء لمناسبة الكسر . ويوجد بعض افعال واوية

ومن المعتل اللام

ܐܰܦܢܺܝ ܢܰܦܢܶܐ أرجعَ يرجعُ من ܦܢܳܐ رجعَ
ܐܰܒܣܶܡ ܢܰܒܣܶܡ فرّحَ يفرّحُ من ܒܣܶܡ(١) فرحَ

وهكذا تقول من الافعال المعتلة الآخر وهي نونية او مهموزة او معتلة الفاء والعين :

ܐܰܥܶܩ ܢܰܥܶܩ ضرّ يضرُّ من ܥܳܩ ضرَّ
ܐܰܢܺܝܚ ܢܢܺܝܚ أناح يُنيحُ من ܢܳܚ ناح
ܐܰܘܩܰܪ ܢܰܘܩܰܪ بجّل يبجّلُ من ܝܩܰܪ تبجّل
ܐܰܘܒܶܠ ܢܰܘܒܶܠ جمّل يحمّلُ من ܝܒܶܠ جمل
ܐܰܘܣܶܟ ܢܰܘܣܶܟ وسّخ يوسّخ من ܘܣܶܟ او ܐܣܶܟ(٢) وسخ
ܐܰܘܡܺܝ ܢܰܘܡܶܐ حلّف يحلّفُ من ܝܡܳܐ حلف
ܐܰܘܕܺܝ ܢܰܘܕܶܐ اظهر يُظهِرُ من ܝܕܳܐ(٣) (المهات)

٢ : ܐܰܦܥܶܠ ܢܰܦܥܶܠ

بزيادة الهمزة على اولهِ في الماضي وحذفها في المضارع فتنقل حركتها

الاصل من هذا الوزن يقلب فيها حرف العلة ياء على القياس او يرجع واواً مراعاة لاصله نحو ܝܰܒܶܫ سيّج : ܐܰܝܒܶܫ و ܐܰܘܒܶܫ سيّج . والافعال التي تبقى فيها الواو بلا اعلال تجري مجرى السالم نحو ܘܪܰܕ رَفَسَ : ܐܰܘܪܶܕ رَفَّسَ. ܚܘܰܪ ابيضَّ : ܐܰܚܘܰܪ بيّضَ

(١) بارجاع الالف في الاول ياء وابدال كسر ما قبل الياء في كليهما خفضاً لمناسبتها (٢) قال الغربيون ايضاً في ܓܳܐܶܡ ܩܳܐܶܡ ܪܳܐܶܒ : ܓܒܳܐ ܩܒܳܐ ܪܒܳܐ (بالف احدة) مثل ܕܒܳܐ والشرقيون ܓܒܳܐܳܐ ܩܒܳܐܳܐ ܪܒܳܐܳܐ

(٣) ان الشرقيين يبدلون فتح ما قبل الواو في نحو ܐܰܘܕܺܝ نصباً كما اشرنا سابقاً

الى حرف المضارعة : مثالهُ :

من السالم

ܐܰܫܠܶܡ ܢܰܫܠܶܡ	أكملَ يُكملُ	من ܫܠܶܡ	كَمُلَ
ܐܰܦܨܰܚ ܢܰܦܨܰܚ	أبهجَ يُبهِجُ	من ܦܨܰܚ	ابتهج

ومن النوني

ܐܰܦܶܩ ܢܰܦܶܩ	أخرجَ يُخرِجُ	من ܢܦܰܩ	خرجَ
ܐܰܒܰܥ ܢܰܒܰܥ	أنبعَ ينبعُ	من ܢܒܰܥ(١)	نبعَ

ومن المضاعف

ܐܰܒܶܙ ܢܰܒܶܙ	نهبَ ينهبُ	من ܒܰܙ	نهب
ܐܰܥܶܩ ܢܰܥܶܩ	أضرَّ يضرُّ	من ܥܰܩ(٢)	أضرَّ

ومن المهموز الفاء

ܐܰܘܟܶܠ ܢܰܘܟܶܠ	أطعمَ يطعمُ	من ܐܶܟܰܠ	أَكل

(١) بحذف النون لسكونها بعد متحرك . وقد ثبتت في بعض افعال نحو ܐܰܢܚܶܠ ܢܰܢܚܶܠ نحلَ ينحلُ ܐܰܢܗܰܪ ܢܰܢܗܰܪ انارَ ينيرُ

(٢) بابقاء الادغام والاصل ܐܰܥܩܶܩ ܐܰܥܩܶܩ . تقول فيهِ ܐܰܥܶܩ مثلًا اصله ܐܰܥܩܶܩ تأخر الكسر الى الفاء وحُذِفَ ثاني المتجانسين كما في المجرد فصار ܐܰܥܶܩ . وهذا الوزن يشابه ܐܰܦܥܶܠ المهموز الاول نحو ܐܰܘܒܶܕ ܐܰܘܪܶܒ وانما لا تثبت الهمزة في مضارعه نظيره لانها هنا غير اصلية فاعرف ان تميز بينهما . واعلم ان هذا الوزن من النوني والمضاعف يشدّد الشرقيون فيهِ ما بعد الالف اما في الاول فلادغام النون فيه واما في الثاني فللتعويض عن المحذوف

ܐܘܒܕ ܢܘܒܕ اباد يبيدُ من ܐܒܕ (١) باد

ومن المهموز العين

ܐܫܐܠ ܢܫܐܠ سألَ يسألُ من ܫܐܠ (٢) سألَ

ومن المعتل الفاء

ܐܘܠܕ ܢܘܠܕ أولدَ يولدُ من ܝܠܕ ولدَ

ܐܘܕܥ ܢܘܕܥ عرّفَ يعرّفُ من ܝܕܥ (٣) عرفَ

ومن المعتل العين

ܐܩܝܡ ܢܩܝܡ أقامَ يقيمُ من ܩܡ قامَ

ܐܕܝܢ ܢܕܝܢ حكمَ يحكمُ من ܕܢ دانَ

ܐܙܝܥ ܢܙܝܥ حرّكَ يحرّكُ من ܙܥ (٤) تحرّكَ

ومن المعتل اللام

ܐܦܢܝ ܢܦܢܐ أرجعَ يرجعُ من ܦܢܐ رجعَ

---

(١) بقلب الهمزة الاصلية واوًا. ولا يكون هذا الوزن من المهموز الفاء بدون الواو فانتبه الى ذلك

(٢) ويجوز فيه تخفيف الهمزة كالقاعدة وتحقيقها اجود

(٣) بقلب الياء واوًا فيماثل مزيد المهموز الفاء

(٤) والاصل ܐܩܘܡ ܐܕܘܢ الخ . تقول في ܐܩܝܡ مثلًا اصله ܐܩܘܡ نقلت الكسرة عن الواو الى ما قبلها فسكنت بعد كسرة فقلبت ياء ثم قلبت الكسرة خفضًا لمناسبتها فصارت ܐܩܝܡ . وفي ܐܕܝܢ اصله ܐܕܝܢ استثقلت الكسرة على الياء فنقلت الى ما قبلها ثم قلبت خفضًا لمناسبتها فصارت ܐܕܝܢ . ولا قوة لحرف الحلق على الفتح في نحو ܐܙܝܥ بسبب نقل الكسرة عن الياء التي قبله

ܐܨܗܝ ܢܨܗܐ عطَّشَ يعطِّشُ من ܨܗܐ او ܨܗܝ(١) عطشَ

اما المعتل اللام النوني او المهموز العين او المبتدئ بياء فيوافق نوعيهِ كليهما نحو :

ܐܟܝ ܢܟܐ اضرَّ يضرُّ من ܢܟܐ ضرَّ

ܐܠܐܝ ܢܠܐܐ اتعبَ يتعبُ من ܠܐܝ(٢) تعبَ

واما المعتل اللام والعين معاً فلا يختلف عن ܐܓܠܝ نحو :

ܐܫܘܝ ܢܫܘܐ أَهَّل يؤهل من ܫܘܐ استأهلَ

ܐܪܘܝ ܢܪܘܐ اسكرَ يسكرُ من ܪܘܐ او ܪܘܝ(٣) سكرَ

٣ : ܣܰܦܥܶܠ ܢܣܰܦܥܶܠ بزيادة السين على اولهِ نحو :

ܣܰܪܗܶܒ ܢܣܰܪܗܶܒ عجَّل يعجِّلُ من ܪܗܒ استعجلَ

٤ : ܫܰܦܥܶܠ ܢܫܰܦܥܶܠ بزيادة الشين على اولهِ نحو :

ܫܰܥܒܶܕ ܢܫܰܥܒܶܕ استعبدَ يستعبدُ من ܥܒܕ عملَ

ܫܰܪܬܰܚ ܢܫܰܪܬܰܚ وفَّرَ يوفّر من ܪܬܚ سخن

ܫܰܘܕܰܥ ܢܫܰܘܕܰܥ عرَّفَ يعرّف من ܝܕܥ عرف

ܫܰܡܠܝ ܢܫܰܡܠܐ اتمَّ يتمُّ من ܡܠܐ ملأَ

اما الافعال التي لا تعلّ فيها الواو من الاجوف مثل ܚܘܒ أَثِمَ ܫܘܪ « قفز » فحكمها حكم السالم نحو ܐܚܘܒ ܢܚܘܒ اثَّمَ يوثّمُ ܐܫܘܪ ܢܫܘܪ قفزَ يقفزُ

(١) بارجاع الف الماضي المجرد ياءً وابدال كسر ما قبل الياء فيهما خفضاً مثل ܩܰܝܶܡ و ܣܰܝܶܒ لان الاصل فيها ܐܩܝܡ ܢܩܝܡ و ܐܣܝܡ ܢܣܝܡ

(٢) وبعض النساخ يكتبونهُ هو ومجرده ܠܐܐ كمزيد ܐܓܠܐ الذي على وزن ܦܥܠ وهو خطأ . اما المهموز الفاء فيأتي منهُ شاذًا كما سترى

(٣) شذَّ عنهُ ܐܒܝܐ ܢܒܐܐ من ܒܐܐ وسيأتي بيانهُ . وبعض النساخ يكتبون مضارعهُ ܢܐܪܘܐ بالف وهو خطأ

ܚܒܘܒ ܢܚܒܘܒ وعدَ يعدُ من ܚܒܐ احبَّ

٥ : ܦܪܥܠ ܢܦܪܥܠ بزيادة الراء على ثانيه نحو :

ܥܪܩܠ ܢܥܪܩܠ عقلَ يعقل من ܥܩܠ كتف

ܦܪܟܟ ܢܦܪܟܟ فكّكَ يفكّك من ܦܟܟ فكّ

٦ : ܦܘܥܠ ܢܦܘܥܠ بزيادة الواو على ثانيهِ نحو :

ܫܘܠܠ ܢܫܘܠܠ الهبَ يلهب من ܫܠܠ شقّ

٧ : ܦܝܥܠ ܢܦܝܥܠ بزيادة الياء على ثانيهِ نحو :

ܣܝܒܪ ܢܣܝܒܪ احتملَ يحتملُ من ܣܒܪ ظنَّ . أمِلَ

٨ : ܦܥܠܠ ܢܦܥܠܠ بزيادة حرف مثل الاخير نحو :

ܥܒܕܕ ܢܥܒܕܕ استعبدَ يستعبد من ܥܒܕ صنعَ . عملَ

٩ : ܦܥܠܝ ܢܦܥܠܐ بزيادة ياء على آخره نحو :

ܬܡܗܝ ܢܬܡܗܐ ادهش يدهش من ܬܡܗ دهشَ

١٠ : ܦܥܠܘܠ ܢܦܥܠܘܠ بزيادة الواو بعد ثانيه نحو :

ܫܪܘܦ (الممات) من ܡܘܬ ولا يستعمل منهُ الا المجهول كما سيأتي

والمزيد فيه حرفان وزنان :

١ : ܦܥܠܥܠ ܢܦܥܠܥܠ يزاد عليه مثل حرفيهِ الاخيرين نحو :

ܚܠܛܠܛ ܢܚܠܛܠܛ خلط غير مرّة من ܚܠܛ خلطَ

٢ : ܦܥܘܥܝ ܢܦܥܘܥܠ (١) نحو :

---

(١) بقلب لامهِ واوا . وزيادة حرفين مثل عينهِ ولامهِ مع قلب ثانيهما ياءً . وهو في الاصل كالوزن الاول تماماً وانما يختص بالمعتل اللام ويجري فيهِ قلب حرف العلة كما ترى . فاصل ܕܒܘܒܝ مثلاً ܕܒܒܒ لانهُ مزيد ܕܒܐ المشتق من ܕܒܒܐ او ܕܒܒܐ

ܒܢܘܢܝ ܢܒܢܘܢܐ بنى غير مرة من ܒܢܐ بنى

٦١ فالمزيدات في الارامية اذاً اثنا عشر وزناً (١)

واعلم اولاً: ان ܦܰܥܶܠ و ܐܰܦܥܶܠ يكونان غالباً لتعدية اللازم نحو ܩܪܶܒ قرُبَ ܩܰܪܶܒ قرّبَ ܕܚܶܠ رهب ܐܰܕܚܶܠ ارهب · ولمبالغة المتعدي وتكثيره نحو ܟܬܰܒ كتبَ ܟܰܬܶܒ كتّبَ ܚܪܶܒ خرب ܐܰܚܪܶܒ اخرب

وقد يكونان متعديين او لازمين معاً نحو ܗܰܠܶܟ مشى وأمشى ܐܰܚܫܶܡ تعشّى وعشّى · او لازمين فقط نحو ܟܰܬܶܪ مكثَ ܐܰܪܡܶܫ أمسى · دخلَ في المساء

ثانياً: بقية المزيدات ايضاً تأتي للتعدية والمبالغة· ومتعدية ولازمة او لازمة فقط نحو ܪܳܡ ارتفع ܡܪܰܝܶܡ رفعَ ܡܠܳܐ ملأ · اتمّ ܡܫܰܡܠܶܐ تمّ ܐܶܬܥܰܪܰܩ وفرَّ ܡܥܰܪܶܩ عجّلَ واستعجلَ ܡܣܰܝܒܰܪ صبرَ

ܘ ܣܰܪܗܶܒ « نظر مراراً » اصله ܣܰܘܗܶܒ بالواو اذا كان سيأ مجرده مأخوذاً من ܣܗܶܒ · وتعليل هذا الوزن وبقية المزيدات المنتهية بياء كتعليل ܐܰܘܫܶܛ

(١) ويوجد وزن آخر لا يكون الا من المضاعف والمعتل الوسط ويبنى بتكرارهما هكذا ܕܰܒܕܶܒ « ذهب غير مرة » من ܕܰܒ · ܦܰܪܦܰܪ « رفرف » من ܦܰܪ زفَّ · ܓܰܪܓܰܪ « جرَّ · سحبَ غير مرة » من ܓܰܪ جرَّ · ܐܰܙܥܶܙܥ « زعزعَ » من ܙܳܥ ترعزعَ

واعلم ان الوزنين الاولين من المزيدات يفوقان الاوزان الباقية كثرةً ويكادان ان يكونا عامين في سائر الافعال بخلاف البقية فهي قليلة · والمعول عليه في معرفتها انما هو المعجمات وكتب اللغة فلا يمكن ان تصاغ كلها من كل فعل · ولا يمكن المزيدات ان تكون الا فرعاً لافعال ثلاثية وربما كان بعضها عماتاً مثل ܦܰܪܢܶܣ و ܫܰܥܒܶܕ المتقدم ذكرهما (صفحة ١٤٤ حاشية ٣) · فلاحظ ذلك

ووزنا ܦܰܥܠܶܠ ܘܦܰܥܠܦܶܠ خاصةً بكونان للتكرار نحو ܦܰܠܓܶܓ قسمَ غير مرة ܘܚܰܝܪܶܪ نظرَ غير مرة

تالثاً : يكون معنى المزيدات موافقاً لمعنى مجرداتها كما مر . وقد تكتسب معنىً آخر لكن بينه وبين معنى المجرد بعض المناسبة نحو ܪܚܶܡ أحبَّ ܪܰܚܶܡ رَحِمَ

ܕܽܘܪܳܫܳܐ تمرين

اشر الى اوزان هذه الافعال المزيدة واذكر مجرد كل منها والحرف المزيد عليه :

ܟܰܢܶܫ	ضمَّ . ألَّفَ	ܒܰܪܶܟ	ربك	ܐܰܘܣܶܦ	زاد
ܡܰܪܡܰܪ	أمرَّ . مرمر	ܐܰܟܫܰܪ	اصلحَ . نجحَ	ܪܰܕܺܝ	هذَّب
ܐܰܥܺܝܪ	ايقظ	ܝܰܬܰܪ	فضَّل	ܐܰܘܕܺܝ	اعترف
ܫܰܢܺܝ	غيَّر	ܐܰܫܩܺܝ	سقى	ܝܰܒܶܫ	ايبسَ . جفَّف
ܐܰܒܰܥ	أنبع . احدث	ܪܰܘܪܶܒ	رفع . عظَّم	ܐܰܘܟܶܡ	سوَّد
ܚܰܪܺܐ	خاصم . تشبَّه	ܐܰܒܐܶܫ	اساءَ	ܣܰܡܶܡ	سمَّم
ܪܰܓܶܓ	شوَّق . رغَّب	ܪܰܛܶܒ	برَّد . رطَّب	ܦܰܪܣܺܝ	كشف
ܡܰܚܶܠ	أنحلَ	ܢܰܟܶܣ	ضحَّى . ذبح	ܐܰܘܝܺܝ	وفَّقَ

الفصل الرابع

ܥܠ ܟܝܠܐ ܕܡܠܬܐ ܚܫܘܫܬܐ ܐܘ ܬܘܝܬܐ

في اوزان الفعل المجهول او التاوي

٦٢ يصاغ المجهول او التاوي بزيادة « ܐܬ » على اول الماضي وحذف الالف في المضارع ونقل حركتها الى حرف المضارعة

ويأتي من الثلاثي على وزن ܐܬܦܥܠ ܢܬܦܥܠ بكسر ما قبل آخره نحو ܟܬܒ كَتَبَ ܐܬܟܬܒ ܢܬܟܬܒ كُتِبَ يُكتَب . فإن انتهى بحرف فتح يبدل كسره فتحاً نحو ܦܬܚ فَتَحَ ܐܬܦܬܚ ܢܬܦܬܚ فُتِحَ يُفتَحُ

ومن غير الثلاثي اي من الرباعي والمزيد يأتي بفتح ما قبل آخره نحو ܙܪܥ وزّع ܐܬܙܪܥ ܢܬܙܪܥ وُزِّع يُوزّع ܟܬܒ كتّب ܐܬܟܬܒ ܢܬܟܬܒ كُتِّب يُكتَّب

غير ان المعتل منه ثلاثياً كان او غير ثلاثي يعرض له بعض التغيير كما ترى في الامثلة الآتية

واذا ابتدأ الفعل باحد حروف الصفير وهي « ܙ ܣ ܨ ܫ » فيقدَّم حرف الصفير على التاء وتبقى على حالها مع السين والشين نحو ܣܓܕ سَجَد ܐܣܬܓܕ ܢܣܬܓܕ سُجِد لهُ يُسجَد ܫܒܩ تَرَك ܐܫܬܒܩ ܢܫܬܒܩ تُرِك يُترَكُ

وتقلب دالاً مع الزاي وطاء مع الصاد نحو ܙܩܦ رَفَعَ ܐܙܕܩܦ

رُفِعَ ܙܩܰܦ صَلَبَ أي ܐܶܙܕܩܶܦ صُلِبَ . وهاك امثلة للمجهول من كل انواع الفعل

اولاً : من المجرد الثلاثي

من السالم والنوني

ܥܒܰܕ	صنَعَ	ܐܶܬ݂ܥܒܶܕ ܢܶܬ݂ܥܒܶܕ	صُنِعَ يُصنَعُ
ܕܒܰܚ	ذَبَحَ	ܐܶܬ݂ܕܒܶܚ ܢܶܬ݂ܕܒܶܚ	ذُبِحَ يُذبَحُ
ܢܨܰܒ	نَصَبَ	ܐܶܬ݂ܢܨܶܒ ܢܶܬ݂ܢܨܶܒ	نُصِبَ يُنصَبُ
ܢܦܰܚ	نفخَ	ܐܶܬ݂ܢܦܶܚ ܢܶܬ݂ܢܦܶܚ	نُفِخَ يُنفَخُ

ومن المضاعف

ܒܰܙ	نهبَ	ܐܶܬ݂ܒܙܶܙ ܢܶܬ݂ܒܙܶܙ	نُهِبَ يُنهَبُ
ܪܰܨ	رضَّ	ܐܶܬ݂ܪܨܶܨ ܢܶܬ݂ܪܨܶܨ (١)	رُضَّ يُرَضُّ

ومن المهموز الفاء

ܐܶܟ݂ܰܠ	أَكَلَ	ܐܶܬ݂ܐܟ݂ܶܠ ܢܶܬ݂ܐܟ݂ܶܠ	أُكِلَ يُؤكَلُ
ܐܶܡܰܪ	قالَ	ܐܶܬ݂ܐܡܰܪ ܢܶܬ݂ܐܡܰܪ (٢)	قيلَ يُقالُ

ومن المهموز العين واللام

ܫܐܶܠ	سَألَ	ܐܶܫܬ݂ܐܶܠ ܢܶܫܬ݂ܐܶܠ	سُئِلَ يُسألُ
ܟ݂ܐܰܪ	انتهرَ	ܐܶܬ݂ܟ݂ܐܰܪ ܢܶܬ݂ܟ݂ܐܰܪ	أُنتُهِرَ يُنتَهرُ
ܛܰܡܰܐ	تدنّسَ	ܐܶܬ݂ܛܰܡܰܐ ܢܶܬ݂ܛܰܡܰܐ	تدنّس يتدنسُ

---

(١) بفك الادغام فيصير كالسالم

(٢) ويغلب في هذا المهموز تحريك التاء بحركة ܦܬܳܚܳܐ (عد ٥) وذلك لا يخل بالوزن

ومن المعتل الفاء

ܝܠܕ ولدَ ܐܬܝܠܕ ܢܬܝܠܕ (١) وُلِدَ يُولَدُ

ومن المعتل العين

ܕܢ دانَ ܐܬܬܕܝܢ ܢܬܬܕܝܢ دِينَ يُدانُ

ܨܘܪ صوّرَ ܐܬܬܨܝܪ ܢܬܬܨܝܪ (٢) صُوِّرَ يُصوَّرُ

ومن المعتل اللام

ܩܪܐ دعا ܐܬܩܪܝ ܢܬܩܪܐ دُعيَ يدعى

ܨܒܐ ارادَ ܐܬܨܒܝ ܢܬܨܒܐ (٣) أُريدَ يُراد

وهكذا تقول من المعتل الآخر النوني والمهموز الفاء والعينَ والمعتل الفاء والعين :

ܢܟܐ ضرَّ ܐܬܢܟܝ ܢܬܢܟܐ أُضرَّ يُضرّ

ܐܠܐ رَثى ܐܬܐܠܝ ܢܬܐܠܐ رُثيَ يُرثى

ܟܐܐ انتهرَ ܐܬܟܐܝ ܢܬܟܐܐ أُنتُهِرَ يُنتَهَرُ

---

(١) وخفض ما قبل الياء فيه عارض بسببها وهو حركة ܪܒܨܐ والاصل ܐܬܝܠܕ بالسكون

(٢) بقلب الف الماضي (المعوض عنها بالنصب) ياءً وارجاع الكسر عنها الى ما قبلها مبدولاً خفضاً لمناسبتها . فالاصل ܐܬܕܝܢ ܐܬܨܝܪ على ܐܬܦܥܠ كما لا يخفى . وقد زيدَ تاءٌ على اول الفعل في هذا الوزن بعد اداة المجهولية لتمام المشابهة بينهُ وبين مجهول مزيده ܐܬܦܥܠ الذي يكون فيه بعد تاء المجهولية تاءٌ اخرى مقاربة عن الالف مثل ܐܬܬܕܝܢ مجهول ܐܕܝܢ « حاكمَ » . وهذه التاء الثانية تمنع تأثير حروف الصفير على تاء المجهولية كما في ܐܬܬܨܝܪ

(٣) بابدال الالف ياءً في الماضي وخفض ما قبلها . وابقائها الفاً مكسوراً ما قبلها في المضارع

ܣܦܳܐ وَفى ܐܶܬܣܦܺܝ ܢܶܬܣܦܶܐ وُفِيَ يُوفى

ܛܘܳܐ شَوى ܐܶܬܛܘܺܝ ܢܶܬܛܘܶܐ شُوِيَ يُشوى

ثانياً : من الرباعي

ܦܰܥܠܶܠ : ܐܶܬܦܰܥܠܰܠ ܢܶܬܦܰܥܠܰܠ نحو :

ܦܰܪܢܶܣ وزَّعَ ܐܶܬܦܰܪܢܰܣ ܢܶܬܦܰܪܢܰܣ وُزِعَ يُوَزَّعُ

ܬܰܪܣܺܝ قاتَ ܐܶܬܬܰܪܣܺܝ ܢܶܬܬܰܪܣܶܐ قِيتَ يُقاتُ

ثالثاً : من المزيدات

١ : ܦܰܥܶܠ : ܐܶܬܦܰܥܰܠ ܢܶܬܦܰܥܰܠ نحو :

ܩܰܒܶܠ قَبلَ ܐܶܬܩܰܒܰܠ ܢܶܬܩܰܒܰܠ قُبلَ يُقبلُ

ܫܰܕܰܪ بَعثَ ܐܶܬܫܰܕܰܪ ܢܶܬܫܰܕܰܪ بُعثَ يُبعثُ

ܪܰܣܶܣ رَشَّ ܐܶܬܪܰܣܰܣ ܢܶܬܪܰܣܰܣ رُشَّ يُرَشُّ

ܐܰܠܶܨ حَثَّ ܐܶܬܐܰܠܰܨ ܢܶܬܐܰܠܰܨ حُثَّ يُحثُّ

ܫܰܐܶܠ سألَ ܐܶܫܬܰܐܰܠ ܢܶܫܬܰܐܰܠ سُئلَ يُسألُ

ܛܰܢܶܦ دَنَّسَ ܐܶܬܛܰܢܰܦ ܢܶܬܛܰܢܰܦ دُنِّسَ يُدَنَّسُ

ܫܰܠܶܠ سَلسَلَ ܐܶܫܬܰܠܰܠ ܢܶܫܬܰܠܰܠ سُلسِلَ يُسلسَلُ

ܩܰܝܶܡ أَقامَ ܐܶܬܩܰܝܰܡ ܢܶܬܩܰܝܰܡ أُقيمَ يُقامُ

ܕܰܝܶܢ حَكَمَ ܐܶܬܕܰܝܰܢ ܢܶܬܕܰܝܰܢ حُكِمَ يُحكَمُ

ܪܰܥܺܝ أَرضى ܐܶܬܪܰܥܺܝ ܢܶܬܪܰܥܶܐ أُرضِيَ يُرضى

ܐܰܣܺܝ شَفى ܐܶܬܐܰܣܺܝ ܢܶܬܐܰܣܶܐ شُفِيَ يُشفَى

ܐܰܘܺܝ وَفَّقَ ܐܶܬܐܰܘܺܝ ܢܶܬܐܰܘܶܐ وُفِّقَ يُوَفَّقُ

ܝܰܩܰܪ بجّلَ ܐܶܬܝܰܩܰܪ ܢܶܬܝܰܩܰܪ(١) تبجّلَ يتبجّلُ

٢: ܐܰܩܛܶܠ : ܐܶܬܬܰܩܛܰܠ ܢܶܬܬܰܩܛܰܠ (٢) نحو :

ܐܰܫܠܶܡ	اكمل	ܐܶܬܬܰܫܠܰܡ ܢܶܬܬܰܫܠܰܡ	أكمِلَ يُكمَلُ
ܐܰܦܶܩ	أخرَجَ	ܐܶܬܬܰܦܰܩ ܢܶܬܬܰܦܰܩ	أخرِجَ يُخرَجُ
ܐܰܢܗܰܪ	أنارَ	ܐܶܬܬܰܢܗܰܪ ܢܶܬܬܰܢܗܰܪ	أنِيرَ يُنارُ
ܐܰܥܶܠ	أدخلَ	ܐܶܬܬܰܥܰܠ ܢܶܬܬܰܥܰܠ	أدخِلَ يُدخَلُ
ܐܰܘܟܶܠ	أطعمَ	ܐܶܬܬܰܘܟܰܠ ܢܶܬܬܰܘܟܰܠ	أطعِمَ يُطعمُ
ܐܰܫܐܶܠ	سالَ	ܐܶܬܬܰܫܐܰܠ ܢܶܬܬܰܫܐܰܠ	سئِل يسألُ
ܐܰܘܠܶܕ	أولدَ	ܐܶܬܬܰܘܠܰܕ ܢܶܬܬܰܘܠܰܕ	أُولِدَ يُولَدُ
ܐܰܩܺܝܡ	أقامَ	ܐܶܬܩܺܝܡ ܢܶܬܩܺܝܡ(٣)	أُقيمَ يُقامُ
ܐܰܪܡܺܝ	ألقى	ܐܶܬܬܰܪܡܺܝ ܢܶܬܬܰܪܡܶܐ	أُلقيَ يُلقَى
ܐܰܒܐܶܫ	أضرَّ	ܐܶܬܬܰܒܐܰܫ ܢܶܬܬܰܒܐܰܫ	أُضرَّ يُضرُّ
ܐܰܠܐܺܝ	أتعبَ	ܐܶܬܬܰܠܐܺܝ ܢܶܬܬܰܠܐܶܐ	أُتعبَ يُتعبُ
ܐܰܘܪܶܒ	أنمى	ܐܶܬܬܰܘܪܰܒ ܢܶܬܬܰܘܪܰܒ	أُنميَ يُنمَى
ܐܰܫܘܺܝ	أَهَّلَ	ܐܶܬܬܰܫܘܺܝ ܢܶܬܬܰܫܘܶܐ(٤)	أُهّل يؤَهلُ

(١) ومثله ܪܰܒܺܝ ܘܪܰܒܺܝ : ܐܶܬܪܰܒܺܝ ܢܶܬܪܰܒܶܐ ܐܘ ܐܶܬܪܰܒܺܝ ܢܶܬܪܰܒܶܐ . و ܓܰܠܺܝ ܦܰܠܺܝ ܙܰܠܺܝ : ܐܶܬܓܰܠܺܝ ܐܶܬܦܰܠܺܝ ܐܘ ܐܶܬܙܰܠܺܝ . و ܓܰܠܺܐ ܦܰܠܺܐ ܙܰܠܺܐ : ܐܶܬܓܰܠܺܐ ܐܶܬܦܰܠܺܐ ܐܘ ܐܶܬܙܰܠܺܐ

(٢) يقلب همزته تاء بعد اداة المجهولية للخفة وللفرق بينه وبين مجهول ܩܛܰܠ المبتدئ بهمزة

(٣) بالخفض نظير المعلوم والاصل بفتح الياء ܐܶܬܬܩܺܝܰܡ ܢܶܬܬܩܺܝܰܡ . واعلم ان ܐܰܦܺܝܣ «ابتهلَ» يأتي مجهولهُ ܐܶܬܬܦܺܝܣ و ܐܶܬܛܦܺܝܣ « ابتُهِلَ اليهِ » قلب التاء طاء

(٤) لا يأتي مجهول وزن ܐܰܩܛܶܠ على وزن مجهول الثلاثي ܐܶܬܩܛܶܠ الا خلافاً لقول بعضهم

٣ً: باقي المزيدات

ܣܪܗܒ استعجلَ ܐܣܬܪܗܒ ܢܣܬܪܗܒ أُستعجلَ يُستعجلُ

ܫܠܗܒ أضرمَ ܐܫܬܠܗܒ ܢܫܬܠܗܒ أُضرمَ يُضرمُ

ܫܡܠܝ تمَّمَ ܐܫܬܡܠܝ ܢܫܬܡܠܐ تُمِّمَ يُتمَّمُ

ܐܘܩܕ أوقدَ ܐܬܬܘܩܕ ܢܬܬܘܩܕ أُوقدَ يوقدُ

ܣܝܒܪ احتملَ ܐܣܬܝܒܪ ܢܣܬܝܒܪ احتُمِلَ يُحتمل

ܫܥܒܕ استعبدَ ܐܫܬܥܒܕ ܢܫܬܥܒܕ استُعبِدَ يُستَعبَدُ

ܫܘܗܪ أدهشَ ܐܫܬܘܗܪ ܢܫܬܘܗܪ أُدهِشَ يُدهَش

ܣܪܦܦ (تمات) ܐܣܬܪܦܦ ܢܣܬܪܦܦ غُيِّمَ السماء (لازم فقط)

ܫܚܠܛ خاطَ ܐܫܬܚܠܛ ܢܫܬܚܠܛ خُلِطَ غير مرة يُخلَط

ܫܝܪܐ نظرَ غير مرة ܐܫܬܝܪܝ ܢܫܬܝܪܐ(١) نُظِرَ غير مرة يُنظَرُ

ܒܙܙ نَهَبَ غير مرة ܐܬܒܙܙ ܢܬܒܙܙ نُهِبَ غير مرة يُنهَبُ

ويجوز ان يزاد على اداة المجهول في بعض المزيدات المبتدئة بالسين او الشين تاء اخرى فتُنقَل حركة الاولى اليها نحو :

ܐܣܬܪܗܒ : ܐܣܬܬܪܗܒ ܢܣܬܬܪܗܒ استُعجِلَ يُستعجل

ܐܫܬܠܗܒ : ܐܫܬܬܠܗܒ ܢܫܬܬܠܗܒ أُلهِبَ يُلهَبُ

ܐܫܬܘܕܥ : ܐܫܬܬܘܕܥ ܢܫܬܬܘܕܥ عُرِفَ يُعرفُ

ܐܫܬܘܕܝ : ܐܫܬܬܘܕܝ ܢܫܬܬܘܕܐ وُعِدَ يوعَدُ

---

(١) ان خفض الماضي وكسر المضارع في الرباعي والمزيدات المنتهية بالياء لا يخل بالوزن لانهُ عارض كما علمت فاصل ܐܬܬܪܓܡ ܢܬܬܪܓܡ مثلاً ܐܬܬܪܓܡ ܢܬܬܪܓܡ . و ܐܬܦܪܢܣ ܢܬܦܪܢܣ : ܐܬܦܪܢܣ ܢܬܦܪܢܣ الخ

فائدة

ان جميع اوزان المجهول المتقدمة تقبل اللزوم والتعدية . فتكون للمجهولية وهو الاصل فيها نحو ܐܬܟܬܒ كُتِبَ ܐܬܟܬܒ كُتِّبَ ܐܬܝܠܕ وُلِدَ . وللمجهولية والمطاوعة معاً نحو ܐܬܦܣܩ قُطِعَ وانقطعَ ܐܬܬܒܪ كُسِرَ وانكسرَ . وللمجهولية والتعدية نحو ܐܫܬܘܕܝ وُعِدَ ووَعَدَ . وللمجهولية واللزوم معاً نحو ܐܬܕܘܕ أُقلِقَ وقلِقَ . وللتعدية فقط ܐܣܬܟܠ عرَفَ . فهِمَ . وللزوم فقط نحو ܐܬܙܠܓ تلألأَ ܐܬܡܣܝ نَحَلَ . ذَبُلَ . وذلك سماعي

غير ان وزن ܐܬܬܦܥܠ لا يكون الا للمجهولية نحو ܐܬܬܥܝܩ أُضِيَ ܐܬܬܘܒܕ أُبِيدَ . وكذا ما زيدَ فيه على تاء المجهولية تاء اخرى نحو ܐܫܬܬܪܗܒ استعجِلَ

ووزنا ܐܬܦܠܦܠ و ܐܬܦܥܘܠ لا يأتيان للتعدية الا نادرًا والغالب فيهما ان يكونا لتكرار الفعل غير مرة . وكل ذلك انما يعرف من المعجمات والمطالعة (١)

ܕܘܪܫܐ تمرين

اشر الى وزن كل من هذه الافعال المجهولة واذكر معلومَهُ :

ܐܬܚܬܡ خُتِمَ | ܐܬܬܐܣܪ أُسِرَ | ܐܬܓܒܠ عُجِنَ

---

(١) اعلم ١ً : ان المجهول او التاوي لا بد ان يصاغ من فعل بصيغة المعلوم كما ترى . وربما كان ذلك الفعل مماتاً مثل ܚܫܡ ܦܪܘܫ : ܐܬܚܫܡ التجا ܐܬܦܪܘܫ غيِّمَ . ٢ً : انهُ متى كان الفعل للمجهولية فلا يصاغ الا من الافعال المتعدية . وان مجي اوزان المجهول بمعنى المعلوم المتعدي او اللازم هو الذي جعلنا نسميهِ مجهولاً او تاوياً نسبة الى التاء في اولهِ كما فعلَ غيرنا

ܐܬܒܚܪ	فُحِصَ	ܐܙܕܟܝ	غُلِبَ	ܐܬܨܝܕ	اصطيدَ
ܐܬܪܨܨ	رُضَّ	ܐܬܡܚܝ	ضُرِبَ	ܐܬܪܣܣ	رُشَّ
ܐܬܓܪܓ	جُذِبَ	ܐܬܒܙܚ	هُزِئَ بهِ	ܐܬܝܩܕ	أُوقِدَ
ܐܬܥܠܝ	رُفِعَ	ܐܬܢܚܬ	نُزِلَ	ܐܬܩܛܪ	صُرَّ . عُقِدَ
ܐܬܒܗܬ	أُخزِيَ	ܐܬܦܢܝ	نوغِيَ له	ܐܬܪܦܝ	أُوهِيَ

الفصل الخامس

ܥܠ ܐܦܝܐ ܕܦܘܩܕܐ في صيغة الحاضر

٦٣ يصاغ الحاضر من الماضي كما يلي :

اولاً : من الثلاثي المعلوم

يصاغ بنصب اول الماضي وكسر ثانيه على وزن ܦܥܘܠ . واذا انتهى بحرف فتح يفتح ثانيه . مثاله :

من السالم والنوني

ܟܬܒ	ܟܬܘܒ	كَتَبَ يَكتُبُ
ܦܬܚ	ܦܬܚ	فتح يفتح
ܢܦܩ	ܦܘܩ	خرج يخرج
ܢܦܚ	ܦܘܚ	نفخ ينفخ

ومن المضاعف

ܒܙ	ܒܘܙ	نهب ينهب

ܒܙ	ܢܒܘܙ	أنف يأنف
ܩܪ	ܢܩܘܪ (١)	برد يبرد

ومن المهموز

ܐܟܠ	ܢܐܟܘܠ	اكل يأكل
ܐܡܪ	ܢܐܡܪ	قال يقول
ܫܐܠ	ܢܫܐܠ	سأل يسأل
ܟܐܪ	ܢܟܐܪ	انتهر ينتهر
ܣܐܡ	ܢܣܐܡ (٢)	احمرّ يحمرّ

ومن المعتل الفاء

ܝܠܕ	ܢܐܠܕ	ولد يلد
ܝܬܪ	ܢܐܬܪ	استفادَ يستفيدُ

ومن المعتل العين

ܩܡ	ܢܩܘܡ	قام يقوم
ܕܢ	ܢܕܘܢ	دان يدين
ܙܥ	ܢܙܘܥ (٣)	تحرّك يتحرّك

ومن المعتلَ اللام

ܩܪܐ	ܢܩܪܐ	قرأ يقرأ

(١) بفك الادغام وابدال اول المتجانسين الفاً ملفوظة ياء للتخفيف فالاصل ܢܒܙܙ ܢܩܪܪ

(٢) بفتح العين فقط لان الهمزة بعدها من الفواتح

(٣) باعادة الالف المقلوبة عن الواو او الياء ولفظها ياء

ܚܕܺܝ	ܚܳܕܶܐ (١)	فرح يفرح
ܢܫܺܝ	ܢܳܫܶܐ	نسي ينسى
ܐܠܳܐ	ܐܳܠܶܐ	رثى يرثي
ܠܐܶܐ	ܠܳܐܶܐ	تعب يتعب
ܢܒܰܛ	ܢܳܒܶܛ	نبت ينبت
ܪܘܺܝ	ܪܳܘܶܐ	سكِر يسكَر

ثانياً : من الرباعي والمزيدات

يصاغ بادخال ميم على اول الماضي ساكنة اذا كان متحركاً ومكسورة اذا كان ساكناً . فان انتهى بياء تبدل ياؤُه الفاً مكسوراً ما قبلها . مثال ذلك :

من الرباعي ܦܰܥܠܶܠ : ܡܦܰܥܠܶܠ نحو :

ܦܰܪܢܶܣ	ܡܦܰܪܢܶܣ	وزَّعَ يوزّعُ
ܬܰܪܣܺܝ	ܡܬܰܪܣܶܐ	قات يقوت

ومن ܦܰܥܶܠ : ܡܦܰܥܶܠ نحو :

ܩܰܒܶܠ	ܡܩܰܒܶܠ	قَبل يَقبلُ
ܢܰܗܰܪ	ܡܢܰܗܰܪ	انار ينير
ܐܰܦܨܺܝ	ܡܰܦܨܶܐ (٢)	نجّى ينجّي
ܩܰܥܩܶܥ	ܡܩܰܥܩܶܥ	هتف يهتف

(١) بقلب الياء الفاً مكسوراً ما قبلها للتخفيف

(٢) بثبوت الالف لانها اصلية وارجاع حركتها الى الميم عندنا بحسب قاعدة تخفيفها . وهكذا في نحو ܐܰܟܶܠ ܡܰܐܟܠܳܐ

ܐܰܛܶܒ	ܡܰܐܛܶܒ	طيّب يطيّب
ܓܰܐܺܝ	ܡܓܰܐܶܐ	بجّل يبجّلُ
ܚܰܘܺܝ	ܡܚܰܘܶܐ	اظهر يظهر

ومن ܐܰܦܥܶܠ : ܡܰܦܥܶܠ (١)

ܐܰܫܠܶܡ	ܡܰܫܠܶܡ	اتمَّ يتمُّ
ܐܰܪܥܶܒ	ܡܰܪܥܶܒ	نافق ينافق
ܐܰܦܶܩ	ܡܰܦܶܩ	اخرج يخرج
ܐܰܢܗܰܪ	ܡܰܢܗܰܪ	انار ينير
ܐܰܗܶܠ	ܡܰܗܶܠ	سخر يسخر
ܐܰܩܺܝܡ	ܡܩܺܝܡ	اقام يقيم
ܐܰܙܺܝܥ	ܡܙܺܝܥ	زعزع يزعزع
ܐܰܫܪܺܝ	ܡܰܫܪܶܐ	احلَّ يحلُّ
ܐܰܟܺܝ	ܡܰܟܶܐ	آذى يآذي

ومن باقي المزيدات

ܫܰܪܗܶܒ	ܡܫܰܪܗܶܒ	استعجلَ يستعجلُ
ܫܰܡܠܺܝ	ܡܫܰܡܠܶܐ	تَمَّمَ يُتمِّمُ
ܓܰܘܗܶܠ	ܡܓܰܘܗܶܠ	اشعل يشعل
ܣܰܝܒܰܪ	ܡܣܰܝܒܰܪ	صبر يصبر
ܒܰܙܒܶܙ	ܡܒܰܙܒܶܙ	نَهبَ مرارًا يَنهَبُ
ܙܰܥܙܰܥ	ܡܙܰܥܙܰܥ	زعزع يزعزع

(١) بحذف الالف منهُ لانها زائدة ونقل حركتها الى الميم

ܚܰܠܛܶܛ	ܡܚܰܠܛܶܛ	خَلطَ مرارًا يخلط
ܒܰܢܘܶܢ	ܡܒܰܢܘܢܳܐ	بَنى مرارًا يبني

ثالثاً : من المجهول او التاوي

يصاغ بادخال الميم على اول المـاضي وحذف الالف من اولهِ ونقل كسرتها اليها. فان كان آخره ياء تبدل الفاً مكسوراً ما قبلها كما في المعلوم. مثال ذلك :

من مجهول الثلاثي

ܐܶܬܟܬܶܒ	ܡܶܬܟܬܶܒ	كُتِبَ يُكتَبُ
ܐܶܬܕܒܰܚ	ܡܶܬܕܒܰܚ	ذُبِحَ يذبح
ܐܶܬܢܣܶܒ	ܡܶܬܢܣܶܒ	أُخِذَ يؤخذ
ܐܶܬܒܙܶܙ	ܡܶܬܒܙܶܙ	نُهِبَ ينهب
ܐܶܬܐܟܶܠ	ܡܶܬܐܟܶܠ	أُكل يؤكل
ܐܶܬܐܡܰܪ	ܡܶܬܐܡܰܪ	قيل يُقال
ܐܶܬܟܐܶܒ	ܡܶܬܟܐܶܒ	أُكتُئِبَ يُكتَأَبُ
ܐܶܫܬܐܶܠ	ܡܶܫܬܐܶܠ	سُئِلَ يسأَلُ
ܐܶܬܝܰܕܰܥ	ܡܶܬܝܰܕܰܥ	عُلِمَ يُعلَمُ
ܐܶܬܕܺܝܢ	ܡܶܬܕܺܝܢ	دِينَ يدان
ܐܶܬܩܪܺܝ	ܡܶܬܩܪܶܐ	دُعِيَ يُدعَى
ܐܶܨܛܒܺܝ	ܡܶܨܛܒܶܐ	أُرِيدَ يُرادُ
ܐܶܬܢܟܺܝ	ܡܶܬܢܟܶܐ	ضُرَّ يُضرُّ
ܐܶܬܟܐܺܝ	ܡܶܬܟܐܶܐ	أُنتهر يُنتَهَرُ

وزن مجهول (او تاوي) الرباعي والمزيدات

ܐܬܦܪܢܣ	ܡܬܦܪܢܣ	وُزِعَ يُوزَعُ
ܐܬܬܘܬܒ	ܡܬܬܘܬܒ	قِيتَ يُقاتُ
ܐܬܩܒܠ	ܡܬܩܒܠ	قُبِلَ يُقبلُ
ܐܬܒܝܐ	ܡܬܒܝܐ	تَعزّى يتعزّى
ܐܬܝܩܪ	ܡܬܝܩܪ	تبجَّلَ يتبجّلُ
ܐܬܚܘܝ	ܡܬܚܘܐ	أُظهر يظهر
ܐܬܬܫܠܡ	ܡܬܬܫܠܡ	أُتمَّ يتمّ
ܐܬܬܦܩ	ܡܬܬܦܩ	أُخرجَ يُخرجُ
ܐܬܬܘܒܕ	ܡܬܬܘܒܕ	أُبيدَ يبادُ
ܐܬܬܫܪܝ	ܡܬܬܫܪܐ	أُحلَّ يحلُّ
ܐܫܬܪܗܒ	ܡܫܬܪܗܒ	استعجلَ يستعجلُ
ܐܬܒܙܒܙ	ܡܬܒܙܒܙ	نُهِبَ يُنهبُ
ܐܫܬܘܕܝ	ܡܫܬܘܕܐ	وُعِدَ يوعدُ
ܐܫܬܐܘܕܝ	ܡܫܬܐܘܕܐ	وُعدَ يوعد

ܬܘܪܓܡܐ تمرين

صغ الحاضر من الافعال الآتية :

ܓܠܦ	نحتَ	ܐܫܬܡܟܟ	استعلى	ܢܩܒ	نقب
ܐܬܬܚܪܒ	حُوربَ	ܫܕܐ	قذف	ܪܚܫ	دبَّ
ܪܒܐ	كبر . عظم	ܟܦ	انحنى	ܐܬܬܨܝܕ	صيدَ

ܟܣܐ	كسا . خبأ	ܐܬܩܢ	اتقنَ	ܐܬܛܰܡܰܐ	تدنَّس
ܐܬܕܘܫ	ديسَ	ܐܫܬܟܠܠ	كمُلَ	ܛܐܒ	طاب
ܣܰܪܶܛ	سطَّر	ܨܪ	صوَّر	ܐܫܬܩܒܠ	استقبل

الفصل السادس

ܥܠ ܦܘܩܕܢܐ ܘܟܘܠܝܐ في الامر والنهي

٦٤ الامر نوعان امر بالصيغة ويختص بالمخاطب نحو **ܩܘܡ** قُمْ . وامر بالمضارع ويشترك بين المتكلم والمخاصب والغائب نحو **ܢܩܘܡ** لِنَقُمْ الخ . ومنه يصاغ النهي ايضاً بادخال **ܠܐ** «لا» الناهية على المضارع نحو **ܠܐ ܬܩܘܡ** لا تَقُمْ

اما الامر بالصيغة فيصاغ من المضارع بحذف حرف المضارعة . وهاك امثلة :

واولاً : من المجرد الثلاثي

لا يقتضي سوى مـا ذكرنا في السالم والنوني والمهموز العين والـلام والمعتل العين نحو :

ماضي	مضارع	امر	
ܫܒܩ	ܢܫܒܘܩ	ܫܒܘܩ	أترك
ܦܬܚ	ܢܦܬܚ	ܦܬܚ	إفتح
ܥܒܕ	ܢܥܒܕ	ܥܒܕ	اصنع
ܢܦܩ	ܢܦܘܩ	ܦܘܩ	اخرج

ܒܙܰܙ	ܢܶܒܙܽܘܙ	ܒܙܽܘܙ	ابتزّ
ܢܦܰܠ	ܢܶܦܶܠ	ܦܶܠ	اسقطْ
ܚܒܰܐ	ܢܶܚܒܶܐ	ܚܒܶܐ	انهبْ
ܫܶܐܠ	ܢܶܫܐܰܠ	ܫܐܰܠ	اسألْ
ܣܡܶܩ	ܢܶܣܡܰܩ	ܣܡܰܩ	احمرّ
ܩܳܡ	ܢܩܽܘܡ	ܩܽܘܡ (١)	قمْ

اما ما بقي من انواع المجرداي المهموز الفاء والمعتل الفاء واللام فيقتضي اكثر من حذف حرف المضارعة كما ترى :

ܐܶܟܰܠ	ܢܶܐܟܽܘܠ	ܐܶܟܽܘܠ (٢)	كُلْ
ܐܺܠܶܕ	ܢܺܐܠܰܕ	ܐܺܠܰܕ (٣)	لِدْ
ܝܺܠܶܦ	ܢܺܐܠܰܦ	ܝܺܠܰܦ (٤)	تعلَّمْ
ܩܪܳܐ	ܢܶܩܪܶܐ	ܩܪܺܝ	اقرأ
ܚܕܺܝ	ܢܶܚܕܶܐ	ܚܕܺܝ (٥)	افرحْ

(١) ان الواو في مضارع هذا الوزن وامره اصلية وطويلة خلافاً لباقي الصيغ فواوها غير اصلية وقصيرة (٢) بفتح الهمزة لسهولة الابتداء بها ولم تكسر للفرق بين هذه الصيغة وصيغة مضارع المتكلم

(٣) بارجاع الكسر الى الهمزة كالماضي

(٤) برد الالف ياء كما كانت في الماضي . وتحريك اول المهموز والمعتل الفاء هنا لايخل بالقاعدة لانه عارض لسهولة الابتداء بالالف والياء . فاصل ܐܶܟܽܘܠ وܐܺܠܰܕ و ܝܺܠܰܦ مثلًا بسكون اولها . وقد ارجعت الف مضارع ܢܺܐܠܰܦ ياء في الامر لانها معتلة لا يمكن الابتداء بها

(٥) لا يخل بالقاعدة الخفض في امر المعتل اللام لانه مسبب عن الياء الساكنة والاصل ܚܕܺܝ ܚܕܺܝ مثلًا مثل ܚܙܺܝ

ܠܐܶܒ	ܢܶܠܐܰܒ	ܠܐܰܒ	اتعبْ
ܕܘܳܐ	ܢܶܕܘܶܐ	ܕܘܺܝ	اشقَ
ܪܘܳܐ ܘܪܘܺܝ	ܢܶܪܘܶܐ	ܪܘܺܝ (١)	اسكرْ

ثانياً : من الرباعي والمزيد

لايلزمه بعد حذف حرف المضارعة الا ارجاع الالف في وزن ܐܰܦܥܶܠ كالماضي وقلب الكسر على ما قبل الالف في المعتل الآخر نصباً . مثال ذلك :

ܬܰܪܓܶܡ	ܢܬܰܪܓܶܡ	ܬܰܪܓܶܡ	ترجم
ܩܰܒܶܠ	ܢܩܰܒܶܠ	ܩܰܒܶܠ	اقبلْ
ܢܰܛܰܪ	ܢܢܰܛܰܪ	ܢܰܛܰܪ	احفظ
ܒܰܙܺܝ	ܢܒܰܙܶܐ	ܒܰܙܳܐ	نهّبْ
ܦܰܨܺܝ	ܢܦܰܨܶܐ	ܦܰܨܳܐ	نجّ
ܫܰܐܶܠ	ܢܫܰܐܶܠ	ܫܰܐܶܠ	اسألْ
ܒܰܣܺܝ	ܢܒܰܣܶܐ	ܒܰܣܳܐ	عزّ
ܐܰܦܢܺܝ	ܢܰܦܢܶܐ	ܐܰܦܢܳܐ	أرجعْ
ܐܰܦܨܰܚ	ܢܰܦܨܰܚ	ܐܰܦܨܰܚ	أبهج
ܐܰܦܶܩ	ܢܰܦܶܩ	ܐܰܦܶܩ	أخرج
ܐܰܟܶܐܒ	ܢܰܟܶܐܒ	ܐܰܟܶܐܒ	آلمْ
ܐܰܘܟܶܠ	ܢܰܘܟܶܠ	ܐܰܘܟܶܠ	آكلْ
ܐܰܨܠܰܚ	ܢܰܨܠܰܚ	ܐܰܨܠܰܚ	أصلحْ
ܐܰܘܠܶܕ	ܢܰܘܠܶܕ	ܐܰܘܠܶܕ	أولدْ

(١) الافعال النونية المعتلة الآخر تردّ نونها في الامر نحو ܢܘܳܐ ܢܘܺܝ : ܢܘܳܐ تنهّدْ

ܐܰܩܺܝܡ	ܢܩܺܝܡ	ܐܰܩܺܝܡ	أَقِم
ܫܰܥܒܶܕ	ܢܫܰܥܒܶܕ	ܫܰܥܒܶܕ	استعبد
ܣܰܪܗܶܒ	ܢܣܰܪܗܶܒ	ܣܰܪܗܶܒ	استعجلْ
ܬܰܪܣܺܝ	ܢܬܰܪܣܶܐ	ܬܰܪܣܳܐ	قِتْ
ܓܰܠܺܝ	ܢܓܰܠܶܐ	ܓܰܠܳܐ	اظهرْ
ܣܰܟܺܝ	ܢܣܰܟܶܐ	ܣܰܟܳܐ	أَمّلْ
ܫܰܡܠܺܝ	ܢܫܰܡܠܶܐ	ܫܰܡܠܳܐ	تمِّمْ

ثالثاً : من الافعال التاوية

تُرَدُّ اليهِ الالف بعد حذف حرف المضارعة كوزن ܐܶܬ݂ܩܛܶܠ . فتاوي الثلاثي ܐܶܬ݂ܩܛܶܠ الصحيح الاخر ترجع حركة عينهِ الى ما قبلها وتقلب فتحاً نحو :

ܐܶܬ݂ܟܬܶܒ	ܢܶܬ݂ܟܬܶܒ	ܐܶܬ݂ܟܰܬܰܒ
ܐܶܬ݂ܦܠܶܚ	ܢܶܬ݂ܦܠܶܚ	ܐܶܬ݂ܦܰܠܰܚ
ܐܶܬ݂ܒܪܺܝ	ܢܶܬ݂ܒܪܶܐ	ܐܶܬ݂ܒܰܪܳܐ
ܐܶܬ݂ܐܟ݂ܶܠ	ܢܶܬ݂ܐܟ݂ܶܠ	ܐܶܬ݂ܐܰܟ݂ܰܠ
ܐܶܬ݂ܝܠܶܕ	ܢܶܬ݂ܝܠܶܕ	ܐܶܬ݂ܝܰܠܰܕ

ما عدا معتل العين فامره كماضيه نحو ܐܶܬ݂ܬܣܺܝܡ (١)

اما المعتل الاخر فتقلب الفُ مضارعهِ ياءً وكسرُ ما قبلها فتحاً عند الغربيين نحو

ܐܶܬ݂ܓܠܺܝ	ܢܶܬ݂ܓܠܶܐ	ܐܶܬ݂ܓܰܠܰܝ

(١) والاصل ܐܶܬ݂ܬܣܺܝܡ أبدلَ فتحه خفضاً للخفة ومناسبةً للياء

ܐܶܬܓܠܺܝ ܢܶܬܓܠܶܐ ܐܶܬܓܠܺܝ (١)

فائدة : قد يقال في الامر من ܐܶܬܦܢܺܝ « رَجع . التفتَ » ܐܶܬܦܢܳܐ اذا كان الخطاب مع الله تعالى فقط

وتاوي الرباعي والمزيدات الصحيح آلاخر تنزع حركة ما قبل اخره عند الغربيين نحو :

ܐܶܬܦܰܪܢܰܣ	ܢܶܬܦܰܪܢܰܣ	ܐܶܬܦܰܪܢܶܣ
ܐܶܬܡܰܬܰܠ	ܢܶܬܡܰܬܰܠ	ܐܶܬܡܰܬܶܠ
ܐܶܬܬܦܝܣ	ܢܶܬܬܦܝܣ	ܐܶܬܬܦܝܣ
ܐܶܫܬܰܥܒܰܕ	ܢܶܫܬܰܥܒܰܕ	ܐܶܫܬܰܥܒܶܕ (٢)

اما المعتل الاخر فيقلب كسر ما قبل آخره نصباً :

ܐܶܬܬܪܥܝ	ܢܶܬܬܪܥܐ	ܐܶܬܬܪܥܐ
ܐܶܬܡܰܣܝ	ܢܶܬܡܰܣܐ	ܐܶܬܡܰܣܐ
ܐܶܫܬܰܡܠܝ	ܢܶܫܬܰܡܠܐ	ܐܶܫܬܰܡܠܐ (٣)

(١) اما الشرقيون فيصيغونه منه كالسالم وهو الاصل فيه نحو ܐܶܬܓܠܺܝ أو ܓܠܺܝ ومذهب الغربيين اخف واسهل . وبعض الشرقيين يزيدون على اخره ياء لا تقرا نحو ܐܶܬܓܠܝܝ وذلك عيب واضح كما نبه نحاتهم المدققون

(٢) اما الشرقيون فيبقونه كالماضي تماماً نحو ܐܶܬܡܰܬܰܠ ܐܶܫܬܰܥܒܰܕ . ويوافقهم الغربيون في ضرورة الشعر وفي فعل ܐܶܬܦܰܪܢܰܣ . على ان مذهبهم اسهل واولى بالاتباع

يتضح مما تقدم ان الغربيين يراعون في امر تاوي الثلاثي المعتل الاخر الخفة والسهولة دون القاعدة. وفي ما فوق الثلاثي الصحيح الاخر يراعون القاعدة دون الخفة والسهولة . والشرقيون بالعكس

(٣) قد نصب ما قبل آخر الامر هنا بدلاً من الفتح مناسبةً للالف الاخيرة . واعلم انه لا لزوم لوضع الخط الصغير تحت فعل الامر التاوي متى اختلف عن ماضيه صورة كما في هذه الامثلة

ܕܘܪܫܐ تمرين

١ : صغ الامر من الافعال الاتية بعد ذكر حاضرها ومضارعها :

ܪܓܓ	شرِهَ . طمع	ܒܪܟ	بارك	ܐܬܚܡܬ	غضب
ܐܣܬܢܩ	احتاج	ܢܩܪ	نقرَ	ܪܒܐ . ܪܒܐ	عظّم
ܐܡܪ	قالَ	ܕܪܫ	درس . نهج	ܐܟܝܠ	كالَ
ܛܫܐ	اخفى	ܕܡܐ	شابه	ܐܫܬܘܝ	استحق

٢ : واذكر ماضي هذه الافعال :

ܫܬܘܩ	اسكتْ	ܐܙܥܪ	صغّرْ	ܐܬܬܘܝ	تندم
ܐܠܐܐ	أتعِبْ	ܦܫܘܚ	انسخْ	ܥܠܐ	ارفعْ
ܐܬܕܡܗ	اندهشْ	ܐܫܬܠܗܒ	التهبْ	ܣܢܝ	ابغضْ
ܐܦܠ	أوقعْ . أسقِطْ	ܦܫܘܛ	ابسطْ	ܟܪܝ	احزنْ
ܢܘܚ	تنهّدْ . اهدرْ	ܒܕܪ	انثرْ	ܐܬܬܟܝܠ	اتّكلْ

ܬܪܥܐ ܕܬܪܝܢ الباب الثاني

ܥܠ ܫܘܪܟܒܐ ܕܡܠܬܐ

في تصريف الفعل وفيه سبعة فصول

توطئة

٦٥ تصريف الفعل هو اسناد ماضيه وحاضره ومضارعه وامره الى ضمائر المتكلم والمخاطب والغائب الفاعلة المسماة ܦܪ̈ܨܘܦܐ ܥܒ̈ܘܕܐ وذلك بحسب جنسها اي ܕܟܪ̈ܢܝܐ مذكراً وܢܩܒ̈ܬܢܝܐ مؤنثاً • وعددها اي ܡܢܝܢܗ ܝܚܝ̈ܕܝܐ مفرداً . وܣܓܝ̈ܐܢܝܐ جمعاً

الفصل الاول

ܥܠ ܦܪ̈ܨܘܦܐ ܥܒ̈ܘܕܐ في الضمائر الفاعلة (١)

٦٦ هذه الضمائر هي التي يتصرف معها الفعل الماضي والحاضر والمضارع والامر كما يأتي وهي :

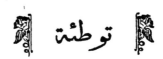

---

(١) لا لزوم لحفظ هذا الفصل غيباً

اولاً : الضمائر التي يتصرف معها الماضي

للمتكلم

ܡܢܝܢܐ ܚܕ المفرد		ܣܓܝܐܐ الجمع		
ܬ	تُ	ܢ او ܢܢ	نا	مذكراً ومؤنثاً

للمخاطب

ܬ	تَ	ܬܘܢ	تُمْ	مذكراً
ܬܝ	تِ	ܬܝܢ	تُنَّ	مؤنثاً

للغائب

ܗܘ	هو	ܘ او ܘܢ	وا	مذكراً
ܗܝ	هي	ܝ او ܝܢ	نَ	مؤنثاً

ثانياً : التي يتصرف معها الحاضر

للمتكلم

ܐܢܐ او ܢܐ	أنا	ܚܢܢ او ܢܢ	نحنُ	مذكراً ومؤنثاً

للمخاطب

ܐܢܬ او ܬ	انتَ	ܐܢܬܘܢ او ܬܘܢ	انتم	مذكراً
ܐܢܬܝ او ܬܝ	انتِ	ܐܢܬܝܢ او ܬܝܢ	انتنَّ	مؤنثاً

للغائب

ܗܘ	هو	ܗܢܘܢ	همْ	مذكراً
ܗܝ	هي	ܗܢܝܢ	هنَّ	مؤنثاً

ثالثاً : التي يتصرف معها المضارع

للمتكلم

ܐܢܐ	انا	ܢ	نحن	مذكراً ومؤنثاً

للمخاطب

ܐܢܬ	انتَ	ܘܢ	ونَ	مذكراً
ܝ	ينَ	ܢ	نَ	مؤنثاً

للغائب

ܗܘ	هو	ܘܢ	ونَ	مذكراً
ܗܝ	هي	ܢ	نَ	مؤنثاً

رابعاً : التي يتصرف معها الامر

للمخاطب

ܐܢܬ	انتَ	ܘ او ܘܢ	وا	مذكراً
ܝ او ܝ	ي	ܝ او ܝ(١)	نَ	مؤنثاً

(١) الضمائر الفاعلة انما هي الضمائر المنفصلة نفسها (عدد ٩٣) بعضها باقية على حالها وبعضها منحوتة باقٍ منها حرف او حرفان او ثلاثة كما ترى . فان « ܬ » ضمير المتكلم المفرد في الماضي منحوت من ܐܢܐ . و« ܢ او ܢ » ضمير المتكلمين من ܚܢܢ . و« ܬ » ضمير المخاطب من ܐܢܬ . و« ܬܘܢ » ضمير المخاطبين من ܐܢܬܘܢ . و« ܬܝ » ضمير المخاطبة من ܐܢܬܝ . و« ܘ او ܘܢ » ضمير الغائبين من ܗܢܘܢ . وهلم جرًّا في الحاضر والمضارع والامر . ولا اشكال في معرفة ذلك سوى في « ܬ » المتكلم فانها مقلوبة عن نون ܐܢܐ على ما يظهر ولم تبقَ نوناً حتى لا تلتبس صيغة المتكلم بصيغة المتكلمين . وفي « ܝ » ضمير المخاطبة في

الفصل الثاني

ܥܠ ܢܘܩܙܐ ܕܡ̈ܠܐ في نقط الافعال

٦٧ يوضع نقط كبيرة للافعال للدلالة على كونها افعالاً وللتمييز بين صيغها وتصاريفها المتشابهة خطًّا كما اشرنا سابقاً (عد ٤)

فالماضي والمضارع والامر يوضع لها نقطة من تحت نحو ܟܬܒ كتبَ ܢܟܬܘܒ سيكتب ܟܬܘܒ اكتب

الا المتكلم المفرد فتوضع نقطته من فوق نحو ܟܬܒܬ كتبتُ ܐܟܬܘܒ سأكتبُ . والغائبة فيوضع لها نقطتان احداهما تحت التاء والاخرى امامها الى اليسار هكذا ܟܬܒܬ «كتبَت» او نقطة واحدة فقط امامها نحو ܟܬܒܬ (١) . وجمع المؤنث فيرسم له نقطتان من فوق نحو ܟܬ̈ܒܝ وܟܬ̈ܒܝܢ كتبن ܬܟܬ̈ܒܢ تكتبن ܢܟܬ̈ܒܢ يكتبن ܟܬܘ̈ܒܝ ܟܬܘ̈ܒܝܢ اكتبن

اما الحاضر فيوضع له نقطة من فوق والجمع المؤنث منهُ نقطتان نحو

المضارع والامر بالنوع الثاني كما سيأتي فان اصله « ܢ » المأخوذة من ܐܢܐ زيدت عليها النون فيهما التمييز بين الصيغ

واعلم ان الضمائر الباقية على اصلها بلا نحت ولا ربط تستتر في الفعل كما سترى . فضمائر الغائب منها تستتر جوازًا وضمائر المتكلم والمخاطب تستتر وجوباً . اما الضمائر المنحوتة والمربوطة فلا تستتر بل تركَّب مع الفعل خطاً ولفظاً . وقد قال البعض ان الضمائر المنحوتة علامات مأخوذة من الضمائر المنفصلة كما قلنا تلحق بالافعال للتمييز بين صيغها والدلالة على فاعلها الذي هو ضمير منفصل مستتر فيها

(١) والشرقيون يضعون لها نقطتين من تحت هكذا ܟܬܒܬ ܟܬܒܬ

ܟ̈ܬܒܢ ܐܢ̈ܝܢ اكتبُ ܟ̈ܬܒܢ ܢܟܬܒܢ نكتبُ ܟ̈ܬܒܢ ܐܢ̈ܝܢ اكتبُ الخ.
ونحو ܟ̈ܬܒܢ يكتبنَ الخ (١)

(١) متى كان في الفعل راء مثل ܦܪ̈ܩܢ «خلّصنَ» يُكتفى في صيغ جمع الاناث فقط بنقطة واحدة مع نقطة الراء كما في جمع الاسماء نحو ܦܪ̈ܩܢ ܦܬ̈ܓܡ

تنبيهان : الاول : وضع البعض نقطة الحاضر من وزن ܐܬܦܥܠ من تحت علامة للخفض نحو ܡܬܦܪܩ . والبعض نقطة ثالثة لحاضر الاناث هكذا ܡ̈ܬܦܪܩܢ . وغيرهم يضعون نقطة المضارع من وزن ܢܦܥܘܠ ومن وزن ܐܦܥܠ المفتوح الاول من فوق نحو ܢܩܛܠ ܢܦܩܘܕ ܢܦܩ . ونقطة امر المخاطبة المعتل الآخر من فوق نحو ܓܠܝ ܓܠܝ . واجاز غيرهم وضع نقطة الامر قاطبةً من فوق او من تحت . وغيرهم غير ذلك . ولكن الاصح والمعول عليه ما ذكر في المتن

الفصل الثالث

٦٨ في تصريف الافعال المجردة الثلاثية المعلومة

اولاً

تصريف الفعل السالم ولهُ خمسة اوزان كما علمت

تصريف الوزن الاول(١)

ܦܥܰܠ ܢܶܦܥܽܘܠ

على ܦܬܳܚܳܐ ܘܥܨܳܨܳܐ

ܐܶܕܳܢܳܐ ܕܥܒܰܪ: الماضي

ܚܰܕ المفرد	ܣܰܓܺܝ الجمع		
		كتبَ	ܘܟܬܰܒ݂ܽܘܢ كتبوا
		ܟܶܬ݂ܒܰܬ݂: كتبَتْ	ܟܬܰܒ݂ܶܝܢ ܘܟܬܰܒ݂ܶܢ كتبنَ
ܟܶܬ݂ܒܶܬ݂ كتبتُ	ܟܬܰܒ݂ܢܰܢ ܘܟܬܰܒ݂ܢ كتبنا		
ܟܬܰܒ݂ܬ كتبتَ	ܟܬܰܒ݂ܬܽܘܢ كتبتم		
ܟܬܰܒ݂ܬܝ كتبتِ	ܟܬܰܒ݂ܬܶܝܢ كتبتنَّ		
ܟܬܰܒ݂	ܟܬܰܒ݂ܘ		

ܐܶܕܳܢܳܐ ܕܩܳܐܶܡ الحاضر

ܟܳܬ݂ܶܒ݂ ܐ̱ܢܳܐ اكتبُ	ܟܳܬ݂ܒܺܝܢܰܢ ܘܟܳܬ݂ܒܺܝܢܰܢ نكتبُ
ܟܳܬ݂ܒܳܐ ܐ̱ܢܳܐ اكتبُ	ܟܳܬ݂ܒܳܢ ܚܢܰܢ ܘܟܳܬ݂ܒܳܢܰܢ نكتبُ
ܟܳܬ݂ܶܒ݂ ܐܰܢ̱ܬ	ܟܳܬ݂ܒܺܝܢ ܐܢ̱ܬܽܘܢ

(٢) اننا نتبع في تصاريف الافعال كلها نسق جدول الضمائر المتقدم ذكره كما ترى في هذا التصريف

ܘܟܬܒܬ	ܘܟܬܒܝܬܘܢ	ستكتبين	ستكتبنَ
تكتبُ	تكتبونَ	ܢܟܬܘܒ	ܢܟܬܒܘܢ
ܟܬܒܐ ܐܢ̱ܬܝ	ܟܬܒܝܢ ܐܢ̱ܬܘܢ	سيكتبُ	سيكتبون
ܘܟܬܒܐ	ܘܟܬܒ̈ܢ	ܬܟܬܘܒ	ܢܟܬ̈ܒܢ
تكتبينَ	تكتبنَ (١)	ستكتبُ (٣)	سيكتبنَ
ܟܬܒ	ܟܬܒܝܢ	ܦܘܩܕܢܐ الامر	
يكتبُ	يكتبونَ	ܟܬܘܒ	ܟܬܘܒܘ
ܟܬܒܐ	ܟܬ̈ܒܢ	اكتبْ	ܘܟܬܘܒܘܢ
تكتبُ	يكتبنَ		اكتبوا
ܙܒܢܐ ܕܥܬܝܕ	المضارع (٢)	ܟܬܘܒܝ	ܟܬܘ̈ܒܝ
ܐܟܬܘܒ	ܢܟܬܘܒ	ܘܟܬܘܒܝܢ	ܘܟܬܘ̈ܒܝܢ
سأكتبُ	سنكتبُ	اكتبي	اكتبنَ
ܬܟܬܘܒ	ܬܟܬܒܘܢ	تصريف الوزن الثاني	
ستكتبُ	ستكتبونَ	ܩܛܠ ܢܩܛܠ	
ܬܟܬܒܝܢ	ܬܟܬ̈ܒܢ	ܦܥܠ ܢܦܥܠ على	

(١) ان صيغة حاضر المتكلمين والمخاطبين الاولى مذكراً ومؤنثاً تلفظ متصلة ولو كتبت منفصلة فتلفظ ܟܬܒܝܢ ܚܢܢ و ܟܬܒ̈ܢ ܚܢܢ و ܟܬܒܝܢ ܐܢ̱ܬܘܢ و ܟܬܒ̈ܢ ܐܢ̱ܬܝܢ مثلاً كأنها كتبت ܟܬܒܝܢܢ ܟܬܒ̈ܢܢ ܟܬܒܝܬܘܢ ܟܬܒ̈ܢܬܝܢ وهكذا في كل التصاريف الآتية

(٢) يدخل على اول الفعل في المضارع ثلاثة حروف تسمى حروف المضارعة وهي ܐܢܬ كما ترى

(٣) اعتاد بعض النساخ المتأخرين ان يزيدوا ياء على مضارع الغائبة نحو ܬܟܬܘܒܝ . والمحققون يوجبون عدم زيادتها

ماضيهِ وحاضره كماضي وحاضر ܦܥܠ تماماً نحو ܥܡܰܠܬ عملتُ ܥܡܰܠܬܝ و ܥܡܰܠܬܘܢ عملنا الخ · ܥܡܰܠ ܐܢܐ اعملُ الخ

ܘܕܡܝܐ المضارع

ܐܥܡܠ	ܢܥܡܠ
سأعملُ	سنعملُ
ܬܥܡܠ	ܬܥܡܠܘܢ
ستعملُ	ستعملون
ܬܥܡܠܝܢ	ܬܥܡܠܢ
ستعملينَ	ستعملنَ
ܢܥܡܠ	ܢܥܡܠܘܢ
سيعملُ	سيعملونَ
ܬܥܡܠ	ܢܥܡܠܢ
ستعملُ	سيعملنَ

ܦܘܩܕܢܐ الامر

ܥܡܠ	ܥܡܠܘ و ܥܡܠܘܢ
اعملْ	اعملوا
ܥܡܠܝ و ܥܡܠܝܢ	ܥܡܠܝܢ و ܥܡܠܝܢ
اعملي	اعملنَ

تصريف الوزن الثالث

ܥܒܶܕ ܐܥܒܶܕ على ܦܥܶܠ ܐܦܥܶܠ

ماضيهِ وحاضره كماضي وحاضر ܦܥܠ ايضاً

ܘܕܡܝܐ المضارع

ܐܥܒܶܕ	ܢܥܒܶܕ
سأصنعُ	سنصنعُ
ܬܥܒܶܕ	ܬܥܒܕܘܢ
ستصنعُ	ستصنعونَ
ܬܥܒܕܝܢ	ܬܥܒܕܢ
ستصنعينَ	ستصنعنَ
ܢܥܒܶܕ	ܢܥܒܕܘܢ
سيصنعُ	سيصنعونَ
ܬܥܒܶܕ	ܢܥܒܕܢ
ستصنعُ	سيصنعنَ

ܦܘܩܕܢܐ الامر

ܥܒܶܕ	ܥܒܶܕܘ و ܥܒܶܕܘܢ
اصنعْ	اصنعوا
ܥܒܶܕܝ	ܥܒܶܕܝܢ

ܘ ܥܒܶܕܝ اصنعي	ܘܥܒܶܕ̈ܝܢ اصنعنَ	سجدَ	ܘ ܣܓܶܕܘ سجدوا
❦ تصريف الوزن الرابع ❦		ܣܓܶܕܬ݁	ܣܓܶܕܬ݁ܘܢ
ܣܓܶܕ ܢܶܣܓܽܘܕ على ܦܥܰܠ ܢܶܦܥܽܘܠ		سجدتَ	ܘ ܣܓܶܕ̈ܝܢ سجدنَ
وحده الماضي		اما الحاضر والمضارع والامر	
ܣܶܓܕܶܬ سجدتُ	ܣܓܶܕܢ ܘܣܓܶܕܢܰܢ سجدنا	فتتصرف على حاضر ومضارع وامر ܦܠܛ بالتمام	
ܣܓܶܕܬ݁ سجدتَ	ܣܓܶܕܬ݁ܘܢ سجدتم	❦ تصريف الوزن الخامس ❦ ܕܚܶܠ ܢܶܕܚܰܠ على ܦܥܶܠ ܢܶܦܥܰܠ	
ܣܓܶܕܬ݁ܝ سجدتِ	ܣܓܶܕܬ݁ܶܝܢ سجدتنّ	ماضيه وحاضره يتصرفان كماضي وحاضر ܣܓܶܕ ومضارعه وامره	
ܣܓܶܕ :	ܣܓܶܕܘ	كمضارع وامر ܦܥܰܠ	

❦ ܕܘܪܫܐ تمرين ❦

وهكذا صرف مثلًا :

ܚܫܰܒ ܢܰܚܫܽܘܒ حسبَ يحسبُ	ܙܒܰܢ ܢܶܙܒܶܢ اشترى يشتري
ܨܒܰܥ ܢܶܨܒܽܘܥ صبغَ يصبغُ	ܩܪܶܒ ܢܶܩܪܽܘܒ قربَ يقربُ
ܥܪܰܨ ܢܶܥܪܽܘܨ عرضَ يعرضُ	ܛܥܶܡ ܢܶܛܥܰܡ لذَّ يلذُّ
ܫܦܰܪ ܢܶܫܦܰܪ حسنَ يحسنُ	ܕܚܶܠ ܢܶܕܚܰܠ خافَ يخافُ

ثانياً

تصريف الفعل النوني وله خمسة اوزان كما مر

٦٩ ان ماضي وحاضر الافعال النونية يتصرفان كماضي وحاضر الافعال السالمة بلا خلاف. وهاك تصريف المضارع والامر منها :

تصريف الوزن الاول

ܢܦܰܩ ܢܶܦܽܘܩ

على ܦܥܰܠ ܢܶܦܥܽܘܠ

ܘܗܳܟܰܢ

ܐܶܦܽܘܩ	ܢܶܦܽܘܩ
ܬܶܦܽܘܩ	ܬܶܦܩܽܘܢ
ܬܶܦܩܺܝܢ	ܬܶܦܩܳܢ
ܢܶܦܽܘܩ	ܢܶܦܩܽܘܢ
ܬܶܦܽܘܩ	ܢܶܦܩܳܢ

ܦܘܩ

ܦܽܘܩ	ܦܽܘܩܘ
	ܘܦܽܘܩܽܘܢ
ܦܽܘܩܝ	ܦܽܘܩܶܝܢ
ܘܦܽܘܩܶܝܢ	ܘܦܽܘܩܶܝܢ

تصريف الوزن الثاني

ܢܣܰܒ ܢܶܣܰܒ

على ܦܥܰܠ ܢܶܦܥܰܠ

ܘܗܳܟܰܢ

ܐܶܣܰܒ	ܢܶܣܰܒ
ܬܶܣܰܒ	ܬܶܣܒܽܘܢ
ܬܶܣܒܺܝܢ	ܬܶܣܒܳܢ
ܢܶܣܰܒ	ܢܶܣܒܽܘܢ
ܬܶܣܰܒ	ܢܶܣܒܳܢ

ܦܘܩ

ܣܰܒ	ܣܰܒܘ
	ܘܣܰܒܽܘܢ
ܣܰܒܝ	ܣܰܒܶܝܢ
ܘܣܰܒܺܝܢ	ܘܣܰܒܶܝܢ

تصريف الوزن الثالث

ܢܦܰܠ ܢܶܦܶܠ

على ܦܥܰܠ ܢܶܦܥܶܠ

ܘܗܳܟܰܢ

ܐܶܦܶܠ	ܢܶܦܶܠ	﴿ تصريف الوزن الرابع ﴾
ܬܶܦܶܠ	ܬܶܦܠܽܘܢ	ܢܚܶܬ ܢܶܚܘܬ
ܬܶܦܠܺܝܢ	ܬܶܦܠܳܢ	على ܦܥܰܠ ܢܶܦܥܘܠ
ܢܶܦܶܠ	ܢܶܦܠܽܘܢ	يتصرف مضارعه وامره كمضارع
ܬܶܦܶܠ	ܢܶܦܠܳܢ	وامر ܢܦܰܩ
ܦܘܩܕܢܐ		﴿ تصريف الوزن الخامس ﴾
ܦܶܠ	ܦܶܠܝ	ܢܦܰܩ ܢܶܦܘܩ
	ܦܶܠܽܘܢ	على ܦܥܶܠ ܢܶܦܥܰܠ
ܦܶܠܝ	ܦܶܠܶܝܢ	يتصرف في المضارع والامر
ܦܶܠܶܝܢ	ܦܶܠܶܝܢ	نظير ܢܦܰܩ

اما الافعال النونيـة التي تثبت النون في مضارعها فلا تفـترق بتصريفها عن السالمة

﴿ ܕܘܪܫܐ تمرين ﴾

وهكذا صرف مثلًا :

ܢܩܰܫ ܢܶܩܘܫ قرعَ يقرعُ	ܢܦܰܣ ܢܶܦܣ إِقترعَ يقترعُ
ܢܒܰܫ ܢܶܒܘܫ نبشَ ينبشُ	ܢܚܶܠ ܢܶܚܘܠ نحلَ ينحلُ
ܢܒܰܥ ܢܶܒܰܥ نبعَ ينبعُ	ܢܟܶܦ ܢܶܟܰܦ و ܢܶܢܟܰܦ
ܢܗܰܪ ܢܶܢܗܰܪ انارَ ينيرُ	احتشمَ يحتشمُ
ܢܦܰܩ ܢܶܦܶܩ نفذَ ينفذُ	

ثالثاً

٧٠ تصريف الفعل المضاعف وله وزنان كما مر

تصريف الوزن الاول

ܒܙ ܢܒܘܙ

على ܦܥܠ ܢܦܥܘܠ

ܥܒܪ

ܒܙܬ	ܒܙܢ ܘܒܙܢܢ
ܒܙܬ	ܒܙܬܘܢ
ܒܙܬܝ	ܒܙܬܝܢ
ܒܙ	ܒܙܘ ܘܒܙܘܢ
ܒܙܬ.	ܒܙܝ ܘܒܙܝܢ

ܫܡܐ

ܒܐܙ ܐܢܐ	ܒܐܙܝܢ ܚܢܢ
	ܘܒܐܙܝܢܢ
ܒܐܙܐ ܐܢܐ	ܒܐܙܢ ܚܢܢ
ܘܒܐܙܢܐ	ܘܒܐܙܢܢ
ܒܐܙ ܐܢܬ	ܒܐܙܝܢ ܐܢܬܘܢ
ܘܒܐܙܬ	ܘܒܐܙܝܬܘܢ
ܒܐܙܐ ܐܢܬܝ	ܒܐܙܢ ܐܢܬܝܢ
ܘܒܐܙܬܝ	ܘܒܐܙܬܝܢ
ܒܐܙ	ܒܐܙܝܢ
ܒܐܙܐ	ܒܐܙܢ

ܥܬܝܕ

ܐܒܘܙ	ܢܒܘܙ
ܬܒܘܙ	ܬܒܙܘܢ
ܬܒܙܝܢ	ܬܒܙܢ
ܢܒܘܙ	ܢܒܙܘܢ
ܬܒܘܙ	ܢܒܙܢ

ܦܘܩ

ܒܘܙ	ܒܘܙܘ
	ܘܒܘܙܘܢ
ܒܘܙܝ	ܒܘܙܝ
ܘܒܘܙܝܢ	ܘܒܘܙܝܢ

تصريف الوزن الثاني

ܡܫ ܢܡܫ

على ܦܥܠ ܢܦܥܠ

اما ماضيه وحاضره فيتصرفان

كماضي وحاضر ܒܙ

ܕܥܬܝܕ		ܦܘܩܕ	
ܐܚܘܣ	ܢܚܘܣ	ܚܘܣ	ܚܘܣܘ
ܬܚܘܣ	ܬܚܣܘܢ		ܘܚܘܣܘܢ
ܬܚܣܝܢ	ܬܚܣܢ	ܚܘܣܝ	ܚܘܣܝܢ
ܢܚܘܣ	ܢܚܣܘܢ	ܘܚܘܣܝܢ	ܘܚܘܣܝܢ (١)
ܬܚܘܣ	ܢܚܣܢ		

ܕܘܪܫܐ تمرين

وهكذا صرف مثلاً :

ܕܒ ܢܕܘܒ	دبَّ يدبُّ	ܗܪ ܢܗܘܪ	ازهرَ يزهو
ܓܙ ܢܓܘܙ	جزَّ يجزُّ	ܢܒ ܢܢܒ	انفَ يأنفُ

رابعاً

٧١ تصريف المهموز

١ً : تصريف المهموز الفاء وله وزنان

تصريف الوزن الاول

ܐܟܠ ܢܐܟܘܠ

على ܦܥܠ ܢܦܥܘܠ

	ܦܘܩܕ	
ܐܟܘܠ		ܐܟܘܠܝ
		ܘܐܟܘܠܝܢ

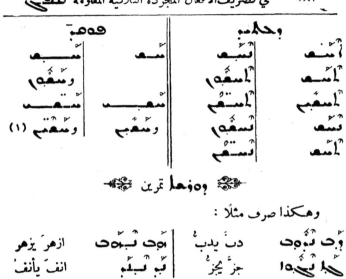

(١) فترى ان حاضر المفرد المذكر المنفصل عن الضمير في المضاعف يفك ادغامه وانما يبدل اول المتجانسين فيهِ الفاً مخففة كما علمت . وان مضارعه وامره مضموماً ومفتوحاً كمضارع وامر النوني المضموم والمفتوح

ܐܶܟܠܰܬ	ܐܶܟܰܠܬܽܘܢ
ܐܶܟܰܠܬܝ	ܐܶܟܰܠܬܶܝܢ
ܐܶܟܠܶܬ	ܐܶܟܰܠܘ
	ܘܐܶܟܰܠܘܢ
ܐܶܟܰܠܢ	ܐܶܟܰܠܝ
	ܘܐܶܟܰܠܶܝܢ

ܘܩܐܡ

ܐܳܟܶܠ ܐ̱ܢܳܐ	ܐܳܟܠܺܝܢ ܚ̱ܢܰܢ
ܘܐܳܟܠܳܐ	ܘܐܳܟܠܳܢ
ܐܳܟܠܳܐ ܐ̱ܢܳܐ	ܐܳܟܠܳܢ ܚ̱ܢܰܢ
ܘܐܳܟܠܳܐ	ܘܐܳܟܠܳܢ
ܐܳܟܶܠ ܐܰܢ̱ܬ	ܐܳܟܠܺܝܢ ܐܢ̱ܬܽܘܢ
ܘܐܳܟܠܰܬ	ܘܐܳܟܠܺܝܬܽܘܢ
ܐܳܟܠܳܐ ܐܰܢ̱ܬܝ	ܐܳܟܠܳܢ ܐܢ̱ܬܶܝܢ
ܘܐܳܟܠܰܬܝ	ܘܐܳܟܠܳܢܬܶܝܢ
ܐܳܟܶܠ	ܐܳܟܠܺܝܢ
ܐܳܟܠܳܐ	ܐܳܟܠܳܢ

ܘܥܬܝܕ

ܐܶܟܘܽܠ	ܢܶܐܟܘܽܠ
ܬܶܐܟܘܽܠ	ܬܶܐܟܠܽܘܢ
ܬܶܐܟܠܺܝܢ	ܬܶܐܟܠܳܢ
ܢܶܐܟܘܽܠ	ܢܶܐܟܠܽܘܢ
ܬܶܐܟܘܽܠ	ܢܶܐܟܠܳܢ (١)

ܦܘܩܕ

ܐܶܟܘܽܠ	ܐܶܟܘܽܠܘ
	ܘܐܶܟܘܽܠܘܢ
ܐܶܟܘܽܠܝ	ܐܶܟܘܽܠܝ
ܘܐܶܟܘܽܠܺܝܢ	ܘܐܶܟܘܽܠܶܝܢ

تصريف الوزن الثاني

ܐܶܒܰܕ ܢܶܐܒܰܕ

على ܦܥܶܠ ܢܶܦܥܰܠ

اما في الماضي والحاضر فيتصرف مثل ܐܶܟܰܠ

ܘܥܬܝܕ

ܐܶܒܰܕ (٢)	ܢܶܐܒܰܕ

(١) اعلم ان همزة ܐܶܟܰܠ و ܐܶܒܰܕ المفتوحة في الماضي عند الشرقيين بكسر معها حرف المضارعة كما هي عندنا نحو ܐܶܟܘܽܠ ܢܶܐܟܘܽܠ الخ

(٢) ان الهمزة التي تراها في مضارع المتكلم المفرد في هذين الوزنين اي ܐܶܟܘܽܠ و ܐܶܒܰܕ انما هي حرف المضارعة للمتكلم اما الهمزة الاصلية فقد حذفت وقامت هي مقامها

ܐܶܐܬܶܐ	ܐܶܐܬܽܘܢ	ܐܳܬܶܐ	ܐܳܬܶܐ
ܐܶܐܬܝܳܢ	ܐܶܐܬܝܳܢ		ܘܐܳܬܝܳܐ
ܬܶܐܬܶܐ	ܬܶܐܬܽܘܢ	ܐܳܬܶܝܢ	ܐܳܬܶܝܢ
ܐܶܐܬܶܐ	ܬܶܐܬܝܳܢ	ܘܐܳܬܝܳܢ	ܘܐܳܬܝܳܢ
	ܦܘܩܕ		

٢ً : تصريف المهموز العين وله وزن واحد

ܫܐܶܠ ܢܶܫܐܰܠ على ܦܥܶܠ ܢܶܦܥܰܠ

٧١ وهذا الوزن متى حُققت همزته يتصرف نظير ܦܩܕ السالم تماماً ولا اشكال فيه . ومتى خففت يقتضي ان تراعى فيه قواعد تخفيفها كما يلي .

	ܘܗܟܢ	ܫܳܐܶܠ ܐ̱ܢܳܐ	ܫܳܐܠܺܝܢܰܢ
ܫܶܐܠܰܬ	ܫܶܐܠܽܘ	ܘܫܳܐܠܳܐ ܐ̱ܢܳܐ	ܘܫܳܐܠܳܢܰܢ
	ܘܫܶܐܠܝ	ܫܳܐܶܠ ܐ̱ܢ̱ܬ	ܫܳܐܠܺܝܬܽܘܢ
ܫܶܐܠܬ	ܫܶܐܠܬܽܘܢ	ܘܫܳܐܠܳܐ ܐ̱ܢ̱ܬܝ	ܘܫܳܐܠܳܢܳܬܶܝܢ
ܫܶܐܠܬܝ	ܫܶܐܠܬܶܝܢ	ܫܳܐܶܠ ܐ̱ܢܳܐ	ܫܳܐܠܺܝܢ ܐ̱ܢ̱ܬܽܘܢ
ܫܶܐܠ	ܫܶܐܠܶܗ	ܘܫܳܐܠܳܐ	ܘܫܳܐܠܳܢ ܐ̱ܢ̱ܬܶܝܢ
	ܘܫܶܐܠܽܘܢ	ܫܳܐܠܰܬ ܐ̱ܢ̱ܬ	ܫܳܐܠܺܝܢ ܐ̱ܢܽܘܢ
ܫܶܐܠܶܬ	ܫܶܐܠܢ	ܘܫܳܐܠܳܐ ܐ̱ܢ̱ܬ	ܘܫܳܐܠܳܢ ܐ̱ܢܶܝܢ
	ܘܫܶܐܠܢܰܢ	ܫܳܐܶܠ	ܫܳܐܠܺܝܢ
	ܘܫܐܪ	ܫܳܐܠܳܐ	ܫܳܐܠܳܢ

ܦܩܘܕ		ܥܬܝܕ	
ܩܛܘܠܘ	ܩܛܘܠ	ܢܶܩܛܠܽܘܢ	ܐܶܩܛܽܘܠ
ܘܩܛܘܠܘܢ		ܬܶܩܛܠܽܘܢ	ܬܶܩܛܽܘܠ
ܩܛܘܠܝܢ	ܩܛܘܠܝ	ܬܶܩܛܠܳܢ	ܬܶܩܛܠܺܝܢ
ܘܩܛܘܠܶܝܢ	ܘܩܛܘܠܶܝܢ	ܢܶܩܛܠܽܘܢ	ܢܶܩܛܽܘܠ
		ܢܶܩܛܠܳܢ(١)	ܬܶܩܛܽܘܠ

ܕܘܪܫܐ تمرين

وعلى ذلك صرف مثلًا :

ܚܣܰܡ ܢܶܚܣܽܘܡ حقدَ يحقدُ | ܥܩܳܐ ܢܶܥܩܶܐ ضجرَ يضجرُ

ܐܡܰܢ ܢܶܐܡܰܢ داومَ يداومُ | ܛܢܰܦ ܢܶܛܢܰܦ تدنَّسَ يتدنَّسُ

خامساً

تصريف المعتل الفاء وله وزن واحد

ܝܺܠܶܕ ܢܺܐܠܰܕ على ܘܰܙܢܳܐ ܢܶܩܛܠ

٧٣ هذا الوزن يتصرف في الماضي والحاضر والامر نظير ܕܡܶܟ السالم مع المحافظة على خفض الياء في الماضي والامر . الا في ماضي المتكلم والغائبة فتكسر كالسالم . اما المضارع فيتصرف مثل مضارع ܐܶܬܳܐ مثاله :

(١) فترى ان ما قبل الهمزة في المضارع يكسر بحركة ܚܒܳܨܳܐ عندما يسكن هو والهمزة وذلك في مضارع المخاطبين والمخاطب والمخاطبات والغائبين والغائبات

	ܕܥܒܪ		ܕܩܐܡ	
ܐܟܠܬ	ܐܟܠܝ ܘܐܟܠܝܢ	ܐܟܠ ܐ̱ܢܐ الخ	ܐܟܠܝܢ ܚܢܢ	
ܐܟܠܬ	ܐܟܠܬܘܢ		ܕܥܬܝܕ	الخ
ܐܟܠܬܝ	ܐܟܠܬܝܢ	ܐܟܘܠ (١)	ܬܐܟܘܠ الخ	
ܐܟܠ	ܐܟܠܘ ܘܐܟܠܘܢ		ܦܘܩ	
ܐܟܠܬ	ܐܟܠܢ	ܐܟܘܠ	ܐܟܘܠܘ	
	ܘܐܟܠܢܢ		ܘܐܟܘܠܘܢ الخ	

فائدة : ܐܬܐ المعتل الفاء المهموز الوسط لا تخفَف همزتهُ وصرفهُ على وزن ܐܟܠ تماماً هكذا : في الماضي ܐܬܐ ܐܬܬ ܘܐܬܝܬ الخ . وفي الحاضر ܐܬܐ ܐ̱ܢܐ الخ . وفي المضارع ܐܐܬܐ ܬܐܬܐ ܢܐܬܐ ܢܐܬܘܢ الخ . وفي الامر ܐܬܐ ܐܬܘ الخ(٢)

ܕܘܪܫܐ تمرين

وعليه صرف مثلًا :

ܝܠܦ ܢܐܠܦ	تعلَّمَ يتعلَّمُ	ܝܪܩ ܢܐܪܩ	اخضرَّ يخضرُّ
ܝܨܦ ܢܐܨܦ	اهتمَّ يهتمُّ	ܝܬܪ ܢܐܬܪ	فضلَ يفضلُ

(١) حكم همزة ܐܟܘܠ كحكم همزة ܐܚܘܕ

(٢) فترى ان مضارعه يجتمع فيه الفان الاولى مقلوبة عن الياء اي فاء الفعل كما في مضارع ܐܟܠ . والثانية عين الفعل . اما مضارع المتكلم فكان فيه ثلاث الاولى الف المضارع والثانية فاء الفعل والثالثة عينه . وقد حذفت الثانية منها كما حذفت همزة ܐܟܘܠ

تنبيه : اذا تصرف مضارع هذا الفعل بقلب احدى الالفين ياء اوحذفها حسب مذهبي القرداحي والمطران يوسف داود فلا بدَّ من بقاء الفين في مضارع المتكلم منهُ اي ܐܐܬܐ

سادساً

تصريف المعتل العين وله وزن واحد

ܕܳܢ ܢܕܽܘܢ على ܦܥܰܠ ܢܶܦܥܽܘܠ (في الاصل ٥٧)

٧٤ تصريف هذا الوزن يختلف قليلاً عن السالم بسبب اعتلالهِ فيبقى النصب على اول الفعل في الماضي . وتعود الالف الى صورتها في حاضر المفرد المذكر الغير المتصل بالضميرِ وتقلب ياء في غيره . ويسكن فيه حرف المضارعة الا الف المتكلم فتكسر لسهولة الابتداء بها

	ܕܥܒܰܪ	ܕܳܝܢܳܐ ܐܰܢ̱ܬܝ	ܕܳܝܢܳܢ ܐܰܢ̱ܬܶܝܢ
ܕܳܢܶܬ	ܕܳܢܢ ܘܕܳܢܢܰܢ	ܘܕܳܝܢܳܬܝ	ܘܕܳܝܢܳܬܶܝܢ
ܕܳܢܬ	ܕܳܢܬܽܘܢ	ܕܳܐܶܢ	ܕܳܝܢܺܝܢ
ܕܳܢܬܝ	ܕܳܢܬܶܝܢ	ܕܳܝܢܳܐ	ܕܳܝܢܳܢ
ܕܳܢ	ܕܳܢܘ ܘܕܳܢܘܢ		ܕܥܬܝܕ
ܕܳܢܰܬ	ܕܳܢ ܘܕܳܢܶܝܢ	ܐܶܕܽܘܢ	ܢܶܕܽܘܢ
	ܕܩܳܐܶܡ	ܬܶܕܽܘܢ	ܬܶܕܽܘܢܽܘܢ
ܕܳܐܶܢ ܐ̱ܢܳܐ	ܕܳܝܢܺܝܢ ܚ̱ܢܰܢ	ܬܶܕܽܘܢܺܝܢ	ܬܶܕܽܘܢܳܢ
	ܘܕܳܝܢܺܝܢܰܢ	ܢܶܕܽܘܢ	ܢܶܕܽܘܢܽܘܢ
ܕܳܝܢܳܐ ܐ̱ܢܳܐ	ܕܳܝܢܳܢ ܚ̱ܢܰܢ	ܬܶܕܽܘܢ	ܢܶܕܽܘܢܳܢ
ܘܕܳܝܢܳܢܳܐ	ܘܕܳܝܢܳܢܰܢ		ܦܘܩܕ
ܕܳܐܶܢ ܐܰܢ̱ܬ	ܕܳܝܢܺܝܢ ܐܰܢ̱ܬܽܘܢ	ܕܽܘܢ	ܕܽܘܢܽܘ
ܘܕܳܝܢܰܬ	ܘܕܳܝܢܺܝܬܽܘܢ		ܘܕܽܘܢܽܘܢ

ܕܳܘܒ	ܕܳܘܒܬ
ܘܕܳܘܒܢ	ܘܕܳܘܒܝܢ (١)

فائدة : يجوز في ضرورة الشعر خاصةً ان يكسر حرف المضارعة في هذا الوزن نحو ܢܶܩܽܘܡ ܫܰܦܺܝܪ ܘܢܨܰܠܶܐ «لنقف حسناً ونصلِّ»

ܕܘܪܫܐ تمرين

وعليهِ صرف مثلًا :

ܪܩܰܕ ܢܶܪܩܽܘܕ	رقصَ يرقصُ	ܫܳܩ ܢܫܽܘܩ	نشقَ ينشقُ
ܙܳܥ ܢܙܽܘܥ	تحرَّكَ يتحرَّكُ	ܨܳܡ ܢܨܽܘܡ	صامَ يصومُ

سابعاً

تصريف المعتل اللام وله وزنان

٧٥ يختلف تصريف المعتل اللام عن بقية التصاريف الماضية في امور فعليك بملاحظتها في ما يلي :

تصريف الوزن الاول	ܩܪܰܝܬ	ܩܪܰܝܬܽܘܢ
ܩܪܳܐ ܢܶܩܪܶܐ	ܩܪܰܝܬܝ	ܩܪܰܝܬܶܝܢ
على ܦܥܰܠ ܢܶܦܥܰܠ (في الاصل ٥٨)	ܩܪܳܐ	ܩܪܰܘ ܘܩܪܳܐܘ
ܘܚܕܐ	ܩܪܳܬ	ܩܪܰܝ
ܩܪܺܝܬ | ܩܪܰܝܢ ܘܩܪܰܝܢܰܢ		ܘܩܪܰܝܢܶܝܢ

(١) ان الافعال التي يتوسطها حرف علة وتبقى بدون اعلال مثل ܥܘܰܪ تتصرف نظير ܦܥܠ السالم

ܘܗܳܢܳܐ		ܦܽܘܩܳܕܳܐ	
ܓܳܠܶܐ ܐ̱ܢܳܐ	ܓܳܠܶܐ ܐܢ̱ܬ	ܓܠܺܝ	ܓܠܳܝ
ܘܓܳܠܝܳܐ	ܘܓܳܠܝܳܐ		ܘܓܠܰܘܢ
ܓܳܠܶܝܢܰܢ	ܓܳܠܶܝܢ ܐܢ̱ܬܘܢ	ܓܠܰܘ ܘܓܠܰܘܢ	ܓܠܳܝܶܝܢ
ܘܓܳܠܝܳܢܰܢ	ܘܓܳܠܝܳܢ		ܘܓܠܳܝܶܝܢ

تصريف الوزن الثاني

ܚܕܺܝ ܢܶܚܕܶܐ

على ܦܥܶܠ ܢܶܦܥܰܠ (عدد ٥٨)

		ܘܥܒܪ	
ܓܳܠܶܐ ܐ̱ܢܳܐ	ܓܳܠܶܐ ܐܢ̱ܬܘܢ	ܚܶܕܝܰܬ	ܚܕܺܝܬ ܘܚܕܺܝܬܝ
ܘܓܳܠܝܳܐ	ܘܓܳܠܝܳܢ ܐܢ̱ܬܘܢ	ܚܕܺܝ	ܚܕܺܝܬܽܘܢ
ܓܳܠܶܝܢ ܐ̱ܢܘܢ	ܓܳܠܶܝܢ ܐܢ̱ܬܝܢ	ܚܕܺܝܘ	ܚܕܺܝܬܶܝܢ
ܘܓܳܠܝܳܢ	ܘܓܳܠܝܳܢ ܐܢ̱ܬܝܢ	ܚܕܺܝ	ܚܕܺܝܢ (فقط)
ܓܳܠܶܐ	ܓܳܠܝܳܐ	ܚܕܺܝܢ	ܚܕܺܝܢ
ܓܳܠܶܝܢ	ܓܳܠܝܳܢ		ܘܚܕܺܝܬܶܝܢ (١)

ܘܥܬܝܕ			
ܐܶܓܠܶܐ	ܢܶܓܠܶܐ	اما الحاضر والمضارع والامر	
ܬܶܓܠܶܐ	ܬܶܓܠܽܘܢ	فتتصرف مثل ܓܠܐ	
ܬܶܓܠܶܝܢ	ܬܶܓܠܝܳܢ		
ܢܶܓܠܶܐ	ܢܶܓܠܽܘܢ		
ܬܶܓܠܶܐ	ܢܶܓܠܝܳܢ		

(١) فترى ١ً: ان ماضي ܓܠܐ يفتح ثانيه الامع الغائب والغائبة فيبقى منصوباً والامع المتكلم فيخفض . اما ماضي ܚܕܝ فثانيه مخفوض ابدًا الا مع الغائبة فيسكن ويجري مجرى السالم . ٢ً : ان ثاني الفعل في حاضر المذكر مكسور دائمًا في كلا الوزنين . وكذلك هو مكسور في المضارع الا في جمع المخاطبين والمخاطبات والغائبين والغائبات . ٣ً : ان الوزنين يتفقان في الامر تمامًا

ملاحظات على وزني ܓܠܐ وܚܕܝ

على الماضي : ان الواو في ܓܠܰܘ والياء في ܚܕܺܝ وܚܕܺܝܢ انما هما لام الفعل وهما

ملحق

في تصريف المعتل اللام النوني والمهموز والمعتل الفاء

٧٦ ١ : المعتل اللام النوني يتصرف مثل **ܓܠܐ** تماماً مع المحافظة

مقلوبان في المثالين الاولين عن الف المفرد ܓܠܐ . وكان حق هذه الافعال ان تكتب ܓܠܘܘ ܓܠܝܝ ܓܠܝܝ فاغنت واو الاول الاصلية عن واو جمع المذكر . وياء الآخرين الاصلية عن ياء جمع المؤنث

واعلم ان الشرقيين يكتبون ماضي جمع المذكر الثاني بالف مضمومة فواو هكذا ܓܠܐܘ، ܩܪܐܘ، (بدل ܓܠܘܘ، ܩܪܘܘ،) كأنهم ارادوا ان يبقوا لام الفعل الفًا في هذا الجمع كما في المفرد . اما الغربيون فانهم يقلبون فيه الف المفرد واوًا مثلما قلبت في الجمع الاول كما رأيت . ومذهب الغربيين اصح على ما يظهر لان هذه الالف حرف علة لا تقبل الحركة . وليس من مسوّغ او داعٍ لقلبها همزة . وان كان اصلها في ܓܠܐ وبعض افعال اخرى همزةً . فان اصلها في اكثر الافعال واوًا او ياءً كما علمت . على انَّ الشرقيين انفسهم قلبوا هذه الالف في الجمع الاول واوًا كالغربيين فقالوا ܓܠܘ ܩܪܘ فما الداعي لعدم قلبها واوًا في الثاني

تنبيه : ان الواو في نحو ܓܠܝܘ لا تلفظ لانها واو الجمع كالواو في ܩܛܠܘ مثلًا . وقد اجاز بعضهم لفظها لخفتها

على الحاضر: ان ياء جمع المذكر في الحاضر انما هي ايضاً لام الفعل . وحق ܓܠܝܢ مثلًا ان يكتب ܓܠܝܝܢ واصله ܓܠܝܝܢ مثل ܩܛܠܝܢ استثقلت الخفضة على الياء فنقلت الى الساكن قبلها وقلبت كسرةً للخفة واغنت الياء الاولى عن الثانية فحذفت

على المضارع : حق ܐܓܠܐ مثلًا ان يكتب ܐܓܠܝܐ وحكمها حكم ܓܠܝܢ . و ܐܓܠܘܢ و ܢܓܠܘܢ ان يكتبا ܐܓܠܘܘܢ ونܓܠܘܘܢ . واصلهما ܐܓܠܘܘܢ و ܢܓܠܘܘܢ استثقلت الضمة على الواو فيهما فنقلت الى الساكن قبلها واغنت الواو الاولى الاصلية عن الواو الثانية كما في ܓܠܘ

على حذف النون في مضارعه نحو ܢܟܝܬ اضررتُ الخ ܢܳܟܶܐ ܐ̱ܢܳܐ اضرُّ الخ ܐܶܟܶܐ سأضرُّ الخ ܢܟܝ ضرَّ الخ

٢َ : المهموز الفاء يوافقهُ نظراً الى آخره وهو فعلان ܐܦܐ ܐܠܐ نحو ܐܦܝܬ خبزتُ ܐܦܝܢ خبزنا الخ . ܐܠܝܬ رثيتُ الخ . الا امر المفرد المذكر من ܐܠܐ فهو ܐܶܠܝ « ارثِ » مثل ܐܶܦܝ . والباقي على قياس ܦܢܐ نحو ܦܢܘ الخ ܐܶܦܘ الخ

٣َ : المهموز العين يوافقهُ بلا اختلاف نحو ܠܐܝܬ تعبتُ ܠܳܐܶܐ ܐ̱ܢܳܐ اتعبُ ܐܶܠܐܶܐ سأتعبُ ܠܐܝ اتعبْ الخ . ولا ينافي ذلك تخفيف همزته

٤َ : المعتل الفاء مثل ܝܥܐ لا يخالفهُ الا في امر المفرد المذكر الذي يوافق وزنه ܥܝ . فيقال فيه ܝܥܝܬ نبتُّ ܝܳܥܶܐ ܐ̱ܢܳܐ انبتُ ܐܶܥܶܐ سأنبتُ الخ . الامر ܥܝ انبتْ ܥܘ وܥܝܶܝܢ . ܥܝ الخ . مثل ܪܥܝ ܪܥܘ الخ . اما ܝܡܐ « حلَفَ » فيجري فيه مجرى كليهما فتقول فيه ܝܡܝ ܝܡܘ الخ . و ܡܝ ܡܘ الخ

٥َ : المعتل العين يوافقهُ بلا اختلاف نحو ܫܘܝܬ شقيتُ ܫܳܘܶܐ ܐ̱ܢܳܐ اشقى الخ

ܕܘܪܫܐ تمرين

وعلى ذلك صرف مثلًا :

ܟܪܒ ܢܟܪܘܒ صرخَ يصرخُ | ܒܥܐ ܢܒܥܐ جرَّبَ يجرّبُ

على الامر : حكم واو ܚܙܘ وܚܙܝܘ في الامر كواو ܚܙܘ الماضي ولكنها في ܚܙܝܘ مقلوبة عن ياء امر المفرد ܚܙܝ . وياء ܚܙܝ و ܚܙܝ . و ܚܙܝܢ و ܚܙܝܢ كياء ܚܙܝ و ܚܙܝܢ الماضي . واعلم ان الياء في هذه الافعال الاخيرة ماضيةً كانت او امراً يجب ان تلفظ لانها لام الفعل كما عرفت . ولذلك فالبعض يزيدون عليها ياء المؤنث

ܒܘܐ ܢܒܘܐ	أنَّ يئنُّ	ܠܘܐ ܢܠܘܐ	رافقَ يرافقُ
ܟܐܐ ܢܟܐܐ	انتهرَ ينتهرُ	ܫܠܐ ܢܫܠܐ	هدأ يهدأ
ܡܠܐ ܢܡܠܐ	وفى يفي	ܛܥܢ ܢܛܥܢ	حملَ يحملُ

الفصل الرابع

في تصريف الرباعي والمزيد

٧٧ يبقى اول الرباعي والمزيدات عند تصريفها على حالهِ. الا ما ابتدأ منها بهمزة فتحذف همزته مع ميم الحاضر وحروف المضارعة. وتجري في آخرها وحركة ما قبله مع الضمائر على نمط الثلاثي. وهاك تصريف بعض اوزان المزيد لتقيس عليها :

اولاً : تصريف وزن

ܩܰܛܶܠ ܢܩܰܛܶܠ على ܦܰܥܶܠ ܢܦܰܥܶܠ

	ܘܚܕ̈ܝ	ܩܰܛܶܠܬ	ܩܰܛܶܠܝ̈
ܩܛܠܬ	ܩܰܛܶܠܬ		ܘܩܰܛܶܠܬܝܢ
	ܘܩܰܛܶܠܬܝ	ܘܐܡܪ	
ܩܛܠ	ܩܰܛܶܠܬܘܢ	ܡܩܰܛܶܠ ܐܢܐ	ܡܩܰܛܠܺܝܢܰܢ
ܩܛܠܬ	ܩܰܛܶܠܬܶܝܢ	ܘܡܩܰܛܠܳܐ ܐܢܐ	ܘܡܩܰܛܠܳܢܰܢ
ܩܛܠ	ܩܰܛܶܠܘ	ܡܩܰܛܶܠ ܐܢܬ	ܡܩܰܛܠܺܝܢܬܘܢ
	ܘܩܰܛܶܠܘܢ	ܘܡܩܰܛܠܳܐ ܐܢܬܝ	ܘܡܩܰܛܠܳܢܶܝܢ

ܡܩܰܒܠܳܐ ܐܢ̱ܬ	ܡܩܰܒܠܺܝܢ ܐܢ̱ܬܘܢ	ܬܩܰܒܠܺܝܢ	ܬܩܰܒܠܳܢ
ܘܡܩܰܒܠܳܐ	ܘܡܩܰܒܠܳܢ ܐܢ̱ܬܶܝܢ	ܢܩܰܒܶܠ	ܢܩܰܒܠܽܘܢ
ܡܩܰܒܠܳܢܳܐ	ܡܩܰܒܠܺܝܢܰܢ	ܬܩܰܒܶܠ	ܢܩܰܒܠܳܢ
ܘܡܩܰܒܠܳܢܳܐ	ܘܡܩܰܒܠܳܢܰܢ		
ܡܩܰܒܶܠ	ܡܩܰܒܠܺܝܢ	**ܦܘܩܕܢ**	
ܡܩܰܒܠܳܐ	ܡܩܰܒܠܳܢ	ܩܰܒܶܠ	ܩܰܒܶܠܘ
ܥܬܝܕ			ܘܩܰܒܶܠܽܘܢ
ܐܩܰܒܶܠ	ܢܩܰܒܶܠ	ܩܰܒܶܠܝ	ܩܰܒܶܠܶܝܢ
ܬܩܰܒܶܠ	ܬܩܰܒܠܽܘܢ	ܘܩܰܒܶܠܝ	ܘܩܰܒܶܠܶܝܢ(١)

وعلى هذا الوزن صرف ١ً : ما كان منه منتهياً بحرف فتح مثل ܒܰܕܰܪ « بدَّدَ » تقول ܒܰܕܪܶܬ ܒܰܕܰܪ ܘܒܰܕܰܪܘ الخ . ܡܒܰܕܰܪ ܐܢܳܐ الخ . ܐܒܰܕܰܪ ܢܒܰܕܰܪ الخ ܒܰܕܰܪ ܒܰܕܰܪܘ ܘܒܰܕܰܪܝܢ الخ .
ومثله ܓܰܠܺܝ واخوته لانه منته بفاتح ايضاً نحو ܓܰܠܺܝܬ ܓܰܠܺܝ ܘܓܰܠܺܝܘ الخ . ܡܓܰܠܶܐ ܐܢܳܐ ܡܓܰܠܝܳܢ ܚܢܰܢ الخ . ܐܓܰܠܶܐ ܢܓܰܠܶܐ الخ . ܓܰܠܳܐ ܓܰܠܳܐܘ ܘܓܰܠܳܐܝܢ . ܓܰܠܳܝ ܘܓܰܠܳܝܶܝܢ : ܓܰܠܳܝ ܘܓܰܠܳܝܶܝܢ بالف واحدة محققة او مخففة

٢ً : ما كان منه مهموز الفاء مثل ܐܰܟܶܠ من ܐܟܰܠ نحو ܐܰܟܠܶܬ الخ . ܡܐܰܟܶܠ ܐܢܳܐ الخ . ܐܐܰܟܶܠ ܢܐܰܟܶܠ الخ . بثبوت همزته لانها اصلية (١)

---

(١) فترى ان ميم الحاضر وحروف المضارعة ساكنة فيه لتحرك اولهِ الا همزة المتكلم فمكسورة كمضارع الثلاثي المثل العين (عد ٧٤) وترى ايضاً ان الامر كالماضي تماماً . وهكذا في كل تصاريف المعلوم الآتية

(٢) الا في مضارع المتكلم فتحذف لقيام همزتهِ مقامها

٣ : الرباعي الصحيح الآخر مثل ܦܰܪܢܶܣ نحو ܦܰܪܢܶܣܬ݁
ܦܰܪܢܶܣ الخ

٤ : ما كان من وزن ܐܰܦܥܶܠ (غير معتل العين واللام) نحو ܐܰܟܬ݁ܶܒ
ܐܰܒ݂ܗܶܠ ܐܰܟ݂ܠܶܒ݂ ܐܰܩܪܶܒ݂ من ܩܪܶܒ݂ . ܐܰܘܕ݁ܰܥ ܐܰܡܠܶܟ݂ ܐܰܘܪܶܒ݂ ܐܰܠܶܒ݂
حاذفاً همزتها مطلقاً مع ميم الحاضر وحروف المضارعة نحو ܐܰܟܬ݁ܶܒܶܬ݂
الخ . ܡܰܟܬ݁ܶܒ ܐ̱ܢܳܐ الخ . ܐܰܟܬ݁ܶܒ ܢܰܟܬ݁ܶܒ الخ . ܐܰܟܬ݁ܶܒ ܐܰܟܬ݁ܶܒܘ
و ܐܰܟܬ݁ܶܒܶܝܢ الخ . ܐܰܩܪܶܒ݂ܬ݂ الخ . ܡܰܩܪܶܒ݂ ܐ̱ܢܳܐ الخ . ܐܰܩܪܶܒ݂ ܢܰܩܪܶܒ݂ الخ .
ܐܰܩܪܶܒ݂ ܐܰܩܪܶܒ݂ܘ و ܐܰܩܪܶܒ݂ܶܝܢ الخ .

٥ : بقية المزيدات الغير المعتلة الآخر مثل ܫܰܥܒܶܕ݂ ܡܰܟ݂ܶܒ݂ الخ .
نحو ܫܰܥܒܶܕ݂ܶܬ݂ . ܡܫܰܥܒܶܕ݂ ܐ̱ܢܳܐ . ܐܶܫܰܥܒܶܕ݂ ܢܫܰܥܒܶܕ݂ الخ .
ܡܰܟ݂ܢܶܫܬ݂ حلت ܡܰܟ݂ܢܶܫ ܐ̱ܢܳܐ . ܐܰܟ݂ܢܶܫ
ܢܰܟ݂ܢܶܫ الخ (١)

ثانياً : تصريف وزن ܐ

ܐܶܬ݂ܪܰܚܰܡ ܪܰܚܶܡ على ܐܶܬ݂ܦܰܥܰܠ ܦܰܥܶܠ (في الاصل ٦٠)

٧٨ في تصريف هذا الوزن يستمر الخفض على فائهِ وتسكن ميم حاضرهِ وحروف المضارعة الا همزة المتكلم فتبقى مفتوحة :

ܐܶܬ݂ܪܰܚܰܡܬ݁	ܐܶܬ݂ܪܰܚܰܡܢ	ܡܶܬ݂ܪܰܚܰܡ	ܐܶܬ݂ܪܰܚܰܡ	ܐܶܬ݂ܪܰܚܰܡܘ
	ܘܐܶܬ݂ܪܰܚܰܡܢܰܢ			ܘܐܶܬ݂ܪܰܚܰܡܶܝܢ
ܐܶܬ݂ܪܰܚܰܡܬ݁	ܐܶܬ݂ܪܰܚܰܡܬ݁ܘܢ		ܐܶܬ݂ܪܰܚܰܡܝ	ܐܶܬ݂ܪܰܚܰܡ
ܐܶܬ݂ܪܰܚܰܡܬ݁ܝ	ܐܶܬ݂ܪܰܚܰܡܬ݁ܶܝܢ			ܘܐܶܬ݂ܪܰܚܰܡܶܝܢ
ܐܶܬ݂ܪܰܚܰܡܶܬ݂	ܐܶܬ݂ܪܰܚܰܡܬ݁ܶܝܢ		ܡܳܠܦܳܢ	

(١) وميم الحاضر وحروف المضارعة تكسر في هذا الوزن كما ترى

ܡܪܝܡ ܐܢܐ	ܡܪܝܡܝܢܢ	ܐܪܝܡ	ܢܪܝܡ
ܘܡܪܝܡܐ	ܘܡܪܝܡܢܢ	ܬܪܝܡ	ܬܪܝܡܘܢ
ܡܪܝܡܬ ܐܢܬ	ܡܪܝܡܝܬܘܢ	ܬܪܝܡܝܢ	ܬܪܝܡܢ
ܘܡܪܝܡܬܝ	ܘܡܪܝܡܢܬܝܢ	ܢܪܝܡ	ܢܪܝܡܘܢ
ܡܪܝܡ ܗܘ	ܡܪܝܡܝܢ ܐܢܘܢ	ܬܪܝܡ	ܢܪܝܡܢ .
ܘܡܪܝܡܐ	ܘܡܪܝܡܢ̈	ܦܘܩܕ	
ܡܪܝܡܐ ܗܝ	ܡܪܝܡܢ ܐܢܝܢ	ܐܪܝܡ	ܐܪܝܡܘ .
ܘܡܪܝܡܢ	ܘܡܪܝܡܢ̈		ܘܐܪܝܡܝܢ
ܡܪܝܡ	ܡܪܝܡܝܢ	ܐܪܝܡܝ	ܐܪܝܡܝ
ܡܪܝܡܐ	ܡܪܝܡܢ	ܘܐܪܝܡܝܢ	ܘܐܪܝܡܝܢ .

ܘܕܠܡܝ

فائدة: يجوز في ضرورة الشعر فتح ميم الحاضر وحرف المضارعة في هذا الوزن نحو ܕܢܚܗ ܕܢܘܗܪܐ ܠܕܡܟܐ ܡܥܝܪ « اشراق الصباح يوقظ الراقدين » ونحو ܬܘ ܢܪܝܡ ܥܝܢܝܢ ܘܠܒܝܢ ܠܘܬ ܐܠܗܐ « تعالوا نرفع عيوننا وقلوبنا نحو الله »

ثالثاً : تصريف وزن

٧٩ ܫܥܒܕ ܕܫܥܒܕܐ على ܦܥܠܠ ܢܦܥܠܠ (في الاصل ٦٠)

	ܘܕܒܪ	ܫܥܒܕܬ	ܫܥܒܕܬܘܢ
ܫܥܒܕܬ	ܫܥܒܕܬ	ܫܥܒܕ	ܫܥܒܕܘ (فقط)
	ܘܫܥܒܕܬܝ	ܫܥܒܕܝ	ܫܥܒܕ̈ܝ
ܫܥܒܕܬ	ܫܥܒܕܬܘܢ		ܘܫܥܒܕܝܢ

ܕܥܬܝܕ		ܕܩܐܡ	
ܢܫܰܦܥܶܠ	ܐܶܫܰܦܥܶܠ	ܡܫܰܦܥܠܺܝܢܰܢ	ܡܫܰܦܥܠܳܐ ܐ݈ܢܳܐ
ܬܫܰܦܥܠܽܘܢ	ܬܫܰܦܥܶܠ	ܘܡܫܰܦܥܠܳܢܰܢ	ܘܡܫܰܦܥܠܳܢܳܐ
ܬܫܰܦܥܠܳܢ	ܬܫܰܦܥܠܺܝܢ	ܡܫܰܦܥܠܺܝܢܬܽܘܢ	ܡܫܰܦܥܠܳܐ ܐ݈ܢܳܐ
ܢܫܰܦܥܠܽܘܢ	ܢܫܰܦܥܶܠ	ܘܡܫܰܦܥܠܳܢܬܶܝܢ	ܘܡܫܰܦܥܠܳܢܳܐ
ܢܫܰܦܥܠܳܢ	ܬܫܰܦܥܶܠ	ܡܫܰܦܥܠܺܝܢ ܐ݈ܢܽܘܢ	ܡܫܰܦܥܠܰܬ ܐ݈ܢ݈ܬ
ܦܘܩܕ		ܘܡܫܰܦܥܠܳܢ ܐ݈ܢܶܝܢ	ܘܡܫܰܦܥܠܳܐ ܐ݈ܢ݈ܬ
ܫܰܦܥܶܠܘ	ܫܰܦܥܶܠ	ܡܫܰܦܥܠܺܝܢ ܐ݈ܢܽܘܢ	ܡܫܰܦܥܠܳܐ ܐ݈ܢ݈ܬܝ
ܘܫܰܦܥܶܠܘܶܝܢ		ܘܡܫܰܦܥܠܳܢ ܐ݈ܢܶܝܢ	ܘܡܫܰܦܥܠܳܐ ܗ̱ܝ
ܫܰܦܥܶܠ̈ܝ	ܫܰܦܥܶܠܝ	ܡܫܰܦܥܠܺܝܢ	ܡܫܰܦܥܠܳܐ
ܘܫܰܦܥܶܠ̈ܝܢ	ܘܫܰܦܥܶܠܝܢ	ܡܫܰܦܥܠܳܢ	ܡܫܰܦܥܠܳܐ

وعلى هذا الوزن تصرف ١ً: ما كان منه مثل ܢܰܚܶܒ ܐܰܚܶܒ بابقاء همزته في الحاضر والمضارع لانهُ من وزن ܦܰܥܶܠ . ومثل ܪܳܐܶܒ بلغاته . و ܡܚܰܒ و ܡܒܰܘܰܗ (١)

٢ً: ما كان رباعياً مثل ܓܰܪܕܰܡ جرّدَ ܟܰܘܪܶܒ عالَ

٣ً: ما كان على ܐܰܦܥܶܠ معتل اللام مثل ܐܰܘܥܶܒ ܐܰܚܶܒ ܐܰܠܳܐ ܐܰܘܚܶܒ ܐܰܚܒܰܘ وتحذف همزته في الحاضر والمضارع نظير ܐܰܦܥܶܠ الغير معتل اللام

٤ً: بقية المزيدات المعتلة الآخر مثل ܫܰܥܒܶܕ ܚܰܒܘܶܠ (٢)

(١) صيغة امر المخاطبين الثانية من هذا الوزن المعتل الوسط هي ܡܰܒܘܰܘ على ان البعض يحذفون الواو الاخيرة فيقولون ܡܰܒܘܰܘ

(٢) وفي هذا الاخير تكسر ميم الحاضر وحروف المضارع نظير وزن ܐܶܬܦܰܥܰܠ الصحيح

الفصل الخامس

في تصريف المجهول اوالتاوي

٨٠ لا يعرض للمجهول او التاوي عند تصريفهِ سوى حذف الالف من اوله عند دخول ميم الحاضر واحرف المضارعة عليه . اما في غير اولهِ فيتغير احياناً ويجري آخره مع الضمير مجرى المعلوم كما يأتي :

تصريف مجهول الثلاثي

اولاً : تصريف مجهول السالم

مجهول الوزن الاول

ܐܬܟܬܒ ܢܬܟܬܒ على ܐܬܦܥܠ ܢܬܦܥܠ

ܙܒܢܐ ܕܥܒܪ			
ܐܬܟܬܒܬ كُتِبتُ	ܐܬܟܬܒܢ و ܐܬܟܬܒܢܢ كُتِبنا	ܐܬܟܬܒ كُتِبَ	ܐܬܟܬܒܘ و ܐܬܟܬܒܘܢ كُتِبوا
ܐܬܟܬܒܬ كُتِبتَ	ܐܬܟܬܒܬܘܢ كُتِبتُم	ܐܬܟܬܒܬ كُتِبَت	ܐܬܟܬܒ و ܐܬܟܬܒܝܢ كُتِبنَ
ܐܬܟܬܒܬܝ كُتِبتِ	ܐܬܟܬܒܬܝܢ كُتِبتُنَّ		ܙܒܢܐ ܕܩܐܡ
		ܡܬܟܬܒܢܐ و ܡܬܟܬܒܢܐ	ܡܟܬܘܒ ܐܢܐ و ܡܟܬܘܒܗ ܐܢܐ

أُكتبُ	نُكتبُ	سأكتبُ	سنكتب
ܡܶܬܟܰܬܒܳܢܳܐ ܐ̱ܢܳܐ	ܡܶܬܟܰܬܒܺܝܢ ܚܢܰܢ	ܬܶܬܟܬܶܒ	ܬܶܬܟܰܬܒܽܘܢ
ܘܡܶܬܟܰܬܒܳܢܳܐ	ܘܡܶܬܟܰܬܒܺܝܢܰܢ	ستُكتبُ	ستكتبونَ
أُكتبُ	نُكتبُ	ܬܶܬܟܰܬܒܺܝܢ	ܬܶܬܟܰܬ̈ܒܳܢ
ܡܶܬܟܰܬܒܳܐ ܐ̱ܢܳܐ	ܡܶܬܟܰܬ̈ܒܳܢ ܐܢܰܚ̈ܢܰܢ	ستُكتبينَ	ستكتبنَ
ܘܡܶܬܟܰܬܒܳܐ	ܘܡܶܬܟܰܬ̈ܒܳܢܰܢ	ܢܶܬܟܬܶܒ	ܢܶܬܟܰܬܒܽܘܢ
تُكتبُ	تُكتبونَ	سيكتبُ	سيكتبونَ
ܡܶܬܟܰܬܰܒ ܐܢ̱ܬ	ܡܶܬܟܰܬܒܺܝܢ ܐܢ̱ܬܘܢ	ܬܶܬܟܬܶܒ	ܢܶܬܟܰܬ̈ܒܳܢ
ܘܡܶܬܟܰܬܒܰܬ	ܘܡܶܬܟܰܬܒܺܝܢܬܘܢ	ستُكتبُ	سيكتبنَ
تُكتبينَ	تكتبنَ		
ܡܶܬܟܰܬܰܒ	ܡܶܬܟܰܬܒܺܝܢ		
يُكتبُ	يُكتبونَ		
ܡܶܬܟܰܬܒܳܐ	ܡܶܬܟܰܬ̈ܒܳܢ		
تُكتبُ	يُكتبنَ		

ܦܘܩܕܢܐ

ܐܶܬܟܰܬܰܒ	ܐܶܬܟܰܬܰܒܘ
	ܘܐܶܬܟܰܬܰܒܘܢ
لتُكتبْ	لتكتبوا
ܐܶܬܟܰܬܰܒܝ	ܐܶܬܟܰܬ̈ܰܒܝ
ܘܐܶܬܟܰܬܰܒܶܝܢ	ܘܐܶܬܟܰܬ̈ܰܒܶܝܢ
لتكتبي	لتكتبنَ

ܙܒܢܐ ܕܥܬܝܕ

ܐܶܬܟܬܶܒ | ܢܶܬܟܬܶܒ

وعليه تصرف مجهولات الاوزان الباقية وهي ܐܶܬܦܰܥܰܠ ܐܶܬܬܦܰܥܰܠ عِمِلَ يُعمَلُ ܐܶܬܥܒܶܕ ܢܶܬܥܒܶܕ صُنِعَ يُصنَعُ ܐܶܣܬܥܰܠ ܢܶܣܬܥܰܠ سُجِدَ لَهُ يُسجَدُ ܐܶܬܣܓܶܕ ܢܶܬܣܓܶܕ أُحِبَّ يُحَبُّ ܐܶܬܪܚܶܡ ܢܶܬܪܚܶܡ

وكذا ما انتهى منها بحرف فتح مثل ܐܶܬܕܒܰܚ «ذُبِحَ» مع المحافظة على حركة فتحه حيث يلزم ذلك

ثانياً : تصريف مجهول النوني

٨١ مجهول النوني نظير مجهول السالم في كل اوزانهِ ويتصرف مثله تماماً فتقول في ܐܬܢܩܒ مثلاً ܐܬܢܩܒܬ ܐܬܢܩܒܬ الخ

٨٢ ثالثاً : تصريف مجهول المضاعف

مجهول الوزن الاول

ܐܬܓܙܙ ܢܬܓܙܙ على ܐܬܩܛܠ ܢܬܩܛܠ

ܘܚܕܢܝ		ܘܣܓܝ	
ܐܬܓܙܬ	ܐܬܓܙܝ	ܐܬܓܙܘ	ܢܬܓܙܘ
	ܘܐܬܓܙܬܝ	ܐܬܓܙܘ	ܐܬܓܙܬܘܢ ܘܢܩܒ
ܐܬܓܙܬ	ܐܬܓܙܬܝ ܘܢܩܒ	ܗܘܢ	
ܘܦܠܡ		ܐܬܓܙܘ	ܐܬܓܙܘ
ܡܫܡܫܢܐ	ܡܫܡܫܢܝܬܐ		ܘܐܬܓܙܬܘܢ
ܘܡܫܡܫܢܐ	ܝܫܘ ܡܫܡ	ܐܬܓܙܢ	ܐܬܓܙܬܝܢ
ܡܫܡܫܢܐ ܐܢܐ	ܡܫܡܫܢܝܬܐ ܝܫܘ	ܘܐܬܓܙܝܢ	ܘܐܬܓܙܬܝܢ
ܘܡܫܡܫܢܐ	ܘܡܫܡ ܘܢܩܒ		

وهكذا يتصرف مجهـول الوزن الثاني مثل ܐܬܥܩܬ مجهول ܥܩ « ضايقَ »

٨٣ رابعاً : تصريف مجهول المهموز

١ : مجهول الوزن الاول من المهموز الفاء

ܐܬܐܟܠ ܢܬܐܟܠ على ܐܬܩܛܠ ܢܬܩܛܠ

تقول فيه ܐܬܐܟܠ ܐܬܐܟܠܬ ܘܐܬܐܟܠܬܝ . ܡܬܐܟܠܢܐ
ܡܬܐܟܠܢܝܬܐ ܘܫܪܟܐ

٢ : مجهول الوزن الثاني ܐܡܪ «قال» مثلاً

ܐܬܐܡܪ ܢܬܐܡܪ

تصرفه نظير الوزن الاول ܐܬܐܡܪܬ ܐܬܐܡܪܬ ܘܐܬܐܡܪܬܝ .
ܡܬܐܡܪܢܐ ܘܫܪܟܐ (١)

اما مجهول المهموز الوسط والآخر فيتصرف كمجهول السالم نحو
ܐܬܫܐܠ : ܐܬܫܐܠܬ ܐܬܫܐܠܬ ܘܐܬܫܐܠܬܝ ܘܫܪܟܐ
ܐܬܒܛܐ : ܐܬܒܛܐܬ ܐܬܒܛܐܬ ܘܐܬܒܛܐܬܝ ܘܫܪܟܐ .
وتحقيق الهمزة فيهما اجود

خامساً : تصريف مجهول المعتل الفاء

ܐܬܝܠܕ ܢܬܝܠܕ على ܐܬܦܥܠ ܢܬܦܥܠ

٨٤ هذا الوزن تخفض تاؤه بحركة ܚܒܨܐ كلما سكنت الياء بعدها (٢) تقول في تصريفه: ܐܬܝܠܕܬ ܐܬܝܠܕܬ ܘܐܬܝܠܕܬܝ
ܡܬܝܠܕܢܐ . ܐܬܝܠܕ ܢܬܝܠܕ . ܐܬܝܠܕ ܘܫܪܟܐ

سادساً : تصريف مجهول المعتل العين

ܐܬܬܝܡ ܢܬܬܝܡ على ܐܬܦܥܠ ܢܬܦܥܠ (في الاصل ٦٢)

٨٥ في تصريف هذا الوزن يستمرّ الخفض على فائه .
تقول فيه :

(١) يجوز في مجهول هذين الوزنين كسر التاء بحركة ܚܒܨܐ متى سكنت الهمزة بعدها (٢) تحركت التاء هنا بحركة ܚܒܨܐ كما تحركت في مجهول المهموز الفاء الا ان الكسر قاب هنا خفضاً مناسبةً للياء

ܘܚܕܢܐ		ܐܬܬܕܡܝ	ܐܬܬܕܡܝܘ
ܐܬܬܕܡܝܬ	ܐܬܬܕܡܝܬ	ܐܬܬܕܡܝܬܝ	ܐܬܬܕܡ̈ܝܝ (١)
	ܘ ܐܬܬܕܡܝܬܝ	ܢܬܬܕܡܐ	ܢܬܬܕܡܘܢ
ܐܬܬܕܡܝܬ	ܐܬܬܕܡܝܬܘܢ	ܐܬܬܕܡܝ (١)	ܢܬܬܕܡ̈ܝܢ
	ܘܡܢ		ܦܘܩܕ
ܘܫܡܐ		ܐܬܬܕܡܝ	ܐܬܬܕܡܝܘ
ܡܬܬܕܡܐ ܐܢܐ	ܡܬܬܕܡܝܐ		ܘܐܬܬܕܡܝܘܢ
ܘܡܬܬܕܡܝܢܢ	ܡܬܬܕܡܝܢ ܘܡܢ	ܐܬܬܕܡܝ	ܐܬܬܕܡ̈ܝ
ܘܚܠܡ		ܘܐܬܬܕܡܝܢ	ܘܐܬܬܕܡ̈ܝܢ
ܐܬܬܕܡܝ	ܢܬܬܕܡܝ		

سابعاً : مجهول المعتل اللام

ܐܬܦܥܠ ܕܦܥܠܐ على ܐܬܦܥܠ ܕܦܥܠ

٨٦ هذا الوزن يتصرف نظير ܐܬܬܩܛܠ وحكم العين فيه من حيث الحركة والسكون كحكم العين في ذاك ما عدا امر المذكر المفرد كما ترى ·

ܘܚܕܢܐ		ܐܬܦܢܝܬ	ܐܬܦܢܝܬܘܢ
ܐܬܦܢܝܬ	ܐܬܦܢܝܬ		ܘܡܢ
	ܘܐܬܦܢܝܬܝ		ܘܫܡܐ

(١) الاصل في مضارع المخاطب كله ومضارع الغائبة من هذا الوزن المجهول ان يكتب بثلاث تاآت · ولكن اعتاد النساخ ان يحذفوا تاءه الثالثة عند دخول تاء المضارعة عليه وهو جائز

ܡܶܬܩܪܶܐ ܐ̱ܢܳܐ	ܡܶܬܩܪܶܝܢܰܢ	ܦܽܘܩܳܕ	
	ܘܡܢ	ܐܶܬܩܪܺܝ	ܐܶܬܩܪܺܝܘ
	ܝܚܝܕ		ܘܐܶܬܩܪ̈ܳܝܶܝܢ
ܐܶܬܩܪܳܐ	ܢܶܬܩܪܶܐ	ܐܶܬܩܪܳܝ	ܐܶܬܩܪ̈ܰܝ
	ܘܡܢ	ܘܐܶܬܩܪܳܝܢ	ܘܐܶܬܩܪ̈ܰܝܝܢ

تصريف مجهول الرباعي والمزيدات

٨٧ اولاً: تصريف مجهول وزن ܩܰܛܶܠ

ܐܶܬܩܰܛܰܠ ܢܶܬܩܰܛܰܠ على ܐܶܬܦܰܥܰܠ ܢܶܬܦܰܥܰܠ

	ܘܕܟܪ	ܡܶܬܩܰܛܰܠ	ܡܶܬܩܰܛܠܺܝܢ
		ܐ̱ܢܳܐ ܘܐܰܢ̱ܬ	ܚܢܰܢ ܘܐܰܢ̱ܬܽܘܢ
ܐܶܬܩܰܛܠܶܬ	ܐܶܬܩܰܛܰܠܬ	ܡܶܬܩܰܛܠܳܐ ܐ̱ܢܳܐ	ܡܶܬܩܰܛ̈ܠܳܢ
	ܘܐܶܬܩܰܛܰܠܬܝ	ܘܐܰܢ̱ܬܝ	ܚܢܰܢ ܘܐܰܢ̱ܬܶܝܢ
ܐܶܬܩܰܛܰܠܢ	ܐܶܬܩܰܛܰܠܬܽܘܢ	ܡܶܬܩܰܛܰܠ	ܡܶܬܩܰܛܠܺܝܢ
ܐܶܬܩܰܛܰܠܝ	ܐܶܬܩܰܛܰܠܬܶܝܢ	ܐ̱ܝܬ ܘܐܰܢ̱ܬ	ܐ̱ܝܬܰܝܗܽܘܢ ܘܐܰܢ̱ܬܽܘܢ
ܐܶܬܩܰܛܰܠ	ܐܶܬܩܰܛܰܠܘ	ܡܶܬܩܰܛܠܳܐ	ܡܶܬܩܰܛ̈ܠܳܢ
	ܘܐܶܬܩܰܛܰܠܘ	ܐ̱ܝܬܝ ܘܐܰܢ̱ܬܝ	ܐ̱ܝܬܰܝܗܶܝܢ ܘܐܰܢ̱ܬܶܝܢ
ܐܶܬܩܰܛܠܰܬ	ܐܶܬܩܰܛܰܠ	ܡܶܬܩܰܛܰܠ	ܡܶܬܩܰܛܠܺܝܢ
	ܘܐܶܬܩܰܛܰܠ	ܡܶܬܩܰܛܠܳܐ	ܡܶܬܩܰܛ̈ܠܳܢ
	ܘܢܩܒ	ܘܚܝܕ	

ܐܶܬܩܰܛܰܠ	ܢܶܬܩܰܛܰܠ	ܦܽܘܩ	
ܐܶܬܩܰܛܠܰܬ	ܐܶܬܩܰܛܠܽܘܢ	ܐܶܬܩܰܛܰܠ	ܐܶܬܩܰܛܰܠܘ
ܐܶܬܩܰܛܰܠܬ	ܐܶܬܩܰܛܠܶܝܢ		ܘܐܶܬܩܰܛܰܠܽܘܢ
ܢܶܬܩܰܛܰܠ	ܢܶܬܩܰܛܠܽܘܢ	ܐܶܬܩܰܛܰܠܝ	ܐܶܬܩܰܛܰܠܶܝ (١)
ܐܶܬܩܰܛܰܠ	ܢܶܬܩܰܛܠܳܢ	ܘܐܶܬܩܰܛܰܠܶܝܢ	ܘܐܶܬܩܰܛܰܠܶܝܢ

وعلى هذا الوزن صرف ١ً : ما كان منه مثل ܐܶܬܒܰܕܰܪ « بُدّدَ وتبدّدَ » وܐܶܬܐܰܥܰܩ « ضُويقَ وتضايقَ » ܐܶܬܒܰܝܰܐ « عُزّيَ وتعزّى » والامر منه ܐܶܬܒܰܝܰܐ : ܐܶܬܒܰܝܰܐܘ وܐܶܬܒܰܝܰܝܢ . ܐܶܬܒܰܝܰܝ وܐܶܬܒܰܝܰܝܢ : ܐܶܬܒܰܝܰܘ وܐܶܬܒܰܝܳܝܢ (على مذهب الغربيين)

٢ً : مجهول الرباعي مثل ܐܶܬܦܰܪܢܰܣ « وُزّعَ وتوزّعَ » ܐܶܬܬܰܪܓܰܡ « تُرجِمَ وتَترَجمَ »

٣ً : مجهول ܐܰܦܥܶܠ (الغير معتل العين واللام) نحو ܐܶܬܬܰܥܝܰܪ ܐܶܬܬܰܩܰܢ ܐܶܬܬܰܘܕܝ (٢)

٤ً مجهول بقية المزيدات الغير منتهية بياء مثل ܐܶܫܬܰܥܒܰܕ ܐܶܫܬܰܘܕܰܥ

(١) والشرقيون يفتحون العين في الامر كالماضي وهو الاحسن كما علمت وقد يوافقهم الغربيون (عدد ٦٤)

(٢) ويجوز في مضارع المخاطب كله وفي مضارع الغائبة من هذا الوزن ادغام تاء المجهولية في التاء التي بعدها لفظاً وخطاً حتى لا يجتمع فيه ثلاث تاآت نظير وزن ܐܶܬܬܰܘܰܡ واذ ذاك تُشدَّد تاؤُه الباقية بعد حرف المضارعة نحو ܬܶܬܰܠܰܡ ستُسلَمَ ܬܶܬܰܠܡܽܘܢ ستُسلَمونَ الخ . ومثله مجهول كل مزيد او رباعي ابتدأ بتاء مثل ܐܰܬܠܶܡ رجَّحَ ܬܰܪܓܶܡ ترجم

٨٨ ثانياً : تصريف مجهول وزن ܐܘܪܝܡ

ܐܬܐܘܪܝܡ ܢܬܐܘܪܝܡ

على ܐܬܐܦܥܠ ܢܬܐܦܥܠ (في الاصل ٦٢)

وحكمهُ حكم ܐܬܐܘܪܝܡ في كل احواله فراجعه (عد ٨٥)

٨٩ ثالثاً : تصريف مجهول وزن ܡܣܒ

ܐܬܡܣܒ ܢܬܡܣܒܐ

على ܐܬܦܥܠ ܢܬܦܥܠ (في الاصل ٦٢)

٩٠ هذا الوزن يماثل بحركة وسطهِ واخرهِ وسكونهما وزنَه المعلوم تمام المماثلة وهاكَ تصريفهُ :

ܥܒܪ			
ܐܬܡܣܒܬ	ܐܬܡܣܒܢ	ܡܬܡܣܒܐ	ܡܬܡܣܒܝܢ
	ܘܐܬܡܣܒܢܢ	ܐܢܐ ܘܐܢܬ	ܚܢܢ ܘܐܢܬܘܢ
ܐܬܡܣܒܬ	ܐܬܡܣܒܬܘܢ	ܡܬܡܣܒܐ	ܡܬܡܣܒܢ
ܐܬܡܣܒܬܝ	ܐܬܡܣܒܬܝܢ	ܐܢܬܝ ܘܗܝ	ܐܢܬܝܢ ܘܗܢܝܢ
ܐܬܡܣܒ	ܐܬܡܣܒܘ (فقط	ܡܬܡܣܒܐ	ܡܬܡܣܒܝܢ
ܐܬܡܣܒܬ	ܐܬܡܣܒ	ܐܢܬ ܘܗܘ	ܐܢܬܘܢ ܘܗܢܘܢ
	ܘܐܬܡܣܒܝ	ܡܬܡܣܒܐ	ܡܬܡܣܒܢ
		ܡܬܡܣܒܐ	ܡܬܡܣܒܢ

ܦܩܕ		ܫܡܐ	
ܡܬܡܣܒܐ	ܡܬܡܣܒܝܢ	ܐܬܡܣܒܐ	ܢܬܡܣܒܐ
ܐܢܐ ܘܐܢܬ	ܚܢܢ ܘܐܢܬܘܢ	ܐܬܡܣܒܐ	ܐܬܡܣܒܘ

ܐܬܬܣܩܝܢ	ܐܬܬܣܩܝܢ	ܐܬܬܣܩܝ	ܐܬܬܣܩܘ
ܢܬܬܣܩܐ	ܢܬܬܣܩܘܢ		ܘܐܬܬܣܩܘܢ
ܐܬܬܣܩܐ	ܢܬܬܣܩܢ (١	ܐܬܬܣܩܝ	ܐܬܬܣܩܝܢ (٢)
ܦܘܩܕ		ܘܐܬܬܣܩܝܢ	ܘܐܬܬܣܩܝܢ

وعليهِ صرف ١ : ما كان منه مثل ܐܬܬܚܒܝ و ܐܬܬܠܝ ܘܐܬܬܣܘܝ (٣)

٢ : ما كان مجهولاً الرباعي ووزن ܐܦܥܠ وبقية المزيدات المعتلة الآخر مثل ܐܬܬܓܠܝ و ܐܬܬܪܡܝ و ܐܬܬܥܒܝ (٣) ܘܐܬܟܣܝ

فائدتان

الاولى : يوجد افعال كاملة التصرف ومع ذلك يكثر ورودها في الازمنة الثلاثة بصيغة الغائبة والغائب المراد بهما ܐܬܡܠܟ « القصة »

---

(١) متى سكنت عين ܐܬܦܥܠ و ܐܬܦܥܠ الغير معتلي الوسط يتفقان في التصريف فتقول مثلاً من ܐܬܕܪܓ « انحدرَ » و ܐܬܕܪܓ « أحدِرَ . وانحدرَ » كليهما ܐܬܕܪܓ ܐܬܕܪܓܬ ܡܬܕܪܓ ܗܘܐ ܡܬܕܪܓܝܢ ܗܘܘ ܡܬܕܪܓܝܢ ܗܘܝ الخ . ومن ܐܬܢܨܚ و ܐܬܢܨܚ « ضُرِبَ . وانضرَّ » ܐܬܢܨܚ ܡܬܢܨܚܝܢ ܗܘܘ ܡܬܢܨܚܝܢ ܗܘܝ الخ . غير انه اذا كانت عين الفعل من حروف ܒܓܕ ܟܦܬ كما في هذه الامثلة فانها ترقق في الوزن الاول وتقسّى في الثاني كما ستعلم (انظر باب التقسية والترقيق)

(٢) قد اكتُفِيَ في ماضي الغائبات بالنوع الاول . وفي حاضر جمع المذكر . ومضارع المخاطبة وامر المخاطبة والمخاطبات بالنوع الاول بالياء الاصلية عن ياء الصيغة وذلك في معلوم ومجهول هذا الوزن كما رأيت في المجرد المعتل اللام

(٣) ان الامر من نحو ܐܬܓܠܝ و ܐܬܓܠܝ لجمع المذكر في النوع الثاني ܐܬܓܠܘܘ و ܐܬܓܠܘܘ ويجوز كتبه واوين فقط كما في المعلوم

و ܥܢܝܢܐ « الشأن » متبعةً بالضمائر المتصلة المقترنة بلام الاختصاص . ومنها ܟܪܝܬ݂ ܫܦܪ ܙܕܩ ܘܐܠ ܐܬܡܨܝ . ܘܛܐܒ ܒܐܫ ܒܐܫ . مثالها :

في الماضي

ܟܪܝܬ݂ ܠܝ حزنتُ ܟܪܝܬ݂ ܠܢ حزِنّا الخ . ܛܐܒ ܠܝ طبتُ نفساً الخ

في الحاضر :

ܟܪܝܐ ܠܝ احزنُ ܟܪܝܐ ܠܢ نحزنُ الخ . ܛܐܒ ܠܝ اطيبُ نفساً الخ

في المضارع :

ܢܟܪܐ ܠܝ سأحزَنُ ܢܟܪܐ ܠܢ سنحزَنُ الخ . ܢܛܐܒ ܠܝ سأطيبُ نفساً الخ

وقس البواقي

الثانية : هذه الافعال الثلاثة ܘܐܠܐ ܙܕܩ ܦܐܐ « وَجبَ . حقَّ . لاقَ . حَسُنَ » لا تستعمل الا في الحاضر فيقال :

ܘܐܠܐ ܘܐܠܝܢ	ܙܕܩ ܙܕܩܝܢ	ܦܐܐ ܦܐܝܢ
ܘܐܠܝܐ ܘܐܠܝ̈ܢ	ܙܕܩܐ ܙܕܩ̈ܢ	ܦܐܝܐ ܦܐܝ̈ܢ

وتأتي بعدها الضمائر المتصلة مقترنة بلام الاختصاص نحو ܘܐܠܐ ܠܝ يحقُّ لي ܙܕܩ ܠܟ يجب عليك ܦܐܐ ܠܗ يليق له . وهلمَّ جراً

ܕܘܪܫܐ تمرين

يمكن المعلم ان يطلب من التلميذ ان يصرف هنا ايضاً مزيدات وتاويات الافعال المجردة التي اوردناها امثلةً للتمرين بعد كل نوع من انواع الافعال الثلاثية السبعة المتقدم ذكرها من عدد ٦٨ الى ٧٧

الفصل السادس

ܡܛܠ ܡܠܬܐ ܗܘܐ في فعل ܗܘܐ

٩١ ܗܘܐ من وزن ܚܙܐ ويتصرف نظيره (١) وهو على نوعين الاول : تام ومعناه «وُجِدَ . حَدَثَ . كان التامة » . وهاوه ملفوظة ابداً

والثاني : مساعد ومعناه « كان الناقصة . صار » وهو يساعد الفعل المتصرف والفعل الجامد « ܐܝܬ » والصفة كما يأتي واقعاً قبلها او بعدها . فان وقع قبلها تبقى هاوه ملفوظة وان وقع بعدها تربط الهاء في ماضيه فقط

اولاً

تصريف الفعل المتصرف ܪܚܡ « احبَّ » مع المساعد ܗܘܐ

٩٢ انه عدا الصيغ الثلاث الاصلية التي ذكرناها في تصاريف الافعال الى الان يوجد ثلاث صيغ اخرى فرعية

الاولى : الماضي في الماضي . وتصاغ من الفعل المراد تصريفه متبوعاً بماضي ܗܘܐ

---

(١) يجوز في ܗܘܐ عند الضرورة خاصةً حذف الواو في مضارع المتكلمين والمخاطب والمخاطبة والغائب والغائبة ونقل كسرتها الى الهاء قبلها هكذا ܢܗܘܐ سنكونُ ܬܗܘܐ ستكونُ ܬܗܘܝܢ ستكونينَ ܢܗܘܐ سيكونُ ܐܗܘܐ سأكونُ . وقال ابن العبري انه يجوز ان يلحق بهِ ܚܘܐ طوى . ܫܘܐ استحقّ ܬܘܐ « نَدمَ » فتحذف واوها في مضارع المتكلمين والغائب فقط ܢܚܘܐ ܢܫܘܐ ܢܬܘܐ بدل ܢܚܘܐ ܢܫܘܐ ܢܬܘܐ

الثانية: الماضي في المستقبل. وهي تتركب من ماضي الفعل المطلوب تصريفه مسبوقاً بمضارع ܗܘܳܐ

الثالثة: الحاضر في الماضي. ويتألف من حاضر الفعل المقصود تصريفه ملحقاً به ماضي ܗܘܳܐ كما ترى:

١ً: الماضي في الماضي

ܪܚܶܡܶܬ ܗܘܺܝܬ كنتُ قد احببتُ	ܪܚܶܡܢ ܗܘܰܝܢ كنا قد احببنا
ܪܚܶܡܬ ܗܘܰܝܬ كنتَ قد احببتَ	ܪܚܶܡܬܘܢ ܗܘܰܝܬܘܢ كنتم قد احببتم
ܪܚܶܡܬܝ ܗܘܰܝܬܝ كنتِ قد احببتِ	ܪܚܶܡܬܶܝܢ ܗܘܰܝܬܶܝܢ كنتنَّ قد احببتنَّ
ܪܚܶܡ ܗܘܳܐ كانَ قد احبَّ	ܪܚܶܡܘ ܗܘܰܘ كانوا قد احبوا
ܪܶܚܡܰܬ ܗܘܳܬ كانتْ قد احبتْ	ܪܚܶܡܝ ܗܘܰܝ كُنَّ قد احببنَ

٢ً: الماضي في المستقبل

ܐܶܗܘܶܐ ܪܚܶܡܬ سأكونُ قد احببتُ	ܢܶܗܘܶܐ ܪܚܶܡܢ سنكونُ قد احببنا
ܬܶܗܘܶܐ ܪܚܶܡܬ ستكونُ قد احببتَ	ܬܶܗܘܘܢ ܪܚܶܡܬܘܢ ستكونونَ قد احببتم
ܬܶܗܘܶܝܢ ܪܚܶܡܬܝ ستكونينَ قد احببتِ	ܬܶܗܘܝܳܢ ܪܚܶܡܬܶܝܢ ستكنَّ قد احببتنَّ
ܢܶܗܘܶܐ ܪܚܶܡ سيكونُ قد احبَّ	ܢܶܗܘܘܢ ܪܚܶܡܘ سيكونونَ قد احبّوا

ܬܗܘܐ ܪܚܡܐ	ܢܗܘܝܢ ܪܚܡܢ
ستكونُ قد احبت	سيكنَّ قد احببنَ

٣: الحاضر في الماضي

ܪܚܡ ܗܘܝܬ	كنتُ احبُّ	ܪܚܡܝܢ ܗܘܝܢ	كنا نحبُّ
ܪܚܡܐ ܗܘܝܬ	كنتُ احبُّ	ܪܚܡܢ ܗܘܝܢ	كنا نحبُّ
ܪܚܡ ܗܘܝܬ	كنتَ تحبُّ	ܪܚܡܝܢ ܗܘܝܬܘܢ	كنتم تحبونَ
ܪܚܡܐ ܗܘܝܬܝ	كنتِ تحبينَ	ܪܚܡܢ ܗܘܝܬܝܢ	كنتنَّ تحببنَ
ܪܚܡ ܗܘܐ	كانَ يحبُّ	ܪܚܡܝܢ ܗܘܘ	كانوا يحبون
ܪܚܡܐ ܗܘܬ	كانت تحبُّ	ܪܚܡܢ ܗܘܝ	كنَّ يحببنَ

وعلى هذا النسق يكون ܗܘܐ هذا مساعداً ايضاً لاخيه ܗܘܐ التام(١)

ثانياً

تصريف الفعل الجامد ܐܝܬ مع المساعد ܗܘܐ

٩٣ ܐܝܬ «يوجد . كائن» يدل على وجود الشيء المطلق في

(١) يوجد ايضاً صيغتان تتفرعان عن هذه الصيغ الثلاث . الاولى : الحاضر في المستقبل وتتألف من حاضر الفعل المنوي تصريفه مسبوقاً بمضارع ܗܘܐ نحو ܢܗܘܐ ܪܚܡ سيكونُ يحبُّ

الثانية المستقبل في الماضي وهي تتركَّب من مضارع الفعل المقصود تصريفه متبعاً بماضي ܗܘܐ وهي قليلة نحو ܢܪܚܡ ܗܘܐ كانَ سيحبُّ

تنبيه : لا يستعمل في مثل هذا التصريف من ماضي المتكلمين والغائبين الا النوع الاول ܪܚܡܝܢ و ܗܘܝܢ لا ܪܚܡܝܢܢ و ܗܘܝܢܢ . و ܪܚܡܘ و ܗܘܘ لا ܪܚܡܘܢ و ܗܘܘܢ كما ترى

الحال . فاذا اردت تخصيص دلالته بالماضي اتبعته بماضي ܗܘܳܐ . او بالمستقبل اسبقته بمضارع ܗܘܳܐ . وهاكَ تصريفه مع الضمير المتصل المقترن بلام الملك :

الحاضر

ܐܺܝܬ ܠܝ	لي	ܐܺܝܬ ܠܰܢ	لنا
ܐܺܝܬ ܠܳܟ	لكَ	ܐܺܝܬ ܠܟܽܘܢ	لكمْ الخ (١)

الماضي او الحاضر في الماضي

ܐܺܝܬ ܗܘܳܐ ܠܝ	كان لي	ܐܺܝܬ ܗܘܳܐ ܠܰܢ	كان لنا
ܐܺܝܬ ܗܘܳܐ ܠܳܟ	كان لكَ	ܐܺܝܬ ܗܘܳܐ ܠܟܽܘܢ	كان لكم
ܐܺܝܬ ܗܘܳܐ ܠܶܟܝ	كان لكِ	ܐܺܝܬ ܗܘܳܐ ܠܟܶܝܢ	كان لكنَّ
ܐܺܝܬ ܗܘܳܐ ܠܶܗ	كان لهُ	ܐܺܝܬ ܗܘܳܐ ܠܗܽܘܢ	كان لهمْ
ܐܺܝܬ ܗܘܳܐ ܠܳܗ	كان لها	ܐܺܝܬ ܗܘܳܐ ܠܗܶܝܢ	كان لهنَّ

المستقبل

ܢܶܗܘܶܐ ܠܝ	سيكون لي	ܢܶܗܘܶܐ ܠܰܢ	سيكون لنا
ܢܶܗܘܶܐ ܠܳܟ	سيكونُ لكَ	ܢܶܗܘܶܐ ܠܟܽܘܢ	سيكون لكمْ
ܢܶܗܘܶܐ ܠܶܟܝ	سيكون لكِ	ܢܶܗܘܶܐ ܠܟܶܝܢ	سيكون لكنَّ
ܢܶܗܘܶܐ ܠܶܗ	سيكون لهُ	ܢܶܗܘܶܐ ܠܗܽܘܢ	سيكون لهمْ
ܢܶܗܘܶܐ ܠܳܗ	سيكون لها	ܢܶܗܘܶܐ ܠܗܶܝܢ	سيكون لهنَّ (١)

(١) واصل المعنى « يوجد لي . لنا . لك . الخ »

(٢) والاصل ان يقال في المستقبل ܢܶܗܘܶܐ ܐܺܝܬ ܠܝ « اي سيكونُ يوجدُ لي » وهلمَّ جرًّا . ولكن الغالب فيه حذف ܐܺܝܬ فاكتفينا بتصريفه معه مقدرًا

ومثله صرّف ܠܐ ܐܝܬ او ܠܝܬ « لا يوجد . ليس »

٩٤ ومتى اقترن ܐܝܬ بالضمائر المتصلة(عد٤٥)يتصرف هكذا:

الحاضر

ܐܝܬܝ	انا	ܐܝܬܝܢ	نحنُ
ܐܝܬܝܟ	انت	ܐܝܬܝܟܘܢ	انتم الخ (١)

الماضي او الحاضر في الماضي

ܐܝܬܝ ܗܘܝܬ	كنتُ	ܐܝܬܝܢ ܗܘܝܢ	كنّا
ܐܝܬܝܟ ܗܘܝܬ	كنتَ	ܐܝܬܝܟܘܢ ܗܘܝܬܘܢ	كنتم
ܐܝܬܝܟܝ ܗܘܝܬܝ	كنتِ	ܐܝܬܝܟܝܢ ܗܘܝܬܝܢ	كنتنَّ
ܐܝܬܘܗܝ ܗܘܐ	كانَ	ܐܝܬܝܗܘܢ ܗܘܘ	كانوا
ܐܝܬܝܗ ܗܘܬ	كانتْ	ܐܝܬܝܗܝܢ ܗܘܝ	كنَّ

المستقبل

ܐܗܘܐ ܐܝܬܝ	ساكونُ	ܢܗܘܐ ܐܝܬܝܢ	سنكونُ
ܬܗܘܐ ܐܝܬܝܟ	ستكونُ	ܬܗܘܘܢ ܐܝܬܝܟܘܢ	ستكونونَ
ܬܗܘܝܢ ܐܝܬܝܟܝ	ستكونينَ	ܬܗܘܝܢ ܐܝܬܝܟܝܢ	ستكنَّ
ܢܗܘܐ ܐܝܬܘܗܝ	سيكونُ	ܢܗܘܘܢ ܐܝܬܝܗܘܢ	سيكونونَ
ܬܗܘܐ ܐܝܬܝܗ	ستكونُ	ܢܗܘܝܢ ܐܝܬܝܗܝܢ	سيكنَّ

وهكذا صرف ܠܐ ܐܝܬܝ او ܠܝܬܝ « لستُ »

(١) واصل المعنى « انا كائن او انا اوجد »

ثالثاً

تصريف الصفة ܚܟܝܡܐ مع المساعد ܗܘܐ

٩٥ الصفة تدل على حالة من احوال الموصوف · وانما دلالتها تكون حالية حتى تخصَّصَ بالماضي او المستقبل بواسطة تصريفها تامةً او مجزومة مع المساعد ܗܘܐ. ولا إشكال بتصريفها معه تامةً فنقتصر على تصريفها مجزومة :

في الماضي

ܚܟܝܡ ܗܘܝܬ كنتُ حكيماً	ܚܟܝܡܝܢ ܗܘܝܢ كنا حكماء
ܚܟܝܡܐ ܗܘܝܬ كنتُ حكيمة	ܚܟܝܡܢ ܗܘܝܢ كنا حكيمات
ܚܟܝܡ ܗܘܝܬ كنتَ حكيماً	ܚܟܝܡܝܢ ܗܘܝܬܘܢ كنتم حكماء
ܚܟܝܡܐ ܗܘܝܬܝ كنتِ حكيمة	ܚܟܝܡܢ ܗܘܝܬܝܢ كنتنَّ حكيمات
ܚܟܝܡ ܗܘܐ كان حكيماً	ܚܟܝܡܝܢ ܗܘܘ كانوا حكماء
ܚܟܝܡܐ ܗܘܬ كانت حكيمة	ܚܟܝܡܢ ܗܘܝ كنَّ حكيمات

في المستقبل

ܐܗܘܐ ܚܟܝܡ ساكون حكيماً	ܢܗܘܐ ܚܟܝܡܝܢ سنكون حكماء
ܐܗܘܐ ܚܟܝܡܐ ساكون حكيمة	ܢܗܘܐ ܚܟܝܡܢ سنكون حكيمات

ܬܗܘܐ ܚܟܝܡ	ܬܗܘܘܢ ܚܟܝܡ̈ܐ
ستكون حكيماً	ستكونون حكماء
ܬܗܘܝܢ ܚܟܝܡܬܐ	ܬܗܘܝܢ ܚܟܝ̈ܡܬܐ
ستكونين حكيمة	ستكنَّ حكيمات
ܢܗܘܐ ܚܟܝܡ	ܢܗܘܘܢ ܚܟܝܡ̈ܐ
سيكون حكيماً	سيكونون حكماء
ܬܗܘܐ ܚܟܝܡܬܐ	ܢܗܘܝܢ ܚܟܝ̈ܡܬܐ
ستكون حكيمةً	سيكنَّ حكيمات (١)

ܡܘܪܓܠܐ تمرين

صرف مع المساعد ܗܘܐ الافعال والصفات الآتية :

ܚܛܦ خطفَ	ܐܬܛܝܒ استعدَّ ·حضرَ	ܡܥܛܦܐ متوشح
ܦܪܡ شقّقَ ·مزّقَ	ܩܪܝܒܐ قريب	ܡܙܡܢܐ مدعوّ

الفصل السابع

ܡܛܠ ܡ̈ܠܐ ܦܢܝ̈ܬܐ في الافعال الشاذة

اولاً : شواذ السالم

٩٦ يشذ عن السالم خمسة افعال وهي ܢܦܩ ܣܠܩ ܢܚܬ ܐܙܠ ܝܗܒ

(١) لا لزوم لابراز الضمائر مع الحاضر والصفة في هذه التصاريف اكتفاءً بالمساعد ܗܘܐ

ا َ: ܣܡܰܪ تشنَّجَ . اقشعرَّ

يشذُّ عن ܩܛܰܠ في ماضي الغائب المفرد المذكر فقط كما ترى .
ويأتي على القياس ايضاً ܣܡܶܪ

٢َ: ܥܗܰܕ ذَكَرَ

يشذ عن ܦܥܘܠ في الامر فيقال فيه ܥܗܘܕ على القياس .
وܐܶܥܗܘܕ وܥܶܗܘܕ . ويتصرف مثله مع المحافظة على كسر اولهِ وخفضهِ . ويشذ في المجهول فيقال فيه ܐܶܬܥܗܶܕ على القياس . وܐܶܬܥܰܗܰܕ .
ويجوز كسر ثانيه بحركة ܦܬܳܚܳܐ لان العين بعدها تبدل همزة (عد ٨)
فيصير مثل ܐܶܬܐܟܶܠ و ܐܶܬܐܡܰܪ

٣َ: ܣܠܶܩ صَعِدَ

يشذ عن ܦܣܰܩ في الماضي والمضارع والامر فيقال فيه ܢܶܣܰܩ ܣܰܩ (بدل ܢܶܣܠܰܩ ܣܠܘܩ) . ويتصرف مثل مضارع ܢܶܦܶܩ وامره اي :

المضارع : ܐܶܣܰܩ اصعدُ ܢܶܣܰܩ نصعدُ . ܬܶܣܰܩ تصعدُ ܬܶܣܩܘܢ تصعدونَ الخ

الامر : ܣܰܩ اصعد ܣܰܩܝ وܣܰܩܘ اصعدوا الخ

ويشذ ايضاً في وزن ܐܰܦܥܶܠ معلوماً ومجهولاً ܐܰܣܶܩ ܐܶܬܬܰܣܰܩ (عوض ܐܰܣܠܶܩ ܐܶܬܬܰܣܠܰܩ) . ويتصرف مثل ܐܰܟܶܠ ܐܶܬܬܰܟܰܠ ويأتي قليلاً على القياس ܐܶܬܬܰܣܠܰܩ

٤َ: ܪܗܶܛ أَسرَعَ

يشذ عن ܦܣܰܩ في امر المفرد مذكراً ومؤنثاً فيأتي ܪܗܘܛ « أسرِعْ »

و ܗܪܗܛܝܢܝ «أسرعي» (عوض ܪܗܛܝ و ܪܗܛܝܢ) ويأتي عـلى القياس. ايضاً عند الشرقيين

٥َ: ܐܫܟܚ وَجدَ. إختَرَعَ

يشذ عن ܫܟܚ في المعلوم فقط لدخول الهمزة عـلى اول ماضيهِ وامرهِ. والميم عـلى حاضرهِ. وهمزتُهُ تحذف عند دخول هـذه الميم وحروف المضارعة عليهِ. تقول في تصريفهِ :

ܥܒܪ		ܥܬܝܕ	
ܐܫܟܚ	ܐܫܟܚܬ	ܐܫܟܚ	ܢܫܟܚ
	ܘܐܫܟܚܬܝ	ܬܫܟܚ	ܢܫܟܚܘܢ الخ
ܐܫܟܚܘ	ܐܫܟܚܬܘܢ		
	ܘܫܢ	ܦܘܩܕ	
ܩܐܡ		ܐܫܟܚ	ܐܫܟܚܘ
ܡܫܟܚ ܐܢܐ	ܡܫܟܚܢ		ܘܐܫܟܚܝܢ
ܘܡܫܟܚܢܐ	ܚܢܢ ܘܡܫܟܚ	ܐܫܟܚܝ	ܐܫ...
ܡܫܟܚܐ ܐܢܐ	ܡܫܟܚܬ ܚܢܢ	ܘܐܫܟܚܝܢ	ܘܐܫܟܚܝܢ
ܘܡܫܟܚܢܐ	ܘܡܫܟܚܢ		

ثانياً : شواذ المضاعف

٩٧ يشذ عن المضاعف ثلاثة افعال وهي ܚܒ ܥܠ ܚܙ

١َ: ܚܒ إستحقَ

يشذُّ عن ܚܒ . وليس منه غير هذه الصيغة للغائب المفرد

٢َ: ܥܠ دَخَلَ

يشذُّ عن ܐܬܐ لكون الف المفرد المذكر تبقى في حاضره كله نحو
ܐܳܬܶܐ ܐ̱ܢܐ ܐܳܬܝܳܢ ܚܢܰܢ ܘܐܳܬܝܳܢ. ܐܳܬܝܳܐ ܐܰܢ̱ܬܝ
ܘܐܳܬܶܝܬܽܘܢ ܐܰܢ̱ܬܽܘܢ الخ · وقد يأتي على القياس (١)

٣َ: ܫܪܰܪ ثبتَ · تحققَ

يشذُّ في مجهول وزن ܐܰܦܥܶܠ يقال في ܐܰܫܰܪ منهُ ܐܶܬܬܰܫܰܪ على القياس و ܐܶܬܬܰܐܫܰܪ شذوذاً (٢)

ثالثاً شواذ المهموز الفاء

٩٨ يشذُّ عن المهموز الفاء فعلان وهما ܐܚܰܕ ܐܙܰܠ

١َ: ܐܚܰܕ أَخذَ · مَسَكَ

يشذ عن ܐܟܰܠ في مجهول المجرد فيقال فيه ܐܶܬܬܚܶܕ بدل ܐܶܬܐܚܶܕ . وفي مجهول ܦܰܥܶܠ فيقالُ في ܐܰܚܶܕ منه ܐܶܬܬܰܐܚܰܕ على القياس . وܐܶܬܬܰܚܰܕ ويتصرف مثل ܐܶܬܬܟܶܠ

٢َ: ܐܙܰܠ من وزن ܐܚܰܕ

---

(١) كما جاء في كتاب مرضنا الاسبوعي ܘܥܳܐܠܺܝܢ ܚܶܠܡܶܐ ܘܡܶܬܛܰܦܫܺܝܢ ܒܗܳܢܳܐ ܘܒܗܳܘ « وتدخل الاحلام فتتلاعب بهذا وذاك »

(٢) وقد ذكر البعض بين شواذ المضاعف ايضاً ܓܰܗ و ܚܰܢ و ܚܰܕ وقالوا ان الاول يقال في حاضره ܓܳܐܶܗ ܚܢܰܢ ܓܳܐܶܗ ܐܢ̱ܬܘܢ الخ ثبوت الهمزة مثل ܐܬܐ . و ܚܰܢ يقال في مضارع الغائبين منه ܢܚܘܢܘܢ كمضارع المعتل الوسط لا ܢܚܢܘܢ كمضارع المضعف . و ܚܰܕ يقال في وزن ܐܰܦܥܶܠ منه ܐܰܚܶܕ عوض ܐܰܚܶܕ . ولكننا بعد البحث وجدنا ان ܓܳܐܶܗ الخ . انما هي حاضر ܓܳܐܶܗ « ܓܐܗ » المهموز الوسط الواجب فيه ثبوت الهمزة لانها اصلية . ولم نجد ܓܰܗ . وان ܢܚܘܢܘܢ مضارع ܚܳܢ وهو لغة في ܚܰܢ « حنَّ . رأفَ » . و ܐܰܚܶܕ مزيد ܚܳܕ « حشدَ . ركمَ » بمعنى ܚܰܕ المتعدي . فتكون الافعال المذكورة قياسية

يأتي بمعنى « ذَهبَ وانطلقَ » فتسقط لامه في اللفظ حيث تحركت وسكنت الزاي قبلها · واذ ذاك تنقل حركتها الى الزاي المذكورة · وتسقط همزته لفظاً وخطاً في الامر كلهِ · ويأتي بمعنى « نفعَ وأَفادَ » فتلفظ لامه غالباً · وهاكَ تصريفه بالنوع الاول :

		ܥܒܝܪ		
ܐܙܠ	ܐܙܠܘ		ܘܐܙܠܬ	ܘܐܙܠܬܘܢ
	ܘܐܙܠܘܢ		ܐܙܠܬ ܐܢܬ	ܐܙܠܬܘܢ ܐܢܬܘܢ
ܐܙܠܬ	ܐܙܠܬܘܢ		ܘܐܙܠܬܝ	ܘܐܙܠܬܝܢ
ܐܙܠܬܝ	ܐܙܠܬܝܢ		ܐܙܠ	ܐܙܠܬ
ܐܙܠ	ܐܙܠܘ		ܐܙܠ	ܐܙܠܢ

		ܥܬܝܕ	
	ܘܐܙܠܝܢ	ܢܐܙܠ	ܬܐܙܠ
ܐܙܠܢ	ܐܙܠܢ	ܢܐܙܠ	ܢܐܙܠܘܢ
	ܘܐܙܠܢ	ܢܐܙܠܢ	ܢܐܙܠܢ
		ܬܐܙܠ	ܬܐܙܠܘܢ
		ܬܐܙܠ	ܬܐܙܠܢ

ܦܘܩܕ			ܦܘܫ	
ܙܠ ܐܢܬ	ܙܠܘ ܐܢܬܘܢ			
ܘܙܠܝ	ܘܙܠܝܢ			
ܙܠܝ ܐܢܬܝ	ܙܠܝܢ ܐܢܬܝܢ	ܐܙܠ	ܐܙܠ ܘܐܙܠܐ
ܘܙܠܝ	ܘܙܠܝܢ	ܐܙܠܝܢ ܘܐܙܠܢ	ܐܙܠܐ ܘܐܙܠܬܐ
ܙܠ ܐܢܬ	ܙܠܝܢ ܐܢܬܘܢ		

رابعاً : شواذ المعتل الاول ܦܐ

٩٩ يشذ عنه سبعة افعال وهي ܐܟܠ ܐܡܪ ܐܚܕ ܐܙܠ ܐܬܐ ܐܦܐ ܐܝܬ

١: ܝܬܶܒ جلَسَ

يشذ عن ܢܶܬܶܒ في المضارع والامر يقال فيه ܬܶܒ ܬܶܒ (بدل ܬܺܐܬܶܒ ܢܺܬܶܒ) ويتصرف على ܢܶܦܶܠ ܦܶܠ

٢: ܝܶܕܰܥ عرَفَ

يشذ في المضارع والامر ايضاً مثل ܝܬܶܒ . فيقال فيهما ܢܶܕܰܥ ܕܰܥ (بدل ܬܺܐܕܰܥ ܢܺܕܰܥ) ويتصرف على ܢܶܦܩܽܘܕ ܦܩܽܘܕ

٣: ܝܗܰܒ وَهَبَ . أعطى (١)

تسقط هاوه لفظاً كلما سكنت هي والباء بعدها . وتسقط الياء من اولهِ في المضارع والامر لفظاً وخطاً . امـا حاضره فهو قياسي . وهاكَ تصريفه :

ܝܗܰܒܬ	ܢܶܬܶܠ	ܘܚܕܐ		ܘ ܢܶܬܠܽܘܢ
	ܘܢܶܬܠܺܝܢ			ܘܦܐܡ
ܝܗܰܒܬ	ܬܶܬܶܠ		ܢܶܬܠܳܐ	ܢܶܬܠܽܘܢ ܢܺܐ
ܝܗܰܒܬܝ	ܬܶܬܠܺܝܢ		ܘܢܶܬܠܳܐ	ܘܢܶܬܠܳܢ (٢)
ܝܗܰܒ	ܬܶܬܠܽܘܢ			ܘܚܕܢ
ܝܗܰܒܬ	ܬܶܬܠܳܢ		ܐܶܬܶܠ	ܬܶܠ
	ܘܝܗܰܒܘ			ܗܰܒ (٣)
ܝܗܰܒܢ	ܢܶܬܠܶܗ			ܗܰܒܘ

(١) وقد جاء ماضي هذا الفعل ايضاً ܝܗܶܒ (بدل ܝܗܰܒ) ويتصرف مثل ܢܦܰܩ

(٢) مثل ܢܶܬܶܠܳܐ الخ . على القاعدة

(٣) بـدل ܐܶܬܶܠ ܬܶܐܬܶܠ الخ . ويتصرف مثل ܐܶܬܶܠ ܬܶܬܶܠ كما ترى ولكـنه قليل . ويستعار بدله مضارع ܢܬܰܠ النزني وهذا الفعل تمات في المـاضي والحاضر

ܗܒ	ܗܒܘ ܘܗܒܝܢ	
	ܘܡܢ̈ (١)	

مجهولهُ ܐܬܝܗܒ وحكمه من حيث اسقاط الهاء وعدمه كحكم المعلوم . تقول في تصريفه :

ܕܥܒܪ			ܕܥܬܝܕ	
ܐܬܝܗܒܬ	ܐܬܝܗܒܘ	ܐܬܝܗܒ	ܢܬܝܗܒܘܢ	
	ܘܐܬܝܗܒܝ		ܦܘܩ̈	
ܐܬܝܗܒܬ	ܐܬܝܗܒܬܘܢ	ܐܬܝܗܒ	ܐܬܝܗܒܘ	
	ܘܫܡܐ ܘܡܢ̈		ܘܐܬܝܗܒܝܢ	
ܡܬܝܗܒ ܐܢܐ	ܡܬܝܗܒܝܢ	ܐܬܝܗܒܝ	ܐܬܝܗܒܘܢ	
ܘܡܬܝܗܒܐ	ܝܗܝܒ ܘܡܬܝܗܒ	ܘܐܬܝܗܒܝܢ	ܘܐܬܝܗܒܝ (٢)	

ووزن ܐܦܥܠ من ܝܗܒ : ܐܘܒ (بدل ܐܘܘܒ)
ويتصرف مثل ܐܘܕ

٤ : ܡܬܐ تاقَ . تمنَّى

يشذ في مجهول ܦܥܠ فيقال فيه ܐܬܡܛܐ (٣) قياساً . و ܐܬܐܘܒ شذوذاً

ولا يستعمل منه الا المضارع والأمر . غير ان الامر منه نادر، وهو يتصرف على ܢܦܥܠ ܦܥܠ نحو ܐܗܒ ܢܗܒ ܐܗܒ ܐܗܒܝ الخ ܗܒ ܗܒܘ و ܗܒܝ

(١) بدل ܗܒܘ الخ . ويتصرف مثل ܪܕ كما ترى . وهو كثير

(٢) وعند الشرقيين تسقط هاء هـذا الفعل معلوماً ومجهولاً كلما سكنت فقط . ويجيز الغربيون متابعتهم في ماضي الغائبين والغائبات بالنوع الثاني ܝܗܒܘܢ و ܝܗܒܝܢ . وفي امر المجهول المتحرك الباء ايضاً ܐܬܝܗܒܘ و ܐܬܝܗܒܝ و ܐܬܝܗܒܘܢ

(٣) وقال الغربيون فيه ايضاً ܐܬܡܛܝ و ܐܬܡܛܐ وهما لغتان فيه ضعيفتان

ه: ܝܰܒܶܒ «وَلوَلَ» المِات

يشذ في ܐܰܦܥܶܠ فيقال فيه ܐܰܝܒܶܒ « وَلوَلَ . نَاحَ » (بدل ܐܰܘܒܶܒ) ويتصرف مثل ܐܰܩܝܶܡ

٦: ܝܠܰܦ تعلَّمَ

يشذ في وزن ܐܰܦܥܶܠ معلوماً ومجهولاً . فيقال فيه ܐܰܠܶܦ ܐܶܬܬܰܠܰܦ و ܐܶܬܐܰܠܰܦ . ويتصرف مثل ܐܰܦܶܩ ܐܶܬܬܰܦܰܩ و ܐܰܠܶܨ ܐܶܬܐܰܠܰܨ . (وقياسه ܐܰܘܠܶܦ ܐܶܬܬܰܘܠܰܦ)

٧: ܝܢܰܩ رَضَعَ

يشذ في المجهول فيقال فيه ܐܶܬܝܰܢܰܩ على القياس . و ܐܶܬܬܺܝܢܶܩ ويتصرف هذا على ܐܶܬܩܛܶܠ . وفي وزن ܐܰܦܥܶܠ معلوماً ومجهولاً ܐܰܝܢܶܩ ܐܶܬܬܰܝܢܰܩ ويأتي قليلاً على القياس ܐܰܘܢܶܩ ܐܶܬܬܰܘܢܰܩ ويتصرف مثل ܐܰܘܬܶܒ ܐܶܬܬܰܘܬܰܒ

خامساً : شواذ المعتل العين ܩܘܼܡ و ܪܘܼ.

١٠٠ يشذ عنه فعلان وهما ܡܳܝܶܬ ܩܘܼܡ

١: ܡܳܝܶܬ ماتَ

يشذ عن ܩܘܼܡ في الماضي فقط لقلب واوه ياء كما ترى وقياسه «ܡܳܬ» ويأتي عليه نادراً . وهاكَ تصريفه شاذاً :

	ܝܚܢ	ܡܳܝܶܬ	ܡܳܝܬܘ
ܡܳܝܬܰܬ	ܡܳܝܬܰܬ		ܘܡܳܝܬܶܝܢ
	ܘܡܳܝܬܰܬܝ	ܡܳܝܬܢ	ܡܳܝܬܘ
ܡܳܝܬܶܬ	ܡܳܝܬܬܘܢ		ܘܡܳܝܬܶܝܢ
ܡܳܝܬܶܬ	ܡܳܝܬܬܶܝܢ		

٢: ܣܝܡ وَضَعَ

يشذ عن ܩܳܡ في المضارع والامر فقط فيقال فيه ܢܣܝܡ ܣܝܡ (بدل ܢܣܘܡ ܣܘܡ) تقول في تصريفه :

ܦܘܩܕ		ܕܥܬܝܕ	
ܣܝܡܘ	ܣܝܡ	ܢܣܝܡ	ܐܣܝܡ
ܘܣܝܡܝܢ الخ		ܬܣܝܡܘܢ	ܬܣܝܡ
		ܬܣܝܡܢ ܘܟܘ	ܬܣܝܡܝܢ

سادساً: شواذ المعتل الآخر ܓܠܐ ܘܚܕܝ

١٠١ يشذ عنهما فعلان وهما ܚܝܐ ܐܬܐ

١: ܚܝܐ حيَ. عاشَ

يشذ عن ܓܠܐ في الحاضر فان ياءَه تقلب الفاً في مخاطب المفرد المذكر المتصل مع الضمير خطّاً . وفي جمع المذكر كله. والفه تحذف في المؤنث كله مفرداً وجمعاً

وفي المضارع فان ياءَه تُقدَّم على الحاء مقاوبةَ الفاً خطّاً ويُخفض حرف المضارعة قبلها نحو ܢܐܚܐ مثل ܢܐܟܠ. او تُحذَف ويبقى حرف المضارعة مخفوضاً عندنا نحو ܢܺܚܶܐ(١) اما ماضيه وامره فعلى القياس. وهاكَ تصريفه:

ܦܘܩܕ		ܕܥܒܪ	
ܚܝܬܘܢ ܘܟܘ	ܚܝܬ	ܚܝܬܘܢ	ܚܝܬ
ܘܫܠܡ		ܘܚܝܬܝܢ	

(١) اما عند الشرقيين فتحذف الياء ويكسر حرف المضارعة كما في ܢܓܠܐ نحو ܢܚܐ (وقياسه ܢܚܝܐ)

ܐܬܐ ܐ̱ܢܐ	ܐܬܝܢ ܚܢܢ		ܘܒܥܬܝܕ	
	ܘܐܬܝܢܢ		ܢܐܬܐ	ܐܬܐ
ܐܬܝܐ ܐ̱ܢܐ	ܐ̈ܬܝܢ ܚܢܢ		ܬܐܬܐ	ܬܐܬܘܢ
ܘܐܬܝܐ	ܘܐ̈ܬܝܢܢ			ܘܡܐ (١)
ܐܬܐ ܐ̱ܢܬ	ܐܬܝܢ ܐ̱ܢܬܘܢ		ܦܘܩܕܢ	
ܘܐܬܝܬ	ܘܐܬܝܬܘܢ		ܬܐ	ܬܘ
ܐܬܝܐ ܐ̱ܢܬܝ	ܐ̈ܬܝܢ ܐ̱ܢܬܝܢ			ܘܬܘܢ
ܘܐܬܝܬܝ	ܘܐ̈ܬܝܬܝܢ		ܬܝ	ܬܝܢ
ܐܬܐ	ܐܬܝܢ		ܘܬܝܬܝܢ	ܘܬܝܢܝܢ
ܐܬܝܐ	ܐ̈ܬܝܢ			

ويشذ ايضاً في وزن ܐܦܥܠ (عدد ٦٠ وجه ١٤٨) معلوماً ومجهولاً فيقال فيه ܐܝܬܝ ܐܬܐܬܝ (بدل ܐܐܬܝ ܐܬܐܐܬܝ) ويتصرف مثل ܐܓܠܝ ܐܬܓܠܝ

٢: ܐܫܬܝ شربَ

يشذ عن ܫܬܐ لزيادة الهمزة على اول ماضيه وامره نظير ܐܬܐ. الا انه لا تدخله ميم في الحاضر. ويتصرف مثل ܫܬܐ مع المحافظة على الهمزة في الماضي. وفي امر المخاطب تفتح عينه هكذا:

	ܘܒܥܒܪ	ܐܫܬܝܬ	ܐܫܬܝܬܘܢ
ܐܫܬܝܬ	ܐܫܬܝܬ		ܘܡܐ
	ܘܐܫܬܝܬܝ		ܘܦܩܕ

(١) او ܐ̈ܬܝܐ ܐܬܝܐ . ܐܬܝܐ ܐ̈ܬܝܢ الخ. على مذهب الغربيين الثاني . او ܐܝܬܝܐ ܐܝܬܝܐ . ܐܝܬܝܐ ܐܝܬܝܢ الخ. على مذهب الشرقيين

ܡܢܝܐ ܐܢܐ	ܡܢܝܐ ܗܘܝܬ	ܐܬܡܢܝܬ	ܐܬܡܢܝܬܘܢ
ܘܡܢܝܢܐ (١)	ܘܡܢܝܬ		ܦܘܫ
ܡܢܝܢ ܐܢܢ	ܡܢܝܢ ܗܘܝܢ	ܐܬܡܢܝ	ܐܬܡܢܝܘ
ܘܡܢܝܢܢ (١)	ܘܡܢܝܢܢ		ܘܐܬܡܢܝܘܗܝ
	ܦܢܘ	ܐܬܡܢܝ	ܐܬܡܢܝ
	ܘܚܠܡܝ	ܘܐܬܡܢܝܢ	ܘܐܬܡܢܝܢ
ܐܡܢܐ	ܢܡܢܐ		

ويأتي هذا الفعل قليلًا ܡܢܐ على وزن ܦܩܕ وحينئذٍ يتصرف عليه بدون اختلاف (٢)

---

(١) يجوز وصل الضمير خطًا في حاضر مفرد المتكلم المذكر والمونث كما رأيت في كل التصاريف الماضية . وفي هذا التصريف . ويجوز في الشعر حذف الف الضمير ايضًا مع حركة ما قبلها من آخر حاضر المذكر المعتل الآخر فقط بشرطان تقلب الف الفعل ياءً قبل نون الضمير نحو ܦܪܝܢ ܡܢܝܢ (عوض ܦܪܝܢܐ ܡܢܝܢܐ) . ومن حاضر المونث الصحيح والمعتل نحو ܩܛܠܢ ܦܪܝܢ ܡܢܝܢ (عوض ܩܛܠܢܐ ܦܪܝܢܐ ܡܢܝܢܐ) . وهذا الحكم عام في جميع الافعال المجردة والمزيدة غير ان وصل الضمير وحذف الالف منه في حاضر المذكر على ما وصفناه قليل نادر . ولذلك لم نصله دائمًا في التصاريف المتقدمة بخلاف المونث فقد وصلناه بالفعل دائمًا . والبعض يزيدون ياءً على نون الضمير الموصول قليلًا في المذكر نحو ܦܪܝܢܝ . وكثيرًا في المونث نحو ܩܛܠܢܝ ܦܪܝܢܝ ܡܢܝܢܝ . وذلك لدفع الالتباس في هاتين الصيغتين وفي حاضر الغائبين والغائبات

(٢) قيل ان ܨܗܐ « بلي و شاخ » و ܨܗܐ « عطش وتلف » يشذان ايضًا عن ܡܢܐ فيقال في ماضي الغائبة منها ܨܗܝܬ و ܨܗܝܬ مثل ܦܩܕܬ لا ܨܗܬ . ܨܗܝܬ مثل ܫܒܩܬ . ولكن وجدنا ان ܨܗܝܬ و ܨܗܝܬ من ܨܗܐ و ܨܗܐ بمعنى ܨܗܐ و ܨܗܐ . فيكونان قياسيين

سابعاً : شواذ المعتل اللام المهموز الفاء ܐܬܐ

١٠٢ يشذ عنه فعل واحد وهو ܐܬܐ « أتى . جاءَ » في الامر فيقال فيه : ܬܳܐ : ܬܳܘ ܘܬܳܐܘܶܢ . ܬܳܝ ܘܬܳܝܶܝܢ : ܬܰܝ ܘܬܳܝܶܝܢ (بدل ܐܺܬܳܝ ܐܺܬܰܘ الخ)

وفي وزن ܐܰܦܥܶܠ معلوماً ومجهولاً فيقال فيه ܐܰܝܬܺܝ ܐܶܬܺܝܬܺܝ (عوض ܐܰܘܬܺܝ ܐܶܬܬܰܘܬܺܝ) ويتصرف مثل ܐܰܘܪܶܒ ܐܶܬܬܰܘܪܰܒ

ܕܘܪܫܐ تمرين

ܥܘܕܪܢܐ غوث . نصر | ܡܥܕܪܢܘܬܐ معونة | ܒܝܬ ܟܪ̈ܝܗܐ مستشفى

ترجم هذه الجمل الى الآرامية :

تعالوا نصعد الى جبل الرب ونصعد له اصوات المجد والشكر — اسرعْ انتَ لمعونة اخيك وانتم اسرعوا لاغاثة هذا البائس — أعطِ الفقير صدقة — هؤلاء المرضى يذهبون الى المستشفى — اخترع الفينيقيون احرف الكتابة وعلموها الامم — اشربْ من هذه الكأس — قد شربتُ — اذهبوا بسلام

ܬܪܥܐ ܕܬܠܝܬܝܐ الباب الثالث

ܥܠ ܡܫܩܠܢܘܬܐ في الاشتقاق وفيه ثمانية فصول

توطئة

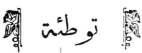

١٠٣ الاشتقاق هو اخذ كلمة من كلمة اخرى مثل ܥܒܕ «صَنَعَ» من ܥܒܕܐ «صُنْع» · واصل المشتقات كلها هو ܫܡ ܫܘܪܝܢܐ او ܢܒܘܥܝܐ المصدر

ويشتق منه ستة اشياء وهي ܡܠܬܐ «الفعل» وقد مرَّ ذكره · ܫܡ ܥܒܘܕܐ اسم الفاعل ܥܒܕܐ ܘܥܒܝܕܐ اسم المفعول ܥܒܕܐ ܕܐܬܪܐ ܘܙܒܢܐ اسم المكان والزمان ܥܒܕܐ ܕܡܐܢܐ اسم الآلة · ولنأخذ في الكلام على المصدر ثم على باقي المشتقات

الفصل الاول

ܥܠ ܫܡ ܫܘܪܝܢܐ ܦܫܝܛܐ ܘܡܬܬܘܣܦܢܐ

في مصدر المجرد والمزيد (١)

واولاً : مصدر الثلاثي المجرد

١٠٤ مصادر الافعال الثلاثية سماعية غالباً · وهي نوعان اصلية وغير اصلية · وهاكَ اوزانها في الجدول الآتي :

(١) لا لزوم لحفظ هذا الفصل غيباً

المصادر الاصلية وهي سبعة اوزان

١ً : ܩܛܳܠܐ : وهو غالباً قياسي في سائر انواع الفعل نحو :

ܚܬܰܡ ܚܬܳܡܐ ختمَ ختماً
ܥܒܰܕ ܥܒܳܕܐ صنعَ صنعاً
ܢܣܰܚ ܢܣܳܚܐ نسخَ نسخاً
ܢܚܶܬ ܢܚܳܬܐ نزلَ نزولاً
ܒܙܰܙ ܒܙܳܙܐ نهبَ نهباً
ܚܰܢ ܚܢܳܢܐ حنَّ حناناً
ܐܣܰܪ ܐܣܳܪܐ ربطَ ربطاً
ܐܙܰܠ ܐܙܳܠܐ(١) ذهبَ ذهاباً
ܫܐܶܠ ܫܐܳܠܐ سألَ سؤالاً
ܝܢܶܩ ܝܢܳܩܐ(١) رضعَ رضاعةً
ܝܣܶܦ ܝܣܳܦܐ زادَ زيادةً
ܝܗܶܒ ܝܗܳܒܐ اعطى اعطاء
ܪܩܰܕ ܪܩܳܕܐ رقصَ رقصاً
ܚܙܳܐ ܚܙܳܝܐ نظرَ نظراً
ܚܛܳܐ ܚܛܳܝܐ خطيءَ خطأً
ܐܦܳܐ ܐܦܳܝܐ خبزَ خبزاً
ܣܪܺܝ: ܣܪܳܝܐ نتنَ نتانةً

٢ً : ܦܘܽܥܠܳܢܐ : وهو كثير جداً نحو :

ܪܓܰܡ ܪܘܽܓܡܳܢܐ رجمَ رجماً
ܢܓܰܕ ܢܘܽܓܕܳܢܐ جذبَ جذباً
ܒܙܰܙ ܒܘܽܙܳܙܐ نهبَ نهباً

٣ً : ܩܰܛܠܐ : ويكثر في السالم والمعتل الفاء والعين نحو :

ܣܒܰܥ ܣܰܒܥܐ شَبع شبعاً
ܚܒܰܠ ܚܰܒܠܐ حبلَ حبلاً
ܝܠܶܕ ܝܰܠܕܐ ولدَ ولادةً
ܩܳܡ ܩܰܝܡܐ قامَ قياماً
ܨܳܕ ܨܰܝܕܐ صادَ صيداً
ܨܗܳܐ ܨܰܗܘܐ عطشَ عطشاً
ـ ܨܰܗܝܐ ـ ء ـ

٤ً : ܩܶܛܠܐ : ويكثر في السالم والنوني والمهموز الفاء والمعتل العين نحو :

ܫܡܰܥ ܫܶܡܥܐ سمعَ سمعاً

(١) ولا عبرة بحركة اول المهموز الفاء او المثل الفاء لانها عارضة

ܕܚܶܠ ܕܶܚܠܬܳܐ خافَ خوفاً	ܪܓܶܙ ܪܽܘܓܙܳܐ غضبَ غضباً
ܢܟܰܠ ܢܶܟܠܳܐ خدَعَ خداعاً	ܐܟܰܠ ܐܽܘܟܠܳܐ اكلَ اكلاً
ܦܠܰܚ ܦܶܠܚܳܐ نسكَ نسكاً	ܕܡܳܐ ܕܽܘܡܝܳܐ شابهَ مشابهةً
ܕܳܢ ܕܺܝܢܳܐ (١) حكمَ حكماً	٦ : ܦܥܽܘܠܳܐ : نحو :
ܬܗܳܐ ܬܶܗܝܳܐ تاهَ تيهاً	ܓܢܰܒ ܓܢܽܘܒܬܳܐ سرقَ سرقةً
ܨܗܳܐ ܨܳܗܶܐ : ܨܰܗܝܳܐ عطشَ عطشاً	ܪܟܶܒ ܪܟܽܘܒܳܐ ركبَ ركوباً
٥ : ܦܽܘܥܠܳܐ : ويكثر في السالم	٧ : ܦܥܺܝܠܳܐ : وهو نادر
والمهموز الفاء والمعتل العين نحو :	نحو :
ܫܦܰܪ ܫܽܘܦܪܳܐ حسنَ حسناً	ܙܳܥ ܙܝܳܥܳܐ (٢) ارتعدَ ارتعاداً

المصادر الغير الاصلية وهي عشرون وزناً

١ : ܦܰܥܠܳܢܳܐ نحو ܚܽܘܣܳܢܳܐ اشفاق

٢ : ܦܶܥܠܳܢܳܐ « ܗܶܢܝܳܢܳܐ هناء

٣ : ܦܽܘܥܠܳܢܳܐ « ܚܽܘܠܡܳܢܳܐ شفاء

٤ : ܦܽܘܥܠܳܝܳܐ « ܬܽܘܗܳܝܳܐ دهشة

٥ : ܡܶܦܥܠܳܐ « ܡܶܐܡܪܳܐ قول

٦ : ܡܰܦܥܽܠܳܐ « ܡܰܘܠܕܳܐ ايلاد

٧ : ܡܰܦܥܠܳܢܳܐ « ܡܰܪܗܛܳܢܳܐ اسراع

(١) بابدال كسره خفضاً فاصله ܕܺܝܢܳܐ

(٢) هذه هي اوزان المصادر الاصلية لجميع انواع الافعال وقد يكثر بعضها في نوع دون آخر كما اشرنا وجميعها تكثر في السالم والنوني اما الوزن الاول فيشمل الجميع

٨ً :	ܦܥܠܬܐ	نحو	ܬܗܘܬܐ	اندهاش • تعجب
٩ً :	ܦܥܠܬܐ	〃	ܠܐܘܬܐ	تعب
١٠ً :	ܦܘܥܠܬܐ	〃	ܠܘܚܫܬܐ	مُسارَّة • وشوشة
١١ً :	ܦܥܠܬܐ	〃	ܫܦܝܬܐ	موافقة
١٢ً :	ܦܥܠܬܐ	〃	ܢܫܡܬܐ	تنفُّس
١٣ً :	ܦܥܠܬܐ	〃	ܪܓܫܬܐ	حسّ
١٤ً :	ܦܥܘܠܬܐ	〃	ܛܥܘܢܬܐ	ظعن • حمل
١٥ً :	ܡܦܥܘܠܬܐ	〃	ܡܦܘܠܬܐ	سقوط
١٦ً :	ܦܥܠܘܬܐ	〃	ܣܓܕܘܬܐ	سجود
١٧ً :	ܦܥܠܘܬܐ	〃	ܣܓܕܘܬܐ	〃
١٨ً :	ܦܥܠܘܬܐ	〃	ܐܓܫܘܬܐ	دويّ • طنين
١٩ً :	ܦܥܘܠܬܐ	〃	ܐܓܘܫܬܐ	〃
٢٠ً :	ܦܥܠܘܬܐ	〃	ܐܓܫܘܬܐ	〃 (١)

(١) قد سمينا هذه الاوزان غير اصلية ١ً : لان فيها حروفاً زائدة على حروف المصادر الاصلية ٢ً: لانها على ما يظهر اسماء معانٍ حالّة محالّ المصادر الاصلية لبعض افعال مفقودة مصادرها الاصلية . او موجودة مع الفعل الذي له مصدر اصلي توسيعاً للغة . واذا اردت معرفة الحرف الزائد في هذه الاوزان فراجع اوزان الاسم في ابتداء الكتاب لان تلك الاوزان هي هذه نفسها . هذا وربما جاءت المصادر على اوزان غير التي ذكرناها ايضاً مثل ܣܒܥܐ ܣܢܩܐ . ܣܘܥܪܐ . و ܡܣܘܥܪܘܬܐ . ويصعب حصرها . ولذلك فبعض النحاة قللها والبعض كثرها وغيرهم جعل للثلاثية مصادر المزيدات وللمزيدات مصادر الثلاثية . فيجب الرجوع الى معاجم اللغة لمعرفتها جيدًا نظير اوزان الافعال الثلاثية في الماضي والمضارع

ثانياً : مصادر الرباعي والمزيدات

١٠٥ هذه المصادر كلها قياسية وهي :

١ : ܦܰܥܶܠ ܦܽܘܥܳܠܳܐ نحو :
ܦܰܪܶܣ ܦܽܘܪܳܣܳܐ وزّعَ توزيعاً
ܐܰܘܪܶܒ ܐܽܘܪܳܒܳܐ أعالَ اعالة

٢ : ܦܰܥܶܠ ܦܽܘܥܳܠܳܐ (١) نحو :
ܩܰܒܶܠ ܩܽܘܒܳܠܳܐ قبلَ قبولاً
ܥܰܘܶܩ ܥܽܘܘܳܩܳܐ عوّقَ تعويقاً
ܫܰܠܫܶܠ ܫܽܘܠܳܠܳܐ سلسل سلسلة
ܫܰܪܺܝ ܫܽܘܪܳܝܳܐ (٢) ابتدأ ابتداء

٣ : ܐܰܦܥܶܠ ܡܰܦܥܠܳܢܽܘܬܳܐ وهو مستعار (٣) نحو :
ܐܰܫܠܶܡ ܡܰܫܠܡܳܢܽܘܬܳܐ اسلَمَ تسليماً
ܐܰܩܺܝܡ ܡܰܩܝܡܳܢܽܘܬܳܐ
اخرجَ اخراجاً
ܐܰܪܺܝܡ ܡܰܪܝܡܳܢܽܘܬܳܐ رفعَ رفعاً
ܐܰܛܦܺܝ ܡܰܛܦܝܳܢܽܘܬܳܐ اطفى اطفاء

٤ : ܫܰܦܥܶܠ ܫܽܘܦܥܳܠܳܐ الخ نحو :
ܫܰܪܗܶܒ ܫܽܘܪܗܳܒܳܐ
استعجلَ استعجالاً
ܫܰܥܒܶܕ ܫܽܘܥܒܳܕܳܐ
استعبدَ استعباداً
ܫܰܘܕܺܝ ܫܽܘܘܕܳܝܳܐ وعدَ وعداً
ܫܰܘܪܶܒ ܫܽܘܘܪܳܒܳܐ (٤)
اضرمَ اضراماً
ܣܰܝܒܰܪ ܣܽܘܝܒܳܪܳܐ احتملَ احتمالاً

---

(١) وقد يأتي مصدر هذا الوزن على ܐܰܦܥܳܠܳܐ نحو ܫܰܢܶܩ ܐܰܫܢܳܩܳܐ عذّبَ تعذيباً

(٢) ان ܫܽܘܪܳܝܳܐ و ܫܽܘܦܳܝܳܐ هما مصدرا ܫܰܪܺܝ « خدعَ . غرّ » و ܫܰܦܺܝ « منحَ » من وزن ܦܰܥܶܠ . وقد زاد عليهما بعض النساخ المتأخرين واواً فكتبوهما ܫܽܘܘܪܳܝܳܐ و ܫܽܘܘܦܳܝܳܐ وذلك خطأ

(٣) ليس لوزن ܐܰܦܥܶܠ مصدر خاص وانما يستعار له مصدر الصفة اي الصيغة المزيد فيها على اسم الفاعل منه واو وتاء « ܘܬܳܐ » اي ܡܰܦܥܠܳܢܽܘܬܳܐ كما ترى

(٤) ان وجود الواوين في نحو ܫܽܘܘܕܳܝܳܐ و ܫܽܘܘܪܳܒܳܐ لازم لان الواو الاولى علامة الضم القصير (عد ٣ وجه ٥ حاشية) . والثانية من اصل الفعل ܫܰܘܕܺܝ ܫܰܘܪܶܒ بخلاف ܫܽܘܪܳܝܳܐ و ܫܽܘܦܳܝܳܐ المتقدم ذكرهما فليس فيهما الا الواو علامة الضم القصير

ܥܪܒܒ ܥܘܪܒܒܐ	خلطَ خلطاً
ادهشَ ادهاشاً	ܒܠܗܒ ܒܘܠܗܒܐ
ܫܗܛܛ ܫܘܗܛܛܐ	نظرَ مراتٍ نظراً

١٠٦ ثالثاً: مصادر الافعال التاوية

او المجهولة وهي مستعارة كلها (١)

١: ܐܬܦܥܠ « مجهول الثلاثي »	ܐܬܦܪܢܣ ܡܬܦܪܢܣܢܘܬܐ
ܡܬܦܥܠܢܘܬܐ نحو :	وُزّعَ توزيعاً
ܐܬܥܒܕ ܡܬܥܒܕܢܘܬܐ	٣: ܐܬܦܥܠ الخ «مجهولات المزيدات»
صُنعَ صنعاً	ܡܬܦܥܠܢܘܬܐ الخ نحو :
ܐܬܬܨܝܪ ܡܬܬܨܝܪܢܘܬܐ	ܐܬܩܒܠ ܡܬܩܒܠܢܘܬܐ (٢)
صُوّرَ تصويراً	قُبلَ قبولاً
ܐܬܫܪܝ ܡܬܫܪܝܢܘܬܐ	ܐܬܬܫܠܡ ܡܬܬܫܠܡܢܘܬܐ
انحل انحلالاً	سُلّمَ تسليماً
٢: ܐܬܦܥܠܠ « مجهول الرباعي »	ܐܬܬܕܝܢ ܡܬܬܕܝܢܢܘܬܐ (٢)
ܡܬܦܥܠܠܢܘܬܐ نحو :	حُكمَ حكماً

(١) اي تستعار لها مصادر الصفات اعني الصيغ المزيد فيها على اسم الفاعل او «المفعول المستقبل» المصوغين منها (عد ١٠٩ و ١١٠) ܘܐܬ (واو وتاء) كوزن ܦܥܠܐ

(٢) يلتبس مصدر مجهول المجرد (الغير معتل العين) بمصدر مجهول مزيده ܦܥܠ فمصدر ܐܬܦܥܠ و ܐܬܦܥܠ كليهما مثلاً ܡܬܦܥܠܢܘܬܐ الخ . ويلتبس مصدر مجهول المجرد المعتل العين . بمصدر مجهول مزيده ܐܦܥܠ فمصدر ܐܬܬܕܝܢ (مجهول ܕܢ و ܐܕܝܢ كليهما) ܡܬܬܕܝܢܢܘܬܐ : وذلك لان الصفات المأخوذة عنها هذه المصادر تلتبس ايضاً كما سترى

فائدتان

الاولى : يوجد افعال تختلف معانيها باختلاف مصادرها نحو ܦܪܰܥ من ܦܽܘܪܥܳܢܳܐ او ܦܽܘܪܥܳܐ « كافأ . جازى » و ܦܪܰܥ من ܦܶܪܥܳܐ فقط « نبتَ . ازهرَ »

الثانية: قد انزل الإراميون اسماء الاعيان منزلة المصادر فاشتقوا منها افعالا مجردة ومزيدة . فقالوا مثلًا من ܚܰܢܦܽܘܬܳܐ وثني . كافر ܚܢܶܦ كفرَ ܚܰܢܶܦ كفّرَ ܐܰܚܢܶܦ «صيّرَهُ كافراً». ومجهولها ܐܶܬ݂ܚܢܶܦ وܐܶܬ݂ܚܰܢܰܦ و ܐܶܬ݂ܬ݂ܰܚܢܰܦ . ومن ܡܶܣܟܺܢܳܐ مسكين . فقير ܡܰܣܟܶܢ ܐܶܬ݂ܡܰܣܟܰܢ « أفقرَ . أُفقرَ » . ومن ܦܶܪܥܘܢ فرعون ܐܶܬ݂ܦܰܪܥܰܢ « تجبّرَ . طغى » . ومن ܒܰܪܢܳܫܳܐ انسان ܒܰܪܢܶܫ ܐܶܬ݂ܒܰܪܢܰܫ « أَنَسَ . تأنّسَ » غير ان ذلك سماعي

وفعلوا كذلك في اسماء العدد من ܚܰܕ الى ܥܶܣܪܳܐ فاشتقوا منها افعالاً مزيدة على وزن ܦܰܥܶܠ نحو ܚܰܕܶܕ وحّدَ ܬܰܢܺܝ ثنّى ܬܰܠܶܬ ثلّثَ ܪܰܒܰܥ ربّعَ ܚܰܡܶܫ خمّسَ ܫܰܬܶܬ سدّسَ الخ

الفصل الثاني

ܥܰܠ ܫܡܳܐ ܕܙܒܰܢܬܳܐ في اسم المرّة

١٠٧ اسم المرّة هو ما دلّ على وقوع الفعل مرّة واحدة . ويبنى من الثلاثي على ܦܽܥܠܬܳܐ نحو ܣܚܰܦ ܣܽܚܦܬܳܐ غسلَ غسلةً ܩܳܡ ܩܽܘܡܬܳܐ قامَ قومةً ܪܡܳܐ ܪܽܘܡܝܬܳܐ رمى رميةً

ومما فوق الثلاثي بزيادة تاء التأنيث على المصدر نحو ܦܰܪܢܶܣ ܦܽܘܪܢܳܣܬܳܐ وزّع توزيعة ܫܰܢܶܩ ܫܽܘܢܳܩܬܳܐ عذّب تعذيبة

واذا كان في المصدر تاء فيجب اقترانه بلفظة ܚܕܳܐ « واحدة » نحو ܐܰܪܬܺܝ ܡܰܪܬܝܳܢܽܘܬܳܐ ܚܕܳܐ وعظ وعظة

ويقوم مقام المرّة كل مصدر من مصادر الثلاثي مختوم بالتاء بشرط ان يقترن بلفظة ܚܕܳܐ نحو ܐܟܰܠ ܡܶܐܟܽܘܠܬܳܐ ܚܕܳܐ اكل اكلة ܒܥܳܐ ܒܥܳܬܳܐ ܚܕܳܐ طلب طلبة ܡܚܳܐ ܡܚܽܘܬܳܐ ܚܕܳܐ ضرب ضربة (بدل ܐܟܳܠܬܳܐ . ܒܥܳܬܳܐ . ܡܚܳܬܳܐ)

ܕܘܪܫܐ تمرين

اذكر مصادر هذه الافعال واسم المرّة منها :

ܣܒܰܥ	شبع	ܚܢܰܢ	حنّ . رأف	ܫܰܪܰܪ	ثبّت
ܐܶܫܕ	سكب	ܚܢܰܢ	״ ״	ܦܰܠܚܶܪ	شتّت
ܚܪܳܐ	عصى	ܢܬܰܦ	نتف . جذب	ܐܰܩܶܠ	قلّل . خفّف
ܪܟ̣ܶܢ	مال	ܫܰܘܬܰܦ	اشرك	ܐܶܬܬܰܘܣܰܦ	زيد

الفصل الثالث

ܡܶܛܽܠ ܫܶܡ ܫܽܘܕܳܪܳܐ ܡܡܰܫܡܳܐ ܐܰܘ ܓܢܣܐ ܠܐ ܡܬܚܡܢܐ

في المصدر الميمي او النوع الغير المحدود (١)

١٠٨ يصاغ من الفعل بادخال ميم على اوله مع اسكان حرف

(١) سُمّي مصدرًا لا لان الفعل يشتق منه كالمصدر الاسمي . ولكن لانه يدل

المضارعة جارية مجراه في الحركة والسكون وهو في الثلاثي يفتح ما قبل آخره ويكون على وزن ܡܰܦܥܰܠ . مثاله من كل انواع الفعل ما عدا المعتل العين واللام

ܟܬܰܒ	ܢܶܟܬܽܘܒ	ܡܰܟܬܰܒ	مَكتَبٌ
ܪܚܶܡ	ܢܶܪܚܰܡ	ܡܰܪܚܰܡ	محبّ
ܥܒܰܕ	ܢܶܥܒܶܕ	ܡܰܥܒܰܕ	مَصنَع
ܢܦܰܩ	ܢܶܦܽܘܩ	ܡܰܦܰܩ (١)	مَخرَج
ܒܰܙ	ܢܶܒܽܘܙ	ܡܰܒܰܙ (١)	مَنهَب
ܐܶܟܰܠ	ܢܹܐܟܽܘܠ	ܡܵܐܟܰܠ	مَأكل
ܐܶܒܰܕ	ܢܹܐܒܰܕ	ܡܺܐܒܰܕ (١)	مَهلِك
ܝܶܠܰܦ	ܢܹܐܠܰܦ	ܡܺܐܠܰܦ (١)	مُتعلّم

اما المعتل العين فيرجع مع الميم الى هيئة الماضي القياسي نحو :

ܩܳܡ	ܢܩܽܘܡ	ܡܩܳܡ	مَقام
ܕܳܢ	ܢܕܽܘܢ	ܡܕܳܢ	مَدان
ܡܺܝܬ	ܢܡܽܘܬ	ܡܡܳܬ	ممات
ܣܳܡ	ܢܣܺܝܡ	ܡܣܳܡ (٢)	مَوضع

والمعتل اللام تبدل حركة ما قبل آخره نصباً نحو :

على معنى الفعل غير مقترن بزمان ويأتي معهُ لتأكيده او بيان نوعه او عدده نظير الاسمي . ودعي غير محدود لان معناه غير مُحدَّد ومعيَّن لزمان مخصوص فكلتا التسميتين بمعنى واحد . ويوضع لهُ نقطة من تحت

(١) اصل ܡܰܦܰܩ ܡܰܢܦܰܩ . و ܡܰܒܰܙ ܡܰܒܙܰܙ . و ܡܺܐܒܰܕ و ܡܺܐܠܰܦ : ܡܰܐܒܰܕ و ܡܰܐܠܰܦ كما لا يخفى (٢) والاصل ܡܩܽܘܡ ܡܕܽܘܢ ܡܡܽܘܬ ܡܣܽܘܡ

ܩܪܐ	ܢܩܪܐ	ܡܩܪܐ	مَقرأ
ܚܕܝ	ܢܚܕܐ	ܡܚܕܐ	مَفرَح
ܐܠܐ	ܢܐܠܐ	ܡܐܠܐ (١)	مَرثى

اما في الرباعي ومزيدات الثلاثي ومجهول الثلاثي ومـا فوقه فيصاغ بنصب ما قبل آخره وزيادة واو بعده مضموم ما قبلها ضمًا طويلًا نحو :

ܦܪܢܣ	ܢܦܪܢܣ	ܡܦܪܢܣܘ	مُوزَّع
ܩܒܠ	ܢܩܒܠ	ܡܩܒܠܘ	مُقتبل
ܚܣܝ	ܢܚܣܐ	ܡܚܣܝܘ	مُبرَّر
ܐܬܢܝ	ܢܬܢܐ	ܡܬܢܝܘ	مُثنى
ܐܫܠܡ	ܢܫܠܡ	ܡܫܠܡܘ	مُسلّم
ܐܒܗܠ	ܢܒܗܠ	ܡܒܗܠܘ	مَهزَأ
ܐܪܡܝ	ܢܪܡܐ	ܡܪܡܝܘ	مَرمى
ܐܚܝ	ܢܚܐ	ܡܚܝܘ	مُحيَا
ܫܪܗܒ	ܢܫܪܗܒ	ܡܫܪܗܒܘ	مُستَعجَل
ܐܬܟܬܒ	ܢܬܟܬܒ	ܡܬܟܬܒܘ	مكتب
ܐܬܐܚܕ	ܢܬܐܚܕ	ܡܬܐܚܕܘ	مأخذ
ܐܬܒܙܙ	ܢܬܒܙܙ	ܡܬܒܙܙܘ	منهب
ܐܬܐܟܠ	ܢܬܐܟܠ	ܡܬܐܟܠܘ	مأكل
ܐܬܠܡܕ	ܢܬܠܡܕ	ܡܬܠܡܕܘ	متعلم
ܐܬܩܪܝ	ܢܬܩܪܐ	ܡܬܩܪܝܘ	مقرأ
ܐܬܦܪܢܣ	ܢܬܦܪܢܣ	ܡܬܦܪܢܣܘ	موزع

(١) والاصل ܡܩܪܝ، ܡܚܕܝ، ܡܐܠܝ

ܐܬܩܒܠ	ܢܬܩܒܠ	ܡܬܩܒܠܘ	مقتبل
ܐܬܚܣܝ	ܢܬܚܣܐ	ܡܬܚܣܝܘ	مبرّر
ܐܬܐܫܠܡ	ܢܬܐܫܠܡ	ܡܬܐܫܠܡܘ	مسلّم
ܐܬܐܪܡܝ	ܢܬܐܪܡܐ	ܡܬܐܪܡܝܘ	مرمى
ܐܫܬܪܗܒ	ܢܫܬܪܗܒ	ܡܫܬܪܗܒܘ	مستعجل
ܐܫܬܡܠܝ	ܢܫܬܡܠܐ	ܡܫܬܡܠܝܘ(١)	مُكمَّل

غير ان مجهول المعتل العين ومزيد ܐܩܝܡ منه معلوماً ومجهولاً تحذف ياؤه وينقل نصبها الى ما قبلها نحو :

ܐܬܕܝܢ	ܢܬܕܝܢ	ܡܬܕܝܢܘ	مدان
ܐܪܝܡ	ܢܪܝܡ	ܡܪܝܡܘ	مرفع
ܐܬܬܪܝܡ	ܢܬܬܪܝܡ	ܡܬܬܪܝܡܘ(٢)	مرفع

ܕܘܪܫܐ تمرين

: صغ المصدر الميمي من الافعال الآتية بعد ذكر حاضرها ومضارعها وامرها :

ܦܪܩ خلَّصَ	ܕܢܚ تطلَّعَ	ܝܬܒ جلسَ
ܩܦ حضنَ البيض	ܚܒܠ محا	ܝܗܒ اعطى

(١) بابدال الالف في المعتل الاخر ياء كما ترى في هذا المثال والامثلة التي قبله مثل ܡܬܚܣܝܘ الخ (٢) والاصل ܡܬܕܝܢܘ ܡܬܪܝܡܘ الخ

فائدة : قد يجيءُ المصدر الميمي من وزن ܐܦܥܠ مختوماً بالف الاطلاق على ܡܦܥܠܐ نحو ܡܗܦܟܢܐ مرجع ܡܛܥܢܐ محمل . ومنه نحو ܡܦܩܐ مأخذ ܡܥܠܐ مدخل (اصلها ܡܦܩܢܐ ܡܥܠܢܐ) ونحو ܡܕܝܢܐ مَدان (اصله ܡܕܝܢܢܐ) . وقد يجيءُ من النوني والمضاعف ايضاً على ܡܦܥܠܢܐ نحو ܡܦܩܢܐ ܡܥܠܢܐ (اصلهما ܡܦܩܢܢܐ ܡܥܠܠܢܐ)

ܐܫܬܝ	شربَ	ܐܫܠܛ	سلّط	ܐܬܓܘܣ	التجأ
ܣܦܩ	افرغ	ܐܬܐܠܨ	شُجب . حقّ	ܐܫܬܘܕܝ	وعدَ

٢ً: واذكر ماضي الافعال المصوغة منها المصادر الآتية :

ܡܘܬܪܢܘ	منفع	ܡܬܟܦܠ	منسك	ܡܣܚܝܢܘ	مغسل
ܡܥܒܝ	منبت	ܡܙܪܥ	مزرع	ܡܒܛܠܢܘ	مبطّل
ܡܟܢܫ	مكسح	ܡܫܪܝ	مُستقَرّ	ܡܫܕܝܢܘ	مطرح . مرمى
ܡܫܘܐ	مُستحق	ܡܫܟܠܐ	مجمَل	ܡܬܪܥܝܢܘ	مُرتضَى

الفصل الرابع

ܡܛܠ ܫܡ ܥܒܘܕܐ في اسم الفاعل

١٠٩ اسم الفاعل هو ما دلَّ على ما وقع منه الفعل . ويصاغ من الحاضر في الثلاثي وغيره . فيصاغ من الثلاثي على وزن ܩܳܛܠܐ اي باسكان ثاني الحاضر ونصب آخره . مثالهُ :

ܦܪܩ	ܦܳܪܶܩ	ܦܳܪܩܳܐ	مخلص
ܢܦܩ	ܢܳܦܶܩ	ܢܳܦܩܳܐ	خارج
ܒܙ	ܒܳܐܙ	ܒܳܙܳܐ (١)	ناهب
ܐܟܠ	ܐܳܟܶܠ	ܐܳܟܠܳܐ	آكل
ܫܐܠ	ܫܳܐܶܠ	ܫܳܐܠܳܐ	سائل
ܝܠܕ	ܝܳܠܶܕ	ܝܳܠܕܳܐ	والد

(١) بارجاع الادغام وهو قليل

ܩܳܡ ܩܳܐܶܡ ܩܳܝܡܳܐ (١) قائم
ܪܳܥܳܐ ܪܳܥܶܐ ܪܳܥܝܳܐ (٢) راع

ويصاغ ممَّا فوق الثلاثي ومن الافعال التاوية بنصب آخر الحاضر وتسكين ما قبله وزيادة نون منصوبة عليه مع الف الاطلاق · وحينئذٍ تفتح فاؤُه في وزن ܐܰܦܥܶܠ نحو ܡܰܡܦܩܳܢܳܐ . مثال ذلك :

ܦܰܪܢܶܣ	ܡܦܰܪܢܶܣ	ܡܦܰܪܢܣܳܢܳܐ	مُوَزِّعٌ
ܩܰܒܶܠ	ܡܩܰܒܶܠ	ܡܩܰܒܠܳܢܳܐ	قابل
ܫܰܕܰܪ	ܡܫܰܕܰܪ	ܡܫܰܕܪܳܢܳܐ	باعث
ܒܰܙܰܙ	ܡܒܰܙܰܙ	ܡܒܰܙܙܳܢܳܐ	مُنهِب
ܐܰܥܶܩ	ܡܰܥܶܩ	ܡܰܥܩܳܢܳܐ	مُضايق
ܐܰܣܺܝ	ܡܰܣܶܐ	ܡܰܣܝܳܢܳܐ	شافٍ
ܐܰܫܠܶܡ	ܡܰܫܠܶܡ	ܡܰܫܠܡܳܢܳܐ	مُسلِّم
ܐܰܚܙܺܝ	ܡܰܚܙܶܐ	ܡܰܚܙܝܳܢܳܐ	هازئ
ܐܰܘܒܶܕ	ܡܰܘܒܶܕ	ܡܰܘܒܕܳܢܳܐ	مُبيد
ܐܰܩܺܝܡ	ܡܩܺܝܡ	ܡܩܺܝܡܳܢܳܐ	مُقيم
ܐܰܛܥܺܝ	ܡܰܛܥܶܐ	ܡܰܛܥܝܳܢܳܐ	مُضل
ܐܰܚܺܝ	ܡܰܚܶܐ	ܡܰܚܝܳܢܳܐ	مُحيي
ܦܰܪܶܩ	ܡܦܰܪܶܩ	ܡܦܰܪܩܳܢܳܐ	مُنقذ
ܫܰܡܠܺܝ	ܡܫܰܡܠܶܐ	ܡܫܰܡܠܝܳܢܳܐ	مُكمِّل
ܐܶܬܦܬܰܚ	ܡܶܬܦܬܰܚ	ܡܶܬܦܬܚܳܢܳܐ	مُنفتح

(١) بقلب الالف ياء وهو قليل

(٢) بارجاع الالف ياء وهكذا في ما فوق الثلاثي المعتل الآخر

ܐܬܢܦܠ	ܡܬܢܦܠ	ܡܬܢܦܠܢܐ	ساقط
ܐܣܬܟܠ	ܡܣܬܟܠ	ܡܣܬܟܠܢܐ	فاهم
ܐܬܐܣܝ	ܡܬܐܣܐ	ܡܬܐܣܝܢܐ	قابل الشفاء
ܐܬܒܝܐ	ܡܬܒܝܐ	ܡܬܒܝܐܢܐ	متعزي
ܐܫܬܡܠܝ	ܡܫܬܡܠܐ	ܡܫܬܡܠܝܢܐ(١)	مكتمل

ܕܘܪܫܐ تمرين

صغ اسم الفاعل من الافعال الاتية :

ܪܩܕ رقدَ	ܕܒܪ دبّرَ . ساسَ	ܐܙܝܦ زيّفَ . فنّدَ
ܣܢܐ ابغضَ	ܐܪܚܩ ابعد	ܐܬܪܒܝ تربّى

الفصل الخامس

ܥܠ ܫܡܐ ܕܚܫܘܫܐ في اسم المفعول

١١٠ اسم المفعول هو ما دلَّ على ما وقع عليه الفعل . ولا يكون الا من المتعدي

ويصاغ من الثلاثي كله (ما عدا المعتل باللام) على وزن ܩܛܝܠܐ نحو ܪܚܡ ܪܚܝܡܐ محبوب ܢܛܪ ܢܛܝܪܐ محفوظ ܟܬܒ ܟܬܝܒܐ

(١) اعلم : انه لا يصاغ اسم الفاعل من اوزان المجهول الا اذا جاءت لازمة ومطاوعة او متعدية كالامثلة التي ذكرناها . ولذلك سميناها هنا ناوية لا مجهولة

منهوب ܐܰܟ݂ܺܝܠ ܐܰܟ݂ܺܝܠܳܐ مأكول ܡܺܝܠܶܕ ܡܺܝܠܕ݂ܳܐ مولود ܣܺܝܡ ܣܺܝܡܳܐ موضوع

اما من المعتل اللام فينقل الى وزن ܦܥܺܝܠܳܐ نحو ܓܒܶܐ ܓܒܺܝܳܐ مختار (١)

ويصاغ مما فوق الثلاثي اذا كان معلوماً بنصب آخر الحاضر واسكان ما قبله وزيادة الف الاطلاق (٢) نحو :

ܦܰܪܶܫ	ܡܦܰܪܶܫ	ܡܦܰܪܫܳܐ	موزّع
ܩܰܒܶܠ	ܡܩܰܒܶܠ	ܡܩܰܒܠܳܐ	مقبول
ܫܰܪܰܪ	ܡܫܰܪܰܪ	ܡܫܰܪܪܳܐ	مبرّر
ܐܰܫܺܝܓ	ܡܫܺܝܓ	ܡܫܺܝܓܳܐ (٣)	مغسول
ܐܰܡܺܝܬ	ܡܡܺܝܬ	ܡܡܺܝܬܳܐ	ممتوت

واذا كان مجهولا او متعدياً بصيغة المجهول فيبنى اما على النوع المتقدم ذكره نحو :

ܐܶܬ݂ܕܟ݂ܰܪ	ܡܶܬ݂ܕܟ݂ܰܪ	ܡܶܬ݂ܕܟ݂ܪܳܐ	مذكور
ܐܶܬ݂ܩܰܒܰܠ	ܡܶܬ݂ܩܰܒܰܠ	ܡܶܬ݂ܩܰܒܠܳܐ	مقبول

اما كاسم الفاعل تماماً ويدعى حينئذٍ ܫܡܳܐ ܕܥܒܳܕܳܐ ܘܠܳܐ ܒܥܶܕ

(١) اصل ܐܟ݂ܺܝܠܳܐ و ܡܺܝܠܕ݂ܳܐ بسكون الالف في الاول والياء في الثاني وانما تحركا لصعوبة الابتداء بهما ساكنين . واصل ܣܺܝܡܳܐ : ܣܝܺܝܡܳܐ ارجع الخفض الى اوله وحذفت الياء الاولى للخفة . واصل ܓܒܺܝܳܐ : ܓܒܝܺܝܳܐ ارجع الخفض الى الاول وقلب فتحاً وحذفت الياء الاولى للخفة (٢) فهو كاسم الفاعل بدون النون

(٣) ولكن الغالب في هذا الوزن المعتل الوسط ان يقلب خفضه نصباً هكذا ܡܫܰܝܓ݂ܳܐ مغسول ܡܕܰܝܫܳܐ مديس (اصلهما ܡܫܺܝܓ݂ܳܐ ܡܕܺܝܫܳܐ)

ܥܬܝܕܐ «اسم المفعول الذي لم يحدثْ بعدُ» او «اسم المفعول المستقبل» نحو :

ܐܬܕܪܟ ܡܬܕܪܟ ܡܬܕܪܟܢܐ قابل ان يُدرَكَ
ܐܬܦܗܡ ܡܬܦܗܡ ܡܬܦܗܡܢܐ قابل ان يُعقل

وهلمَّ جراً (١)

ܕܘܪܫܐ تمرين

صغ اسم المفعول من هذه الافعال :

ܢܨܒ	نصبَ	ܪܣ	رشَّ	ܣܩܒ	ضادَّ
ܡܠܐ	ملأَ	ܚܪ	نظرَ	ܐܪܝܡ	رَفعَ

الفصل السادس

ܥܠ ܫܘܡܗܐ في الصفات

111 الصفات هي اسماء تشتق من الافعال الثلاثية على اوزان مختلفة بعضها بمعنى اسم الفاعل وبعضها بمعنى اسم المفعول

(١) اعلم ١َ : انه قد جاء اسم المفعول من الثلاثي على وزن ܡܦܥܘܠܐ نحو ܡܡܠܟܐ مملوك ܡܚܕܘܪܐ مدوّر . لكنه قليل جدًا

٢َ : يتفق باللفظ اسم الفاعل والمفعول من ܐܬܦܥܠ مع اسم الفاعل والمفعول من ܐܬܦܰܥܰܠ . انما عين الثاني تعتبر مشددةً في الاصل ويجب تقسيتها اذا كانت من حروف ܒܓܕ ܟܦܬ كما سيأتي

٣َ : يشترك بين الفاعل والمفعول وزن ܡܬܦܥܠܢܐ متى كَان من اللازم والمتعدي نحو ܡܬܗܘܢܢܐ عاقل ومعقول . ووزن ܦܥܝܠܐ من الثلاثي نحو ܢܣܝܒܐ آخذ ومأخوذ .

فالتي بمعنى اسم الفاعل اوزانها كثيرة وهي :

١: ܦܥܝܠܐ نحو ܡܫܠܡܐ سالم. تام ܪܒܐ عظيم ܕܟܝܐ نقي ܦܐܝܐ حسن

٢: ܦܥܝܠܐ نحو ܚܒܪܐ رفيق . وهو قليل

٣: ܦܥܘܠܐ ، ܦܪܘܩܐ مخلّص ܢܦܘܩܐ خارج ܒܙܘܙܐ ناهب ܩܝܘܡܐ قائم ܝܠܘܕܐ والد ܩܪܘܝܐ قارئ . داعٍ . وهو كثير جداً

٤: ܦܥܘܠܐ نحو ܙܥܘܪܐ صغير ܪܚܘܡܐ محب

٥: ܦܥܝܠܐ ، ܡܫܒܚܐ مجيد ܐܢܝܠܐ زاهد ܒܝܫܐ شرير (اصلها ܐܢܝܠܐ ܒܐܝܫܐ او ܒܝܝܫܐ) (١)

ومنها ما يكون للمبالغة في الوصف وهي :

١: ܦܥܠܐ نحو ܡܫܡܫܐ خادم ܚܢܢܐ حنّان ܥܘܠܐ اثيم . وهو كثير

٢: ܦܥܘܠܐ ، ܩܝܘܡܐ قيّم . وصيّ . وهو قليل

٣: ܦܥܝܠܐ ، ܩܕܝܫܐ قدّيس ܒܣܝܡܐ لذيذ ܝܩܝܪܐ ثقيل . وهو كثير

٤: ܦܥܘܠܐ نحو ܚܫܘܟܐ مظلم . وهو قليل

٥: ܦܥܘܠܬܢܐ ، ܚܢܘܢܬܢܐ شفوق

ووزن ܡܦܥܠܐ و ܡܦܥܠܐ و ܡܦܥܠܢܐ من المزيد نحو ܡܣܬܟܠܐ عاقل ومفعول ܡܥܡܠܐ عامل ومفعول (اصلها ܡܥܡܠܐ كما مر) ܡܣܬܪܗܒܐ مُستعجِل ومُستَعجَل

(١) ومنها ܦܥܠܢܐ ܦܘܥܠܢܐ ܦܥܠܢܐ ܦܘܥܠܢܐ ܐܦܥܠܐ ܐܦܥܘܠܐ ܐܦܥܝܠܐ ܐܦܥܠܢܐ ܐܦܘܥܠܢܐ نحو ܩܫܝܐ قاس . عاتٍ ܡܪܘܕܐ وقح ܫܪܘܝܐ مبتدي ܢܘܟܪܝܐ اجنبي . غريب ܬܪܓܡܢܐ ترجمان ܐܣܟܘܠܐ خليفة . نائب ܐܘܬܝܪܐ زائد ܐܦܪܣܢܐ و ܐܘܦܪܣܢܐ ترجمان

٦: ܦܰܥܠܬܳܢܳܐ نحو ܚܰܝܠܬܳܢܳܐ قوي

٧: ܦܳܥܠܬܳܢܳܐ - ܩܪܳܒܬܳܢܳܐ محارب

٨: ܡܰܦܥܠܳܢܺܝܬܳܐ - ܡܰܘܕܥܳܢܺܝܬܳܐ علّامة. عارف

٩: ܡܦܰܘܥܠܳܢܺܝܬܳܐ - ܡܣܰܘܟܠܳܢܺܝܬܳܐ احكم. خبير. علّامة (١)

والتي بمعنى المفعول اوزانها قليلة سماعية وهي:

١: ܦܰܥܠܳܐ نحو ܚܰܪܒܳܐ خَرِب. مخروب

٢: ܦܥܘܠܳܐ - ܪܚܘܡܳܐ محبوب ܣܢܺܝܳܐ مبغوض

٣: ܦܥܘܠܳܐ - ܒܠܘܥܳܐ مبلوع (عن ابن العبري)

٤: ܦܥܝܠܳܐ - ܚܪܝܒܳܐ مُخرَّب. خَرِب (٢)

فائدة: قد يطلق اسم «الصفة» على اسمي الفاعل والمفعول ايضاً

---

(١) اعلم ان الخمسة الاوزان الاولى مشددة العين في الاصل كما هي عند الشرقيين. والثلاثة الاولى منها تقابل فعَّال و فَعُّول و فِعِّيل عند العرب. والتاء التي في الوزنين الاخيرين اي الثامن والتاسع ليست للتأنيث بل للمبالغة

(٢) ان الوزنين الاخيرين مشدَّدان في الاصل وهما للمبالغة كما في اسم الفاعل

فائدة: متى صيغ الاسم التجريدي (٢٢) من اسم الفاعل او المفعول او من بقية الصفات يسمى ܗܘ ܡܫܡܗܢܳܐ ܥܰܠܝܳܐ « مصدر الفاعلية او المفعولية او مصدر الصفة ». ومتى صيغ هذا المصدر من اسم الفاعل الذي على وزن ܡܰܦܥܠܳܢܳܐ . او من اسم الفاعل « والمفعول المستقبل » المشتقين من الفعل الثاوي يصح ان يكون مصدرًا للاسم المذكور او الفعل المشتق منه فان ܡܦܰܥܠܳܢܘܬܳܐ مثلًا هي مصدر ܡܦܰܥܠܳܢܳܐ و ܐܰܦܥܶܠ ، و ܡܰܘܕܥܳܢܘܬܳܐ مصدر ܡܰܘܕܥܳܢܳܐ و ܐܰܘܕܰܥ

ملحق

في ܫܡܐ ܦܥܠܐ الاسم الفعلي او الصفة المجزومة

متى جزمت الصفة (١) يجوز ان تعمل عمل فعلها وتسمى حينئذٍ ܫܡܐ ܦܥܠܐ او ܦܥܠܐ ܫܡܐܢܝܐ « اسم فعلي » . وتتصرَّف مع الضمائر بحسب الزمان نظير الفعل

اما تصريفها مع الضمائر فقد تقدم بيانه في تصريف لفظة ܡܫܡܫܢܐ مجزومةً (عدد ٤٠)

واما تصريفها في الزمان فله طريقتان :

الاولى : ان تُصحب بظرف يدل على الماضي او الحاضر او المستقبل مثل ܐܬܡܠܝ « امسِ البارحة » ܗܫܐ « الآن » ܡܚܪ « غداً » نحو ܩܛܠ ܐܢܐ ܐܬܡܠܝ انا قاتل أمسِ . ܩܛܠ ܐܢܐ ܗܫܐ انا قاتل الآن ܩܛܠ ܐܢܐ ܡܚܪ انا قاتلٌ غداً ܩܛܠܝܢ ܚܢܢ او ܩܛܠܝܢܢ ܐܬܡܠܝ نحن قاتلون امسِ .الخ

الثانية : ان تصرف مع المساعد ܗܘܐ كما تقدم بيان ذلك في ܡܫܡܫܢܐ مجزومةً (عدد ٩٥) (٢)

---

(١) اي اسم الفاعل والمفعول القياسي وبقية الصفات المتقدم ذكرها . وتكون مجزومة لتشابه الفعل الخالي من الف الاطلاق فتعمل عمله

(٢) يستوي في ܫܡܐ ܦܥܠܐ اسم الفاعل من الثلاثي مع حاضره نحو ܩܛܠ فانه يصح ان يكون جزم ܩܛܠܐ او فعل حاضر من ܩܛܠ. ويلتبس اسم المفعول من الرباعي والزيادات المعلومة المنتهية بحرف فتح . ومن وزن ܐܬܦܥܠ المنتهي بحرف فتح ايضاً . ومن باقي الافعال الثاوية مع حاضر هذه الافعال نحو ܡܩܘܛܠ . ܡܬܩܛܠ . ܡܬܩܛܛܠ .

ܕܘܪܫܐ تمرين

ميز بين اسم الفاعل والمفعول القياسيين والصفات في الكلمات الآتية:

ܣܝܘܡܐ واضع	ܡܪܒܝܢܐ مربٍ	ܡܢܣܝܐ مجرَّب
ܩܢܝܐ مكتسب	ܡܟܝܪܐ مخطوب	ܬܡܝܗܐ مدهش
ܡܨܒܥܐ ملوَّن	ܩܫܝܐ قاسٍ	ܐܝܙܓܕܐ رسول. بريد
ܟܪܘܡܐ حارس الكرم	ܦܟܝܗܐ تَفِه	ܢܙܝܪܐ ناسك

الفصل السابع

ܡܛܠ ܫܡܐ ܕܐܬܪܐ ܘܙܒܢܐ في اسم المكان والزمان

١١٢ اسم المكان والزمان هو ما دلَّ على مكان او زمان وقع فيه الفعل · ويصاغ من الثلاثي عادةً على وزن ܡܩܛܠܐ فتقول مثلًا :

من السالم: ܕܢܚ ܡܕܢܚܐ مشرق ܥܪܒ ܡܥܪܒܐ مغرب ܩܒܠ ܡܩܒܠܐ مأخذ

ويميز بينها المعنى والنقطة على الحاضر

واعلم ١ً: ان اسم الفاعل مما فوق الثلاثي يجزم في ܫܡܐ ܥܒܕܐ حسب القاعدة اي بحذف الف الاطلاق فقط نحو ܡܡܠܠܢܐ ܡܡܠܠܢ . وقد يجزم بحذف النون ايضاً وكسر ما قبل آخره (او فتحه اذا انتهى بحرف فتح) متى اريدت اضافته مجزوماً فيصير مثل الفعل الحاضر مما فوق الثلاثي نحو ܡܚܝܢܢܐ ܡܚܝܢ كقوله ܠܟ ܫܘܒܚܐ ܡܚܝܢ ܡܝ̈ܬܐ « لك المجد يا باعث الموتى » . ٢ً: لا توضع علامة الجمع في ܫܡܐ ܥܒܕܐ الا لجمع المونث . ولجمع المذكر القائم مقام الموصوف فقط كما علمت (عد ٣٣)

ومن النوني والمضاعف: ܢܦܩ ܡܦܩܐ مَخرَج ܥܠ ܡܥܠܐ مَدخَل . ومثله ܣܠܩ ܡܣܩܐ مَصعد(١)

ومن المعتل الفاء والعين واللام: ܝܬܒ ܡܘܬܒܐ مَجلس(٢) ܩܡ ܡܩܡܐ مَقام (٣) ܫܪܐ ܡܫܪܝܐ مَحَلّ (٤)

وقد يزاد عليه نون منصوبة فيصير على ܡܦܥܠܢܐ نحو ܡܦܩܢܐ مَخرَج ܡܥܠܢܐ مدخَل ܡܣܩܢܐ مَصعد (٥)

او تاء التأنيث فيصير على ܡܦܥܠܬܐ نحو ܡܥܒܪܬܐ مَجاز ܡܛܪܬܐ «مَلاذ. مَنطرة». ونحو ܡܫܪܝܬܐ مَنزل. عَسكر ܡܪܕܝܬܐ مَسير. مَسلك (٦)

ويصاغ اسم المكان ايضاً بادخال لفظة ܒܝܬ على المصدر نحو ܒܝܬ ܚܒܘܫܝܐ حبس ܒܝܬ ܩܒܘܪܐ مقبرة ܒܝܬ ܥܪܘܩܝܐ مهرب

وهكذا يصاغ مما فوق الثلاثي نحو ܒܝܬ ܡܫܘܙܒܐ مهرب. مفرّ

وتدخل ܒܝܬ هذه على اسم الجنس فتصيره اسماً للمكان نحو ܒܝܬ ܓܙܐ مَخزن ܒܝܬ ܓܘܣܐ مَلجأ ܒܝܬ ܟܢܘܫܬܐ مُجتمع. نادي

وقد تدخل على اسم المكان نفسه لدفع الالتباس نحو ܒܝܬ ܡܥܪܩܐ مهرب ܒܝܬ ܡܫܟܢܐ مَسكن ܒܝܬ ܡܫܪܝܐ مَحلّ

وقد يصاغ بواسطة دخولها على المصدر او اسم الجنس اسمٌ للزمان ايضاً نحو ܒܝܬ ܡܘܠܕܗ ܕܡܪܢ «مَولد ربنا» اي زمان ولادته

---

(١) اصلها ܡܢܦܩܐ ܡܥܠܠܐ ܡܣܠܩܐ (٢) بقلب الياء واواً
(٣) بابقائه على هيئة الماضي والاصل ܡܩܘܡܐ (٤) بقلب الالف ياءً منصوبة
(٥) اصلها ܡܢܦܩܢܐ الخ (٦) بقلب فتح العين قبل الياء فيها خفضاً

فائدة

ܒܝܬ ܒܟܝܐ «مَبكى . موضع البكاء» اسم مكان مركب من ܒܝܬ المذكورة ومن ܒܟܝܐ وهي اسم جامد مجموع لا مفرد له ولا يستعمل الا في هذا التركيب فقط

وتتصل بهِ الضمائر اتصال الجمع نحو ܒܝܬ ܒܟܝ مَبكاي ܒܝܬ ܒܟܝܢ مبكانا الخ . ويأتي ايضاً بمعنى «البكاء والمأتم والمناحة» (١)

ܬܘܪܓܡܐ تمرين

صغ اسم المكان والزمان من الافعال الآتية :

ܥܪܒ	غرب	ܢܣܒ	اخذ . نفى	ܥܡܪ	سكن
ܢܩܒ	نقب . ثقب	ܕܫ	داس	ܫܕܐ	رمى

الفصل الثامن

ܫܡܐ ܡܐܢܐ ܘܡܐܢܐ في اسم الآلة

١١٣ اسم الآلة هو ما دلَّ على الآلة التي يقع الفعل بواسطتها . وهو نوعان جامد نحو ܢܪܓܐ فأس . قدوم . طبر ܡܪܐ معول . وليس المراد هنا

(١) قيل ان ܒܟܝܐ اسم فاعل مجزوم ܒܟܝܐ . والاصح على ما يظهر انها اسم جامد مجموع ١ً: لانها وردت دائماً وعليها علامة الجمع التي لا توضع على اسم الفاعل المفرد المجزوم . ٢ً: لان الضمائر تتصل بها اتصال الاسماء المجموعة . ٣ً: لانها تجيء بمعنى «البكاء والمناحة» الجامدين لا بمعنى «الباكي والنائح» المشتقين

ومشتق وهو موضوع كلامنا . ويصاغ من الثلاثي المتعدي على سبعة اوزان :

١ : ܡܦܥܠܐ نظير اسم المكان نحو ܡܠܩܛܐ ملقط ܡܣܦܪܐ مقص . مقرط ܡܪܟܒܐ مركب ܡܢܚܠܐ او ܡܚܠܐ (باخفاء النون) منخل ܡܫܠܬܐ منشل (١)

٢ : ܡܦܥܠܐ بنصب عينه نحو ܡܠܩܛܐ ملقط ܡܥܙܠܐ مغزل ܡܦܬܚܐ مفتاح ܡܣܪܐ منشار (اصله بالنون)

٣ : ܡܦܥܠܢܐ بزيادة نون منصوبة على آخره نحو ܡܠܩܛܢܐ ملقط ܡܣܦܪܢܐ مقص . مقرط

٤ : ܡܦܥܠܬܐ بزيادة تاء التأنيث عليه نحو ܡܫܡܥܬܐ مسمعة اي اذن ܡܪܟܒܬܐ مركبة (٢)

٥ : ܡܦܥܠܬܐ نحو ܡܨܠܝܬܐ مصفاة ܡܕܩܬܐ مدقة

٦ : ܡܦܥܘܠܬܐ نحو ܡܬܩܘܠܬܐ مثقال ܡܓܪܘܦܬܐ مجرفة ܡܟܪܘܟܬܐ ملفة

٧ : ܡܦܥܘܠܝܬܐ نحو ܡܚܢܘܩܝܬܐ مخنقة . مشنقة ܡܦܘܚܝܬܐ مروحة (اصله بالنون) (٣)

---

(١) ان وزن ܡܦܥܠܐ هذا يصلح ان يكون مصدراً ميمياً مختوماً بالف الاطلاق . واسم مفعول لوزن ܐܦܥܠ . واسم مكان وزمان . واسم آلة . كما رأيت الى الآن

(٢) ومنه نحو ܡܨܝܕܬܐ مصيدة ܡܚܙܝܬܐ مرآة ܡܪܡܝܬܐ مرماة (اصلها ܡܨܝܕܬܐ ܡܚܙܝܬܐ ܡܪܡܝܬܐ) . اما ܡܨܝܕܬܐ فسكن اوله وثالثه نظير ܡܫܡܫ لكونه من المعتل الوسط . واما ܡܚܙܝܬܐ و ܡܪܡܝܬܐ فأبدل فتح ثالثهما خفضاً نظير ܡܫܡܥܬܐ

(٣) وربما جاء على غير هذه الاوزان نحو ܡܦܘܚܐ منفخ ܡܕܪܘܢܐ منزر ܡܟܢܫܬܐ مكنسة . وذلك سماعي

ܕܘܪܫܐ تمرين

ميز بين اسماء الآلة الجامدة والمشتقة :

ܡܢܩܒܐ	مثقب	ܢܓܪܐ	منجل	ܡܪܡܝܬܐ	مرماة
ܩܘܠܒܐ	فأس براسين	ܡܬܩܠܐ	مثقال	ܚܨܦܐ	قدوم
ܡܩܘܪܐ	منقار	ܣܟܝܢܐ	خنجر	ܐܪܙܦܬܐ	مطرقة

٢ : دلّ على المصادر الاسمية والميمية واسماء الفاعل والمفعول وباقي المشتقات في العبارات الآتية وترجمها الى العربية :

ܐܪܥܘܬܐ ܢܘܡܘܣ ܠܡܫܡܫܢ ܘܠܡܫܡܫܢܐ ܡܢ ܐܠܗܐ ܡܬܦܩܕܝܢ

ܚܪܒܐ (المحتال . الماكر) ܡܬܚܫܒܢܐ ܗܘ ܕܒܝܫܬܐ. ܩܛܠܐ ܘܡܛܠ ܙܘܥܬܐ. ܙܟܝܐ ܕܠܡܛܪܬܐ. ܒܪ ܚܫܟܐ ܘܡܕܒܪܢܐ. ܣܒܪܐ ܕܡܓܝܣܬܐ. ܡܪܚܡܢܗ ܕܐܠܗܐ. ܣܩܘܪܐ ܗܘ ܡܫܬܥܠܐ. ܡܬܒܥܝܢܐ ܠܟܠ ܟܠ ܟܠܗ. ܙܗܘܪܐ ܠܟܠ ܟܠ ܩܘܠܣ. ܣܒܪܐ ܕܫܡܝܐ. ܒܪܗ ܕܡܠܟܘܬܐ. ܫܒܝܠܗ ܕܚܘܒܐ. ܣܒܪܐ ܕܫܠܘܡܐ ܡܫܡܫܢܐ

ܠܡܫܘܚܬܐ ܫܡܫܐ ܡܫܡܫܢܐ - ܒܟܠܗ ܥܠܡܐ ܕܦܘܪܩܢܐ ܢܦܩܘܢ - ܡܢ ܐܝܕܐ ܕܐܠܗܐ ܠܒܢܝܢܫܐ

ܬܰܪܥܳܐ ܪܒܺܝܥܳܝܳܐ الباب الرابع

ܥܰܠ ܢܩܺܝܦܽܘܬܳܐ ܕܡܶܠܬ݂ܳܐ

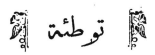

في اتصال ضمائر المفعولية بالافعال وفيه سبعة فصول

توطئة

١١٤ هذه الضمائر هي نفس الضمائر التي تتصل بالاسم مكان المضاف اليه اي ـܝ وـܟ وـܟܝ وـܟܘܢ وـܟܶܝܢ وـܢ وـܟܶܝܢ و ـܗ وـܗܘܢ و ـܗ̇ وـܗܶܝܢ ، غير ان ياء المتكلم هنا لا تلفظ ويتقدمها نون ساكنة ابداً تسمّى النون الفارقة هكذا ـܢܝ (١) و ـܗܘܢ و ـܗܶܝܢ ينوب عنهما ܐܶܢܽܘܢ و ܐܶܢܶܝܢ

وهي تتصل بالافعال المتعدية فقط لتقوم مقام المفعول بهِ وذلك في الماضي والمضارع والامر

اما الحاضر فلا تتصل بهِ الا بواسطة لام المفعولية ܪܳܚܶܡ ܠܝ يحبني ܪܳܚܶܡ ܠܰܢ يحبنا ܪܳܚܶܡ ܠܳܟ يحبك الخ ولا صعوبة فيه . ولذلك لا نفرد له فصلاً هنا

---

(١) سمينا هذه النون مع العلّامة القرداحي « النون الفارقة » لا نون الوقاية كما يسمّيها العرب لان الارامين القدماء كانوا يخفضون آخر الاسم والفعل مع ضمير المتكلم ففرقوا بينهما بزيادة هذه النون على الفعل دون الاسم

وقبل الشروع في ايصال هذه الضمائر نتكلم بالايجاز عما يحدث من التغييرات للافعال ولا سيما في اواخرها عند اتصالها بها لتسهل على الطالب معرفتها (١)

الفصل الاول

ܥܠ ܫܘܚܠܦ̈ܐ ܕܗܳܘܝܢ ܠܡ̈ܠܐ ܒܢܩܝܦܘܬܐ

في التغييرات التي تحدث للافعال عند اتصال ضمائر المفعولية بها(٢)

١١٥ الفعل منه ساكن الآخر نحو ܟܬܰܒ ويصيبه بعض التغيير عند اتصال الضمائر بهِ · ومنهُ متحرك الاخر في الاصل نحو ܟܬܰܒܘ اصله ܟܬܰܒܘ وهو لا يتغير الا مع ضمير المخاطبة اذا كان منصوباً

فالافعال الساكنة الآخر : في الماضي

هي صيغة المتكلم والغائب والغائبة نحو ܟܶܬܒܶܬ ܟܬܰܒ ܟܶܬܒܰܬ . ܗܢ̈ܝܢ ܟܬܰܒ̈ ܐܢ̈ܝܢ . ومتى اتصل الضمير بها فيفتح اخرها مع ضمير المتكلم مفرداً وجمعاً نحو ܟܬܰܒܬܰܢܝ كَتَبَني ܟܬܰܒܰܢ

---

(١) ان صيغ المتكلم لا تتصل بها ضمائر المتكلم المفعولية وصيغ المخاطب لا تتصل بها ضمائر المخاطب . وكذلك صيغ الغائب لا تتصل بها ضمائر الغائب فلا يقال مثلًا في ܪܚܶܡܬ : ܪܚܶܡܬܳܢܝ « احببتني » وفي ܪܚܶܡܬ : ܪܚܶܡܬܳܟ « احببتَكَ » وفي ܪܚܶܡ : ܪܚܶܡܶܗ « احبهُ » اي احبَّ نفسَهُ . الا اذا كان ضمير الغائب المفعول لغير الغائب الفاعل . وذلك حتى لا يكون ضمير الفاعل والمفعول لذاتٍ واحدة كما يأتي (٢) لا لزوم لحفظ هذا الفصل غيباً

كَتَبْنَا . وينصب مع ضمير المخاطب ܟܬܰܒܳܟ كتبكَ . ويكسر مع ضمير المخاطبة والغائب ܟܬܰܒܶܟܝ كتبكِ . ܟܬܰܒܶܗ كتبهُ . وينصب مع ضمير الغائبة ܟܬܰܒܳܗ كتبها . ويبقى ساكناً مع الضمائر المتحركة اي ܟܽܘܢ وܟܶܝܢ الخ

الا صيغة الغائب من وزن ܒܢܳܐ فيحذف آخرها مع كل الضمائر نحو ܒܢܳܢܝ ܒܢܳܟ ܒܢܳܟܝ الخ . ويسقط معه ضمير الغائب في اللفظ مزيداً عليه ياء ملفوظة قبله وياء غير ملفوظة بعده نحو ܒܢܳܝܗܝ دَعاهُ

وفيما سوى الآخر فلا يتغير الا صيغة المتكلم والغائب والغائبة الصحيحة الظاهر فيها اكثر من حرفين . فصيغة المتكلم ترتد الى هيئة الغائب مع الضمائر الساكنة ومع ܟܽܘܢ وܟܶܝܢ نحو ܟܬܰܒܬܳܟ كتبتُكَ ܟܬܰܒܬܟܽܘܢ كتبتكُم ܟܬܰܒܬܟܶܝܢ كتبتُكُنَّ . وصيغة الغائب يفتح اولها كما رأيتَ آنفاً . والغائبة ترجع الى هيئة الغائب مع الساكنة فقط نحو ܟܬܰܒܬܰܢܝ كتَبتْني ܟܬܰܒܬܳܟ كتبتْكَ الخ

اما الظاهر فيها حرفان وهي المضاعفة والمعتلة العين فتبقى على حالها نحو ܒܙܰܬܶܗ نهبتهُ ܒܙܳܗ نهبَهُ الخ . ܕܳܢܬܶܗ دُنتهُ ܕܳܢܶܗ دانَهُ الخ والساكنة الآخر :

في المضارع

هي صيغة المتكلم والمتكلمين والمخاطب والغائبة نحو ܐܶܟܬܽܘܒ ܢܶܟܬܽܘܒ ܬܶܟܬܽܘܒ ܢܶܟܬܽܘܒ ܬܶܟܬܽܘܒ (ܗܳܝ هي) . ونحو ܐܶܒܢܶܐ ܢܶܒܢܶܐ ܬܶܒܢܶܐ ܢܶܒܢܶܐ ܬܶܒܢܶܐ . فالصحيحة الآخر منها يفتح آخرها مع ضمير المتكلم مفرداً وجمعاً نحو ܢܶܟܬܒܰܢܝ سيكتبني ܢܶܟܬܒܰܢ سيكتبنا . وينصب مع ضمير المخاطب ܢܶܟܬܒܳܟ سيكتبكَ . ويكسر مع ضمير المخاطبة ܢܶܟܬܒܶܟܝ سيكتبكِ .

ويخفض مع ضمير الغائب مزيداً بعده ياء ويسقط هذا الضمير لفظاً مزيداً قبله واو ملفوظة وبعده ياء لا تلفظ نحو ܢܶܟܬܒܺܝܘܗܝ سيكتبهُ ·
ويخفض مع ضمير الغائبة مزيداً بعده ياء نحو ܢܶܟܬܒܺܝܗ̇ سيكتبها ·
ويبقى على حاله مع الضمائر المتحركة نحو ܢܶܟܬܒܽܘܟܽܘܢ سيكتبكم الخ

وفيما سوى الآخر تحذف حركة عينه فقط كما ترى · الا اذا كان معتل العين فيبقى كما هو نحو ܢܕܽܘܢܺܝܘܗܝ سيدينهُ

اما المعتلة اللام فيبدل آخرها ياء فقط وتبقى على حالها مع كل الضمائر · الا ان ضمير الغائب يسقط لفظاً على عادته ويزاد قبله واو وبعده ياء لا تلفظ فتقول مثلاً ܢܶܩܪܶܝܢܝ سيدعوني ܢܶܩܪܝܘܗܝ سيدعوه الخ

والساكنة الآخر : في الامر

هي صيغة المخاطب فقط نحو ܟܬܽܘܒ ܩܪܝ ܚܰܘܳܐ · فالصيغة الاولى الصحيحة الآخر يزاد بعدها ياء قبل الضمائر ويفتح اخرها مع ضمير المتكلم نحو ܟܬܽܘܒܰܝܢܝ اكتبني · وينصب مع الغائب فيسقط هذا الضمير لفظاً ويزاد بعده ياء لا تلفظ نحو ܟܬܽܘܒܳܝܗܝ اكتبهُ (والشرقيون يفتحون اخره هنا) ويكسر مع ضمير الغائبة نحو ܟܬܽܘܒܶܝܗ̇ اكتبها

ما الصيغة الثانية فتبقى على حالها وانما يسقط معها ضمير الغائب مزيداً قبله واو وبعده ياء ساقطة لفظاً نحو ܩܪܺܝܢܝ ادعُني ܩܪܺܝܘܗܝ ادعُهُ ·

واما الصيغة الثالثة فيحذف اخرها ويسقط معه ضمير الغائب لفظاً مزيداً قبله ياء ملفوظة وبعده ياء غير ملفوظة نحو ܚܰܘܳܝܢܝ أَظهِرْ لي ܚܰܘܳܝܗܝ أَظهِر لهُ · ولا يتغير ما قبل اخرها مطلقاً

اما الافعال المتحركة الاخر في الاصل فهي كل الصيغ الباقية ماضياً

ومضارعاً وامراً · فهذه تبقى على حالها مع كل الضمائر الا ضمير المخاطبة كما اشرنا فيكسر اخرها معه اذا كان منصوباً في الاصل نحو ܟܬܒܢ ܟܬܒܢܟܝ كتبناكِ · وضمير الغائب يسقط معها ايضاً في اللفظ سواء كان اخرها منصوباً او مضموماً او مخفوضاً مزيداً بعده ياء تقرأ مع المضموم فقط نحو ܟܬܒܢܝܗܝ كتبناه ܟܬܒܘܗܝ كتبوه ܟܬܒܬܝܗܝ كَتَبْتِهِ · واذا عرفت ذلك هان عليك جداً تصريف الامثلة الاتية :

الفصل الثاني

١١٦ في اتصال الضمائر بوزن ܟܬܒ

ܐܘܚܠܐ ܩܕܡܝܐ

كتبتهن	كتبتها		
ܟܬܒܢ صيغة المتكلمين اصله ܟܬܒܢܐ		**ܟܬܒܬ** صيغة المتكلم وهي ساكنة الاخر	
ܥܡ الجمع	ܥܡ المفرد	ܥܡ الجمع	ܥܡ المفرد
ܟܬܒܢܗܝܢ	ܟܬܒܢܗ̇	ܟܬܒܬܗܝܢ	ܟܬܒܬܗ̇
ܟܬܒܢܟܘܢ كتبناكم	ܟܬܒܢܟ كتبناكَ	ܟܬܒܬܟܘܢ كتبتكم	ܟܬܒܬܟ كتبتكَ
ܟܬܒܢ ܐܢܝܢ كتبناكن	ܟܬܒܢܟܝ كتبناكِ	ܟܬܒܬ ܐܢܝܢ كتبتكن	ܟܬܒܬܟܝ كتبتكِ
ܟܬܒܢ ܐܢܘܢ كتبناهم	ܟܬܒܢܝܗܝ كتبناهُ	ܟܬܒܬ ܐܢܘܢ كتبتهم	ܟܬܒܬܗ كتبتهُ

كتبناها | كتبناهن

ܟܬܒܢܝܢ

صيغة المخاطب اصله ܟܬܒܬܐ

ܬܟܬܒܬܢ | ܟܬܒܬܝ

كتبتني | كتبتنا

ܬܟܬܒܬܢܝ | ܟܬܒܬܢ ܐܢܘܢ

كتبتهُ | كتبتهم

ܟܬܒܬܗ | ܐܢܝܢ

كتبتها | كتبتهن

ܟܬܒܬܘܢ

صيغة المخاطبين اصله ܟܬܒܬܘܢܐ

ܬܟܬܒܬܘܢܢ | ܟܬܒܬܘܢܝ

كتبتموني | كتبتمونا

ܟܬܒܬܘܢܢܝ | ܟܬܒܬܘܢ ܐܢܘܢ

كتبتموهُ | كتبتموهم

ܟܬܒܬܘܢܗ | ܐܢܝܢ

كتبتموها | كتبتموهن

ܟܬܒܬܝ

صيغة المخاطبة اصله ܟܬܒܬܝ

ܟܬܒܬܝܢ | ܟܬܒܬܝܗ

كتبتني | كتبتنا

ܟܬܒܬܝܢܝ | ܟܬܒܬܝ ܐܢܘܢ

كتبتهِ | كتبتهم

ܟܬܒܬܝܗ | ܟܬܒܬܝ ܐܢܝܢ

كتبتها | كتبتهن

ܟܬܒܬܝܢ

صيغة المخاطبات اصله

ܟܬܒܬܝܢܐ

ܟܬܒܬܝܢܢ | ܟܬܒܬܝܢܝ

كتبتنّني | كتبتنّنا

ܟܬܒܬܝܢܢܝ | ܟܬܒܬܝܢ ܐܢܘܢ

كتبتنّهُ | كتبتنّهم

ܟܬܒܬܝܢܗ | ܐܢܝܢ

كتبتنّها | كتبتنّهن

ܟܬܒ

صيغة الغائب وهو ساكن الاخر

ܟܬܒܢ | ܟܬܒܢܝ

كتبني | كتبنا

ܟܬܒܢܝ | ܟܬܒܢ

كتبكَ | كتبكم

ܟܬܒܟ | ܟܬܒܟܘܢ

كتبكِ | كتبكن

ܟܬܒܗ | ܟܬܒ ܐܢܘܢ

كتبهُ | كتبهم

ܟܬܒܗ̇ كتبها	ܟܬܒ ܐܢܝܢ كتبهنّ

ܟܬܒܘ

صيغة الغائبين الاولى اصله ܟܬܒܘ

ܟܬܒܘܢܝ كتبوني	ܟܬܒܘܢ كتبونا
ܟܬܒܘܟ كتبوكَ	ܟܬܒܘܟܘܢ كتبوكم
ܟܬܒܘܟܝ كتبوكِ	ܟܬܒܘܟܝܢ كتبوكنّ
ܟܬܒܘܗܝ كتبوهُ	ܟܬܒܘ ܐܢܘܢ كتبوهم
ܟܬܒܘܗ̇ كتبوها	〃 ܐܢܝܢ كتبوهنّ

ܟܬܒܘܢ

صيغة الغائبين الثانية اصله

ܟܬܒܘܢܐ

ܟܬܒܘܢܢܝ كتبوني	ܟܬܒܘܢܢ كتبونا
ܟܬܒܘܢܟ كتبوكَ	ܟܬܒܘܢܟܘܢ كتبوكم
ܟܬܒܘܢܟܝ كتبوكِ	ܟܬܒܘܢܟܝܢ كتبوكنّ
ܟܬܒܘܢܝܗܝ كتبوهُ	ܟܬܒܘܢ ܐܢܘܢ كتبوهم
ܟܬܒܘܢܗ̇ كتبوها	〃 ܐܢܝܢ كتبوهنّ

ܟܬܒܬ

صيغة الغائبة ساكن الآخر

ܟܬܒܬܢܝ كَتَبَتني	ܟܬܒܬܢ كَتَبَتنا
ܟܬܒܬܟ كتبتكَ	ܟܬܒܬܟܘܢ كتبتكم
ܟܬܒܬܟܝ كتبتكِ	ܟܬܒܬܟܝܢ كتبتكنّ
ܟܬܒܬܗ كتبتهُ	ܟܬܒܬ ܐܢܘܢ كتبتهم
ܟܬܒܬܗ̇ كتبتها	〃 ܐܢܝܢ كتبتهنّ

ܟܬܒܝ

صيغة الغائبات الاولى اصلها

ܟܬܒ̈ܝ(١)

(١) ويجوز في هذه الصيغة ان يزاد عليها نون منصوبة فتصير كأنّ اصلها

ܟܬܒ̈ܢܐ		ܟܬܒܢܝ	ܟܬܒܢ
ܟܬܒ̈ܢܢܝ كَتَبْنَني	ܟܬܒ̈ܢܢ كَتَبْنَنا	كتبني	كتبنا
ܟܬܒ̈ܢܟ كتبنكَ	ܟܬܒ̈ܢܟܘܢ كتبنكم	ܟܬܒܟ كتبكَ	ܟܬܒܟܘܢ كتبكم
ܟܬܒ̈ܢܟܝ كتبنكِ	ܟܬܒ̈ܢܟܝܢ كتبنكنَّ	ܟܬܒܟܝ كتبكِ	ܟܬܒܟܝܢ كتبكنَّ
ܟܬܒ̈ܢܝܗܝ كتبنهُ	ܟܬܒ̈ܢ ܐܢܘܢ كتبنهم	ܟܬܒܗܝ كتبهُ	ܟܬܒ ܐܢܘܢ كتبهم
ܟܬܒ̈ܢܗ كتبنها	ܐܢܝܢ كتبنهنَّ	ܟܬܒܗ كتبها	ܐܢܝܢ كتبهنَّ

ܟܬܒܝ

صيغة الغائبات الثانية اصله

ܙܒܢܐ ܕܥܬܝܕ المضارع

ܐܟܬܘܒ

صيغة المتكلم ساكن الآخر وهكذا كل صيغة لا تنتهي بالنون

ܐܟܬܒܟ سأكتُبُكَ	ܐܟܬܘܒܟܘܢ سأكتبكم	سأكتبهُ	سأكتبهم
ܐܟܬܒܟܝ سأكتبكِ	ܐܟܬܘܒܟܝܢ سأكتبكنَّ	ܐܟܬܒܝܗ سأكتبها	ܐܟܬܘܒ ܐܢܝܢ سأكتبهنَّ
ܐܟܬܒܝܘܗܝ	ܐܟܬܘܒ ܐܢܘܢ		

ܢܟܬܘܒ

صيغة المتكلمين

ܐܟܬܒܟ سأكتُبُكَ	ܐܟܬܘܒܟܘܢ سأكتبكم	ܢܟܬܒܟ سنكتبكَ	ܢܟܬܘܒܟܘܢ سنكتبكم
ܐܟܬܒܟܝ سأكتبكِ	ܐܟܬܘܒܟܝܢ سأكتبكنَّ	ܢܟܬܒܟܝ	ܢܟܬܘܒܟܝܢ

ܟܬܒܬܘܢ وتتصل بها الضمائر هكذا ܟܬܒܬܘܢܢܝ ܟܬܒܬܘܢܢ ܟܬܒܬܘܢܝ ܟܬܒܬܘܢܝܗܝ الخ

سنكتبكِ	سنكتبكنّ
ܢܶܟܬܒܳܝܗܝ	ܢܶܟܬܒܳܝܗܘܢ
سنكتبهُ	سنكتبهم
ܢܶܟܬܒܳܝܗ̇	ܐܶܢܶܝܢ
سنكتبها	سنكتبهنّ

ܬܶܟܬܘܿܒ

صيغة المخاطب

ܬܶܟܬܒܰܢܝ	ܬܶܟܬܒܰܢ
ستكتبني	ستكتبنا
ܬܶܟܬܒܳܝܗܝ	ܬܶܟܬܒܳܝܗܘܢ
ستكتبهُ	ستكتبهم
ܬܶܟܬܒܳܝܗ̇	ܐܶܢܶܝܢ
ستكتبها	ستكتبهنّ

ܬܶܟܬܒܽܘܢ

صيغة المخاطبين اصله ܬܶܟܬܒܽܘܢܳܐ

ܬܶܟܬܒܽܘܢܳܢܝ	ܬܶܟܬܒܽܘܢܳܢ
ستكتبونني	ستكتبوننا
ܬܶܟܬܒܽܘܢܳܝܗܝ	ܬܶܟܬܒܽܘܢ ܐܶܢܽܘܢ
ستكتبونهُ	ستكتبونهم
ܬܶܟܬܒܽܘܢܳܗ̇	ܐܶܢܶܝܢ
ستكتبونها	ستكتبونهنّ

ܬܶܟܬܒܺܝܢ

صيغة المخاطبة اصله ܬܶܟܬܒܺܝܢܳܐ

ܬܶܟܬܒܺܝܢܳܢܝ	ܬܶܟܬܒܺܝܢܳܢ
ستكتبينني	ستكتبيننا
ܬܶܟܬܒܺܝܢܳܝܗܝ	ܬܶܟܬܒܺܝܢ ܐܶܢܽܘܢ
ستكتبينهُ	ستكتبينهم
ܬܶܟܬܒܺܝܢܳܗ̇	ܐܶܢܶܝܢ
ستكتبينها	ستكتبينهنّ

ܬܶܟܬܒܳܢ

صيغة المخاطبات اصله ܬܶܟܬܒܳܢܳܐ

ܬܶܟܬܒܳܢܳܢܝ	ܬܶܟܬܒܳܢܳܢ
ستكتبُنَني	ستكتبننا
ܬܶܟܬܒܳܢܳܝܗܝ	ܬܶܟܬܒܳܢ ܐܶܢܽܘܢ
ستكتبنهُ	ستكتبنهم
ܬܶܟܬܒܳܢܳܗ̇	ܐܶܢܶܝܢ
ستكتبنها	ستكتبنهن

ܢܶܟܬܘܿܒ

صيغة الغائب

ܢܶܟܬܒܰܢܝ	ܢܶܟܬܒܰܢ
سيكتبني	سيكتبنا
ܢܶܟܬܒܳܟ	ܢܶܟܬܒܟܽܘܢ
سيكتبكَ	سيكتبكم

ܢܶܟܬ݁ܒܶܟܝ	ܢܶܟܬ݁ܒܳܟܶܝܢ
سيكتبكِ	سيكتبكنّ
ܢܶܟܬ݁ܒܺܝܘܗܝ	ܢܶܟܬ݁ܒܳܘ ܐܶܢܽܘܢ
سيكتبهُ	سيكتبهم
ܢܶܟܬ݁ܒܳܗ̇	ܐܶܢܷܝܢ
سيكتبها	سيكتبهنّ

ܢܶܟܬ݁ܒܽܘܢ

صيغة الغائبين اصله ܢܶܟܬ݁ܒܽܘܢܳܐ

ܢܶܟܬ݁ܒܽܘܢܳܢܝ	ܢܶܟܬ݁ܒܽܘܢܳܢ
سيكتبونني	سيكتبوننا
ܢܶܟܬ݁ܒܽܘܢܳܟ	ܢܶܟܬ݁ܒܽܘܢܳܟܽܘܢ
سيكتبونكَ	سيكتبونكم
ܢܶܟܬ݁ܒܽܘܢܶܟܝ	ܢܶܟܬ݁ܒܽܘܢܳܟܶܝܢ
سيكتبونكِ	سيكتبونكنّ
ܢܶܟܬ݁ܒܽܘܢܳܝܗܝ	ܢܶܟܬ݁ܒܽܘܢ ܐܶܢܽܘܢ
سيكتبونهُ	سيكتبونهم
ܢܶܟܬ݁ܒܽܘܢܳܗ̇	ܐܶܢܷܝܢ
سيكتبونها	سيكتبونهنّ

ܬܶܟܬ݁ܽܘܒ

صيغة الغائبة

ܬܶܟܬ݁ܒܳܢܝ	ܬܶܟܬ݁ܒܰܢ
ستكتبني	ستكتبنا
ܬܶܟܬ݁ܒܳܟ	ܬܶܟܬ݁ܒܳܟܽܘܢ
ستكتبكَ	ستكتبكم
ܬܶܟܬ݁ܒܶܟܝ	ܬܶܟܬ݁ܒܳܟܶܝܢ
ستكتبكِ	ستكتبكنّ
ܬܶܟܬ݁ܒܺܝܘܗܝ	ܬܶܟܬ݁ܒܳܘ ܐܶܢܽܘܢ
ستكتبهُ	ستكتبهم
ܬܶܟܬ݁ܒܳܗ̇	ܐܶܢܷܝܢ
ستكتبها	ستكتبهنّ

ܢܶܟܬ݁ܒ̈ܳܢ

صيغة الغائبات اصله ܢܶܟܬ݁ܒ̈ܳܢܳܐ

ܢܶܟܬ݁ܒ̈ܳܢܳܢ	ܢܶܟܬ݁ܒ̈ܳܢܳܢܝ
ܢܶܟܬ݁ܒ̈ܳܢܳܢܝ	ܢܶܟܬ݁ܒ̈ܳܢܳܢ
سيكتبنني	سيكتبننا
ܢܶܟܬ݁ܒ̈ܳܢܳܟ	ܢܶܟܬ݁ܒ̈ܳܢܳܟܽܘܢ
سيكتبنكَ	سيكتبنكم
ܢܶܟܬ݁ܒ̈ܳܢܶܟܝ	ܢܶܟܬ݁ܒ̈ܳܢܳܟܶܝܢ
سيكتبنكِ	سيكتبنكنّ
ܢܶܟܬ݁ܒ̈ܳܢܳܝܗܝ	ܢܶܟܬ݁ܒ̈ܳܢ ܐܶܢܽܘܢ
سيكتبنهُ	سيكتبنهم
ܢܶܟܬ݁ܒ̈ܳܢܳܗ̇	ܐܶܢܷܝܢ
سيكتبنها	(١) سيكتبنهنّ

(١) ويجوز في المضارع ا: حذف الياء من آخره حيث وجدت نحو

ܦܘܩܕܢܐ الامر

ܟܬܘܒ صيغة المخاطب		اصله بضم الواو (١)	
ܟܬܘܒܝܢܝ	ܟܬܘܒܝܢ	ܟܘܬܒܘܢܝ	ܟܘܬܒܘܢ
اكتبني	اكتبنا	اكتبوني	اكتبونا
ܟܬܘܒܝܗܝ	ܟܬܘܒ ܐܢܘܢ	ܟܘܬܒܘܗܝ	ܟܬܘܒܘ ܐܢܘܢ
اكتبهُ	اكتبهم	اكتبوهُ	اكتبوهم
ܟܬܘܒܝܗ	〃 ܐܢܝܢ	ܟܘܬܒܘܗ	〃 ܐܢܝܢ
اكتبها	اكتبهنَّ	اكتبوها	اكتبوهنَّ
ܟܬܘܒܘ صيغة المخاطبين الاولى		ܟܬܘܒܘܢ صيغة المخاطبين الثانية اصله بنصب النون (٢)	

ܐܦܩܕܗ ܐܦܩܕܝܗ ܢܦܩܕܗ ܢܦܩܕܝܗ (بدل ܐܦܩܕܝܗܝ الخ) . وقس عليه كل ساكن الآخر . ونحو ܐܦܩܕܘܢܗ ܐܦܩܕܘܢܝܗ (بدل ܐܦܩܕܘܢܝܗܝ الخ) . وكذا كل ما انتهى بالنون

٢ : ابقاء حركة عينه مع الضمائر الساكنة هكذا ܐܦܩܘܕܝܢ ܐܦܩܘܕܝܢܝ ܐܦܩܘܕܝܗܝ الخ . ܐܦܩܘܕܝܢ ܐܦܩܘܕܝܢ ܐܦܩܘܕܝܗܝ الخ (عوض ܐܦܩܕܝܢ ܐܦܩܕܝܢܝ ܐܦܩܕܝܢ الخ) . وكذا الصيغ الباقيه

٣ : حذف النون من الصيغ المنتهية بها فتبقى على حركاتها نحو ܐܦܩܕܘܢܝ ܐܦܩܕܘܗܝ ܐܦܩܕܘܗ ونحو ܐܦܩܕܝܢ ܐܦܩܕܝܗܝ ܐܦܩܕܝܗ وܐܦܩܕܝܢ ܐܦܩܕܝܗ (بدل ܐܦܩܕܘܢܢܝ ܐܦܩܕܝܢܢ و ܐܦܩܕܝܢܢ الخ) . وقس الباقي

٤ : خفض نون المخاطبة (ܐܦܩܕܝܢ) وزيادة ياء بعدها قبل ضمير المتكلم نحو ܐܦܩܕܝܢܝܢܝ

(١) ولكن هنا يردُّ ضم العين الى الفاء كما ترى

(٢) يرد ضم العين الى الفاء في هذه الصيغة ايضاً

ܟܬܘܒܘܢܝ	ܟܬܘܒܘܢ
اكتبوني	اكتبونا
ܟܬܘܒܘܗܝ	ܟܬܘܒܘ ܐܢܘܢ
اكتبوهُ	اكتبوهم
ܟܬܘܒܘܗ	〃 ܐܢܝܢ
اكتبوها	اكتبوهنَّ

ܟܬܘܒܝ

صيغة المخاطبة الاولى اصله

ܟܬܘܒܝ

ܟܬܘܒܝܢܝ	ܟܬܘܒܝܢ
اكتبيني (١)	اكتبينا
ܟܬܘܒܝܗܝ	ܟܬܘܒܝ ܐܢܘܢ
اكتبيهِ	اكتبيهم
ܟܬܘܒܝܗ	〃 ܐܢܝܢ
اكتبيها	اكتبيهنَّ

ܟܬܘܒܝܢ

صيغة المخاطبة الثانية اصله

ܟܬܘܒܝܢ

ܟܬܘܒܝܢܝ	ܟܬܘܒܝܢܢ
اكتبيني	اكتبينا
ܟܬܘܒܝܢܝܗܝ	ܟܬܘܒܝܢ ܐܢܘܢ
اكتبيهِ	اكتبيهم
ܟܬܘܒܝܢܗ	〃 ܐܢܝܢ
اكتبيها	اكتبيهنَّ

ܟܬܘ̈ܒ(٢)

صيغة المخاطبات الاولى اصله

ܟܬܘ̈ܒܝ

ܟܬܘ̈ܒܝܢܝ	ܟܬܘ̈ܒܝܢ
اكتبنني	اكتبننا
ܟܬܘ̈ܒܝܗܝ	ܟܬܘ̈ܒ ܐܢܘܢ
اكتبنهُ	اكتبنهم
ܟܬܘ̈ܒܝܗ	〃 ܐܢܝܢ
اكتبنها	اكتبنهنَّ

ܟܬܘ̈ܒܝܢ

صيغة المخاطبات الثانية اصله

ܟܬܘ̈ܒܝܢ

ܟܬܘ̈ܒܝܢܝ	ܟܬܘ̈ܒܝܢܢ
اكتبنني	اكتبننا

(١) ويجوز ان يقال في امر المخاطبة هذا مع ضمير المتكلم ܟܬܘܒܝܢܝ

(٢) ان حذف الياء من ماضي الغائبات ܟܬ̈ܒ وامر المخاطبات ܟܬܘ̈ܒ عند اتصال الضمائر دليل على انها زائدة

ܟܬܘܒܝܢܘܗܝ	ܟܬܘܒܝܢܘܢ
اكتبنهُ	اكتبنهم
ܟܬܘܒܝܢܗ	ܐܢܝܢ
اكتبنها	اكتبنهنَّ

وقس على هذا الوزن سائر اوزان السالم . والنوني الذي تثبت نونه في المضارع . والمهموز والمعتل الفاء . مثل ܢܣܒ ܝܗܒ ܐܟܠ ܐܒܠ ܐܡܪ مع المحافظة على حركة العين . او حركة الفاء . حيث وجدت كما يقتضي المقام . فتقول مثلًا من ܢܣܒ في الماضي : ܢܣܒܬ ܢܣܒܬܘܢ الخ . والمضارع : ܐܣܒ ܐܣܒܘܢ الخ . والامر : ܣܒܝܢܝ ܣܒܝܗ الخ . ثم ܣܒܘܗܝ ܣܒܘܢ الخ . ومن ܝܗܒ : ܝܗܒܬ الخ . ܐܝܗܒ الخ . ܝܗܘܒܝܢܝ الخ

ومن ܐܟܠ : ܐܟܠܬ ܐܟܠܬܘܢ الخ . ܐܟܘܠ ܐܟܘܠܘܢ الخ . ܐܟܘܠܝܗ ثم ܐܟܘܠܘܗܝ الخ

ومن ܐܡܪ : ܐܡܪܬ ܐܡܪܬܘܢ الخ . ܐܡܪ ܐܡܪܘܢ الخ ܐܡܘܪܝܗ ܐܡܘܪܝܢܘܗܝ ثم ܐܡܘܪܘܗܝ الخ

وكذلك النوني القياسي . والمضاعف والاجوف مثل ܢܦܩ ܥܠ ܩܡ . مع المحافظة على حركة الفاء فيها . وبقائها في الامر دون تغيير فتقول من ܢܦܩ مثلًا ܢܦܩܬ الخ . ܐܦܘܩ ܐܦܩܘܢ الخ . ܦܘܩܝܗ ثم ܦܘܩܘܗܝ الخ (١)

(١) ومثله الامر من ܝܗܒ ܗܒ مثلًا : ܗܒܝܗ ܗܒܘܗܝ ويجوز في مثلهما حذف حركة الاول مع ضمير الغائب عند الضرورة نحو ܦܩܘܕܘܗܝ ܗܒܘܗܝ

ومن ܐܬܐ : ܐܬܝܬ ܐܬܝܬܘܢ الخ. ܐܝܬܝܬ ܐܝܬܝܬܘܢ الخ.
ܐܝܬܝܬܝܗܝ ثم ܐܝܬܝܬܘܗܝ الخ

ومن ܪܡܐ : ܪܡܝܬ ܪܡܝܬܘܢ الخ. ܐܪܡܝܬ ܐܪܡܝܬܘܢ الخ.
ܪܡܝܬܝܗܝ ثم ܪܡܝܬܘܗܝ ܪܡܝܬܘܗܝ الخ

الفصل الثالث

١١٧ في اتصال الضمائر بوزن ܩܛܠܬ (١)

ܐܘܠܐ ܕܚܕ

ܩܛܠܬ صيغة المتكلم

مع المفرد	مع الجمع
ܩܛܠܬܟ	ܩܛܠܬܟܘܢ
ܩܛܠܬܟܝ	ܩܛܠܬܟܝܢ
ܩܛܠܬܗ	ܩܛܠܬ ܐܢܘܢ
ܩܛܠܬܗ̇	ـ ܐܢܝܢ

ܩܛܠܢ صيغة المتكلمين

ܩܛܠܢܟ	ܩܛܠܢܟܘܢ
ܩܛܠܢܟܝ	ܩܛܠܢܟܝܢ
ܩܛܠܢܗܝ	ܩܛܠܢ ܐܢܘܢ
ܩܛܠܢܗ̇	ـ ܐܢܝܢ

ܩܛܠܬ صيغة المخاطب

ܩܛܠܬܢܝ	ܩܛܠܬܢ
ܩܛܠܬܗܝ	ܩܛܠܬ ܐܢܘܢ
ܩܛܠܬܗ̇	ـ ܐܢܝܢ

ܩܛܠܬܘܢ صيغة المخاطبين

ܩܛܠܬܘܢܢܝ	ܩܛܠܬܘܢܢ
ܩܛܠܬܘܢܝܗܝ	ܩܛܠܬܘܢ ܐܢܘܢ
ܩܛܠܬܘܢܗ̇	ـ ܐܢܝܢ

---

(١) اننا من الآن وصاعداً لا نشير الى الصيغ الساكنة والمتحركة الآخر اكتفاء باشارتنا الى امثالها في الفصل السابق

ܡܒܰܒܠܰܬ صيغة المخاطبة

ܡܒܰܒܠܰܬܢܝ	ܡܒܰܒܠܰܬܢ
ܡܒܰܒܠܰܬܗܘܢ	ܡܒܰܒܠܰܬ ܐܢܘܢ
ܡܒܰܒܠܰܬܗ	″ ܐܢܝܢ

ܡܒܰܒܠܳܢ صيغة المخاطبات

ܡܒܰܒܠܳܬܢܝ	ܡܒܰܒܠܳܢܝ
ܡܒܰܒܠܳܬܗܘܢ	ܡܒܰܒܠܳܢ ܐܢܘܢ
ܡܒܰܒܠܳܬܗ	″ ܐܢܝܢ

ܡܒܰܒܠܐ صيغة الغائب

ܡܒܰܒܠܝ	ܡܒܰܒܠܠܝ
ܡܒܰܒܠܟ	ܡܒܰܒܠܟܘܢ
ܡܒܰܒܠܟܝ	ܡܒܰܒܠܟܝܢ
ܡܒܰܒܠܗ	ܡܒܰܒܠܐ ܐܢܘܢ
ܡܒܰܒܠܗ̇	″ ܐܢܝܢ

ܡܒܰܒܠܝܢ صيغة الغائبين الاولى (١)

ܡܒܰܒܠܘܢܝ	ܡܒܰܒܠܘܢ
ܡܒܰܒܠܘܟ	ܡܒܰܒܠܘܟܘܢ
ܡܒܰܒܠܘܟܝ	ܡܒܰܒܠܘܟܝܢ
ܡܒܰܒܠܘܗܝ	ܡܒܰܒܠܝܢ ܐܢܘܢ
ܡܒܰܒܠܘܗ̇	″ ܐܢܝܢ

ܡܒܰܒܠܳܢܘܗܝ صيغة الغائبين الثانية (١)

ܡܒܰܒܠܳܢܘܢܝ	ܡܒܰܒܠܳܢܘܢ
ܡܒܰܒܠܳܢܘܟ	ܡܒܰܒܠܳܢܘܟܘܢ
ܡܒܰܒܠܳܢܘܟܝ	ܡܒܰܒܠܳܢܘܟܝܢ
ܡܒܰܒܠܳܢܘܗܝ	ܡܒܰܒܠܳܢܘܗܝ ܐܢܘܢ
ܡܒܰܒܠܳܢܘܗ̇	″ ܐܢܝܢ

ܡܒܰܒܠܳܐ صيغة الغائبة

ܡܒܰܒܠܳܐܠܝ	ܡܒܰܒܠܳܐܠܝ
ܡܒܰܒܠܳܐܠܟ	ܡܒܰܒܠܳܐܠܟܘܢ
ܡܒܰܒܠܳܐܠܟܝ	ܡܒܰܒܠܳܐܠܟܝܢ
ܡܒܰܒܠܳܐܠܗ	ܡܒܰܒܠܳܐ ܐܢܘܢ
ܡܒܰܒܠܳܐܠܗ̇	″ ܐܢܝܢ

ܡܒܰܒܠܳܢ

صيغة الغائبات الاولى (٢)

ܡܒܰܒܠܳܢܝ	ܡܒܰܒܠܳܢ
ܡܒܰܒܠܳܢܟ	ܡܒܰܒܠܳܢܟܘܢ
ܡܒܰܒܠܳܢܟܝ	ܡܒܰܒܠܳܢܟܝܢ
ܡܒܰܒܠܳܢܗܝ	ܡܒܰܒܠܳܢ ܐܢܘܢ
ܡܒܰܒܠܳܢܗ̇	″ ܐܢܝܢ

ܡܒܰܒܠܳܢ صيغة الغائبات الثانية (٣)

(١) تسكن العين فيها الامع ܐܢܘܢ وايم اللذين لا يتغير الفعل معهما في كل الاوزان

(٢) تسكن العين فيها ويجوز كسرها لضرورة الشعر (٣) تبقى عينه مكسورة

ܦܩܘܕܝܢܝ	ܦܩܘܕܝܗ	ܦܩܘܕܘܢܢ	ܦܩܘܕ ܐܢܘܢ
ܦܩܘܕܝܘܗܝ	ܦܩܘܕܝܢܟܘܢ	ܦܩܘܕܘܢܗ	ܐܢܝܢ
ܦܩܘܕܝܢܢ	ܦܩܘܕ...		

ܐܚܕܐ ܘܬܘܒ المضارع

ܐܦܩܘܕ صيغة المتكلم

ܐܦܩܕܟ	ܐܦܩܕܟܘܢ
ܐܦܩܕܟܝ	ܐܦܩܕܟܝܢ
ܐܦܩܕܝܘܗܝ	ܐܦܩܘܕ ܐܢܘܢ
ܐܦܩܕܝܗ	ܐܢܝܢ

ܢܦܩܘܕ صيغة المتكلمين

ܢܦܩܕܟ	ܢܦܩܕܟܘܢ
ܢܦܩܕܟܝ	ܢܦܩܕܟܝܢ
ܢܦܩܕܝܘܗܝ	ܢܦܩܘܕ ܐܢܘܢ
ܢܦܩܕܝܗ	ܐܢܝܢ

ܬܦܩܘܕ صيغة المخاطب

ܬܦܩܕܢܝ	ܬܦܩܕܢ
ܬܦܩܕܝܘܗܝ	ܬܦܩܘܕ ܐܢܘܢ
ܬܦܩܕܝܗ	ܐܢܝܢ

ܬܦܩܕܘܢ صيغة المخاطبين

ܬܦܩܕܘܢܢܝ	ܬܦܩܕܘܢܢ
ܬܦܩܕܘܢܝܗܝ	ܬܦܩܕܘܢ ܐܢܘܢ
ܬܦܩܕܘܢܗ	ܐܢܝܢ

ܬܦܩܕܝܢ صيغة المخاطبة

ܬܦܩܕܝܢܢܝ	ܬܦܩܕܝܢܢ
ܬܦܩܕܝܢܝܗܝ	ܬܦܩܕܝܢ ܐܢܘܢ
ܬܦܩܕܝܢܗ	ܐܢܝܢ

ܬܦܩܕܢ صيغة المخاطبات

ܬܦܩܕܢܢܝ	ܬܦܩܕܢܢ
ܬܦܩܕܢܝܗܝ	ܬܦܩܕܢ ܐܢܘܢ
ܬܦܩܕܢܗ	ܐܢܝܢ

ܢܦܩܘܕ صيغة الغائب

ܢܦܩܕܢܝ	ܢܦܩܕܟ
ܢܦܩܕܟܝ	ܢܦܩܕܟܘܢ
ܢܦܩܕܢ	ܢܦܩܕܟܝܢ
ܢܦܩܕܝܘܗܝ	ܢܦܩܘܕ ܐܢܘܢ
ܢܦܩܕܝܗ	ܐܢܝܢ

ܢܦܩܕܘܢ صيغة الغائبين

ܢܦܩܕܘܢܢܝ	ܢܦܩܕܘܢܟ
ܢܦܩܕܘܢܟܝ	ܢܦܩܕܘܢܟܘܢ
ܢܦܩܕܘܢܢ	ܢܦܩܕܘܢܟܝܢ

ܢܩܰܒܠܽܘܢܳܝܗܝ	ܢܩܰܒܠܽܘܢ ܐܶܢܽܘܢ	ܐܩܰܒܠܳܗ̇	ܐܩܰܒܶܠ ܐܶܢܝܢ (١)
ܢܩܰܒܠܽܘܢܳܗ̇	〃 ܐܶܢܝܢ	ܢܩܰܒܠܳܢ صيغة الغائبات	
ܐܩܰܒܶܠ صيغة الغائبة		ܢܩܰܒܠ̈ܳܢܝ	ܢܩܰܒܠ̈ܳܢܢ
ܐܩܰܒܠܶܢܝ	ܐܩܰܒܠܳܟ	ܢܩܰܒܠ̈ܳܢܳܟ	ܢܩܰܒܠ̈ܳܢܟܽܘܢ
ܐܩܰܒܠܶܟ݁ܝ	ܐܩܰܒܠܟ݂ܽܘܢ	ܢܩܰܒܠ̈ܳܢܶܟ݂ܝ	ܢܩܰܒܠ̈ܳܢܟܶܝܢ
ܐܩܰܒܠܰܢ	ܐܩܰܒܠܟ݂ܶܝܢ	ܢܩܰܒܠ̈ܳܢܳܝܗܝ	ܢܩܰܒܠ̈ܳܢ ܐܶܢܽܘܢ
ܐܩܰܒܠܝܘܗܝ	ܐܩܰܒܶܠ ܐܶܢܽܘܢ	ܢܩܰܒܠ̈ܳܢܳܗ̇	〃 ܐܶܢܝܢ

ܦܽܘܩܳܕܳܐ الامر

ܩܰܒܶܠ صيغة المخاطب		ܩܰܒܠܽܘܢܳܝܗܝ	ܩܰܒܠܽܘܢ ܐܶܢܽܘܢ
ܩܰܒܠܰܝܢ	ܩܰܒܠܰܢ	ܩܰܒܠܽܘܢܳܗ̇	〃 ܐܶܢܝܢ
ܩܰܒܠܝܗܝ	ܩܰܒܶܠ ܐܶܢܽܘܢ	ܩܰܒܶܠܝ صيغة المخاطبة الاولى	
ܩܰܒܠܝܗ̇	〃 ܐܶܢܝܢ	ܩܰܒܠܺܝܢ	ܩܰܒܠܺܝܢܰܢ
ܩܰܒܠܽܘ صيغة المخاطبين الاولى		ܩܰܒܠܝܘܗܝ	ܩܰܒܠܝ ܐܶܢܽܘܢ
ܩܰܒܠܽܘܢܝ	ܩܰܒܠܽܘܢ	ܩܰܒܠܝܗ̇	〃 ܐܶܢܝܢ
ܩܰܒܠܽܘܗܝ	ܩܰܒܠܽܘ ܐܶܢܽܘܢ	ܩܰܒܶܠܶܝܢ صيغة المخاطبة الثانية	
ܩܰܒܠܽܘܗ̇	〃 ܐܶܢܝܢ	ܩܰܒܶܠܶܝܢܢ	ܩܰܒܠܶܝܢ
ܩܰܒܠܽܘܢ صيغة المخاطبين الثانية (٢)		ܩܰܒܠܶܝܢܳܝܗܝ	ܩܰܒܠܶܝܢ ܐܶܢܽܘܢ
ܩܰܒܠܽܘܢܳܢ	ܩܰܒܠܽܘܢܳܟ	ܩܰܒܠܶܝܢܳܗ̇	〃 ܐܶܢܝܢ

(١) ويجوز في المضارع الغير المنتهي بالنون حذف الياء عن آخره قبل الضمير حيث وجدت كالمجرد نحو ܐܰܩܒܠܗ̇ ܐܰܩܒܠܳܗ̇ (بدل ܐܰܩܒܠܝܘܗܝ الخ)

(٢) تسكن عينه مع الضمائر ويجوز ابقاؤها مكسورة

ܦܩܘܕܝ صيغة المخاطبات الاولى		ܦܩܘܕܝܢ صيغة المخاطبات الثانية (١	
ܦܩܘܕܝܢܝ	ܦܩܘܕܝ	ܦܩܘܕܝܢܝܢܝ	ܦܩܘܕܝܢܝ
ܦܩܘܕܝܗܝ	ܦܩܘܕܝ ܐܢܘܢ	ܦܩܘܕܝܢܝܗܝ	ܦܩܘܕܝܢ ܐܢܘܢ
ܦܩܘܕܝܗ	〃 ܐܢܝܢ	ܦܩܘܕܝܢܝܗ	〃 ܐܢܝܢ

وقس عليه ١ً: ما كان منهُ مثل ܕܒܘܪ ܘܕܒܪ ܫܐܠ او ܫܐܠ محافظًا على فتح العين حيث لزم عوض كسرها فيه نحو ܕܒܪܘܢܝ ܕܒܪܘܗܝ الخ · ܕܒܪܝܢܝ ܕܒܪܝܗܝ الخ · ܕܒܪܝܢ ܕܒܪܝܗ ثم ܕܒܪܝܢ ܕܒܪܝܗܝ الخ · ܫܐܠܝܢܝ ܫܐܠܝܗܝ الخ ܫܐܠܘܢܝ ܫܐܠܘܗܝ الخ · ܫܐܠܝܢ ܫܐܠܝܗ ثم ܫܐܠܝܢ ܫܐܠܝܗܝ · ܫܐܠܝܢܝ ܫܐܠܝܢܝܗ الخ ·

ومثله ܫܐܠ (٢) او ܫܐܠ

٢ً: الرباعي وبقية المزيدات الغير المعتلة اللام مثل ܦܪܢܣ ܐܬܦܪܢܣ ܐܦܩܕ ܦܪܢܣܝ ܦܪܢܣܝܢ ܦܪܢܣܘܢ الخ · الا ان وزن ܐܦܩܕ يحفظ فيه الخفض على فائه دائمًا فتقول ܦܪܢܣܝܢܝ ܦܪܢܣܝܗܝ الخ · ܐܦܪܢܣܝܢܝ ܐܦܪܢܣܝܗܝ الخ · ܐܬܦܪܢܣܝܢܝ ܐܬܦܪܢܣܝܗܝ الخ · ܐܦܪܢܣܝܢ ܐܦܪܢܣܝܗ الخ · ܐܦܩܕܝܢܝ ܐܦܩܕܝܗܝ الخ ܐܦܩܕܘܢܝ ܐܦܩܕܘܗܝ · ܦܪܢܣܘܢܝ ܦܪܢܣܘܗܝ الخ ·

(١) تبقى عينه مكسورة مع الضمائر ويجوز تسكينها . قال العلّامة القرداحي ما معناه : وسكون العين جائز في تصاريف الامر كلها الا في امر المخاطبات بالنوع الاول فلم يسمع الا بالسكون نحو ܦܩܘܕܝܢ

(٢) وتحقيق همزة ܫܐܠ وما ماثله عند اتصال الضمائر اجود

ܐܘ ܡܫܬܡܠܝܢ الخ ܘܡܫܬܡܠܝܬ الخ. ܐܘ ܡܫܬܡܠܝܘ الخ. ܘܡܫܬܡܠܝܢ ثم ܘܡܫܬܡܠܘܢ و ܘܡܫܬܡܠܝܢ الخ

٣: الافعال المتعدية وهي بصيغة المجهول وصحيحة الآخر مثل ܐܬܪܟܢ ܐܬܪܚܡܘ ܐܬܩܛܠ نحو ܐܬܪܟܢܬ ܐܬܕܒܪܬ ܐܬܪܚܡܬ الخ. ܐܬܚܫܚܬ ܐܬܚܫܚܬ ܐܬܪܚܡܬ ܘܡܠܝܢ الخ. ܐܬܩܛܠܬ ܩܛܠܬ ܐܬܩܛܠܬ ܩܛܠܢ الخ

الفصل الرابع

١١٨ في اتصال الضمائر بوزن ܦܪܩ

ܐܣܝܐ ܕܚܕܢ

ܦܪܩܢܝ صيغة المتكلم

ܚܕ المفرد	ܣܓܝܐܐ الجمع
ܦܪܩܢܝ	ܦܪܩܟܘܢ
ܦܪܩܟ	ܦܪܩܟܝܢ
ܦܪܩܗ	ܦܪܩ ܐܢܘܢ
ܦܪܩܗ̇	ـ ܐܢܝܢ

ܦܪܩܢ صيغة المتكلمين

ܦܪܩܢܟ	ܦܪܩܢܟܘܢ
ܦܪܩܢܟܝ	ܦܪܩܢܟܝܢ
ܦܪܩܢܗܝ	ܦܪܩܢ ܐܢܘܢ
ܦܪܩܢܗ̇	ܦܪܩܢ ܐܢܝܢ

ܦܪܩܬ صيغة المخاطب

ܦܪܩܬܢܝ	ܦܪܩܬܢ
ܦܪܩܬܗܝ	ܦܪܩܬ ܐܢܘܢ
ܦܪܩܬܗ̇	ـ ܐܢܝܢ

ܦܪܩܬܘܢ صيغة المخاطبين

ܦܪܩܬܘܢܢܝ	ܦܪܩܬܘܢܢ
ܦܪܩܬܘܢܝܗܝ	ܦܪܩܬܘܢ ܐܢܘܢ
ܦܪܩܬܘܢܗ̇	ـ ܐܢܝܢ

ܦܪܩܬܝ صيغة المخاطبة

ܚܙܰܝܬܘܢܳܢܝ	ܚܙܰܝܬܘܢܳܢ
ܚܙܰܝܬܘܢܳܝܗܝ	ܚܙܰܝܬܘܢ ܐܢܘܢ
ܚܙܰܝܬܘܢܳܗ̇	ـ ܐܢܝܢ

ܚܙܰܝܬܶܝܢ صيغة المخاطبات

ܚܙܰܝܬܶܝܢܳܢܝ	ܚܙܰܝܬܶܝܢܳܢ
ܚܙܰܝܬܶܝܢܳܝܗܝ	ܚܙܰܝܬܶܝܢ ܐܢܘܢ
ܚܙܰܝܬܶܝܢܳܗ̇	ـ ܐܢܝܢ

ܚܙܳܐ صيغة الغائب

ܚܙܳܢܝ	ܚܙܳܢ
ܚܙܳܟ	ܚܙܳܟܘܢ
ܚܙܳܟܝ	ܚܙܳܟܝܢ
ܚܙܳܝܗܝ	ܚܙܳܐ ܐܢܘܢ
ܚܙܳܗ̇	ـ ܐܢܝܢ

ܚܙܰܘ صيغة الغائبين الاولى

ܚܙܰܘܽܘܢܝ	ܚܙܰܘܽܘܢ
ܚܙܰܘܽܘܟ	ܚܙܰܘܽܘܟܘܢ
ܚܙܰܘܽܘܟܝ	ܚܙܰܘܽܘܟܝܢ
ܚܙܰܘܽܘܗܝ	ܚܙܰܘ ܐܢܘܢ

ܚܙܰܘܽܘܗ̇ (١)	ܚܙܰܘ ܐܢܝܢ

ܚܙܰܘܽܘܢ صيغة الغائبين الثانية

ܚܙܰܘܽܘܢܳܢܝ	ܚܙܰܘܽܘܢܳܢ
ܚܙܰܘܽܘܢܳܟ	ܚܙܰܘܽܘܢܳܟܘܢ
ܚܙܰܘܽܘܢܳܟܝ	ܚܙܰܘܽܘܢܳܟܝܢ
ܚܙܰܘܽܘܢܳܝܗܝ	ܚܙܰܘܽܘܢ ܐܢܘܢ
ܚܙܰܘܽܘܢܳܗ̇ (٢)	ـ ܐܢܝܢ

ܚܙܳܬ صيغة الغائبة

ܚܙܳܬܢܝ	ܚܙܳܬܢ
ܚܙܳܬܟ	ܚܙܳܬܟܘܢ
ܚܙܳܬܟܝ	ܚܙܳܬܟܝܢ
ܚܙܳܬܶܗ	ܚܙܳܬ ܐܢܘܢ
ܚܙܳܬܳܗ̇	ـ ܐܢܝܢ

ܚܙܰܝ صيغة الغائبات الاولى

ܚܙܰܝܢܝ	ܚܙܰܝܢ
ܚܙܰܝܟ	ܚܙܰܝܟܘܢ
ܚܙܰܝܟܝ	ܚܙܰܝܟܝܢ
ܚܙܰܝܗܝ	ܚܙܰܝ ܐܢܘܢ

(١) بارجاع واو الجمع المحذوفة اليها

(٢) فتبقى حركات هاتين الصيغتين على حالها . والشرقيون يقلبون الواو الاولى فيهما الفًا ناصبين ما قبلها كما كانت في المفرد فيقولون ܚܙܳܐܘܢܝ الخ و ܚܙܳܐܘܢܢ الخ

ܒ̈ܥܝܗ(١)	ܒ̈ܥܝ ܐܢܝܢ

ܒ̈ܥܝܢ صيغة الغائبات الثانية

ܒ̈ܥܝܢܢܝ	ܒ̈ܥܝܢܟ
ܒ̈ܥܝܢܟܝ	ܒ̈ܥܝܢܟܘܢ

ܒ̈ܥܝܢܢ	ܒ̈ܥܝܢܟܝܢ
ܒ̈ܥܝܢܘܗܝ	ܒ̈ܥܝܢ ܐܢܘܢ
ܒ̈ܥܝܢܗ(٢)	〃 ܐܢܝܢ

ܐܝܟܐ ܕܒܠܡܐ المضارع

ܐܒܥܐ صيغة المتكلم

ܐܒܥܝܟ	ܐܒܥܝܟܘܢ
ܐܒܥܝܟܝ	ܐܒܥܝܟܝܢ
ܐܒܥܝܘܗܝ	ܐܒܥܐ ܐܢܘܢ
ܐܒܥܝܗ	〃 ܐܢܝܢ

ܢܒܥܐ صيغة المتكلمين

ܢܒܥܝܟ	ܢܒܥܝܟܘܢ
ܢܒܥܝܟܝ	ܢܒܥܝܟܝܢ
ܢܒܥܝܘܗܝ	ܢܒܥܐ ܐܢܘܢ
ܢܒܥܝܗ	〃 ܐܢܝܢ

ܬܒܥܐ صيغة المخاطب

ܬܒܥܝܢܝ	ܬܒܥܝܢ
ܬܒܥܝܘܗܝ	ܬܒܥܐ ܐܢܘܢ
ܬܒܥܝܗ	〃 ܐܢܝܢ

ܬܒܥܘܢ صيغة المخاطبين

ܬܒܥܘܢܢܝ	ܬܒܥܘܢܢ
ܬܒܥܘܢܝܗܝ	ܬܒܥܘܢ ܐܢܘܢ
ܬܒܥܘܢܗ	〃 ܐܢܝܢ

ܬܒܥܝܢ صيغة المخاطبة

ܬܒܥܝܢܢܝ	ܬܒܥܝܢܢ
ܬܒܥܝܢܝܗܝ	ܬܒܥܝܢ ܐܢܘܢ
ܬܒܥܝܢܗ	〃 ܐܢܝܢ

ܬܒ̈ܥܝܢ صيغة المخاطبات

ܬܒ̈ܥܝܢܢܝ	ܬܒ̈ܥܝܢܢ
ܬܒ̈ܥܝܢܝܗܝ	ܬܒ̈ܥܝܢ ܐܢܘܢ
ܬܒ̈ܥܝܢܗ	〃 ܐܢܝܢ

ܢܒܥܐ صيغة الغائب

ܢܒܥܝܢܝ	ܢܒܥܝܟ

(١) بابقاء الياء المحذوفة كالصحيح وهذا دليل عدم اصالتها

(٢) بكسر الياء الاولى لانها لام الفعل

ܢܦܓܝܟ	ܢܦܓܝܟܘܢ
ܢܦܓܝܟܝ	ܢܦܓܝܟܝܢ
ܢܦܓܝܗܝ	ܢܦܓܐ ܐܢܘܢ
ܢܦܓܝܢ	″ ܐܢܝܢ

ܢܦܓܘܢ صيغة الغائبين

ܢܦܓܘܢܢܝ	ܢܦܓܘܢܢ
ܢܦܓܘܢܟ	ܢܦܓܘܢܟܘܢ
ܢܦܓܘܢܟܝ	ܢܦܓܘܢܟܝܢ
ܢܦܓܘܢܗܝ	ܢܦܓܘܢ ܐܢܘܢ
ܢܦܓܘܢܗ	″ ܐܢܝܢ

ܬܦܓܐ صيغة الغائبة

ܬܦܓܝܢܝ	ܬܦܓܝܢ
ܬܦܓܝܟ	ܬܦܓܝܟܘܢ
ܬܦܓܝܟܝ	ܬܦܓܝܟܝܢ
ܬܦܓܝܗܝ	ܬܦܓܐ ܐܢܘܢ
ܬܦܓܝܗ(١)	″ ܐܢܝܢ

ܢܦܓܝܢ صيغة الغائبات

ܢܦܓܝܢܢܝ	ܢܦܓܝܢܢ
ܢܦܓܝܢܟ	ܢܦܓܝܢܟܘܢ
ܢܦܓܝܢܟܝ	ܢܦܓܝܢܟܝܢ
ܢܦܓܝܢܗܝ	ܢܦܓܝܢ ܐܢܘܢ
ܢܦܓܝܢܗ	″ ܐܢܝܢ

ܦܘܩܕܢܐ الامر

ܦܓܝ صيغة المخاطب

ܦܓܝܢܝ	ܦܓܝܢ
ܦܓܝܗܝ	ܦܓܝ ܐܢܘܢ
ܦܓܝܗ	″ ܐܢܝܢ (٢)

ܦܓܘ صيغة المخاطبين الاولى

ܦܓܘܢܝ	ܦܓܘܢ
ܦܓܘܗܝ	ܦܓܘ ܐܢܘܢ
ܦܓܘܗ	″ ܐܢܝܢ

(١) ويجوز في المضارع الغير المنتهي بالنون زيادة ياء مكسورة بعد يائه الاخيرة المقلوبة عن الالف نحو ܬܦܓܝܝܟ ܬܦܓܝܝܟܝ ܬܦܓܝܝܗܝ الخ . او تحريك الياء الاصلية بالكسر هكذا ܬܦܓܝܟ ܬܦܓܝܟܝ ܬܦܓܝܟܘܢ ܬܦܓܝܟܝܢ ܬܦܓܝܗܝ ܬܦܓܝܗ الخ

(٢) يجوز ان يقال في امر المخاطب المفرد ܦܓܝ : ܦܓܝܢܝ ܦܓܝܢ ܦܓܝܗܝ ܦܓܝܗ ܦܓܝ ܐܢܘܢ و ܐܢܝܢ . ويجوز ان يأتي بكسر يائه الاصلية نحو ܦܓܝܢܝ ܦܓܝܢ ܦܓܝܗܝ ܦܓܝܗ ܦܓܝ ܐܢܘܢ و ܐܢܝܢ

ܦܪܘܩܘܢ صيغة المخاطبين الثانية		
ܦܪܘܩܘܢܢܝ	ܦܪܘܩܘܢܢ	
ܦܪܘܩܘܢܳܗܝ	ܦܪܘܩܘܢ ܐܢܘܢ	
ܦܪܘܩܘܢܳܗ (١)	〃	ܐܢܝܢ
ܦܪܘܩܝ صيغة المخاطبة الاولى		
ܦܪܘܩܝܢܝ (٢)	ܦܪܘܩܝܢ	
ܦܪܘܩܝܗܝ	ܦܪܘܩܝ ܐܢܘܢ	
ܦܪܘܩܝܗ	〃	ܐܢܝܢ
ܦܪܘܩܝܢ صيغة المخاطبة الثانية		
ܦܪܘܩܝܢܢܝ	ܦܪܘܩܝܢܢ	
ܦܪܘܩܝܢܳܗܝ	ܦܪܘܩܝܢ ܐܢܘܢ	
ܦܪܘܩܝܢܳܗ (٣)	〃	ܐܢܝܢ
ܦܪ̈ܘܩܝ صيغة المخاطبات الاولى		
ܦܪ̈ܘܩܝܢܝ	ܦܪ̈ܘܩܝܢ	
ܦܪ̈ܘܩܝܗܝ	ܦܪ̈ܘܩܝ ܐܢܘܢ	
ܦܪ̈ܘܩܝܗ	〃	ܐܢܝܢ
ܦܪ̈ܘܩܝܢ صيغة المخاطبات الثانية		
ܦܪ̈ܘܩܝܢܢܝ	ܦܪ̈ܘܩܝܢܢ	
ܦܪ̈ܘܩܝܢܳܗܝ	ܦܪ̈ܘܩܝܢ ܐܢܘܢ	
ܦܪ̈ܘܩܝܢܳܗ	〃	ܐܢܝܢ

الفصل الخامس

١١٩ في اتصال الضمائر بوزن ܦܰܥܶܠ

ܐܕܝܠ ܘܚܕܝܢ الماضي

ܦܰܩܶܕܬ صيغة المتكلم	ܦܰܩܶܕܬܳܟ	ܦܰܩܶܕܬܟܘܢ

(١) فهاتان الصيغتان هنا هما كماضي الغائبين . وعند الشرقيين تقلب الواو الاولى فيهما الفًا كالماضي ايضاً نحو ܦܪܐܘܗܝ ܦܪܐܘܢܝ الخ . وقد يوافقهم بعض الغربيين على كتابة الالف في الماضي والامر لكنهم لا ينصبون ما قبلها . على ان بعض النساخ يجعلون واوين بعد الالف فيكتبون مثلاً ܦܪܐܘܘܗܝ ܦܪܐܘܘܢܳܗܝ وذلك خطأ . والاولى بالغربيين البقاء على مذهبهم الاول

(٢) يجوز ان يقال في امر المخاطبة هنا مع ضمير المتكلم ܦܪܘܩܝܢܝܢ

(٣) والشرقيون يكتبون الياء الاولى في هاتين الصيغتين الفًا . وقد يوافقهم بعض الغربيين هنا ايضاً

ܡܒܣܡܬܟܝ	ܡܒܣܡܬܟܝܢ
ܡܒܣܡܬܗ	ܡܒܣܡܬ ܐܢܘܢ
ܡܒܣܡܬܗ̇	ܐܢܝܢ

ܡܒܣܡܝܢ صيغة المتكلمين

ܡܒܣܡܝܢܟ	ܡܒܣܡܝܢܟܘܢ
ܡܒܣܡܝܢܟܝ	ܡܒܣܡܝܢܟܝܢ
ܡܒܣܡܝܢܗܝ	ܡܒܣܡܝܢ ܐܢܘܢ
ܡܒܣܡܝܢܗ̇	ܐܢܝܢ

ܡܒܣܡܬ صيغة المخاطب

ܡܒܣܡܬܠܝ	ܡܒܣܡܬܢ
ܡܒܣܡܬܠܗ	ܡܒܣܡܬ ܐܢܘܢ
ܡܒܣܡܬܗ̇	ܐܢܝܢ

ܡܒܣܡܬܘܢ صيغة المخاطبين

ܡܒܣܡܬܘܢܠܝ	ܡܒܣܡܬܘܢܢ
ܡܒܣܡܬܘܢܗܝ	ܡܒܣܡܬܘܢ ܐܢܘܢ
ܡܒܣܡܬܘܢܗ̇	ܐܢܝܢ

ܡܒܣܡܬ صيغة المخاطبة

ܡܒܣܡܬܝܠܝ	ܡܒܣܡܬܝܢ
ܡܒܣܡܬܝܗܝ	ܡܒܣܡܬܝ ܐܢܘܢ
ܡܒܣܡܬܝܗ̇	ܐܢܝܢ

ܡܒܣܡܬܝܢ صيغة المخاطبات

ܡܒܣܡܬܝܢܠܝ	ܡܒܣܡܬܝܢܢ
ܡܒܣܡܬܝܢܢܗܝ	ܡܒܣܡܬܝܢ ܐܢܘܢ
ܡܒܣܡܬܝܢܠܗ̇	ܐܢܝܢ

ܡܒܣܡ صيغة الغائب

ܡܒܣܡܠܝ	ܡܒܣܡܢ
ܡܒܣܡܟ	ܡܒܣܡܟܘܢ
ܡܒܣܡܟܝ	ܡܒܣܡܟܝܢ
ܡܒܣܡܗ	ܡܒܣܡ ܐܢܘܢ
ܡܒܣܡܗ̇	ܐܢܝܢ

ܡܒܣܡܝܢ صيغة الغائبين (وليس سواها)

ܡܒܣܡܝܢܠܝ	ܡܒܣܡܝܢܢ
ܡܒܣܡܝܢܟ	ܡܒܣܡܝܢܟܘܢ
ܡܒܣܡܝܢܟܝ	ܡܒܣܡܝܢܟܝܢ
ܡܒܣܡܝܢܗܝ	ܡܒܣܡܝܢ ܐܢܘܢ
ܡܒܣܡܝܢܗ̇	ܐܢܝܢ

ܡܒܣܡܐ صيغة الغائبة

ܡܒܣܡܐܠܝ	ܡܒܣܡܐ
ܡܒܣܡܐܟ	ܡܒܣܡܐܟܘܢ
ܡܒܣܡܐܟܝ	ܡܒܣܡܐܟܝܢ
ܡܒܣܡܐܗ	ܡܒܣܡܐ ܐܢܘܢ

ܫܘܝܬܗ (١)	ܫܘܝܬ ܐܢܝܢ	ܫܘܝ̈ صيغة الغائبات الاولى	
ܫܘܝ̈ صيغة الغائبات الاولى		ܫܘܝ̈ܢܝ	ܫܘܝ̈ܢܢ
ܫܘܝܢܝ	ܫܘܝܢ	ܫܘܝ̈ܟ	ܫܘܝ̈ܟܘܢ
ܫܘܝܟ	ܫܘܝܟܘܢ	ܫܘܝ̈ܟܝ	ܫܘܝ̈ܟܝܢ
ܫܘܝܟܝ	ܫܘܝܟܝܢ (٢)	ܫܘܝ̈ܗܝ	ܫܘܝ̈ ܐܢܘܢ
ܫܘܝܗܝ	ܫܘܝ̈ ܐܢܘܢ	ܫܘܝ̈ܗ (٣)	ܐܢܝܢ
ܫܘܝܗ	ܐܢܝܢ		

ܐܒ̈ܢܐ ܕܥܬܝܕ المضارع

ܐܫܘܐ صيغة المتكلم		ܢܫܘܝܘܗܝ	ܢܫܘܐ ܐܢܘܢ
ܐܫܘܝܟ	ܐܫܘܝܟܘܢ	ܢܫܘܝܗ	ܐܢܝܢ
ܐܫܘܝܟܝ	ܐܫܘܝܟܝܢ	ܬܫܘܐ صيغة المخاطب	
ܐܫܘܝܘܗܝ	ܐܫܘܐ ܐܢܘܢ	ܬܫܘܝܢܝ	ܬܫܘܝܢ
ܐܫܘܝܗ	ܐܢܝܢ	ܬܫܘܝܘܗܝ	ܬܫܘܐ ܐܢܘܢ
ܢܫܘܐ صيغة المتكلمين		ܬܫܘܝܗ	ܐܢܝܢ
ܢܫܘܝܟ	ܢܫܘܝܟܘܢ	ܬܫܘܘܢ صيغة المخاطبين	
ܢܫܘܝܟܝ	ܢܫܘܝܟܝܢ	ܬܫܘܘܢܢܝ	ܬܫܘܘܢܢ

(١) بابقاء الياء فيها مفتوحة والشرقيون ينصبونها وهو خطأ

(٢) ان البعض يبقون لام الفعل في صيغة الغائبات الاولى هنا وفي كل ما فوق الثلاثي ساكنة مع ܟܘܢ و ܟܝܢ فيقولون مثلًا ܫܘܝܟܘܢ، ܡܠܟܟܘܢ والاصح نصبها لكون هذه الصيغة منصوبة الآخر في الاصل كما علمت

(٣) بكسر الياء الاولى لانها هي لام الفعل

ܬܫܒܩܘܢܗܝ	ܬܫܒܩܘܢ ܐܢܘܢ
ܬܫܒܩܘܢܢ	״ ܐܢܝܢ
ܬܫܒܩܝܢ صيغة المخاطبة	
ܬܫܒܩܝܢܗ (١)	ܬܫܒܩܝܢܝ
ܬܫܒܩܝܢܗܝ	ܬܫܒܩܝܢ ܐܢܘܢ
ܬܫܒܩܝܢܢ	״ ܐܢܝܢ
ܬܫܒܩܢ صيغة المخاطبات	
ܬܫܒܩܢܗ	ܬܫܒܩܢܢܝ
ܬܫܒܩܢܢܗܝ	ܬܫܒܩܢ ܐܢܘܢ
ܬܫܒܩܢܢܢ	״ ܐܢܝܢ
ܢܫܒܩ صيغة الغائب	
ܢܫܒܩܝܗ	ܢܫܒܩܢܝ
ܢܫܒܩܝܟ	ܢܫܒܩܟܘܢ
ܢܫܒܩܟܝ	ܢܫܒܩܟܝܢ
ܢܫܒܩܝܘܗܝ	ܢܫܒܩ ܐܢܘܢ
ܢܫܒܩܢ	״ ܐܢܝܢ
ܢܫܒܩܘܢ صيغة الغائبين	

ܢܫܒܩܘܢܗ	ܢܫܒܩܘܢܢܝ
ܢܫܒܩܘܢܟ	ܢܫܒܩܘܢܟܘܢ
ܢܫܒܩܘܢܟܝ	ܢܫܒܩܘܢܟܝܢ
ܢܫܒܩܘܢܗܝ	ܢܫܒܩܘܢ ܐܢܘܢ
ܢܫܒܩܘܢܢ	״ ܐܢܝܢ
ܬܫܒܩ صيغة الغائبة	
ܬܫܒܩܝܗ	ܬܫܒܩܢܝ
ܬܫܒܩܝܟ	ܬܫܒܩܟܘܢ
ܬܫܒܩܟܝ	ܬܫܒܩܟܝܢ
ܬܫܒܩܝܘܗܝ	ܬܫܒܩ ܐܢܘܢ
ܬܫܒܩܢ	״ ܐܢܝܢ
ܢܫܒܩܢ صيغة الغائبات	
ܢܫܒܩܢܗ	ܢܫܒܩܢܢܝ
ܢܫܒܩܢܟ	ܢܫܒܩܢܟܘܢ
ܢܫܒܩܢܟܝ	ܢܫܒܩܢܟܝܢ
ܢܫܒܩܢܢܗܝ	ܢܫܒܩܢ ܐܢܘܢ
ܢܫܒܩܢܢ	״ ܐܢܝܢ

ܦܘܩܕܢܐ الامر

ܫܒܘܩ صيغة المخاطب || ܫܒܘܩܝܗ | ܫܒܘܩܝ

---

(١) ويجوز ان يقال فيها مع ضمير المتكلم ܬܫܒܩܝܢܢܝ

ܡܢܩܘܡܘܗܝ	ܡܢܩܘ ܐܠܗܘܢ	ܡܢܩܘܡܘܢ	ܡܢܩܘܗ ܐܠܗܝ
ܡܢܩܘܢ (١)	ܐܠܗܝ	ܡܢܩܘܡܝܢ صيغة المخاطبة الثانية	
ܡܢܩܘܘ صيغة المخاطبين الاولى		ܡܢܩܘܡܠܠܗ	ܡܢܩܘ ܡܠܢܝ
ܡܢܩܘܘܠܗ	ܡܢܩܘܘܢ	ܡܢܩܘܡܠܡܘܗܝ	ܡܢܩܘ ܡܝܢ ܐܠܗܘܢ
ܡܢܩܘܘܗܘܗܝ	ܡܢܩܘܘ ܐܠܗܘܢ	ܡܢܩܘܡܠܝܢ	ܐܠܗܝ
ܡܢܩܘܘܢܝ	ܐܠܗܝ	ܡܢܩܘܡ صيغة المخاطبات الاولى	
ܡܢܩܘܘܢ صيغة المخاطبين الثانية		ܡܢܩܘ ܡܠܗ	ܡܢܩܘ ܡܝܢ
ܡܢܩܘܘܠܗ	ܡܢܩܘܘܠܝ	ܡܢܩܘ ܡܘܗܝ	ܡܢܩܘܗ ܐܠܗܘܢ
ܡܢܩܘܘܠܗܘܗܝ	ܡܢܩܘܘܢ ܐܠܗܘܢ	ܡܢܩܘ ܡܢܝ	ܐܠܗܝ
ܡܢܩܘܘܠܢܝ	ܐܠܗܝ (٢)	ܡܢܩܘ ܡܝܢ صيغة المخاطبات الثانية	
ܡܢܩܘܗ صيغة المخاطبة الاولى		ܡܢܩܘ ܡܠܠܗ	ܡܢܩܘ ܡܠܝܢ
ܡܢܩܘܡܠܗ	ܡܢܩܘܡܝܢ	ܡܢܩܘ ܡܠܡܘܗܝ	ܡܢܩܘ ܡܝܢ ܐܠܗܘܢ
ܡܢܩܘܡܗܘܗܝ	ܡܢܩܘܗ ܐܠܗܘܢ	ܡܢܩܘ ܡܠܝܢ	ܐܠܗܝ

وقس عليه ما كان منهُ مثل ܓܒܠ . والرباعي وبقية المزيدات المعتلة آلاخر مثل ܐܬܘܕܝ ܐܘܕܝ ܐܠܐܝ ܡܫܟܚ ܕܒܘܢܝ نحو ܓܠܝ ܓܠܝܬܘܢ الخ . ܐܘܕܝܬ ܐܘܕܝܬܘܢ الخ .

---

(١) ويجوز ان يقال في امر المخاطب هذا ܡܢܩܘܢ ܡܢܩܘܗ ܡܢܩܘܗܘܗܝ ܡܢܩܘܢܝ . ومنه قوله في ضرورة الشعر ܐܡܢ ܐܡܢܝܢ (بدل ܐܡܢܝ)

(٢) بوقوع الضم على الواو الوسطى في هاتين الصيغتين لانها لام الفعل . والشرقيون يقلبونها الفًا على عادتهم فيقولون ܡܢܩܐܘܗܝ و ܡܢܩܐܘܢܝ الخ . وقد يوافقهم الغربيون هنا ايضًا . وبعض الغربيين يحذفون الواو الثالثة من مثل هذا الوزن استحسانًا كما مرَّ

المضارع ܐܦܩܢܝ ܐܦܩܢܟܘܢ الخ. الامر ܐܦܩܢܝ ثم ܐܦܩܢܘܗܝ ܐܦܩܢܘܗܘܢ الخ. (١)

الفصل السادس

في اتصال الضمائر بالنهي

١٢٠ بما ان النهي يوخذ من المضارع فتتصل بهِ الضمائر كما تتصل بالمضارع فتقول من ܢܥܕܠ ܢܥܕܠܘܗܝ «عذلَ. لامَ: يعذل. يلوم» مثلاً:

ܠܐ ܬܥܕܠܝܘܗܝ صيغة المخاطب		ܠܐ ܬܥܕܠܘܢܢܝ	ܠܐ ܬܥܕܠܘܢܝܗ الخ
ܠܐ ܬܥܕܠܢܝ	ܠܐ ܬܥܕܠܟ	ܠܐ ܬܥܕܠܝܢ صيغة المخاطبة	
ܠܐ ܬܥܕܠܝܗܝ	ܠܐ ܬܥܕܠܝܘܗܝ ܐܢܘܢ	ܠܐ ܬܥܕܠܝܢܢܝ	ܬܥܕܠܝܢܝܗ الخ
ܠܐ ܬܥܕܠܢܢ	ـ ܐܢܝܢ	ܠܐ ܬܥܕܠܢ صيغة المخاطبات	
ܠܐ ܬܥܕܠܘܢ صيغة المخاطبين		ܠܐ ܬܥܕܠܢܢܝ	ܠܐ ܬܥܕܠܢܢ (٢) الخ

الفصل السابع

في اتصال الضمائر بالمصدر الميمي

١٢١ اذا كان المصدر الميمي من الثلاثي فتتصل به الضمائر

---

(١) اعلم ان جميع الافعال المتعدية حتى الشاذة تقاس على هذه الامثلة الاربعة التي رأيتها بدون اختلاف

(٢) ويجوز في النهي ما جاز في المضارع (عدد ١١٦ و ١١٧) نحو ܠܐ ܬܥܕܠܝܗ الخ. ܠܐ ܬܥܕܠܘܢܝܗ الخ. ويجوز ان تتصل بهِ الضمائر كما تتصل بالامر نحو ܠܐ ܬܫܒܘܩܝܢܝ «لا تتركني» ܠܐ ܬܒܗܬܝܢܝ «لا تُخزِني» ܠܐ ܬܥܠܢ «لا تدخلنا» الخ

كما تتصل بالماضي الساكن الآخر . واذا كان مما فوق الثلاثي فتتصل به كما تتصل بالاسماء المختومة بالتاء . الا مع ܐܢܘܢ و ܐܢܝܢ فيبقى على حاله . مثاله من ܟܬܰܒ «كتبَ» و ܓܒܳܐ «اختار» الثلاثيين . وܩܰܒܶܠ «قبلَ» و ܡܚܰܘܺܝ «اظهرَ» المزيدين .

ܠܡܓܒܝܘ ܐܢܘܢ	ܠܡܶܓܒܝܗܽܘܢ	ܠܡܶܟܬܰܒ للكتابة	
〃 ܐܢܝܢ(١)	ܠܡܶܓܒܝܗܶܝܢ	ܠܡܶܟܬܒܳܟ	ܠܡܶܟܬܒܰܢܝ
ܠܡܩܰܒܳܠܽܘ للقبول		ܠܡܶܟܬܒܟܽܘܢ	ܠܡܶܟܬܒܶܗ
ܠܡܩܰܒܳܠܽܘܬܝ	ܠܡܩܒܠܘܬܢܝ (٢)	ܠܡܶܟܬܒܟܶܝܢ	ܠܡܶܟܬܒܳܗ
ܠܡܩܒܠܘܬܟܘܢ	ܠܡܩܰܒܳܠܽܘܬܳܟ	ܠܡܟܬܒܘ ܐܢܘܢ	ܠܡܶܟܬܒܗܽܘܢ
ܠܡܩܒܠܘܬܟܝܢ	ܠܡܩܒܠܘܬܟܝ	〃 ܐܢܝܢ	ܠܡܶܟܬܒܗܶܝܢ
ܠܡܩܒܠܘܬܗ ܐܢܘܢ	ܠܡܩܰܒܳܠܽܘܬܶܗ	ܠܡܶܓܒܳܐ للاختيار	
〃 ܐܢܝܢ	ܠܡܩܰܒܳܠܽܘܬܳܗ	ܠܡܶܓܒܝܳܟ	ܠܡܶܓܒܝܰܢܝ
ܠܡܚܰܘܳܝܽܘ للاظهار		ܠܡܶܓܒܝܟܽܘܢ	ܠܡܶܓܒܝܶܗ
ܠܡܚܘܝܘܬܢ الخ	ܠܡܚܰܘܳܝܽܘܬܝ	ܠܡܶܓܒܝܟܶܝܢ	ܠܡܶܓܒܝܳܗ

فائدتان

الاولى : ان ضميري الغائبين والغائبات ܗܶܢܽܘܢ و ܗܶܢܶܝܢ يجوز ان يتصلا مع الماضي والمضارع . والامر ولا سيما مع المصدر الميمي مكان ܐܢܽܘܢ و ܐܢܶܝܢ نحو ܦܪܰܩܬܗܽܘܢ خلّصتهم ܦܪܰܩܢܳܝܗܶܝܢ خلصناهنّ

(١) ويجوز ان يتصل به ضمير الغائب والغائبة كما يتصلان بالمضارع نحو ܠܡܶܓܒܝܘܗܝ ܠܡܶܓܒܝܗܝ ܠܡܶܓܒܝܘܗ ܠܡܶܓܒܝܗ

(٢) كثيراً ما تدخل بين المصدر (مما فوق الثلاثي) وبين ياء المتكلم «النون الفارقة» نحو ܠܡܩܰܒܳܠܽܘܬܰܢܝ ܠܡܥܰܒܳܕܽܘܬܰܢܝ

الخ . ܐܦܪܘܩܝܗܘܢ ܐܦܪܘܩܘܗܝ الخ . ܦܪܘܩܗܘܢ ܦܪܘܩܘܗܝ الخ . ܠܡܦܪܩܗܘܢ ܠܡܦܪܩܘܗܝ

الثانية : يجوز ان تتصل الضمائر بالماضي والمضارع والامر والمصدر الميمي بواسطة لام المفعولية كالحاضر نحو ܦܪܩܬ ܠܟ ܦܪܩܬ ܠܟܘܢ الخ . ܐܦܪܘܩ ܠܟ ܐܦܪܘܩ ܠܗ الخ . ܦܪܘܩ ܠܗ ܦܪܘܩ ܠܗܘܢ الخ ܠܡܦܪܩ ܠܟ ܠܡܦܪܩ ܠܗ ܠܡܦܪܩ ܠܗܘܢ الخ .

ܬܘܪܓܡܐ تمرين

ܐܘܪܚܐ ضيف | ܦܨܝܚܐܝܬ ببشاشة | ܢܣܒ أخذ

١ : ترجم هذه الجمل الى الارامية :

اخذ ابراهيم ابنه اسحق واصعده الى راس الجبل واراد ان يذبحهُ ويقدمهُ محرقةً لله — جانا ضيف كريم فاستقبلناه ببشاشة واكرمناه اكراماً عظيماً — علمتِ ابنكِ العلوم المفيدة وربيتهِ على خوف الله فنفعته نفعاً جزيلاً . وانتَ اهملتَ ابنكَ وتركتهُ بدون تربية حسنة فاضررتهُ ضرراً عظيماً — احفظنا اللهمَّ واسترنا من جميع اعدائنا لنسبحك ونباركك الى الابد

٢ : دلّ على صيغ الافعال واوزانها وعلى الضمائر المتصلة بها في الجمل الآتية وترجها الى العربية :

ܡܢܝܚܐ ܝܘܡܟ ܘܡܠܟܬ ܠܐܘܪܚܐ — ܢܛܪܬܢ ܘܚܣܝܬܢ — ܢܣܒ ܙܘܓ ܠܒܢܟ ܡܘܬܐ — ܐܣܪܘ ܘܐܘܒܕܘܗܝ ܠܒܝܬ ܐܣܝܪܐ — ܐܣܒ ܐܢܘܢ ܠܡܠܟܐ — ܗܘܐ ܐܦܢܩܢܝ ܠܡܣܒܠܘ ܒܚܝܠܐ — ܐܫܬܡܥ ܡܠܟܝܢ ܡܢܗܘܢ ܐܡܪ — ܗܘܝܘ ܡܢ ܐܬܐ ܕܢܫܟܚܘܢ — ܬܢܝܬܗ ܡܢܝ — ܐܠܦ ܐܢܝ — ܬܫܡܫܘܢܝ .

ܚܡܝܫܝܐ باب

ܡܛܠ ܡ̈ܢܘܬܐ في الظروف (١) وفيه فصلان

توطئة

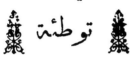

١٢٢ الظروف هي اسماء زمان ومكان غير متصرفة . وهي نوعان ܡ̈ܢܘܬܐ ܕܡܣܬܡܟܢܐ ܣܡܝܟܐ اي الظروف المضافة (٢) وܡ̈ܢܘܬܐ ܕܡܫܪܝܢܐ اي الظروف المطلقة (٣)

الفصل الاول

ܡܛܠ ܡ̈ܢܘܬܐ ܕܣܡܟ في الظروف المضافة

١٢٣ الظروف المضافة قسمان . قسم يضاف الى المفرد اي الاسم الظاهر والضمير ونتكلم عنه هنا وقسم يضاف الجملة ونتكلم عنه في الجزء الثاني .

والظروف المضافة الى المفرد بعضها يضاف الى الاسم الظاهر فقط .

---

(١) نتكلم هنا عن احوال الظروف التي لها علاقة بالصرف فقط كبيان عددها وتركيب المركبة منها واتصال الضمائر ببعضها

(٢) وهي تقابل الظروف المضافة في العربية

(٣) وهي تقابل الظروف المقطوعة والظروف المبهمة والمحدودة في العربية . وسميت مطلقة لانها غير مقيدة باضافة

وبعضها يضاف الى الاسم الظاهر والضمير · اما بذاتها واما بواسطة حرف نضعه مقابلها في الجداول آلاتية :

اولاً

الظروف المضافة الى الاسم فقط

ܩܘܕܡ	قدام · امام	ܬܚܝܬ ܬܚܬ ܠܬܚܬ	تحت

ثانياً

الظروف المضافة الى الاسم والضمير

متى اضيفت هذه الظروف الى الاسم فلا تتغير · ومتى اضيفت الى الضمير فبعضها يتصل به الضمير اتصال الافراد وبعضها اتصال الجمع (عدد ٤٢) كما ترى :

الظروف المتصلة بها الضمائر اتصال الافراد

ܒܓܘ. ܠܓܘ (١)	في داخل · داخل	ܠܒܪ «ܡܢ»	خارجَ · خارجاً عن
ܒܣܬܪ (٢)	وراءَ · خلفَ	ܠܓܘ «ܡܢ»	داخل
ܠܘܩܒܠ (٣)	مقابلَ · محذاءَ · عند	ܠܥܠ «ܡܢ»	فوقَ
ܒܝܬ «ܠ»	بينَ · في	ܠܬܚܬ «ܡܢ»	تحتَ

مثال المضافة بذاتها ܒܣܬܪ « وراء » :

ܒܣܬܪܝ	ورائي	ܒܣܬܪܢ	وراءَنا
ܒܣܬܪܟ	وراءَكَ	ܒܣܬܪܟܘܢ	وراءَكم
ܒܣܬܪܟܝ	وراءَكِ	ܒܣܬܪܟܝܢ	وراءَ كنّ

(١) ܒܓܘ مركب من الباء وܓܘ · وܠܓܘ من اللام وܓܘ

(٢) وهو جزم ܒܣܬܪܐ (٣) وهو جزم ܠܘܩܒܠܐ بارجاع ضم القاف الى اللام

ܒܣܬܪܗ	وراءه	ܒܣܬܪܗܘܢ	وراءهم
ܒܣܬܪܗ̇	وراءها	ܒܣܬܪܗܝܢ	وراءهنّ

غير انّ ܠܘܩܒܠ يبقى على حالهِ مع الضمائر الخمسة (عد ٤٣ وجه ١١٣ حاشية ١). ويرد الى اصلهِ مع الضمائر الباقية هكذا :

ܠܘܩܒܠܝ	مقابلي	ܠܩܘܒܠܢ	مقابلنا
ܠܩܘܒܠܟ	مقابلكَ	ܠܘܩܒܠܟܘܢ	مقابلكم
ܠܩܘܒܠܟܝ	مقابلكِ	ܠܘܩܒܠܟܝܢ	مقابلكنّ
ܠܩܘܒܠܗ	مقابلهُ	ܠܘܩܒܠܗܘܢ	مقابلهم
ܠܩܘܒܠܗ̇	مقابلها	ܠܘܩܒܠܗܝܢ (١)	مقابلهنّ

مثال المضافة بواسطة :

ܒܝܬ «ܠ» : ܒܝܬ ܠܝ (وجه ٢٩٠) ܘܠܟ «بيني وبينك» الخ
ܠܒܪ «ܡܢ» : ܠܒܪ ܡܢܝ خارجاً عني ܠܒܪ ܡܢܢ «خارجاً عنا» الخ

الظروف المتصلة بها الضمائر اتصال الجمع

ܒܝܢܬ	بينَ	ܩܕܡ	قدّامَ . امامَ
ܚܕܪ . ܚܕܪ ܚܕܪ	حولَ . حوالى	ܩܘܕܡܝܐ (٣)	" "
ܠܩܒܠ (٢)	تجاهَ	ܠܬܚܬ (٤)	تحتَ
ܠܘܬ	لدى . لدن . عند . الى	ܓܒ	عندَ . قربَ

(١) قال العلامة القرداحي ان ܩܘܕܡ «امام» تتصل به الضمائر ايضاً مثل ܠܘܩܒܠ نحو ܩܘܕܡܝ ܩܘܕܡܝܟ ܩܘܕܡܘܗܝ ܩܘܕܡܝܟܘܢ الخ .

(٢) مركب من اللام وجزم ܩܒܠܐ (٣) وهو يضاف الى الاسم الظاهر بواسطة اللام كما قال العلامة القرداحي (٤) وقال العلامة المذكور ان ܠܬܚܬ المتقدم ذكره يتصل به الضمير ايضاً اتصال الجمع نحو ܬܚܘܬܘܗܝ ܠܬܚܬܘܗܝ «لاجله تحته»

مثالها ܩܕܡ «قدَّام» :

ܩܕܡܝ	قدَّامي	ܩܕܡܝܢ	قدامنا
ܩܕܡܝܟ	قدامكَ	ܩܕܡܝܟܘܢ	قدامكم
ܩܕܡܝܟܝ	قدامكِ	ܩܕܡܝܟܝܢ	قدامكنّ
ܩܕܡܘܗܝ	قدامهُ	ܩܕܡܝܗܘܢ	قدامهم
ܩܕܡܝܗ	قدامها	ܩܕܡܝܗܝܢ	قدامهنّ

الا ان ܠܘܬ تقلب ياؤه الفاً عند الشرقيين نحو ܠܘܬܐ عندي ܠܘܬܢ «عندنا» الخ · وربما وافقهم الغربيون

ومن الظروف ما تتصل به الضمائر اتصال الافراد والجمع وهو :

ܒܝܢܬ بين | ܒܬܪ · ܥܠ ܐܬܪ بعدَ · خلفَ · باثرِ

تقول فيها ܒܝܢܝ بيني ܒܝܢܝܢ «بيننا» الخ. او ܒܝܢܬܝ ܒܝܢܬܝܢ الخ(١) . ܒܬܪܝ بعدي ܒܬܪܢ «بعدنا» الخ · او ܒܬܪܝ ܒܬܪܝܢ الخ · ومثل ذلك ܥܠ ܐܬܪ (٢)

تنبيه : لا توضع للظروف المضافة علامة الجمع مطلقاً

الفصل الثاني

ܥܠ ܥܕ̈ܢܐ ܘܕܘ̈ܟܝܬܐ في الظروف المطلقة

١٢٤ الظروف المطلقة قسمان · ظروف زمان وظروف مكان. وهاك اشهرها في الجدول التالي :

(١) وقد جاء في جناز المرأة عندنا ܐܟܚܕܐ ܕܥܡܪܘ ܘܕܢܚܘ ܥܡ ܒܝܢܬܗܘܢ · وفي صلاة مساء اثنين الالام ܩܕܡܝܗ ܘܢܚܬ ܒܝܢܬܗܘܢ (٢) قال باتصال الضمائر به هكذا العلامة المطران يعقوب اوجين في معجمه «دليل الراغبين».

ظروف الزمان

ܐܚܪܝܬ (١) اخيراً

ܐܫܬܩܕܡ . ܐܫܬܩܕܡܝ (٢) عام اول

ܐܬܡܠܝ امس

ܩܕܡܬܡܠܝ (٣) اول امس

ܒܪܕܪܝܫ . ܡܢܕܪܝܫ (٤) ثانيةً . من جديد

ܒܪܫܝܬ (٥) في البدء

ܒܪܫܥܬܗ (٦) بساعته . حالاً

ܒܠܘ ܒܠܘ (٧) رويداً رويداً

ܒܬܪܗܝܕܝܢ (٨) بعدئذٍ

ܒܬܪܟܢ (٩) بعد ذلك

ܕܫܥܬܐ (١٠) الساعة . الان

ܗܫܐ (١١) الان . الساعة

ܗܝܕܝܢ (١٢) حينئذٍ . اذ ذاك

ܗܝܕܝܟ (١٣) حينئذ . اذ ذاك

ܙܒܢ ܙܒܢ . ܒܙܒܢ ܙܒܢ احياناً

ܒܙܒܢ يوماً

ܡܢ ܙܒܢ من زمانٍ مديد

ܒܥܕܢܐ موقتاً

ܝܘܡܢܐ (١٤) اليوم . هذا اليوم

ܥܕ اذ . لمّا

ܥܕܘ (١٥) الى الان

ܡܢ ܥܕܘ من زمان مديد . حالاً

---

(١) جزم ܐܚܪܝܬܐ (٢) مركب من ܫܢܬܐ ܩܕܡܝܬܐ محرفتين (٣) من ܩܕܡ و ܐܬܡܠܝ . وقيل ان الياء في ܐܫܬܩܕܡ و ܐܬܡܠܝ وܩܕܡܬܡܠܝ زائدة وان يعقوب الرهاوي عاب زيادتها (٤) الاول من ܒܪ والدال وجزم ܪܝܫܐ . والثاني من ܡܢ والدال وجزم ܪܝܫܐ . والشرقيون يحذفون الياء من بعد الراء كما يحذفونها من ܪܝܫܐ وربما وافقهم الغربيون ايضاً (٥) من الباء وجزم ܪܫܝܬܐ والشرقيون ينصبون الراء فيه (٦) من ܒܪ وܫܥܬܐ وضمير الغائب وبعضهم يصل فيها ضمير الغائبة ايضاً (٧) من الباء . وجزم ܐܠܘܐ وقد اغنى النصب فيه عن الالف (عد ٣ وجه ٦ في الحاشية)

(٨) من ܒܬܪ وܗܝܕܝܢ الاتي ذكرها (٩) من ܒܬܪ وܟܢ (١٠) من الدال وܫܥܬܐ (١١) من ها التنبيه واختصار ܫܥܬܐ على ما يظهر (١٢) من ܗܝ وܕܝܢ ولعلها تحريف ܕܝܢ . ويستعمل للماضي غالباً (١٣) من ܗܝ وܕܝܟ ويستعمل الماضي والمستقبل (١٤) من ܝܘܡܐ ܗܢܐ (١٥) من ܥܕ وܗܘ (ويأتي بمعنى حسبُ . كفى) .

ܠܥܳܠܰܡ (١) ابداً . قط . بتةً
ܠܘܩܕܡ (٢) اولاً . قبلاً . سابقاً
ܠܚܝ (وغالباً مكررة) سريعاً . عاجلاً
ܠܠܝܐ ܐܝܡܡ (٣) ليلاً ونهاراً
ܠܥܠܡ ܥܠܡܝܢ (٤) الى الابد . الى الابدين
ܠܥܠܡ ܕܥܠܡܝܢ الى ابد الابدين
ܡܚܕܐ (٥) حالاً . عاجلاً
ܡܚܪ . ܒܡܚܪ . ܠܡܚܪ (٦) غداً
ܩܠܝܠ ܐܚܪܢܐ . ܩܠܝܠ ܐܚܪ
ܩܠܝܠ ܙܒܢܐ . ܩܠܝܠ ܥܕܢܐ } زماناً يسيراً
ܩܠܝܠ ܚܝܢܐ . ܩܠܝܠ ܫܥܬܐ (٧)
ܡܢ ܫܢܐ او ܫܢܬܐ } العام المقبل
ܠܫܢܬܐ ܕܐܬܝܐ (٨)
ܡܢ ܫܠܝܐ } بغتة . فجأةً
ܡܢ ܫܠܝ او ܫܠܝܘܬ (٩)

ܡܢ ܗܫܐ (١٠) من لاان
ܡܢ ܗܫܐ ܘܠܗܠ من الان وصاعداً
ܡܟܝܠ (١١) الان . من الان
ܗܐ ܗܫܐ ܗܟܝܠ الان . هاهوذا
ܡܢ ܗܝܕܝܢ ܘܠܗܠ من ذلك الزمان وصاعداً
ܡܡܬܘܡ احياناً . قط . ابداً
ܡܢ ܡܡܬܘܡ مثله . منذ الازل
ܡܡܡܬܘܡ (١٢) قط . ابداً
ܡܕܡ ابداً . قط
ܘܠܐ ܡܕܡ بلا حد
ܒܪܓܠ . ܒܪܓܠ عاجلاً . حالاً
ܟܕ ما دام . بينما . قبل ما
ܥܕ ܐܡܬܝ حتى مَ . الى مَ
ܥܕ ܗܫܐ (١٣) بعدُ . الى الان
ܥܕ ܡܬܝ (١٤) حتى متى

(١) من اللام وجزم ܥܠܡܐ (٢) جزم ܠܩܘܕܡܐ بارجاع ضم القاف الى اللام
(٣) جزم ܠܠܝܐ و ܐܝܡܡܐ (٤) من اللام وجزم ܥܠܡܐ و ܥܠܡ̈ܐ
(٥) من ܡܢ و ܚܕܐ (٦) الباء واللام هنا زائدتان (٧) ܩܠܝܠ جزم ܩܠܝܠܐ وهذه اللفظة متى اضيفت تفيد التقليل كما هي هنا (٨) مركبان من اللام و ܡܢ و ܫܢܐ و ܫܢܬ جزم ܫܢܬܐ (٩) مركب من ܡܢ وجزم ܫܠܝܐ ولا تكتب ܫܠܝܬܐ (١٠) من ܡܢ و ܗܫܐ او ܗܫ (١١) من ܡܢ و ܗܟܝܠ
(١٢) اصلها ܡܢ ܡܡܬܘܡ (١٣) من ܥܕ و ܗܫܐ (١٤) مركب من ܥܕ و ܡܬܝ

ܥܕܠܐ (١)	قبل ان	ܥܕ ܩܠܝܠ (٣)	عما قليل · بعد قليل
ܥܕܡܫ (٢)	الى الان · بعدُ	ܩܕܡܝܬ (٤)	اولاً

ويحسب بين ظروف الزمان اسم الاستفهام ܐܡܬܝ «متى» .

ظروف المكان

ܟܠ ܐܬܪ ܐܬܪ (٥)	في اماكن مختلفة	ܠܣܡܠܐ	يسرةً
ܒܕܘܟ ܕܘܟ (٦)	في بعض اماكن	ܠܥܠ (٩)	فوق
ܠܒܪ (٧)	خارجاً	ܬܚܝܬ ܬܚܝܬ ܬܚܝܬܐ	تحت
ܠܓܘ (٨)	داخلاً	ܠܬܚܬ (١٠)	الى تحت
ܠܝܡܝܢܐ	يمنةً		

ويحسب بين ظروف المكان اسماء الاشارة والاستفهام المكانية (عد ٤٧ و٤٨)

ܪܘܫܡܐ تمرين

١ : ميز بين ظروف ܙܒܢܐ وܕܘܟܬܐ «المضافة والمطلقة» في ما يلي وترجم ذلك الى العربية :

ܠܓܘ	ܠܓܠ	ܠܒܪ
ܠܬܚܬ	ܠܥܠ ܠܥܠ	ܠܩܕܡ

(١) مركب من ܥܕ ولا (٢) من ܥܕܡܐ ܠܗܫܐ محرفة (٣) من ܥܕ وܩܠܝܠ
(٤) جزم ܩܕܡܝܬܐ (٥) الياء هنا زائدة (٦) الباء زائدة (٧) مركب من اللام وܒܪ (٨) من اللام وܓܘ (٩) من اللام وܥܠ بابدال فتحه كسراً (١٠) من اللام وܬܚܬ

تنبيه : ان للظروف ولا سيما بعضها معاني وتراكيب كثيرة غير التي ذكرناها تجدها في معجمات اللغة .

ܡܣܢ	ܒܓܘܗ	ܩܘܕܡܝ
ܒܬܪ	ܠܘܬ	ܒܬܪܟ

٢ : وصل ظروف ܡܢ ܗܟ «المضافة» الآتية بالضمائر المتصلة :

ܓܘܗ	داخلَ	ܠܘܩܒܠ	تجاهَ	ܠܥܠ	فوقَ
ܒܝܬ	بينَ	ܩܕܡ	قدامَ	ܒܝܢܬ	بينَ

ܡܢܬܐ ܬܠܝܬܝܬܐ القسم الثالث

ܡܛܠ ܐܣܘܪܐ في الحرف او الرابط (١) وفيه باب واحد

توطئة

١٢٥ الحرف هو ما دل على معنى في غيره اي في الاسم والفعل (٢)

وهو اما حاصل من حرف هجائي. او حرفين او ثلاثة فاكثر نحو ܒ في ܡܢ من ܕܝܢ لكنَّ ܐܠܘ ليتَ • واما مركب من كلمتين او اكثر نحو ܐܦ وان ܐܠܘܠܐ لولا •

والحروف ثلاثة انواع ܐܣܘܪܐ ܕܡܣܡܟܘܬܐ ܡܣܡܟܐ اي حروف الاضافة (٣) وܐܣܘܪܐ ܕܫܘܒܩܢܐ اي الحروف المطلقة (٤)

(١) نتكلم هنا عن احوال الحرف التي لها علاقة بالصرف كما تكلمنا عن الظروف (عد ١٢٣) (٢) ويسمى «الرابط» ايضاً لانه يدخل في الكلام للربط بين اجزائه كما سترى (٣) سميت «حروف الاضافة» لانها موضوعة لتفضي بمعاني الافعال الى الاسماء اي لتوصلها اليها • وهي تقابل حروف الجر في العربية التي تدعى ايضاً حروف الاضافة (٤) سميت «مطلقة» لانها غير مقيدة بما قيدت به حروف الاضافة

ܘܐܬܘ̈ܬܐ ܕܡܚܘܝܢ ܚܫ̈ܐ اي الحروف المبيَّنة الانفعالات

ܬܪܥܣܪ باب

ܥܠ ܐܬܘ̈ܬܐ ܕܩܕܡ ܫܡܗ̈ܐ

في حروف الاضافة وفيه فصل واحد

١٢٦ حروف الاضافة قسمان · قسم يدخل على المفرد اي الاسم والضمير · ونتكلم عنه هنا · وقسم يدخل على الجملة ونتكلم عنه في الجزء الثاني

فصل

في حروف الاضافة الداخلة على المفرد

١٢٧ الحروف الداخلة على المفرد بعضها يدخل على الاسم الظاهر فقط · وبعضها يدخل على الاسم والضمير · اما بذاتها واما بواسطة حرف نضعه مقابلها في الجداول الاتية :

اولاً

الحروف الداخلة على الاسم فقط

ܐܝܟܢܐ «ܕ»	كَ	ܥܕܡܐ «ܠ»	حتى الى
ܐܟܘܬ «ܠ»	كَ	ܡܛܠ · ܡܛܠܬ	بسبب · من اجل

ثانياً

الحروف الداخلة على الاسم والضمير

متى دخلت هذه الحروف على الاسم فلا تتغير • ومتى دخلت على الضمير فبعضها يتصل به الضمير اتصال الافراد وبعضها اتصال الجمع (عد ٤٢) كما ترى

الحروف المتصلة بها الضمائر اتصال الافراد

ܐܰܟܘܳܬ	نظير • مثل • كَ	ܒܦܽܘܬ	حسب • بموجب • بالنظر الى
ܒ	بِ • في	ܡܶܢ	من
ܒܝܰܕ(١)	بِ • بواسطة • في	ܥܰܡ	مع
ܕܡܘܬ. ܒܕܡܘܬ(٢)	شبه • مثل • كَ	ܐܰܝܟ «ܘܬ»	كَ • مثل • نظير
ܗܳܟܘܳܬ(٣)	مثل	ܕ «ܕܠ»	اداة الاضافة
ܠ	لِ	ܡܶܛܽܠ او ܡܶܛܽܠܬ «ܠ»	لاجل
ܠܘܳܬ	الى • لدى • عند	ܣܛܰܪ «ܡܶܢ»	ما عدا • غير • دون

مثال الداخلة على الضمير بذاتها ܥܰܡ «مع» :

ܥܰܡܝ	معي	ܥܰܡܰܢ	معنا
ܥܰܡܳܟ	معكَ	ܥܰܡܟܽܘܢ	معكم

(١) مركب من الباء و ܝܰܕ جزم ܐܺܝܕܳܐ وقال البعض انه يصير عند اتصال الضمائر ܒܐܝܕܝ وتتصل به اتصال الجمع ܒܐܝ̈ܕܰܝ، ܒܐܝ̈ܕܰܝܟ الخ . والصحيح انه يبقى على حاله وتتصل به الضمائر اتصال الافراد كما ذكره العلامه القرداحي . اما ܒܐܝ̈ܕܰܝ فهي جمع ܐܺܝܕܳܐ الداخلة عليها الباء والمضافة الى ضمير المتكلم ويجب ان توضع لها علامة الجمع كما ترى (٢) الباء هنا زائدة (٣) مركب من ܗܳܐ و ܐܰܟܘܳܬ . ويأتي حرفاً مطلقاً ايضاً

ܥܡܟܝ	معكِ	ܥܡܟܝܢ	معكنّ
ܥܡܗ	معه	ܥܡܗܘܢ	معهم
ܥܡܗ̇	معها	ܥܡܗܝܢ	معهن

غير ان الباء واللام يلفظ معهما ضمير المتكلم فيخفضان قبله نحو ܒܝ بي ܒܢ بنا ܒܟ بكَ ܒܟܘܢ «بكم» الخ . ܠܝ لي ܠܢ لنا ܠܟ لكَ ܠܟܘܢ «لكم» الخ .

مثال الداخلة على الضمير بواسطة :

ܐܟܘܬ : (المركب من ܐܝܟ وܗܘܬ على راي بعضهم) . يقال فيه ܐܟܘܬܝ مثلي ܐܟܘܬܢ مثلنا ܐܟܘܬܟ مثلك ܐܟܘܬܟܘܢ «مثلكم» الخ . (١)

ܕܝܠ : ܕܝܠܝ خاصتي ܕܝܠܢ خاصتنا ܕܝܠܟ «خاصتك» الخ (عد ٤٦)

ܡܛܠ او ܡܛܘܠ «لـ» يصير ܡܛܠܬܐ او ܡܛܘܠܬܐ وتتصل به الضمائر مثل ܐܟܘܬ هكذا ܡܛܠܬܝ لاجلي ܡܛܠܬܢ لاجلنا ܡܛܠܬܟ لاجلك ܡܛܠܬܟܘܢ «لاجلكم» الخ . او ܡܛܘܠܬܝ ܡܛܘܠܬܢ الخ .

ܣܛܪ : ܣܛܪ ܡܢܝ ما عدايَ ܣܛܪ ܡܢܢ ما عدانا ܣܛܪ ܡܢܟ «ما عداك» الخ .

الحروف المتصلة بها الضمائر اتصال الجمع

ܒܠܥܕ من دون ، من غير ، الا | ܠܚܘܕ . ܒܠܚܘܕ (٢) وحد

(١) وقال غيرهم ان ܐܝܟ يدخل على الاسم الظاهر فقط اما الداخل على الضمير هكذا فهو ܐܟܘܬ وحده المذكور في اول الجدول (٢) قيل ان ܠܚܘܕ مركب من اللام وܚܘܕ معرفة . وܒܠܚܘܕ من الباء وܠܚܘܕ المذكورة ولا يدخلان الا على الضمير

ܚܠܦ عوض · بدل · من اجل | ܥܠ . ܥܠܘܗܝ(١) على

مثالها ܚܠܦ «عِوَض» :

ܚܠܦܝ	عِوَضي	ܚܠܦܝܢ	عوضنا
ܚܠܦܝܟ	عوضكَ	ܚܠܦܝܟܘܢ	عوضكم
ܚܠܦܝܟܝ	عوضكِ	ܚܠܦܝܟܝܢ	عوضكنّ
ܚܠܦܘܗܝ	عوضه	ܚܠܦܝܗܘܢ	عوضهم
ܚܠܦܝܗ	عوضها	ܚܠܦܝܗܝܢ	عوضهنّ

الا ان ܥܠ تنقل حركة اولها الى ثانيها نحو ܥܠܝ عليَّ ܥܠܝܢ علينا ܥܠܝܟ عليكَ ܥܠܝܟܘܢ «عليكم» الخ (٢)

فائدة

يوجد اربعة حروف تُسمّى ܡܩܕ̈ܡܢܝܬܐ «عارضة» وهي ܒܕܘܠ وتُعرَف بحروف ܒܕܘܠ · ثلاثة منها وهي الباء والدال واللام من حروف ܡܫܡܫ وتتصل بها الضمائر اتصال الافراد كما رايت في الجدول الاول · والواو من حروف العطف كما سترى · ومع ذلك نتكلم عنها مع بقية حروف ܒܕܘܠ تبعاً لعادة القدماء ·

وسُمّيت ܡܩܕ̈ܡܢܝܬܐ «عارضة» لانها تعرض اي تقع على اول

---

(١) والبعض يقولون ܥܠܘܗܝ «بكسر العين» (٢) يوجد مشابهة تامّة بين الظروف المضافة والحروف المضافة من حيث اتصال الضمائر بها كما ترى

تنبيه : قد رايت وسترى في الجزء الثاني ان عدداً وافراً من الظروف والحروف مركبة اما من اسمين واكثر واما من اسم وفعل واما من اسم وحرف . على ان هذه الظروف والحروف المركبة تفقد بعد التركيب كل خاصة كانت للكلمة الماخوذة عنها وتضحي ظروفاً او حروفاً غير قابلة التغيير .

الكلمة لمعانٍ كثيرة سيأتي بيانها • فيقع منها حرف او حرفان او ثلاثة او اربعة نحو ܟܬܒܐ ܒܟܬܒܐ ܘܒܟܬܒܐ ܕܡܒܟܬܒܐ •

وعند ذلك تجري على الحكمين الاتيين :

١ : اذا كان اول الكلمة متحركاً تسكن نحو ܒܟܣܦܐ ܘܟܣܦܐ الخ . الا اذا كان المتحرك الفاً او ياء مخفوضةً فتنقل حركته اليها نحو ܠܐܠܗܐ ܘܠܐܡܐ ܕܝܠܕܬܗ ܫܘܒܚܐ ܘܐܝܩܪܐ « لله وللام التي ولدته المجد والاكرام» (١)

٢ : اذا كان اول الكلمة ساكناً تتحرك هي بالفتح نحو ܒܫܡܫܐ ܘܒܫܡܫܐ الخ . وكذا اذا كان ساكناً في الاصل وتحرك عرضاً بحركة منقولة عن ثاني الكلمة نحو ܒܩܠܐ ܕܠܐܐ ܕܒܠܐ ܘܡܠܐ فالاصل ܩܠܐ ܠܐܐ (جزم ܩܐܠܐ ܠܐܠܐ) ܒܠܐ ܡܠܐ .

وهكذا متى دخلت حروف ܒܘܕܠ على بعضها في الكلمة الواحدة تتبع الحكمين السابقين نحو ܘܒܟܬܒܐ ܕܡܒܟܬܒܐ .

تنبيه : ان الواو تقع على باقي حروف ܒܘܕܠ ولا يقع غيرها عليها • وللدال خاصة وهي انها تقع على مثلها نحو ܕܕܝܠܗ ܐܢܘܢ ܐܦܣܝܗ̇ ܕܐܪܥܐ «لله اقطار الارض» •

---

(١) ومنه كسر الداخلة على ܐܢܐ واخواتها نحو ܕܐܢܐ الخ . فهو منقول عن الالف المكسورة المندرة على اول هذه الكلمات (عد ٧) . واعلم ان نقل الحركة عن الالف والياء الى حرف ܒܘܕܠ مرجعه الى قاعدة تخفيف الهمزة في الوسط . وانت تذكر ان الياء المخفوضة في الابتداء تعتبر مسبوقة بهمزة لفظاً .

ويجوز في ضرورة الشعر الرجوع الى الاصل بابقاء الحركة على الالف مع حروف ܒܘܕܠ نحو ܘܕܐܠܗܐ وذلك واجب في صيغة الحاضر من فعل ܐܡܪ متى دخلته الدال واللام معاً نحو ܕܠܐܡܪ «لمن يقول» (بدل ܕܠܡܐܡܪ) . كما افاد ابن العبري

ܕܘܪܫܐ تمرين

١ً : صِل حروف ܣܝ̈ܡܐ الآتية بالضمائر المتصلة :

ܒܝܕ	بواسطة	ܒܕܡܘܬܐ	شبه . مثل	ܒܦܘܬ	حسب . بموجب
ܠܘܬ	الى	ܒܠܥܕ	بدون . بغير	ܒܠܚܘܕ	وحدَ

٢ً : وادخل حروف ܒܕܘܠ على الالفاظ الاتية :

ܣܓܐ	كثر	ܐܓܪ	أجر	ܥܪܩ	هربَ
ܬܡܝܗܐ	مذهل	ܫܓܐ	متباهٍ . متعظم	ܝܨܦ	اهتمَّ

ملحق

ܥܠ ܩܘܫܝܐ ܘܪܘܟܟܐ في التقسية والترقيق وفيه فصلان

توطئة

١٢٨ التقسية هي لفظ الحرف قاسياً جافياً . ويُسمّى ܡܩܫܝܐ مُقسّى . والترقيق هو لفظ الحرف رقيقاً ليناً . ويُدعى ܡܪܟܟܐ رقيقاً .

والحروف الابجدية التي تقسّى وترقق ستة كما مرَّ وهي ܒ ܓ ܕ ܟ ܦ ܬ وتجمع ܒܓܕ ܟܦܬ . ووجه تقسيتها هو ان تلفظ الباء والدال والكاف والتاء كامثالها في العربية . و ܓ كالجيم المصرية . و ܦ كالبا الفارسية او «p» الافرنجية . ووجه ترقيقها هو ان تلفظ البـاء كالفا «v» الافرنجية . و ܓ كالغين العربية . والدال كالذال والكاف كالخاء

وف كالفاء . والتاء كالثاء (١)

اما علامة التقسية فهي نقطة حمراء او سوداء عندنا توضع فوق الحرف المقسّى وسوداء دقيقة عند الشرقيين . وعلامة الترقيق نقطة

---

(١) الغاية من التقسية والترقيق سهولة اللفظ وانسجامه وتمييز بعض الكلمات المتشابهة لفظاً ومختلفة معنى . وبدونها يكون اللفظ صعباً تافهاً كما نبّه السيد الماقوري . وقد بذل ارباب اللغة في ضبط قواعدها همةً وعناية كبرى وعينوا لها مواقع مطردة . ولو لم تكن مواقعها وقواعدها مطردة لكانوا وضعوا لكل من الحروف الستة المشار اليها صورتين مخصوصتين مقساةً ومرققةً حتى لا يلتبس لفظها . لكن اطراد قواعدها اغنام عن ذلك .

ونحن قصدنا ان نذكر قواعد هذا الباب وضوابطه بالتدقيق كما فعل اكثر من تقدّمنا مع علمنا بما تطرّق اليه من الخلل عند الكثيرين لا سيما في هذه الايام . وذلك ١ً : لكي نوفّي قواعد هذه اللغة الشريفة حقها من البحث والضبط ما امكن ٢ً : لنفسح مجالاً لمن يريد اتقانها والتعمق في ادابها فان الباحث اذا اجاد معرفة قواعد هذا الباب يسهل عليه الاطلاع على دقائقها وتتضح له اسرارها واصولها الصحيحة التي عليها بنى اربابها الاولون هذه القواعد . ٣ً : اتقاء للخطأ الذي يتعرض له البعض في ايامنا بتقسيتهم وترقيقهم بعض هذه الحروف بدون ضابط . ونودّ لو عاد الكتّاب عندنا لوضع علامات التقسية والترقيق في مواضعها دائماً كما يفعل الشرقيون الى الان صيانةً من هذا الخلل . وقد بذلنا الجهد لنجعل هذه القواعد مختصرة سهلة المأخذ قدر المستطاع .

واعلم ان الباء في هذا الزمان لا تلفظ عند الغربيين الا مقساةً . وعند الشرقيين الا مرققة ولكنهم افرطوا في ترقيقها حتى جعلوها كالواو . والفاء لا تلفظ عند الغربيين الا مرققة بعكس الباء . وعند الشرقيين الا مقساة ما خلا في الفاظ قليلة بالغوا فيها بترقيقها حتى جعلوها كالواو ايضاً وجعلوا علامة ترقيقها هلالاً صغيراً تحتها نحو [illegible] ازيب [illegible] فس [illegible] سيصادف . وسبب ذلك على ما نظن مخالطة الغربيين للعرب والشرقيين للفرس في الزمن المتاخر . واولئك ليس عندهم الا الباء القاسية والفاء المرققة . وهولاء ليس عندهم الا الباء القاسية .

حمراء او سوداء عندنا توضع تحت الحرف المرقق (١) وسوداء دقيقة عند الشرقيين . وهاك قواعدهما بالايجاز .

الفصل الاول

١٢٩ ܡܛܠ ܩܘܫܝܐ ܘܪܘܟܟܐ في قواعد التقسية

القاعدة الاولى

اول الكلمة اذا كان احد حروف ܒܓܕܟܦܬ يكون مقسّى نحو ܒܪܐ ابن ܓܒܪܐ رجل ܕܡܐ دم ܒܪܘܝܐ بار ܦܓܪܐ جسد ܬܗܪܐ انذهال .

الثانيـــة

كل حرف بعد ساكن «ليس حرف مدٍ او شبهه» (٢) في وسط الكلمة فهو مقسّى نحو ܩܪܒܐ حرب ܦܠܓܐ نصف ܣܗܕܐ شاهد ܡܠܟܐ ملك ܚܢܦܐ وثني ܝܪܬܐ وارث . ܩܕܝܫܐ مقدس

---

(١) الاصل في نقطة التقسية والترقيق عندنا ان تكون حمراء فقط كما ترى في الكتب القديمة الخطية . ولكن اجازوا ان تكون سوداء ايضاً بسبب صعوبة استعمال النقطة الحمراء في الطبع (٢) حرف المد هو حرف العلة الساكن المسبوق بحركة تجانسه كالالف في ܡܠܟܐ والباء في ܒܝܬ ܥܡܗ . اما شبهه فهو الالف المثلثة الاخيرة المسبوقة بكسر كما في ܢܒܝܐ ܥܒܕܐ ܡܠܟܘܬܐ . والهمزة الساكنة المخففة المسبوقة بفتح كما في ܡܠܐܟܐ او كسر كما في ܢܐܡܪ او خفض كما في ܕܐܒܐ ܪܐܫܐ (راجع عدد ٥ وجه ١١ حاشية وعدد ٣ حاشية)

ܗܰܝܟܠܳܐ هيكل ܦܽܘܪܬܳܥܢܳܐ برغوث ܥܣܰܪܬܳܐ عشرة ܫܺܝܥܬܳܐ شيعة . زمرة ܨܽܘܪܬܳܐ صورة . ونحو ܩܶܫܬܳܐ قوس ܥܽܘܩܒܬܳܐ عرق ܐܶܫܬܳܐ «قعر . اسفل» مما تاؤهُ اصلية .

ومن هذه القاعدة ما وقع بعد ساكن محذوف لفظاً نحو ܡܕܺܝܢ݈ܬܳܐ مدينة او لفظاً وخطاً نحو ܡܰܓܠܳܐ منجل ܡܰܘܗܰܒܬܳܐ اعطاء . ܦܽܘܬܩܳܐ فندق ܩܽܘܦܕܳܐ قنفذ ܫܶܒܠܬܳܐ سنبلة ܐܶܕܪܳܐ اندر . بيدر ܬܶܐܬܳܐ تينة ܐ݈ܚܪܺܬܳܐ اخرى «اصلها ܡܰܓܢܠܳܐ ܡܰܘܗܰܒܢܬܳܐ ܦܽܘܢܕܩܳܐ ܩܽܘܢܦܕܳܐ ܫܶܢܒܠܬܳܐ ܐܶܢܕܪܳܐ ܬܶܐܢܬܳܐ ܐ݈ܚܪܢܬܳܐ» (١)

الثالثة

كل مشدد عند الشرقيين (اي كل متحرك بعد الفتح او الكسر او الضم القصير عندنا) فهو مقسّى نحو ܪܰܒܳܐ عظيم ܙܰܓܳܐ جرس ܦܠܰܓܬܳܐ دفّ . فرقة ܐܰܟܳܪܳܐ اكّار ܣܰܒܪܳܐ خبر ܣܶܟܬܳܐ سكّة ܓܽܘܦܬܳܐ جفنة ܚܶܪܫܳܐ اصمّ ܬܽܘܟܠܳܐ مضرّة ܩܽܘܒܠܳܐ قبول ܪܽܘܟܒܳܐ تركيب ونحو ܢܓܰܕ جذبَ ܐܰܒܶܕ اضرَّ ܐܰܟܶܣ بكّت ܢܓܰܕܘ݂ܗܝ او ܢܓܶܕ يجذبُ ܢܟܰܣܘܢ او ܢܟܶܣ يردَعُ «من النوني والمضاعف ܕܓܰܕ جذبَ ܕܟܳܐ ضرّ ܕܰܩܶܣ دقّ . ردَع» (٢)

---

(١) وليس من هذه القاعدة ما كان بعد ساكن في الحال وساكنين في الاصل نحو ܡܣܰܟܢܬܳܐ رفيقة ܡܰܟܣܟܢܬܳܐ سلفة ܪܽܚܡܬܳܐ «محبة» . كما سيجي

(٢) وليس منها ما تحرك بعد فتح او كسر عارض نحو ܐܶܬ݂ܟܠܺܝ ܐܶܟܠ او بعد ضم طويل كما في ܟܽܘܒܳܐ «ابريق» وفي وزن ܦܽܘܥܳܠܳܐ (غير مصدر ܦܰܥܶܠ المزيد) نحو ܛܽܘܒܳܢܳܐ «طوباوي» فان ذلك مرقق كما سياتي لانه غير مشدد .

الرابعة

كل حرف مشدد في الاصل وخُفِّفَ عرضاً يحفظ تقسيته الاصلية نحو ܓܒ جنب ܠܒ قلب ܐܬܪ مكان ܩܫܬܐ قش ܪܓܬܐ شهوة ܐܬܪܐ مكان ܐܓܪ̈ܬܐ الرسائل. ونحو ܢܓܪܘܢ سيجذبون. ܢܩܪܘܢ سيدعون. ܢܬܒܘܢ سيجلسون. ونحو ܡܩܒܠܝܢ يقبلون ܡܩܒܠܐ تقبلُ ܡܩܒܠܢܐ قابل ܡܩܒܠܐ مقبول. ܢܟܬܒܘܢ يكتبون ܢܟܬܒܘܢ سيكتبون ܢܟܬܒܢ سيكتبن ܢܩܒܠܢܝ سيقبلني. وهلمَّ جراً (من النوني والمضاعف ووزني ܥܠܠ وܐܥܠܠ ومن ܥܠ)

ومنها نحو ܟܟܪܐ وزنة ܣܟܪܐ ترس ܣܘܟܪܐ قفل ܣܘܟܠܠܐ «سفود» المشددة قبل الف الاطلاق هكذا ܟܟܪ ܣܟܪ الخ. (١)

الخامسة

تاء ضمير المخاطب كله تكون دائماً مقساةً نحو ܚܟܝܡܬ انتَ حكيم ܚܟܝܡܬܝ انتِ حكيمة ܚܟܝܡܬܘܢ انتم حكماء ܚܟܝܡ̈ܬܝܢ انتنَّ حكيمات. ونحو ܟܬܒܬ كتبتَ ܟܬܒܬܘܢ كتبتم ܩܒܠܬ قبلتَ ܩܒܠܬܘܢ قبلتم ܓܠܝܬܝ اظهرتِ ܓܠܝ̈ܬܝܢ اظهرتنَّ ܫܒܩܬܢܝ تركتني الخ.

---

(١) فكل هذه الحروف كانت مشددة عندما كانت متحركة وانما خففت بسبب سكونها. واعلم ان مرجع هاتين القاعدتين اي الثالثة والرابعة الى القاعدة الثانية لان الحرف المشدد في الحال او في الاصل هو عبارة عن حرفين اولهما ساكن كما لا يخفى.

السادسة

كاف ضمير المخاطب كله اذا سبقتها ياء مفتوح ما قبلها تقسّي نحو ܥܒܕܝܟ عبيدكَ ܥܒܕܝܟܘܢ عبيدكم ܠܘܬܟ عندكِ ܠܘܬܟܝܢ عندكنّ (١)

الفصل الثاني

ܦܣܩܐ ܬܪܝܢܐ ܕܪܘܟܟܐ في قواعد الترقيق

القاعدة الاولى

١٣٠ كل حرف من حروف ܒܓܕܟܦܬ ساكن بعد متحرك فهو مرقق نحو ܩܒܪܐ قبر ܐܓܪܐ اجر ܢܕܪܐ نذر ܢܟܠܐ غش ܫܘܦܪܐ حسن ܐܬܪܐ بلد . ܗܒܒܐ زهر الكرم ܟܘܡܬܪܐ كمثرى ܡܬܠܐ «مَثَل» من ܡܬܠ . ونحو ܡܠܟ «مَلِك» (جزم ܡܠܟܐ) ܡܠܟ مَلَكَ . وعدَ ܦܠܓ قسمَ ܐܬܦܠܓ تقسّمَ (٢)

---

(١) وهاتان القاعدتان ايضاً اي الخامسة والسادسة مرجعهما الى الثانية . وذلك لان تاء المخاطب في الاولى منهما مأخوذة من أنت وفروعه . وهي واقعة فيها بعد النون الساكنة وسطاً في الاصل وواجبة تقسيتها . وكاف المخاطب في الثانية واقعة بعد الياء الساكنة وسطاً (وليست حرف مد) .

(٢) الا اذا كان سكونه عارضاً وكان في الاصل متحركاً ومشدّداً فيبقى مقسّى لكونه من قاعدة التقسية الرابعة نحو ܪܒ عظيم ܫܠܝܚܐ رسول ܡܕܓܠܝܢ يكذبون ܢܒܟܝܢ «يركبون» كما مرّ

ومنها ما كان في الاصل ساكناً بعـد متحرك وتحرّك عرضاً نحو ܐܰܓܶܒ أجابَ ܐܰܟܶܠ كالَ (اصلها ܐܰܓܺܝܒ ܐܰܟܺܝܠ من وزن ܐܰܦܥܶܠ) . ونحو ܐܰܬܺܝܒ ܐܰܬܝܳܒܽܘܬܳܐ (اصلها ܐܰܬܝܶܒ ܐܰܬܝܳܒܽܘܬܳܐ) .

الثانية

كل حرف بعـد اول الكلمة الساكن يرقق نحو ܚܒܳܠܳܐ فساد ܣܓܺܝܕܳܐ مسجود له ܩܕܳܠܳܐ قذال . رقبة ܩܶܛܪܳܐ قيد ܫܦܺܝܥܳܐ فائض ܚܬܳܡܳܐ ختم ܕܟܺܝܬܳܐ نقية ܡܰܫܪܺܝܬܳܐ مسكن • ضريح ܪܟܶܒ ركبَ

ومنها ما وقع بعد الهمزة المتحركة اولاً بحركة عارضة وهي ساكنة في الاصل نحو ܐܰܓܺܝܪܳܐ اجير ܐܟܺܝܠܳܐ ماكول ܐܶܬܐܰܓܰܪ استأجرَ ܐܶܟܰܠ اكلَ

الثالثة

كل حرف بعد ساكنـين (ليس احدُهما حرفَ مدّ او شبهَهُ) فهو مرقق نحو ܐܰܪܢܒܳܐ ارنب ܡܨܰܡܨܡܳܐ متلالي، • ساطع ܡܰܠܟܬܳܐ ملكة ܢܰܟܦܬܳܐ عفيفة ܫܓܺܝܬܳܐ لوزة ܫܰܘܟܬܳܐ غصن ܡܰܠܚܫܺܝܢ يلمعون (١)

ومن هذه القاعدة كل حرف وقع بعد ساكن في الحال وساكنين في الاصل وهو :

---

(١) فاذا كان احد الساكنين قبله حرف مد او شبهه فلا يرقق بل يقسّى لكونه يحسب من قاعدة التقسية الثانية نحو ܡܥܺܝܬܳܐ ܪܽܘܚܬܳܐ ܫܡܺܝܟܬܳܐ ܐܳܪܘܬܳܐ ذمة . وكذا ܚܒܺܝܬܳܐ (اصلها ܚܐܒܬܳܐ) ܒܐܚܝܕܝ سيهلكون

١ : ما وقع بعد ساكنٍ ما قبله متحركٌ بحركة ܡܛܝܚܐ نحو ܐܡܪܓܕܐ زمرد وܢܟܣܬܐ ذبيحة (١)

٢ : ما وقع بعد ساكنٍ محذوفٍ بعده ساكن آخر نحو ܒܪܬܐ بنت (اصلها ܒܪܬܐ) ·

٣ : ما وقع بعد فاء المضاعف الساكنة في مضارع مجرده نحو ܢܡܟܟܘܢ «يَذِلُّون» من ܡܟ · وفي حاضر مزيده ܐܡܟܟ ومضارعه وبقية مشتقاته نحو ܡܡܟܟܝܢ يُذلّون ܢܡܟܟܘܢ سَيُذلون ܡܡܟܟܢܐ «مُذِلّ» الخ

٤ : ما وقع بعد عين النوني الساكنة في مضارع مجرده وما يشتق منه نحو ܢܫܩܦܘܢ «سيتبعون» من ܢܩܦ (٢) وܡܫܩܦܠ مأخذ (اصلها ܡܫܩܦܠ) · وفي حاضر مزيده ܐܩܦ ومضارعه وبقية مشتقاته نحو ܡܩܦܝܢ يتبعون ܢܩܦܘܢ سيتبعون ܡܩܦܢܐ «مُتبع» الخ ·

٥ : ما وقع بعد العين الساكنةُ في وزن ܦܥܠ ومشتقاته نحو ܒܪܟܬ باركتُ ܡܒܪܟܝܢ يباركون ܢܒܪܟܘܢ سيباركون ܡܬܒܪܟܝܢ يُبارَكون ܢܬܒܪܟܘܢ سيُبارَكون الخ. (٣)

٦ : تاء المونث الظاهر فيه حرفان اولهما مفتوح او مكسور او مضموم نحو ܓܢܬܐ جنّة ܐܟܬܐ حقد ܡܠܬܐ كلمة ܪܓܬܐ شهوة ܕܘܟܬܐ مكان. وكذا ܩܢܝܬܐ «بارية قصب» من ܩܢܐ

وتاء المونث الساكن الاول المفتوح الثاني من المضاعف مثل

---

(١) لان حركة ܡܛܝܚܐ لا تعتبر في قواعد الترقيق ولو كانت منقلبة كما في ܢܟܣܬܐ

(٢) ومثله ܢܬܒܘܢ «سيجلسون» من ܝܬܒ

(٣) وذلك لان الساكن في هذا الوزن اصله مشدد فهو حرفان ساكنان

ܡܓܒܠܬܐ مجلة ܡܪܒܠܬܐ مصفاة (١)

٧ : تاء ܦܥܝܠܬܐ الصفة او الموصوف نحو ܥܣܝܩܬܐ صعبة ܣܠܩܬܐ سلفة ܚܣܝܪܬܐ حسرة ܝܕܝܥܬܐ معرفة (٢)

٨ : تاء ܦܥܝܠܬܐ الصفة فقط (المكسورة العين او المفتوحتها اذا انتهت بحرف فتح) نحو ܪܚܝܡܬܐ محبة ܥܒܝܪܬܐ الزائلة ܦܪܚܬܐ طائرة (٣)

٩ : تاء بعض الاسماء الموصوفة المسبوقة بثلاثة سواكن في الاصل مثل ܡܫܩܠܬܐ فكر ܡܪܟܒܬܐ «مركبة». ومنه ܩܩܠܬܐ مزبلة (اصله ܩܩܩܠܬܐ) (٤)

---

(١) لان ما قبل هذه التاء اصله مشدد قبل دخولها فهو حرفان ساكنان ايضاً

(٢) لان اصل الصفة والموصوف من هذا الوزن بفتح الاول فيكون قبل هذه التاء ساكنان . وليس كذلك تاء وزن ܦܥܠܬܐ المكسور الثاني نحو ܓܘܓܠܬܐ عجلة ܥܓܠܬܐ «زبل» بل هي من قاعدة التقسية الثانية

(٣) لان اصل هـذا الوزن بسكون الثاني فحركته عارضة . اما الموصوف فبعضه يتبع قاعدة الصفة باعتبار اصله نحو ܩܝܡܬܐ قائمة الباب والنول ܦܓܥܬܐ حادثة مفاجئة. وبعضه يتبع قاعدة التقسية الثانية باعتبار حالتهِ الحاضرة نحو ܓܙܪܬܐ جزيرة ܓܘܡܬܐ هوة . ولا ضابط لذلك

(٤) اما البعض الاخر فيتبع قاعدة التقسية الثانيـة باعتبار حالته الحاضرة نحو ܐܬܟܫܦܬܐ تضرع ܡܦܩܬܐ مخرج ܡܥܠܬܐ مدخل ܡܣܩܬܐ مصعد ܫܒܠܬܐ سنبلة ܫܫܠܬܐ سلسلة ܓܓܪܬܐ حنجرة (اصلها ܡܦܩܬܐ ܡܥܠܬܐ ܡܣܩܬܐ ܫܒܠܬܐ ܫܫܠܬܐ ܓܓܪܬܐ) . واما الصفة فلا ترقق تاوها بل جميعها تتبع القاعدة المذكورة نحو ܡܚܪܡܬܐ « محرومة » . فترى ان مثل هذه الامثلة يتنازعها التقسية والترقيق وانما الغالب فيها التقسية لان الحركة على اوسط الثلاثة سواكن فيها ضرورية فاضحت كالاصلية .

الرابعة

كل حرف يأتي بعد حرف مد او شبهه يرقق نحو ܛܳܒܳܐ صالح ܬܳܓܳܐ تاج ܛܽܘܒܳܢܳܝܳܐ طوباوي ܡܳܙܽܘܓܳܐ مازج ܕܳܡܽܘܟܳܐ نائم ܟܪܺܝܳܐ حزين ܡܰܠܟܽܘܬܳܐ ملكوت ܬܰܘܕܺܝܬܳܐ شكر ܛܠܺܝܬܳܐ صبية ܚܰܟܺܝܡܳܬܳܐ حكيمات ܢܰܟܦܳܬܳܐ عفيفات ܒܰܝܬ بيت. ܟܺܐܦܳܐ حجر (١)

الخامسة

اول الكلمة اذا دخل عليه احد حروف ܒܕܘܠ نحو ܒܳܪܳܐ «بار» تقول فيه ܕܒܳܪܳܐ ܘܒܳܪܳܐ ܘ ܒܳܪܳܐ ܠܒܳܪܳܐ . ونحو ܟܬܰܒ «كتبَ» : ܘܟܬܰܒ ܕܟܬܰܒ

ؒ واول الفعل خاصةً اذا دخل عليه احد حروف ܐܢܬܝ (اي حروف المضارع وميم الحاضر) نحو ܟܬܰܒ كتبَ ܟܰܬܶܒ «كتّبَ» تقول

(١) ومن راي بعض الائمة الغربيين ان هذه القاعدة تجري بين كلمتين فقالوا: متى التقى كلمتان آخر الاولى منهما حرف مد او شبهه واول الثانية احد حروف ܒܓܕܟܦܬ يرقق هذا الحرف نحو ܗܳܢܳܐ ܓܒܺܝܳܐ «هذا المختار» ܗܽܘ ܓܒܳܐ «هو اختارَ» ܐܰܚܶܝܢ ܟܽܠܰܢ «احيا كلنا» ܡܳܪܳܐ ܕܟܽܠ «سيد الجميع». على ان هذا الراي وان يكن حسناً فهو يزيد القاريء ارتباكاً ولا سيما عند عدم وضع علامتي التقسية والترقيق فلا باس من عدم اتباعهِ . ولا سيما لان اخواننا الشرقيين لا يعملون به . ونظن ان اتّباع الغربيين له ادّى ببعضهم الى ترقيق اول بعض الكلمات بدون ان تكون مسبوقة بحرف مد ايضاً فقالوا مثلاً ܓܒܺܝܳܐ مختار ܟܳܣܳܐ كاس ܒܟܬܳܒܳܐ «مكتّب» وهو غلط

فائدة : ان ܟܳܣܳܐ الوارد في موضعين من «الكلام الجوهري» في القداس الالهي يجوز ان ترقق كافها بحسب هذا الراي في الموضع الاول فقط لكونها بعد لفظة ܘܫܰܩܝܳܐ المنتهية بحرف مد . ولا يجوز ان ترقق في الموضع الثاني لكونها بعد لفظة ܐܳܘܟܺܝܠ الغير منتهية بحرف مد . ولكن الاحسن ان تبقى قاسية في الموضع الاول ايضاً لما تقدم بيانه

ܐܶܬܟܰܬܰܒ ܢܶܬܟܰܬܰܒ ܠܶܬܟܰܬܰܒ . ܡܶܬܟܰܬܰܒ ܕܢܶܬܟܰܬܰܒ ܠܶܬܟܰܬܰܒ (١)

غير انه اذا كان اول الكلمة دالاً او تاءً ساكنتين بعدهما دالٌ او تاءٌ مرققتان ودخل عليهما احد حروف ܒܕܘܠ فلا يرققان بل يبقيان قاسيين نحو ܕ ܬܬܘܕܝܬܐ ܠܬܘܕܝܬܐ فتقول ܘܕܬܘܕܝܬܐ ܠܟܠ ܬܘܕܝܬܐ .

واذا كان الفعل الداخلة عليه الفُ ܐܢܝܬ متحركَ الاول او كان الفعل الداخلة عليه جميعُها نونياً او مضاعفاً متحركَ الاول او ساكنَهُ فلا يرقق بل يبقى مقسّى نحو ܐܕܘܢ ادين ܐܟܬܘܒ أكتِب ܐܕܒܘܚ أذبحُ ܢܕܒܘܚ نذبح ܐܒܘܙ انهب ܢܒܘܙ ننهب . ܐܕܒܚܟ اذبحكَ ܢܒܙܝܘܗܝ ننهبه الخ. من ܕܢ. ܟܬܒ ܕܒܚ ܒܙ

السادسة

كل صفة مصوغة بزيادة التاء والنون «ܬܢܐ» او التاء فقط ترقق تاؤها نحو ܩܪܒܬܢܐ محارب ܫܘܕܥܬܢܐ علأمة ܚܝܠܬܢܐ قوي

---

(١) مرجع هذه القاعدة الى قاعدتي الترقيق الاولى والثانية لانه اذا ترقق اول الكلمة الساكن بعد حرف ܒܕܘܠ او ܐܢܝܬ المتحرك فهو من القاعدة الاولى . واذا ترقق بعد الساكن فهو من الثانية

فائدة : متى دخلت حروف ܒܕܘܠ الكلمة تبقى معتبرة خارجة عنها ولا تؤثِّر الا على اولها . اما بقية حروفها فتبقى على حكمها من حيث التقسية والترقيق فتقول مثلًا ܟܦܝܬܐ «مربوط» ܘܟܦܝܬܐ «ومربوط» بترقيق الكاف قبل دخول الواو وبعده لاعتبارها واقعة بعد اول الكلمة الساكن في الحالين . اما حروف ܐܢܝܬ فتغير حكمها وتضحي كانها من نفس الكلمة فتقول مثلًا ܒܟܝܐ «باكي» بترقيق الكاف لوقوعها بعد الساكن اولاً . وܐܒܟܝܐ «سابكي» بتقسيتها لوقوعها بعد ساكن وسطاً . فتأمل

ܫܦܝܪܐ جميل. ونحو ܡܩܝܡ ܝܘܪܬܢܘܬܐ علامة ܡܣܟܘܡܝܬܐ حكيم.
مقيم الميراث.

السابعة

تاء المجهولية والمطاوعة تكون مرققة نحو ܐܬܚܬܡ وܐܬܚܬܡ
خُتِمَ وانختَمَ

الا اذا كان بعدها تاء او دال او طاء نحو ܐܬܬܒܪ كُسر ܐܬܬܕܝܢ
دينَ ܐܬܩܛܠ قُتل ܐܬܕܟܪ ذُكر ܐܬܛܪܕ طُردَ. او تقدمها حرف
صفير نحو ܐܣܬܓܕ سُجِدَ له ܐܫܬܒܩ تُرِكَ (١)

---

(١) ترقق التاء في المثالين الاولين لوقوعها ساكنة بعد متحرك كالقاعدة الاولى. ويمتنع ترقيقها في الامثلة الثانية لوقوعها قبل حرف مجانس لها واجبة تقسيتهُ فتضحي معه كحرف واحد. وفي المثالين الاخيرين لوقوعها بعد ساكن وسطاً كقاعدة التقسية الثانية

تنبيهان: الاول متى التقى حرفان متجانسان او متقاربان في الكلمة فاذا كان اولهما ساكناً وتصح فيه قاعدة الترقيق فلا يرقق بل يدغم في الثاني الواجب التقسية لوقوعهِ بعد ساكن وسطاً نحو ܡܬܚܕܪܢܐ منحدَر ܐܚܝܕܬܐ ماخوذة وآخذة ܙܒܢܬܐ بيعة. ونحو ܐܬܬܪܝܡ ارتفع ܐܬܛܪܕ طُردَ ܐܬܢܟܣ ذُبح. واذا كان ساكناً ولا تصح فيه قاعدة الترقيق بل تصح في الثاني فيبقى قاسياً ولا يدغم نحو ܣܓܕܬܐ سجدة.

الثاني: متى سكنت العين في ܐܬܦܥܠ وܐܬܦܥܠ يقع الالتباس بينهما في اكثر مشتقاتهما كما اشرنا سابقاً. فانتبه الى ان عين الاول تكون حينئذٍ مرققة دائماً لوقوعها ساكنة بعد متحرك. ولامه مقساة لوقوعها بعد ساكن وسطاً نحو ܡܬܕܥܟܝܢ يلدَغون ܡܬܕܥܟܢܐ «ملدوغ» الخ من ܐܬܕܥܟ مجهول ܕܥܟ «لدَغَ». اما الثاني فبالعكس فان عينه تكون مقساةً دائماً لانها مشددة في الاصل. ولامه مرققة لوقوعها بعد عينه هذه الساكنة المشددة في الاصل نحو ܡܬܕܥܟܝܢ يُلدّغون ܡܬܕܥܟܢܐ «مُلدَّغ» الخ من ܐܬܕܥܟ مجهول ܕܥܟ لدّغَ. ولذلك يمتنع ترقيق اول المتجانسين ويدغم في الثاني في ܐܬܦܥܠ نحو ܡܬܡܟܟܝܢ يُذلّون ܡܬܡܟܟܢܐ «مُذَلّ»

الثامنة

كاف ضمير المخاطب كله تكون مرققة نحو ܡܳܪܳܟ݂ سيدك ܡܳܪܟ݂ܽܘܢ سيدكم ܡܳܪܶܟ݂ܝ سيدكِ ܡܳܪܟ݂ܶܝܢ سيدكنّ . ܐܰܠܦܳܟ݂ علّمكَ ܐܰܠܶܦܟ݂ܽܘܢ «علمكم» الخ . الا اذا سبقتها ياء مفتوح ما قبلها كما مرّ .

التاسعة

تاء المؤنثة الغائبة ترقق دائماً نحو ܥܶܒܕܰܬ݂. صنعت ܨܳܡܰܬ݂. صامت ܩܪܳܬ݂ دعت. قرأت ܓܰܠܝܰܬ݂ܶܗ اظهرته ܓܰܠܝܰܬ݂ܟ݂ܽܘܢ اظهرتكم الخ .

العاشرة

آخر ماضي الغائبين والغائبات يكون مرققاً نحو ܦܠܰܓ݂ܘ قسَموا ܦܠܰܓ݂ܶܝܢ قسَمنَ ܦܠܰܓ݂ܽܘܢ قسموا ܦܠܰܓ݂ܶܝܢ قسَمنَ . واخر الامر الذي يكون مثل ماضيه نحو ܦܠܽܘܓ݂ܘ قِسموا ܦܠܽܘܓ݂ܶܝܢ قِسِمنَ .

فوائد

الاولى : من الاسماء الثلاثية ما يكون ثالثه مقسّى في المفرد ومرققاً في الجمع وهو ܙܰܠܓ݂ܳܐ ܙܰܠܓ݂̈ܶܐ شعاع اشعة ܡܰܪܓ݂ܳܐ ܡܰܪ̈ܓ݂ܶܐ مرج مروج ܥܶܣܒܳܐ ܥܶܣ̈ܒܶܐ عشب اعشاب

الثانية : الاسماء الثلاثية المؤنثة على وزن ܩܰܛܠܬ݂ܳܐ اذا كان ثالثها باء تُقسَى باؤها في المفرد التام فقط نحو ܚܰܪܒܬ݂ܳܐ خَرِبة ܥܰܪܒܬ݂ܳܐ غَربة . صفصافة ܫܰܪܒܬ݂ܳܐ قبيلة وترقق في ما يتفرع عنه اي في الجمع

الخ من ܐܶܬ݂ܦܰܥܰܠ مجهول ܦܰܥܶܠ دلّ ويبقى الاول قاسياً والثاني مرققاً في ܐܶܬ݂ܦܰܥܰܠ نحو ܡܶܬ݂ܦܰܪܢܣܺܝܢ يدارون ܡܶܬ݂ܦܰܪܢܣܳܢܳܐ «مدبّر» الخ . من ܐܶܬ݂ܦܰܥܰܠ مجهول ܦܰܥܶܠ دلّ . ولا يصعب ادراك ذلك على التلميذ اللبيب .

نحو ܡܪ̈ܒܝܬܐ ܟܪ̈ܒܝܬܐ ܥܪ̈ܒܝܬܐ . والجزم نحو ܡܪܒܝܐ ܡܪܒܝܬ ܟܪܒܝܐ ܟܪܒܝܬ الخ . وفي النسبة التي تحذف منها التاء نحو ܡܪܒܝܐ ܟܪܒܝܐ ܥܪܒܝܐ .

ويتبعها لفظة ܢܶܩܒܬܳܐ « انثى » فقط (من وزن ܦܽܘܚܠܬܳܐ) نحو ܢܶܩܒ̈ܳܬܳܐ . ܢܶܩܒܳܐ ܢܶܩܒܳܢ . ܢܶܩܒܳܢ .

الثالثة : من الاسماء ما يختلف معناها بالتقسية والترقيق نحو :

ܓܰܪܒܳܐ	بتقسية الباء	اجرب · ابرص	وبترقيقها	جَرَب · بَرَص
ܚܽܘܓܒܳܐ	« الباء	صنم · وثن صغير	«	حاجب كاهن الوثن
ܚܶܣܕܳܐ	« الدال	عار فضيحة	«	رحمة · نعمة
ܚܽܘܪܒܳܐ	« الباء	قفر · بر	«	لقلق · ابو حديج
ܚܰܕܽܘܬܳܐ	« الدال	عروس · خائبة	«	فرح · شماتة
ܣܺܝܡܬܳܐ	« التاء	موضوعة (صفة)	«	ذخيرة (موصوف)
ܓܽܘܬܳܐ	« التاء	صوت · صدى	«	حديث · عشرة
ܬܽܘܬܳܐ	« التاء	توتة · بثرة متقرحة	«	توت · شجر وثمر

الرابعة : يوجد خمسة افعال يترقق ثالثها في الحاضر بعد سكون ثانيها وهي :

ܠܒܶܟ لَبَدَ	نحو ܠܳܒܶܟ ܠܳܒܟܺܝܢ	ܠܳܒܟܳܐ ܠܳܒܟܳܢ الخ .
ܦܠܰܓ قَسَمَ	« ܦܳܠܶܓ ܦܳܠܓܺܝܢ	ܦܳܠܓܳܐ ܦܳܠܓܳܢ الخ .
ܟܪܰܟ ضمد	« ܟܳܪܶܟ ܟܳܪܟܺܝܢ	ܟܳܪܟܳܐ ܟܳܪܟܳܢ الخ :
ܚܓܰܓ حاط	« ܚܳܓܶܓ ܚܳܓܓܺܝܢ	ܚܳܓܓܳܐ ܚܳܓܓܳܢ الخ .
ܣܓܰܓ سيَّج	« ܣܳܓܶܓ ܣܳܓܓܺܝܢ	ܣܳܓܓܳܐ ܣܳܓܓܳܢ الخ .

الخامسة : اذا وقعت حروف ܒܓܕܟܦܬ في الالفاظ اليونانية

فالشرقيون يجرونها على قواعد الحروف السريانيـة المارة فيقولون مثلاً ܓܝܘܪܓܝܣ جيورجيس ܐܘܢܓܠܝܘܢ الانجيل ܟܪܣܛܝܢܐ مسيحي ܦܛܪܝܪܟܐ «بطريرك» بتقسية الـ ܟ والكاف ܡܢ ܡܓܢܝܛܝܣ جر المغناطيس ܐܟܣܢܝܐ «غريب» بترقيقها ·

اما الغربيون فلا ضابط لها عندهم بل يلاحظون في تقسيتها وترقيقها اصلها في اليونانية فما كان منها قاسياً يقسونهُ كما في ܓܝܘܪܓܝܣ و ܐܘܢܓܠܝܘܢ المذكورتين و ܦܦܐ بابا · وما كان مرققاً يرققونه نحو ܓܪܝܓܘܪܝܘܣ غريغوريوس ܦܝܠܘܣܘܦܐ فيلسوف

غير ان الكاف اذا وليها سين فهي مقساة غالباً عندهم نحو ܛܟܣܐ «طقس · رتبة» والا فهي مرققة نحو ܟܪܣܛܝܢܐ مسيحي

شواذ التقسية والترقيق

اولاً : شواذ التقسية

قد شذ عن قاعدة التقسية الثانية عدة اسماء اكثرها حاصل من ثلاثة حروف لعدم تقسية الحرف الذي يلي الساكن فيها وهي :

ܐܠܦܐ سفينة	ܟܢܦܐ جناح	ܪܩܒܐ قربة
ܒܪܕܐ بَرَد · بَرْد	ܢܥܒܐ نعّاب غراب اسود	ܩܣܒܐ قصعة (اعجمية
ܕܪܓܐ درجة	ܥܩܒܐ عَقِب	ܥܩܪܒܐ عقرب
ܚܕܬܐ حدث · جديد	ܥܪܒܐ غَرَب · صفصاف	ܐܪܩܒܐ معنىً طويل
ܚܠܒܐ حليب	ܥܘܪܒܐ غراب	ܐܪܩܒܝܐ رئيس الملوك
ܟܪܟܐ مدينة مسوَّرة	ܪܛܒܐ و ܪܛܒܐ رطوبة	ܟܠܕܝܐ كلداني

ܦܰܠܚܢܽܕܳܐ القلق (١)	ܛܳܒܬܳܐ صالحة	ܣܳܒܬܳܐ شيخة. عجوز
ܦܽܘܢܳܝܳܐ جواب	ܚܦܝܬܳܐ اجتهاد	ܐܘܠܨܬܳܐ ضيقة. كآبة
ܡܣܒܽܪܳܐ اجرد	ܚܦܝܬܳܐ 〃	ܕܩܝܩܬܳܐ رفيعة
ܩܰܩܽܒܪܳܐ حجَل. قبَج	(اصلها ܚܦܝܬܳܐ)	ܫܳܥܬܳܐ ساعة
ܩܢܒܽܘܠܳܐ دست. خلقين	ܟܢܫܬܳܐ	ܫܶܢܬܳܐ سِنة. نوم
ܪܰܗܒܽܘܢܳܐ عربون اعجمية	قبع راس الاسطوانة	(اصلها ܫܶܢܬܳܐ (٣)
ܒܳܒܬܳܐ بؤبؤ العين	ܡܫܽܘܚܬܳܐ امساحة(٢	

ثانياً : شواذ الترقيق

يشذ عن القاعدة الثانية : ܐܳܒܽܘܕܳܐ «هالك» بتقسية الباء وحقها ان ترقق لان اصلها ܐܳܒܕܳܐ (بسكون الهمزة) (٤)

عن الثالثة : ܐܰܝܠܬܳܐ ايلة . غزالة ܥܶܙܠܳܐ وعلة . عنزة جبلية

عن الرابعة : ܟܽܬܳܢܳܐ قميص كتّان ܚܽܘܬܳܢܬܳܐ حربة (٥)

---

(١) ترقق الفين فيها عند الغربيين فقط (٢) ربما ترققت تاؤها لان اصلها ܡܫܘܚܬܐ
(٣) وذكر البعض بين هذه الاسماء ܓܪܒܐ جلد ܢܩܒܬܐ نقب ܥܒܩܐ اصل . قاعدة ܨܦܪܐ صبح . فجر (اصلها ܨܦܪܐ) ܐܒܕܢܐ هلاك ܚܘܠܡܢܐ صيحة ܛܥܡܬܐ طعم . ذوق ܩܝܡܬܐ قيامة . لكننا لدى مراجعتها في «دليل الراغبين» وجدناها قياسية .
(٤) لا يحسب شاذاً عن هذه القاعدة ܫܢܬܐ سنة ܫܢܝܢ «سنين» بل هما من قاعدة التقسية الثانية سواء اعتُبر اصلهما ܫܢܝܐ ܫܢܝܢ او ܫܢܬܐ ܫܢܝܢ كما لا يخفى
(٥) لا تُحسب شاذة عن هذه القاعدة ܒܬܐ «بيوت» لان اصلها ܒܬܐ فهي من قاعدة التقسية الثانية ايضاً .

ܪܘܫܡܐ تمرين

ضع علامة التقسية او الترقيق حيث لزمت في الالفاظ الاتية :

ܓܙܐ	الكنز	ܦܟܐ	فك	ܐܬܟܝܠ	كيل
ܘܓܙܐ	والكنز	ܚܣܘܡܬܢܐ	حسود	ܝܪܬܝܢ	يرثون
ܫܬܩܐ	سكتة	ܙܥܩܬܐ	زعقة صرخة	ܒܟܐ	بكى
ܬܠܓܐ	ثلج	ܪܦܘܬܐ	رفعة	ܒܟܐ	يبكي
ܥܓܠܐ	عجل	ܛܠܝܬܐ	صبيّة	ܢܒܟܐ	سيبكي
ܟܣܐ	كاس	ܢܟܦ	عفَّ	ܡܒܟܝܐ	مبكى
ܡܕܡܟܐ	منام	ܢܟܦ	عفَّف	ܐܬܬܣܝܡ	وضع
ܚܕܘܬܐ	فرح	ܐܬܪܟܢ	مال	ܪܓܓ	حث . رغّب
ܟܠܕܝܬܐ	كلدانيّة	ܐܬܪܟܢ		ܡܪܓܓ	يحث . يرغب

ܦܢܝܐ ܬܪܝܢܐ الجزء الثاني

ܥܠ ܪܘܟܒܐ ܕܡܡܠܠܐ
في تركيب الكلام او النحو وفيه قسمان

توطئة

١٣١ يدور البحث في هذا الجزء على الكلام المركب من المفردات اي الاسم والفعل والحرف تركيباً مفيـداً فائدة تامة نحو ܝܘܣܦ ܫܦܝܪܐ ܗܘ «يوسف جميل»

وانواع التركيب ثلاثة . التركيب الاسنادي وهو ما دلّ على نسبة أحد الجزئين الى الآخر نسبة تامة كنسبة الجمال الى يوسف في المثال المتقدم. والتركيب الاضافي نحو ܟܬܒܐ ܕܡܘܫܐ «كتاب موسى». والتركيب المزجي نحو ܒܥܠܕܒܒܐ «مقاتل» .

فالتركيب المفيد منها فائدة تامة انمـا هو الاسنادي . اما النوعان الاخران فلا يفيدان بدونهِ . واركان هذا التركيب الاسم والفعل دون الحرف . لان الاسم يُسنَد ويُسنَد اليه نحو ܐܠܗܐ ܟܐܢܐ ܗܘ « الله عادل» والفعل يُسنَد نحو ܩܡ ܦܘܠܘܣ «قام بولس». واما الحرف فلا يُسنَد ولا يسند اليه وانما يؤتى بهِ مع الاسم والفعـل لمعنى كالاستعانة في نحو ܡܚܐ ܓܢܒܪܐ ܒܣܝܦܐ «ضرب الجبار بالسيف».

واعلم ان من الكلام ما هو عمدة اي ما لا بدّ منه في افادة المخاطب

وهو المبتدا وخبره والفاعل ونائبه ومنه ما هو فضلة اي ما تحصل الفائدة بدونهِ وهو المفاعيل والحال والتمييز . ومنه ما هو متوسط بين العمدة والفضلة . اي ما يكون لتكميلها . ومنه ما يكون تابعاً للعمدة او الفضلة كما سياتي . وكل من هذه الانواع الاربعة لا بد ان يكون نكرة او معرفة .

ولنأخذ الان في ايضاح ذلك . ونجعل مباحثنا في هذا الجزء قسمين . الاول في الكلام المركب بالعموم . والثاني في الحروف او روابط التركيب بالخصوص .

ܡܢܬܐ ܩܕܡܝܬܐ القسم الاول

ܥܠ ܡܡܠܠܐ ܡܪܟܒܐ ܓܘܢܝܐܝܬ

في الكلام المركب بالعموم وفيه ثمانية ابواب

ܬܪܥܐ ܩܕܡܝܐ الباب الاول

ܥܠ ܫܡܐ ܠܐ ܝܕܝܥܐ ܘܝܕܝܥܐ

في اسم النكرة والمعرفة وفيه سبعة فصول

الفصل الاول

ܥܠ ܬܚܘܡܐ ܕܠܐ ܝܕܝܥܐ ܘܝܕܝܥܐ في تحديد النكرة والمعرفة

١٣٢ الاسم اما نكرة وهي الاصل واما معرفة وهي الفرع · فالنكرة هي كل اسم شائع في جنسه نحو ܓܒܪ «رجلٌ» ܛܒ «صالحٌ» · والمعرفة هي كل اسم دلّ على شيء بعينه نحو ܓܒܪܐ «الرجل» ܛܒܐ «الصالح» ·

فالاسماء الارامية اكثرها منتهية بالف الاطلاق المزيدة عليها نحو ܓܒܪܐ ܡܫܝܢܐ . وبعضها خالية منها نحو ܛܘܥܝܝܢ · وكلها تصلح ان تكون نكرة او معرفة (١) فتقول مثلًا ܐܬܐ ܓܒܪܐ ܡܫܝܢܐ «جاء رجلٌ وديعٌ» او «الرجل الوديعُ» · ܗܢܘ ܗܘ ܛܘܥܝܝܢ « هذا ضلالٌ » او «هذا هو الضلالُ» بحسب القرينة ·

اما اذا أريدَ تمحيضُها للتنكير فلذلك طريقتان :

الاولى : ان تُجزم جزم التنكير نحو ܐܢ ܦܓܥ ܒܢ ܓܒܪ ܚܛܝ «اذا صادفنا رجل اثيم» ܦܠܘܚܘ ܐܢܬܘܢ ܘܠܐ ܡܬܡܐܢܘ «اعملوا انتم بلا ضجر» · ܠܝܬ ܙܕܝܩܝܢ ܒܡܕܝܢܬܐ ܘܠܐ ܚܟܝܡܢ ܒܩܪܝܬܐ «ليس ابرار في المدينة ولا حكيمات في القرية» (٢)

الثانية : ان تصحبها اداة من ادوات التنكير قبلها او بعدها وهي ܚܕ · ܚܕܐ . ܐܢܫ . ܡܕܡ (٣)

اما ܚܕ فهي للمذكر العاقل وغير العاقل وܚܕܐ لمؤنثه نحو ܚܕ

---

(١) وانما الكثير في ما انتهى بالالف المذكورة ان يكون معرفة

(٢) فكل اسم تراه مجزومًا جزم تنكير فهو نكرة . الا ما ندر جعلوه معرفة من باب التوسع نحو ܛܘܒܝܗܘܢ ܠܡܣܟܢܐ ܒܪܘܚ «طوبى للمساكين بالروح» ويعرف من قرائن الكلام ·

(٣) وكلها بمعنى «تنوين الوحدة» و «ما» الابهام عند العرب

ܛܠܝܐ او ܛܠܝܐ ܚܕ «صبيٌّ ما» ܚܕܐ ܛܠܝܬܐ او ܛܠܝܬܐ ܚܕܐ «صبيّة ما» ܚܕ ܐܝܠܢܐ «شجرة ما» ܐܠܦܐ ܚܕܐ «سفينة ما» (١)

واما ܐܢܫ (وجمعها ܐܢܫܝܢ) فهي للعاقل مذكراً ومونثاً نحو ܓܒܪܐ ܐܢܫ «رجلٌ ما» ܐܢܬܬܐ ܐܢܫ «امرأةٌ ما» ܐܢܫܝܢ ܡܢ ܚܟܝܡܐ او ܡܢ ܚܟܝܡܐ ܐܢܫܝܢ «بعض الحكماء».

واما ܡܕܡ فهي لغير العاقل مذكراً ومونثاً مفرداً وجمعاً نحو ܨܦܪܐ ܡܕܡ «عصفورٌ ما» ܟܬܒܐ ܡܕܡ «بعض كتب» ܨܒܘܬܐ ܡܕܡ «بعض امور». وقد تستعمل للعاقل نحو ܐܘܡܬܐ ܡܕܡ «امّة ما» ܐܢܫܐ ܡܕܡ «بعض اناس».

واما اذا أُريد تمحيضها للتعريف فلها طريقتان ايضاً :

الاولى : ان يُقرن الاسم بالضمير المنفصل او باسم الاشارة.

الثانية : ان يضاف الى معرفة من المعارف التالية كما سياتي (في عد ١٣٩)

ويوجد ستة انواع من المعارف وهي ܦܪܨܘܦܐ الضمير ܫܡܐ ܕܝܠܝܐ اسم العلم ܫܡܐ ܡܚܘܝܢܐ اسم الاشارة ܫܡܐ ܕܒܝܢܐ الاسم الموصول ܫܡܐ ܝܕܝܥܐ ܒܟܠ ܐܘܪܚ ܡܫܘܡܠܝܬܐ الاسم المعرف بالف الاطلاق ܠܐ ܝܕܝܥܐ ܘܡܬܬܠܝܐ ܠܝܕܝܥܐ النكرة المضافة الى معرفة

ܘܘܪܫܐ تمرين

ܣܡܝܐ اعمى | ܚܓܠܐ حجل | ܥܒܐ غابة

ترجم الالفاظ الاتية الى الارامية :

(١) ويجوز في ܚܕ ان تدخل على النكرة ايضاً للمبالغة في تنكيره نحو ܦܓܥ ܒܝ ܚܕ ܓܒܪ «صادفني رجلٌ ما».

راهب · رُهبان — راهبة · راهبات — بعض البتولات — تاجر · بعض التجار — نسر — حمامة — حجل — بعض الطيور — مدينة · بعض المدن — غزال -- غاب — بعض الجبال ·

الفصل الثاني

ܥܠ ܫܘܡܗܐ في الضمير

١٣٣ الضمير هو ما وضع لمتكلم او مخاطب او غائب · وهو نوعان منفصل مثل ܐܢܐ ܐܢܬ · ومتصل كالياء في ܟܬܒܝ «كتابي»· والتاء في ܐܚܒܬ «احببتُ»· والهاء في ܐܚܒܬܗ «احبّه» كما مرّ (عد ٣٩ و٤١ و٦٦ و١١٤)·

فالمنفصل يكون بارزاً كما رأيت · ومستتراً كما في ܐܒܘܟ ܐܬܐ «ابوك أتى» (اي ܐܬܐ ܗܘ اتى هو)·

وللغائب منه ثلاث خواص :

الاولى : ان يصاحب المعارف الآتية ليوكدها (انظر عد ١٣٨)

الثانية : ان يعود الى ܟܝܢܐ او ܫܡܗܐ المقدرين في الكلام (انظر عد ١٦٧)

الثالثة : (وتختص بالمفرد المذكر) ان يقع زائداً بعد ܐܢ فتليه الدال غالباً نحو ܐܢܗܘ ܕܢܓܕ ܠܗ ܡܕܡ «ان عرض له امرٌ»· وبعد غيرها فيفيد التحسين وتقوية حكم الكلمة التي قبله ولا تليه الدال نحو ܠܟ ܗܘ ܡܬܟܫܦܝܢ «اليكِ نبتهل» ܗܟܢ ܗܘ ܡܫܝܚܐ

ܐܢܬܝ «على نفسك تقضي» .

١٣٤ والمتصل لا يكون الا بارزاً كما في ܪܚܡܬܟ احببتُ . وللغائب منه مذكراً ومونثاً مفرداً وجمعاً ثلاث خواص تفيد التوكيد والتحسين

الاولى ان يقع بعد الفعل اللازم مقترناً باللام (انظر عد ١٤١)

الثانية : ان يلحق آخر المضاف اليه القائم مقام الصفة (انظر عد١٥٥)

الثالثة : ان يعود الى الاسم المتاخر مطابقاً له في الجنس والعدد (انظر عد ١٥٢ و١٤٤)

ܕܘܪܫܐ تمرين

دل على الضمير في الافعال التالية :

ܩܪܘܒܘ	اقتربوا	ܐܬܟܬܫܬܘܢ	حاربتم	ܫܕܪܝܢ	ارسلنَ
ܟܠܝܬ	منعت	ܪܘܡܪܡܢܝܗܝ	رفعناه	ܢܠܒܟܢ	سيمكسنَ
ܐܡܪܝܢ	قلنَ	ܣܦܩ	كفى	ܫܡܥܘ	اسمعوا

الفصل الثالث

ܥܠ ܫܡܐ ܕܝܕܝܥܐ في اسم العلم

١٣٥ اسم العلم هو ما عُلّق على ذاتٍ بعينها غير متناول ما اشبهها نحو ܝܥܩܘܒ يعقوب ܪܚܝܠ راحيل ܠܒܢܢ لبنان ܕܪܡܣܘܩ دمشق ܕܩܠܬ دجلة

ويكون اما مفرداً مثل ܦܘܠܘܣ بولس ܬܶܩܠܐ «تقلا» . واما مركباً تركيباً اضافياً مثل ܥܒܕܝܫܘܥ «عبد يشوع» . او مزجياً مثل ܡܠܟܝܙܕܩ «ملكيزادق» . او اسنادياً مثل ܝܫܘܥ ܕܢܚ يشوع دنح

اما مرتجلاً اي علماً من اصل وضعه نحو ܕܪܡܣܘܩ دمشق . واما منقولاً عن مصدر نحو ܕܢܚܐ دنحا ܡܳܪܘܬܐ ماروثا ܕܝܢܐ «دينا» او عن غيره (١)

وينقسم الى اسم وكنية ولقب . فالاسم ما ليس بكنية ولا لقب نحو ܝܘܣܦ يوسف ܚܢܐ حنة

والكنية ما ابتدأ بلفظة ܐܒܐ او ܐܡܐ او ܒܪܐ نحو ܐܒܐ ܕܥܡ̈ܡܐ «اب الشعوب» (كنية ابراهيم الخليل) . ܐܡܐ ܕܚ̈ܝܐ «ام الحيوة» (كنية العذراء عليها السلام) . ܒܪ ܐܒܕܢܐ «ابن الهلاك» (كنية الدجال ويهوذا الدافع) .

واللقب ما افاد مدحاً او ذماً نحو ܢܘܗܪܐ ܕܥܠܡܐ «نور العالم» (لقب المسيح جل شانه) . ܩܛܘܠ ܐܢܫܐ «قاتل الناس» (لقب الشيطان الرجيم والحية الملعونة) .

ومن الاعلام اسماء الاشهر كلها ܬܫܪܝܢ تشرين ܟܢܘܢ كانون ܫܒܛ شباط ܐܕܪ آذار ܢܝܣܢ نيسان الخ .

(١) اي عن اسم جنس نحو ܢܡܪܐ «نمر» ܘܪܕܐ «وردا» . او عن صفة نحو ܣܗܕܐ «شاهد» ܨܠܝܒܐ «صليبا» ܪܘܚܢܐ «روحانا» . او عن فعل نحو ܨܒܐ «سبا» ܠܘܛ «لوط» ܚܘܐ «حواء» . او عن جملة نحو ܝܫܘܥ ܕܢܚ «يشوع دنح» ܥܡܢܘܐܝܠ «عمانوئيل» ܚܘܢܝܢ «حونين» .

ܕܘܪܫܐ تمرين

ميز العلم المفرد من المركب· والاسم من اللقب والكنية :

ܡܘܫܐ موسى	ܒܝܬ ܨܝܕܐ بيت صيدا	ܐܒܘܠܦܪܓ ابو الفرج
ܝܘܪܕܢܢ الادرن	ܚܢܐ حنَّة	ܬܡܘܙ تموز
ܢܨܝܒܝܢ نصيبين	ܟܢܪܐ ܕܪܘܚܐ كنارة الروح	ܒܪܛܒܐ ابن الصالح

الفصل الرابع

ܡܛܠ ܫܡܐ ܡܚܘܝܢܐ في اسم الاشارة

١٣٦ اسم الاشارة هو ما دلَّ على معيَّن باشارة محسوسة اليه· وهو نوعان قريب وبعيد كما مر في الجزء الاول (عد ٤٧)

ويوضع قبل المشار اليه او بعده على حدٍ سوى نحو ܗܢܐ ܥܠܝܡܐ او ܥܠܝܡܐ ܗܢܐ «هذا الشاب». ܗܕܐ ܛܠܝܬܐ او ܛܠܝܬܐ ܗܕܐ «هذه الصبية» الخ .

واذا اشير الى امرين مذكورين سابقاً · فيشار الى الاول باسم الاشارة البعيد والى الثاني بالقريب نحو ܒܪܐ ܐܠܗܐ ܐܝܡܡܐ ܘܠܠܝܐ. ܗܘ ܡܢ ܠܥܡܠܐ ܘܠܬܘܠܛܐ ܗܢܐ ܕܝܢ ܠܫܢܬܐ ܘܠܢܝܚܐ «خلق الله النهار والليل ذاك للعمل والجد وهذا للنوم والراحة» (١)

واذا اشير الى ثلاثة امور فيشار الى الاولين بالبعيد والى الثالث بالقريب نحو ܢܣܒ ܡܘܫܐ ܠܨܦܪܐ ܡܕܝܢܝܬܐ. ܘܢܣܒ ܡܘܫܐ

(١) وقد يشار الى كليهما بالقريب

ܠܡܠܝ̈ܠܐ ܚܟܡܬܐ. ܘܫܘܦܪܐ ܕܚܟܝ̈ܡܐ ܚܘܒܐ. ܗܘ ܡܢ ܒܟܝܢܐ. ܗܘ ܕܝܢ ܒܩܘܒܠܐ. ܗܢܐ ܕܝܢ ܒܢܡܘܣܐ ܪܘܚܢܝܐ «جمال الجسديين النطق وجمال الناطقين الحكمة وجمال الحكماء المحبة. هذا بالطبيعة وهذا بالاكتساب وهذا بالشريعة الروحية».

واذا اشير الى اكثر من ثلاثة فيشار الى الاول بالبعيد والى الثاني بالقريب والى الثالث بالبعيد والى الرابع بالقريب وهلم جرًّا نحو ܡܫܝܚܐ ܪܚܡ ܠܢܒܝ̈ܐ ܘܠܫܠܝ̈ܚܐ ܘܠܣܗܕ̈ܐ ܘܠܡܘܕܝ̈ܢܐ. ܠܗܠܝܢ ܡܢ ܡܛܠ ܕܐܬܢܒܝܘ ܥܠܘܗܝ. ܠܗܠܝܢ ܕܝܢ ܡܛܠ ܕܐܟܪܙܘܗܝ. ܠܗܠܝܢ ܕܝܢ ܡܛܠ ܕܐܬܩܛܠܘ ܡܛܠܬܗ. ܘܠܗܠܝܢ ܐܦ ܡܛܠ ܕܐܘܕܝܘ ܒܫܡܗ «المسيح يحب الانبياء والرسل والشهداء والمعترفين هولاء. لانهم تنباوا عليه وهولاء لانهم بشروا بهِ وهولاء لانهم قتلوا لاجله وهولاء لانهم اعترفوا باسمه».

ܕܘܪܫܐ تمرين

ܪܚܝܩܐ بعيد | ܒܥܬܐ مبحث·مسئلة | ܩܪܒ اقبلَ

ترجم هذه الجمل الى الارامية :

هذا الرجل الحكيم — ذلك التلميذ الكسلان — هذه الكنيسة الجميلة — تلك المسئلة الصعبة — هولاء التجار اقبلوا الى هذه المدينة في هذه الايام — يذهب الى تلك الجهات البعيدة .

الفصل الخامس

ܥܠ ܫܡܐ ܕܣܡܟܐ في الاسم الموصول

١٣٧ الاسم الموصول هو ما دلَّ على معيَّن بواسطة صلة وعائد(١). وهو الدال وحدها او مسبوقة باسماء الاستفهام او الاشارة (عد ٤٩) مثاله: ܡܫܝܚܐ ܕܐܬܐ ܠܦܘܪܩܢܢ «المسيح الذي اتى لخلاصنا». ܐܪ̈ܙܐ ܕܠܥܠ ܡܢ ܡܡܠܠܐ «الاسرار التي فوق الوصف» ܒܬܘܠܬܐ ܕܡܢ ܒܝܬ ܕܘܝܕ «البتول التي من بيت داود».

او يقال ܐܝܢܐ ܕܐܬܐ او ܗܘ ܕܐܬܐ ܘܫܪ. ܐܝܠܝܢ ܕܠܥܠ او ܐܝܠܝܢ ܕܠܥܠ ܘܫܪ. ܐܝܕܐ ܕܡܢ ܒܝܬ ܕܘܝܕ او ܗܝ ܕܡܢ ܘܫܪ.

وتسبق الدال باسماء الاستفهام والاشارة اما لتقويتها نحو ܡܐ ܕܒܫܡܝܐ ܘܡܐ ܕܒܐܪܥܐ «ما في السماء وما في الارض» ܗܘ ܕܒܪܟܢ ܒܟܠ ܒܘܪ̈ܟܝܢ «الذي باركنا بكل البركات». واما لتمييز الجنس والعدد فيها. واما لتمييزها عن الدال التعليلية وغيرها نحو ܢܟܝܠܐ ܗܘ ܘܣܢܝܐ ܐܝܢܐ ܕܡܩܒܠ ܫܘܚܕܐ «من يقبل الرشوة غاش وممقوت»(٢) وقد تسبق باسم الاشارة والاستفهام معاً نحو ܗܠܝܢ ܐܝܠܝܢ ܕܠܐ

---

(١) المراد بالصلة جملة خبرية او شبه جملة (عد ٢١٩) تذكران بعد الموصول. وبالعائد ضمير فيهما مطابق له في الجنس والعدد كما في الامثلة المذكورة.

(٢) فان ܐܝܢܐ دلت على ان الدال التي على ܡܩܒܠ هي مبتدا لاحرف تعليل. ومتى لم يخشَ التباسها بغيرها فعدم سبقها باسماء الاستفهام والاشارة اكثر وافصح

ܐܬܚܒܠܘ «هولاء الذين لم يجرحوا» .

ويجوز تكرارها مع لفظة ܐܝܟ لزيادة التقوية نحو ܙܘܥܐ ܪܒܐ ܗܘܐ ܕܕܐܝܟ ܐܝܟܬܗ ܕܠܐ ܗܘܐ «كانت رجفة عظيمة لم يكن مثلها» .

ܘ الاصل في العائد ان يكون ضمير الغائب كما تقدم وقد يكون ضمير المتكلم او المخاطب متى كان صاحب الموصول متكلماً او مخاطباً نحو ܐܦ ܐܢܐ ܕܚܙܝܢ ܐܢܬܘܢ ܠܝ «وانا الذي ترونني» ܐܢܬܘܢ ܐܢܬܘܢ ܕܢܦܫ ܪܝܚܟܘܢ ܒܟܠ ܐܬܪ «انتم الذين فاح عرفكم في كل مكان»

ومتى تقدمت ܡܢ على الدال يجوز في العائد ان يكون مفرداً مراعاةً للفظها . او جمعاً مراعاةً للمعنى نحو ܡܢ ܕܐܟܠ ܦܓܪܝ ܘܫܬܐ ܕܡܝ «من ياكل جسدي ويشرب دمي» ܟܠ ܡܢ ܕܐܡܪܘ ܘܐܡܪܝܢ «كل من قالوا ويقولون» .

ويجوز حذف العائد الواقع مفعولاً به نحو ܠܐ ܣܓܕܘ ܠܨܠܡܐ ܕܥܒܕ (ܐ ܕܥܒܕܗ(١)) «لم يسجدوا للصنم الذي صنع» (اي صنعه) ܐܪ̈ܙܐ ܩܕܝܫܐ ܕܢܣܒܢ (ܐ ܕܢܣܒܢ ܐܢܘܢ) «الاسرار المقدسة التي تناولنا» (اي تناولناها) . والداخل عليه حرف من حروف ܡܢ ܒ نحو ܒܝܬܐ ܕܥܐܠܝܬܘܢ (اي ܕܥܐܠܝܬܘܢ ܠܗ) «البيت الذي تدخلون اليه» ܝܘܡܐ ܗܘ ܕܨܠܒܘܗܝ (اي ܕܨܠܒܘܗܝ ܒܗ) «اليوم الذي صلبوه فيه» . ܒܕܘܟܬܐ ܗܝ ܕܐܬܡܠܠܘ (اي ܕܐܬܡܠܠܘ ܒܗ) «في المكان الذي تكلموا فيه» . (٢)

(١) هذا الحرف ܐ هو اختصار ܗܢܘ «اي» التفسيرية

(٢) غير انه اذا كان الحرف الباء الظرفية وصاحب الموصول اسم مكان فيجب دخولها على ذلك الاسم ايضاً كما في المثال الاخير .

ܕܘܪܫܐ تمرين

ܟܢܥܢܝܬܐ الكنعانية | ܥܡܪ سكن | ܪܥܝ ارضى

ترجم الجمل الاتية الى الارامية واضعاً بدل الاسم الموصول الدال وحدها او مسبوقة باسم الاشارة او الاستفهام :

المسيح الذي اشترانا بدمه الكريم — الكهنة الذين يخدمون اسراره — الكنعانية التي شفيت ابنتها — بنات اورشليم اللواتي بكين على المخلص — البيت الذي تسكنه — الجنائن التي تبهج القلوب — طوبى لمن يحب الله ويفعل كل ما يرضيه

الفصل السادس

ܥܠ ܫܡܐ ܝܕܝܥܐ ܒܝܕ ܐܠܦ ܡܫܪܝܬܐ

في الاسم المعرف بالف الاطلاق

١٣٨ الاسم المختوم بالف الاطلاق هو غالباً معرفة . وهذه الالف تكون اما لتعريف الجنس (١) نحو ܒܪܢܫܐ ܕܡܢ ܟܠ ܡܝܬܪ «الانسان الذي هو افضل من كل شي» ܒܪܢܫܐ ܚܝܘܬܐ ܗܘ ܡܠܠܬܐ «الانسان حيوان ناطق» .

واما لتعريف العهد (٢) نحو ܦܩܕ ܡܠܟܐ ܠܥܒܕ̈ܘܗܝ «امر الملك عبيده» ܘܟܕ ܥܒܕ ܗܘܘ ܦܘ̈ܩܕܢܐ ܒܫܝܢܐ ܘܫܒܚܘ ܠܗ

(١) اي لبيان حقيقة الجنس كما في المثال الاول . او لاستغراق افراد الجنس كما في المثال الثاني . (٢) اي الشيء المعهود اما في الذهن كما في المثال الاول . او في الذكر كما في المثال الثاني .

ܚܶܣܢܳܐ «ولما احاط الفرس بالحصن ارتعب بنو الحصن» .

ولكن بما ان المنتهي بها قد يكون نكرة ايضاً كما علمت (عد ١٣٢) فعند خوف الالتباس وارادة تمحيضهِ للتعريف يقدم عليه الضمير المنفصل او اسم الاشارة مطابقين له في الجنس والعدد نحو ܗ̱ܘܳܐ ܗ̇ܘ ܢܳܡܽܘܣܳܐ ܢܳܛܽܘܪܳܐ «كان الناموس حافظاً» ܠܘܳܬ ܗ̇ܘ ܥܰܡܳܐ ܛܠܽܘܡܳܐ «الى ذلك الشعب الظالم» . او يقدم عليه كلاهما بشرط ان يكون الضمير قبل اسم الاشارة نحو ܟܰܕ ܢܦܰܩܘ ܗܶܢܽܘܢ ܗܳܢܽܘܢ ܛܽܘܒܳܢܶܐ «فلما خرج هولاء المغبوطون» .

ويجوز كثيراً ان يجعل اسم الاشارة البعيد بعد الاف العهدية تقويةً لها نحو ܒܐܰܓܡܳܐ ܚܰܕ ܐܺܝܬ ܗ̱ܘܳܐ ܬܠܳܬ݂ ܢܽܘܢܶܐ ܪܰܘܪ̈ܒܶܐ. ܘܰܒܚܰܕ ܡܶܢ ܝܰܘ̈ܡܳܬ݂ܳܐ ܥܒܰܪ ܥܰܠ ܐܰܓܡܳܐ ܗ̇ܘ ܨܰܝ̈ܳܕܶܐ ܬܪܶܝܢ «كان في غدير ثلاث سمكات عظام . ففي بعض الايام مر بالغدير صيادان» .

ܕܘܪܫܐ تمرين

ترجم هذه الالفاظ الى الارامية :

الرب الاله — العذراء القديسة — الفردوس — الملاك والانسان — الحية — الملك — الورد — الحقول الواسعة .

الفصل السابع

ܡܛܠ ܠܐ ܝܕܝܥܐ ܕܡܣܬܡܟܝܢ ܠܝܕܝܥܐ في النكرة المضافة الى معرفة

١٣٩ كل نكرة تضاف الى معرفة من المعارف السابقة تصير معرفة

مثال ذلك في ܒܰܝܬܳܐ «بيت» وهي نكرة . تعرف باضافتها الى الضمير ܒܰܝܬܝ «بيتي» ܒܰܝܬܰܢ «بيتنا» الخ . والى العلم ܒܰܝܬܳܐ ܕܦܰܘܠܳܘܣ «بيت بولس» . والى اسم الاشارة ܒܰܝܬܳܐ ܗܳܢܳܐ «بيت هذا» . والى الموصول ܒܰܝܬܳܐ ܕܐܶܬܳܐ ܠܘܳܬܰܢ «بيت الذي جاء الينا» . والى المعرف بالف الاطلاق ܒܰܝܬܳܐ ܕܡܗܰܝܡܢܳܐ «بيت المؤمن». والى النكرة المضافة الى المعرفة ܒܶܝܬ ܐܳܒܝ «بيت ابي» ܒܶܝܬ ܐܰܒܳܐ ܕܦܰܘܠܳܘܣ «بيت ابي بولس» الخ .

ܕܘܪܳܫܳܐ تمرين

ܢܳܩܽܘܫܳܐ ناقوس	ܫܰܠܺܝܛܳܐ حاكم	ܦܰܝܢܳܐ حلة الكاهن
ܡܰܫܟܢܳܐ خيمة	ܩܰܦܽܘܣܳܐ. ܩܰܦܣܳܐ قفص	ܗ ܐܽܘܪ̈ܝܶܐ اهراء

١ : ترجم هذه الجمل الى الارامية :

ابي وابوك وامي — ناقوس الكنيسة — حلة كاهن بيعتنا — اهراء مصر ومركبات فرعون — خيمة القائد — حاكم مدينتكم — قفص هذا الطائر — سيف الذي قتل اللص .

٢ : دل على النكرة وعلى كل نوع من انواع المعارف الستة في الخبر التالي وترجمه الى العربية :

ܦܽܘܠܚܳܢܳܐ ܐܺܝܬ ܠܰܢ ܒܰܡܕܺܝܢ݈ܬܳܐ ܡܰܪܶܐ ܘܪܰܒܳܐ ܟܽܘܪ ܕܶܡ ܦܽܘܠܚܳܢܳܐ ܕܠܳܐܝܶܢ ܐܰܝܟ ܒܰܪܢܳܫܳܐ . ܘܐܺܝܬܶܐ ܐܺܝܬ ܡܰܠܟܳܐ . ܘܐܰܡܰܪ ܟܬܳܒ̈ܶܐ ܡܕܺܝܢ݈ܬܳܐ ܗܳܝ : ܕܠܘܳܬ ܐܰܣܝܳܢ ܗܳܢܳܐ ܗܽܘ ܗܽܘ ܕܶܡ ܦܽܘܠܚܳܢܳܗܘܢ . ܒܗܳܝ ܕܠܳܐ ܡܰܒܫܳܢ ܒܰܫܠܳܐ ܘܒܰܢܝܳܢܳܐ ܀

الباب الثاني ܬܪܥܐ ܕܬܪܝܢ

ܥܠ ܡܫܘܪܝܢܐ ܘܡܚܘܝܢܐ ܘܥܒܘܕܐ ܘܚܠܦ ܥܒܘܕܐ

في المبتدا والخبر والفاعل ونائب الفاعل وفيه ثلاثة فصول

الفصل الاول

ܥܠ ܡܫܘܪܝܢܐ ܘܡܚܘܝܢܐ في المبتدا والخبر

تحديدهما واقسامهما

١٤٠ المبتدا هو الاسم المسند اليه خبرٌ يتمّم فائدته. والخبر هو ما أُسندَ الى المبتدا وتمّم فائدته نحو ܝܘܣܦ ܢܟܦܐ ܗܘ «يوسف عفيفٌ» ܐܝܘܒ ܙܕܝܩܐ ܐܝܬܘܗܝ «ايوب صِدّيق».

والمبتدا قسمان: ظاهرٌ كما مثلنا. وضميرٌ منفصل نحو ܐܢܐ ܐܢܐ ܪܥܝܐ ܫܪܝܪܐ «انا هو الراعي الحقيقي». او شبه منفصل (عد ٤٥) نحو ܣܢܝܢܢ ܠܚܕܕܐ «نحن مبغضون بعضنا بعضاً».

والخبر ثلاثة اقسام مفردٌ نحو ܦܛܪܘܣ ܫܠܝܚܐ ܗܘ «بطرس رسولٌ» ܡܪܝܡ ܒܬܘܠܬܐ ܗܝ «مريم بتولٌ» (١). وجملة اسمية نحو ܝܫܘܥ ܐܡܗ ܕܟܝܬܐ ܗܝ «يسوع امهُ طاهرةٌ». وفعلية نحو ܡܘܫܐ ܦܠܓܗ ܠܝܡܐ «موسى شقّ البحر».

(١) اذا كان الخبر المفرد مشتقاً كما في هذين المثالين فتجب مطابقته للمبتدا في الجنس والعدد. واذا كان جامداً فلا تجب نحو ܡܫܩܝܟ ܡܝܐ ܗܘ «شرابك الماء».

وشبه جملة(١) نحو ܘܦܪܨܘܦܝ ܠܘܩܒܠܝ ܗܘ ܒܟܠܙܒܢ «ووجهي مقابلي في كل حين» ܢܦܫܝ ܒܐܝܕܝܟ ܗܝ «نفسي في يديك»

الرابط بين المبتدا والخبر

ولا بد للخبر من رابط يربطه بالمبتـدا . فاذا كان الخبر مفرداً او شبه جملة فالرابط هو الضمير المنفصل (٢) وشبهه كما في الامثله السابقة .

واذا كان جملةً فالرابط هو الضمير الذي يعود فيهـا الى المبتدا نحو ܦܘܠܘܣ ܐܙܠ ܬܠܡܝܕܗ «بولس ذهبَ تلميذُه» .

وهو يكون مطابقاً للمبتدا كما رأيت . الا اذا كان المبتـدا جمعاً باللفظ لا بالمعنى فيجوز ان يكون مفرداً نحو ܐܦܝ ܬܪܥܐ ܕܗܝܟܠܐ ܐܨܛܪܝ ܗܘ «حجاب الهيكل انشقّ»

والاصل فيه ان يقع بعد الخبر كما ترى . ويجوز ان يتقدم عليه كثيراً ولا سيما متى كان «شبه المنفصل» نحو ܐܡܪܐ ܓܝܪ ܫܪܝܪܐ ܐܝܬܘܗܝ ܦܪܘܩܢ «فان الحمل الحقيقي هو مخلصنا» . وقد يتقدم على المبتدا ايضاً نحو ܐܝܬܘܗܝ ܠܫܢܗ ܩܢܝܐ ܕܣܦܪܐ «لسانها قلم الكاتب»

ومتى كان المبتدا ضميراً فيليه الرابط ضميراً منفصلاً نحو ܐܢܐ ܐܢܐ ܡܪܝܐ ܐܠܗܟܘܢ «اناهو الرب الهكم». او شبهُه نحو ܐܢܬ ܐܝܬܝܟ ܛܒܐ «انت صالح». او ينوب عنه ضمير الغائب بدلاً من تكراره نحو ܐܢܐ ܗܘ ܪܚܡܟ «انا صديقك» ܚܢܢ ܐܢܚܢ ܥܡܗ ܕܐܠܗܐ «نحن شعب الله» ܐܝܬܝܟ ܗܘ ܡܠܟܢ «انت ملكنا» ܐܢܬܘܢ ܐܢܬܘܢ ܢܘܗܪܗ ܕܥܠܡܐ «انـتم نور العالم» .

---

(١) وذلك باعتبار متعلقها (عد ٢٤١) وهو الخبر الحقيقي   (٢) متى جاء ܗܘܝܘ وܗܘܝܢ رابطين بين المبتدا والخبر تبدل هاوهما همزة فيصيران ܐܝܘ وܐܝܢ

ويجوز حذف الرابط نحو ܡܪܝܐ ܡܥܕܪܢܝ «الرب عوني» ܟܠܗܘܢ ܫܒܝ̈ܠܝܗ̇ ܫܠܡܐ «كل سبلها سلام». ولا سيما اذا كان المبتدا ضميراً منفصلاً او شبهه متقدماً نحو ܐܢܬ ܩܕܝܫ «انت قدوس» ܐܢܚܢܢ ܣܢܝ̈ܐ ܚܕ̈ܕܐ «نحن مبغضون بعضنا بعضاً». او متاخراً وهو الاحسن نحو ܩܕܝܫ ܐܢܬ «قدوس انت» ܛܒܐ ܐܢܬܝ «انت صالح» (١)

تعريف المبتدا والخبر وتنكيرهما

الاصل في المبتدا ان يكون معرفة. ويكون نكرة موصوفة نحو ܟܠ ܢܦܫ ܠܐ ܡܡܠܚܐ ܒܗ «كل نفس غير مملّحة به». او غير موصوفة نحو ܛܠܝܐ ܚܕ ܪܥܐ ܗܘܐ ܓܡ̈ܠܐ ܘܚܡܪ̈ܐ «غلام كان يرعى جمالاً وحميراً».

ويأتي المبتدا والخبر معرفتين معاً وحينئذٍ يربط الخبر اما بضمير المبتدا حسب الاصل نحو ܫܘܚܕܗ ܕܐܠܗܐ ܙܕ̈ܩܬܐ ܗܘ «الرشوة لله هي الصدقات». واما بضميره دون ضمير المبتدا نحو ܕܒ̈ܚܘܗܝ ܕܐܠܗܐ ܪܘܚܐ ܡܟܝܟܬܐ «الذبائح لله الروح المتضعة»

وقد يتفقان لفظاً ومعنى فيجوز اذ ذاك حذف الخبر اذا كان مضافاً الى اسم ظاهر وتنوب عنه الدال الاضافية كقول سفر النشيد ܥܝ̈ܢܝܟܝ ܕܝܘܢܐ «عيناك عينا حمامة» (٢).

---

(١) الا اذا خيف التباس الخبر بالنعت فلا يجوز الحذف. فلا يقال في نحو ܐܚܘܟ ܐܣܝܐ ܗܘ «اخوك طبيب» ܐܚܘܟ ܐܣܝܐ فقط. لانه يصح في ܐܣܝܐ حينئذ ان تكون نعتاً وهو خلاف المراد.

(٢) والاصل ܥܝ̈ܢܝܟܝ ܥܝ̈ܢܐ ܕܝܘܢܐ

رتبتهما

الاصل في المبتدا التقديم . وذلك واجب اذا كان للاستفهام نحو ܡܢ ܐܬܐ «من جاءَ» . او الشرط نحو ܡܢ ܕܐܟܠ ܦܓܪܝ ܘܫܬܐ ܕܡܝ ܒܝ ܡܩܘܐ ܘܐܢܐ ܒܗ «من ياكل جسدي ويشرب دمي يثبت فيّ وانا فيه» . او التعجب نحو ܡܐ ܚܒܝܒܝܢ ܡܫܟܢܝܟ «ما احبّ مساكنك» . او الدعاء له وعليه (وهو مجزوم) نحو ܫܠܡ ܠܟ «سلامٌ لك» ܘܝ ܠܗ «ويلٌ له»

والاصل في الخبر التاخير . ويجوز تقديمه نحو ܡܛܝܒ ܗܘ ܠܒܝ «مستعد قلبي» ܬܪܝܨܝܢ ܐܢܘܢ ܕܝܢܝܟ «احكامك مستقيمة» ܫܪܓܐ ܗܘ ܡܠܬܟ ܠܪ̈ܓܠܝ «كلمتك سراج لرجليَّ» ܒܐܘܪܚܐ ܕܟܐܢܘܬܐ ܚܝ̈ܐ «في طريق البرّ الحياة» ܠܟ ܫܘܒܚܐ «لك المجد» ܕܝܠܟ ܡܠܟܘܬܐ «لك الملكوت»

ويجب تقديمه اذا كان للاستفهام نحو ܡܢ ܗܝ ܐܡܝ «من هي امي» ܐܝܟܐ ܗܘ ܙܟܘܬܟ ܫܝܘܠ «اين غلبتك يا جحيم» ܐܝܟܢܐ ܐܝܬܝܟ «كيف انت» . او كان اداةَ تشبيه داخلة على اسمٍ مثل ܐܝܟ «كَ» ونحوها (عد ١٢٧) واريد دخول ܗܟܢܐ «هكذا» على المبتدا المتاخر نحو ܐܝܟ ܥܝ̈ܢܝ ܥܒ̈ܕܐ ܠܘܬ ܡܪ̈ܝܗܘܢ ܗܟܢܐ ܥܝ̈ܢܝܢ ܠܘܬܟ «كاعين العبيد لدى مواليهم هكذا اعيننا اليك»

تعددهما

ويتعدد المبتدا بحرف العطف فيجوز اسناد الخبر في اللفظ الى المبتدا الاول اذا كان مشتقاً متقدماً نحو ܠܐ ܦܪܝܫ ܐܘܪܚܐ ܘܬܚܘܡܐ

«غير مميز هناك الذكر والانثى». او كان شبه جملة سواء تقدم او تاخر نحو ܕܺܝܠܳܟ݂ ܗ̱ܝ ܡܰܠܟܽܘܬ݂ܳܐ ܘܚܰܝܠܳܐ ܘܬܶܫܒ̥ܽܘܚܬ݂ܳܐ «لك الملك والقوة والمجد» ܡܰܘܬܳܐ ܘܚܰܝܶܐ ܒܝܰܕ ܠܶܫܳܢܳܐ ܗܶܢܽܘܢ «الموت والحياة باللسان». ويجب اسناده الى الجميع اذا كان مشتقاً متاخراً نحو ܚܶܛܶܐ ܘܬܶܒ݂ܢܳܐ ܡܚܰܠܛܺܝܢ ܐܰܟ݂ܚܕ݂ܳܐ «الحنطة والتبن مختلطان معاً». او كان جامداً نحو ܝܰܥܩܽܘܒ ܘܝܽܘܚܰܢܳܢ ܐܰܚܶܐ ܐܶܢܽܘܢ ܗ̱ܘܰܘ «يعقوب ويوحنا هما اخوان»

ويتعدد الخبر بحرف العطف نحو ܡܳܪܝܳܐ ܡܪܰܘܡܳܐ ܘܥܳܒ݂ܶܕ݂ ܬܶܕ݂ܡܪ̈ܳܬܳܐ ܐܺܝܬܰܘܗ̱ܝ «الرب متعالٍ وصانع العجائب» . وحينئذٍ يجعل الرابط بعد الخبر الاخير كما في المثال او بعد الخبر الاول

افرادهما وجمعهما

يجوز ان يكون المبتدا مفرداً والخبر جمعاً بشرط ان يكون المبتدا ملابساً لجمعه او لبعض منه في الكلام (١) نحو ܢܩܺܝܦܺܝܢ ܗ̱ܘܰܘ ܗܳܢܳܐ ܠܗܳܢܳܐ «كان هذا منضماً الى ذاك» ܚܕ݂ܳܐ ܡܶܢܗܶܝܢ ܠܳܐ ܥܒ݂ܰܪܬ݂ ܨܶܒ݂ܝܳܢܶܗ «ولا واحدة منهنَّ عصت ارادته» .

ويجوز ان يكون المبتدا جمعاً والخبر مفرداً اذا كان الخبر اسم مفعول بصيغة المفرد المذكر نحو ܩܳܠ̈ܶܐ ܘܬܶܫܒ̥ܚ̈ܳܬܳܐ ܥܒ݂ܺܝܕ ܠܶܗ «اناشيد وترانيم مولفةٌ منه»

واذا كان المبتدا اسم جمع (عد ٢٣ وجه ٥٢) فيجوز في الخبر ان يطابق لفظه او معناه نحو ܟܽܠܶܗ ܥܰܡܳܐ ܡܶܬ݂ܟܰܢܶܫ ܗ̱ܘܳܐ ܠܗܰܝܟܠܳܐ (او ܡܶܬ݂ܟܰܢܫܺܝܢ

(١) اي لجمع المبتدا نفسهِ ولبعض منه. ومعنى الملابسة هنا : ان يكون المبتدا بعض ذلك الجمع او واحداً من آحاد ذلك الجمع كالملابسة الحاصلة بين الجزء والكل وبين الجزء وغيره من اجزاء الكل. (عن العلامة القرداحي بتصرف) .

ܠܘܬܟ) «خرافك يا يسوع تصرخ اليك».

حذف المبتدا والخبر

ويجوز حذف المبتدا متى قام عليه دليل كقوله تعالى ܕܥܘ ܕܩܪܝܒܐ «اعلموا انها قريبة» (اي ܩܝܡܬܐ الاخرة). وقولك ܡܚܠܡܐ «معافى» في جواب من سالك ܐܝܟܢܐ ܐܝܬܝܟ «كيف انت» (والاصل ܡܚܠܡܐ ܐܢܐ انا معافى).

ويجوز حذف الخبر ايضاً كقولك ܫܡܥܘܢ «سمعان» في جواب القائل ܡܢܘ ܗܘ ܕܠܘܬܟ «من عندك» (والاصل ܫܡܥܘܢ ܗܘ ܕܠܘܬܝ سمعان عندي)

وقد يحذفان كلاهما في جواب الاستفهام كقولك ܐܝܢ «نعم» في جواب من سالك ܐܒܘܟ ܚܝ ܗܘ «ابوك حي» (والاصل ܐܝܢ ܚܝ ܗܘ ܐܒܝ نعم ابي حي).

ܕܘܪܫܐ تمرين

ܛܢܢܐ	غيور	ܥܡܘܕܐ	عامود	ܫܘܒܚܐ	مدح. ثناء
ܢܟܦܐ	رصين	ܕܚܠܬܐ	خوف	ܦܗܝܡܐ	فطن

١ : ترجم هذه الجمل الى الارامية :

راس الحكمة مخافة الله — ان في الكنيسة كهنة وشمامسة غيورين — في الدير رهبان اطهار — مار افرام المعظم يدعى بحق كنارة الروح وعامود الكنيسة وملفان البيعة — الشمس حارة — العالم يزول — انت مستقيم — هذا الولد فطن وذاك الولد طويل اللسان — هذه الابنة محتشمة ورصينة — لك الشكر والثناء.

٢َ : دلّ على المبتدا والخبر في العبارات الاتية وترجمها الى العربية:
ܒܪܐ ܚܟܝܡܐ ܡܚܕܐ ܠܐܒܘܗܝ: ܘܒܪܐ ܣܟܠܐ ܪܘܚܐ
ܡܟܪܝܐ ܠܐܡܗ. ܟܠܗ ܫܘܐܪ ܒܫܡܫܬܗ ܕܟܘܠܐ:
ܐܘܪܚܬܐ ܕܝܢ ܡܦܪܫܐ ܡܢ ܡܘܬܐ. ܒܥܘܕܪܢܗ ܕܐܘܪܚܐ
ܒܥܘܪܒܐ: ܢܦܩܐ ܕܒܥܠܐ ܒܝܫ.

الفصل الثاني

ܡܛܠ ܥܒܘܕܐ في الفاعل

١٤١ الفاعل هو اسمٌ أُسندَ اليه فعلٌ معلوم مقدم عليه او شبهُهُ نحو ܡܣܒܪ ܦܘܠܘܣ «بشّر بولسُ» ܘܦܘܠܘܣ ܡܣܒܪܢ ܬܠܡܝܕܗ «بولس مبشرٌ تلميذُهُ» (١).

وينقسم الفاعل ١َ : الى ظاهر نحو ܐܬܐ ܐܒܘܟ «اتى ابوك». ومضمر بارز نحو ܠܐ ܩܡ ܐܠܐ ܐܢܬ «ما قام الا انت» ܪܚܡ ܐܢܐ «احبُّ» ܐܙܠܬ ذهبتَ. اومستتر نحو ܡܫܝܚܐ ܐܬܐ المسيح اتى اي ܐܬܐ ܗܘ اتى هو

٢َ : الى صريح كما مثلنا . ومؤَول بالصريح نحو ܫܦܪ ܠܝ ܕܬܩܘܡ ܒܨܠܘܬܐ «اعجبني ان تقوم في الصلوة» (اي ܫܦܪ ܠܝ ܩܘܡܟ ܒܨܠܘܬܐ اعجبني قيامك في الصلوة).

ويجب على الفعل ان يطابق الفاعل بالجنس والعدد . فاذا كان الفاعل مونثًا تلحقه علامة التانيث نحو ܐܡܪܬ ܡܪܝܡ «قالت مريم» الا اذا

(١) والمراد بشبه الفعل هنا اسم الفاعل المجزوم كما مثلنا والصفة المجزومة ايضاً نحو ܝܘܣܦ ܫܦܝܪ ܚܙܘܗ. ܘܒܣܝܡ ܐܦܘܗܝ «يوسف جميلٌ منظرُه بشوشٌ وجهُهُ»

فُصل بينهما بفاصل (١) فيجوز تركها نحو ܦܓܥܬ ܒܝ ܒܥܠܡܐ ܛܠܝܬܐ ܕܡܒܨܪ ܠܫܡܫܐ ܫܘܦܪܗ «صادفني في العالم فتاةٌ يبهرُ الشمسَ بهاؤُها» .

واذا كان الفاعل جمعاً يلحقه ضمير الجمع نحو ܩܡܘ ܡܝ̈ܬܐ «قام الاموات» . وكذلك اذا كان ملابساً لجمعهِ او لبعضٍ منه في الكلام (عد ١٤٠ وجه ٣٢٨) نحو ܐܡܪܘ ܚܕ ܠܚܒܪܗ « قال احدُهما للآخر » ܢܒܙܘܢ ܚܕ ܠܚܕ « ينهب احدهما الآخر » ܬܬܩܪܒ ܚܕܐ ܡܢ ܒܬܘ̈ܠܬܐ «تدنو واحدة من العذارى» .

غير انه يجوز تركه في ثلاثة مواضع :

الاول : اذا فُصل بين الفعل والفاعل بفاصل كما مرَّ آنفاً نحو ܠܐ ܢܗܘܘܢ ܠܒܢܝ ܐܝܣܪܝܠ ܐܘܠܨܢ̈ܐ ܩܫܝ̈ܐ «لا يكون لبني اسرائيل شدائد صعبة» .

الثاني : اذا كان الفاعل اسم جمع (عد ٢٣ وجه ٥٢) نحو ܐܬܒܕܪ ܡܫܪܝܬܐ «تبدد العسكر» .

الثالث : اذا كان الفاعل جمعاً باللفظ ومفرداً بالمعنى نحو ܐܨܛܪܝܘ ܦܪ̈ܣܬܐ ܕܗܝܟܠܐ «انشقَّ حجاب الهيكل» .

واذا تعدد الفاعل بحرف العطف يجوز اسناد الفعل في اللفظ الى الفاعل الاول وفي المعنى الى الجميع نحو ܗܝܕܝܢ ܢܦܩ ܢܘܚ ܘܒܢܘܗܝ « حينئذٍ خرج نوح وبنوه » ܥܒܪܬ ܚܕܘܬܐ ܘܡܐܢ̈ܝ ܙܡܪܐ « زال الفرح والاتُ الطرب » .

---

(١) اي بفاصلٍ يعتبر كالمفاعيل والحروف التي لها متعلق تتعلق بهِ من فعل وشبههِ بفاصلٍ لا يعتبر كحروف التحسين مثل ܓܝܪ و ܕܝܢ وغيرهما مما لا يتعلق بشيء

وإذا كان الفعل لازماً فيكثر الحاقه بضمير الفاعل المقترن باللام اما للتوكيد واما للتحسين وذلك في الماضي والحاضر والمضارع والامر نحو ܩܡ ܠܗ ܡܫܝܚܐ ܡܢ ܩܒܪܐ «قد قام المسيح من القبر» ܗܘܐ ܠܗ ܡܠܟܐ ܠܥܠܡ «يكون ملكاً مؤبداً» ܐܩܥܐ ܠܟ «أصرخُ» ܐܙܠ ܠܟ ܓܒܪܐ «اذهبْ يا رجل».

والاصل في الفاعل ان يتقدم على المفعول. وتقديمه واجب اذا خيف التباسه بالمفعول نحو ܚܙܐ ܦܛܪܘܣ ܦܘܠܘܣ «نظر بطرسُ بولسَ» او كان ضميراً متصلاً نحو ܥܒܕܬ ܫܡܝܐ «صنعتَ السماء». ويجوز تاخيره او يجب كما سياتي في الكلام على المفعول.

وقد يحذف جوازاً كقول الانجيل الطاهر ܡܛܬ ܠܗ ܠܬܪܥܐ «بلغت الباب» (اي ܚܪܬܐ الاخرة). او يحذف فعله كقولك ܐܒܘܟ «ابوك» في جواب السائل ܡܢ ܐܬܐ «مَن جاء» (اي ܐܬܐ ܐܒܘܟ جاء ابوك).

فائدة

الافعال التي يكثر استعمالها بصيغة الغائبة والغائب (عد ٩٠ وجه ٢٠٦) يكون لها فاعلان الاول غير اصيل وهو ضمير منفصل مستتر فيها يعود الى ܨܒܘܬܐ «القصة» في المؤنثة. والى ܥܢܝܢܐ «الشان» في المذكرة. والثاني اصيل وهو ضمير متصل بعدها تسند اليه بواسطة اللام نحو ܥܩܬ ܠܝ ܥܠܘܗܝ «حزنتُ عليه» ܛܒܬ ܠܗ «طاب نفساً».

وقد يكتفي بعضها بضمير ܨܒܘܬܐ فاعلاً نحو ܐܡܛܪܬ «امطرت. نزلَ المطرُ» ܢܓܗܬ «اصبحت. طلع الفجر» ܚܫܟܬ «أظلمت. اظلم الليل».

ܬܘܪܓܡܐ تمرين

ܥܬܝܪܐ غني | ܡܘܥܕܢܐ ميعاد | ܥܓܠܬܐ عربة

ترجم هذه الجمل الى الارامية :

خرج ادم وحوا من الفردوس — هرب موسى وبنو اسرائيل من مصر واتوا الى ارض الميعاد — اذهبنَ الى الكنيسة وصلينَ — تفوح الروائح الزكية من البساتين وتجري فيها المياه العذبة وتترنم الطيور على اغصان اشجارها — في الصيف يصعد الاغنياء في عرباتهم الى الجبال — ذهبت خادماتكم الى السوق

الفصل الثالث

ܡܛܠ ܚܠܦ ܥܒܘܕܐ في نائب الفاعل

١٤٢ نائب الفاعل هو اسمٌ اسند اليه فعلٌ مجهول مقدم عليه او شبهُه نحو ܐܬܩܛܠ ܗܒܝܠ «قُتلَ هابيلُ» ܐܣܬܒܪܬ ܡܪܝܡ «بُشِرتْ مريمُ».(١) وسُمّيَ نائبَ فاعل لانه مفعول به حُذفَ فاعله واقيم هو مقامه ·

ويكون ظاهراً كما مثلنا · ومضمراً نحو ܠܐ ܐܬܛܪܕ ܐܠܐ ܗܘ «ما طُردَ الا هو» ܐܬܩܒܠܬ «قُبِلتُ».

ويجوز كثيراً ان يُذكر الفاعل معه مقروناً بحرف «الباء او اللام او ܡܢ» نحو ܒܨܠܝܒܐ ܡܬܒܪܟܝܢܢ «بالصليب نُبارَك» ܟܠܢ

(١) وشبه الفعل المجهول هو اسم المفعول المجزوم نحو ܝܥܩܘܒ ܚܣܡ ܝܠܕܗ «يعقوب محسودٌ ولدُهُ» ܚܢܐ ܡܩܒܠܐ ܨܠܘܬܗ «حنة مقبولةٌ صلاتُها»

ܘܐܬܟܬܒ ܒܦܝܠܣܘܦܐ «الكتاب المؤلَّف من الفيلسوف» ܐܬܓܚܟ ܒܗ ܡܢ ܡܓܘܫܐ «سُخِرَ بهِ من المجوس» . ܒܟ ܐܬܪܝܡ ܪܫܢ «بك يُرفع شأننا» ܟܕ ܡܬܒܥܐ ܟܠ ܐܢܫ «يُدان مني كل احد» ܘܗܝ ܡܢܝ ܠܐ ܐܬܥܒܕܬ «ما فُعِلَ ذلك مني» .

وان كان للفعل مفعولان ينوب عن الفاعل منهما ما هو مفعول في المعنى ويُقرَن ما هو فاعل في المعنى باللام نحو ܐܬܝܗܒ ܕܝܢܪܐ ܠܡܣܟܢܐ «أُعطيَ دينارٌ للمسكين»

واذا كان الفعل المعلوم يتعدى الى المفعول بواسطة الحرف ففي المجهول يجوز ان يُسنَد اليه بالحرف او بدونه نحو ܐܬܣܓܕ ܠܗ او ܐܬܣܓܕܠܗ «سُجِدَ له» ܐܬܒܙܚ ܒܗ او ܐܬܒܙܚ «هزيءَ بهِ» .

ܕܘܪܫܐ تمرين

ܗܕܡܐ	عضو	ܚܪܝܦܐ	حادّ . مرهف	ܦܣܩ	قطَّع
ܢܟܬܐ	ناب	ܬܒܪ	كسر . سَحقَ	ܦܬܠ	ضفر

١ : ترجم هذه الجمل الى الارامية :

صُلِبَ المسيح في اورشليم على جبل الجلجلة — قُطِّعت اعضاء الشهدا بالسيوف المرهفة وسحقت بانياب الوحوش واحرقت بالنار وما كفروا بالههم فضُفرت لهم اكاليل المجد وتعظَّم تذكارهم في السماء والارض — يُراق الخمر في الكاس — مُسِكَ اللص وسُلِّم للقاضي.

٢ : دلّ على الفاعل ونائب الفاعل المظهر والمضمر في الجمل الاتية وترجمها الى العربية :

ܡܬܩܛܠ ܡܫܝܚܐ ܘܡܬܠܐ ܠܗ ܘܡܬܒܠܥ ܡܫܬܘܬܗ

ܘܡܫܝܚܐ ܕܦܘܪܩܢܐ ܒܝ ܥܒܪܬ ܘܟܕ – ܠܐܬܡܡܘܬܗ ܘܡܛܘ
ܢܦܫܗ ܕܡܘܬܐ ܠܐܬܡܘܬܐ – ܐܝܟ ܕܐܬܐ ܘܒܝܫܐ ܠܐܬܡܠܟܢ –
ܘܡܫܝܚ ܒܟܠ ܐܬܐ – ܒܡܩܒܠܐ ܕܗܘܐ ܡܐܬܗ – ܠܐܬܪܘܬܐ.

ܪܫܐ ܬܠܝܬܝܐ الباب الثالث

ܡܛܠ ܡܦܥܠܢܘܬܐ ܡܫܪܪܬܐ ܘܗܘ ܕܒܪܝܫ ܒܗ

في المفعول المطلق والمفعول به والمفعول فيه وفيه ثلاثة فصول

الفصل الاول

ܡܛܠ ܡܦܥܠܢܘܬܐ في المفعول المطلق

١٤٣ المفعول المطلق هو المصدر الميمي وغير الميمي المسلط عليه فعل من لفظهِ نحو ܡܪܚܡܘ ܪܚܡܬ «احببتُ حباً» ܒܙܬܐ ܒܙܬ «نهبتُ نهباً» .

ويقع قبل الفعل كثيراً كما مثلنا . او بعده قليلاً ܢܦܩ ܡܦܩ «خرجَ خروجاً» ܘܬܡܗ ܬܡܗܐ «اعجبَ اعجاباً» .

والميمي منه يكون لتوكيد الفعل مطلقاً نحو ܡܫܡܥܘ ܫܡܥܬ ܠܐܦܪܝܡ ܕܐܠܐ «سمعتُ سمعاً افرام يعولُ» .

ويجوز حذف عامله نحو ܘܦܘܠܘܣ ܙܒܢܝܢ ܡܐܣܪ ܘܙܒܢܝܢ ܡܪܓܡ «وبولس تارةً قيَّدوه تقييداً وتارةً رجموه رجماً»(١)

(١) والاصل ܡܐܣܪ ܐܣܪܘܗܝ ܘܡܪܓܡ ܪܓܡܘܗܝ

وغير الميمي يكون على ثلاثة اوجه :

الاول : لتاكيد الفعل مطلقاً نحو ܚܛܳܗܳܐ ܚܛܳܬ݂ ܐܽܘܪܺܫܠܶܡ «اثمت اورشليم اثماً» ܬܰܡܳܢ ܕܚܶܠܘ ܕܶܚܠܬ݂ܳܐ «هناك خافوا خوفاً» .

الثاني : لبيان نوعه بالوصف او بالاضافة نحو ܬܶܫܒܽܘܚܬ݂ܳܐ ܚܰܕܬ݂ܳܐ ܐܶܫܰܒܰܚ ܠܳܟ݂ «اسبحُ لك تسبيحاً جديداً» ܘܬܶܫܒܽܘܚܬ݂ܳܐ ܕܙܳܟ݂ܽܘܬ݂ܳܐ ܐܶܫܰܒܰܚ ܠܳܟ݂ «اسبحك تسبحةَ الظفر» .

الثالث : لبيان عدده نحو ܡܚܳܝܗܝ ܡܚܘܳܬ݂ܳܐ ܚܕܳܐ «ضربه ضربةً»

وينوب عن المصدر غير الميمي ما هو بمعناه من مادتهِ وغيرها نحو ܐܶܬ݂ܗܦܶܟ݂ܰܬ݂ ܐܰܢܛܝܽܘܟ݂ܝܰܐ ܗܽܘܦܳܟ݂ܳܐ ܪܰܒܳܐ «انهدمت انطاكية هدماً عظيماً» ܡܰܢ ܕܕܳܡܶܟ݂ ܫܶܢܬ݂ܳܐ «من يرقد رقاداً» . وعددُه نحو ܡܰܠܶܠ ܫܶܬ ܡܶܠܝܢ «تكلم ست كلمات» . واسمُ اشارتهِ نحو ܐܶܡܰܪ ܗܳܕܶܐ ܡܶܐܡܪܳܐ «قال هذا القول» .

ܕܘܪܳܫܳܐ تمرين

ܓܡܺܝܪܳܐ	كامل	ܢܣܰܟ݂	صاغ	ܫܛܳܐ	احتقر
ܐܳܣܝܘܬ݂ܳܐ	شفاء	ܠܛܰܛ	لعن	ܫܚܰܩ	سحق

١ : ترجم هذه الجمل الى الارامية :

سحق موسى عجل الذهب الذي صاغه الشعب المارد سحقاً — يتعذب الاشرار في جهنم عذاباً لا رحمة فيه — من يلعن اباه وامه يُحتقر احتقاراً من الناس ويُلعن لعناً من الله — تكفر بي ثلاث مرات — شُفي شفاءً كاملاً

٢ : دلّ على المفعول المطلق في الجمل التالية وترجمها الى العربية :

ܚܛܳܐ ܕܚܛܳܗܳܐ ܚܛܳܐ ܐ̱ܢܳܫ — ܡܚܘܳܬ݂ܳܐ ܕܡܰܘܬ݂ܳܐ ܡܚܳܝܗܝ —

ܡܢ ܕܡܪܚܐ ܠܐܒܘܗܝ ܘܠܐܡܗ ܡܡܟܒ ܢܦܫܐ — ܡܚܣܝܐ ܢܦܫܐ — ܡܒܐܫܐ ܐܟܐ ܐܝܟ ܥܝܕܐ — ܘܥܡ ܥܡܠܐ ܕܢܫܐ.

الفصل الثاني

ܡܦܠ ܒܥܒܝܕܐ في المفعول به

تحديده واقسامه

١٤٤ المفعول بهِ هو ما وقع عليه فعلُ الفاعل نحو ܩܛܠ ܩܐܝܢ ܠܗܒܝܠ «قتل قايينُ هابيلَ» ·

ويقسم ١ : الى ظاهر كما مثلنا · ومضمر نحو ܐܚܒܬܟ «احببتُكَ» ܐܚܒܗ «احبَّهُ» ·

٢ : الى صريح نحو ܝܕܥܬ ܐܚܘܟ «عرفتُ اخاكَ» · ومؤول بالصريح نحو ܝܕܥܬ ܕܐܢܬܗܘ ܪܚܡܝ «عرفتُ انك صديقي» ·

٣ : الى مفعول بهِ بذات الفعل نحو ܐܠܦܗ «علَّمه» · ومفعول بهِ بواسطة حرف او اداة نحو ܐܘܕܝ ܒܗ «اعترفَ به» ܚܦܛ ܒܗ «اهتمَّ به»

وهو يكون مفعولاً واحداً نحو ܩܛܦܬ ܦܐܪܐ «قطفتُ ثمرةً» او مفعولين نحو ܚܘܝܬ ܐܒܘܟ ܐܘܪܚܐ «اريتُ اباكَ الطريقَ»(١)

رتبته

والاصل في المفعول ان يقع بعد الفاعل كما رأيت · ويجوز تقديمه عليه اذا لم يُخشَ التباسُه به نحو ܐܘܒܠ ܟܘܒܐ ܟܪܡܐ «انبتَ شوكاً الكرمُ»

(١) وما كان منهما فاعلًا في المعنى يسمَّى «المفعول الاول» والاخر «المفعول الثاني»

ܢܫܩ ܐܝ̈ܕܝ ܣܦܘ̈ܬܝ «قبلت يديَّ شفتايَ» ܡܚܒܠܢ ܕܒܝ̈ܫܬܐ
ܠܬܐܪ̈ܬܐ ܫܦܝܪ̈ܬܐ ܫܘܥܝ̈ܬܐ «تفسد الضمائر السليمة الاخبار السيئة»

ويجب تقديمه اذا كان ضميراً متصلًا نحو ܐܚܝܢܝ ܐܠܗܐ «احياني الله».

ويجوز تقديمه على الفعل ايضاً نحو ܐܓܪ̈ܬܟ ܩܒܠܬ «تناولت رسالتك»

ويجب تقديمه في موضعين :

الاول : اذا كان مما له صدر الكلام اي اسم استفهام او شرط نحو ܡܢ ܩܒܠܬ من قبلتَ ܐܝܢܐ ܕܪܚܡܬ ܪܚܡ ܐܢܐ من تحبّ احبّ

الثاني : اذا قُصِد وقوع النفي عليه خاصةً نحو ܐܘܠܐ ܠܩܒܪܐ ܡܫܕܪܝܢ ܗܘܘ ܠܗ̇ ܠܡܥܒܪܐ «ولا جثتهم يدفعونها الى القبر» (١).

دخول اللام عليه وعدم دخولها

ويجب دخول اللام على المفعول به في سبعة مواضع :

الاول : فيما اذا خيف التباسه بالفاعل نحو ܩܪܐ ܠܦܘܠܘܣ ܦܛܪܘܣ «دعا بولس بطرس».

الثاني : اذا كان المفعول ضميراً متصلًا مع الفعل الحاضر نحو ܪܚܡ ܠܝ «يحبني» ܪܚܡ ܐܢܐ ܠܗ «احبه».

الثالث : اذا كان مفعولاً اول مقدماً على الفعل نحو ܠܡܗܝܡ̈ܢܐ ܐܘܕܥ ܣܘܠܩܗ ܕܐܠܝܐ «عرّف المؤمنين صعود إليّا». او موخراً عن

(١) وحق المفعول الاول ان يقدم على الثاني. وذلك واجب اذا كان ضميراً نحو ܚܘܝܗ ܐܘܪܚܐ «اراه الطريق» ܐܫܩܝ ܐܢܘܢ ܚܫܘܟܐ «سقاهم ظلاماً» . والا فيجوز تاخيره كما سيجي.

المفعول الثاني نحو ܐܘܪܬ ܐܪܥܐ ܠܒܢ̈ܝ ܐܝܣܪܝܠ «اورث بني اسرائيل الارضَ» ܩܪܐ ܗܝܟܠܐ ܠܒܪ̈ܢܫܐ «دعا البشرَ هيا كلَ»

الرابع : اذا كان ضميراً معطوفاً نحو ܡܚܝܬܟܘܢ ܘܠܗܘܢ «ضربكم واياهم».

الخامس : اذا كان ضميراً لفاعل الفعل نحو ܐܢܐ ܠܝ ܩܪܒܬ «انا قدمتُ ذاتي». ܐܢܬ ܠܟ ܐܣܪܬ «انتَ اسرتَ نفسكَ». ܗܘ ܠܗ ܩܪܒ ܘܗܘ ܠܗ ܩܒܠ «هو قرَّب نفسه وهو قبلَها».

السادس : اذا كان بدلاً او تخصيصاً لضمير مفعول به نحو ܪܚܡܢܝ ܠܚܛܝܐ «ارحمني انا الخاطي».

السابع : اذا حذف الفعل نحو ܠܩܝܡܐ ܠܩܝܡܐ «العهدَ العهدَ» (١)

ويمتنع دخولها عليه في ثلاثة مواضع :

الاول : فيما اذا كان المفعول واحداً مركباً مع الفعل ليكسبهُ معنى جديداً نحو ܣܡ ܐܦܘܗܝ «قصدَ. عزم» ܝܗܒ ܐܝܕܐ «ساعدَ». (٢)

الثاني اذا كان نكرة غير مجزومة مجردة عن اداة التنكير (عد ١٣٢) نحو ܫܕܪܘ ܒܣܪܐ «ارسَلوا لحماً». ܣܒܟܘ ܥܓܠܐ «صاغوا عجلاً».

الثالث : اذا كان مفعولاً ثانياً نحو ܡܚܘܐ ܐܘܪ̈ܚܬܗ ܠܡܘܫܐ ܘܠܒܢ̈ܝ ܐܝܣܪܝܠ ܠܥܒ̈ܕܘܗܝ «يُري موسى طرقَهُ وبني اسرائيل اعمالَهُ» (٣) .

ويجوز دخولها فيما سوى ذلك نحو ܩܪܒ ܠܐܦܘܗܝ ܘܠܐܦܘ

---

(١) والاصل ܛܪ ܠܩܝܡܐ «احفظ العهدَ»

(٢) اما اذا كانا مفعولين فتدخل اللام على المفعول الاول في المعنى نحو ܝܗܒ ܐܝܕܐ ܠܦܠܢ «اعطى فلاناً دالةً».

(٣) وقد شذَّ نحو ܐܠܦ ܐܝܕܝ ܠܩܪܒܐ «علّم يديَّ القتال»

«اكرم اباه وامه» ܘܕܒܪ ܠܛܠܝܐ ܘܠܐܡܗ «خذ الصبي وامه»· ولا سيما حيث كان المفعول مقدماً على الفعل نحو ܗܢܐ ܠܚܛܝ̈ܐ ܡܩܒܠ ܘܐܟܠ ܥܡܗܘܢ «هذا يقبل الخطأة ويؤاكلهم»·

عود الضمير اليه

ويجوز عود الضمير الغائب الى المفعول الظاهر المتاخر متى كان معرفة نحو ܐܘܒܕܬܝܗ ܠܒܬܘܠܘܬܟܝ اضعت بكارتك.

وحينئذٍ فاما ان يكون الضمير والمفعول مجردين من اللام كليهما كما مثلنا· واما ان يكونا كلاهما مقترنين بها نحو ܩܛܠܗ ܠܗ ܠܒܝܫܐ «قتل الشرير»· واما ان يكون الضمير مجرداً منها والمفعول مقترناً بها نحو ܗܐ ܐܪܥܝܬܝܗ ܠܐܠܗܐ «ها انك ارضيتَ الله»· او بالعكس نحو ܐܚܝ ܠܗܘܢ ܡܝ̈ܬܐ «احيى الموتى»·

تنازع الافعال له

ويتنازع فعلان او اكثر مفعولاً واحداً فيذكر بعد الفعل الاخير نحو ܐܝܩܪ ܘܪܘܪܒ ܕܘܟܪܢܟ «كرَّمَ وعظَّمَ تذكارك»· ܓܦܦܬܝ ܘܢܫܩܬܝ ܠܒܪܘܝܟܝ «احتضنتِ وزيحتِ باريكِ» ونحو ܩܒܠ ܘܓܦܦ ܘܚܕܝ ܠܢ «اقبلنا واحتضنَّا وفرحنا»· ܫܕܪ ܡܟܪ ܘܕܒܪܗ «ارسل نخطبها فاخذها» (١)

مجي الفاعل والمفعول ضميرين لذات واحدة

يجوز ان يكون الفاعل والمفعول ضميرين لذات واحدة بشرط ان يؤكَّد ضمير الفاعل بالضمير المنفصل ويقترن ضمير المفعول باللام نحو ܩܛܠܬ

(١) ويجوز حذف حرف العطف من بين الافعال المتنازِعة كما ترى.

ܐܢܐ ܠܗ «عرفتُ ذاتي» . ܟܒܫ ܐܢܬ ܠܟ ܓܢܒܪܐ «وبخنَّ نفسك ايها الجسور» . ܩܪܒ ܗܘ ܠܗ ܩܘܪܒܢܐ ܪܓܝܓܐ «قرّبَ هو ذاته قرباناً شهيّاً» .

ولكن الكثير في ذلك ان ينوب عن ضمير المفعول لفظة ܢܦܫܐ او ܩܢܘܡܐ او ܓܪܡܐ او ܦܓܪܐ مضافة الى ضمير الفاعل مفردةً او مجموعةً نحو ܚܬ ܢܦܫܟ ܠܬܚܬ «أَلقِ نفسك الى اسفل» . ܡܘܒܕ ܩܢܘܡܗ «يهلك نفسه» . ܐܬܥܝܪܝ ܓܪܡܟܝ «ايقظي ذاتك» ܦܓܪܝ ܐܫܠܡ «ابذل نفسي» . ܟܕ ܐܠܝܢ ܢܦܫܬܗܘܢ «وهم يندبون انفسهم» الخ .

حذف المفعول والفعل

وقد يحذف المفعول متى دلت عليه قرينة كقول كتاب اعمال الرسل ܘܟܕ ܗܢܘܢ ܡܛܝܒܝܢ «واذ هم يعدّون له» (اي ܦܬܘܪܐ مائدة). ܡܪܝܐ ܙܐܢ «الرب يقوت» (اي ܟܦܢܐ الجياع) .

وقد يحذف الفعل مع بقاء المفعول كقولك ܠܝܘܣܦ «يوسفَ» في جواب من سالك ܠܡܢ ܡܚܝܬ «من ضربتَ» . ونحو ܕܝܬܩܐ ܕܝܬܩܐ «العهدَ العهدَ» ܠܢܡܘܣܐ ܘܠܣܗܕܘܬܐ «الشريعةَ والشهادةَ» كما مرّ (عد ١٤٤ وجه ٣٣٩) (١)

(١) فوائد : الاولى ان شبه الفعل اي اسم الفاعل والصفات المجزومة تاخذ مفعولاً نظيره . وهي تتعدى الى مفعولها الظاهر والمضمر باللام وبدونها نحو ܡܪܚܡܢ ܚܛܝܐ «يا راحم الخطاة» ܡܫܝܚ ܠܐܠܗܐ «متشح بالله» . ܐܠܦܐ ܕܛܥܝܢܐ ܥܘܬܪܐ «السفينة الحاملة الغنى» . الا اذا كانت مجموعة ومجزومة جزم تنكير فتتعدى الى الظاهر باللام او بدونها نحو ܡܠܐܟܐ ܛܥܝܢܝ ܠܟܘܪܣܝܗ (او ܛܥܝܢܝ ܟܘܪܣܝܗ) «الملائكة الحاملون عرشه» .

ܕܘܪܫܐ تمرين

ܡܪܬܝܬܐ امثولة | ܫܟܪܐ مسكر | ܐܚܪܬܐ اخرى

١ : ترجم الجمل الاتية الى الارامية :

اتى المسيح الى العالم ليخلص البشر فشفى المرضى ووهب النظر للعميان واحيا الموتى فابغضه اليهود وصلبوه واماتوه وبعد ثلاثة ايام قام من القبر واخزاهم — لا تشرب خمراً ولا مسكراً — اكرم التلامذة والديهم ومعلميهم — اعطِ الفقير صدقة — ادرسنَ امثولتكنَّ حسناً — احبوا بعضكم بعضاً

٢ : دلّ على المفعول به في الخبر التالي وترجمه الى العربية :

ܚܕ ܡܢ ܡ̈ܠܟܐ ܦܩܕ ܠܡܠܟܘܬܐ ܕܒܢ̈ܘܗܝ: ܕܢܐܙܠ ܠܘܩܕܡ ܢܣܒ ܘܦܢ ܠܡܠܟܐ. ܗܘ ܕܝܢ ܕܗܘܐ ܦܠܛܝܢ ܚܣܝܢܘܬܗ. ܘܐܬܐ ܐܢܫ ܡܢ ܦ̈ܠܚܐ ܠܡ̈ܠܟܐ

والى المضمر باللام فقط نحو ܠܒܝܫܝܢ ܠܗ ܠܡܫܝܚܐ ܐܝܟ ܢܚܬܐ ܝܩܝܪܐ «متوشحون بالمسيح كالثوب الفاخر» .

الثانية : ان المصدر ايضاً ياخذ مفعولاً مقترناً باللام نحو ܚܕܝܬ ܒܡܫܡܥܢܘܬܟ ܠܐܠܗܐ «فرحتُ بطاعتك لله» .

الثالثة : ان صيغة اسم المفعول المجزومة قد تاتي بمعنى الفعل الماضي ويشار الى فاعلها بالضمير المتصل بعدها المقترن باللام نحو ܫܡܝܥ ܠܝ ܕܪܚܡ ܐܢܬ ܕܡܥ̈ܐ ܕܥܝ̈ܢܐ (بدل ܫܡܥܬ ܕܪܚܡ ܐܢܬ) «سمعت انك تحب دموع العيون» ܩܪܝܢ ܠܗܘܢ ܟܬ̈ܒܐ (بدل ܩܪܘ ܟܬ̈ܒܐ) «قرءوا الكتب» . ويجوز ان يبقى بلفظ المفرد المذكر مع الجمع نحو ܩܝܡ ܠܢ ܕܢܬܩܝܡ ܥܡ ܫܝܘܠ «عاهدنا الهاوية» ܫܘܒ̈ܚܐ ܘܡܙܡ̈ܘܪܐ ܣܝܡ ܠܗ «ألّفَ اناشيد وتراتيل» .

وقد تاتي كذلك من الفعل اللازم نحو ܠܐ ܩܝܡ ܠܝ ܩܕܡ ܡܠܟ̈ܐ (بدل ܠܐ ܩܡܬ ܩܕܡ ܡܠܟ̈ܐ) «ما وقفت امام السلاطين» ܠܐ ܨܝܡ ܠܗܘܢ ܥܡܗ (بدل ܠܐ ܨܡܘ) «ما صاموا معه» ܫܪܝܪܐ ܘܡܗܝܡܢܐ ܗܘܐ ܠܟ (بدل ܗܘܝܬ) «كنت صادقاً ومستقيماً» .

ܐܟܘܬܐ . ܘܡܢ ܬܘܪܓܡܐ : ܬܘܪܓܡܐ ܕܟܬܒܐ ܘܡܦܫܩܢܘܬܐ ܓܠܝܢܐ . ܘܠܐ ܬܬܪܥܐ ܐܢܬ ܠܝ . ܥܒܘܕ ܕܝܢ ܡܢܗܘܢ ܕܠܐ ܡܢ ܐܝܠܐ ܕܐܝܟܘ ܐܢܬ ܡܫܬܘܕܥ ܠܝ . ܘܠܐ ܬܬܟܣܐ ܐܢܬ ܗܘܝܢ ܕܥܡܐ ܢܫܬܡܥܘܢ ܠܡܠܟܘܬܐ. ܐܦܠܐ ܬܘܡܬܐ ܕܡܢܗܘܢ ܕܥܡܐ ܢܫܬܡܥܘܢ ܠܡܠܟܘܬܐ ܀

الفصل الثالث

في المفعول فيه

١٤٥ المفعول فيه هو اسم زمان او مكان متصرف يقع فيه الفعل نحو ܨܠܝܬ ܠܠܝܐ ܟܠܗ «صليتُ الليلَ كلَّه» . ܗܠܟܬ ܡܝܠܐ «سرتُ ميلًا» .

فاسم الزمان يقع اما جواباً ل — ܐܡܬܝ «متى» واما جواباً ل — ܟܡܐ «كم» . فالواقع جواباً ل — ܐܡܬܝ ان كان معرفة تدخله الباء وجوباً نحو ܐܬܘ ܒܫܢܬܐ ܗܕܐ «اتوا في هذه السنة» ܩܝܡܝܢ ܗܘܘ ܒܦܠܓܗ ܕܠܠܝܐ «كانوا ينهضون في نصف الليل»(١) وان كان نكرة تدخله جوازاً نحو ܡܬܗܓܝܢ ܗܘܘ ܒܢܡܘܣܐ ܐܝܡܡܐ ܘܠܠܝܐ كانوا يهذون في الناموس نهاراً أو ليلًا. ويجوز ܒܐܝܡܡܐ ܘܒܠܠܝܐ

والواقع جواباً ل — ܟܡܐ لا تدخله الباء معرفة كان او نكرة نحو ܩܘܝ ܗܟܢܐ ܝܘܡܐ ܕܥܪܘܒܬܐ «استمرَّ هكذا يومَ الجمعة» .

(١) وشذ نحو ܚܙܝܢ ܬܠܬ ܐܬܘܬܐ ܒܫܡܝܐ ܦܠܓܗ ܕܐܝܡܡܐ «شاهدنا ثلاث آيات في السماء منتصف النهار»

ܐܬܟܬܫܘ ܙܒܢܐ ܣܓܝܐܐ «حاربوا وقتاً كثيراً».

١٤٦ واسم المكان اما يدل على المساحة او على غيرها . فان دلّ عليها فلا تدخله الباء نحو ܡܢ ܕܡܫܚܪ ܠܟ ܕܬܐܙܠ ܥܡܗ ܡܝܠܐ «من سخَّرك بان تسير معه ميلاً» . وان دل على غيرها فتدخله وجوباً نحو ܚܕܐ ܡܢܗܝܢ ܒܡܨܥܬܗ ܕܫܡܝܐ ܒܓܒܐ ܬܝܡܢܝܐ «احداهنّ في كبدِ السماء في الجانب الجنوبي».

فائدة : تضاف الى المفعول فيه لفظة ܟܠ فيجري عليها حكمه من حيث دخول الباء وعدمه نحو ܒܟܠ ܝܘܡ ܩܕܡܘܗܝ ܒܟܐ ܗܘܐ «كان يبكي بحضرتهِ كلَّ يوم» ويجوز ܟܠܝܘܡ ܘܫܢܐ . ونحو ܥܐܕܘ ܒܚܕܘܬܐ ܘܒܦܘܢܩܐ ܟܠܗ ܫܢܬܐ «عيّدوا في الفرح والنعيم كل السنة».

ܕܘܪܫܐ تمرين

١ : ترجم هذه الجمل الى الارامية :

نظرته صباح الاحد — صليت في هيكل الرب — صمت يوم الاربعاء — سرت كل النهار — مشيت ثلاثة اميال — طافَ الارضَ — خدَمَك كلَّ السنة — رجع في المساء .

٢ : قل لماذا دخلت الباء على اسم المكان والزمان في بعض الامثلة الاتية ولماذا لم تدخله في البعض الاخر وترجمها الى العربية :

ܒܪܘܟܬܐ ܒܦܠܓܗ ܕܬܘܩܠ ܐܝܟ ܙܪܩܐ ܕܚܝܠܐ — ܒܠܒܘܗܝ ܬܘܩܠܬܐ ܕܫܡܫ ܫܒܪܐ ܗܘܐ ܠܒܗܘܢ — ܒܝܘܡ ܗܘ ܡܪܢܐ ܒܟܠܒܢܐ ܘܒܐܣܟܡܐ — ܐܬܡܪ ܒܗ ܕܗܘܒܠܐ ܐܣܩܐ ܘܟܠܡܐ — ܒܨܦܪܐ ܣܦܪܘܗܝ .

ܡܐܡܪܐ ܪܒܝܥܝܐ الباب الرابع

ܥܠ ܚܠܐ ܘܦܘܪܫܢܐ ܘܟܢܘܝܐ

في الحال والتمييز والكنايات وفيه اربعة فصول

الفصل الاول

ܥܠ ܚܠܐ في الحال

١٤٧ الحال هي نكرة مشتقة مجزومة غالباً مسبوقة بحرف «ܟܕ» او «الواو» تبيّن هيئة الفاعل او المفعول .

مثال المبيّنة هيئة الفاعل: ܥܠ ܡܪܢ ܠܐܘܪܫܠܡ ܟܕ ܪܟܝܒ ܥܠ ܥܝܠܐ «دخل ربّنا اورشليم راكباً عفواً». ܐܬܐ ܡܬܟܝܟ «جاء متضعاً».

مثال المبيّنة هيئة المفعول: ܐܦܩܘ ܐܢܘܢ ܟܕ ܚܝܝܢ «اخرجوهم احياء» . ܡܚܐܘܗܝ ܘܦܨܝܚ ܡܓܪܕ ܓܠܕܗ ܘܡܫܬܒܗܪ «ضربوه مبتهجاً جلدوه مفتخراً».

وتكون الحال مفردة كما مثلنا . وجملة خبرية اسمية نحو ܘܟܕ ܐܢܫܐ ܐܢܘܢ ܠܐܠܗܐ ܥܒܕ ܐܢܘܢ ܒܐܪܥܐ «واجعلهم في الارض آلهة وهم بشر». ܡܫܬܢܩ ܘܫܘܢܩܐ ܚܒܝܒܝܢ ܠܗ «يتعذّب والعذابات محبوبة لديه» او فعلية نحو ܘܗܦܟܘ ܟܕ ܡܫܒܚܝܢ ܘܡܗܠܠܝܢ «ورجعوا يسبّحون ويهلّلون» (١).

(١) وقد اتت في السريانية جملة انشائية كالامر والاستفهام نحو ܐܝܟܢܐ ܕܢܚܙܐ

ويجوز حذف اداة الحال اي « ܟܕ والواو » متى كان صاحبها فاعلاً وذلك في موضعين :

الاول : اذا كانت مفردة نحو ܗܳܐ ܡܰܠܟܶܟܝ ܐܳܬܶܐ ܡܰܟܺܝܟ «ها ملكك ياتي متضعاً» . ܢܦܰܩܘ ܡܶܠܰܝܟܽܘܢ ܕܰܓܳܠܶܝܢ « خرجت اقوالكم كاذبة» .

الثاني : اذا كانت جملة فعلية فعلها حاضر نحو ܐܶܬܳܐ ܒܪܶܗ ܕܐ̱ܢܳܫܳܐ ܐܳܟܶܠ ܘܫܳܬܶܐ « جاء ابن الانسان ياكل ويشرب» .

ومتى عُطفت الحال المفردة يغني عن تكرار اداتها حرفُ العطف نحو ܐܳܬܶܐ ܠܶܟܝ ܟܰܕ ܡܰܟܺܝܟ ܘܪܳܟܶܒ ܥܰܠܳܐ «ياتيكِ متضعاً وراكباً عفواً»

اما الجملة فيُستحسَن اكثر تكرارُ الاداة معها نحو ܗܳܠܶܝܢ ܩܰܠܺܝܠ ܡܶܢ ܣܰܓܺܝܐܳܬܳܐ ܟܬܶܒܶܬ ܠܳܟ ܚܰܒܺܝܒܳܐ ܟܰܕ ܨܳܒܶܐ ܐ̱ܢܳܐ ܘܟܰܕ ܠܳܐ ܨܳܒܶܐ ܐ̱ܢܳܐ « هذا قليل من كثير كتبته لك ايها الحبيب وانا اريد ولا اريد» .

ويجوز تقديم الحال غير المقترنة بالواو على صاحبها مفردةً كانت او جملةً نحو ܟܪܺܝܗ ܡܛܺܝܬ ܠܘܳܬܳܟ «جئتكَ مريضاً» . ونحو ܟܰܕ ܒܰܪ ܚܰܕ ܐܺܝܬܰܝܟ ܩܳܪܶܐ ܐ̱ܢܳܐ ܠܳܟ ܒܰܪ ܣܰܓܺܝܐܶܐ « ادعوك الآن ابن كثيرين وانت ابنُ واحدٍ»

ܠܥܰܒܕܘܼ ܡܰܥܒܕܳܢܘܼܬܳܟ ܘܠܳܐ ܬܶܬܒܰܗܰܬ . ܟܰܕ ܡܶܢ ܐܘܼܪܚܳܐ ܕܪܳܕܶܐ ܡܰܠܟܳܐ ܒܳܗ̇ ܠܳܐ ܬܶܛܥܶܐ « فانتَ ايها الرجل تمم سعيك لئلا يُهزأ بكَ اذ تحذَر ان تضل عن الطريق التي انهجها الملك» . ونحو ܢܚܘܼܪ ܒܟܺܐܢܘܼܬܳܟ : ܟܰܕ ܡܰܢ ܡܫܟܰܚ ܠܡܶܡܢܶܐ ܕܶܝܠܳܗ̇ ܬܘܕܝܬܗ . «ننظر في عدلك على حين انه من يقدر ان يحصي فوائده » .

فائدة

وتاتي الحال ايضاً ١ً : نكرة جامدة مكررة او غير مكررة نحو ܢܦܩܘ ܓܘܕ̈ܝܢ ܓܘܕ̈ܝܢ «خرجوا افواجاً افواجاً». ܦܣܩܗ ܗܕܡܝܢ ܗܕܡܝܢ «قطّعه عضواً عضواً». ونحو ܣܚܘܦ ܘܪ̈ܕܐ ܟܠܝܠܐ ܠܪܫܟ «اضفر الوردَ اكليلاً لراسك». ܒܬ ܨܝܡܐ «بات صائماً».
٢ً : صفة غير متصرفة نحو ܥܠܘ ܥܪ̈ܛܠܝ ܘܫܠܝ̈ܚܝ «دخلوا عراة وحفاة». ܚܝ̈ܐ ܒܠܥܝܢ ܗܘܘ ܠܢ «كانوا يبتلعوننا احياء».
٣ً : مركباً لحوقياً كما سياتي (عد ١٦٩) ٠ ٤ً : شبه جملة نحو ܐܬܐ ܥܠ ܡܪܟܒܬܐ «جاء على المركبة». ܐܬܘ ܒܚܕܘܬܐ ܪܒܬܐ «اتوا بفرح عظيم». ولا تُذكر معها الاداة في هذه المواضع بل تقدر تقديراً.

ܬܘܪܓܡܐ تمرين

ܣܕܪܐ صف	ܒܗܬܬܐ خجلان	ܩܪܐ نادى

١ً : ترجم هذه الجمل الى الارامية :

قالت مريم باكيةً — اطلب الرحمة من الله ذارفاً الدموع على خطاياك — جاء الرعاة مسرعين خائفين — انطلق السارق خجلان — رجع ويدُه مقطوعة — شرب الخمر ممزوجاً بالماء — نادوا به رئيساً وحاكماً — جلسوا في البستان صفوفاً صفوفاً فرحين ومبتهجين

٢ً : دلّ على الحال وصاحبها في الجمل الاتية وترجمها الى العربية :

ܒܟܝܐ ܘܐܡܪ ܠܗ ܟܕ ܦܪܝܣ — ܚܙܝܬܐ ܒܪܢܫ ܘܦܫܝܛܬܐ
ܚܙܐ ܕܡܝܬܐ ܕܟܪܐ ܕܫܬܐ ܘܐܦܩܘܗ ܠܡܫܝܚܐ — ܐܬܬܐ ܐܝܟ

ܠܡܠܟܬܐ ܟܕ ܛܠܝܐ ܗܘܐ ܗܘ ܟܕ ܡܫܝܚܐ ܠܡܫܡܠܝܘ-
ܬ ܫܢܝ̈ܗܘܢ ܟܕ ܫܢܝ̈ܗܘܢ ܡܠܟ̈ܝܢ ܕܡܠܟ̈ܐ - ܘܡܢܗ ܘܠܥܠ
ܟܕ ܫܢܝܐ ܠܗܘܢ ܕܡܠܟܐ ܐܝܠܝܢ ܕܡܢ-ܒܬܪ ܟܕ ܫܢܝ̈ܐ

الفصل الثاني

ܥܠ ܦܘܪܫܢܐ في التمييز

١٤٨ التمييز هو نكرةٌ جامدة يبين ابهام الذات في المفرد وفي الجملة . فهو نوعان تمييز مفرد نحو ܟܕ ܠܝܛܪܐ ܙܝܬܐ «رطلٌ زيتاً» . وتمييز جملة نحو ܐܫܬܠܗܒ ܒܚܡܬܐ «اشتعلَ غضباً» .

وتمييز المفرد اربعة :

الاول : الموزون نحو ܬܪܝܢ ܠܝܛܪ̈ܐ ܕܕܗܒܐ «رطلان ذهباً» .

الثاني : المكيل نحو ܐܪܒܥܐ ܡܕ̈ܝܢ ܚܛ̈ܐ «اربعة امدادٍ حنطة»

الثالث : الممسوح نحو ܫܒܪܐ ܐܪܥܐ «شبرٌ ارضاً» .

الرابع : العدد نحو ܝܗܒ ܠܗ ܐܪܒܥܐ ܙܘ̈ܙܝܢ « اعطاه اربعة دراهم» (١) وسياتي على هذا مزيد بيان في الفصل التالي .

ويجوز في ما خلا المعدود منها اضافةُ المميَّز الى التمييز نحو ܗܒ ܠܢ ܠܝܛܪܐ ܕܕܗܒܐ «أعطِنا رطلَ ذهبٍ» .

وتمييز الجملة اربعة ايضاً :

الاول : ما يكون منقولاً عن المبتدا نحو ܢܦܫ ܠܝܛܪ̈ܘܗܝ

(١) فكلٌ من ܕܗܒܐ وܚܛ̈ܐ وܐܪܥܐ وܙܘ̈ܙܝܢ يبين ابهام كل من ܠܝܛܪ̈ܐ وܡܕ̈ܝܢ وܫܒܪܐ وܐܪܒܥܐ .

ܥܬܝܪ ܒܚܟܡܬܐ «يوسف اغنى منك حكمةً» (والاصل ܥܬܝܪܐ ܘܡܘܬܪܐ ܚܟܡܬܗ ܕܝܘܣܦ ܡܢ ܕܝܠܟ حكمة يوسف اوفر من حكمتك)

الثاني: ما يكون منقولاً عن الفاعل نحو ܐܫܬܓܪ ܚܡܬܗ ܒܪܘܓܙܐ «اشتعلَ غيظاً» (والاصل ܐܫܬܓܪ ܚܡܬܗ ܪܘܓܙܗ اشتعل غضبه).

وهذان النوعان يجب اقترانهما بالباء كما ترى (١)

الثالث: ما يكون منقولاً عن المفعول نحو ܙܪܥܢ ܐܪܥܐ ܚܛ̈ܐ «زرعنا الارضَ حنطةً» (والاصل ܙܪܥܢ ܚܛ̈ܐ ܕܐܪܥܐ زرعنا حنطة الارض).

الرابع: ما لا يكون منقولاً عن شيء نحو ܐܬܡܠܝ ܡܐܢܐ ܡ̈ܝܐ «امتلأَ الاناءُ ماءً» (٢).

ويجوز فيهما تقديم التمييز على المميَّز نحو ܚܛ̈ܐ ܣܐܬܐ ܒܚܡܫܡܐܐ ܙܘܙܝܢ «القفيز حمصاً بخمسمائة درهم». و ܚܡܬܐ ܪܒܬܐ ܐܬܡܠܝܘ «امتلأوا غيظاً عظيماً».

ܕܘܪܫܐ تمرين

ܕܪܓܐ درجة . منزلة | ܦܛܝܡܘܬܐ سمن | ܣܢܝܩܐ محتاج

١: ترجم هذه الجمل الى الارامية:

عندنا مثقالٌ فضةً — بعتُ خمسةَ امدادٍ قمحاً — مات جسماً وعاش روحاً — اخوك اعظم منك درجةً — انت محتاج الى مائةِ ذراعٍ ارضاً — اعطاه جرةً سمناً — امتلاء الصندوق ذهباً.

(١) ويجوز فيهما اضافة التمييز الى ضمير صاحبه نحو ܚܟܡ ܒܚܟܡܬܗ «في حكمته». و ܐܫܬܓܪ ܚܡܬܗ «اشتعلَ بغضبه». (٢) ومنه قوله ܕܐܬܪ̈ܘܬܐ ܡܠܝܢ ܛܘܪ̈ܦܐ في الاماكن «المملوءة عناء».

٢ً : دلَّ على التمييز في العبارات الآتية وترجمها الى العربية :

ܐܝܬ ܗܘܐ ܠܗ ܬܠܬܐ ܡܢܝܢ ܦܪܙܠܐ - ܥܠܗ ܡܐܪ̈ܐ ܘܡܠܟܘܬܗ ܫܢܝ̈ܢ ܬܠܬ ܕܘܟܠܐ - ܦܘܫܘ ܫܒܥܐ ܐܘܪ̈ܚܐ - ܘܬܠܬ ܒܢܘ̈ܗܝ - ܫܘܫܦ ܡܢܟܘܢ ܡܢܝ ܕܠܡܕܢ̈ܐ - ܬܪ̈ܬܝܢ ܫܢ̈ܝܐ ܠܡܘ̈ܬܐ - ܐܡܪܬ ܐܠܦܝܢ ܡܢܐ .

الفصل الثالث

ܡܛܠ ܦܘܪܫܢܐ ܕܡܢܝܢܐ في تمييز العدد او مميِّزه

١٤٩ مميِّز العدد هو المعدود الذي يرفع ابهامه كما مر في الفصل المتقدم. وحكمه ان يكون مع اسماء العدد من ܬܪܝܢ «اثنان» ܬܪܬܝܢ «اثنتان» وصاعداً مجموعاً ابداً (١) والاحسن ان يكون ايضاً مجزوماً جزمَ تنكير نحو ܬܪܝܢ ܓܒܪ̈ܐ او ܬܪܝܢ ܓܒܪ̈ܝܢ «رجلان» ܬܠܬܐ ܝܘܡܐ او ܬܠܬܐ ܝܘܡ̈ܝܢ «ثلاثة ايام» الخ . و ܬܪܬܝܢ ܢܫ̈ܐ او ܬܪܬܝܢ ܢܫ̈ܝܢ «امراتان» . ܬܠܬ ܡܕܝܢ̈ܬܐ او ܬܠܬ ܡܕܝܢ̈ܢ «ثلاث مدن» الخ . (٢)

(١) اما ܚܕ «واحد» ܚܕܐ «واحدة» فلا يُميَّزان لان صيغة المعدود بهما الدالة على وحدته تغني عن ذكره معهما نحو ܓܒܪܐ «رجل» ܐܢܬܬܐ «امراة» ولكنهما يذكران مع الاسم للدلالة على محض تنكيره باعتبار انهما نعت له كما مر (عدد ١٣٢)

(٢) قد يجوز ولا سيما في ضرورة الشعر ان ياتي العدد مذكراً مع المعدود المونث ومونثاً مع المعدود المذكر متى كان المعدود اسماء اسابيع وايام وساعات نحو ܬܠܬܐ ܫܒ̈ܘܥܝܢ «ثلاثة اسابيع» ܬܠܬܗ ܕܫܒܐ «الثلاثة» ܬܪܬܥܣܪ ܫܥܝܢ «واثنتا عشرة ساعة» (والاصل فيها ܬܠܬܐ ܫܒ̈ܘܥܝܢ ܘܬܠܬܐ ܕܫܒܐ ܘܬܪܬܥܣܪܐ ܫܥ̈ܝܢ) .

الا العلم فمتى وقع مميزاً فيبقى مفرداً نحو ܬܪܝܢ ܝܘܣܦ يوسفان ܬܠܬ ܡܪܝܡ ثلاث مريمات.

ويكون مميز ܡܐܐ «مئة» مذكراً ومونثاً نحو ܡܐܐ ܓܒܪܝܢ «مائة رجل» ܡܐܐ ܢܫܝܢ «مائة امراة». ومميز ܐܠܦܐ «الف» ان كانت تامةً مذكراً فقط نحو ܐܠܦܐ ܝܘܡܝܢ «الف يوم». وان كانت مجزومة مذكراً ومونثاً نحو ܐܠܦ ܝܘܡܝܢ «الف يوم» وܐܠܦ ܫܥܝܢ «الف ساعة» اما مميز ܪܒܘܬܐ «ربوة» فهو كمميز ܡܐܐ.

وتقع هذه الثلاثة مميزة لغيرها من العدد فتبقى ܡܐܐ مفردة مع الجميع فتقول ܡܐܬܝܢ «مئتان» (بدل ܬܪܬܝܢ ܡܐܐ) ܬܠܬ ܡܐܐ «ثلاثمائة» ܐܪܒܥ ܡܐܐ «اربعمائة» الخ. اما ܐܠܦܐ وܪܒܘܬܐ فتجمعان نحو ܬܪܝܢ ܐܠܦܝܢ «النانِ» ܬܠܬ ܪܒܘܢ «ثلاث ربوات».

ويجوز تقديم المميز على العدد فيقل جزمه نحو ܝܪܚܐ ܬܫܥܐ «تسعة اشهر» وܫܢܝܢ ܐܪܒܥܝܢ «اربعون سنة».

ويجوز ان يفصل بين العدد ومميزهِ باجنبي نحو ܡܘܫܐ ܒܪ ܬܡܢܝܢ ܗܘܐ ܫܢܝܢ «موسى كان ابن ثمانين سنة». ܗܐ ܥܣܪܝܢ ܠܝ ܫܢܝܢ ܒܒܝܬܟ «ها ان لي في بيتك عشرين سنة»

واذا كان مميز العدد اسم جنس او اسم جمع فتدخل عليه الدال الاضافية التي بمعنى ܡܢ «من» وتجب حينئذٍ مطابقة العدد له في التذكير والتانيث نحو ܫܒܥ ܕܥܢܐ «سبع من الغنم». ܬܪܥܣܪ ܕܪܟܫܐ «اثنا عشر من الخيل». ويجوز دخولها على غير ذلك من المعدودات.

ويجوز كثيراً حذف المعدود اذا كان لفظة ܙܒܢܬܐ «مرة» او ܡܢܬܐ «جزء» ويستدل عليهما بتانيث العدد نحو ܚܕܐ ܠܐܪܒܥ ܫܢܝܢ

(اي ܚܕܐ ܙܒܢܬܐ) «مرة في كل اربع سنين». ܬܠܬ ܬܟܦܘܪ ܒܝ (اي ܬܠܬ ܙܒ̈ܢܝܢ) «تكفر بي ثلاث مرات». ܚܕܐ ܡܢ ܬܠܬ (اي ܚܕܐ ܡܢܬܐ ܡܢ ܬܠܬ ܡܢܘ̈ܬܐ) «ثلث». او اذا كان مصدراً ويستدل عليه بفعله نحو ܡܬܦܪܥ ܚܕ ܒܬܠܬܐ (اي ܚܕ ܦܘܪܥܢܐ ܒܬܠܬܐ ܦܘܪ̈ܥܢܐ) «يجازى ثلاثة اضعاف». ܡܬܡܚܐ ܚܕܐ ܒܐܪܒܥ (اي ܚܕܐ ܡܚܘܬܐ ܒܐܪܒܥ ܡܚܘ̈ܢ) «يضرب اربعة اضعاف».

ويجوز حذف العاطف «ܐܘ» من بين اسماء العدد نحو ܬܠܬܝܢ ܐܪܒܥܝܢ ܡܢܗܘܢ «ثلاثون او اربعون منهم».

ܕܘܪܫܐ تمرين

ܫܘܦܢܝܢܐ يمامة | ܩܢܕܝܠܐ قنديل | ܓܪܝܨܐ رغيف

١ : ترجم هذه الجمل الى الارامية :

اختار المخلص ١٢ رسولاً و٧٢ تلميذاً — اطعمَ النقير ١٠ ارغفة — اشترينا سيفاً ورمحين و٢٥ سكيناً — اشتروا ٤ قناديل — عندنا ١٠٠٠ حمامة و١٠٠ يمامة و٥٦٠ عصفوراً — السنة ١٢ شهراً والشهر ٣٠ يوما واليوم ٢٤ ساعة — عندكم ٨٠ راسا من الغنم.

٢ : دلّ على مميز العدد في الجمل الاتية وترجمها الى العربية :

ܬܠܬܐ ܫܘܪ̈ܐ ܣܓܝܐܝܢ ܠܗ ܐܘܪ̈ܚܐ ܟܪܝܬܐ — ܫܒܥܝܢ ܐܠܦ ܒܟܢܫ ܡܕܝ̈ܢܬܐ — ܒܝܘܡ ܫܪܝܢ ܫܒܥܬܐ ܫܒܥܝܢ — ܘܚܘܢܝ ܐܠܦ ܬܪܝܢ ܐܣܘܪ — ܥܣܪܝܢ ܒܗ ܕܘܪ̈ܐ ܫܒܥܐ — ܘܫܒܥܝܢ ܒܗ ܬܪܬܝܢ ܡܕܝܢܢ

الفصل الرابع

ܥܠ ܟܘܢܝܐ في الكنايات

١٥٠ الكنايات اسماء مبهمة يعبر بها عن اشياء مفسرة . وهي ثلاثة ܟܡܐ وܦܠܢ وܗܟܢ . تقدم ذكرها في الجزء الاول (عد ٥٠)

اما ܟܡܐ «كم» فهي كناية عن العدد والمقدار وتكون استفهامية وخبرية

فالاستفهامية : تدخل الاسم مجموعاً نحو ܟܡܐ ܝܘܡܝܢ ܨܡܬ «كم يوماً صمت» . ܟܡܐ ܐܢܘܢ ܐܚܝܟ «كم اخوتك»

وتدخل الصفة مجموعة ومفردة نحو ܟܡܐ ܚܒܝܒܝܢ ܠܐܒܗܝܗܘܢ «كم هم اعزاء على آبائهم» . ܟܡܐ ܚܒܝܒ ܠܟ «كم هو محبوب عندك» .
وتدخل الفعل نحو ܟܡܐ ܪܚܡ ܐܢܬ ܠܝ «كم تحبني» .

والخبرية : تدخل الاسم والصفة مجموعين او مفردين والاول اكثر نحو ܟܡܐ ܐܓܝܪܐ ܒܒܝܬ ܐܒܝ «كم اجير في بيت ابي» . ܟܡܐ ܙܒܢܝܢ ܡܟܣܐ ܐܢܐ ܠܟܝ ܐܘ ܙܢܝܬܐ «كم مرة اعظك يا فاجرة» . ܘܟܡܐ ܡܝܩܪ ܗܘܐ ܘܟܡܐ ܡܫܒܚܘܬܗ «كم كان مكرماً وكم كان ممجداً» ܟܡܐ ܡܝܬܪܝܢ ܗܘܘ ܐܒܗܝܢ «كم كان اباؤنا افاضل»

وتدخل الفعل نحو ܟܡܐ ܡܣܗܕܝܢ ܥܠܝܟ «كم يشهدون عليك»

والاصل فيها استفهامية وخبرية ان تقع صدر الكلام كما مثلنا . وقد تقع حشواً نحو ܛܠܝܐ ܕܟܡܐ ܓܒܪܝܢ ܡܚܝܬ «غلام كم رجل ضربت» ونحو ܘܒܟܡܐ ܪܚܡܐ ܢܦܫܐ ܠܡܫܪܝܗ «فبكم تحب النفس مثواها»

واما ܦܠܢ «فلان» وفروعها . فهي كناية عن العلم العاقل نحو ܐܡܪ

ܠܘܳܬ ܦܠܳܢ «اذهبوا الى فلان» ܐܶܬܳܬ ܦܠܳܢܺܝܬ «جاءت فلانة».
وتكون كنايةً عن العلم غير العاقل ايضاً بمعنى «الفلان والفلانة» نحو ܕܰܝܪܳܐ ܦܠܳܢܳܝܳܐ «الدير الفلان».

واما ܐܦܠܢ «كذا. كيتَ» فهي كناية عن العدد والحديث وغيرهما. وتاتي وحدها او مكررة. ومميزها يكون مجموعاً او مفرداً متاخراً عنها او متقدماً نحو ܢܣܰܒ ܐܦܠܢ ܙܘ̈ܙܐ «قبضَ كذا دراهم» ܐܶܙܰܠܘ ܒܐܘܪܚܐ ܐܦܠܢ «ذهبوا في طريق كذا» ܢܣܰܒ ܡܶܢܶܗ ܐܦܠܢ ܘܐܦܠܢ ܟܬ̈ܒܐ «اخذ منه كذا وكذا كتباً» (١).

ܕܘܪܫܐ تمرين

١َ : ترجم هذه الجمل الى الارامية :
كم عبداً لك — كم مرة اتيت لزيارتنا وما وجدتنا — كم انت شريف — كم تحبنا وتعتني بنا — تكلمت مع فلان — رأيت فلانة — اعطهِ كذا وكذا — قال لي كيتَ كيتَ .

٢َ : دلّ على الكنايات ومميزها في الجمل الاتية وترجمها الى العربية :
ܟܡܐ ܕܝܪ̈ܝܢ ܐܝܬ ܠܟܘܢ - ܟܡܐ ܠܟ ܫܢ̈ܝܐ - ܬܟܡܐ ܠܟ ܕܣܓܝܐܐ ܐܢ ܐܢܬ ܠܝܬ - ܟܡܐ ܡܝܬܪܝܢ ܒܢܝ̈ܐ ܐܢܫ̈ܐ - ܡܢ ܟܡܐ ܟܬܒ̈ܐ ܡܣܝܡܝܢ ܗܘ - ܐܙܠ ܠܘܬ ܦܠܢ - ܐܬܐ ܠܡܕܝܢܬܐ ܦܠܢܝܬ - ܥܒܕ ܐܦܠܢ ܘܐܦܠܢ .

(١) قد تاتي ܦܠܢ بمعنى ܐܦܠܢ وبالعكس نحو ܥܒܕܐ ܦܠܢ «فعلَ كذا» ܘܡܡܠܠܬ ܥܡ ܐܦܠܢ ܘܐܦܠܢ «تكلمتُ مع فلانٍ وفلانٍ».

ܬܪܥܐ ܕܚܡܫܐ الباب الخامس

ܡܛܠ ܡܬܢܣܒܢܘܬܐ في الاضافة وفيه فصلان

١٥١ الاضافة هي نسبةُ اسم الى اسم آخر . وهي نوعان ܣܘܟܠܢܝܬܐ «معنوية» وܒܪܢܝܬܐ ܡܠܝܬܐ «لفظية»

الفصل الاول

ܡܛܠ ܡܬܢܣܒܢܘܬܐ ܣܘܟܠܢܝܬܐ في الاضافة المعنوية

١٥٢ الاضافة المعنوية هي نسبةُ اسم الى آخر على معنى «ܠ» او «ܡܢ» او «ܒ» الظرفية نحو ܟܬܒܐ ܕܡܘܫܐ «كتابُ موسى» (اي ܠܡܘܫܐ لموسى). ܥܙܩܬܐ ܕܕܗܒܐ «خاتمُ ذهبٍ» (اي ܡܢ ܕܗܒܐ من ذهبٍ). ܨܠܘܬܐ ܕܪܡܫܐ «صلوة المساء» (اي ܒܪܡܫܐ في المساء) . وهي على نوعين :

الاول : ان يكون المضاف تاماً فتدخل الدال بعده وجوباً على المضاف اليه كما مثلنا . وهذه يجوز فيها اضافة المضاف اولاً الى ضمير المضاف اليه ثم اليه تقويةً للاضافة نحو ܟܬܒܗ ܕܡܘܫܐ « كتاب موسى » ܡܠܝܗܘܢ ܕܢܒܝܐ « كلماتُ الانبياء » .

الثاني ان يكون المضاف مجزوماً جزمَ الاضافة فيمتنع دخول الدال على المضاف اليه نحو ܝܠܕܬ ܐܠܗܐ «والدةُ اللهِ» ܡܠܟܝ ܐܪܥܐ «ملوك الارض» ܬܫܥܝܬ ܙܕܝܩܐ «اخبار الصديقين» (١)

(١) اما اذا كان مجزوماً جزم التنكير واريدت اضافتهُ فيجب دخول الدال

اما فائدةُ الاضافة المعنوية فهي تعريفُ المضاف اذا كان نكرةً والمضافُ اليه معرفة نحو **ܚܘܛܪܗ ܕܐܗܪܘܢ** «عصا هارون» . وتخصيصُه اذا كان نكرةً والمضاف اليه نكرة ايضاً نحو **ܪܫ ܬܘܪܐ ܚܕ** «راسُ ثورٍ» فهو اخص من **ܪܫ** «راس»

ويقوم الضمير المتصل مقام المضاف اليه المظهر . واليه تضاف الاسماء الارامية والاعجمية التي على اوزانها كما مرَّ (عد ٤٢ الى ٤٤) (١) .

ومثله شبه المتصل واليه تضاف جميع الاسماء الارامية غير المجزومة (٢) والاعجمية التي على اوزانها وغير اوزانها (عد ٤٦) .

وتجوز اضافة العلم الى مثله لتمييزه عما يشاركه في التسمية نحو **ܝܘܚܢܢ ܕܡܪܘܢ** «يوحنا مارون» .

وكل جمع لا تصح نسبته الى المفرد لمانع معنوي مثل **ܪ̈ܫܐ** رؤوس **ܦ̈ܘܡܐ** افواه **ܠܒ̈ܘܬܐ** اقلوب **ܢܦ̈ܫܬܐ** «نفوس» : يجوز افراده اذا أُضيفَ الى الجمع نحو **ܢܣܬܟܪ ܦܘܡܗܘܢ ܕܕܓ̈ܠܐ** «يُسدُّ فمُ الكذبة»

ܒܝܬܗ كالتام نحو **ܐܪܒܥ ܦܢ̈ܝܬܗ ܕܒܪܝܬܐ** «اربعة اقطار الخليقة» . واذا استوى فيه جزم التنكير والاضافة نظير **ܡܫܚܐ** فيجوز فيه الامران نحو **ܟܠ ܡܫܘܚܬܐ ܕܪܘܚ** او **ܟܠ ܡܫܘܚܬ ܪܘܚ** « كلُّ فهمِ الروح » . اما دخولها فلاعتبار الجزم جزمَ تنكير واما عدم دخولها فلاعتباره جزمَ اضافة .

(١) متى أُريدت اضافة اسماء العدد من **ܬܠܬܐ** الى **ܥܣܪܐ** يزاد عليها تاء وتضاف الى المظهر كالاسماء المجموعة المختومة بالتاء المجزومة جزم اضافة نحو **ܬܠܬܬ ܓܒܪ̈ܐ** «ثلاثةُ الرجالِ» **ܐܪܒܥܬ ܛܠܝ̈ܐ** «اربعة الاولاد» **ܬܠܬܬ ܢܫ̈ܐ** «ثلاثة النساء» الخ . اما العدد المركب فيضاف كما هو بواسطة الدال نحو **ܬܪܥܣܪ ܕܝܘܣܦ** «اثنا عشر يوسف» . واما اضافة اسماء العدد الى المضمر فقد تقدم الكلام عليها في (عد ٤٦) .

(٢) وقد تجوز اضافة المجزوم اليه كقوله **ܚܕܐ ܚܕܥܣܪ** : **ܘܚܙܐ ܚܕܥܣܪ ܩܝܡܝܢ ܠܘܬܗ** «وراى حزمَ الاحد عشر مربيةً الى جانبه» .

ومتى اتحد الاسمان بالمعنى اي كانا يدلان على شيء واحد كالمترادفين والموصوف والصفة فلا تجوز اضافة احدهما الى الاخر فلا يقال مثلاً ܫܘܥܐ ܕܟܐܦܐ «صخرة الصخرة» ܓܒܪܐ ܕܚܟܝܡܐ «رجل الحكيم» . الا اذا كان اول المترادفين اسماً عاماً والثاني مسمًّى له خاصاً فتجوز الاضافة نحو ܡܕܝܢܬܐ ܕܪܘܡܝ «مدينة رومية» ܢܗܪܐ ܕܦܪܬ «نهرُ الفرات» . وتجوز اضافة الموصوف الى اسم جامد يؤول بالصفة كما سياتي في (عد ١٥٥)

واذا عُطف على المضاف اليه. فان كان مظهراً والمعطوف مظهر يجوز ابقاء الدال على المعطوف نيابةً عن المضاف او حذفها نحو ܡܫܚܐ ܕܚ̈ܝܐ ܘܕܚܕܘܬܐ ܒܬܕܡܘܪܬܐ ܡܫܚܟ «مسحك بدهن الحيوة والفرح بنوع عجيب». ܓܘܕܐ ܕܕ̈ܟܝܐ ܘܟ̈ܐܢܐ ܘܟ̈ܗܢܐ «جوق الاطهار والابرار والكهنة» . وان كان مضمراً والمعطوف مظهر فيجب ابقاوها نيابةً عن المضاف نحو ܡܝܩܪܢ ܕܘܟܪܢܗ ܘܕܩ̈ܕܝܫܐ ܘܕܥ̈ܢܝܕܐ «معظمِ تذكارها وتذكار القديسين والموتى» ܡܪܟ ܗܘ ܘܕܡܣ̈ܟܢܐ «هو ربك وربّ المساكين» (١) . وان كان مظهراً او مضمراً والمعطوف «شبه المتصل» فيُستغنَى به عن المضاف نحو ܡܪܐ ܕܫܡܝ̈ܢܐ ܘܕܝܠܢ «ربّ السماويين وربنا » ܐܡܟ ܘܕܝܠܝ «امك وامي» .

واذا تعدد المضاف بالعطف والمضاف اليه واحد يجوز في المضاف اليه ان ياتي بعد المضاف الاخير نحو ܟܠܗܘܢ ܦܘ̈ܡܐ ܘܠܫ̈ܢܐ ܘܫܪ̈ܒܬܐ ܕܒܢܝ̈ܢܫܐ « جميعُ افواه والسنة وقبائل بني البشر » .

---

(١) وقد يشار هنا الى المضاف المحذوف باسم اشارته موضوعاً قبل الدال نحو ܡܠܬܟ ܘܗܝ ܕܐܚܘܟ « كلمتُك وكلمةُ اخيك»

او ان ياتي بعد المضاف الاول بشرط ان ينوب عنه ضميرُه في باقي المضافات نحو ܘܦܩܕ ܝܫܘܥ ܠܫܠܝܛܢܘܗܝ ܕܥܡܐ ܘܣܦܪܘܗܝ «وامرَ يسوعُ حكّامَ الشعبِ وكتبتَه».

وقد يتقدم المضافُ اليه متى كان مظهراً او «شبهَ متصل» على المضاف نحو ܝܗܘܕܐ ܕܝܫܘܥ ܡܫܝܚܐ ܥܒܕܐ (اي ܥܒܕܐ ܕܝܫܘܥ ܡܫܝܚܐ) «يهوذا عبدُ يسوعَ المسيح» و ܕܝܠܢ ܕܝܢ ܝܘܡܐ ܪܒܐ ܝܘܡܐ ܗܘ ܕܥܪܘܒܬܐ (اي ܝܘܡܐ ܕܝܠܢ ܕܝܢ ܪܒܐ) «فان يومَنا العظيم هو يومُ الجمعة».

وقد يُنزَّل كلٌّ من الضاف والمضاف اليه منزلةَ الآخر نحو ܐܫܬܝܬ ܟܣܐ ܕܚܡܪܐ «شربتُ كاسَ الخمر» (اي ܚܡܪܐ ܕܟܣܐ خمرَ الكاس»

ويجوز تتابع الاضافات نحو ܕܘܟܪܢܐ ܕܝܠܕܬܗ ܕܐܠܗܐ «تذكار والدةِ الله». ܠܒܐ ܕܝܗܘܕܐ ܕܟܐܦܐ «قلبُ يهوذا الصخري».

ويجوز في الاضافة بالدال الفصل بين المضاف والمضاف اليه بعدة امور وهي:

١َ: الصفة نحو ܚܝܠܐ ܪܒܐ ܕܐܠܗܐ «قوة الله العظيمة» ܐܝܕܘܗܝ ܡܨܠܒܢܝܬܐ ܠܨܠܝܒܐ ܕܡܘܫܐ «بيدي موسى المثلثتينِ للصليب».

٢َ: الضمير نحو ܟܕ ܥܒܕܗ ܐܢܬ ܕܡܫܝܚܐ «اذا كنتَ عبدَ المسيح»

٣َ: اسم الاشارة نحو ܒܫܥܬܐ ܗܕܐ ܕܬܫܡܫܬܐ ܕܝܠܢ «في هذه ساعة خدمتنا».

٤َ: الفعل نحو ܥܒܕܐ ܥܒܕ ܕܡܣܒܪܢܐ «إعملْ عملَ المبشر» ܨܒܬܐ ܝܗܒ ܠܝ ܕܟܗܢܘܬܐ «اعطاني وزنة الكهنوت».

٥َ: المبتدا والخبر نحو ܨܠܘܬܗ ܫܘܪܐ ܬܗܘܐ ܠܢ ܕܡܒܪܟܬܐ «صلوة المباركة تكون لنا سوراً».

٦ : الخبر نحو ܡܛܠ ܕܥܒܝܕ ܒܨܠܡܐ ܕܐܠܗܐ ܗܘܢܐ ܪܒܐ «لان العقلَ الاعظمَ مصنوعٌ على مثال الله» (١) .

٧ : المفعول به نحو ܩܒܠ ܒܥܘܬܢ ܒܝܕ ܡܨܥܝܐ ܕܓܒܝܬ ܡܢܢ «إقبل تضرعنا بواسطة الوسيط الذي اخترته منا» .

٨ : الظرف المضاف نحو ܩܕܡ ܓܝܪ ܥܕܬܐ ܟܠܗ̇ ܡܩܪܒܘܬܗܘܢ ܩܥܐ ܗܘܐ ܒܫܡܗܐ ܕܟܠ ܐܢܫܝܢ ܕܨܒܐ ܕܢܣܪܚ ܠܩܠܪܘܣ « فانه كان ينادي جهراً امام البيعة كلها باسماء جميع الذين يريد ان يُرقيهم الى الاكليريكية » (٢).

٩ : حرف الاضافة نحو ܐܢܐ ܠܝ ܐܘܨܪ̈ܐ ܒܚܩܠܐ ܕܚܛ̈ܐ ܘܣܥܪ̈ܐ «انا في الحقل مخازن حنطةٍ وشعير» (٣) .

ويجوز عند أَمن الالتباس ان يُحذَف المضاف ويُقام المضافُ اليه مقامَه نحو ܢܦܩܬ ܐܘܪܗܝ «خرجت الرها» (اي ܥܡܘܪ̈ܐ ܕܐܘܪܗܝ سكان الرها) (٤)· وقد يحذف وتنوب عنه دال الاضافة كما تقدم نحو ܠܒܫܬ ܕܫܐܪܐ «لبستُ الحريرَ» (اي ܢܚ̈ܬܐ ܕܫܐܪܐ ثياب الحرير) ܢܗܘܐ ܨܘܡܟܘܢ ܐܝܟ ܕܐܣܬܝܪ (اي ܐܝܟ ܨܘܡܐ ܕܐܣܬܝܪ) «ليكن صومكنَّ كصوم استير» .

---

(١) فالخبر هو ܥܒܝܕ مصنوع (٢) فالمضاف هو ܡܩܪܒܘܬܗܘܢ . والمضاف اليه ܟܠ ܐܢܫܝܢ (٣) فالفاصل هو ܒܚܩܠܐ . ونريد بقولنا الظرف المضاف وحرف الاضافة هذا الظرف والحرف المذكورين مع الاسم الذي يدخلان عليه كما ترى .

تنبيه : لا فرقَ بين ان تكون هذه الاشياء الفاصلة وحدها او مع ما يتعلق بها كما ترى في الامثلة المتقدمة .

(٤) اما اذا خيف الالتباس فلا يجوز ان تقول مثلاً ܐܬܥܩܪܬ ܩܪܝܬܐ «استوصلت القريةُ» وانت تريد ܐܝܠܢ̈ܐ ܕܩܪܝܬܐ «اشجار القرية» .

ويجوز حذفُ المضافِ اليه اذا كان معروفاً نحو ܘܕܓܠܐ ܗܘ ܐܒܘܗܝ (اي ܐܒܘܗܝ ܕܕܓܠܘܬܐ) «لكونهِ كذاباً وابا الكذب».

الفصل الثاني

ܡܛܠ ܡܬܬܘܣܦܢܘܬܐ ܕܒܪܬ ܩܠܐ في الاضافة اللفظية

١٥٣ الاضافة اللفظية هي اضافةُ الصفةِ مجزومةً الى فاعلها او مفعولها.

مثال الاول: ܫܦܝܪ ܚܙܘܐ «جميلُ المنظرِ» ܘܕܟܝ̈ ܠܒܐ «انقياء القلب» ܪܟܝܟܬ ܩܠܐ «رخيمة الصوت» ܚܠܝ̈ܬ ܢܥ̈ܡܬܐ «شجيات النغمات».

مثال الثاني: ܓܠܐ ܐ̈ܪܙܐ «كاشفُ الاسرارِ» ܨܝ̈ܕܝ ܢܘܢ̈ܐ «صيادو السمك» ܩܛܘܠܬ ܢܒ̈ܝܐ قاتلة الانبياء ܠܒܝ̈ܫܬ ܙܟܘ̈ܬܐ الابسات الغلبة اما فائدتها فهي تخفيف اللفظ (١).

فائدة

يُشبه الاضافة اللفظية مجيء الصفةِ مجزومةً متعلقةً بما بعدها بواسطة حرف نحو ܣܪܝܩ ܡܢ ܛܒ̈ܬܐ «عارٍ من الصلاح» ܦܪܝܩܬ ܒܕܡܟ «المخلّصة بدمك».

ܕܘܪܫܐ تمرين

ܚܙܐ نظر | ܛܚܝܢܐ طحين . دقيق | ܡܣܡܪܐ الماس

(١) فان قولك مثلاً ܦܘܫ ܫܦܝܪ ܚܙܘܐ اخف من قولك ܦܘܫ ܚܙܘܗ ܫܦܝܪܐ .

الفصل الثاني

ܥܠ ܝܬܝܪܘܬܐ في التفضيل

١٥٦ التفضيل هو وصفُ الشيء بزيادةٍ على غيره . وهو نوعان تفضيلُ فردٍ او اكثر على فردٍ او اكثر . وتفضيلُ فردٍ او اكثر على كل الجنس

قاعدة النوع الاول

١٥٧ هي ان تاتي بالصفة مجزومةً غالباً وتُدخِل بعدها حرفَ «ܡܢ» على المفضَّل عليه نحو ܝܘܣܦ ܫܦܝܪ ܡܢ ܫܡܥܘܢ «يوسف اجمل من شمعون» ܡܥܠܝܬ ܡܢ ܟܪ̈ܘܒܐ انتِ ارفع من الكاروبيم (١)

وكثيراً ما تُسبق «ܡܢ» بلفظة ܝܬܝܪ او ܛܒ «افضل . اكثر . اوفر» لزيادة الوضوح نحو ܪ̈ܚܝܡܢ ܠܟ ܕܡ̈ܥܐ ܕܥ̈ܝܢܐ ܝܬܝܪ ܡܢ ܕܗܒܐ ܘܣܐܡܐ «دموعُ العيون احبُّ اليك من الذهب والفضة» ܕܚܠܐ ܘܒܣܝܡ ܛܒ ܡܢ ܕܒܫܐ «الذي هو احلى من العسل» .

واذا اتفق المفضَّلُ والمفضَّل عليه باللفظ والمعنى وكان المفضَّلُ عليه مضافاً فيُحذَف ويُجتَزأ عنه بدال الاضافة اذا كان المضاف اليه مظهراً نحو ܒܝܫܐ ܗܕܐ ܚܛܝܬܐ ܡܢ ܕܪܚܒܥܡ « هذا الاثم شرٌّ من اثم رحبعام» . «وبشبه المتصل» اذا كان المضاف اليه مضمراً نحو ܗܝܡܢܘܬܗ̇ ܪܒܐ ܗ̇ܝ ܡܢ ܕܝܠܟ «ايمانها اعظم من ايمانك» (عد ١٥٢ وجه ٣٥٧) .

واذا أُريدَ تفضيلُ الشيء على نفسهِ في امرين فتدخل الباء على الامر الاول واداة التفضيل «ܝܬܝܪ ܡܢ او ܛܒ ܡܢ» مع الدال على الامر الثاني

(١) وكما يكون التفضيلُ في الارتفاع يكون في الانحطاط نحو ܗܢܐ ܒܨܝܪ ܡܢ ܗܘ «هذا احقر من ذاك» .

الفصل الاول

ܥܠ ܫܘܡܠܝܐ في الصفة او النعت

١٥٥ الصفة هي ما دلّت على حالةٍ من حالات موصوفها نحو ܐܬܐ ܓܒܪܐ ܚܟܝܡܐ «جاءَ الرجلُ الحكيم»·

ويجب ان تطابق الصفة الموصوف في الجنس والعدد نحو ܓܒܪܐ ܙܕܝܩܐ «رجل صدّيق» ܐ̱ܢܫܐ ܛܒ̈ܐ «اناس ابرار» ܐܢܬܬܐ ܡܗܝܡܢܬܐ «امراةٌ مؤمنة» ܥܠܝ̈ܡܬܐ ܢܟ̈ܦܬܐ «شاباتٌ عفيفات»

ولكن لا يجب ان تطابقه في التام والجزم بل يجوز ان يتفقا في ذلك او يختلفا نحو ܛܘܪܐ ܪܡܐ «جبلٌ عالٍ» ܡܕܝܢܬܐ ܪܒܬܐ «مدينةٌ عظيمة» ܓܒܪ ܚܝܠܬܢ ܘܡܠܟ ܥܫܝܢ «رجلٌ قويّ وملكٌ معتزّ» ܫܒܥ ܬܘܪ̈ܬܐ ܫܡܝ̈ܢܢ «سبعُ بقراتٍ سمانٍ»·

وانما يجب جزمها متى أُضيفت اضافةً لفظية كما مر (عدَ ١٥٣)

ومتى كانت الصفةُ مجزومةً يجوز كثيراً ان تقترن بالدال الموصولية نحو ܐܝܠܢܐ ܕܢܨܝܒ «الشجرة المغروسة» ܚܘܣ ܥܠ ܕܡܣܟܢܝܢ «اشفق على المعوزين» ܨܠܘܬܐ ܕܓܘܢܝܐ «صلوة عمومية». ܟܦܘܪ̈ܝ ܕܦܫܝ̈ܩܢ « المنكرون للامور السهلة» .

والاصل في الصفة ان تلي موصوفَها كما مثلنا· ويجوز تقديُمها عليه نحو ܒܬܘܠܬܐ ܡܪܝܡ «البتول مريم» ܠܐ ܡܬܛܫܝܢ ܛܒ̈ܐ ܕܘܒ̈ܪܘܗܝ «لا يخفي ادابَه الحميدة» .

ويجوز ان يُفصَل بينها وبينه بالفعل نحو ܓܪ̈ܡܐ ܛܥܢ ܒܠܝ̈ܐ «حملَ العظامَ البالية» . وبالمضاف اليه بشرط ان لا يصح حملُها عليه نحو

ܒܥܠܕܒܒܘܗܝ ܕܡܪܝܐ ܡܦܢܩܝܢ «اعداء الربّ المترّفهون» (١)

وتاتي الصفةُ جملةً خبرية فتوصف بها النكرة وتوصل بالدال نحو ܟܠ ܐܢܫ ܕܝܗܒ ܠܗ ܡܪܝܐ ܥܘܬܪܐ ܘܢܟܣܐ «كلّ انسانٍ رزقه الله الغنى والمال» ·

وقد تتعدَّد الصفةُ لموصوف واحد بحرف العطف (او بدونه) نحو ܝܘܣܦ ܕܢܟܦܐ ܘܡܣܝܒܪܢܐ «يوسف العفيف والصبور» · وان تعددت مفردةً وجملةً فتُقدَّم المفردةُ نحو ܒܪܢܫܐ ܓܒܪ ܥܘܠܐ ܕܪܚܡ ܕܝܢܐ «انسانٌ اثيم يحب الخصام» ·

وينوب عن الصفة اسمُ العين او المعنى متى كان مضافاً اليه ويقوم به معنى الوصف · وذلك يتمّ بثلاث طرق :

١ : باضافة الموصوف اليه نحو ܡܪܝܐ ܕܪܚܡܐ (ܗ̄ ܡܪܚܡܢܐ) «الرب الرحوم» ܓܒܪܐ ܕܬܕܡܘܪܬܐ (ܗ̄ ܕܡܬܕܡܪܐ) «الرجل العجيب» ܐܝܕܐ ܕܝܡܝܢܐ (ܗ̄ ܝܡܝܢܝܬܐ) «اليد اليمنى» ·

٢ : باضافة الموصوف اليه واضافتهِ هو الى ضمير الموصوف نحو ܐܦܪܝܡ ܕܚܟܡܬܗ (ܗ̄ ܚܟܝܡܐ) «افرام الحكيم» ܫܡܥܘܢ ܕܐܣܛܘܢܗ (ܗ̄ ܐܣܛܘܢܝܐ) «سمعان العامودي» ·

٣ : باضافة الموصوف الى صاحبهِ او الى ضمير صاحبهِ اولاً ثم اليه نحو

(١) ولا يصح الوصف الا بالمشتق · او بالمؤول المشتق وهو اربعة : ١ : المنسوب نحو ܟܗܢܐ ܠܘܝܐ «الكاهن اللاوي» (اي ܡܬܝܚܣܐ ܠܠܘܝ منسوب الى لاوي) · ٢ : اسم الاشارة غير المكاني نحو ܣܒ ܠܛܠܝܐ ܗܢܐ «خذ الصبيَّ هذا» (اي ܡܚܘܝܐ المشار اليه) · ٣ : اسم الموصول نحو ܫܠܝܚܐ ܕܐܟܪܙܘ ܣܒܪܬܗܘܢ «الرسل الذين كرزوا بشارتهِ» (اي ܡܟܪܙܢܐ ܕܣܒܪܬܗܘܢ كارزو بشارتهِ) · ٤ : اسم العدد نحو ܙܕܝܩܐ ܬܠܬܐ «ابرارٌ ثلاثة» (اي ܡܢܝܢܐ ܒܬܠܬܐ معدودون بثلاثة) ·

ܪܘܚܐ ܕܐܒܘܟܘܢ ܕܩܘܕܫܐ (ܗ̄ ܩܕܝܫܬܐ) «روح ابيكم القدوس» .
ونحو ܪܘܚܗ ܕܩܘܕܫܐ «روحه القدوس» ܐܝܕܟ ܕܝܡܝܢܐ
(ܗ̄ ܝܡܝܢܝܬܐ) «يدك اليمنى» ܣܦܪܟ ܕܚܝ̈ܐ (ܗ̄ ܡܚܝܢܝܬܐ) «سفرك
المحيي» . ومثل ذلك ܪܘܚܐ ܕܝܠܗ ܕܩܘܕܫܐ «روحه القدوس»
ܣܦܪܐ ܕܝܠܟ ܕܚܝ̈ܐ «سفرك المحيي» الخ . (١)

ومن هذا القبيل اسماء العدد المضاف اليها نحو ܡܥܡܘܕܝܘܬܐ ܕܬܪ̈ܬܝܢ ܐܝܬܝܗ̇ (ܗ̄ ܬܪܝܢܝܬܐ) «هي معمودية ثانية» (عد ٣٦) .

واذا تعدَّد الموصوفُ ما بين مذكر ومونث تُحمَل الصفة على المذكر نحو ܓܒܪ̈ܐ ܘܢܫ̈ܐ ܚܟܝܡ̈ܐ : ܒܗܘ̇ ܐܬܪܐ ܒܨܝܪܝܢ ܗܘܘ «الرجال والنساء الحكماء كانوا قليلين في هذا المكان» .

ويجوز حذفُ الموصوف متى كان معروفاً فتقوم الصفةُ مقامَـهُ نحو ܬܘܕܝ ܠܛܒܐ «الشكر للصالح» (اي ܐܠܗܐ ܛܒܐ الله الصالح) .

فائدتان

الاولى : يجوز في ܣܓܝܐܐ «كثير» ܩܠܝܠܐ «قليل» ان تاتيا بحالة الافراد والتذكير والجزم كيفما كان الموصوف نحو ܩܪ̈ܒܐ ܣܓܝ «حروب كثيرة» ܡܪ̈ܓܢܝܬܐ ܣܓܝ «جواهر كثيرة» ܩܠܝܠ ܕܡ̈ܥܐ «دموع قليلة» . ولا يجوز ذلك في غيرهما (٢) .

(١) ويجوز تقديمه على صاحب الموصوف وعن ضميره نحو ܪܘܚܐ ܕܩܘܕܫܐ ܕܐܒܘܟܘܢ «روح قدس ابيكم» ܪܘܚܐ ܕܩܘܕܫܗ او ܪܘܚܐ ܕܩܘܕܫܐ ܕܝܠܗ «روح قدسه» الخ .

(٢) اما ܙܩܝܪ «منسوج» في قوله ܩܛܝܢܐ ܘܠܐ ܚܝܛ ܡܢܗ ܣܘܕܪܐ ܙܩܝܪ فليست من هذا القبيل بل هي صفة مذكرة لـ ܣܘܕܪܐ «المنديل» التي تاتي مذكرةً ومونثة .

الثانية : يجوز فيهما وفي بعض صفات غيرهما ان تاتي مجزومةً غيرَ متصرفة وتصاحب الفعل لبيان حالته وكيفيتهِ نحو ܣܓܝ كثيراً ܩܠܝܠ قليلاً ܪܒ عظيماً ܙܥܘܪ صغيراً. قليلاً ܠܚܕ كثيراً. جداً ܡܓܢ مجاناً ܛܒ «كثيراً جداً» . وذلك سماعي . مثالها ܐܬܪܦ ܣܓܝ «اعتنى كثيراً» ܡܠܠ ܩܠܝܠ «تكلّم قليلاً» ܣܓܝܘ ܟܐܒܝܘ ܛܒ(١) «آلامي عظمت جداً» ܦܠܚܘܗܝ ܡܓܢ «خدموه مجاناً» .

ܕܘܪܫܐ تمرين

ܐܬܐ	آية	ܥܫܝܢܐ	باسل	ܟܫܝܪܐ	مجتهد

١ : ترجم هذه الجمل الى الارامية :

الرسل الاطهار بشروا العالم بالانجيل المقدس وصنعوا اياتٍ مذهلة وردُّوا الشعوب عن الضلالة الى الايمان الحقيقي وهم صيادون فقراء — هذا القائد الباسل ظفر بعساكر العدو وانقذ المملكة باسرها — رأيت مريضاً يبكي لشدة المهِ — اقرأ المقالة الخامسة من الكتاب الثاني .

٢ : دلّ على الصفات في الخبر التالي وترجمه الى العربية :

ܐܪܣܛܛܠܝܣ ܦܝܠܣܘܦܐ ܐܝܬܘܗܝ ܗܘܐ ܚܟܝܡ ܦܘܠܝܛܝܐ : ܘܚܪܝܦܐ : ܘܙܥܘܪ ܫܢܝܐ ܘܦܘܫܐ : ܦܐܝܐ ܚܙܝܐ : ܠܟܠ ܕܚܙܐ : ܦܠܛ ܕܚܛܝܐ . ܘܫܢܘܗܝ ܐܪܝܟܝܢ ܗܘܘ . ܘܥܡ ܩܪܢܐ ܕܬܠܝܐ ܠܒܪ ܥܝܢܐ ܕܟܠܗ ܗܘܐ . . .

---

(١) والبعض يقولون ܛܒܐ .

الفصل الثاني

ܡܛܠ ܝܬܝܪܘܬܐ في التفضيل

١٥٦ التفضيل هو وصفُ الشيء بزيادةٍ على غيره · وهو نوعان تفضيلُ فردٍ او اكثر على فردٍ او اكثر · وتفضيلُ فردٍ او اكثر على كل الجنس

قاعدة النوع الاول

١٥٧ هي ان تاتي بالصفة مجزومةً غالباً وتُدخل بعدها حرفَ «ܡܢ» على المفضَّل عليه نحو ܝܘܣܦ ܫܦܝܪ ܡܢ ܫܡܥܘܢ «يوسف اجمل من شمعون» ܡܥܠܝܬ ܡܢ ܟܪ̈ܘܒܐ انتِ ارفع من الكاروبيم (١)

وكثيراً ما تُسبق «ܡܢ» بلفظة ܝܬܝܪ او ܛܒ «افضل · اكثر · اوفر» لزيادة الوضوح نحو ܡܚܒܒܢ ܠܟ ܕܡ̈ܥܐ ܕܥܝ̈ܢܐ ܝܬܝܪ ܡܢ ܕܗܒܐ ܘܣܐܡܐ «دموعُ العيون احبُّ اليك من الذهب والفضة» ܕܚܠܝܐ ܦܘܡܗ ܛܒ ܡܢ ܕܒܫܐ «الذي هو احلى من العسل» ·

واذا اتفق المفضَّلُ والمفضَّل عليه باللفظ والمعنى وكان المفضَّلُ عليه مضافاً فيُحذَف ويُجتزأ عنه بدال الاضافة اذا كان المضاف اليه مظهراً نحو ܚܛܝܬܐ ܗܕܐ ܒܝܫܬܐ ܡܢ ܕܪܚܒܥܡ «هذا الاثم شرٌّ من اثم رحبعام» · «وبشبه المتصل» اذا كان المضاف اليه مضمراً نحو ܗܝܡܢܘܬܗ̇ ܕܝܠܗ̇ ܡܢ ܕܝܠܟ «ايمانها اعظم من ايمانك» (عد ١٥٢ وجه ٣٥٧) ·

واذا أُريدَ تفضيلُ الشيء على نفسهِ في امرين فتدخل الباء على الامر الاول واداة التفضيل «ܝܬܝܪ ܡܢ او ܛܒ ܡܢ» مع الدال على الامر الثاني

---

(١) وكما يكون التفضيلُ في الارتفاع يكون في الانحطاط نحو ܗܢܐ ܒܨܝܪ ܡܢ ܗܘ «هذا احقر من ذاك» ·

نحو ܡܗܝܪ ܐܢܬ ܒܩܪܝܢܐ ܝܬܝܪ ܡܢ ܕܒܟܬܒܢܘܬܐ « انتَ في القرائة امهرُ منك في الكتابة» ·

ومتى كان المفضَّلُ والمفضل عليه فعلـين · يجب دخولُ الدال على المفضل عليه بعد اداتي التفضيل المذكورتين نحو ܪܚܡ ܐܢܐ ܠܟ ܝܬܝܪ ܡܢ ܕܪܚܡ ܐܢܬ ܠܝ «انا احبُّك اكثر مما تحبني» ܝܗܒ ܐܢܐ ܠܟ ܝܬܝܪ ܡܢ ܕܫܐܠܬ ܡܢܝ «اعطيك اكثرَ مما تسالني» ·

الا اذا اتفق الفعلان لفظاً ومعنىً وكان فاعلُهما واحداً فيكثر حذفُ المفضل عليه وتنوب عنه الدالُ بعد اداتي التفضيل نحو ܡܢ ܕܪܚܡ ܐܒܐ ܐܘ ܐܡܐ ܝܬܝܪ ܡܢ ܕܠܝ (اي ܡܢ ܕܪܚܡ ܠܝ) من يحب أباً او اماً اكثر مني

ويجوز استعمالُ المصدر الميمي المقترن باللام مكانَ المضارع الموجب نحو ܓܒܝܬ ܠܡܫܪܐ ܒܒܝܬܗ ܕܐܠܗܐ ܛܒ ܡܢ ܕܠܡܫܪܐ ܒܡܫܟܢܐ ܕܪܘܫܥܐ « اخترتُ ان اسكن في بيت الله افضلَ من السكنى في منازل المنافقين» ·

ومتى كان المفضلُ اسماً والمفضل عليه فعلاً فتدخل الدال بعد ܡܢ فقط نحو ܡܢܘ ܓܒܪܐ ܡܣܟܢܐ ܡܢ ܕܠܐ ܢܓܢܘܒ «اي امرئ اضعف من ان لا يسرق» · وقد يجوز تقدير ܡܢ قبل الفعل المفضل عليه متى كان مضارعاً كما في المثال نحو ܙܥܘܪܐ ܐܝܬܝܟܝ ܕܬܗܘܝܢ ܒܐܠܦܐ ܕܝܗܘܕܐ (اي ܡܢ ܕܬܗܘܝܢ) «انتِ اصغر من ان تكوني في الوف يهوذا» ·

ومتى كان المفضل فعلاً والمفضل عليه اسماً فتدخلهُ اداةُ التفضيل بدون الدال نحو ܪܚܡ ܡܪܝܐ ܠܬܪ̈ܥܝܗ ܕܨܗܝܘܢ ܝܬܝܪ ܡܢ ܟܠܗܘܢ ܡܫܟܢܘܗܝ ܕܝܥܩܘܒ « احبَّ الربُ ابواب صهيون اكثر من جميع

مساكن يعقوب» ܝܰܬܺܝܪ ܡܶܢ ܢܰܦܫܳܟ ܐܰܚܶܒܬܳܢܝ «احببتني اكثر من نفسك» . او تدخله ܡܶܢ وحدها نحو ܘܡܶܢ ܬܰܠܓܳܐ ܐܰܚܘܰܪ «فأبيض اكثر من الثلج» . (١)

قاعدة النوع الثاني

١٥٨ هي ان تاتي بالصفة وتضع بعدها المفضل عليه مجموعاً مقروناً بالباء نحو ܡܫܰܒܚܳܐ ܒܰܢܒ̈ܺܝܶܐ ܐܶܫܰܥܝܳܐ «امجدُ الانبياء اشعيا» .

اوتضيفها اليه (مجموعاً ايضاً) امابنفسها نحو ܦܶܛܪܘܿܣ ܘܦܰܘܠܘܿܣ ܪ̈ܰܘܪܒܰܝ ܫܠܺܝ̈ܚܶܐ «بطرس وبولس اعظم الرسل» ܙܥܘܿܪܳܐ ܕܰܐܚ̈ܘܗܝ «اصغر اخوتهِ» . واما بعداضافتها الى ضميره وهو الاحسن نحو ܪܰܘܪܒܗܘܿܢ ܕܰܫܠܺܝ̈ܚܶܐ «اعظم الرسل» ܙܥܘܿܪܗܘܿܢ ܕܰܬܠܡܺܝ̈ܕܶܐ «اصغر التلامذة» .

او ان تدخل بعدها ܡܶܢ على المفضل عليه مجموعاً ايضاً نحو ܥܰܬܺܝܪ ܐܰܢ̱ܬ ܡܶܢ ܥܰܬܺܝܪ̈ܶܐ «انتَ اغنى الاغنياء» .

او ان تجعل المفضل عليه بعدها لفظة ܟܽܠ مقترنة بحرف «ܡܶܢ او الباء» نحو ܡܫܰܒܚ ܡܶܢ ܟܽܠ الامجد ܪܰܒ ܡܶܢ ܟܽܠ الاعظم ܩܰܕܺܝܫ ܒܟܽܠ الاقدس ܡܩܰܕܫܳܐ ܛܳܒܬܳܐ ܒܟܽܠ الفضلى ܡܥܰܠܝܳܐ ܡܶܢ ܟܽܠ العليا (٢)

---

(١) ويقوم مقام اداة التفضيل في التفضيل الفعلي اما حرف ܐܘ نحو ܠܨܘܿܪ ܘܨܰܝܕܳܢ ܢܶܗܘܶܐ ܢܝܳܚܳܐ ܐܘ ܠܟܘܿܢ «لصور وصيدا يكون راحة اكثر مما لكم» . واما الواو مع ܠܳܐ وهو احسن نحو ܦܩܰܚ ܠܓܰܒܪܳܐ ܕܰܒܣܰܝܦܳܐ ܢܡܘܼܬ ܘܠܳܐ ܢܶܐܒܰܕ ܐܰܝܟ ܕܚܶܠܬܳܢܳܐ «خير للمرء ان يموت بحد السيف ولا يهلك جباناً» .

(٢) والكثير في هذا ان تكون الصفة ولفظة ܟܽܠ مجزومتين كما ترى . ويجوز ان تكونا تامتين نحو ܡܫܰܒܚܬܳܐ ܒܟܽܠ «الممجدة اكثر من الكل» ܡܫܰܒܚ ܡܶܢ ܟܽܠ ܘܪܳܡ ܡܶܢ ܟܽܠ «ايها الامجد والارفع» .

او ان تجعل لفظة ܟܠ قبل الصفة نحو ܡܪܝ ܟܠ ܡܝܩܪܐ «سيدي الاكرم» وهو حسن .

ܕܘܪܫܐ تمرين

١ : ترجم هذه الجمل الى الارامية :

الطوباوية مريم هي اشرف الخلائق — الملاك افضل من الانسان الانسان افضل من الحيوان — احبَّ يعقوبُ يوسف اكثر من جميع اخوتهِ — اخوك يحفظ وصايا الله اكثر مما تحفظها انت — الشمس اشد ضياء من القمر — النور اسرع من الصوت — لبنان اجمل البلدان — الارز اشرف جميع الاشجار — العنب الذ الاثمار .

٢ : دلَّ على صيغة التفضيل وعلى المفضَّل عليه في ما يلي وترجمه الى العربية :

ܫܦܝܪ ܚܙܘܗ ܡܢ ܒܢܬܐ — ܡܫܒܚ ܡܫܝܚܐ ܕܫܘܒܚܐ ܛܒ ܡܢ ܚܒܪܘܗܝ — ܡܫܡܫ ܐܢܐ ܡܢ ܠܐܚܘܗܝ — ܢܗܘܪܐ ܡܢܗܪܐ ܘܚܠܝܘܬܐ ܡܢ ܟܠܗܝܢ ܐܠܐ ܟܠܗܝܢ ܫܦܝܪܐ ܗܘܐ ܘܩܠܝܠܐ ܡܢ ܢܗܘܪܐ .

ܡܪܝܐ ܫܦܝܪ ܘܢܘܗܪܗ ܢܗܝܪ ܠܟܠܗܘܢ
ܘܢܦܫܐ ܠܘܬܗ ܫܦܝܪܐ ܢܦܫܗܘܢ ܘܡܢ ܕܢܚܘܗܝ

الفصل الثالث

ܦܣܘܩܐ ܕܫܘܪܪܐ في التوكيد

١٥٩ التوكيد هو تابع يقرّر متبوعه . وهو قسمان لفظي ومعنوي فاللفظي هو ما قرَّرَ اللفظَ بتكراره اسماً نحو ܐܢܬ ܐܢܬ

ܠܡܢܐ ܫܒܩܬܢܝ «الهي الهي لماذا تركتني». او فعلاً نحو ܣܚܘ ܣܚܘ ܥܕܡܐ ܠܫܬܐܣܝܗ̇ « انقضوا انقضوا اساساتها» . او حرفاً نحو ܐܝܢ ܐܝܢ «نعَمْ نعم» (١). اوجملةً نحو ܡܛܝܒ ܗܘ ܠܒܝ ܡܪܝܐ ܡܛܝܒ ܗܘ ܠܒܝ «مستعدٌ قلبي يارب مستعد قلبي» .

ويوكَّد الضميرُ المنفصل بمثله نحو ܐܢܐ ܐܢܐ ܢܘܗܪܐ ܫܪܝܪܐ «اناهو النور الحقيقي» . والمتصلُ بالمنفصل نحو ܐܬܝܬ ܐܢܐ «جئت انا» وبالمتصل وشبهِهِ نحو ܣܓܘܕܘ ܠܗ ܠܒܠܚܘܕܘܗܝ «اعبدوه هو وحده» ܠܒܝ ܕܝܠܝ ܚܕܐ «ان قلبي يفرح» ܠܝ ܕܝܠܝ «لي انا» .

ويوكَّد الضمير ايضاً منفصلاً ومتصلاً « وشبه متصل » بان يكرَّر ويدخل بين الاول والثاني «ܒܗ» هكذا : ܗܘ ܒܗ ܗܘ «هو هو عينه» ܗܝ ܒܗ ܗܝ «هي هي عينها» ܠܗ ܒܗ ܠܗ «له نفسه» ܠܗ̇ ܒܗ ܠܗ̇ « لها نفسها » ܕܝܠܗ ܒܗ ܕܝܠܗ «له نفسه» الخ .

والمعنوي نوعان :

الاول: توكيد نسبة وهو ما يقرِّرُ النسبة الى الموكَّد اي يرفع احتمال متعلقاته حتى لا يُتوهم فيه المجاز والنسيان. ويكون بلفظة ܢܦܫܐ نفس ܥܝܢܐ عين ܩܢܘܡܐ نفس . عين . ذات ܝܬܐ «ذات» اما مقترنة بالباء ومضافة الى ضمير الموكَّد بهانحو ܒܪܐ ܕܐܠܗܐ ܐܬܐ ܠܘܬܢ ܒܩܢܘܡܗ «ابنُ الله انحدر الينا بنفسهِ» (٢) . واما مقترنة بالباء وغير

(١) ومن التوكيد اللفظي اعرفي تكرار حروف ܡܦܩܢܐ نحو ܗܘ ܒܗܘ ܝܘܡܐ ܗܘ «في ذلك اليوم» ܠܐ ܓܒܪܐ ܕܓܠܐ ܠܐ ܐܬܚܠܛ ܥܡܗܘܢ «اني لا اعاشر الرجال المنافقين»

(٢) فان لفظة ܒܩܢܘܡܗ «بنفسهِ» تقرر نسبة الانحدار الى ابن الله عينهِ وترفع احتمال نسبتهِ الى احد متعلقاتهِ كملاكهِ او رسوله الخ . وقس البواقي

مضافة وهو قليل نحو ܗܳܢܽܘܢ ܒܰܫܡܰܝܳܐ ܒܩܢܽܘܡܰܝܗܽܘܢ ܐܺܝܬܰܝܗܽܘܢ «هم في السماء بانفسهم» . واما غير مقترنةٍ بالباء ومضافةً الى ضمير الموكَّد بها نحو ܗܽܘ ܢܰܦܫܶܗ ܐܶܙܰܠ «هو نفسُه ذهبَ».

ولا يوكَّد بها الضميرُ المتصل الفاعل الا بعد توكيده بالمنفصل نحو ܐܶܙܰܠܬ ܐܰܢ̱ܬ ܒܢܰܦܫܳܟ «ذهبت انت بنفسك».

الثاني : توكيد شمول. وهو ما يقرر شمول الموكد لجميع افرادهِ واجزائهِ. ويكون بلفظة ܬܪ̈ܰܘܝܗܽܘܢ «كلا» وܬܰܪ̈ܬܰܝܗܶܝܢ «كلتا» لتوكيد المثنى. وܟܽܠ «كلّ» لتوكيد الجمع مضافاتٍ الى ضمير الموكَد بها نحو ܐܶܙܰܠ ܦܶܛܪܽܘܣ ܘܦܰܘܠܽܘܣ ܬܪ̈ܰܘܝܗܽܘܢ « ذهب بطرسُ وبولس كلاهما » ܐܶܬܳܬ ܡܰܪܬܳܐ ܘܡܰܪܝܰܡ ܬܰܪ̈ܬܰܝܗܶܝܢ « اتت مرتا ومريم كلتاهما » ܐܶܬܰܘ ܬܰܠܡ̈ܺܝܕܶܐ ܟܽܠܗܽܘܢ «جاء التلاميذُ كلُّهم» (١).

ܕܽܘܪܳܫܳܐ تمرين

١ : ترجم هذه الجمل الى الارامية :

ابوكَ ابوك يوصيك بذلك — قُتِلَ قتِلَ القاتل — الان الان اقوم — هو نفسه — له ذاتــه — انا نفسي اذهب — اسعفت انت المسكين — رجع المسافرون كلهم .

(١) ويصح توكيد المفرد بلفظة ܟܽܠ متى قُصدت اجزاؤُه فيكون في حكم الجمع نحو ܩܪܺܝܬ ܟܬܳܒܳܐ ܟܽܠܶܗ « قرأتُ الكتابَ كلَّه» ܛܳܦܶܬ ܐܰܪܥܳܐ ܟܽܠܳܗ̇ « طفت الارض كلَّها» . ومما يوكِّد توكيداً معنويًا الضمير المنفصل ܗܽܘ الواقع بعد كلمة (عد ١٣٣) . والضمير المقترن باللام الواقع بعد الفعل اللازم (عد ١٤١ وجه ٣٣٢) والمتصل باسم ظاهرٍ مضــاف الى اسم اخر نحو ܒܝܽܘܡܶܗ ܕܩܢܽܘܡܳܐ (عد ١٥٢) . او بظرف وحرف من ظروف وحروف ܡܶܢ ܥܰܡ داخلٍ على اسم ظاهر ايضاً نحو ܒܳܬܪܶܗ ܕܝܰܘܡܳܐ بعد اليوم نفسِهِ» ܡܶܢܶܗ ܕܥܺܕܬܳܐ «من البيعة ذاتها».

٢ً : دلّ على المؤكِد والمؤكَد في العبارات التالية وترجمها الى العربية :

ܒܪ ܐܚܘܐ ܒܪ ܐܚܘܐ ܕܐܠ ܚܡܝܬ ـ ܐܬܬܒܪ ܐܬܬܒܪ ܐܘ ܕܡܠܟܐ – ܗܘ ܗܘ ܠܗ – ܩܕܡܬ ܐܢܐ – ܗܘ ܒܥܝܢܘܬܗ ܠܒܩܪ ܐܢܘܢ – ܡܕܝܢܬܐ ܟܠܗ ܐܬܬܪܓܙܬ – ܡܠܟ ܠܗ ܠܡܠܟܐ – ܠܗ ܒܪ ܠܗ – ܢܣܒܪܐ ܠܢܦܫܬܗ ܗܘܐ ܕܐܝܬܝܗ – ܫܪܝܪܐ ܕܝܠܗ ـ ܐܟܪܙ ܠܗܘܢ ܠܐܚ̈ܐ ـ ܐܚܒܬܗ ܢܦܫܗ ܠܗܘ ܛܘܒܐ ܕܠܡܐ ܠܐ ܣܟܐ ـ ܫܒܩܬܗ ܠܡܠܟ – ܡܟܟܐ ܠܥܡܗܘܢ ܕܒܢ̈ܝܐ.

الفصل الرابع

ܥܠ ܚܘܠܦܐ في البدل

١٦٠ البدلُ هو التابعُ المقصود في الحديث ومتبوعهُ يُذكر تمهيداً له ويسمّى مبدلاً منه. مثاله ܐܬܐ ܐܚܘܟ ܫܡܥܘܢ «جاءَ اخوك سمعانُ» (فالبدل هو ܫܡܥܘܢ والمبدل منه ܐܚܘܟ).

واقسام البدل ثلاثة :

الاول : بدل كلٍّ من كل. وهو ما كان البدلُ فيه عينَ المبدَل منه نحو ܚܙܝܬܗ ܠܒܪܟ ܝܘܣܦ «رأيتُ ابنَك يوسفَ» (فان ܝܘܣܦ بدل كل من كل لانه عين ܒܪܟ).

الثاني : بدل بعض من كل. وهو ما كان البدلُ فيه جزءَ المبدَل منه نحو ܡܫܚܬܗ ܠܐܗܪܘܢ ܪܫܗ «دهنتُ هارونَ راسه» (فان ܪܫܗ بدل بعض من كل لانه جزء ܐܗܪܘܢ) .

الثالث: بدل الاشتمال. وهو ما كان البدلُ فيه احد مشتملات المبدَل منه نحو: ܒܣܡ ܠܝ ܦܘܠܘܣ ܡܡܠܠܗ «اعجبني بولسُ كلامُه» (فان ܡܡܠܠܗ بدل اشتمال لانه احد مشتملات ܦܘܠܘܣ التي هي ܡܡܠܠܗ ܘܫܘܦܪܗ حسنه ܘܡܪܕܘܬܗ «ادبه» الخ. ولا بدّ في بدل البعض والاشتمال من اضافةِ البدل الى ضمير المبدَل منه كما ترى(١).

وتُبدل المعرفة من المعرفة كما تقدم. والمعرفة من النكرة نحو ܬܠܬܐ ܟܗܢܐ ܕܟܝܐ ܐܗܪܘܢ ܘܐܝܬܡܪ ܘܐܠܝܥܙܪ «ثلاثة كهنة انقياء. هَرون وايثامر واليعازر». والنكرة من المعرفة بشرط ان تكون النكرة موصوفة(٢) نحو ܡܓܘܫܐ ܥܡܐ ܚܢܦܐ ܦܠܚܝ ܨܠܡܐ «المجوس قوم وثنيون عبدة اصنام».

ويبدل الظاهر من الظاهر كما مرّ. والمضمر من المضمر نحو ܩܡܬ ܐܢܬ «قمتَ انتَ» ܫܒܩܬܗ ܠܗ «تركته اياه» (٣) والظاهر من المضمر نحو ܫܠܚܘܗܝ ܡܫܟܗ «سلبوه جلدَه» ܚܘܣ ܥܠܝ ܠܚܛܝܐ «ارحمني انا الخاطي». ܥܒܪܬ ܒܟܘܢ ܠܬܠܬܝܟܘܢ «مررتُ بكم ثلاثتكم» (٤).

ويجوز ان يكون البدل بلفظ المبدَل منه بشرط ان يكتسب زيادة بيان عليه بالاضافة او بالوصف نحو ܙܓܐ ܙܓܐ ܕܕܗܒܐ «الجرسُ جرسُ الذهب» ܘܐܨܛܝܕܘ ܠܢ ܬܥܠܐ ܬܥܠܐ ܙܥܘܪܐ «اصطادوا لنا

(١) ويوجد نوع آخر من البدل يُسمَّى بدل الغلط والنسيان. وهو ما ذكر فيه المبدل منه مكان البدل غلطاً او سهواً نحو ܩܡܬ ܥܠ ܒܝܬܟ ܬܪܥܟ «وقفت على بيتك بابك» (٢) وذلك ليصح ان تُقصَد في الكلام وتناسب المبدل منه في الشهرة.
(٣) وهذا النوع من البدل يصلح ان يكون بدلاً او تاكيداً كما تقدم (عد ١٥٩)
(٤) وهذا النوع يصلح ان يسمَّى تخصيصاً ايضاً.

الثعالب الثعالب الصغار».

وان دخل على المبدَل منه حرف فالكثير ان يعاد في البدل ايضاً نحو ܘܠܐ ܚܣܟܬ ܠܒܪܟ ܠܝܚܝܕܟ ܡܢܝ ولم تمنع ابنك وحيدك عني

ويُبدَل الفعل من الفعل بشرط ان يكون فاعلهما واحداً وزمانهما واحداً نحو ܗܕܐ ܩܠܝܠ ܡܢ ܣܓܝ ܟܬܒܬ ܐܥܗܕܬ ܠܚܘܒܟ «هذا قليل من كثير كتبتُه ذكرتُه لحبك»

وتُبدَل الجملة من الجملة في الكل نحو ܥܒܕ ܛܒܬܐ. ܠܐ ܬܥܒܕ ܒܝܫܬܐ «اعمل الحسنات. لا تفعل السيئات». وفي البعض نحو ܡܪܝܐ ܢܛܪ ܢܛܪܝܟ ܢܦܫܟ ܡܪܝܐ «الربّ يحرسك الرب يحرس نفسك». وفي الاشتمال نحو ܩܕܡܝܐ ܦܠܚ ܐܪܥܐ ܒܥܡܠܐ: ܥܩܪ ܡܢܗ ܟܘܒܐ ܘܕܪܕܪܐ «الاول حرثَ الارضَ بالكدِّ استأصلَ منها القرطب والشوك» (١)

والجملة من المفرد نحو ܝܕܥܬ ܠܐܒܘܟ ܒܪ ܡܢܘ «عرفتُ اباك ابن من هو» (٢).

الفصل الخامس

ܡܛܠ ܥܛܘܦܝܐ ܕܚܘܘܝܐ في عطف البيان

١٦١ عطف البيان تابع جامد اشهر من متبوعهِ نحو ܪܚܡܢ ܠܥܙܪ «محبّنا لعازر» (فعطف البيان هنا هو ܠܥܙܪ)

---

(١) والفرق بين بدل الفعل وبدل الجملة الفعلية ان الفعل يُنظَر فيه عند البدل الى نفسهِ دون فاعلهِ والجملة ينظر اليها باسرها اي الى الفعل والفاعل معاً.

(٢) فان جملة ܒܪ ܡܢܘ بدل من ܐܒܘܟ.

وهو لا يكون الا في الاسماء المظهرة كالصفة. وفائدته ايضاح متبوعه اذا كان معرفةً كما مثلنا · وتخصيصه اذا كان نكرةً نحو ܠܒܫܷܬ ܟܽܘܬܺܝܢܳܐ ܐܶܣܛܠܳܐ ܚܶܘܳܪܬܳܐ «لبستُ ثوباً حلّةً بيضاء»·

وكما ياتي مفرداً لبيان مفرد · ياتي جملةً لبيان جملة نحو ܫܰܠܺܝܛ ܒܫܰܒܬܳܐ ܠܡܶܥܒܰܕ ܛܳܒܬܳܐ ܐܰܘ ܒܺܝܫܬܳܐ ܢܰܦ݂ܫܳܐ ܠܡܰܚܳܝܽܘ ܐܰܘ ܠܡܰܘܒܳܕܽܘ «ايحلُّ يوم السبت ان يُصنع خيرٌ ام شرّ ان تحيي نفس ام تهلك»·

ܕܘܪܫܐ تمرين

١: ترجم هذه الجمل الى الارامية :

جاءَ ابوكَ داود — رايت اخاك يوحنا — افزعك المحاربُ سلاحُه — اكلت السمكةَ نصفَها — صليت انت — نهبوه مقتنياتـهِ — ابن الهلاك يهوذا الدافع ·

٢: دلّ على البدل وعطف البيان في الجمل الاتية وترجمها الى العربية :

ܫܘܒܚܐ ܠܒܪ ܐܠܗܐ ܡܫܝܚܐ ܡܠܟܢ — ܥܒܕ ܡܠܟܐ ܐܒܐ ܐܒܗ̈ܝܢ — ܦܫܛܘܗܝ ܐܝܕܘܗܝ — ܐܬܚܙܝ ܡܘܫܐ ܫܘܦܪܗ — ܚܙܐܝܬ ܠܗ — ܒܪ ܒܪܬܗ ܡܘܫܐ ·

الفصل السادس

ܡܛܠ ܠܘܝܬܐ ܕܒܐܬܘ̈ܬܐ في العطف بالحروف او عطف النسق

١٦٢ العطف بالحروف او عطف النسق هو تابع يتوسط بينه وبين متبوعهِ احد حروف العطف اي الواو واخواتها (انظر عد ٢٠١) ·

وهو يجري في سائر الاسماء والافعال · فيُعطف الاسمُ الظاهر على الظاهر نحو ܐܶܙܰܠ ܝܰܥܩܽܘܒ ܘܝܽܘܚܰܢܳܢ «ذهب يعقوب ويوحنا». والمضمر

على المضمر نحو ܢܺܐܙܰܠ ܐ̱ܢܳܐ ܘܰܐܢ̱ܬ «نذهب انا وانت». والمظهرُ على المضمر نحو ܐ̱ܢܳܐ ܘܰܐܒ݂ܝ ܚܰܕ ܚ̱ܢܰܢ «انا وابي واحد». والمضمرُ على المظهر نحو ܝ̱ܬܶܒ݂ ܝܰܘܣܶܦ ܘܰܐܢ̱ܬ «جلس يوسف وانت» (١).

وتعطف المعرفة على المعرفة. والنكرة على النكرة. والمعرفة على النكرة. والنكرة على المعرفة.

ويعطف الفعلُ على الفعل نحو ܩܳܡ ܘܶܐܙܰܠ «قامَ وذهبَ».

وتعطف الجملةُ على الجملة بشرط اتفاقهما في الخبرية والانشائية (عد ٢١٠) نحو ܫܶܡܫܳܐ ܚܫܶܟ݂ ܘܰܐܪܥܳܐ ܐܶܬ݂ܬ݁ܙܺܝܥܰܬ݂ «الشمس اظلمت والارض تزعزعت» ونحو ܪܗܰܛܘ ܒ݁ܫܰܝܢܳܐ. ܘܦ݂ܰܠܰܚܘ ܒ݁ܰܫܠܳܡܳܐ «اسعوا في الامان. واعملوا بالسلام» (٢)

ܕܘܪܫܐ تمرين

١ً: ترجم هذه الجمل الى الارامية:

جاءَ ابي وامي — مشى هو وهم — رجعت مريم وانت — يسوع احيانا

(١) غير انه لا يعطف على الضمير المتصل الواقع فاعلًا حتى يتأكد بالمنفصل نحو ܐܬ݂ܺܝܬ݂ ܐ̱ܢܳܐ ܘܰܐܢ̱ܬ «جئتُ انا وانت» ܩܳܡܬ݁ ܐܰܢ̱ܬ ܘܝܽܘܚܰܢܳܢ «قمتَ انت ويوحنا» والواقع مفعولاً حتى يقرن المعطوف باللام جوازاً اذا كان مظهراً نحو ܢܶܫܰܡܫܽܘܢܳܟ݂ ܒ݁ܢܰܝ̈ܟ ܘܰܠܒ݂ܢܰܝ̈ ܒ݁ܢܰܝ̈ܟ «يخدمونك وبنيك فيك». ووجوباً اذا كان مضمراً نحو ܚܙܰܝܬ݂ ܐܶܢܽܘܢ ܘܠܳܟ݂ «رأيتُهم وايّاكَ». والداخل عليه ظرف او حرف من ظروف وحروف ܒ݁ ܥܰܡ حتى يعاد الظرف او الحرف في المعطوف نحو ܐܶܙܰܠ ܠܘܳܬ݂ܶܗ ܘܰܠܘܳܬ݂ ܐܰܒ݂ܽܘܗ̱ܝ «ذهبَ عنده وعند ابيه». ܐܶܡܪܶܬ݂ ܠܳܟ݂ ܘܰܠܝܽܘܚܰܢܳܢ «قلتُ لك وليوحنا». ܡܶܢܰܢ ܘܡܶܢܗܽܘܢ «منا ومنهم».

(٢) اما اتفاق الفعلين في الصيغة. واتفاق الجملتين في الاسميّة والفعليّة فليس بواجب بل مُستَحسَن.

بنعمته وخلصنا بدمه — تاخذ وتعطي تغضب وترضى — اذهب بع هذه الفرس في السوق

٢ دلّ على المعطوف والمعطوف عليه في الجمل الاتية وترجمها الى العربية:

ܐܢܳܐ ܐܶܫܬܺܝܬ݂ ܘܪܰܘܺܝܬ݂ - ܚܙܳܐ ܘܶܐܡܰܪ ܠܗܽܘܢ - ܘܟܰܕ݂ ܢܦܰܩ ܠܡܶܫܩܰܠ ܘܰܠܡܶܩܛܰܦ ܘܰܠܡܶܬܒܰܩܳܐ - ܩܽܘܡ ܠܳܟ݂ ܘܶܠܳܐ ܢܦܰܩ ܐܳܦ ܙܒ݂ܰܢ - ܐܰܝܟܳܐ ܗܦܰܟ݂ ܠܶܗ - ܘܰܢܨܒܶܗ ܐܰܦܩܽܘܗ̱ܝ ܠܒ݂ܰܪ ܡܶܢ ܡܕ݂ܺܝܢ݈ܬܳܐ.

ܬܰܪܥܳܐ ܕܫܒ݂ܰܥ الباب السابع

في ܗܘܳܐ . ܐܺܝܬ݂ . ܕܰܠܳܐ . ܨܒ݂ܽܘܬ݂ܳܐ ܡܶܒܰܥܝܳܢܺܝܬ݂ܳܐ . ܡܶܢܝܳܢܳܐ ܦܫܺܝܛܳܐ

وفيه خمسة فصول

الفصل الاول

ܡܶܛܽܠ ܗܘܳܐ في ܗܘܳܐ «كانَ»

١٦٣ تقدم الكلام في الجزء الاول (عد ٩١) ان ܗܘܳܐ على نوعين الاول: تامٌّ كباقي الافعال المتصرفة نحو ܗܘܳܐ ܫܰܝܢܳܐ «حدثَ الامان» وله خاصةٌ وهي ان فاعله يكون احياناً لفظة ܨܶܒ݂ܽܘܬ݂ܳܐ «الشان» فتليه جملةٌ تفسّره مسبوقةٌ غالباً بظرف زمان نحو ܘܰܗܘܳܐ ܕܟ݂ܰܕ݂ ܐܶܙܰܠܘ ܡܶܢܗܽܘܢ ܡܰܠܰܐܟ݂ܶܐ ܠܰܫܡܰܝܳܐ ܡܡܰܠܠܺܝܢ ܗܘܰܘ ܪܳܥܰܘܳܬ݂ܳܐ ܚܰܕ݂ ܥܰܡ ܚܰܕ݂ «وكانَ انهُ لما انطلق عنهم الملائكة الى السماء قال الرعاةُ بعضُهم لبعض».

ܢܗܘܐ ܒܝܘܡܬܐ ܗܢܘܢ ܐܫܘܕ ܪܘܚܝ ܥܠ ܟܠ ܒܣܪ «يكونُ في تلك الايام اني اسكبُ من روحي على كلّ بشرٍ» .

والثاني : مساعد وهو يساعد الفعلَ المتصرف والجامد والصفة الخبرية متصرفاً معها كما مر (عد ٩١ الى ٩٥).

فان اتى مساعداً للفعل المتصرف فياتي بعده بصيغة الماضي ولا ياتي قبله الا بصيغة المستقبل (عد ٩٢)

وان تعددت الافعال التي يساعدها يجوز ان يذكر بعد كل منها نحو ܐܬܒܩܘ ܗܘܘ ܘܐܬܒܨܝܘ ܗܘܘ «تحرّوا وتجسسوا» ܩܝܡܝܢ ܗܘܘ ܘܡܬܪܥܝܢ ܗܘܘ «كانوا يقفون ويفكرون» ܘܗܘ ܒܢܦܫܗ ܢܐܙܠ ܗܘܐ ܘܢܚܙܐ ܗܘܐ «ان يمضي هو بنفسهِ ويشاهد». او بعد الفعل الاول نحو ܩܡ ܗܘܐ ܘܐܙܠ «قامَ وذهبَ» ܨܝܡܝܢ ܗܘܘ ܘܡܨܠܝܢ ܘܒܥܝܢ ܪ̈ܚܡܐ «كانوا يصومون ويصلون ويطلبون المراحم». ܘܡܙܗܪ ܗܘܐ ܘܡܠܦ ܘܡܟܣ ܠܟܠ ܐܢܫ «يعظ ويعلم ويؤنب كلَّ انسان» .

اما الفعل الجامد فسياتي ذكره قريباً.

وان اتى مساعداً للصفة الخبريَّة . فياتي بعدَها او قبلها مشتملاً على ضمير صاحبها نحو ܛܥܝܢ ܗܘܐ ܨܠܝܒܗ «كان حاملاً صليبَه» ܘܗܘܐ ܪܚܝܡܐ ܥܠ ܡܪܗ «وكان محبوباً عند سيده».

واذا تعددت الصفة يجوز ان يذكر بعد كل منها نحو ܕܕܟܝܐ ܗܘܬ ܘܩܕܝܫܐ ܗܘܬ ܡܢ ܟܠ ܝܠܝ̈ܕܐ «لانها كانت اطهر واقدس جميع المولودين» . او بعد الصفة الاولى نحو ܢܟܦܝܢ ܗܘܘ ܘܦܪܝܫܝܢ «كانوا انقياء واذكياء». او بعد الاخيرة نحو ܚܟܝܡܝܢ ܒܪ̈ܘܚܝܢ ܗܘܘ

«كانوا حاذقين وامين» (١).

فائدة

متى تقدم ماضي المساعد ܗܘܐ على الحاضر والصفة يجوز ان ياتي كثيراً

١ : بمعنى مضارعه بشرط ان يكون مسبوقاً بالدال المصدرية نحو ܐܬܚܦܛ ܕܗܘܝܬ ܝܕܘܥ (او ܡܟܝܟ) اجتهد ان تكون عالماً. او «متضعاً»

٢ : بمعنى امره للمخاطب والغائب نحو ܗܘܝܬܘܢ ܥܝܪܝܢ ܘܡܨܠܝܢ «كونوا متيقظين ومصلين» ونحو ܗܘܘ ܕܝܢ ܕܟܝܢ ܦܓܪܝܟܘܢ «لتكن اجسادكم نقية» .

وتصير هذه الصيغة نهياً بادخال ܠܐ « لا » الناهية عليها نحو ܠܐ ܗܘܐ ܪܚܡ ܟܣܦܐ ܬܪܥܝܬܟܘܢ «لا يكن ضميركم يحب الفضة» .

ܕܘܪܫܐ تمرين

ܢܟܦܐ وديع | ܡܫܡܗܐ مشهور | ܡܝܬܪܐ فاضل

١ ترجم هذه الجمل الى الارامية :

يكون الامان بينكم — يصلي . كان يصلي . سيكون يصلي — انا قريب . كنت قريباً . ساكون قريباً — انت خبير . كنتَ خبيراً ستكون خبيراً — هو مشهور . كان مشهوراً . سيكون مشهوراً — كانت عفيفة فاضلة — كوني وديعة .

٢ : دلَّ على المساعد وعلى الفعل والصفة اللذين يساعدهما في الجمل

---

(١) وياتي مساعداً للخبر الجامد ايضاً فيقع بعده او قبله نحو ܘܨܠܘܬܗ ܫܘܪܐ ܗܘܝܐ ܠܢ «صلاتها سوراً تكون لنا». ܘܨܠܘܬܗ ܗܘܝܐ ܠܢ ܫܘܪܐ «وصلاتها تكون لنا سوراً». ويجوز ان تدخل اللام معه على الخبر نحو ܐܗܘܐ ܠܟܘܢ ܠܐܒܐ اكون لكم اباً.

الاتية وترجمها الى العربية :

ܪܥܐ ܗܘܐ ܠܥܢܐ – ܢܫܒܘ ܗܘܘ ܡܠܐܟܐ ܙܥܘܪܐ –
ܘܚܝܠܗ ܪܒܐ ܩܐܡ ܗܘܐ ܥܠ ܫܐܘܠ ܡܠܟܐ – ܥܒܕ ܗܘܐ
ܟܗ ܠܐܝܣܪܝܠ – ܩܐܡ ܗܘܐ ܓܠܝܬ ܕܦܠܫܬܝܐ – ܚܙܐ ܗܘܐ
ܐܫܟܪ – ܛܠܝܐ ܐܘܪܝܐ – ܐܝܟܢܐ ܐܝܬ ܗܘܐ ܠܗ ܚܝܠܐ –
ܗܘܐ ܐܝܠܐ ܒܟܠܗ ܥܡܐ – ܗܘܬ ܢܨܚܢܐ.

الفصل الثاني

ܡܛܠ ܐܝܬ في ܐܝܬ «يوجد. كائن»

١٦٤ قد علمتَ أنَّ ܐܝܬ يكون مجرداً عن الضمائر او ملحقاً بها (عد ٤٥ و٩٣) . فالمجرد عن الضمائر يجي لمعنيين :

يقعُ خبراً اما وحده عن المبتدا النكرة الصريح فقط نحو ܐܝܬ ܐܠܗܐ « يوجد الهٌ » واما مع ظروف وحروف ܒ ܠ عن المبتدا النكرة الصريح نحو ܫܥܝܬܐ ܢܘܟܪܝܬܐ ܐܝܬ ܠܗܘܢ « عندهم قصصٌ غريبة» ܐܝܬ ܠܟ ܒܪܐ «لك ابنٌ» . والمؤول بالصريح نحو ܐܝܬ ܠܟ ܕܬܐܠܦ (اي ܡܐܠܦܘܬܐ) «عليك أن تعلم» ܐܝܬ ܠܟ ܠܡܐܙܠ (اي ܡܐܙܠܬܐ) «لك أن تذهب» (١).

واذا أُريد وقوعه خبراً في الماضي جيءَ بماضي المساعد بعده اما مطابقاً للمبتدا نحو ܠܓܒܪܐ ܗܘ ܐܝܬ ܗܘܐ « كان تاجرٌ» ܬܓܪܐ ܐܝܬ ܗܘܐ

(١) المؤول بالصريح هو الفعل المضارع المقترن بالدال المصدرية (عد ١٦١) او المصدر الميمي القائم مقامه كما في المثالين.

ܠܟܐܢ̈ܐ «كان للابرار عادة». واما بصيغة المفرد كيفما كان المبتدا نحو
ܐܝܬ ܗܘܐ ܡܕܥܬܢ̈ܐ «وجد علماء» ܐܝܬ ܗܘܐ ܠܗ ܢܫ̈ܐ ܫܒܥ
«كان له سبع نساء». اما في المستقبل فيؤتى بمضارع المساعد قبله نحو ܢܗܘܐ ܐܘ
ܐܝܬ ܠܟ ܦܪܘܫܘܬܐ «ايكن عندك فطنة» (عد ٩٣ وجه ٢١١ حاشية ٢).

ويجوز حذفه كثيراً وتقديره في الظرف والحرف نحو ܢܦܫ̈ܬܐ
ܕܒܓܘܝ «الانفس التي في داخلي» ܥܠ ܟܠ ܚܟܝܡ ܠܡܠܦܘ
ܚܟܡܬܐ «على كل حكيم ان يعلم الحكمة». ويجب حذفه اذا
كان المبتدا دعاء نحو ܫܠܡܐ ܠܟ «سلامٌ لكِ» ܘܝ ܠܗ «ويلٌ لهُ»

٢: يفيد التبعيض اذا دخل على الدال الموصولية نحو ܐܬܟܢܫܘ
ܠܬܡܢ ܡܢ ܟܠ ܦܢܝܢ ܐܝܬ ܕܠܨܠܘܬܐ ܘܐܝܬ
ܕܠܬܐܓܘܪܬܐ «اجتمعَ الى هناك من كل ناحية كثيرون بعضهم للصلوة
وبعضهم للتجارة». او دخل على بعض ظروف الزمان والمكان التي تليها
الدال المذكورة نحو ܙܒܢ ܡܢ ܚܪܝܢܐ ܐܝܬ ܐܡܬܝ ܕܩܛܠܐ
ܗܘܐ «وبعض الاحيان يكونُ من الخصام قتلٌ» ܐܝܬ ܐܬܪܐ ܕܠܐ ܝܐܐ
ܠܓܘܚܟܐ «في بعض المواضع لا يحسنُ الضحكُ».

وحكم ܐܝܬ المنفي كحكم الموجب نحو ܠܐ ܐܝܬ ܠܢ ܐܒܐ
ܐܚܪܢܐ «ليس لنا أبٌ آخر» ܠܝܬ ܠܟ ܫܘܠܛܢܐ «ليس لك سلطانٌ»
ܠܝܬ ܗܘܐ ܠܗ ܠܡܫܬܥܒܕܘ «ما كان له ان يؤدي».

١٦٥ والملحق بالضمائر ويسمّى «شبهَ المنفصل» (عد ٤٥):
يأتي لاربعة معانٍ:

١: يكون مبتدا مثل الضمير المنفصل كما علمت (عد ١٤٠).

٢: يقع خبراً عن المبتدا المعرفة اداوحده نحو ܐܢܘܢ ܐܝܬܝܗܘܢ

«الله كائن» . او مع ظروف وحروف ܩܪܒܐ نحو ܠܵܟ݂ ܐܺܝܬ݂ܰܘܗ݂ܝ ܐܽܘܚܕܳܢܳܐ «لك السلطة» . وهذا يجوز حذفه وتقديره في الظرف والحرف نحو ܠܵܟ݂ ܐܽܘܚܕܳܢܳܐ . ويجب حذفه اذا كان المبتـدا دعاءً نحو ܠܵܟ݂ ܫܽܘܒܚܳܐ «لك المجدُ» .

واذا أريدَ وقوعُه خبراً في الماضي جيءَ بماضي المساعد بعده مطابقاً للمبتدأ نحو ܗܽܘ ܐܺܝܬ݂ܰܘܗ݂ܝ ܗ݃ܘܳܐ «هو كانَ» . اما في المستقبل فيؤتى بمضارع المساعد قبله نظير ܐܺܝܬ݂ المجرد نحو ܢܶܗܘܶܐ ܐܺܝܬ݂ܰܘܗ݂ܝ «سيكون» .

٣َ : يقع رابطاً بين المبتدا المعرفة والخبر المفرد . ويجوز حذفه كما مرّ (عد ١٤٠) ولا سيما مع المساعد ܗܘܳܐ نحو ܩܳܐܝܶܢ ܗ݃ܘܳܐ ܦܳܠܰܚ ܐܰܪܥܳܐ (اي ܐܺܝܬ݂ܰܘܗ݂ܝ ܗ݃ܘܳܐ ܦܳܠܰܚ ܐܰܪܥܳܐ) «قاين كان فلاحاً للارض»

٤َ : يقع صلة الموصول اما وحده او مع المساعد ليفيد تخصيصَ الوجود نحو ܐܰܠܳܗܳܐ ܕܺܐܝܬ݂ܰܘܗ݂ܝ ܗ݃ܘܳܐ ܘܐܺܝܬ݂ܰܘܗ݂ܝ ܘܢܶܗܘܶܐ ܐܺܝܬ݂ܰܘܗ݂ܝ «الله الذي كان وهو كائن وسيكون» (١) . او تعميمَه نحو ܠܳܐ ܬܗܰܝܡܶܢ ܠܡܰܢ ܕܐܺܝܬ݂ܰܘܗ݂ܝ «لا تصدِّقْ ايًّا كانَ» (٢) .

وحكم المنفي منه كحكم الموجب نحو ܥܕܠܳܐ ܐ̱ܙܶܠ ܐ̱ܢܳܐ ܘܰܐܦ ܠܳܐ ܐܺܝܬ݂ܝ «قبلما اذهبُ ولا اوجد ايضاً» ܒ̈ܢܰܝ ܢܦܰܩܘ ܡܶܢܝ ܘܠܰܝܬ݂ ܐ̱ܢܽܘܢ «ابنائي خرجوا مني وليسوا بموجودين» ܒܪܳܐ ܡܶܕܶܡ ܕܠܳܐ ܐܺܝܬ݂ܰܘܗ݂ܝ ܗ݃ܘܳܐ «كَوَّن ما لم يكنْ» .

ܕܽܘܪܳܫܳܐ تمرين

ܝܰܪܽܘܩܳܐ	بقل	ܚܰܪܺܝܦ ܡܰܕܥܳܐ	ذكي	ܙܳܟ݂ܽܘܬ݂ܳܐ	غلبة

(١) ويجوز فيه هنا حذفُ الضمير نحو ܕܰܝܪ̈ܳܝܶܐ ܕܺܐܝܬ݂ ܒܰܐܬ݂ܪܰܘܳܬ݂ܗܽܘܢ «الرهبان الذين كانوا في بلادهم». (٢) وهذا مثل قولك ܟܽܠ ܡܰܢ ܕܗܽܘ «ايّاً كانَ».

١ً : ترجم هذه الجمل الى الارامية :

لي قصر · كان لي قصر · سيكون لي قصر — لك حقل · كان لك حقل · سيكون لك حقل — له ولد ذكي · كان له ولد ذكي · سيكون له ولد ذكي — ليس له ملجأ · لم يكن له ملجأ · لن يكون له ملجأ — ابوك كان رجلاً حكيماً · لم يكن حكيماً — الك الغلبة والاكرام ·

٢ً : اذكر ما هو موقع ܐܝܬ في الجمل الاتية وترجمها الى العربية :

ܐܝܬ ܠܟ ܣܦܪܐ — ܐܝܬ ܠܝ ܐܚܐ — ܐܝܬ ܠܗ ܕܐܝܬܝܐ — ܡܢ ܥܘܠܡܐ ܚܕ ܐܝܬ ܗܘܐ — ܚܕ ܓܒܪܐ ܕܐܝܬ ܠܗ ܟܣܡܡܐ — ܠܐ ܐܝܬ ܠܗ ܕܢܣܒܐ — ܡܫܡܫܢܘܬܐ ܐܝܬܝܗ ܗܘܬ ܒܪܗ ܡܠܟܐ — ܐܚ̈ܝܐ ܐܝܬܝܟ — ܕܝܠܟ ܐܝܬܝ.

الفصل الثالث

ܡܠܬ ܕܝܠ في ܕܝܠ «خاصة . مُلك»

١٦٦ قد علمت ان ܕܝܠ تلحقه الضمائر وجوباً فيسمّى «شبه المتصل» (عد ٤٦) وهو ياتي لستة معانٍ :

١ً : ياتي مضافاً اليه نحو ܐܒܐ ܕܝܠܝ «ابي» (عد ٤٦) وتجوز اضافة المضاف اولاً اليه ثم الى المضاف اليه المظهر كالمتصل (عد ١٥٢) نحو ܒܢ̈ܝ ܝܪܬܘܬܐ ܕܝܠܗ ܕܫܘܘܕܝܐ «ورثةُ الموعد» ܣܦܪܐ ܕܝܠܟ ܕܚܝ̈ܐ «سفرُك المحيي» ·

ويجوز فصله عن المضاف كما في ܠܡܠܦܢܘܬܐ ܗܘ ܕܝܠܢ ܐܬܟܬܒ «فانه كتب لتعليمنا» ܐܣܛܠܐ ܟܗܢܝܬܐ ܕܝܠܟ « حلتك الكهنوتية»

وتقديمه عليه مفصولاً عنه كما في ܕܝܠܗ ܐܢܬܘܢ ܥܒ̈ܕܐ ܕܗܘ ܕܡܫܬܡܥܝܢ ܐܢܬܘܢ ܠܗ «انتم عبيد الذي تطيعونه» .

واذا اضيفَ اليه اسماء متعددة بالعطف يجوز ان يُذكَر بعد كل منها نحو ܡܣܒܪܝܢ ܗܘܘ ܒܓܠܝܘܬܐ ܕܝܠܗ ܘܒܚܘܝܘܬܐ ܕܝܠܗ «يبشرون بتجليه وظهوره» . او بعد الاخير وهو الغالب نحو ܩܒܠ ܨܠܘ̈ܬܐ ܘܒܥܘ̈ܬܐ ܘܬܟܫܦ̈ܬܐ ܕܝܠܢ «اقبل صلواتنا وطلباتنا وتضرعاتنا» .

٢َ : يوكِّدُ الضمير المتصل بالاسم او بظرفٍ وحرفٍ من ظروف وحروف ܥܒܪ ܗܝ نحو ܒܐܝܕܗ ܕܝܠܗ «بيده نفسها» . ونحو ܣܡ ܒܢ ܕܝܠܢ ܡܠܬܐ ܕܬܪܥܘܬܐ «وضعَ فينا كلمة المصالحة» .

٣َ : يقع خبراً موخراً عن المبتدا نحو ܟܠ ܡܕܡ ܕܝܠܟܘܢ ܗܘ «كلّ شيء هو لكم» . او مقدماً عليه نحو ܕܝܠܟ ܗܝ ܡܠܟܘܬܐ «لك هو الملكوت» .

٤َ : يُغني عن تكرار المضاف الى الضمير المتصل متى أُريدَ تكراره مع ضمير آخر اما بالعطف نحو ܐܡܟ ܘܕܝܠܝ «امك وامي» . او بغير العطف نحو ܬܪܥܝܬܟ ܠܐ ܐܝܬ ܕܝܠܝ ܗܝ نيتي ليست كنيتك.

٥َ : يفيد الاختصاص بمعنى «ما» الموصولية مع لام الملك . ومعنى «الاهل والمال والشيء والامر وامثال ذلك» نحو ܠܕܝܠܗ ܐܬܐ ܘܕܝܠܗ ܠܐ ܩܒܠܘܗܝ «الى خاصتهِ اتى وخاصتهُ لم يقبلوه» ܘܕܝܠܢ ܕܝܠܗ ܐܝܬܘܗܝ ܗܘܐ «كان مالنا ماله» .

٦َ : يكون واسطة لتعدية فعلي ܒܛܠ وܐܨܦ «اعتنى واهتمّ» نحو ܒܛܠ ܕܝܠܗ «اعتنى به» ܐܨܦ ܕܝܠܗܘܢ «اهتمّ بهم» .

ܕܘܪܫܐ تمرين

١َ : ترجم هذه الجمل الى الارامية وضع الضمير المضاف اليه فيها «متصلًا» ثم «شبه متصل» :

استدعى يوسف اباه واخوته الى مصر — مريم العذراء هي ام الله وامنا — حبّ الرب الهك من كل قلبك — اعطِ الولد لوحه وقلمه وكتابه — لك انتَ يحق الثناء — لك الملك والقوة والسلطان ·

٢َ : بيّن موقع ܕܝܠ في ما يلي وترجمه الى العربية :

ܟܬܒܐ ܕܝܠܗ ܘܕܝܠܟ ܡܩܪܝܢ — ܒܫܡܝܐ ܘܠܐ ܕܝܠܢ ܠܐ ܐܬܒܥܘܬ — ܠܒܝܬܐ ܕܝܠܗ ܐܬܟܢܫܘ — ܫܡܥܘ ܘܕܝܠܟ ܣܢܩܝܢ — ܠܒܝܬܐ ܕܝܠܗ — ܕܝܠܟܘܢ ܗܘ ܚܝܠܐ ·

الفصل الرابع

ܡܛܠ ܨܒܘܬܐ ܘܡܕܡ في القصة والشان

ܨܒܘܬܐ

١٦٧ اما ܨܒܘܬܐ ومعناها «القصة والشيء والشان والامر» فهي لفظة مؤنثة تقدر في الكلام مفردةً وجمعاً واليها يعود ضمير الغائبة مفرداً وجمعاً حينما لم يكن له مرجع سواها ·

فهي تقدر قبلَ الخبر مبتدا نحو ܟܐܢܐ ܗܝ ܕܢܗܘܐ ܒܚܝܐ ܘܐܦ ܗܝ ܒܚܝܘܬܐ «عدلٌ ان يكون هو في الاحياء· وهي في الحياة» ·

وبعد الفعل فاعلًا ونائب فاعل نحو ܐܬܚܙܝ ܐܚܪܬ܆ ܕܒܟܠ

«كيف اضطرَّ ان يجوع» ܟܪܝܐ ܠܗ «حزن» ܚܫܟ «اظلمت».
ونحو ܗܝܡܢ ܐܒܪܗܡ ܘܐܬܚܫܒܬ ܠܗ ܠܟܐܢܘ «آمن ابراهيم فحسب له ذلك براً».

وبعد اسم الاشارة بدلاً منه نحو ܘܡܛܠ ܗܕܐ ܗܐ ܣܓܕܝܢܢ «ولهذا ها نحن نسجد» ܘܡܛܠ ܗܠܝܢ «ولاجل هذه الامور» (١).

وقبل الاسم الموصول موصوفاً (والموصولُ صفتهُ) نحو ܟܦܘܪܝ ܕܦܫܝܩܬܐ «المنكرون للامور السهلة».

وبعد اسم العدد تمييزاً له نحو ܠܒܪܢܫܐ ܐܝܬ ܠܗ ܬܪܬܝܢ : ܗܝ ܕܢܨܒܐ ܘܕܢܥܒܕ «للانسان امران ان يريد وان يفعل».

وقد تفسر بجملة بعدها مقترنة بالدال كما في ܟܝܢܐ ܗܝ ܕܗܘ ܕܢܗܘܐ . ܘܐܝܬܝܗ ܕܢܚܐ .

وقد يُصرَّح بذكرها في الكلام نحو ܝܕܝܥܐ ܗܝ ܟܝܢܐ ܕܒܨܝܪܐ ܡܢ ܗܘ ܕܡܝܬܪ ܡܢܗ ܡܬܒܪܟ «معلوم ان الناقص يقبل البركة ممن هو افضل منه».

ܨܒܘܬܐ

١٦٨ اما ܨܒܘܬܐ «الشان. الامر» فهو لفظة مذكرة يُقدَّر في كلام نظير ܟܝܢܐ (٢) واليه يعود ضمير الغائب متى لم يكن له مرجع غيره.
فيقدَّر مبتدا نحو ܠܐ ܫܪܝܪܐ ܠܗ ܕܚܕ ܗܘ ܐܠܗܐ «فغيرُ ثابتٍ عنده أنَّ اللهَ واحد».

---

(١) ومنه نحو ܐܝܟܢ ܐܚܒܢ ܐܠܗܐ ܕܒܪܗ ܝܗܒ ܠܢ «احبنا الله حتى بذل لنا ابنه». ܐܝܟ ܗܝ ܕܢܗܦܘܟ «لكي يرجع»

(٢) قال العلامة القرداحي ولم يرد تقديرُه الا مفرداً.

وفاعلًا ونائب فاعل نحو ܛܳܒ݂ܰܬ݂ ܠܳܟ݂ «طبتَ نفساً». ܘܗܘܳܐ ܟܰܕ ܐܶܙܰܠܘ ܡܶܢ ܠܘܳܬ݂ܗܽܘܢ ܡܰܠܐܰܟ݂ܶܐ «وكان أنه لما مضى عنهم الملائكة» ونحو ܐܶܬ݂ܶܐܡܰܪ ܒܰܢܒ݂ܺܝܶܐ «قيلَ في الانبياء».

وبدلاً من اسم الاشارة نحو ܘܡܶܛܽܠ ܗܳܕܶܐ ܠܳܐ ܡܰܡܪܰܚ ܐ݈ܢܳܐ «ولهذا لا أجسر».

وموصوفاً بالموصول نحو ܥܒ݂ܶܕ ܕܫܰܦܺܝܪ «اصنع الحسن».

وقد يفسَّر بجملة مقترنة بالدال نظير ܕܗܘܳܐ كما رايت في ܘܗܘܳܐ ܟܰܕ ܐܶܙܰܠܘ ܫܦܝܪ. او غير مقترنة بها (عد ١٦٣).

ܕܘܪܫܐ تمرين

١ : ترجم هذه الجمل الى الارامية :

حسن ان نبقى هنا — استحسن ان يصنع هذا — ولذلك نبتهل اليك يارب — لا تصنع ما هو سيّي. — لا يمكن ان اذهب — اصبحت.

٢ : قل ماذا تقدر ܕܗܘܳܐ او ܫܪܳܪܳܐ في الجمل الاتية وترجمها الى العربية

ܐܶܬ݂ܚܙܺܝ ܠܝ — ܙܕܩ ܗܘܳܐ — ܘܐܶܫܬܟܰܚ ܕܫܪܺܝܪܳܐ ܗܽܘ ܘܐܰܡܺܝܢܳܐ — ܐܶܬ݂ܒܪܺܝ ܡܶܢ ܗܽܘ ܕܫܽܘܠܛܳܢܳܐ ܐܶܬ݂ܝܗܶܒ݂ — ܗܳܠܶܝܢ ܕܟ݂ܬ݂ܺܝܒ݂ܳܢ ܐܳܦ ܕܢܶܬ݂ܡܰܠܝܳܢ — ܫܰܦܺܝܪ ܗܽܘ ܠܶܟ݂ ܕܬܶܗܘܶܐ ܚܰܕ݂ܝܳܐ — ܟܽܠܗܽܘܢ ܫܪܳܪܳܐ.

الفصل الخامس

ܥܰܠ ܡܪܰܟܒ݂ܳܐ ܕܠܽܘܘܳܝܳܐ في المركب اللحوقي

١٦٩ المركب اللحوقي هو ما تركب من الاسم الموصوف

والصفة (خاصةً) ومن لفظة ܐܝܬ ملحقة باخره نحو ܐܢܫܐ انسان ܐܢܫܐܝܬ بالناسوت ܩܕܝܫܐ قديس ܩܕܝܫܐܝܬ بقداسة .

واذا كان الاسم منسوباً تحذف منه ياء النسبة نحو ܐܠܗܝܐ الهي ܐܠܗܐܝܬ باللاهوت ܟܠܕܝܐ كلداني ܟܠܕܐܝܬ بالكلدانية

وهو ياتي مع الفعل لبيان كيفيتهِ نحو ܡܠܠ ܥܡܗ ܒܣܝܡܐܝܬ «تكلَّم معه ببشاشة» ويقوم مقام ستة اشياء :

الاول : الحال نحو ܐܬܐ ܙܪܝܙܐܝܬ «جاءَ مستعجلاً» او «بعجلة»

الثاني : تمييز الجملة نحو ܐܬܩܛܪܓ ܥܠܝ ܕܓܠܐܝܬ أتهمنا زوراً

الثالث : التوكيد نحو ܬܚܘܡܐ ܣܡܘ ܠܗ ܠܥܕܬܐ ܥܡܡܐ ܟܘܠܐܝܬ « جعلوا حدوداً لكنيسة الامم جماعةً» .

الرابع : وصف المصدر او غيره نحو ܐܦ ܠܐܕܢܝܗܘܢ ܐܝܩܪܘ ܫܡܥܘ ܝܩܝܪܐܝܬ (اي ܫܡܥܐ ܝܩܝܪܐ) «وكذلك صمّوا اذانهم فسمعوا سمعاً ثقيلاً» ونحو ܚܕܐ ܗܝ ܡܠܬܗ ܡܪܢܝܐܝܬ (اي ܡܠܬܗ ܡܪܢܝܬܐ) «وواحدةٌ كلمته الربانيَّة»

الخامس : الظرف نحو ܠܟ ܣܓܕ ܐܢܐ ܐܡܝܢܐܝܬ لك اسجد دائماً

السادس : المشبَّه بهِ نحو ܐܬܡܟܟ ܡܘܫܐܝܬ «اتضعَ كموسى»

وقد يقوم مقام المبتدا نحو ܠܐ ܣܢܝܩܝܢ ܚܠܝܡܐ ܠܐܣܝܐ ܐܠܐ ܐܝܠܝܢ ܕܒܝܫܐܝܬ ܐܝܬ ܠܗܘܢ (اي ܒܝܫܘܬܐ ܐܝܬ ܠܗܘܢ) «لا يحتاج الاصحاء الى طبيب لكن المرضى» . والخبر نحو ܡܕܡ ܕܦܫܝܛܐܝܬ ܗܘ ܘܠܐ ܠܢ ܕܢܥܒܕ ܠܗ (اي ܡܕܡ ܕܦܫܝܛܐ ܗܘ) «ينبغي لنا ان ناتي من الامور ما كان بسيطاً» .

ܕܘܪܫܐ تمرين

١ : ترجم هذه الجمل الى الارامية :

تكلموا ببهجة او «مبتهجين» — اتوا جميعاً —يعيش عيشاً هنيئاً — تعفّف كيوسف — لا يتكلم بالباطل ولا يحلف بالكذب ·

٢ : بيّن موقع المركب اللحوقي في البيت التالي وترجمه الى العربية :

ܦܫܝܛܘܬܐ ܕܦܬܓܡܘܗܝ ܚܟܝܡܐܝܬ . ܐܘܟܝܬ ܒܦܫܝܡܐܝܬ .
ܘܢܦܫܗ ܒܬܟܠܐ ܡܒܝܢܐܝܬ . ܐܒܘܐ ܕܗܠܐ ܐܘܠܐܝܬ .
ܐܦܝܫܗ ܒܠܒܗ ܒܢܝܫܐܝܬ . ܟܠܗܘܡܐ ܡܢܗܪܐܝܬ .
ܘܐܒܝܕ ܕܚܫܐ ܡܦܫܚܐܝܬ . ܒܠܐ ܢܟܝ ܐܒܝܠܐܝܬ ܀

ܦܘܪܫܐ ܬܡܝܢܝܐ الباب الثامن

ܥܠ ܡܢܝܬܐ في الظروف وفيه فصلان

١٧٠ قد اتينا على ذكر الظروف في الجزء الاول (عد ١٢٢ الى ١٢٤) والان نورد امثلةً على بعضها ·

الفصل الاول

ܥܠ ܡܢܝܬܐ ܕܡܬܕܒܩܢ في الظروف المضافة (عد ١٢٣)

واولاً

بعض الظروف المضافة الى المفرد اي الاسم الظاهر والضمير

المضافة الى الاسم فقط

ܩܕܡ = ܐܥܠܘܗܝ ܩܕܡ ܕܝܢܐ «ادخلوه امامَ الحاكم»
ܠܬܚܬ = ܠܬܚܬ ܐܝܠܢܐ ܕܦܪܕܝܣܐ تحت اشجار الفردوس

المضافة الى الاسم والضمير

ܠܓܘ = ܠܓܘ ܒܝܬ ܕܝܢܐ «داخل المحكمة» ܠܓܘܗ داخلَهُ

ܒܝܬ = وهذا الظرف يضاف الى الظاهر بنفسه والى الضمير بواسطة اللام كما مرَّ · ويغني عن تكراره مع المعطوف الظاهر «اللامُ» وحدها او مسبوقةً «بالواو» نحو ܒܝܬ ܛܒܐ ܠܒܝܫܐ «بين الاخيار والاشرار» ܒܝܬ ܠܝ ܠܟܪܡܐ ܕܐܝܣܪܝܠ «بيني وبين كروم اسرائيل» ܒܝܬ ܫܢܬܐ ܘܠܥܝܪܘܬܐ «بين النوم واليقظة» ܒܝܬ ܠܝ ܘܠܡܪܝ «بيني وبين سيدي» ·

ومع المعطوف المضمر «اللامُ والواو معاً» نحو ܒܝܬ ܐܒܘܗܝ ܘܠܗ «بين ابيه وبينه» ܒܝܬ ܠܝ ܘܠܟ «بيني وبينك» ·

وان تعدَّد المعطوف ظاهراً ومضمراً فتدخل المتعـدّد «اللامُ والواو معاً» نحو ܒܝܬ ܝܘܣܦ ܠܐܒܘܗܝ ܘܠܐܚܘܗܝ «بين يوسف وابيه واخوتهِ» ܒܝܬ ܠܝ ܘܠܟ ܘܠܗܘܢ «بيني وبينك وبينهم» (١) ·

---

(١) اعلم ان ܒܝܬ على ثلاثة اوجه · الاول : مضافة الى اسم المكان واسم الجنس لتصيره اسم مكان (عد ١١٢) وهي تلزم الافراد ويجري الضمير والوصف على ما تضاف اليه نحو ܐܒܕ ܡܢܝ ܒܝܬ ܡܥܪܩܐ «ضاعَ مني المهربُ» ܡܢ ܒܝܬ ܥܘܬܪܐ ܫܒܩܢ ܠܪܚܡܐ «من كثرك الغني نطلب المراحم» ܦܩܕ ܕܢܬܦܬܚܘܢ ܒܝܬ ܦܬܟܪܐ «امرَ بان تُفتح بيوت الاصنام» ܢܙܡܪܘܢ ܒܝܬ ܟܢܘܫܬܐ «ترنّم المجتمعات» · او يجري على معناه نحو ܘܟܠܗ ܒܝܬ ܢܗܪܘܬܐ «وكلّ ما بين النهرين» (اي ܐܬܪܐ او

ܒܰܝܢܳܝ ܘܒܰܝܢܳܬ = وهذان الظرفان مثل «ܒܶܝܬ» معنىً وحكماً .
غير انهما يضافان الى الضمير بنفسهما نحو ܒܰܝܢܳܬܰܢ ܘܒܰܝܢܳܬܟܽܘܢ بيننا وبينكم
ܠܒܰܪ ܡܶܢ = ܠܒܰܪ ܡܶܢ ܬܰܪܥܳܐ خارج الباب ܠܒܰܪ ܡܶܢܶܗ خارجاً عنه
ܠܘܳܬ = ܠܘܳܬ ܐܰܒܽܘܗܝ لدى ابيه ܐܶܙܰܠ ܠܘܳܬܶܗ ذهب عنده
ܩܕܳܡ = ܩܕܳܡ ܥܰܡܡܶܐ «امام الشعوب» ܩܕܳܡܰܝܟ «امامك» .

ثانياً

الظروف المضافة الى الجملة

١٧١ هذه الظروف هي بعض ظروف الزمان والمكان المذكورة في (عد ١٢٣ و١٢٤) التي تضاف الى الجملة الخبرية بواسطة الدال وهي ܐܶܡܰܬܝ ܕ «لمّا · عندما» ܒܰܙܒܰܢ ܕ «حالما · اوّل ما» ܒܳܬܰܪ ܕ «بعد أن» ܡܶܢ ܕ «حالما» ܡܶܢ ܒܳܬܰܪ ܕ «بعد أن» ܩܕܳܡ ܕ «قبل أن» ܐܰܝܟܳܐ ܕ «حيث حيثما» ܐܰܝܟ ܕ «حيث» ܟܪ ܕ «حيث · حيثما» . مثالها :

ܐܶܡܰܬܝ ܕ = ܐܶܡܰܬܝ ܕܡܰܠܰܐܟ̈ܐ ܡܶܬܬܙܺܝܥܺܝܢ متى يرتعد الملائكة
ܒܰܙܒܰܢ ܕ = ܒܰܙܒܰܢ ܕܣܠܶܩ «حالما صعدَ» .
ܒܳܬܰܪ ܕ = ܒܳܬܰܪ ܕܢܦܰܩ «بعدَ ان خرجَ» .
ܡܶܢ ܕ = ܡܶܢ ܕܶܐܬܳܐ «حالما اتى» :
ܡܶܢ ܒܳܬܰܪ ܕ = ܡܶܢ ܒܳܬܰܪ ܕܢܚܶܬ «بعدَ ان نزلَ» .

ܦܢܺܝܬܳܐ او ܐܰܬܪܳܐ ܕܒܶܝܬ ܢܰܗܪ̈ܺܝܢ ارض او ناحية او جزيرة ما بين النهرين) . وكثيراً ما يُستغنى بيانها عن الباء الظرفية نحو ܐܰܪܡܺܝ ܐܶܢܽܘܢ ܒܶܝܬ ܐܰܣܺܝܪ̈ܐ «القاهم في السجن» (والاصل ܒܒܶܝܬ ܐܰܣܺܝܪ̈ܐ) . الثاني : داخلة عليها الدال الموصولية فتصير بمعنى «آل واتباع واشياع وتلامذة» نحو ܕܒܶܝܬ ܐܰܒܪܳܗܳܡ «آل ابراهيم» . الثالث : ظرفية وهي التي تكلمنا عنها في هذا الفصل.

ܩܕܡ ܕ = ܩܕܡ ܕܢܐܬܐ «قبل ان ياتي» .

ܐܝܟܐ ܕ = ܐܝܟܐ ܕܩܐܡ «حيث يقف» .

ܐܬܪ ܕ = ܐܬܪ ܕܝܬܒܬ «حيث تجلس» .

ܟܢ ܕ = ܟܢ ܕܨܒܐ ܐܢܬ «حيث تشاء» .

ومنها ܡܐ وܡܢ يصيران ظرفي زمـان بدخول الدال بعدهما على الجملة · مثالها :

ܡܐ ܕ «لما · عندما · متى» = ܡܐ ܕܐܬܐ ܐܢܬ «عندما تاتي» .

ܡܢ ܕ «منذُ · بعد أن · لمَّا · حالما» = ܘܡܢ ܕܐܘܚܪ ܐܬܐ ولمَّا ابطأ اتى .

الفصل الثاني

ܡܛܠ ܡܠ̈ܐ ܕܒܡܨܥܬܐ في الظروف المطلقة (عد ١٢٤)

١٧٣ بعض ظروف الزمان

ܒܪܫܝܬ = ܒܪܫܝܬ ܐܝܬܘܗܝ ܗܘܐ ܡܠܬܐ « في البدء كانَ الكلمة » .

ܒܪܫܥܬܗ = ܒܪܫܥܬܗ ܩܡ «قامَ حالاً» او «لساعتهِ» .

ܗܫܐ = ܗܫܐ ܐܬܝܬ « الانَ اتيتُ » .

ܟܕ = ܟܕ ܐܬܐ «لما جاء» ويقع قبل الفعل دائماً .

ܠܥܠܡ = ܠܐ ܐܟܠ ܠܥܠܡ «لا يحقدُ الى الابد» .

ܡܟܝܠ = ܕܡܟܘ ܡܟܝܠ ܘܐܬܬܢܝܚܘ ناموا الانَ واستريحوا

ܡܡ = ܠܐ ܡܡ ܐܬܐ «ماجاءَ قبلاً» ܡܡ ܠܐ ܡܫܬܠܛ «لايستولي ابداً»

ܟܡ = ܟܡ ܐܝܬ ܐܬܪܐ مادام فرصة ܐܘܕܐ ܟܡ ܐܚܝܐ اشكر ماحييت

ܥܕܐܡܬܝ = ܥܕܐܡܬܝ ܛܥܝܬܢܝ «حتى مَ تنساني».

ܥܕܟܝܠ = ܠܐ ܥܕܟܝܠ ܩܡ «ما قامَ بعدُ».

ܥܕܠܐ = ܥܕܠܐ ܕܢܐܬܐ ܝܘܡ ܕܝܢܐ «قبل ان ياتي يوم الدين».

بعض ظروف المكان

ܠܒܪ = ܒܬܘ ܟܠܗܘܢ ܠܒܪ «باتوا كلُّهم خارجاً».

ܠܓܘ = ܥܘܠܘ ܠܓܘ «ادخلوا داخلاً».

ܠܥܠ = ܣܩ ܠܥܠ «اصعد الى فوق».

ܠܬܚܬ = ܚܘܬ ܠܬܚܬ «انزل الى تحت».

ܠܗܠ = ܦܪܘܩ ܠܗܠ «ابعدْ الى هناك».

ܕܘܪܫܐ تمرين

١ : ترجم الجمل الاتية الى الارامية :

كيف يبست التينة من ساعتها — فلنصنع الخير ما دمنا احياء — البارحة نظرتُ اخاكَ — هناكَ جلس — وراءَ الجبل — فوقَ الصخرة — امامَ البحر — فوقه — حينئذٍ قال لهم — قبل أن ينتهي — الى اين تذهبون — الى مدينة اورشليم لزيارة قبر فادينا الالهي ومحيينا يسوع المسيح

٢ : ميّز بين الظروف المضافة والظروف المطلقة في الجمل الاتية وترجمها الى العربية :

ܐܬܘ ܣܓܝܘܢ ܘܠܐ ܐܬܘ — ܩܕܝܡ ܒܥܕܢܐ — ܟܕ ܚܙܐ ܡܠܟܐ ܘܐܬܒܪܘܢ — ܟܕܘ ܕܘܟܬܐ ܠܒܥܝܬܐ — ܟܕܘ ܗܘ ܘܟܠܗܘܢ.

ܡܢ ܕܡܫܝܚܐ ܘܠܐ ܚܢܢ ܗܘ : ܐܢܫ ܡܢܗ ܟܡܟܪܐ

ܡܐܡܪܐ ܬܪܝܢܐ القسم الثاني

ܡܛܠ ܐܬܘܬܐ في الحروف وفيه ثلاثة ابواب

قد ذكرنا في الجزء الاول بعض الحروف وفي هذا الجزء نذكرها كلها ونذكر مواقعها ومعانيها ·

ܪܫܐ ܩܕܡܝܐ الباب الاول

ܡܛܠ ܐܬܘܬܐ ܕܣܡܟܐ في حروف الاضافة (عد١٢٦ و١٢٧) وفيه فصلان

الفصل الاول

في حروف الاضافة الداخلة على المفرد اي الاسم الظاهر والضمير (عد١٢٧)

١٧٣ بعض هذه الحروف يُستعمل لتشبيه المفرد وهو ܐܝܟ ܐܟܘܬ ܐܟܢܐ ܕܡܘܬ ܒܕܡܘܬ ܗܟܘܬ ܚܠܦ ܒܚܠܦ مثالها :

ܐܝܟ = ܫܪܓܐ ܐܝܟ ܥܝܢܐ «العين كالسراج» ܐܟܘܬܗ «مثله» (١)

ܐܟܘܬ = ܐܟܘܬ ܝܘܣܦ «نظير يوسف» ܐܟܘܬܢ «نظيرنا» · وقس عليه ܕܡܘܬ ܘܒܕܡܘܬ ܘܗܟܘܬ ܘܚܠܦ.

ܐܟܢܐ = ܐܟܢܐ ܕܐܬܟܠܝ ܐܚܝ ܦܘܠܘܣ كبولس

ܚܠܦ = ܚܠܦ ܥܘܕܪܢܐ ܕܡܠܟ ܡܠܟܐ «كاعانة ملك الملوك» .

---

(١) وشذّ دخوله على الضمير المتصل في قوله ܐܝܟ ܐܢܐ ܡܢܘ ܐܣܝܐ «من هو طبيب مثلي» .

وبعضها للواسطة وهو ܒܝܕ نحو ܒܝܕ ܡܘܫܐ ܐܝܟ ܠܡ
وبواسطة حبه احيانا ܘܒܝܕܗ ܒܥܢܝܢܐ ܡܛܥܝܢܐ ليُضلّ به الكثيرون
وبعضها لتعليل المفرد وهو ܡܛܠ ܡܛܠܗ ܡܢ ܘܥܠ مثالها :
ܡܛܠ = ܡܛܠ ܟܠܢ «من اجل جميعنا» ܡܛܠܬܢ «من اجلنا»
ܡܛܠ = ܡܛܠ ܕܘܝܕ «لاجل داود» ܡܛܠ ܡܢܐ «لماذا».
ܥܠ = ܥܠ ܡܪܘܕܘܬܢ ܡܪܕܘܬܢ «بسبب تمرُّدنا تأديبنا».
وبعضها للاستثناء (انظر عد ١٨٨) وهو ܠܒܪ ܣܛܪ ܡܢ مثالها:
ܐܬܘ ܝܠܕܐ ܠܒܪ ܡܢ ܒܪܟ «جاء الاولاد من دون ابنك» ܣܛܪ ܡܢܗ ܐܠܗܐ
وبعضها للحال وهو ܠܚܘܕ ܠܒܠܚܘܕ نحو ... ܗܘ
ܐܬܒܛܠ «بُطِلَ وحدَه» ܩܡ ܠܒܠܚܘܕܘܗܝ «قام وحدَه» (١)
وبعضها ياتي لمعانٍ كثيرة وهو حروف ܒܕܘܠ الاربعة (عد ١٢٧
وجه ٢٩١). ܒܠܥܕ ܘܡܢ ܘܒܝܘܡܐ ܘܒܬܪ ܘܥܡ وهاكَ بيانها:

اولاً

معاني حروف ܒܕܘܠ

معاني «ܒ» الباء

١٧٤ الباء المفردة تاتي لعدَّة معانٍ :

١َ : للاستعانة او الواسطة نحو ܟܬܒܬ ܒܩܢܝܐ «كتبتُ بالقلم».
٢َ : للمصاحبة نحو ܐܬܐ ܒܚܝܠܐ اتى بعسكر ܙܠ ܒܫܠܡܐ اذهب بسلام
٣َ : للالصاق نحو ܐܚܘܕ ܒܐܝܕܗ ܕܛܠܝܬܐ «أمسكْ بيد الفتاة».
٤َ : للقسم نحو ܒܐܠܗܐ ܚܝܐ «بالله الحيّ» ܒܚܝܝܟܘܢ «بحياتكم»

(١) وياتي هذا الحرف «مطلقاً» بمعنى «فقط لا غير» نحو ܐܢܬ ܗܘ ܠܚܘܕ او ܠܒܠܚܘܕ «انت فقط».

٥ : بمعنى «لام» التعليل نحو ܐܢ ܒܥܠܕܒܒܐ ܘܡܬܡܚܐ : ܠܐ ܐ
ܘܡܥܡܠ ܠܟܠܝܠܐ «ان كان المحارب يكد ويعمل لاكليلٍ فاسد»

٦ : للسببيَّة نحو ܡܝܬ ܒܨܗܝܐ «ماتَ بسببِ العطش» .

٧ : للتعدية نحو ܢܦܩ ܒܗܘܢ خرجَ بهم ܐܬܟܬܫܘ ܒܝ حاربوني

٨ : للمقابلة والتعويض نحو ܙܒܢܗ ܒܬܠܬܝܢ «باعه بثلاثين» .

٩ : للظرفية المكانية نحو ܒܥܕܬܐ في البيعة . والزمانية نحو ܒܨܦܪܐ في الصباح

١٠ : للتبعيض بمعنى «من» نحو ܒܕܡܗ ܚܝܐ ܐܪܘܝ ܐܢܘܢ «اسكرهم من دمهِ الحيّ»

١١ : للاستعلاء نحو ܢܗܦܘܟ ܥܡܠܗ ܒܪܫܗ يعود اثمُهُ على راسهِ

١٢ : للتشبيه بمعنى «كَ . مثلَ» نحو ܒܫܡܫܐ ܚܘܪܘ ܠܒܘܫܝܟܘܢ «بيّضوا ثيابكم كالشمس» .

١٣ : للتحذير والتنبيه نحو ܐܙܕܗܪܘ ܒܛܘܠܫܐ ܕܗܝܡܢܘܬܐ احذار من تدنيس الايمان ܐܙܕܗܪܘ ܒܣܝܡܐ ܕܒܬܘܠܘܬܐ احترسوا على كنز البتولية

١٤ : لانتهاء الغاية نحو ܢܗܘܐ ܐܢܚ ܫܡܐ ܒܝܫܐ ܠܫܘܠܡܗ ܕܥܠܡܐ «نكون نحن اسماً قبيحاً حتى نهاية العالم» .

١٥ : بمعنى «حَسَب» نحو ܐܠܐ ܟܠܢܫ ܐܝܟ ܥܒܕܘܗܝ : ܝܪܬ ܘܡܩܒܠ ܟܐܢܐܝܬ لكنَّ كلَّ انسانٍ حَسَبَ اعمالهِ يرثُ وياخذ بعدلٍ

١٦ : بمعنى «بينَ» نحو ܚܫܒܘܗܝ ܒܦܫܝܛܐ «احصوه بين البسطاء»

١٧ : بمعنى «الى» نحو ܒܫܒܝܐ ܢܐܙܠܘܢ «يذهبونَ الى السبي» .

١٨ : لذكر الفاعل مع الفعل المجهول (عد ١٤٢) . وللحال (عد ١٤٧ وجه ٣٤٧) . وللتمييز (عد ١٤٨ وجه ٣٤٩) . ولتفضيل الفرد على ابناء

بنفسه (عد ١٥٨) وللتوكيد (عد ١٥٩ وجه ٣٧٠) (١).

معاني «ܕ» الدال

١٧٥ الدال المفردة تاتي لمعانٍ شتّى :

١ : للموصوليَّة بمعنى «الذي والذين» الخ (عد ٤٩ و١٣٧)

٢ : لتعدية المصدر نحو ܕܚܒܝܒܘܬܗ ܕܝܠܝ «محبته لي» ويجوز حذفها

٣ : نائبة عن كلمة محذوفة نحو ܠܐ ܩܡ ܒܝܠܝܕܝ ܢܫܐ ܕܪܒ ܡܢ ܝܘܚܢܢ (٢) «لم يقم في مواليد النساء من هو اعظم من يوحنا» .

٤ : تدخل الصفةَ المجزومة (عد ١٥٥) (٣).

٥ : للاضافة (عد ١٥٢ و١٧١).

٦ : للنسبة بدلاً عن الياء نحو ܡܪܝ ܝܥܩܘܒ ܕܢܨܝܒܝܢ مار يعقوب النصيبيني

٧ : بمعنى «ذو وصاحب» ܝܗܘܕܐ ܕܐܓܪܬܐ «يهوذا صاحب الرسالة»

٨ : لبيان الجنس بمعنى «من» نحو ܪܫܗ ܕܕܗܒܐ راسه من الذهب (٤)

٩ : للاختصاص بمعنى «اللام» نحو ܕܕܡܫܝܚܐ ܚܢܢ «نحن للمسيح».

١٠ : بمعنى الباء الداخلة على ܠܐ «لا» النافية (انظر عد ١٩٥)

معاني «ܘ» الواو

١٧٦ الواو المفردة تاتي لعدة معانٍ :

١ : للعطف نحو ܐܙܠ ܝܫܘܥ ܘܐܡܗ ذهب يسوع وامه (انظر عد ٢٠١)

٢ : بمعنى «فاء الجزاء» نحو ܣܥܘܪܝܢܝ ܘܐܝܩܪܟ «زرني فاكرمك»

---

(١) وقد تحذف الباء وتقدَّر كما في قول فرعون ليوسف ܒܟܘܪܣܝܐ ܒܠܚܘܕ ܐܪܒ ܡܢܟ « انا اعظم منك بالعرش فقط » . (٢) اي ܕܪܒ ܗܘ

(٣) وهي في هذه المواضع الثلاثة اي ٢ و٣ و٤ موصوليَّة ايضاً .

(٤) وهي في هذه الاماكن الثلاثة اي ٦ و٧ و٨ دال الاضافة القائمة مع المضاف اليه مقام الصفة كما مر (عد ١٥٥ وجه ٣٦٣)

٣َ : بمعنى او نحو ܡܢ ܕܩܛܠ ܠܐܒܘܗܝ ܘܠܐܡܗ من يقتل اباه او امهُ
٤َ : للحال بمعنى «الواو» نحو ܐܬܐ ܘܚܕܐ جاءَ مبتهجاً (عد ١٤٧).
٥َ : بمعنى «والحال» المستعملة عند اهل المنطق نحو ܟܠ ܡܪܟܒܐ ܡܫܬܪܝܢܐ. ܘܒܪܢܫܐ ܡܪܟܒܐ. ܡܟܝܠ ܒܪܢܫܐ ܡܫܬܪܝܢܐ «كل مركّب قابل الانحلال والحال انّ الانسان مركّب فالانسان قابل الانحلال»
٦َ : بمعنى «ايضاً» نحو ܘܝܕܥܝܢ ܓܝܪ ܕܘܐܠܗܐ ܐܝܬܘܗܝ «لانّا نعلم انه الهٌ ايضاً».
٧َ : بمعنى «حتى أنَ» نحو ܗܟܢܐ ܬܩܦ ܟܦܢܐ ܘܐܡܪܚܘ ܐܢܫܐ ܘܥܠܘ «هكذا اشتدَّ الغلاء حتى انَّ الناس تجرَّأوا فدخلوا»
٨َ : بمعنى «اذاً» او «هكذا» نحو ܐܡܪ ܠܗ : ܘܗܟܢܐ ܠܝ ܐܣܬܒܪܬ ܕܣܟܠܐܝܬ «وقال له فاذاً حسبتَني جاهلاً».
٩َ : زائدة مع فعل الطلب وغيره لتقوية المعنى او لتحسين الكلام نحو ܡܪܝ ܘܚܘܣ ܥܠܝ «يارب اشفق عليَّ» ܐܡܠܟܬ ܘܠܥܠܡ «ملكتُ الى الابد»

معاني «ܠ» اللام

١٧٧ اللام المفردة تاتي لمعانٍ كثيرة :

١َ : للملك نحو ܐܝܬ ܠܝ ܥܒܕܐ ܣܓܝܐܐ «لي عبيدٌ كثيرون».
٢َ : للتمليك نحو ܝܗܒܬ ܠܝ ܬܪܣܐ ܕܦܘܪܩܢܐ منحتني ترسَ الخلاص
٣َ : للاختصاص نحو ܠܫܪܒܐ ܕܡܠܟܐ ܡܠܟܘܬܐ السلالةِ الملوكِ الملك
٤َ : للاستحقاق نحو ܠܟ ܫܘܒܚܐ ܡܢ ܪܥܝܬܟ لك المجدُ من رعيَّتك
٥َ : للتعليل بمعنى «لِ ولاجل» نحو ܠܐܝܩܪܟ ܩܡܬ «وقفتُ لاكرامكَ» ܠܡܢܐ ܐܬܝܬ «لماذا جئتَ».
٦َ : تدخل على المصدر الميمي القائم مقامَ المضارع المقترن بالدال بمعنى «لكي» التعليلية

نحو ܐܬܐ ܠܡܕܢ ܠܚܝ̈ܐ ܘܠܡܝ̈ܬܐ يأتي لكي يدين الاحيا والاموات

٧َ : تدخل المصدر المذكور بمعنى «أن» المسبوكة مع المصدر نحو ܨܒܝܬ ܠܡܥܡܪ: ܒܒܝܬܗ ܕܡܪܝܐ «أردتُ أن اسكن في بيت الرب».

٨َ : لانتهاء الغاية بمعنى «حتى» نحو ܘܐܬܟܪܗ ܚܙܩܝܐ ܠܡܡܬ «ومرضَ حزقيا حتى الموت».

٩َ : لانتهاء الغاية المكانية والزمانية بمعنى «الى» نحو ܡܛܐ ܠܡܕܝܢܬܐ «وصل الى المدينة» ܠܐ ܬܘܬܪܘܢ ܡܢܗ ܠܨܦܪܐ «لاتبقوا منه الى الصباح»

١٠َ : للاتجاه نحو ܠܡܕܢܚܐ «الى المشرق» ܠܡܥܪܒܐ «الى المغرب»

١١ : للاضافة بمعنى «الدال» نحو ܘܫܡܗ ܕܒܬܘܠܬܐ ܡܪܝܡ «واسم البتول مريم».

١٢ : للتبليغ نحو ܐܡܪ ܠܗ «قالَ لهُ»

١٣ : بمعنى «الى» التابعة للافعال الدالة على حركة نحو ܐܙܠܘ ܠܓܠܝܠܐ «اذهبوا الى الجليل».

١٤ : بمعنى «على» نحو ܠܟܐܦܐ ܣܝܡܝܢ ܪܫܝܗܘܢ «يضعون رؤوسهم على الحجارة».

١٥ : بمعنى «من» نحو ܡܝܬ ܠܟܦܢܐ «ماتَ من الجوع».

١٦ : بمعنى «بحسب» نحو ܟܠ ܠܠܫܢܗ «كلٌّ بحسب لغتهِ».

١٧ : بمعنى «في» الظرفيَّة نحو ܐܬܐ ܠܚܪܬܐ «ياتي في الاخرة».

١٨ : بمعنى «بعد» نحو ܩܡ ܠܬܠܬܐ ܝܘܡܝܢ قامَ بعد ثلاثة ايام

١٩ : بمعنى «عند نحو ܫܠܡ ܠܗ ܥܠܡܐ ܠܝܕܘܥܝܢ «قد انقضى العالم عند من يعقلون».

٢٠ : بمعنى لام التاريخ نحو ܐܬܝܠܕ ܠܫܢܬܐ ܬܪܝܢ

ܢܝܣܢ «كتبَ لخمسٍ خلونَ من شهر نيسان» .

٢١ : بمعنى «بمنزلة» نحو ܘܪܒܝܬܗ ܐܝܟ ܒܪܐ «وربته بمنزلة ابن لها»

٢٢ : بمعنى « ينبغي ويجب » نحو ܠܟܠ ܚܟܝܡ ܠܡܬܠܦܘ « ينبغي على لكلّ حكيمٍ ان يُعلَّم » .

٢٣ : بمعنى «عوض» نحو ܐܙܒܢ ܙܓܘܓܝܬܐ ܠܡܪܓܢܝܬܐ «اشترى زجاجة عوض مرجانة» .

٢٤ : بمعنى «واو المعية» وهي اللام الواقعة بعد ܡܢܐ «ما» الاستفهامية في نحو ܡܢܐ ܠܟܝ ܠܡܐܙܠ ܠܐܘܪܚܐ ܕܐܬܘܪ «مالكِ والذهاب في طريق آثور» وكثيراً ما تكون مسبوقةً بالواو نحو ܡܢܐ ܠܟ ܘܠܗܘ ܙܕܝܩܐ «مالك وذلك الصدّيق» .

٢٥ : للمقابلة والمقايسة نحو ܡܢܘ ܚܘܒܗ ܕܒܪܝܬܐ ܠܘܬ ܪ̈ܚܡܐ ܣܓ̈ܝܐܐ ܕܛܝܒܘܬܟ «ما هو اثم الخليقة بالمقابلة الى مراحم نعمتك الغزيرة» .

٢٦ : للصيرورة نحو ܗܘܐ ܥܪܡܐ ܠܡܫܝܢܐ يصير الوعر سهلاً (وجه ٣٧٩)

٢٧ : تدخل ضمير الفعل اللازم. وضمير الفاعل الاصيل للافعال المسندة الى ܕܝܠܐ وܡܪܐ (عد ١٤١ وجه ٣٣٢) والمفعول به واسم المفعول (عد ١٤٤ كلّه مع الحواشي) . والمعطوف على اسم ܒܝܢ وܒܝܢܬ وܒܝܢܬܗ بمعنى واو العطف (عد ١٧١) . وتاتي للتعجب (عد ٢٠٧)

ثانياً

معاني ܠܘܬ ܘܥܡ ܘܨܝܕ ܘܥܠ ܘܩܕܡ

معاني ܠܘܬ

١٧٨ ܠܘܬ – ياتي لستة معانٍ :

١َ : لانتهاء الغاية في المكان بمعنى «الى» نحو ܐܙܠ ܠܘܬܗ ذهبَ اليه

٢َ : بمعنى «مع» نحو ܐܬܐܣܪܬ ܠܘܬܝ ܒܚܘܒܐ أُسِرتَ معي بالحب

٣َ : للتعليل بمعنى «اللام» نحو ܡܥܕܪܝܢ ܠܪ̈ܗܘܡܝܐ ܠܘܬ ܙܟܘܬܐ «يساعدون الروم للانتصار».

٤َ : للتبليغ بمعنى «اللام» ايضاً نحو ܐܡܪܝܢܢ ܠܘܬܗܘܢ «نقول لهم»

٥َ : لتعدية المصدر نحو ܬܗܪܐ ܡܝܩܪܢܘܬܟ ܕܠܘܬܗ عجبتُ من اكرامك له

٦َ : بمعنى «عند ولدن ولدى» نحو ܡܢ ܠܘܬ ܐܒܘܗܝ «من لدن ابيه».

معاني ܡܢ

١٧٩ ܡܢ — ياتي لجملة معانٍ :

١َ : لابتداء الغاية في الزمان نحو ܨܡ ܡܢ ܨܦܪܐ «صامَ من الصباح» او في المكان نحو ܐܬܐ ܡܢ ܪܗܘܡܝ «جاءَ من رومية»

٢َ : للتبعيض نحو ܡܢܗܘܢ ܐܙܠܘ «بعضهم ذهبوا» وبهذا المعنى تدخل عليه الحروف نحو ܒܡܢܗܝܢ ܡܬܚܕܝܢ «نُسَرُّ ببعضها»

٣َ : للتعليل نحو ܡܝܬ ܡܢ ܟܦܢܐ «ماتَ من الجوع».

٤َ : للفصل نحو ܠܐ ܝܕܥ ܠܛܒܬܐ ܡܢ ܒܝܫܬܐ لايعرف الخير من الشر

٥َ : لبيان الجنس نحو ܡܢ ܫܪܒܬܗ ܕܕܘܝܕ «من قبيلة داود»

٦َ : لبيان المادة نحو ܥܒܝܕ ܡܢ ܕܗܒܐ «مصنوع من الذهب».

٧َ : للتقسيم نحو ܫܕܪ ܠܘܩܒܠܗܘܢ ܡܢ ܬܠܬܝܢ ܐܠܦܝܢ ܘܡܢ ܚܡܫܝܢ «ارسل ضدَّهم ثلاثين الفاً او خمسين».

٨َ : للتحزب والاتباع نحو ܡܢܘ ܡܢ ܐܠܗܐ من هو من حزب او تبعة الله

٩َ : للمضادة نحو ܣܡܐ ܕܡܢ ܢܘܟܬܐ ܕܐܬܢܐ تفيد ضد لساعات الافاعي

١٠ : للتعدية نحو ܕܚܠ ܡܢ ܐܠܗܐ «يخافُ اللهَ».

١١ : لمرادفة «الباء» نحو ܥܶܠ ܡܶܢ ܬܰܪܥܳܐ «دخل من الباب او بالباب»

١٢ : للواسطة بمعنى «الباء» نحو ܡܶܢ ܐܺܝܕܶܗ ܐܰܩܪܶܒ ܠܗܽܘܢ ܟܬܳܒܳܐ قدّم لهم الكتاب بيده ».

١٣ : بمعنى «عن» نحو ܦܪܰܫ ܡܶܢܶܗ «انفصل عنه» ܬܶܒ ܡܶܢ ܝܰܡܺܝܢܝ «اجلس عن يميني».

١٤ : لبيان فاعل الفعل المجهول (عد ١٤٢) وللتفضيل (عد ١٥٧ و ١٥٨)

معاني ܥܕܰܡܳܐ

١٨٠ ܥܕܰܡܳܐ . تاتي لمعنيين :

١ : لانتهاء الغاية . فتدخل على المفرد الظاهر بواسطة اللام كما مر (عد ١٢٧) نحو ܥܕܰܡܳܐ ܠܪܰܡܫܳܐ حتى المساء. ܥܕܰܡܳܐ ܠܥܳܠܡܳܐ الى الابد (١)

٢ : للعطف . ويجب ان يكون معطوفها اسماً ظاهراً مقترناً باللام . وبعضاً من المعطوف عليه . اما «افضله» نحو ܡܺܝܬܘ ܟܽܠܗܽܘܢ ܒܢܰܝܢܳܫܳܐ ܥܕܰܡܳܐ ܠܢܒܺܝܶܐ «مات جميع الناس حتى الانبياء» . واما «احقره» نحو ܡܡܰܠܶܠ ܥܰܠ ܐܺܝܠܳܢܶܐ ܡܶܢ ܐܰܪܙܳܐ ܕܠܶܒܢܳܢ ܥܕܰܡܳܐ ܠܙܽܘܦܳܐ ܕܢܳܦܶܩ ܒܫܽܘܪܳܐ «تكلمَ على الاشجار من ارز لبنان حتى الزوفاء التي تخرج في الحائط».

معاني ܥܰܠ

١٨١ ܥܰܠ . ياتي لمعانٍ كثيرة :

١ : للاستعلاء حقيقةً نحو ܘܥܰܠ ܟܽܘܪܣܝܳܐ ܐܶܬܺܝܬܶܒܘ «واجلسوا على الكرسي». ومجازاً نحو ܩܰܕܡܽܘܗܝ ܥܠܰܘܗܝ «فضّله عليه».

(١) وتدخل على الجملة بواسطة الدال نحو ܥܕܰܡܳܐ ܕܐܶܗܦܽܘܟ «الى أن اعود».

٢ : بمعنى «عن» نحو ܒ݁ܥܰܘ ܥܰܠ ܛܰܠܝܳܐ «ابحثوا عن الصبي» .

٣ : بمعنى «الباء» نحو ܥܰܠ ܣܰܝܦ݂ܳܟ݂ ܬ݁ܺܚܶܐ «بسيفك تعيش» .

٤ : بمعنى «في» نحو ܢܶܥܒ݁ܪܽܘܢ ܥܰܠ ܩܪܺܝܬ݂ܳܐ «يجتازون في القرية» .

٥ : بمعنى «مع» نحو ܐܰܢ̱ܬ݁ܬ݂ܳܐ ܕ݁ܺܐܝܬ݂ ܥܠܶܝܗ̇ ܩܽܘܠܩܽܘܛܺܝܬ݂ܳܐ ܕ݁ܒ݂ܶܣܡܳܐ «امرأة معها قارورة طيب» .

٦ : بمعنى « فوق وزيادة على » ܝܰܬ݁ܺܝܪ ܐܶܬ݁ܬ݁ܰܓ݁ܰܪܬ݁ ܚܰܡܶܫ ܟ݁ܰܟ݁ܪ̈ܺܝܢ ܥܠܰܝܗܶܝܢ «ربحتُ خمسَ وزناتٍ اخر فوقها» .

٧ : بمعنى «عند» نحو ܐܶܬ݂ܩܰܒ݁ܰܠ ܥܰܠ ܡܳܪܶܗ «قُبلَ عند سيده» .

٨ : بمعنى «على مسافة» نحو ܥܰܠ ܬ݁ܪܶܝܢ ܡܺܝܠ̈ܺܝܢ «على مسافة ميلين»

٩ : لانتهاء الغاية بمعنى «الى» نحو ܫܰܕ݁ܪܶܗ ܥܰܠ ܚܰܠܶܒ݂ ارسله الى حلب

١٠ : للمجاوزة نحو ܥܒ݂ܰܪ ܥܰܠ ܓ݁ܶܫܪܳܐ «مرّ على الجسر»

١١ : للمضادة نحو ܗܳܢܳܐ ܠܳܟ݂ ܗ݈ܘ ܐܰܘ ܥܠܰܝܟ݂ «هذا لكَ ام عليك» .

١٢ : لتعليل اسماء الاشارة والاستفهام نحو ܥܰܠ ܗܳܕܶܐ . ܥܰܠ ܗܳܢ . ܥܰܠ ܗܰܘ . ܥܰܠ ܗܳܝ «على هذا . لهذا . على ذلك . لذلك» . ܥܰܠ ܐܰܝܢܳܐ . ܥܰܠ ܐܰܝܟܰܢ . «على ايّ . على مَ . لِمَ» ܥܰܠ ܡܳܢܳܐ . ܥܰܠ ܡܽܘܢ «على مَ . لِمَ» .

١٣ : للتعدية بمعنى «الباء» نحو ܐܰܡܣܺܝܘ ܥܰܠ ܬ݁ܫܢܺܝܩ̈ܶܐ استخفوا بالعذابات

معاني ܥܰܡ

١٨٣ ܥܰܡ — ياتي لخمسة معانٍ :

١ : بمعنى «مع» للاجتماع والمصاحبة ܗܳܐ ܐܶܢܳܐ ܥܰܡܟ݂ܽܘܢ ܐ̱ܢܳܐ ها انا معكم

٢ : للزمان نحو ܐܶܬ݂ܳܐ ܥܰܡ ܪܰܡܫܳܐ «اتى مع الغروب»

٣ : لمرادفة «عند» نحو ܦ݁ܠܰܚܶܬ݂ ܥܰܡܳܟ݂ «اشتغلتُ معك» .

٤َ: لتعدية الافعال التي تدل على المشاركة نحو ܐܬܟܬܫ ܥܡܗ حاربه

٥َ: للعطف نحو ܝܫܘܥ ܥܡ ܐܡܗ ܐܙܠܝܢ يسوع وامه يذهبان

الفصل الثاني

في حروف الاضافة الداخلة على الجملة

١٨٣ هذه الحروف نوعان ܐܬܘܬܐ ܕܕܘܡܝܐ «حروف التشبيه» و ܐܬܘܬܐ ܕܐܘܣܦܘܬܐ «حرف الوصل».

اولاً

ܐܬܘܬܐ ܕܕܘܡܝܐ حروف التشبيه

المراد بها هنا حروف التشبيه التي تدخل على الجملة بواسطة الدال وهي ܐܝܟ . ܐܝܟܢܐ . ܐܟܙܢܐ . ܟܐܡܬ .

ܐܝܟ = يدخل على الجملة بواسطة الدال الموصولية اما وحدها هكذا: ܐܝܟ ܕ فيكون بمعني «كما . مثلما» نحو ܢܦܪܘܩ ܢܦܫܗ ܐܝܟ ܕܟܬܝܒ «يخلص نفسه كما هو مكتوب» (١).

واما مسبوقة بـ ܡܐ هكذا : ܐܝܟ ܡܐ ܕ او ܐܝܟܡܐ ܕ فيكون بمعني «كما . مثلما» ايضاً نحو ܟܬܒܬ ܐܝܟ ܡܐ ܕܫܡܥܬ «كتبتُ كما سمعتُ» ܐܝܟܡܐ ܕܥܝܪܝܢ ܡܠܐܟܐ «كما يستيقظ الملائكة» (٢)

(١) ويأتي ܐܝܟ ܕ بمعنى «كأنّ» فيجوز تقديم الدال على ܐܝܟ او حذفها نحو ܪܗܛ ܠܘܬ ܐܠܗܐ ܕܐܝܟ ܡܗܝܡܢܐ ܒܗ «اسرعَ الى الله كأنّه يعتقد به» . ونحو ܩܪܒܘ ܐܢܫܐ ܐܝܟ ܡܬܚܫܚܝܢ ܠܗܘܢ «دنت الناس منهم كأنّهم يحنون عليهم» .

(٢) واذا اتفق المشبَّه والمشبَّه به في هذين الموضعين يجوز كثيراً حذف

واما مسبوقة بـ ܡܶܢ او ܗ̱ܘ هكذا : ܐܰܝܟܰܢ ܕ. ܐܰܝܟ ܗ̱ܘ ܕ. فيكون بمعني «كأَنَّ» نحو ܐܰܝܟܰܢ ܕܚܳܙܶܝܢ ܠܢܽܘܗܪܳܐ «كأنَّهم يرون النور». وܐܰܝܟ ܗ̱ܘ ܕܠܳܐ ܪܳܓܫܺܝܢ ܒܢܶܟܠܳܐ ܕܝܺܗܽܘܕܳܝܶܐ «كانهم ما كانوا يحسُّون بمكيدة اليهود».

ܐܰܟܘܳܬ = يدخل عليها ايضاً بواسطة الدال المذكورة بمعني ܐܰܝܟ ܕ «كما . مثلما» نحو ܐܰܟܘܳܬ ܓܰܒܪܳܐ ܕܫܳܬܶܐ ܟܳܣܳܐ ܙܶܦܬܳܐ «لانه كما يجرع امرؤٌ زفتاً».

ܐܰܝܟܰܢܳܐ = يدخل عليها ايضاً بواسطة الدال المشار اليها بمعني ܐܰܝܟ ܕ «كما . مثلما» نحو ܠܳܐ ܐܰܝܟܰܢܳܐ ܕܝܳܗܶܒ ܥܳܠܡܳܐ «ليس كما يعطي العالم».

ويدخل تاماً ومجزوماً على الضمير ܗ̱ܘ ليفيد التعميم نحو ܐܰܝܟܰܢܳܐ ܕܗ̱ܘ او ܐܰܝܟܰܢ ܕܗ̱ܘ «كيفما كان».

ܕܡܽܘܬ = يدخل عليها بواسطة الدال بعنى «كأنَّ» نحو ܥܒܰܕ ܢܰܦܫܶܗ ܕܡܽܘܬ ܕܠܳܐ ܚܙܳܐ ܠܥܒܳܕܳܐ «جعل نفسه كأنَّه مارأى العمل»(١

ثانياً

ܐܳܬܳܐ ܕܫܽܘܘܚܳܕܳܐ حرف الوصل

١٨٤ حرف الوصل هو الدال التي تدخل على الجملة اما للوصل

المشبَّه به ودخول ܐܝܟ ܕ او ܐܝܟܢܐ ܕ على متعلقه نحو ܐܬܚܙܝ ܠܗ ܡܫܝܚܐ ܐܝܟ ܕܠܦܘܠܘܣ (اي ܐܝܟ ܕܐܬܚܙܝ ܠܦܘܠܘܣ) «تجلى له المسيح كما تجلى لبولس». ويجوز ܐܝܟܢܐ ܕܠܦܘܠܘܣ الخ.

(١) ومن حروف التشبيهِ ܗܳܟܰܢܳܐ «هكذا. كذا. كذلك» (وهو حرف مطلق مركب من ܗܳܐ وܐܝܟ ܗܳܢܳܐ المحرفتين) مثاله ܟܬܺܝܒ ܒܐܶܓܰܪܬܳܐ ܗܳܟܰܢܳܐ «مكتوب في الرسالة هكذا». ويقع في جواب ܐܝܟ ونحوه (عد. ١٤٠ وجه ٣٢٧) وܐܝܟ ܕ ونحوه نحو ܐܝܟ ܕܡܪܰܚܶܡ ܐܰܒܳܐ ܥܰܠ ܒܢܰܝܳܐ ܗܳܟܰܢܳܐ ܡܪܰܚܶܡ ܡܳܪܝܳܐ ܥܰܠ ܕܕܳܚܠܺܝܢ ܠܶܗ «كما يترأف الاب على البنين هكذا يترأف الرب على خائفيه».

الخبري واما للوصل السببي اي للتعليل وتُسمّى ܐܘܼܕܵܝܵܐ ܕܥܸܠܬܵܐ احرف التعليل

فتاتي للوصل الخبري بمعنى «أنْ» وتدخل على الماضي نحو ܫܡܸܥܸܬ ܕܢܦܲܩ ܡܲܠܟܵܐ «سمعتُ أنْ قد خرجَ الملكُ». والحاضر نحو ܨܵܒܹܐ ܕܢܲܠܸܦ «يريد أن يعلّم». وعلى المضارع نحو ܦܩܲܕܹܗ ܕܢܹܐܙܲܠ «امره أن يذهب». وعلى المصدر الميمي فتُسبق بحرف ܡܢ نحو ܟܵܠܹܐ ܠܲܢ ܡܼܢ ܕܠܲܡܬܲܠ ܟܸܣܦܵܐ ܠܩܸܣܲܪ: «يمنعنا أن نؤدي الجزية لقيصر».

وبمعنى «أنَّ» المشدَّدة فتدخل على الجملة الاسميّة نحو ܝܼܕܲܥܘ ܕܐܲܠܵܗܵܐ ܡܥܲܕܪܵܢܗܘܿܢ «عرفوا أنَّ الله معينهم» (١).

وتاتي للوصل السببي اي للتعليل بمعنى «لانَّ» و«لكي وحتى». اما وحدها نحو ܐܒܝܕ ܝܗܘܕܐ ܕܐܫܠܡ ܪܒܗ «هلكَ يهوذا لانَّه باعَ معلّمَه» ونحو ܕܢܸܕܥܘܼܢ ܕܐܲܢ̄ܬ ܐܝܼܬܲܝܟ ܐܲܠܵܗܵܐ ܕܫܪܵܪܵܐ «لكي يعلموا أنَّك انت الاله الحقيقي».

واما مسبوقة ببعض حروف ܩܘܼܡܵܐ الاتي ذكرها لتقويتها هكذا:

ܡܸܛܠ ܕ. ܥܲܠ ܕ. ܟܲܕ. ܒܵܬܲܪ ܕ. ܡܸܢ ܕ. ܐܲܝܟ ܕ. ܥܕܲܡܵܐ ܕ. ܡܛܘܼܠܵܬ ܕ. مثالها:

ܡܸܛܠ ܕ = ܡܸܛܠ ܕܚܲܛܝܸܬ «لاني اخطأتُ».

(١) وتاتي الدال الداخلة على الجملة ١ً: للتفسير فتدخل على الجملة المفسّرة ܕܗܵܢܵܐ ܕܐܸܡܲܪ (عد ١٦٧ وجه ٣٨٦ و٣٨٧). او غيرها نحو ܐܸܡܲܪ ܐܲܠܵܗܵܐ ܠܡܘܿܫܹܐ ܕܫܪܝܼ ܡܣܵܢܲܝܟ «قال الله لموسى أن اخلع خفيك».

٢ً: للتشبيه بمعنى «كأنَّ» نحو ܠܵܐ ܬܸܒܗܲܬ ܥܹܕܬܵܐ ܒܣܵܥܘܿܪܲܝܗ̇: ܕܗܵܢܘܿܢ ܕܨܠܲܒܘܼܗܝ ܒܚܘܼܨܦܵܐ «لا تستحي البيعة بساميره كأنَّ اولئك صلبوه عنوةً».

٣ً: تدخل جواب القسم نحو ܡܵܘܡܹܐ ܐ̱ܢܵܐ ܒܢܲܦܫܝ ܕܠܵܐ ܐܒܪܟܟ «أقسمُ بنفسي انّي لابارِكنَّكَ».

ܡܛܠ ܕ = ܡܛܠ ܕܫܡܥܬ ܠܩܠܐ ܕܐܢܬܬܟ «لانك سمعت لصوت امرأتك».

ܟܕ = ܟܕ ܝܘܢܝܐ ܗܘ لانها يونانية. ܟܕ ܠܐ ܟܦܢ لانه لا يجوع

ܚܠܦ ܕ = ܚܠܦ ܕܗܘ ܕܡܢ ܕܟܝܘܬܟ ܐܬܝܠܕ ܠܢ ܣܒܪܐ ܕܦܘܪܩܢܐ «لانه وُلدَ لنا من نقاوتكِ رجاء الخلاص».

ܐܝܟ ܕ = ܐܝܟ ܕܢܗܦܘܟ «لكي يرجع». وقس الباقية.

او مسبوقة بها وباسم الاشارة ܗܘ هكذا: ܡܛܠ ܗܘ ܕ. ܟܠ ܗܘ ܕ. ܒܗܘ ܕ الخ.(١) مثالها:

ܡܛܠ ܗܘ ܕ = ܡܛܠ ܗܘ ܕܝܕܥ ܐܢܬ «لانَّك تعلم».

ܒܗܘ ܕ = ܒܗܘ ܕܡܢܗܘܢ ܠܐ ܡܬܕܪܟ «لانَّه لا يُدرَك منهم»

ܐܝܟ ܗܘ ܕ = ܐܝܟ ܗܘ ܕܢܬܘܒ «لكي يتوب» وقس الباقية.

واما مسبوقة بلفظة ܐܝܟܢ وܐܡܬܝ وܡܛܠ نحو:

ܐܝܟܢ ܕ = ܐܝܟܢ ܕܢܐܬܐ «لكي ياتي».

ܐܡܬܝ ܕ = ܐܡܬܝ ܕܗܘܝܐ ܬܗܝܡܢܘܢ «لكي متى صار تؤمنون» (٢).

ܡܛܠ ܕ = ܡܛܠ ܕܕܡܟ «بما انَّه رقدَ».

ܕ: تاتي زائدة بعد ܐܢ الشرطية اما وحدها نحو ܐܢ ܕܡܗܝܡܢ «إن تؤمن». او مسبوقة بالضمير ܗܘ نحو ܐܢ ܗܘ ܕܡܡܪܚ «إن تتجاسر» (عد ١٣٣).

(١) وقد تسبق بـ ܗܘ او ܗܘܐ هكذا: ܡܛܠ ܗܘ او ܡܛܠ ܗܘܐ و «لان» الخ.

(٢) ومتى جُزمت ܐܡܬܝ يجوز تقديم الدال عليها نحو ܕܐܡܬܝ ܐܢܘܢ ܢܩܢܘܢ ܚܝܝܗܘܢ: ܘܐܣܩ «طيَّرهم الى السماء لكي يكتسبوا حياتهم».

فائدة

يجوز حذف دال الوصل الخبري والسببي من الحاضر والمضارع نحو ܦܩܘܕ ܢܛܪܘܢ ܠܗ «مر ان يحرسوه». ܠܐ ܡܫܟܚ ܐܢܐ ܐܩܪܘܒ ܥܡ ܣܗܕܐ «لا استطيع ان احارب الشهداء». ܫܕܘܗܝ ܢܛܒܘܥ ܒܣܝܢܐ «رموه ليغرق في الوحل». ܝܗܒ ܠܗ ܢܫܬܐ اعطاه ليشرب

ܕܘܪܫܐ تمرين

ܢܝܫܐ راية | ܡܒܠܗ سافرَ | ܐܬܠܘܝ رافقَ

١ً : ترجم هذه الجمل الى الارامية :

نضع الصليب المقدس على راياتنا وفوقَ رؤوسنا وفي كنائسنا وبيوتنا ومجتمعاتنا — لا احد يدخل السماء بدون المعمودية المبرِّرة — نريد ان نسافر الى البلد الفلانِ — ارغب ان ارسل ولدي معكم فارجوكم ان تحافظوا عليه مثل اولادكم — اننا نحافظ عليه كما نحافظ على اولادنا ونفوسنا — بُنيَّ اطعهم كما تطيعني لكي تنجح ويزدادوا لكَ حباً — سافعل كما تأمرني بكل اعتناء ياوالدي الحبيب — الوداع — فليكن الله معكم ويردكم الينا سالمين.

٢ً : بين معاني حروف الاضافة في الجمل الآتية وترجمها الى العربية :

ܠܘܬܢ ܐܪܥܘܬ ܥܡܡܐ ܘܥܠܡܝ ܐܬܐܚܝܗ — ܐܝܟ ܐܬܝܐ ܕܒܝܬ ܡܠܘܐ — ܗܘܝܬ ܥܡ ܚܬܢܐ — ܐܝܟ ܕܠܐ ܢܚܒ — ܥܒܕܬܗ ܗܘܐ ܠܗ ܐܝܟ ܕܡܫܝܚܐ — ܐܦܝܐ ܕܐܬܝܢ — ܕܐܘܪܚ ܥܡ ܐܒܘܗܝ — ܠܐ ܕܡܣܒ ܠܓܒܪܐ ܗܘܐ ܡܢܟ ܠܐܝܫܐ — ܦܩܘܕ ܠܗ ܢܐܬܐ .

ܬܪܥܐ ܕܬܪܝܢ الباب الثاني

ܥܠ ܐܣ̈ܘܪܐ ܕܡܫܠܡܢܝ̈ܬܐ في الحروف المطلقة وفيه ستة عشر فصلاً

توطئة

١٨٥ الحروف المطلقة (عد ١٢٥) ستة عشر نوعاً وهي ܐܣ̈ܘܪܐ ܕܬܢܝܐ حروف الشرط ܕܦܘܫܩܐ حروف التفسير ܐܣܘܪܐ ܕܦܠܛܘܬܐ حرف الاستثناء ܕܬܘܣܦܬܐ حرف الزيادة ܕܡܥܝܪܢܘܬܐ حرف التنبيه ܕܦܘܢܝܐ حروف الاجمال ܕܦܘܪܥܢܐ حرفا الجزاء او النتيجة ܕܦܘܠܓܐ حروف الشك او الترجي ܕܫܘܪܪܐ حرف الايجاب ܕܡܣܪܒܢܘܬܐ حروف النفي ܕܟܠܝܢܐ حرف النهي ܕܫܘܐܠܐ حرف الاستفهام ܕܪܓܬܐ حروف التمني ܕܩܪܝܢܘܬܐ حروف النداء ܕܚܘܒܫܐ حروف العطف ܕܫܘܦܪܘܬܐ حروف التحسين .

الفصل الاول

ܥܠ ܐܣ̈ܘܪܐ ܕܬܢܝܐ في حروف الشرط

١٨٦ حروف الشرط ثلاثة وهي ܐܢ . ܐܠܘ . ܐܠܘܠܐ . وتدخل على فعلين فتجعل الاول شرطاً والثاني جواباً او جزاء .

اما ܐܢ «إنْ . اذا» = فهو حرف شرط الوجود (١) وقد يتفق معه فعلا الشرط والجزاء في الصيغة نحو ܐܢ ܐܬܝܬ ܐܬܝܢ «إن جئتَ جئنا»

(١) اي يدلُّ على وجود الجزاء لوجود الشرط .

و ܐܢ ܩܐܡ ܩܐܡ ܐܢܐ «ان يَقم أَقُم» و ܐܢ ܢܐܡܪ ܫܪܪܐ ܡܫܬܪܪ ܗܘ «ان يقل الحقَّ يُصدَّق» . وقد يختلفان نحو ܐܢ ܨܒܐ ܐܢܬ ܕܬܥܘܠ ܠܚܝܐ ܛܪ ܦܘܩܕܢܐ «إن شئتَ ان تدخل الحيوة احفظ الوصايا» .

وتزاد بعده الدال وحدها او مع الضمير المنفصل كما مرَّ (وجه ٤٠٧ حاشية)

وتاتي بعده ܠܐ فيقال فيه ܐܢ ܠܐ او ܐܠܐ نحو ܐܢ ܠܐ ܡܬܚܫܠ ܡܬܚܟܡ «اذا لم يتكاسل يتفقَّه» . و ܐܠܐ ܥܐܠ ܠܐ ܫܒܩ ܐܢܐ ܠܟ «ان لم تدخلْ فلا اتركك» .

واما ܐܠܘ «لو» (١) = فهو حرف شرط الامتناع (٢) وقد يتفق معه الشرط والجزاء في الصيغة نحو ܐܠܘ ܨܒܘ ܢܛܪܘ «لو شاؤا حفظوا النظام» . وقد يختلفان نحو ܐܠܘ ܨܒܝܬ : ܝܡܐ ܘܝܒܫܐ : ܢܫܒܚܘܢ ܠܡܫܒܚܘܬܟ «لو تشاء اترنمَّ البحرُ والبرُّ بحمدك» .

واما ܐܠܘܠܐ «لولا» (٣) = فهو حرف شرط الامتناع المنفي (٤) نحو ܐܠܘܠܐ ܐܬܐ ܡܫܝܚܐ ܐܒܕܢ «لولا اتى المسيح لهلكنا» . ويجوز ان تليها الدال المصدرية نحو ܐܠܘܠܐ ܕܣܟܠ ܐܕܡ ܠܐ ܫܠܛ ܗܘܐ «لولا اخطأ ادم لما كان استولى عليه الموت» .

ويجوز فيه فصل ܠܐ عن ܐܠܘ فلا تليه الدال نحو ܐܠܘ ܐܠܗܐ ܠܐ ܡܝܬ : ܥܠܡܐ ܒܡܝܘܬܘܬܐ ܫܪܐ ܗܘܐ «لولا مـاتَ اللهُ : لظلَّ العالم مائتاً الى الان» .

---

(١) ܐܠܘ مركب من ܐܢ ولا النافية وܗܘ   (٢) اي يدلّ على امتناع الجزاء لامتناع الشرط   (٣) ܐܠܘܠܐ مركب من ܐܠܘ المتقدم ذكره ومن ܠܐ النافية . وقد تتركب ܟܘ معه بدل ܠܐ فيصير ܐܠܘܟܘ   (٤) اي يدلّ على امتناع الجزاء لوجود الشرط

ويأتي الشرط جملة مبتدأ وخبر والجزاء جملة فعليَّة نحو ܐܶܢ ܐܰܠܳܗܳܐ ܐܺܝܬܰܝܟ. ܚܽܘܬ ܗܳܫܳܐ «إن كنتَ الهاً فانزل الانَ» ܐܶܢ ܠܳܐ ܐܺܝܬ ܗ̄ܘܰܘ ܟܺܐܢ̈ܶܐ ܐܳܒܕܺܝܢ ܗ̄ܘܰܘ ܒܺܝ̈ܫܶܐ « لولا كان الابرار لهلكَ الاشرار» . وبالعكس نحو ܐܶܢ ܐܶܬܚܰܣܰܕ ܗܽܘ ܘܳܝ ܠܶܗ «فان قُبحَ فويلٌ له» .

ويجوز تقديم الجزاء على الشرط نحو ܬܶܫܬܰܘܙܰܒ ܐܶܢ ܬܶܙܕܰܗܰܪ «ان احترست تنجو» .

ويشترط بالموصول المتقدم عليه اسماء الاستفهام نحو ܐܰܝܢܳܐ ܕܥܳܪܶܩ ܡܶܢ ܚܰܪ̈ܝܳܢܶܐ ܦܳܓܰܥ ܒܰܫܠܳܡܳܐ «من يهرب من الخصام يلقَ السلام» . ܡܰܢ ܕܐܳܬܶܐ ܠܘܳܬܝ ܠܳܐ ܢܶܟܦܰܢ «من يأت اليَّ فلا يجوع» . وببعض ظروف الزمان والمكان التي تليها الدال نحو ܡܳܐ ܕܥܒܰܕܬ ܐܺܝܬ ܙܰܕܺܝܩܽܘܬܳܐ «اذ صنعتَ صدقة» . ونحو ܐܰܝܟܳܐ ܕܐܺܝܬ ܦܰܓܪܳܐ. ܬܰܡܳܢ ܢܶܬܟܰܢܫܽܘܢ ܢܶܫܪ̈ܶܐ «حيثما تكن الجثة فهناك تجتمع النسور» .

الفصل الثاني

ܥܰܠ ܐܳܬ̈ܘܳܬܳܐ ܕܦܽܘܫܳܩܳܐ في حروف التفسير

١٨٧ حروف التفسير اربعة وهي ܗܳܘܝܢܽܘ ܟܺܝܬ ܐܰܟܙܰܢܳܐ ܗܳܢܰܘ (١) ومعناها «اي . اعني» . وهي تفسر ما قبلها مفرداً كان او جملةً . وما بعدها يكون بدلاً او عطف بيان لما قبلها . مثالها :

ܗܳܘܝܢܽܘ = ܒܰܪܬ ܕܓܽܦܬܳܐ ܗܳܘܝܢܽܘ ܚܰܡܪܳܐ بنت الجفنة اي الخمرة

(١) ܗܘܝܢܘ مركب من ܗܘ ܘܝܢܘ . وܐܟܙܢܐ اصلها ܐܝܟ ܐܢܐ . وܗܢܘ مركب ܗܢܐ ܘܗܘ . وتختصر غالباً ܗܿ كما مر .

ܦܓܪܗ = ܗܢܐ ܗܘܝܘ ܦܓܪܗ ܕܡܪܢ «هذا بدن اعني جسد».
ܥܠܡܝܢ = ܬܪܝܢ ܥܠܡܝܢ ܐܝܟ ܪܘܚܢܝܐ ܘܦܓܪܢܝܐ «العالمان اي الروحي والجسدي».
ܥܝܪܐ = ܥܝܪܐ ܗܢܘܢ ܡܠܐܟܐ «المتيقظون اعني الملائكة» وتليها كثيراً ܕܝܢ نحو ܒܢܝ ܐܠܗܐ ܗܢܘܢ ܕܝܢ ܡܠܐܟܐ بنو الله اي الملائكة

الفصل الثالث

ܥܠ ܐܬܐ ܕܫܘܠܝܐ في حرف الاستثناء

١٨٨ الاستثناء هو اخراج الثاني من حكم ما قبله بحرف الاستثناء. وهو ܐܠܐ «الا. عدا. سوى. غير». ويقع بعد النفي والاستفهام الانكاري نحو ܠܐ ܐܢܫ ܫܘܐ ܠܡܘܗܒܬܐ ܗܕܐ ܐܠܐ ܡܢ ܕܐܬܝܗܒܬ ܠܗ «لا احد كفوء لهذه الا من وهب له». ونحو ܒܡܢ ܓܝܪ ܐܚܘܪ ܐܠܐ ܒܢܝܚܐ ܘܒܡܟܝܟܐ «بمن انظر الا بالودعاء والمتواضعين».
ويزاد بعده ܐܢ نحو ܘܟܕ ܐܬܐ ܠܘܬ ܬܬܐ ܠܐ ܐܫܟܚ ܒܗ ܐܠܐ ܐܢ ܛܪܦܐ «ولما جاء الى التينة لم يجد فيها الا ورقاً» (١).

الفصل الرابع

ܥܠ ܐܬܐ ܕܬܘܣܦܬܐ في حرف الزيادة

١٨٩ حرف الزيادة هو ܬܘܒ «ايضاً» مثاله ܢܕܥ ܬܘܒ «نعلم ايضاً». ويليه كثيراً ܕܝܢ نحو ܬܘܒ ܕܝܢ ܡܥܗܕܝܢܢ نذكر ايضاً.

(١) ويستثنى ايضاً بالادوات الاتية ܣܛܪ ܡܢ. ܒܠܥܕ (عد ١٧٣). ܘܠܒܪ ܡܢ ܘܒܪ ܡܢ «الا. ماعدا» ܘܡܛܠ ܕ «لاسيما». وغالباً تسبقها «الواو» وتليها ܕܝܢ.

الفصل الخامس

ܥܠ ܐܣܪܐ ܕܡܫܘܕܥܢܘܬܐ في حرف التنبيه

١٩٠ حرف التنبيه هو ܗܐ «ها» ويقع اولَ الكلام المقصود بالتنبيه نحو ܗܐ ܐܡܟܝ ܘܐܚ̈ܝܟܝ «ها امك واخوتك» . ܘܒܠܚܘܕ ܗܐ ܐܬܐ ܠܗ «ها قد حان له ان ينتشر» .

ويجوز ان يعترض بين حرف الاضافة والاسم الداخل عليه نحو ܡܢ ܗܐ ܗܫܐ ܐܫܪܐ ܠܡܡܠܠܘ «ها من الان ابتدي بالكلام» .

وياتي مع الواو للمفاجأة بمعنى «اذا» نحو ܘܗܐ ܝܫܘܥ ܦܓܥ ܒܗܝܢ ܘܐܡܪ ܠܗܝܢ «واذا بيسوع التقى بهنَّ وقال لهنَّ» .

الفصل السادس

ܥܠ ܐܣܪ̈ܐ ܕܟܘܢܫܐ في حروف الاجمال

١٩١ حروف الاجمال اربعة وهي ܐܟܚܕ وܐܟܚܕܐ « معاً . سويةً » ܡܢ ܟܠܗ باسره . قاطبةً ܡܢ ܟܠܗܝܢ باسرها قاطبةً (١) مثالها :

ܐܟܚܕ = ܬܘ ܢܐܙܠ ܐܟܚܕ «تعالوا نذهب سوية» .

ܐܟܚܕܐ = ܐܟܚܕܐ ܡܫܒܚܝܢ ܘܡܗܠܠܝܢ يرنمون ويهللون معاً

ܡܢ ܟܠܗ = ܦܪܩܗ ܠܥܠܡܐ ܡܢ ܟܠܗ «خلّص العالم باسره» .

ܡܢ ܟܠܗܝܢ = ܒܪܝܬܐ ܟܠܗ ܡܢ ܟܠܗܝܢ «الخليقة كلّها باسرها»

وثلاثتها تقع بعد الاثبات والنفي

(١) ܐܟܚܕ وܐܟܚܕܐ مركبان من ܐܝܟ وܚܕ وܚܕܐ . وܡܢ ܟܠܗ وܡܢ ܟܠܗܝܢ من ܟܠ و ܟܠܐ والضمير .

الفصل السابع

ܡܐܡܪܐ ܫܒܝܥܝܐ ܕܦܘܪܥܢܐ في حرفي الجزاء او النتيجة

١٩٢ حرفا الجزاء او النتيجة هما ܟܝܬ. ܗܝܕܝܢ «اذن • اذاً».

اما ܟܝܬ = فتقع اوَّلَ الجزاء وحشوَه نحو ܟܝܬ ܗܟܢ ܚܐܪ̈ܐ ܐܢܘܢ ܒܢ̈ܝܐ «فاذن الابناء هم احرار» . ܟܝܬ ܛܒܥܟ ܕܓܐܠܘ «فاذن طبعك غاشٌ» .

واما ܗܝܕܝܢ = فتقع ابتداءً كقول سرجيوس الملفان لتلاميذه ܗܝܕܝܢ ܗܒܘ ܠܢ ܐܕܢܐ ܕܡܫܡܥܬܟܘܢ «فاذاً اعطونا اصغاء سمعكم» .

الفصل الثامن

ܡܐܡܪܐ ܬܡܝܢܝܐ ܕܦܘܫܟܐ في حروف الشك او الترجي

١٩٣ حروف الشك او الترجي اربعة وهي ܟܒܪ (عد ٧) . ܕܡ . ܠܡܐ . ܕܠܡܐ «لعلَّ • عسى» (١) . مثالها :

ܟܒܪ = ܟܒܪ ܢܬܐ ܘܢܚܘܣ ܥܠܝܢ «لعلّه يرحمنا»

ܕܡ = ܕܡ ܢܬܪܥܐ ܐܠܗܐ ܟܐܢܐ ܒܕܡܥ̈ܝܟ لعلَّ الله العادل يرضى بدموعك

ܠܡܐ = ܠܡܐ ܠܐ ܗܘܝܬ ܒܪ ܚܐܪܐ «لعلّي لم اكن حرّاً»

ܕܠܡܐ = ܕܠܡܐ ܢܬܘܒܘܢ «عسى ان يرجعوا»

---

(١) ܠܡܐ مركب من اللام وܡܐ . وܕܠܡܐ من الدال وܠܡܐ .

الفصل التاسع

ܡܛܠ ܐܬܘܬܐ ܕܫܘܪܪܐ في حرف الايجاب

١٩٤ حرف الايجاب هو ܐܝܢ «نعم . بلى»(١) . مثاله : ܐܠܐ ܬܗܘܐ ܡܠܬܟܘܢ ܐܝܢ ܐܝܢ ܘܠܐ ܠܐ «لكن فليكن كلامكم نعم نعم ولا لا» .

وقد ياتي للتهكم فيدلّ على خلاف الظاهر من الكلام نحو ܐܝܢ ܫܪܝܪܐܝܬ ܙܕܝܩܘܬܐ ܡܡܠܠܝܢ ܐܢܬܘܢ «نعم تتكلمون بالصدق حقيقةً» (اي ܠܐ ܡܡܠܠܝܬܘܢ ܙܕܩܘܬܐ لا تتكلمون بالصدق) .

الفصل العاشر

ܡܛܠ ܐܬܘܬܐ ܕܡܣܪܩܘܬܐ في حروف النفي

١٩٥ حروف النفي سبعة وهي ܠܐ . ܠܘ . ܠܐ ܗܘܐ . ܒܠܐ . ܠܡ (بفتح اللام ونصبها) . ܕܠܐ . ܕܒܠܐ (٢)

ܠܐ «لا»= تكون ١ً : لنفي الفعل المتصرف والجامد نحو ܠܐ ܩܡ «ما قامَ» ܠܐ ܩܐܡ «لا يقومُ» ܠܐ ܢܩܘܡ «ان يقومَ» . ونحو ܠܐ ܐܝܬ او ܠܝܬ «لا يوجد . ليس» .

٢ً : لنفي النكرة بمعنى «لا وما وليسَ» نحو ܠܐ ܐܢܫ «مامن احدٍ» ،

---

(١) وتدخل عليه الباء فيقال فيه ܒܐܝܢ او ܒܝܢ . ويأتي للايجاب ايضاً ܫܪܝܪܐܝܬ

(٢) ܠܘ مركب من ܠܐ وܗܘ . و ܠܐ ܗܘܐ من ܠܐ والمساعد ܗܘܐ . وܒܠܐ من الباء ولا . وܕܠܐ من الدال ولا . وܕܒܠܐ من الباء والدال ولا .

٣َ: لنفي المعرفة بمعنى «لا وليس» بشرط ان يكون مكرراً نحو ܠܐ ܢܘܪܐ ܐܦ ܠܐ ܣܝܦܐ «لاالنار ولا السيف».

٤َ: لنفي الصفة بمعنى «ليس وغير» ܠܐܢܟܠܐ «غير غاش».

٥َ: تتألف مع الاسم الموصوف او الصفة اسماً واحداً مراداً به ضده نحو ܠܐܡܕܡ «لاشيء» (اي عدم). ܠܐܡܝܘܬܐ «غير مائت» (اي باقٍ) (١).

٦َ: تاتي للتحذير فان كان المحذَّر منه اسماً اقترن بالواو واللام معاً نحو ܠܐ ܠܟ ܘܠܗܘ ܐܘ ܪܚܡܐ «اياك وذاك الصديق». وان كان فعلاً أُدخل عليه قولك «ܘܠܗܘܢ» (المشار به الى ܕܘܟܬܐ) نحو ܠܐ ܠܟ ܘܠܗܘܢ ܕܬܟܬܘܒ «اياك ان تكتب».

٧َ: تاتي جواباً مناقضاً لـ ܐܝܢ «نعم» كقولك ܠܐ «لا» في جواب من سالك ܠܡܐ ܐܬܐ ܐܚܘܟ «هل جاء اخوك».

٨َ: تكون للقسم المنفي نحو ܠܐ ܚܝܝܟ «لا بحياتك».

٩َ: تاتي زائدة نحو ܘܟܠܐ ܕܟܣܦ ܪܫܐ. ܠܩܣܪ: ܠܐ ܢܬܠ «ويمنع ان نؤدي الجزية لقيصر».

واذا عُطفَ على المنفي بها. فان كان المعطوف فعلًا جاز تكرارُها معه توكيداً للنفي او عدم تكرارها نحو ܐܬܐ ܝܘܚܢܢ ܕܠܐ ܐܟܠ ܘܠܐ ܫܬܐ «جاء يوحنا لاياكل ولايشرب». ܘܠܐ ܫܦܝܪܐ ܘܡܥܕܪܐ ܡܪܘܬܐ ܣܓܝܐܐ «غير حسنة ولا تفيد سيادةُ الكثيرين». وان كان غير فعل وجب تكرارُها نحو ܠܐ ܬܫܩܠܘܢ ܠܐܘܪܚܐ ܠܐ ܫܒܛܐ ܘܠܐ ܡܣܐܢܐ «لا تحملوا في الطريق لا عصا ولا حذاء» ܠܐ ܬܐܟܘܠ

(١) واذا تكررت داخلةً على نفسها تضحي ايجابية نحو ܠܐ ܠܐܡܕܡ (ܗܘ ܡܕܡ) «لالا شيء» (اي شيء).

ܠܐ ܒܫܡܝܐ ܘܠܐ ܒܐܪܥܐ «لا تحلف لا بالسماء ولا بالارض» .

ܠܘ «لا . ليس» = تكون لنفي الجملة الاسميَّة نحو ܠܘ ܟܠܢ ܢܕܡܟ «ليس كلُّنا نرقد». ولنفي الجملة الفعلية فيغلب دخولها على متعلق الفعل نحو ܠܘ ܠܐܘܪܫܠܡ ܕܡܝܐ ܐܢܐ «لا اشبه اورشليم» .

واذا عُطفَ على منفيها وجب تكرارُها او تكرار ܠܐ مكانها نحو ܠܘ ܟܠ ܕܡܫܬܡܥ ܡܕܚܠ ܘܠܘ ܟܠ ܕܡܣܬܒܪ ܡܪܗܒ «ليس كلُّ ما يُسمَع يُرهِب ولا كل ما يظنُّ يُرعِب» ܠܘ ܠܛܒܬܐ ܡܩܪܝܐ ܐܦܠܐ ܗܢܝܐ ܡܢܗ ܡܬܩܛܦ « لا يدعو الى خير ولا يُجتَنى منه نفع»

ܠܐ ܗܘܐ « لا ما . ليسَ » = مثل ܠܘ في نفي الجملة الاسمية والفعلية ودخولها على متعلق الفعل نحو ܠܐ ܗܘܐ ܡܠܐ ܡܣܟܢܢ ܗܘܘ ܠܝ «لم يكن الكلام يعوزني» . ܠܐ ܗܘܐ ܣܪܝܩܐܝܬ ܗܘܬ ܡܐܬܝܬܗ «لم يكن مجيئه عبثاً»

ܕܠܐ = تاتي لنفي النكرة بمعنى «بلا وبغير» نحو ܕܠܐ ܝܕܥܬܐ بلا معرفة

ܒܠܐ = مثل ܕܠܐ نحو ܐܬܐ ܒܠܐ ܙܘܕܐ «جاء بلا زاد» . وتدخل عليها ܡܢ فتصلح لنفي المعرفة ايضاً بمعنى « من عدم » نحو ܐܘܪ̈ܚܬܗ ܕܨܗܝܘܢ ܐܒܝܠܢ ܡܢ ܒܠܐ ܕܐܬܝܢ ܠܥܐܕܐ «طرق صهيون في نوح من عدم الآتين الى العيد».

ܕܠܐ = تاتي لنفي النكرة بمعنى ܒܠܐ نحو ܕܠܐ ܦܘܪܫܢ «بغير تمييز». وتدخل الباء على منفيها فتصلح لنفي المعرفة ايضاً نحو ܒܝܕܥܬܐ ܘܕܠܐ ܝܕܥܬܐ «بمعرفة وبغير معرفة». ونحو ܡܝܬܝܢ ܕܠܐ ܒܙܒܢܗܘܢ «يموتون في غير اوانهم»

ܕܠܐ = تاتي لنفي النكرة مثل ܠܐ ايضاً نحو ܕܠܐ ܝܕܥܬܐ «بدون معرفة» (١) .

الفصل الحادي عشر

ܡܛܠ ܐܣܪܐ ܕܟܠܝܢܐ في حرف النهي

١٩٦ حرف النهي (عد ٥١ وجه ١٣١ وعد ٦٤) هو ܠܐ «لا» ويدخل على مضارع المتكلم والمخاطب والغائب · مثاله : ܠܐ ܢܨܘܡ ܨܘܡܐ ܕܦܪ̈ܝܫܐ «لا نصمْ صومَ الفريسيينِ» . ܠܐ ܬܩܛܘܠ «لا تَقتُلْ» · ܠܐ ܢܐܬܐ «لا يَأتِ» ·

واذا عطف على فعل النهي فيجوز تكرار حرف النهي مع المعطوف اوعدم تكراره نحو ܠܐ ܬܫܬܘܩ ܘܠܐ ܬܫܠܐ «او» ܠܐ ܬܫܬܘܩ ܘܬܫܠܐ «لا تسكتْ ولا تسكنْ» ·

ويجوز اقامة المصدر الميمي المقترن باللام مقامَ فعل النهي نحو ܠܐ ܠܡܥܠ ܐܢܫ ܠܡܥܠܢܗ ܠܒܝܬܟ لا تُدخلْ كلَّ انسانٍ الى بيتك (٢

الفصل الثاني عشر

ܡܛܠ ܐܣܪܐ ܕܫܘܐܠܐ في حرف الاستفهام

١٩٧ حرف الاستفهام هو ܟܡ «أ · هل · ياترى» · والاصل فيه

(١) ويأتي للنفي ايضاً ܟܡܐ وܕܟܡܐ ܕܝܢ بمعنى «لا»
(٢) ويأتي للنهي ايضاً ܟܗ . ܟܡܐ بمعنى « لا » .

ان يقع بعد المستفهم عنه نحو ܐܶܬ݂ܳܐ ܗ̄ܘ ܐܰܒ݂ܽܘܟ݂ «أجاء ابوك» ܐܰܘ ܝܰܩܺܝܪ̈ܳܢ ܗ̄ܘ ܐܶܕ݂̈ܢܰܝܟ݁ܽܘܢ ܐܰܘ ܠܶܒ݁ܰܝܟ݁ܽܘܢ «أ أذانكم ثقيلة ام قلوبكم». وقد يقع ايضاً قبله او بعده نحو ܗ̄ܘ ܠܳܐ ܡܰܠܶܠܬ݁ «اما تكلمتَ». ܘܗܳܢܳܐ ܗ̄ܘ ܠܰܝܬ݁ ܠܟ݂ܽܘܢ ܗܰܘܢܳܐ اليس لكم عقل. ܗܳܢܳܐ ܡܶܟ݁ܺܝܠ ܠܶܗ ܗ̄ܘ ابهذا وَعدهُ

ويأتي للاستفهام الانكاري. فان كان في النفي جُعل النفي اثباتاً نحو ܕܗܳܘ ܗ̄ܘ ܠܳܐ ܡܰܬ݁ܡܰܗ ܠܳܟ݂ «ألا يعجبك داود» (اي ܡܰܬ݁ܡܰܗ ܠܳܟ݂ يعجبك). وان كان في الاثبات جُعل الاثبات نفياً نحو ܘܗ̄ܘ ܡܶܬ݁ܒ݁ܰܣܰܡ ܗ̄ܘܳܐ ܚܰܬ݂ܢܳܐ ܥܰܡ ܡܺܝ̈ܬܶܐ ܡܶܬ݁ܘܡ «او يستأنسُ العريسُ بالموتى ابداً» (اي ܠܳܐ ܡܶܬ݁ܒ݁ܰܣܰܡ ܗ̄ܘܳܐ لا يستأنس) (١).

ويجوز تقدير ܗ̄ܘ نحو ܡܗܰܝܡܶܢ ܐܰܢ̱ܬ݁ ܕ݂ܡܶܫܟ݁ܰܚ ... ܐ̱ܢܳܐ ܕ݂ܶܐܣܰܝܟ݂ «اتؤمن باني قادر على شفائك».

فائدة

١٩٨ ويوجد اثنا عشر اسماً للاستفهام ذكرناها في الجزء الاول (عد ٤٨). وهاك الان امثلة عليها:

ܐܰܝܢܳܐ . ܐܰܝܕܳܐ . ܐܰܝܠܶܝܢ = ويُستفهم بها عن العاقل وغيره نحو ܐܰܝܢܳܐ ܗܘܽ ܐܰܚܽܘܟ݂ «ايٌّ هو اخوك» ܐܰܝܠܶܝܢ ܐܶܢܽܘܢ ܐܰܚܰܝܟ݂ «ايٌّ هم اخوتك» ܐܰܝܕܳܐ ܗܺܝ ܚܳܬ݂ܳܟ݂ «ايَّة هي اختك» ܐܰܝܠܶܝܢ ܐܶܢܶܝܢ ܐܰܚ̈ܘܳܬ݂ܳܟ݂ «ايَّة

(١) ويأتي للاستفهام الانكاري نظيره ܗܳܐ وܗܳܠܳܐ. وܗܳܠܳܐ «أ. هل» وكلاها تقع ابتداء نحو ܗܳܐ ܡܫܰܡܥܳܢܳܐ ܫܡܰܥܬ݁ܶܗ «أسمعتُ باطلًا» (اي ܠܳܐ ܫܡܰܥܬ݁ܶܗ ما سمعتُ). ܗܳܠܳܐ ܗܘܺܝܬ݂ ܒ݁ܰܪ ܚܺܐܪܶܐ «ألم اكن حرًّا» (اي ܒ݁ܰܪ ܚܺܐܪܶܐ ܗܘܺܝܬ݂ كنتُ حرًّا) وܗܳܠܳܐ ܟ݁ܽܠܗܽܘܢ ܫܠܺܝ̈ܚܶܐ «أهم كلهم رسل» (اي ܠܳܐ ܟ݁ܽܠܗܽܘܢ ليسوا كلهم). ويجوز زيادة ܗ̄ܘ بعد هذه الحروف.

هنَّ اخواتك» . ܐܝܢܐ ܗܘ ܐܬܪܗ «ماهو بلدُه» ܐܝܕܐ ܥܠܬܐ «ايّةَ علّةٍ» ܥܠ ܡܢܐ ܡܬܬܢܚ ܐܢܬ «مِمَّ تضجَّرَ» .

ܡܢ = ويستفهم به عن العاقل نحو ܡܢ ܐܢܬ ܡܪܝ «مَن انتَ ياسيدي» ܡܢ ܗܝ ܐܡܝ «من هي امي» ܡܢ ܐܢܘܢ ܚܒܪܝܟ «من رفقاؤكَ» ܡܢ ܐܝܬ ܠܬܠܡܝܕܬܟ من تلميذاتكِ. ܡܢ ܐܬܐ من جاءَ

ܡܐ . ܡܢܐ . ܡܘܢܐ = ويستفهم بها عن غير العاقل نحو ܡܐ ܠܟܘܢ «ما شأنكَ» ܡܢܐ ܠܟܝ ܗܓܪ «ما لكِ ياهاجر» . ܡܢܐ ܫܘܠܛܢܐ «ايّ سلطان» ܡܢܐ ܐܟܠܬ «ماذا اكلتَ» ܡܢܘ ܐܝܬ ܠܝ «ماذا لي» . وتدخل عليها حروف التعليل كما مر .

ܐܝܟܢܐ = ويستفهم بهِ عن الاحوال نحو ܐܝܟܢܐ ܐܝܬ او ܐܝܟܢܐ ܐܝܬܝܟ «كيف انتَ».

ܐܡܬܝ = ويستفهم بهِ عن الزمان نحو ܐܡܬܝ ܐܬܐ «متى جاء»

ܐܝܟܐ . ܐܝܡܟܐ = للاستفهام عن المكان ܐܝܟܐ ܣܡܬܘܢܝܗܝ «اين وضعتموه» ܐܝܡܟܐ ܐܬܐ «من اين يجيء» .

ܟܡܐ = ويستفهم بها عن العدد . وقد مرّ ذكرها (عد. ١٥٠)

ويجوز زيادة ܗܘ بعد اسماء الاستفهام كلها نحو ܡܢܘ ܗܘ ܗܢܐ «من هو هذا» .

واذا وقعت هذه الاسماء بعد فعل قلبي او شبهه يجوز دخولُ الدال المصدرية عليها وعدمُه نحو ܕܢܬܡܠܟܘܢ ܕܡܢܘ ܢܩܝܡܘܢ ܐܦܝܣܩܘܦܐ ܠܐܘܪܗܝ «ليتآمروا فيمن يقيمونه اسقفاً للرها» . ولا ܐܬܝܕܥ ܡܢܐ ܗܘܐ ܡܢܗ «لم يعلم ماذا كان من امره» . ويجوز في مثل هذا تقديم المُستفهَم عنه على اسم الاستفهام ܒܥܐ ܠܗ

ܘܶܐܡܰܪ ܠܺܝ ܥܶܠܬܳܐ «بيّنْ لي لِمَ ذلك».

الفصل الثالث عشر

ܥܰܠ ܐܳܬܘܳܬܳܐ ܕܪܶܓܬܳܐ في حرفي التمني

١٩٩ التمني هو طلب ما لا يمكن حصولهُ او ما يُستبعَد حصولهُ. وحرفا التمني هما ܠܘܰܝ. ܐܳܠܘܽܝ «ليتَ». مثالهما:

ܠܘܰܝ = ܠܘܰܝ ܩܰܪܺܝܪܳܐ ܗܘܰܝܬ ܐܳܘ ܫܰܚܺܝܢܳܐ «ليتكَ كنتَ بارداً او حارًّا» ܠܘܰܝ ܠܳܐ ܫܶܡܥܶܬܶܗ «ليتني ما سمعتُه».

ܐܳܠܘܽܝ = ܐܳܠܘܽܝ ܐܺܝܫܡܳܥܺܝܠ ܢܺܚܶܐ ܩܕܳܡܰܝܟ «ليتَ اسمعيل يعيش قدامك».

وتليهما ܕܶܝܢ كثيراً نحو ܠܘܰܝ ܕܶܝܢ ܢܶܬܬܩܶܠ ܪܽܘܓܙܝ «ليتَ غضبي يوزَن» ܐܳܠܘܽܝ ܕܶܝܢ ܐܰܡܠܶܟܬܽܘܢ «ليتكم ملكتم» (١)

ويستعمل للتمني ܡܰܢ بشرط ان تليه ܕܶܝܢ وبعدها فعل ܝܳܗܶܒ او ܝܰܗܒ بصيغة الماضي نحو ܡܰܢ ܕܶܝܢ ܝܳܗܶܒ ܠܝ ܠܶܒܳܐ ܬܒܺܝܪܳܐ «مَن يعطيني قلباً منكسراً» ܡܰܢ ܕܶܝܢ ܒܪܝ ܒܳܒܰܢܝ ܢܶܫܪܳܐ «مَن لي يابُنيَّ ان اكون نسراً» او «ليتني يابني نسرٌ» او يليه مضارع «ܢܶܬܶܠ» (عد ٩٩ وجه ٢١٩ حاشية) نحو ܡܰܢ ܢܶܬܶܠ ܠܝ ܡܰܒܽܘܥܳܐ ܕܕܶܡܥܶܐ «من يعطيني ينبوع الدموع».

---

(١) ويأتي للتمني ܐܶܠܽܘ وܐܳܠܘܽܝ بشرط ان تلحق الاول ܗܘܳܐ والثاني ܕܶܝܢ نحو ܐܶܠܽܘ ܗܘܳܐ ܝܳܕܥܰܬܝ ܐܰܢܬܝ ܕܐܰܝܬܰܝܗܶܝܢ ܠܫܠܳܡܶܟܝ «لو علمتِ ما هو لسلامكِ». ܐܳܠܘܽܝ ܕܶܝܢ ܡܺܝܬ ܘܐܶܒܰܕ «ليته ماتَ وهلكَ».

الفصل الرابع عشر

ܥܠ ܐܬܘ̈ܬܐ ܕܩܪܝܢܘܬܐ في حروف الندا

٢٠٠ النداء هو طلب اقبال المخاطب بحرف من حروف الندا وهي اربعة ܐܘ . ܐܘܝ . ܗܐ . ܝܐ . مثالها :

ܐܘ «يا · أ · أيا · ايها» = ܐܘ ܡܪܝ «يا ربي» ܐܘ ܐܚܝ̈ «يا اخوتي» ܐܘ ܐܡܝ «يا امي» ܐܘ ܐܚܘ̈ܬܝ «يا اخواتي» ܐܘ ܐܢܬܝ «يا أنتِ» ܐܘ ܗܠܝܢ «يا هؤلاء» ܐܘ ܕܐܫܬܘܕܝ ܒܣܒܪܬܗ «يامن وعد في بشارته» (١) .

ܐܘܝ «يا . ايها» = ܐܘܝ ܐܠܗܐ «يا الله» ܐܘܝ ܪ̈ܥܘܬܐ «ايها الرعاة»

ܗܐ «يا» = ܗܐ ܡܘܬܐ ܡܢܐ ܒܝܫ ܐܝܬܝܟ «ياموت ما أشأمك»

ܝܐ «يا أيا» = ܝܐ ܒܪܟܪܣܝ ܝܐ ܒܪ ܢܕܪܝ «يا ابن احشائي يا ابن نذوري»

والندا يكون لطلب الاقبال كما ذكرنا . ولاغراضٍ اخرى كالاستغاثة في نحو ܐܘ ܡܪܝ ܦܪܘܩܝܢܝ «يا ربّ نجّني» . والتعجب والمدح والذمّ وغير ذلك مما يُذكر في علم المعاني .

ويجوز حذف حرف النـدا ولا سيما اذا كان المنادى مكرراً نحو ܓܒܪܐ ܕܨܗܐ ܠܝܕܥܬܐ «ايها الرجل الظمآن الى المعرفة» . ܐܒܪܗܡ ܐܒܪܗܡ «ابراهيم ابراهيم» ܡܪܬܐ ܡܪܬܐ «مرتا مرتا» (٢) .

---

(١) ويجوز ان يلحقه ياء في نداء المؤنث نحو ܐܘ ܐܚܬܝ «يا اختي» .

(٢) ويأتي للندا ايضاً ܐܡ و ܐܝ و ܐܘܐ بمعنى «يا . أيها» مثالها . ܐܡ ܐܘܕܐ ܚܣܡܝ

الفصل الخامس عشر

ܡܛܠ ܐܬܘܬܐ ܕܚܒܘܫܝܐ في حروف العطف

٢٠١ حروف العطف (عد ١٦٢) خمسة وهي الواو «ܘ».
ܐܦ . ܬܘܒ . ܐܘ . ܒܪܡ .

الواو «ܘ» = تكون ١ً : لمطلق الجمع بين المتعاطفين من غير تقييد بمصاحبة او قبليّة او بعديّة نحو ܐܬܐ ܝܥܩܘܒ ܘܝܘܚܢܢ «جاءَ يعقوب ويوحنا» اي معه او قبله او بعده

٢ً : بمعنى « الفاء » العاطفة التي للترتيب نحو ܢܦܩ ܦܛܪܘܣ ܘܦܘܠܘܣ «خرج بطرس فبولس». والتعقيب نحو ܐܟܠ ܘܣܒܥ «اكلَ فشبعَ» . والسببيَّة نحو ܡܚܝܗܝ ܘܩܛܠܗ «ضربه فقتله» .

ويجوز تركها في اربعة مواضع : ١ً : اذا كانت المتعاطفات مفردة نحو ܢܒܝܐ ܫܠܝܚܐ ܡܘܕܝܢܐ «الانبيا والرسل والمعترفون» (١) .

٢ً : اذا كانت المتعاطفات جملًا متقابلة ومقسَّمة جملتين جملتين فيجوز تركها في اول كلّ جملتين منها نحو ܡܣܬܟܝܐ ܘܟܠܝܐ. ܡܩܪܒܐ ܘܡܪܚܩܐ «تُطمع وتمنع. تُدني وتُقصي» . ܘܗܟܢܐ ܦܪܘܫ. ܘܫܡܥܬܐ ܐܬܬ ܠܒܝ. ܫܡܥܐ ܫܡܥܬ. ܘܫܘܫܛܐ ܐܬܦܫܛ..

ܐܪܥܐ ܠܡܢ « ايتها الارض لماذا انتِ حزينة » . ܐܘ ܐܪܡܝܐ ܢܒܝܐ « يا ارميا النبي » .
ܐܘ ܓܒܪܐ ܐܢܬ ܐܡܪܬ « يارجل انت قلت » .

(١) الا اذا خيف التباس المعطوف بالبدل او عطف البيان فلا يجوز تركها نحو ܕܡܢܗ ܙܕܝܩܐ ܘܡܠܟܐ ܘܡܫܝܚܐ ܡܬܝܠܕܝܢ «الذي منه يولد الصديقون والملوك والمسحاء» فلو تُركت الواو هنا لاحتمل ان يكون ܡܠܟܐ وܡܫܝܚܐ بدلا من ܙܕܝܩܐ . وهو غير المراد .

«انتشرَ السخطُ وانصبَّ الغضبُ . شبعَ الحسامُ وأُترعَ الصمصامُ . .» .

وقد تجعل في ثاني جزء من كل جملة نحو ܡܣܬܒܪܘܬܐ ܘܚܕܘܬܐ. ܦܪܝܫܘܬܐ ܘܐܥܒܪܬ. ܫܠܡܐ ܘܐܬܪܕܝ. ܫܝܢܐ ܘܐܬܒܙܙ. ܐܝܠܐ ܥܕܪ. ܡܥܕܪܢܐ ܘܠܐ ܩܪܝܒ «والفرحُ قد ولّى . والبشرُ قد مضى . السلامُ قد نُفي والامانُ قد هُزم . ليس من معين . ولا من عون قريب»

٣َ : اذا كان المتعاطفان فعلين فاعلهما واحد . او فاعلهما واحد ومفعولهما واحد ايضاً . ولا سيما اذا كان الفعل الثاني سبباً للاول او مفعولاً له في المعنى نحو ܐܬܐ ܣܓܕ ܠܗ «جاءَ فسجدَ له» ܐܙܠ ܐܩܒܘܪ ܐܒܝ «امضي فادفن ابي» . ܩܪܘܒܘ ܐܟܪܙܘ «تقدموا فنادوا بها» ܐܣܓܝ ܐܚܠܝܢܝ «اغسلني كثيراً» .

٤َ : اذا كانت المتعاطفات ثلثة افعال او اكثر فاعلها ومفعولها واحد فتترك الواو بينها الا المعطوف الاخير فيغلب ابقاوها عليه نحو ܫܕܪ ܡܟܪ ܕܒܪܗ ܘܐܥܠܗ «ارسل فخطبها فاخذها وادخلها» .

ܐܘ = تكون ١َ : لمطلق الجمع بين المتعاطفين «كالواو» نحو ܢܟ̈ܠܐ ܕܟܡܐܢ̈ܐ ܐܘ ܦ̈ܚܐ ܘܣܝ̈ܦܐ «الخدائع والمكامن والمصائد والسيوف والسموم» .

٢َ : للترتيب او التعقيب «كالفاء» نحو ܐܬܐ ܐܒܘܟ ܐܘ ܐܚܘܟ جاءَ ابوك فاخوك ܒܛܠܘ ܩܪ̈ܒܐ ܐܘ ܥܩ̈ܬܐ ابطلَ الحروب فالشدائد

وتاتي مكررة ١َ : في كلام مثبت فتكون الاولى زائدة والباقية بمعنى «الواو» ܥܠ ܐܝܢܐ ܐܫܠܝܘ : ܐܘ ܕܫ̈ܢܐ ܐܘ ܫܘܘܕ̈ܝܐ «على اي شرط رفضوا الهدايا والمواعيد» .

٢ : في كلام منفي فتقترن بالواو وتكون الاولى بمعنى «لا» والباقية بمعنى «ولا» نحو ܠܐ ܥܢܝܗܝ ܘܠܐ ܒܚܠܡܐ ܘܠܐ ܒܢܘܪܐ ܘܠܐ ܒܡܝܐ «لم يجبه لا في الحلم ولا في النار ولا في الماء» .

وتليها ܢ الشرطية فتتركب معها هكذا ܐܦܢ بمعنى «وان» نحو ܐܦܢ ܡܫܕܪ ܐܢܐ ܠܐ ܫܡܥܝܢ ܠܝ «وان أُرسلتُ فلا يسمعون لي» (١)

ويجوز ان تزاد عليها «الواو» نحو ܪܚܡ ܥܠܝܢ ܘܐܦܢ ܠܐ ܫܘܝܢܢ «ارحمنا وان كنا لا نستحق» .

وتاتي بمعنى «ايضاً» نحو ܐܪܦܘܢܝ ܐܦ ܐܢܐ ܐܙܠ «دعوني اذهب انا ايضاً» . ويجوز ان تدخلها «الواو» هنا ايضاً نحو ܘܥܡ ܦܘܩܕܢܐ ܙܥܘܪ ܗܘ ܐܦ ܣܘܥܪܢܐ «ومع الامر يسير الفعل ايضاً» .

ܦܡ (٢) = تكون للترتيب مع التراخي بمعنى «ثُمَّ» نحو ܚܛܐ ܐܕܡ ܦܡ ܬܝܒ «اخطأ ادم ثمَّ تابَ» .

وتقترن كثيراً «بالواو» نحو ܗܘ ܠܗ ܪܕܦ ܢܦܫܗ : ܘܦܡ ܪܕܦܢܘܢ ܠܥܒܕܘܗܝ «فهو طردَ نفسه اولاً ثمَّ طردَه عبيدُه» .

ܐܘ = يعطف بها بعد الخبر والطلب بمعنى «او . اما» .

فبعد الخبر تكون لخمسة معانٍ :

١ : للتقسيم نحو ܡܠܬܐ ܐܝܬܝܗ ܐܘ ܫܡܐ ܐܘ ܡܠܬܐ ܐܘ ܐܣܘܪܐ «الكلمة اسمٌ او فعلٌ او حرف» .

٢ : للتسوية نحو ܒܩܪܒܐ ܐܪܥ ܐܢܐ ܠܗ ܐܘ ܢܩܛܠܢܝ ܐܘ ܐܩܛܠܝܘܗܝ «أُلاقيه بالحرب قتلني او قتلتُه» .

---

(١) وتاتي للتقليل بمعنى «ولو . اقلَّه» نحو ܘܡܬܟܫܦܝܢ ܗܘܘ ܡܢܗ ܕܐܦ ܠܟܢܦܐ ܕܠܒܘܫܗ ܢܬܩܪܒܘܢ «وكانوا يسالونه ان يمسّوا ولو طرف ثوبه» . (٢) ومثلها ܐܦܡ

٣َ : للاضراب وهو الاعراض عن الشيء بعد الاقبال عليه نحو ܘܚܝܐ ܫܒܥܝܢ ܫܢܝܢ ܐܘ ܝܬܝܪ «وعاشَ سبعين سنة او اكثر» .

٤َ : للابهام نحو ܐܬܐ ܐܒܘܟ ܐܘ ܐܚܘܟ «جاءَ ابوكَ او اخوكَ»

٥َ : الشك نحو ܬܪܝܢ ܐܘ ܬܠܬܐ ܓܒܪܝܢ ܒܫܘܩܐ «رجلان او ثلاثة في الساحة» (١) . ويجوز حذفُها هنا وتقديرُها .

وبعد الطلب تكون لثلاثة معانٍ :

١َ : للتسوية نحو ܩܘܡ ܐܘ ܠܐ ܬܩܘܡ «قُمْ او لا تَقُم» .

٢َ : للتخيير نحو ܫܕܪ ܠܝ ܕܗܒܐ ܐܘ ܩܪܒ ܩܪܒܐ «أرسلَ لي ذهباً او اقبل الحربَ» .

٣َ : للاباحة نحو ܢܗܘܐ ܐܘ ܡܠܦܢܐ ܐܘ ܐܘܡܢܐ «ليكن عالماً او صانعاً» (٢) .

وتاتي بعد الاستفهام بمعنى «أَم» المتصلة وهي التي لا يستغني ما بعدَها عمّا قبلَها نحو ܦܛܪܘܣ ܟܝ ܐܬܐ ܐܘ ܦܘܠܘܣ «ابطرس جاءَ ام بولسُ» والمنقطعة وهي عكس المتصلة نحو ܐܢܬܘܗܝ ܗܘ ܕܐܬܐ ܐܘ ܠܐܚܪܢܐ ܡܣܟܝܢܢ «أأنتَ هو الآتي ام ننتظر آخر» .

وتاتي لمطلق الجمع نظير «الواو» نحو ܠܟ ܒܝܫܐ ܠܐ ܐܝܬ ܕܩܪܐ ܐܘ ܕܩܪܐ ܠܟ «فانت ايها الشرير ليس من دعاكَ او يدعوك» .

ܐܠܐ = « بل . لكن » يعطف بها بعد النفي والنهي مثال النفي

---

(١) والفرق بين الابهام والشك ان المتكلم في الابهام يعرف حقيقة الامر لكنه يقصد ان يشكّك المخاطب . وفي الشكّ لا يعرفها بل يكون مرتاباً فيها .

(٢) والفرق بين التخيير والاباحة ان التخيير لا يجوز فيه الجمع بين المتعاطفين والاباحة يجوز فيها ذلك .

ܠܳܐ ܩܳܡ ܦܰܘܠܳܘܣ ܐܶܠܳܐ ܦܶܛܪܳܘܣ « ما قام بولس بل بطرس » .
مثال النهي ܠܳܐ ܬܶܩܪܶܐ ܐܶܠܳܐ ܟܬܽܘܒ «لا تقرأ بل اكتب»(١) .

وتكون للاستدراك نحو ܐܶܬܳܐ ܐܰܒܽܘܟ ܐܶܠܳܐ ܐܰܚܽܘܟ ܠܳܐ ܐܶܬܳܐ «جاء ابوك ولكن اخوك لم يأتِ» .

الفصل السادس عشر

ܥܰܠ ܐܶܬܘ̈ܬܳܐ ܕܫܽܘܦܳܪܳܐ في حروف التحسين

٣٠٢ حروف التحسين هي التي تزاد في الكلام لمجرد تحسينه وزخرفتهِ . وعددها سبعة ܓܶܝܪ . ܕܶܝܢ . ܒܪܰܡ . ܡܶܟܺܝܠ . ܬܽܘܒ . ܟܺܝܬ . ܗܳܐ . وتقع حشوَ الكلام وغالباً بعد اول كلمة من الجملة . وتاتي لمعانٍ نذكرها هنا . مثالها :

ܓܶܝܪ = يقع بعد اول كلمة من الجملة نحو ܐܶܢܳܐ ܓܶܝܪ ܗܘܺܝܬ ܒ—

---

(١) وياتي للعطف ايضاً ܠܳܐ وܐܰܘ و ܐܶܠܳܐ . اما ܠܳܐ «لا» – فيعطف بها بثلاثة شروط . الاول : ان يتقدمها اثبات او امر نحو ܩܳܡ ܐܰܒܽܘܟ ܠܳܐ ܐܰܚܽܘܟ «قام ابوك لا اخوك» . ܘܣܰܒ ܗܳܢܳܐ ܠܳܐ ܗܰܘ «خذ هذا لا ذاك» . الثاني : ان يتعاند متعاطفاها نحو ܣܰܥܪܰܢܝ ܡܰܠܟܳܐ ܠܳܐ ܥܰܒܕܳܐ «زارني ملكٌ لا عبدٌ» . الثالث : ان لا تقترن بعاطف كما ترى . فان اقترنت به كما في ܣܰܥܪܰܢܝ ܐܰܒܽܘܟ ܘܠܳܐ ܐܰܚܽܘܟ «زارني ابوك ولا اخوك» كانت للنفي و[illegible] العاطف . اما [illegible] «لا» فحكمها حكم ܠܳܐ . واما ܐܶܠܳܐ «لكن . بل» – فيعطف بها بعد النفي والنهي نظير ܒܪܰܡ نحو ܠܳܐ ܩܳܡ ܐܰܒܽܘܟ ܐܶܠܳܐ ܐܰܚܽܘܟ «ما قام ابوك لكن اخوك» ܠܳܐ ܬܰܥܠܰܢ ܠܢܶܣܝܽܘܢܳܐ ܐܶܠܳܐ ܦܰܨܳܢ ܡܶܢ ܒܺܝܫܳܐ «لا تدخلنا في التجربة لكن نجنا من الشرير» . وتكون للاستدراك نظيرها ايضاً نحو ܠܳܐ ܐܶܬܳܐ ܐܰܒܽܘܟ ܐܶܠܳܐ ܐܶܬܳܐ ܐܰܚܽܘܟ «ما جاء ابوك لكن جاء اخوك» .

ܙܟܘܬܐ ܡܥܕܪ ܠܢ «اذا ساعدَنا مَلِكُنا للظفر»

ويأتي للتفصيل بمعنى «أما» وما ينوب عنها «كالفاء» لكنه لا يُكرَّر بل ينوب عنه في الجملة الثانية ܕܝܢ . نحو ܗܫܟܚܬ ܡܛܠ ܠܘܬܟ ܕܬܪܬܝܢ. ܚܕܐ ܡܢ ܡܛܠ ܕܐܚܘܐ ܠܟ ܚܘܒܝ. ܘܐܚܪܬܐ ܕܝܢ ܡܛܠ ܕܐܦ ܐܢܬ ܬܣܥܘܪܝܢܝ «زرتُك لسببين اما الاول : فلكي أظهرَ لك حبّي . واما الثاني : فلكي تزورَني انتَ ايضاً» . وفي الثالثة قد ينوب عنه ܕܝܢ ايضاً او «الواو» او ܬܘܒ (عد١٣٦) وقد لا ينوب عنه شيء . وفي الرابعة وصاعداً لاينوب عنه شيء . وقد لاينوب عنه شيء لا في الثانية ولا في غيرها .

ܕܝܢ = يقع بعد اول كلمة ايضاً نحو ܐܢܬ ܕܝܢ ܛܒܐ «انتَ صالح» . ومن ذلك وقوعه غالباً بعد بعض كلماتٍ مثل ܡܢ ܕܝܢ . ܐܝܟܢܐ ܕܝܢ . ܬܘܒ ܕܝܢ . ܐܟܚܕܐ ܕܝܢ . ܟܕ ܕܝܢ . كما رأيت .

ويأتي لخمسة معانٍ :

١ : للتفصيل في الجملة الاولى نظير ܡܢ نحو ܥܠ ܡܠܐܟܐ ܕܝܢ ܗܟܢܐ ܐܡܪ «اما عن الملائكة فقال هكذا» . وفي غيرها ايضاً كما رأيت

٢ : الاستدراك بمعنى «لكن» نحو ܐܚܘܝܟܘܢ ܕܝܢ ܡܢ ܡܢ ܬܕܚܠܘܢ «لكني ابيّن لكم ممن تخافون» .

٣ : للتعليل بمعنى «لانَّ» نحو ܐܢܫܐ ܕܝܢ ܡܢܗܘܢ ܡܢ ܪܘܚܩܐ ܐܬܘ «لانَّ قوماً منهم جاؤا من بعيد» . وهو قليل .

٤ : لعطف الجمل بمعنى «الواو والفاء وثُمَّ» نحو ܩܘܪܘ ܕܝܢ ܐܫܬܢܝ ܡܢ ܐܘܪܗܝ «وقودُ رحلَ عن الرها» . او «فقودُ رحلَ الخ» . ونحو ܝܫܘܥ ܕܝܢ ܐܡܪ ܠܗܘܢ «ثمَّ ان يسوع قال لهم» .

٥ : للسببيَّة بمعنى «الفاء» نحو ܪܫܡܬ ܕܝܢ ܐܢܐ ܕܐܟܬܘܒ ܐܝܟ ܕܒܟ «فرمتُ انا أن اكتب ما هو فيك» .

ܓܝܪ = يقع في حشو الكلام ولاسيما بعد اول كلمة منه نحو ܘܗܫܐ ܓܝܪ ܕܐܬܡܛܝܬ ܠܟ «والان لاني وصلت» . ويقع في اخر الكلام ايضاً ويأتي لخمسة معانٍ :

١ : للتعليل بمعنى «لان . اذ» نحو ܦܓܪܐ ܓܝܪ ܟܪܝܗ «لانَّ الجسد مريض» . ܕܚܝܠܢ ܗܘܝ ܓܝܪ «لانهنَّ كنَّ خائفات» .

٢ : للتفصيل وذلك في اول جملة فقط . اما في الثانية فينوب عنه ܕܝܢ نحو ܕܐܝܬܘܗܝ ܓܝܪ ܕܐܬܝܕܥܘܗܝ ܡܫܟܚܐ ܕܐܝܟܢܐ ܕܝܢ ܐܝܬܘܗܝ ܠܐ ܡܫܟܚܐ « اما العلم بوجوده فممكن . واما البحثُ عن كيفية وجوده فغير ممكن» .

٣ : للسببيَّة بمعنى «الفاء» نحو ܘܚܣܢ ܟܦܢܐ ܒܩܘܪܝܐ ܘܒܡܕܝܢܬܐ . ܐܝܠܝܢ ܓܝܪ ܕܐܫܬܚܪܘ ܒܩܘܪܝܐ ܟܘܫܢܐ ܐܟܠܝܢ ܗܘܘ «واشتدَّ الجوعُ في القرى والمدن . فالذين بقوا في القرى كانوا يأكلون الكرسنَّة» .

٤ : للاستدراك بمعنى «ولكن» نحو ܠܐܢܬܬܐ ܓܝܪ ܠܡܠܦܘ ܠܐ ܡܦܣ ܐܢܐ «ولكن لستُ اجيز المرأة ان تعلم» .

٥ : للتفسير بمعنى «اي» وهو قليل نحو ܐܫܟܚ ܕܢܚܘܐ ܨܒܝܢܗ ܟܠܗ ܕܗܘܐ ܓܝܪ ܠܐ ܢܡܪܕ ܗܘܐ ܒܠܚܘܕܘܗܝ «استطاع ان يظهر ارادته اي انه ما كان يمكنه ان يعصي وحده» .

ܬܘܒ = يقع زائداً حشو الكلام بين المتعاطفين نحو ܒܫܘܪܝܐ ܬܘܒ ܘܒܫܘܠܡܐ «في الابتداء والانتهاء» . وقد يقع بين غيرهما .

ويأتي لاربعة معانٍ :

١ً : للتفصيل بمعنى «أما» فيقع في اول جملة . اما في الثانية فينوب عنه ܕܝܢ نحو ܘܒܪܢܒܐ ܗܝܕܝܢ ܕܒܪ ܠܡܪܩܘܣ ܪܕܘ ܠܩܘܦܪܘܣ. ܦܘܠܘܣ ܕܝܢ ܓܒܐ ܠܫܝܠܐ ܘܢܦܩ «اما برنابا فاخذ مرقس وسافرا الى قبرص. واما بولس فاختارَ شيلا وخرج»

٢ً : للسببيَّة بمعنى «الفاء» فيقع غالباً بعد ܡܛܠ نحو ܕܒܟܠ ܘܪܘܓܙܐ ܟܠܝܬ ܕܪ ܘܕܪ : ܡܛܠ ܗܢܐ ܚܣܝܢ ܗܘ ܕܡܐ ܕܝܚܝܕܝܟ «لقد كفَّ دمُ وحيدك الغضب في كل جيل فما اقدر دم وحيدك»

٣ً : بمعنى ܬܘܒ «ليضاً» فيقع في الحشو والابتداء نحو ܠܐ ܗܟܝܠ ܗܘܬ. ܪܒܐ ܗܘܐ «فليس هذا بالامر العظيم ايضاً». ونحو ܗܟܝܠ ܡܘܕܝܢ ܗܘܘ ܟܦܘܪ̈ܐ «كان الكافرون يقرُّون ايضاً» .

٤ً : للتفسير بمعني «اي» ولا يقع الا حشواً نحو ܚܙܝܬ ܪܟܫܐ ܣܓܝ̈ܐܐ ܗܢܘܢ ܗܟܝܠ ܕܒܝܬ ܐܒܪܗܡ « رأيتُ خيلًا كثيراً اي خيل آل ابراهيم » .

ܓܝܪ = يقع حشوَ الكلام بين المتعاطفين وغيرهما نحو ܦܓܥܬ ܒܐܘܪܚܐ ܥܩ̈ܬܐ ܘܫܢ̈ܕܐ ܓܝܪ ܘܪܓܡܐ « لاقيتُ في الطريق اهوالاً وشدائد ورجماً بالحجارة» . ونحو ܒܟܠ ܛܟܣܐ ܡܬܒܥܐ ܗܘܢܐ : ܐܢ ܥܠܝ ܘܐܢ ܓܝܪ ܬܚܬܝ « يقتضي العقلُ لكل رتبةٍ ان علويَّة وان سفليَّة » .

ويأتي بمعنى ܬܘܒ «ايضاً» نحو ܕܡ ܓܝܪ ܡܠ̈ܝ ܟܕ ܪܒܝܢ ܡܬܒܣܪܢ «لعلَّ كلامي ايضاً اذا عَظُمَ يُذَمّ» .

ܟܝܬ = يقع في الحشو وغالباً بعد اول كلمة من الجمل المنقولة نحو

ܘܥܠܡܐ ܚܕܬܐ ܐܬܒܛܠܬ : ܘܐܝܬܝܟܝ ܠܡ ܐܪܥܐ «وكتبَ في الجانب الآخر : انتِ ايتها الارض» وقد يقع في غير الجمل المنقولة ايضاً نحو ܐܢܐ ܠܡ ܐܡܪܬ «انا قلتُ»

وياتي لمعنيين :

١َ : للتعليل بمعنى «لانَّ» نحو ܐܬܟܪܝܬ ܠܡ ܐܦ ܗܝ لانها مقاسية هي ايضاً

٢َ : للتفسير بمعنى «اي» نحو ܛܥܝܗ ܒܡܠܐ ܘܒܕܗܒܐ ܡܠܬܐ ܠܡ ܐܠܦܝܢ ܘܡܐܬܐ «خدعه بالكلام والذهب اي بمئتي ألف دينار»

ܢܐ ويكتب ايضاً ܢܝ = يزاد في الحشو نحو ܠܒܪܘ ܡܢ ܟܐܦܐ ܟܠܝܠܐ ܘܥܠܡܐ ܡܫܓܫܐ ܢܝ ܐܬܓܫܫ « اطمتنا الامواجُ لانَّ العالمَ المضطرب قد ثارَ ».

والغالب فيه ان يلحق المضارع والامر لتوكيدهما نحو ܐܩܘܡܢܐ «لاقومنَّ» ܐܙܠ ܢܝ «اذهبنَّ» . وقد ياتي بمعنى ܠܝ ܘܠܘܬܝ «لي والي» نحو ܫܡܥܝܢܐ «اسمعْ لي» ܩܪܘܒ ܢܝ ܒܪܝ ܐܓܫܟ « تقدم اليَّ يابنيَّ لأَمسَّك » (١)

(١) ومن الحروف التي تراد التحسين :

ܗܟܝܠ — ويقع غالباً بعد اول كلمة من الجملة نحو ܒܙܒܢܐ ܗܟܝܠ ܕܡܕܒܪܢܘܬܗ ܕܡܪܢ «في زمان تدبير ربنا» . وياتي لاربعة معانٍ : ١َ : ظرف زمان بمعنى «الان» نحو ܢܡܠܠ ܗܟܝܠ ܠܐܘܢ ܡܢ ܥܒܕܐ ܡܝܬܐ «فلننطقن الان نياتنا من الافعال الميتة» .

٢َ : للجزاء بمعنى « اذاً والفاء » نحو ܗܒܘ ܗܟܝܠ ܕܩܣܪ ܠܩܣܪ «اعطوا اذاً ما لقيصر» ܟܠ ܐܝܠܢܐ ܗܟܝܠ ܕܦܐܪܐ ܛܒܐ ܠܐ ܥܒܕ ܡܬܦܣܩ «فكل شجرة لا تثمر ثماراً صالحة تُقطع» . ٣َ : للاستدراك بمعنى «لكنَّ» نحو ܪܗܘܡܝܐ ܗܟܝܠ ܠܘܬ ܦܪܣܝܐ ܠܐ ܐܣܬܢܩܘ «لكن الروم لم يحتاجوا الى اسعاف الفرس» .

٤َ : لفصل الخطاب بمعنى «اما بعدُ . وبعد» كقول عبد يشوع الصوباوي في مقدمة

فائدة

قد ذكرنا ان حروف التحسين تقع غالباً بعد اول كلمة من الجملة . ولكن اعلم ١ً : انه اذا كانت تلك الكلمة خبراً مذكوراً رابطُهُ فتقع بعد الرابط نحو ܕܬܠܡܝܕܝ ܐܝܬ ܓܝܪ ܠܡܗܘܐ ܗܕܐ ܒܩܕܡܝܘܬܐ «فانه سيكون ذلك اولاً».

٢ً : اذا كانت مضافةً مجزومةً فتاتي بعد المضاف اليه نحو ܒܝܪܚ ܬܡܘܙ ܕܝܢ «ففي شهر تموز» .

٣ً : اذا كانت فعلاً يليه ضمير منفصل فتقع بعد الضمير نحو ܒܙܐ ܐܢܐ ܕܝܢ ܢܦܫܝ «ولكني اغتصبُ نفسي».

٤ً : اذا كانت فعلاً او صفةً يليها المساعد ܗܘܐ فتأتي بعد المساعد نحو ܡܬܐܠܨܝܢ ܗܘܘ ܕܝܢ ܡܣܟܢܐ «ولكن كان الفقراء يتضايقون». ܡܥܝܕ ܗܘܐ ܓܝܪ ܡܚܘܐ ܨܒܝܢܗ «فانه كان معتاداً ان يعلن ارادتهُ».

٥ً : اذا كانت حرفَ اضافة (عد١٢٧و١٧٣) داخلاً على اسم اوضمير فتقع بعدالاسم اوالضميرنحو ܥܠ ܐܬܪܐ ܕܝܢ ܕܒܝܬ ܢܗܪܘܬܐ «على بلاد ما بينالنهرين» ܚܙܐ ܠܝ ܐܢܘܢ ܐܠܐ ܒܫܠܡܐ «لن انظر الا بالوداع» ܐܫܬܕܪ ܠܢ ܕܝܢ ܐܓܪܬܐ «أرسلَ الينا رسالةً».

كتابه «ܦܘܫܩܐ ܕܟܬܒܐ» : ܐܢܫܝܢ ܗܟܝܠ ܡܢ ܛܝܝܐ «اما بعدُ فانَّ قوماً من العرب» .

ܟܡܐ — وتقع في اوائل الجمل لمجرد الترتيب اللفظي نحو ܟܡܐ ܕܐܣܓܝܘ ܒܘܣܡܝ : ܟܡ ܐܣܓܝܘ ܥܩܬܝ «كلما تفاقمت تنعماتي تفاقمت مصائبي».

ܗܐ — مثاله : ܟܡܐ ܡܩܒܠ ܗܘܐ ܐܢܐ ܠܟܘܢ «كم مبتغٍ لكم» .

والسبب في ذلك ان هذه المذكورات تلازم الكلمة التي قبلها حتى تضحي معها ككلمة واحدة كما ترى.

ܕܘܪܫܐ تمرين

ܛܘܝܠܐ تنزه ܐܬܪܘܥܐ لجّة | ܥܘܡܩ ܝܡܐ مرسح

١ : ترجم الجمل الآتية الى الارامية :

اتى ويأتي ايضاً — ان رحمتَ الفقير يرحمك الله — لو كرمتني اكرمتك — لولا مهارة النوتي لغرقنا في اعماق اللجج — من يكرم والديه يطل عمرهُ — رئيس الرسل اعني ماربطرس — لا تظلم احداً ولا تبغض احداً — ما سرقَ ولا يسرق ولن يسرق — لا يحسن الدخول الى كل المراسح — لعلك تتوب وتخلص — هل تذهبون الى التنزه في بستاننا — نعم سيروا بنا — ها قد وصلنا فما اجمل هذا المكان — هل انتم مسرورون ايها الاحباء كثيراً — كثيراً جداً — اننا نبقى هنا الى المساء ثم نعود .

٢ : بيّن انواع الحروف المطلقة في الجمل الاتية وترجمها الى العربية :

ܐܝ ܪܗܛܬ ܪܗܛܬ — ܐܟܘܬ ܡܢ ܫܡܝܐ ܠܐ ܥܒܕܬ — ܠܐ ܐܘܟܝܬ — ܠܐ ܬܐܡܢ ܠܝ — ܠܐ ܥܒܕܬ — ܠܐ ܐܢܫ ܘܠܐ ܪܚܡ — ܟܠܗ ܥܠܡܐ — ܕܟܝܐ ܒܥܘܬܐ — ܐܝܟܐ ܐܢܬ ܐܚܝ ܛܒܐ — ܐܘ ܡܘܢ — ܡܢ ܠܟ ܘܠܢ — ܠܐ ܐܢܬ ܐܠܐ ܗܘ — ܗܐ ܐܚܝ ܘܐܚܬܝ — ܡܢܐ ܥܒܕܬ ܒܠܚܘܕ ܐܝܟ — ܠܘܬ ܐܚܘܟܘܢ — ܡܢ ܐܢܐ ܠܗܘܢ — ܥܠ ܕܝܢ ܢܣܒ .

ܪܫܐ ܬܠܝܬܝܐ الباب الثالث

ܥܠ ܐܬ̈ܘܬܐ ܕܡܫܘܕܥܢ ܚܫ̈ܐ

في الحروف المبيّنة الانفعالات وفيه ستة فصول

توطئة

٢٠٣ الحروف المبيَّنة الانفعالات هي حروف يُعَبَّرُ بها عن انفعالات نفس المتكلم وحركاتها الفجائية كالفرح والحزن والتعجب الخ ·

وهي قسمان · قسم يدخل على الاسم والضمير بنفسه او بواسطة حرفٍ · وقسم لا يدخل عليهما كما سترى في الفصول الاتية ·

ولها انواع كثيرة اشهرها ستة وهي ܐܬ̈ܘܬܐ ܕܚܕܘܬܐ ܘܕܡܫܒܚܘܬܐ حرفا الفرح والمدح ܘܕܡܐܝܢܘܬܐ ܘܕܟܐܒܐ حروف الندبة والتوجع ܘܕܟܘܠܝܐ حروف التهديد ܘܕܬܡܗܘܬܐ حروف التعجب ܘܕܡܘܝܩܐ ܘܕܡܒܙܚܢܘܬܐ حروف الاستهزاء والتهكم ܘܕܡܣܠܝܢܘܬܐ حرف الرفض والنفور (١) ·

---

(١) لما كانت هذه الحروف تدل على انفعالات النفس وحركاتها كانت انواعها متعدّدة بتعدد هذه الانفعالات والحركات · واشهرها المذكورة هنا كما قلنا في المتن وهي تقابل اسماء الاصوات والافعال عند العرب · وقد توسَّعَ الاراميون فيها فجعلوا بينها بعض الاسما والافعال واجروها مجراها ·

فمن الاسماء جعلوا ܛܘܒ (جزم ܛܘܒܐ) «طوبى · سعداً» —للمدح · ويدخل على الاسم الظاهر بواسطة اللام وعلى الضمير بنفسهِ فيتصل بهِ اتصال الجمع (عد ٦٢) نحو ܛܘܒ ܠܢܒܝ̈ܐ «طوبى للانبياء» ܛܘܒܝܟܝ ܡܪܝܡ «طوباك يامريم» · وكثيراً

الفصل الاول

ܡܛܠ ܐܬܘܬܐ ܕܚܕܘܬܐ ܘܕܫܘܒܚܐ في حرفي الفرح والمدح

٢٠٤ حرفا الفرح والمدح هما ܛܘܒ . ܐܘ «نعمّا · بخ» مثالها: ܛܘܒ = ܛܘܒ ܥܒܕܐ ܛܒܐ ܘܡܗܝܡܢܐ «نعمّا يا عبداً صالحاً وامينا» ومثله ܐܘ .

الفَصل الثاني

ܡܛܠ ܐܬܘܬܐ ܕܡܥܝܘܬܐ ܘܕܟܘܪܗܐ في حروف الندبة والتوجع

٢٠٥ حروف الندبة والتوجع ستة وهي ܐܘܗ «آه · يا · واه»

ما يدخل على ضمير الاسم الظاهر اولاً ثم عليه نحو ܛܘܒܘܗܝ ܠܓܒܪܐ «طوبى للرجل» ܘܝ (جزم ܘܝܠܐ) «اسفاً . ويحاً . ويلاً» — للتأسف والتوبيخ. وحكمه حكم ܛܘܒ نحو ܘܝܠܘܗܝ «اسفاً عليه». ܘܝܠܗܘܢ ܠܐܢܫܐ ܟܐܢܐ «ويح القوم الصالحين» وܚܝܣ او ܚܘܣ «حنان» (جزم ܚܝܣܐ وܚܘܣܐ والياء فيهما زائدة) —للاستغاثة والالتجاء. وتتصل بهما اتصال الجمع نحو ܚܘܣܝܟ ܡܪܚܡܢܐ «حنانيك ايها الرحوم» . ولا توضع علامة الجمع على هذه الاسماء عند اتصال الضمائر بها في هذا المقام نظير الظروف المضافة (عد ١٢٣ و٢١٣) لانها صارت بمنزلة الحروف. وܐܡܝܢ (جزم ܐܡܝܢܐ) «امين . حقاً» — للموافقة والتقرير نحو ܘܥܢܝܬ ܘܐܡܪܬ ܐܡܝܢ ܡܪܝ «واجبتُ قائلاً امين يارب»

ومن الافعال ܚܣ «حاشا . معاذ الله» للتنزيه . ويدخل على الاسم الظاهر والمضمر بواسطة اللام نحو ܚܣ ܠܢܦܫܟ «حاشا نفسك» ܚܣ ܠܟ ܡܪܝ «حاشاك يا سيدي» . وܦܘܗ «افٍ . بئس . صه» —للنفور والردع نحو ܡܡܠܠ ܡܣܟܢܐ ܘܐܡܪܝܢ ܠܗ ܦܘܗ «يتكلّم الفقير فيقولون له صه» . وܦܩܘܕ «تفضّل شرّف» —للتادب نحو ܦܩܘܕ ܡܪܝ «تفضّل يا سيدي». وغير هذه تعرفه بالمطالعة.

ܐܘܚ «آخ» . ܐܘ «آه» . ܐܘܝ «يا آه . ويح» . ܐܗܘ «اوّاه» . ܘܝ «واهِ . آهٍ» . مثالها :

ܐܘܗ = ܐܘܗ ܡܪܝ ܡܪ̈ܘܬܐ «آه يا سيّد السادات» . وتاتي بعده اللام او ܡܢ او ܥܠ نحو ܐܘܗ ܠܕܝܢܐ «آه للقضاء» . ܐܘܗ ܡܢ ܕܪܐ ܗܢܐ «آهاً من هذا الجيل» ܐܘܗ ܥܠ ܚܟܡܬܐ آه على الحكمة

ܐܘܚ = وتاتي بعده ܡܢ نحو ܐܘܚ ܡܢܗ «آخ منه».

ܐܘ وܐܘܝ = وتاتي بعدهما ܡܢ واللام نحو ܐܘ ܡܢ ܚܫܐ او ܐܘܝ ܡܢ ܚܫܐ «آه من الالم» . ܐܘ ܠܟܐܒܐ ܩܫܝܐ او ܐܘܝ ܠܟܐܒܐ ܩܫܝܐ «آهِ من المرض القاسي» .

ܐܗܘ = ولا ياتي بعده شيء. كقول المتوجّع ܐܗܘ «اوّاه».

ܘܝ = ويطلب بعده ܡܢ نحو ܘܝ ܡܢܟ «واهِ منك»(١).

الفصل الثالث

ܡܛܠ ܐ̈ܬܘܬܐ ܕܓܘܥܝܐ في حروف التهديد

٣٠٦ حروف التهديد ثلاثة وهي ܘܝ «ويل» ܘܝܘܝ «ويلاً تعساً» . ܘܘܝ «واهاً . ويلاً» . مثالها :

ܘܝ = ويطلب بعده اللام وܡܢ نحو ܘܝ ܠܟ ܓܒܪܐ ܒܝܫܐ «الويل لك ايها الرجل الشرير» . ܘܝ ܡܢܗ «ويلٌ منه» .

ܘܝܘܝ = وياتي غالباً مكرراً نحو ܘܐܡܪܝܢ ܒܟܠܗܘܢ ܒܪ̈ܝܬܐ ܘܝܘܝ ܘܝܘܝ «ويقولون في كل البرايا ويلاً ويلاً»

---

(١) وياتي للندبة والتوجع ايضاً ܐܘ «يا» ܘܝ بمعنى «آخٍ . وآهٍ» ܘܐܘ «آهٍ» ܘܘܝ «آهٍ» .

ܘܳܝ = ويستعمل غالباً مكرراً ايضاً نحو ܡܶܢ ܡܕܰܝܪܶܗ ܢܰܗܶܡ
ܘܢܳܗܶܡ ܘܳܝ ܘܳܝ «يزأر زئيراً من مسكنه واهاً واهاً» (١) .

الفصل الرابع

ܡܛܠ ܐܬܘܬܐ ܕܬܗܪܘܬܐ في حرفي التعجب

٢٠٧ حرفا التعجب هما ܐܘ «يا ياله» ܒܰܚ ܒܰܚ «بَه بَه» مثالهما:

ܐܘ = ويأتي الاسم بعده اما مجرداً نحو ܐܘ ܥܘܡܩܐ ܕܥܘܬܪܐ ܘܚܟܡܬܐ ܕܐܠܗܐ «يا لعمق غنى وحكمة الله» واما مقترناً باللام وهو احسن نحو ܐܘ ܠܡܪܚܡܢܘܬܗ ܕܐܠܗܐ «يالمحبة الله» . او بالدال نحو ܐܘ ܕܟܡܐ ܣܢܝܐ ܗܝ ܕܢܐܡܐ ܒܫܘܩܪܐ «كم هو قبيح أن نحلف بالباطل» .

ܒܰܚ ܒܰܚ = ܒܰܚ ܒܰܚ ܠܫܘܦܪܐ ܕܡܘܬܒܐ ܘܠܡܠܟܐ «بَه بَه لاوّلية المجلس والراي» (٢)

الفصل الخامس

ܡܛܠ ܐܬܘܬܐ ܕܡܘܚܟܐ ܘܕܡܬܠܥܒܢܘܬܐ

في حرف الاستهزاء والتهكم

٢٠٨ حرف الاستهزاء والتهكم هو ܐܗܐ ܐܗܐ «زه . زه» .

(١) ويأتي للتعديد ايضاً ܐܘ ܘܝ ܘܘܝ «ويح . ويل» .

(٢) ويأتي للتعجب ايضاً ܐܚ «بخ» وܐܘܗ «ياله» ܐܘܝ «يا . ياله» ܘܐܘ «وواه . يا» واسماء الاستفهام ܡܐ وܐܝܟܢܐ وܟܡܐ (عد ١٩٨) نحو ܡܐ ܚܒܝܒܝܢ ܡܫܟܢܝܟ ܡܪܝܐ «ما احب مساكنك يارب» . ܐܝܟܢܐ ܒܪܫܥܬܗ ܝܒܫܬ ܬܬܐ «كيف يبست التينة من ساعتها» . ܘܟܡܐ ܫܦܝܪܝܢ ܢܚܫܝܟܝ «ما احلى نهاتك» .

بخ . نعمّا» . ولا يُستعمل الا مكرراً نحو ܐܘܐ ܐܘܐ ܚܙܬܗ ܥܝܢ
ܥܝܢܢ «نعمّا نعمّا قد راته اعيننا» (١).

الفصل السادس

ܡܚܠ ܐܣܪܐ ܕܡܣܠܝܢܘܬܐ في حرف الرفض والنفور

٢٠٩ حرف الرفض والنفور هو ܦܘܝ «أفٍّ . بئسَ» . وتاتي بعده ܡܢ او ܥܠ نحو ܦܘܝ ܡܢ ܟܐܒܐ «أفٍّ من الالم» . ܦܘܝ ܡܢ ܓܒܪܐ ܕܢܩܦ ܪܓܬܗ «بئسَ الرجل الذي يتبع هواهُ» (٢).

ܕܘܪܫܐ تمرين

١َ: ترجم هذه الجمل الى الارامية :

نعمّا ايها القائد الباسل — واحبيبي — ياولداه — طوبى للمؤمنين الصالحين والويلُ للكفرة المنافقين — يالك ولداً صالحاً ومهذباً — ما اجمل الملكوت السماوي فاسلكْ يا بنيَّ في طريقهِ باستقامة فيؤهلك الله للدخول اليه والحيوة الهنيَّة في مظالّهِ مع والدتهِ وقديسه الى ابد الابدين .

٢َ: بيِّن انواع الحروف المبيِّنة الانفعالات في الجمل الاتية وترجمها الى العربية :

ܛܘܒܘܗܝ ܘܐܠܝܬܗ ܛܘܒܘܗܝ — ܐܘ ܡܪܝ ܘܡܠܟܝ
ܘܢܦܫܝ — ܐܘܗ ܡܢ ܐܘܚܕܢܐ — ܘܝ ܠܟ ܗܘܝܐ ܡܫܬܥܒܕܢܐ —
ܐܘ ܥܘܡܪܐ ܦܪܝܫܐ ܘܡܫܒܚܐ — ܦܘܝ ܡܢ ܢܟܠܐ.

---

(١) وياتي للاستهزاء ايضاً ܐܘܗ «زه . بخ».

(٢) اعلم ان اكثر الحروف لها معانٍ وتراكيب غير التي ذكرناها في هذا الكتاب تجدها في معجمات اللغة . ولا لزوم لذكرها كلها هنا.

ܐܘܣܦܐ ملحق

ܥܠ ܦܬܓܡܐ ܘܕܘܡܝܗ ܘܥܠ ܢܩܝܦܘܬܐ ܕܡܢܬܐ ܘܐܬܘܬܐ ܕܣܡܟܐ

في الجملة وشبهها وفي متعلق الظروف وحروف الاضافة

الفصل الاول

ܥܠ ܦܬܓܡܐ ܘܕܘܡܝܗ في الجملة وشبهها

٢١٠ الجملة هي الكلام المركب المفيد فائدة تامة (عد ١٣١) نحو ܩܡ ܦܘܠܘܣ «قامَ بولس». او فائدة غير تامة نحو ܐܢ ܢܩܘܡ ܦܘܠܘܣ «ان يَقمْ بولس» . وتنقسم الجملة :

١ : الى اسمية وهي المصدَّرة باسم نحو ܡܪܝܡ ܒܬܘܠܬܐ ܗܝ «مريم بتولٌ» . والى فعليّة وهي المصدَّرة بفعل نحو ܩܡܬ ܡܪܝܡ «قامت مريم» (١) .

٢ : الى خبرية وهي التي تتضمن خبراً يحتمل الصدق والكذب (٢) نحو ܐܬܐ ܐܚܘܟ «جاء اخوك» وانشائية وهي التي لا تتضمن خبراً بل انشاء كالامر والنهي والاستفهام والترجي والتمني نحو ܙܠ «اذهبْ» ܠܐ ܬܐܙܠ «لا تذهب» الخ .

---

(١) ولا عبرة بما يتقدم عليها من الحروف نحو ܠܘܝ ܦܛܪܘܣ ܡܠܟܢ «ليتَ بطرس معلمك». ولا بما يطرأ عليها من التقديم والتأخير نحو ܥܒܕܟ ܡܚܝܬ «عبدك ضربتَ» . بل العبرة باصل التركيب فانَّ الجملة الاولى تعدُّ اسميَّة . والثانية فعليَّة . (٢) وذلك باعتبارها في نفسها لا باعتبار قائلها .

فائدة

قدتقع الجملة موقع المفرد فتكون خبراً نحو ܡܪܝܐ ܐܡܠܟ «الربَ ملكَ». او مفعولاً ܘܐܡܪ ܥܒ̈ܕܝ ܠܡܠܟܐ «واقول اعمالي للملك» او حالاً نحو ܘܗܦܟܘ ܟܕ ܛܪܦܝܢ ܥܠ ܚܕܝ̈ܗܘܢ «رجعوا يقرعون صدورهم» . او مضافاً اليها ظرف زمان او مكان نحو ܒܬܪ ܕܢܦܩ «بعد ان خرج» ܐܝܟܐ ܕܝܬܒ «حيثُ يجلسُ».

اما شبه الجملة فهي الظرف وحرف الاضافة الذين لايفيدان الّا باعتبار متعلقها نحو ܗܘ ܠܘܬ ܐܒܘܗܝ «هو عند ابيه» ܥܡܟ ܐܢܐ «انا معك»

الفصل الثاني

ܥܠ ܡܬܬܠܝܢܘܬܐ ܕܡܐܢ̈ܐ ܘܐܬܘ̈ܬܐ ܕܣܡܟܐ

في متعلق الظروف وحروف الاضافة

٢١١ لا بد للظروف مطلقاً (١) ولحروف «الاضافة» من متعلق تتعلق به اي ترتبط ارتباطاً معنوياً . وهذا المتعلق هو الفعل الجامد «ܐܝܬ» والفعل المتصرف وشبهه اي اسم الفاعل والمفعول الخ .

وهو اما عامّ اي يدل على وجود مطلق كفعل ܐܝܬ وܗܘܐ التام وما ماثلهما . واما خاصّ وهو ما دلَّ على وجود مقيد كفعل ܩܡ «قامَ» ܝܬܒ «جلسَ» .

---

(١) اي سواء كانت من ظروف ܣܡܝ̈ܟܐ «المضافة» او ܫܪ̈ܝܐ «المطلقة» .

فان كان عامًّا يجوز حذفهُ كثيراً . ويكون عامًّا متى وقع الظرفُ او الحرفُ صلةً نحو ܐܝܠܝܢ ܕܠܘܬܗܘܢ « الذين عندهم » ܗܘ ܕܥܡܗ «الذي معه» . او صفةً نحو ܡܘܬܐ ܡܛܠܬܟ «الموت لاجلك» او خبراً نحو ܥܡܗ ܐܢܐ ܒܐܘܠܨܢܐ «انا معه في الضيق» . او حالاً نحو ܐܬܐ ܥܠ ܥܢܢܝ ܢܘܗܪܐ «ياتي على سُحب النور» (١) .

وان كان خاصاً يجب ذكره نحو ܐܬܦܨܝ ܒܝܘܡܐ ܕܥܪܘܒܬܐ «صُلبَ يوم الجمعة» ܩܡ ܒܥܕܬܐ «قام في البيعة» (٢) .

ܣܘܟܐ الخاتمة

ܥܠ ܦܘܫܩܐ ܕܡܡܠܠܐ في اعراب الكلام

٢١٢ اعراب الكلام هو تبيين نوع كلِّ كلمة من مفرداته وذكر اوصافها الصرفية والنحوية . فيذكر :

في اعراب الاسم

هل هو مظهر او مبهم . موصوف او صفة . مذكر او مونث . مفردٌ او جمع الخ . مبتدا او خبر . فاعل او مفعول . حال او تمييز . صفة اي نعت او توكيد الخ .

---

(١) فمتعلق الظرف والحرف في هذه الامثلة محذوف تقديره في المثالين الاولين ܐܝܬܝܗܘܢ . وفي الثالث ܐܝܬܘܗܝ . وفي الرابع ܐܝܬ . وفي الخامس ܕ، ܐܝܬܘܗܝ .

(٢) فمتعلق الظرف في المثال الاول ܐܬܦܨܝ «صُلبَ» ومتعلق الحرف في المثال الثاني ܩܡ « قامَ » . واعلم ان الحروف الزائدة لا متعلق لها . لانه لا يؤتى بها للربط في الجملة بل لغاية اخرى كالتقوية في نحو ܩܡ ܠܗ «قامَ» والتحسين في نحو ܡܢ ܕܝܢ ܐܡܪ «مَن قالَ» .

وان كان ظرفاً : هل هو ظرف زمانٍ او مكان من ظروف ܣܒ ܦ «المضافة» او ܚܒܫܒܬܐ «المطلقة» وماهو متعلقه الظاهر او المحذوف

وفي اعراب الفعل

هل هو ماضٍ او حاضر او مضارع او امر او نهي مجرد او مزيد . سالم او نوني او مضاعف او مهموز او معتل . معلوم او مجهول او تاوي . لازم او متعدٍ .

وفي اعراب الحرف

هل هو حرف تشبيه او شرطٍ او استثناء او ندا او مدح الخ . من حروف ܣܒ ܦ الاضافة او ܚܒܫ المطلقة او ܡܕܡܘ ܘܡܣܩܠ المبيِّنة الانفعالات

وفي اعراب الجملة

هل هي اسمية او فعلية . حالّه محلّ المفرد او غير حالّة محلّه

امثلةٌ للاعراب

مثالٌ اول : ܐܬܬܥܝܪ ܡܪܝܐ ܐܝܟ ܕܡܟܐ « استيقظَ الربُّ كالنائم »

ܐܬܬܥܝܪ	فعل ماضٍ . تاوي . لازم . معلوم بصيغة المجهول
ܡܪܝܐ	اسم الربّ تعالى . موصوف مفرد . فاعل ܐܬܬܥܝܪ
ܐܝܟ	حرف تشبيه من حروف ܣܒ ܦ . داخل على ܕܡܟܐ . متعلق بـ ܐܬܬܥܝܪ
ܕܡܟܐ	صفة . قائم مقام الموصوف . مذكر . مفرد . داخل عليه ܐܝܟ

مثالٌ ثانٍ : ܒܪܬ ܡܠܟܐ ܒܫܘܒܚܐ ܩܡܬ ابنة الملك قامت بالمجد

ܒܪܬ	اسم موصوف . مؤنث . مفرد . مبتدا . مضاف الى ܡܠܟܐ بالجزم

ܡܫܝܚܐ	اسم موصوف . مذكر . مفرد . مضاف اليه ܥܕܬܐ
ܒ	حرف للحال (وجه ٣٩٦) من حروف ܒܕܘܠ . داخل على ܫܘܒܚܐ . متعلق بـ ܩܡܬ
ܫܘܒܚܐ	اسم موصوف . مذكر . مفرد . داخلة عليه الباء
ܩܡܬ	فعل وفاعل . ܩܡ فعل ماضٍ مجرد . معتل العين . لازم . والتاء للتأنيث . وفاعله ضمير مستتر فيه جوازاً تقديره ܗܝ راجع الى ܥܕܬܐ . وجملة ܩܡܬ خبر ܥܕܬܐ المبتدا

مثال ثالث: ܩܘܡ ܦܘܠܘܣ ܐܪܕܝܟܠܐ ܕܥܕܬܐ قم يابولس مهندس البيعة

ܩܘܡ	فعل وفاعل . ܩܘܡ فعل امر . وفاعله مستتر وجوباً تقديره ܐܢܬ
ܦܘܠܘܣ	اسم علم . منادى . وحرف الندا محذوف تقديره ܐܘ
ܐܪܕܝܟܠܐ	بدل من ܦܘܠܘܣ يتبعه في التذكير والافراد . مضاف
ܕܥܕܬܐ	الدال للاضافة ܥܕܬܐ مضاف اليها ܐܪܕܝܟܠܐ بواسطة الدال

ܕܘܪܫܐ ܬܪܝܢ

انسخ البيت التالي بالاقلام الارامية الثلاثة كما هو امامك واعربه :

الرهاوي	الغربي	الشرقي
ܒܡܒܥ ܢܘܗܪܐ	ܒܡܒܥ ܢܘܗܪܐ	ܒܡܒܥ ܢܘܗܪܐ
ܕܕܢܚ ܗܘܐ ܡܢ	ܕܕܢܚ ܗܘܐ ܡܢ	ܕܕܢܚ ܗܘܐ ܡܢ
ܒܪܬܗ ܕܘܝܕ . ܦܪܘܩ	ܒܪܬܗ ܕܘܝܕ. ܦܪܘܩܢ	ܒܪܬܗ ܕܘܝܕ
ܠܒܪܢܫܘܬܐ ܗܘܐ ܘܦܪܩܗ	ܠܒܪܢܫܘܬܐ ܗܘܐ ܘܦܪܩܗ	ܦܪܘܩܢ ܠܒܪܢܫܘܬܗ
ܠܗ ܠܡܫܬܒܚܘܬܐ	ܠܗ ܠܡܫܬܒܚܘ	ܗܘܐ ܘܦܪܩܗ ܠܗ
ܒܪܚܡܘܗܝ ✤	ܒܪܚܡܘܗܝ ✤	ܠܡܫܬܒܚܘ ܒܪ ✤

وكان الفراغ من تاليفه في ١٥ ايلول سنة ١٩٢٨ م في مار تقلا وادي شحرور «لبنان»

ملحق اخير

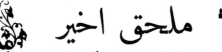

يحتوي على مقالة في الفينيقيين وذكر مراجع هذا الكتاب
وتقاريظه وفائدة في التقسية والترقيق

مقالة

عنوانها : «من هم الفنيقيون»[١]

للعلامة المرحوم الاب اسحق ارملة السرياني

نشرتها له جريدة البشير الغرّا في ٩ آب سنة ١٩٣٨ فقالت :

تناولنا من حضرة الاب الفاضل صاحب التوقيع المقالة التالية :

ليس في التواريخ الدينية والدولية الصحيحة ولا في الآثار والعاديات القديمة تفاصيل كافيــة وافية او نصوص جلية عن الامم الاقلية وفي جملتها الامة الفنيقية النبيلة. وأوثق مصدر ُيستند اليه في ذلك ما كتبه موسى الـكليم في بعض فصول سفر التكوين (١٠و١٥و٢٢) حيث عدّد بكلمة عمومية قصيرة قبائل البشر الاقدمين وذكر حصة كل قبيلة من الارض. ولذا توفرت المذاهب وتضاربت الآراء واختلف تخيل الشعراء واختلاق الرواة في اصل الفنيقيين واخبارهم . واصدق ما يقال عنهم انهم باجمعهم آراميّون تشعبوا ثـلاث شعب شعبة نزلت في ارواد لم تذكرها التواريـخ ولا اساطير السريان واليونان والرومـان ذكراً صريحاً . وشعبة احتلت جبيل وهي آراميّة بحتة وسريانيّة محضة . وشعبة ثالثة تفرّدت بصيدا وصور[٢] . وعلى امتزاج هذه الشعبة الثالثة

١) وهي التي وعدنا بنشرها في كلامنا عنهم في اللمحة التاريخية باول الكتاب .
٢) برّوت . الفن في التاريخ ٣ : ٢٣ د ٢٥

وتزواجها بشعوب غريبة لسبب رحلاتها وتجاراتها البحرية والبرية لم يؤثر ذلك الامتزاج في بيئتها ولم يتغلب ذلك التزواج على قوميتها وآدابها ودیانتها. لكنها لفرط ذكائها حبّبت آدابها واخلاقها الى الغرباء حتى أصبحوا منها وفيها ومعها فلا صحة اذاً لزعم من زعم ان الفنيقيين متحدّرون من كنعان العبد (تك ٩ : ٣٥) او ان البلاد الفنيقية بلاد كنعانية واليك التفصيل :

١ً : الفينيقيون ليسوا من نسل كنعان

زعم قوم ان الفينيقيين متسلسلون من كوش او من كنعان ابني حام مستندين في زعمهم الى نصّ الكتاب (تك١٠ :١٧) وهو «وكنعان ولد صيدون » . فادّعوا ان هذا صيدون بن كنعان ابتنى صيدا ومنه تسلسل الصيدونيون اجداد الفنيقيين . وفات هؤلاء ان شراح الكتاب لم يجمعوا على هذه الدعوى ولم يقرّروا ان صيدون أسس صيدا . بل لم يثبتوا ان صيدون أطلق اسمه على قبيلة او على مدينة [١] . فالصحيح الصريح ان الكنعانيين بعدما احتلوا ارض كنعان زمناً طويلاً ام قصيراً ضربهم يشوع بن نون (١١ : ٨ و٤) ضربةً قاضية وأفناهم بحدّ السيف ولم يُبقِ منهم نسمةً . فاين تصريح الكتاب من زعم الزاعمين ان الكنعانيين فينيقيون ؟ بل اين منهم القول ان اللبنانيين كنعانيون ؟ على اننا اذا افترضنا ان شرذمة ضئيلة من كنعان افلتت من سيف العبرانيين فهل لتلك الشرذمة القليلة ان تخرق ارض لبنان الفنيقية وتحتلها ؟ كلا . بل الاجدر ان يقال استناداً الى آية الكتاب انها اصطبغت بالفنيقيين الآراميين واندرس مع الزمان إثرها وانطمس ذكرها

١) تاريخ لبنان للاب مرتين اليسوعي ١ : ٤٢٣

٢ً : الفنيقيون لم يشغلوا في بلاد كنعان

كانت تخوم الكنعانيين على ما ايّد الكتاب (تك١٠ : ١٩) : « من صيدون وانت آتٍ نحو سدوم وعمورة » . اعني من صيدا الى الاردن ومن البحر المتوسط الى البحر الميت . وهذه البلاد باجمعها قد وعد الله سبحانه وتعالى ان يجعلها ملكاً لابرهيم الخليل (تك ١٢ : ٥) ولاولاده من بعده (خروج ٦ : ٤) ثم حقق تعالى وعده فسميت ارض العبرانيين (تك ٤ : ١٥) . وقد احتلها يشوع بن نون احتلالاً عسكرياً منذ اكثر من٣٣٧٢ سنة وأفنى سكانها الكنعانيين الاصليين. ووزع اراضيهم على الاسباط الاثني عشر ٠ ولم يُبقِ للكنعانيين فيها نافخ نار .

٣ً : الفينيقيون آراميون سريانيون

فالفينيقيون اذاً ليسوا الا قبيلة من القبائـــل الآرامية السريانية نزحت عن وطنها القديم في آرام النهرين وشخصت الى لبنان فاستطابت اريافه واستحلت هضابه فاحتلتها واستوطنتها وجعلت تجاهر على رؤوس الاشهاد بانها هي هي صاحبتـه الشرعية وهي التي مصّرتـه وحضّرته وعمّدته . « وتصريحها هذا الجلي يؤيده كل من وقف عـلى اخبارها وحكاياتها واسمائها واختراعاتها [١] ». تلك حقيقة كتابيـة تاريخية تقليدية راهنـة يجب ان ينادى بها علناً وان يُقرّ بها الجميع ويجاهروا بان اللبنانيين او الفينيقين اطلقوا اسم آرام ابيهم وجدّهم على اعظم جبـالهم كما اطلقوه على عدة دول ومقاطعات كآرام النهرين وفـدّان آرام وآرام دمشق وآرام بيت رحوب وآرام صوبا وآرام نصيبين وآرام معكة وغـيرها . وظل اللبنانيون الفنيقيون يُسمون

١) الاب مرتين ١ ١١ ٤

آراميين الى اوائل التاريخ المسيحي كما قرّره كتاب العهد الجديد (اعمال ١٩ : ١ و ٢٠) الخ . والمؤرخون عامة . (١)

٤ً : بلاد الفنيقيين

كانت حدود البلاد الفنيقية الآرامية من صيدا جنوباً الى ارواد وجبال طورس شمالاً . ومن سواحل البحر الفنيقي غرباً الى حدود حماة شرقاً، ثم اختلف هذا التحديد لسبب ضغط الدول على الاراضي الفنيقية حتى امست على ما هي عليه في عهدنا . ومن المقرّر ان اقدام الآراميين الفنيقيين رسخت في سواحل البحر وهضاب لبنان رسوخاً وطيداً مستديماً . ولم يتعرّض لهم في أرضهم وملكهم اخوانهم العبرانيون كما تعرّضوا لجيرانهم الكنعانيين الدخلاء . ذلك لان بين الآراميين والعبرانيين قرابة موشّجة تتصل بابرهيم ابي الآباء الآرامي (تثنية ٢٦ : ٢٥) السرياني الذي شدّد الاوامر على عبده ألا يتخذ لاسحق ابنه زوجةً من بنات الكنعانيين بل من عشيرته (٢٤ : ٢ — ٢٤) الآرامية السريانية . زد عليه انه لم يرد في الكتاب ولا في الصحف والاساطير القديمة ان العبرانيين حاربوا الفنيقيين او زاحموهم في اراضيهم كما حاربوا الكنعانيين واتلفوهم واحتلوا ارضهم . بل ان العبرانيين راسلوا الاراميين والفنيقيين وصاهروهم واستعانوا بهم في شتى الشؤون العمرانية ولاسيما في بنيان الهيكل الاورشليمي وتزيينه بخشب الارز اللبناني .

فالخلاصة ان اللبنانيين او الفنيقيين قاطبةً ليسوا الا آراميين

١) فيه ١ : ٨١

سريانيين اقبلوا من برية سنعار وتفرّقوا في ربى لبنان وأريافه وملأوا جميع جهاته[١]

وأصبحت الارض ارضهم والجبال جبالهم . وما برحت تحسب وستحسب كذلك مهما تزاحمت الدول في امتلاكها وامتزجت دماء الغرباء بدماء الآراميين اصحابها . ونكرّر ان اهالي جبيل خصوصاً وهم اجداد السريان الموارنة الخلّص الذين فيهم تصدق التسمية الفنيقية المجيدة قبل سائر اللبنانيين لم يبدوا صداقةً البتة للبقية الكنعانية عدوة العبرانيين انسبائهم ولم يدخلوا في محالفة معها اصلاً وقطعاً . ومن ثم فالاراضي اللبنانية الفنيقية ليست الا اراضي السلالة الآرامية اللبنانية الفنيقية السريانية وليست من نسل كنعان . حاشى وكلاّ . لكنها من نسل آرام بن وسام بن نوح جدّ الآرامين السريان والسلام .

الخوري اسحق ارملة السرياني

١) ميخائل الكبير ٨ والرهاويّ ٣)

مراجع الكتاب

اي الكتب التي استندنا اليها في تأليف كتابنا هذا

قد لاقى هذا الكتاب، والحمد لله ، بعد طبعته الاولى سنة ١٩٢٩ ، استحساناً جزيلاً عند جميع ارباب المدارس والعلماء الافاضل ولاسيما المستشرقين الكرام الذين اثنوا عليه كثيراً . واخذوا يدرسون فيه تلامذتهم . وانما رغبوا ان تكون المراجع التي استندنا اليها في تاليفه مذكورة فيه . فنزولاً عند رغبتهم الكريمة نأتي على ذكر هذه المراجع . وهي لأشهر علماء اللغة الاعلام كما ترى :

١ً : غرامطيق ابن العبري (١٢٨٦) ܟܬܒܐ ܕܨܡܚܐ « كتاب الاشعة» ܘܡܫܘܚܬܐ ܕܨܡܚܐ « مدخل الاشعة »

٢ً : غرامطيق البطريرك يوسف العاقوري (١٦٤٨) المطبوع في رومية بايامه .

٣ً : غرامطيق ابراهيم الحاقلاني (١٦٦٤) المطبوع في ايامه .

٤ً : « الخوري بطرس التولاوي (١٧٤٥) المخطوط .

٥ً : « سرياني عربي مخطوط بالحرف السرياني فقط وقديم كما يظهر من مقدمته ، وانما لا يُذكر مؤلفه .

٦ : غرامطيق آخر سرياني عربي مخطوط بالحرف السرياني فقط وقديم لا يُذكر مؤلفه وانما كتب في آخره هكذا « على يد العبد الخاطي جرجس البويز من قرية زوق مصبح ما احد له به شيء حرّر سنة ܐܡܝܢ ١٨٧٣ .

٧ : غرامطيق الاب نعمة الله الكفري الراهب اللبناني المـاروني

«مورد التحقيق في اصول الغرامطيق» المطبوع في دير قزحيا سنة ١٨٧٣ و ١٨٩٦ .

٨ : غرامطيق الاب جبرائيل القرداحي الحلبي اللبناني « الاحكام في صرف السريانية ونحوها وشعرها» الذي انتهى من تأليفه سنة ١٨٧٩ وطبع في رومية .

٩ : كتابه «المناهج في النحو والمعاني عند السريان» المطبوع في رومية سنة ١٩٠٦ .

١٠ : قاموسه « اللباب » المطبوع في بيروت بالمطبعة الكاثوليكية للآباء اليسوعيين في جزئين سنة ١٨٨٧ — ١٨٩١ .

١١ : غرامطيق المطران يوسف داود السرياني «اللمعة الشهية» المطبوع في الموصل بدير الاباء الدومنيكيين في جزئين سنة ١٨٩٦–١٨٩٨

١٢ : قاموس المطران توما اودو الكلداني المطبوع سنة ١٨٩٧ في الموصل

١٣ : غرامطيق القس يعقوب اوجين منّا الكلداني (المطران بعدئذٍ) «الاصول الجلية في نحو اللغة الارامية» المطبوع في الموصل بمطبعة الآباء الدومنكيين سنة ١٨٩٦ .

١٤ : قاموسه «دليل الراغبين في لغة الاراميين» المطبوع في الموصل في دير الآباء الدومنيكيين سنة ١٩٠٠ . وبعض قواميس اخرى مخطوطة .

١٥ : الحواشي والشروح التي علقها على كتابه «المنتخبات» من ميامر مار افرام وغيره من العلماء، المطبوع في الموصل في جزئين، بالكلدانية .

١٦ : غرامطيق المطران يوسف دريان « الاتقان في صرف لغة السريان » المطبوع في بيروت سنة ١٩١٢ .

١٧ : غرامطيق القس اسحق ارملة السرياني « الاصول الابتـدائية في اللغـة السريانية » المطبوع في مطبعة الآباء اليسوعيين في بيروت سنة ١٩٢٢ . وشرح تمارينه

١٨ : كتابه ܪ̈ܓܬ ܥܠܝܡܐ «رغبة الاحداث» الجزء الاول المطبوع في المطبعة اللبنانية ببيروت سنة ١٩٠٧ وجزؤه الثاني المطبوع في دير «الشرفه»

١٩ : غرامطيق مختصر للقس بولس بيت درايا

ܡܗܕܝܢܐ ܕܐܣܟܘܠܝܐ

«مرشد الدارسين» المطبوع في الموصل بمطبعة الاشوريين سنة ١٩٢٣

٢٠ : الحواشي والشروح التي علقها على كتاب «ميامر نرسي الملفان» القس الفونسوس منكنا المطبوع في الموصل بمطبعـة الآباء الدومنيكيين سنة ١٩٠٥ في مجلدٍ كبير بالكلدانية .

٢١ : المعجم والقوانين اللغوية التي اضافها القس آدي صليبا ابرهينا الى كتابه ܠܩܘܛܐ « المقتطف » من ميامر واقوال مار افرام وغيره المطبوع في الموصل بمطبعة الآباء الدومنيكان سنة ١٨٩٨ .

٢٢ : كتاب «الدوائر في بقايا اللغة السريانية في اللغة العربية العامية في لبنان وسورية» للاب يوسف حبيقه الراهب اللبناني المطبوع في المطبعة اللبنانية سنة ١٩٠٤

٢٣ : عدة مقالات لغوية وتاريخية عن هـذه اللغة وغيرها وآدابها ومؤلفيها واسماء القرى والمدن والبلدان الموضوعة فيها نشرت في مجلات عديدة كمجلة «المشرق والمنارة والآثار الشرقية» وغيرها.

تقاريظ الكتاب

بعدما طبع هذا الكتاب للمرة الاولى مدحه كثيرون من العلماء واثنوا عليه بتقاريظ عديدة نذكر منها ثلاثة :

تقريظ مجلة الآثار الشرقية

كتبت هذه المجلة الغراء في العدد١٢ كانون الاول١٩٢٩صفحة ٥٢٣، وكان مديرها العلامة الاب اسحق ارملة، ما يلي :

مطبوعات جديدة

ܓܪܡܛܝܩܝ ܕܠܫܢܐ ܐܪܡܝܐ ܣܘܪܝܝܐ

للاب بولس الكفرنيسي الراهب اللبناني (ص ٢٤٨)

كلف هذا الاب الفاضل منـذ انضوائه الى سلك الرهبنة اللبنانية بحب لغة اجداده السريانية فاكب على اقتباس اصولها وفروعها وتبحر في ضوابطها وقواعـد صرفها ونحوها حتى انشأ كتابـه هذا المنتظم وطبعه طبعة متقنة جميلة كلفته اتعاباً وافرة ومبالغ جسيمة واضاف اليه عدة تمارين وحواشٍ مفيدة فجاء تأليفه جامعاً لشتات اللغة حافلاً بالفوائد اللغوية يعين مطالعـه على احراز ضوابط تلك اللغة الطقسية القديمة بوقت وجيز .

فنحث كل سرياني مارونياً كان ام سريانياً غربياً وشرقياً ان يقبل على دراسته . ونود لو ان الوسائط التي ادرجها مؤلفه الهمام في لمحتـه التاريخية الدقيقة تحوز القبول لدى الائمة وارباب المدارس الكهنوتية

والثانوية فيبعثوا في قلوب الاقليرس والاحداث محبة لغة الاجداد لعلها تعود الى سابق رونقها وبسطتها خصوصاً في لبنان الكبير فان سكانه قاطبة على اختلاف نحلهم ما برحوا الى هذا اليوم يلهجون بلهجته في لغتهم الدارجة على رغم تكلمهم بالعربية .

رسالة بالسريانية للعلامة القرداحي

ܐܒܐ ܐܕܝܒܐ ܘܡܝܩܪܐ،

ܩܒܠܬ ܕܝܢ ܐܓܪܬܟ ܘܥܡܗ ܐܨܚܬܐ ܕܓܪܡܛܝܩܝܟ ܕܠܟ ܕܗܘ ܫܦܝܪܐ ܠܝ ܛܒ ܐܦ ܡܢ ܟܠܐ ܕܐܬܩܢܘܗ ܠܡܠܠܐ ܘܫܠܝܡܬܐ ܐܦ ܡܢ ܟܠܐ ܕܐܬܦܫܩܘ ܠܬܪܬܝܢ ܘܡܬܬܪܓܡܐ. ܒܝ̈ܕ ܗܘܘ ܐܝܠܝܢ ܡܢ ܩܕܡܘܗܝ ܒܠܒܢ ܟܠ ܡܫܪܒܠܘܬܗ ܠܒܢܝ̈ܘܗܝ ܐܝܟ ܕܒܝܘܒܠܐ.

ܒܪܡ ܕܝܢ ܒܟܬܝܒܬܗ ܡܢ ܙܒܢܐ ܠܗܢܐ ܡܟܝܠ ܐܪܡܝܬܐ ܒܪܝܫܘܬܗ. ܡܛܠ ܕܒܪܘܫܘܬ ܟܬܒ ܒܫܬܩܬܐ ܒܗܠ ܡܠܟܐ ܕܒܠܫܢܐ ܐܪܡܝܐ ܐܘ ܐܪܡܝܐ ܐܝܟܘ ܕܠܐ ܡܫܟܚܝܢ ܒܠܫܢܐ ܐܢܓܠܝܐ ܐܘ ܒܠܬܝܢܐ.

ܗܘܐ ܒܫܘܫܡܐ. ܘܫܠܡ ܗܟܝܠ ܘܣܠܩ ܒܛܘܒܬܐ ܕܡܫܝܚܐ.

15/1929 LUGLIO

ܡܣܟܢ ܓܒܪܐܝܠ

ܒܪ ܩܪ̈ܕܚܐ

ترجمتها :

ايها الاب الفاضل المكرم

استلمت رسالتك ومعها نسخة غرامطيقك الذي حَسن لي

كثيراً، سواء كان من جهة أساليبه المتقنة الصحيحة، او من جهة عباراته الجيدة الجليّة . فاشكرك من صميم فؤادي على تقدمتك اياه لحقارتي مثل تذكار .

على انه ليس من رأيي ان ترسل منه نسخاً الى رومية لانه في رومية لا يوجد اهتمام بالكتب التي باللغة الارامية او العربية اذا لم تكن مترجمة باللغة الايطالية او اللاتينية .

هذا بالايجاز . كن سالماً ومتعافياً لزمانٍ طويل .

١٥ تموز ١٩٢٩ الضعيف

جبرايل القرداحي

تقريظ مجلة L. Museon

نشرت هذه المجلة الغرّاء الصادرة عن جامعة لوفان في سنة ١٩٢٩ تقريظاً ووصفاً لهذا الغرامطيق، لاحد محرريها المشهورين المستشرق الاستاذ ج. فورجيه (المجلد ٤٣ ص ٣٢٥ و ٣٢٦) ومما جاء فيه :

L'auteur, le R.P. Paul Kefarnissy, moine Maronite libanais, tient à bon droit en haute estime et en chaude affection la langue qui fut pendant des siècles celle de ses aïeux et qui sert encore à la liturgie de son rite catholique. Il a eu, comme professeur au scolasticat de l'ordre libanais, l'occasion de l'approfondir, il en a pénétré tous les secrets, il s'est dès longtemps initié à toutes ses finesses. Mais, avec des sentiments de regret qu'il est permis de partager, il constate chez beaucoup de ses compatriotes un refroidissement du zèle traditionnel pour l'étude de l'idiome ancestral et liturgique. Ce fait lui a semblé partiellement attribuable aux manuels les plus répandus, qui, suivant de trop près les manuels grecs, ne répondent ni aux habitudes et aux besoins des esprits, ni aux récents progrès de la linguistique. C'est pourquoi il a entrepris de fournir à ses core-

ligionnaires un livre à la fois plus attrayant et plus utile, en s'appuyant de préférence sur les récentes recherches grammaticales concerant les langues sémitiques et l'arabe en particulier. Sa Grammaire me paraît bien répondre au but poursuit, au programme qu'il s'est tracé; elle est ordonnée logiquement, claire, suffisamment complète pour que rien n'y manque de ce que requiert l'intelligence parfaite du syriaque...

ترجمته : « بولس الكفرنيسي (غرامطيق اللغة الارامية السريانية

ܓܪܡܛܝܩܝ ܕܠܫܢܐ ܐܪܡܝܐ ܣܘܪܝܝܐ

ان مؤلفه حضرة الاب المحترم بولس الكفرنيسي الراهب اللبناني الماروني يكنّ في قلبه بكل حق حباً حاراً واعتباراً سامياً للغة التي كانت مدة اجيال لغة اجداده والتي لا تزال الى الان تستعمل في ليتورجية طقسه الكاثوليكي . وقد سنحت له الفرصة مدة تدريسه في المدرسة الرهبانية اللبنانية ان يتعمّق ويتضلّع في جميع اسرارها فبرعَ في جميع مواضيعها ودقائقها ، ولكن مع عواطف الأسف الشديد التي نشاركه فيها ، لملاحظته عند كثيرين من مواطنيه فتوراً في غيرتهم التقليدية على درس لغة الجدود لغة طقوسهم الدينية .

وقد اعتبر ان بعض السبب في ذلك هو نسق المؤلفات المنتشرة (بين ايدي الدارسين) التي تبع مؤلفوها قواعد اللغة اليونانية التي لا تنطبق على روح اللغات الساميّة . لذلك اهتمّ ان يقدّم لبني جنسه كتاباً يكون اكثر تشويقاً واجزل نفعاً سهل المأخذ حسن الاسلوب موافقاً لاساليب اللغات السامية وخاصة اللغة العربية ومتفقاً مع تطوّر المباحث النحوية الحديثة. ان غرامطيقه ، على ما ارى ، ينطبق تماماً على الغاية التي توخّاها من تأليفه . فالاسلوب الذي اتخذه منطقي

مرتب كامـل الوضوح لا ينقصه شيء مما يساعـد على تعلّم اللغة السريانية واتقانها ...

فائـدة

في التقسية والترقيق

وهي فائدة (سادسة) تابعة للفوائد الخمس التي في صفحة (٣٠٥-٣٠٧)

ان بعض الدارسين يقسّون ويرقـّقون الحروف السنة المتقدم ذكرها (صفحة٢٩٣) في بعض الكلمات، غلطاً وبدون ضابط. مثال ذلك ܟܳܣܳܐ كأس ܬܰܡ ثمّ ܓܰܢܬܳܐ جنـّة. بترقيق الـ ܟ والـ ܬ والصواب تقسيتها لانها في اول الكلمة كما تنصّ القاعدة الاولى من قواعد التقسية (ص٢٩٥)

ܘܡܶܠܟܳܐ مشورة ܦܶܠܓܳܐ نصف ܐܰܘܟܶܠܬܰܢ اطعمتنا ܢܺܐܪܬܘܢ يرثون ܢܶܒܟܶܐ يبكي. بترقيق الـ ܟ والـ ܓ والـ ܬ والصواب تقسيتها لانها بعد ساكن في وسط الكلمة كما في القاعدة الثانية .(ص٢٩٥)

ܘܙܰܟܳܝܳܐ بريء. ظافر ܢܶܫܪܶܐ يحلّ ܪܟܶܒ ركّب ܗܳܪܟܳܐ من هنا. بترقيق الـ ܟ والـ ܬ والصواب تقسيتها لانها مشدّدة عند الشرقيين وعندنا قديماً كما في القاعدة الثالثة (ص ٢٩٦)

ܘܪܶܓܬܳܐ حلول ܪܶܓܬܳܐ ܐܶܬܪܰܓܪܓܶܬ «شهوة اشتهيت» (كما في كتاب الحاش) ܬܰܪܣܳܐ ترس. بترقيق الـ ܓ والـ ܬ والصواب تقسيتها لانها مشدّدة في الاصل وُخفـّفت عرضاً كما في القاعدة الرابعة (ص ٢٩٧)

ܐܰܒܳܠܳܐ كما ܟܳܪܘܿܙܳܐ خطيّب ܐܶܬܪܟܶܢ تنازل . بتقسية

الء والصواب ترقيقها لانها ساكنة بعد متحرك في المثال الاول وواقعه بعد اول الكلمة الساكن في المثال الثاني وبعد ساكنين في الثالث كما تنص القاعدة الاولى (ص ٢٩٨) والثانية (ص ٢٩٩) والثالثة (ص٢٩٩) من قواعد الترقيق . — وقس على ذلك

اما سبب هذا الغلط فهو اولاً: عدم وضع علامات التقسية والترقيق لهذه الحروف في الكتب المطبوعة عند الغربيين . ثانياً : وقوف هؤلاء الدارسين بصلاة الخورس في الاديرة والمدارس الجامعة (في الايام الاخيرة) بعيدين عن رئيس «القرّائة» الذي يتعذّر عليه تنبيههم الى غلطهم كما كان في الايام السابقة . ويا ليتهم يعودون فيقفون قريبين منه دائماً كالماضي في الاديرة والمدارس الجامعة نفسها (—متناوبين—) كما يقفون في هذه الايام ، بصلوات الاحاد والاعياد ، فيسهل عليه تنبيههم .

وعلى الاساتذة الكرام ان يجعلوهم يتحاشون هذا الغلط بدرسهم قواعد هذا الباب جيداً ومطالعتهم ما امكن من كتب اخواننا الشرقيين الذين لا يزالون يحافظون على وضع العلامات لهذه الحروف بكل تدقيق .

فهرس الكتاب

وجه	سطر	خطـأ	صواب
ي	٢	فنفلوا	فنقلوا
ي	١١	نرّحه	نرجّحه
يج	٢٣	اسدادنا	اجدادنا
يد	٨	او ـ	او 2
يد	١٩	ووه	وجوه
يط	١٨	تمجيد	من تمجيد
كب	٩	الكنة	الكهنة
كج	١٢	وينهيون	ويتيهون
كد	٤	اقدر	اقدس
٧	١٥	ܡܬ̈ܡܢܝܐ	ܡܬ̈ܡܢܝܬܐ
١٢	٧	فالف	فالالف
٢٣	١١	(واو"ا	وواو"ا
٢٦	١٠	ܥܡܕܐ	ܘܡܥܕܐ
٣١	١٤	ܓܒܠܐ	ܓܒܒܠܐ
٣٢	٧	هو	وهو
٣٦	٩	وميزاته	ومزيداته اثنا عشر وزناً
٤٩	٢١	في	عن
٥٣	١٦	الواو	الراء
٦١	١٧	ܡܫܒܚܘ ܫܡܟܐ	ܡܫܒܚܘ ܫܡܟܐ
٦٦	٢٠	قطع	تزرع
٨٦		ܘܐܟܡ	ܐܟܡ
٨٧	١٨	ܦܫܘܪܐ	ܘܦܘܪܐ
٩٢	١٨	ܐܘܪܐ	ܦܘܪܐ
٩٤	٨	ܐܘܩܕܘܗܝ	ܐܘܩܕܬܘܢ

وجه	سطر	خطـأ	صواب
١٠٣	١١	ا « الف » د	ا « الف » د ومثلها باقي حروف الالف
١٠٤	١٧	معطوفات	معطوف
١٠٥	٢	ܐܘܡܢ	ܐܘܡܢ
١٠٨	١٩	اصبحت.. ܐܝܟ	صحبت.. ܐܝܟܘܢ
١٠٨	١٩	ܘܐܝܟܢ	ܘܐܝܟܢܝ
١١٣	٨	ܚܕܕܗܘܢ	ܚܕܡܕܗܘܢ
١٣٠	٥	اثنا عشر فصلا	ستة فصول
١٣٩	٨	ܢܕܡܡ	ܢܕܡܘܢ
١٦٣	١٤	اكتُتب	إكتأبَ
		يُكتابُ	يكتَئِبُ
٢٨٠	١٠	الجملة	الى الجملة
٢٨٨	١	وهُ او	ܘܐܡܬܐ
٣١٩	٩	ܐܟܡ	ܢܟܡ
٣٣١	٢٢	بفاصل	لا بفاصل
٣٦٣	١٨	المشتق	بالمشتق
٣٧٤	٩	ܢܚܢ ܢܟܢܢ	ܢܙܢܢ ܢܟܢ
٤١٣	١٨	وثلاثتها	وكلها
٤٢٣	٢٠	ܐܘܡܬܐ ܘܡܫܡܫܢܐ	ܐܘܡܬܐ ܘܡܟܚܬܐ ܘܡܫܡܫܢܐ
٤٤٠	٧	فهي .. الذين	فهو ... اللذان
٤٤٤	٢١	د	و
٤٤٥	٢١	إتر	اثرها
٤٤٨	٥	العرباء	الغرباء
٤٠٨	١١	وسام	سام

تنبيه : متى طُبع هذا الكتاب مرةً ثالثة ، اذا اراد الله تعالى ، فالاحسن ان يُطبع على «الزنك» فتُصلح هذه الاغلاط كلها قبل طبعه وتكتب في مواضعها بخط حسن . ـ والغلطة التي لا محل لها في سطرها ، توضع الى جانبه مع هذه العلامة *